Schriftenreihe

PHILOLOGIA

Sprachwissenschaftliche Forschungsergebnisse

Band 126

ISSN 1435-6570

Verlag Dr. Kovač

Inhalt

Verzeichnis der verwendeten Abkürzungen:

abf. — abfällig
abw. — abwertend
adj. — Adjektiv
adv. — Adverb
ahd. — althochdeutsch
angloam. — angloamerikanisch
arch. — archaisch
bayr. — bayrisch
bibl. — biblisch
bildungsspr. — bildungssprachlich
buchspr. — buchsprachlich
bulgar. — bulgarisch
BSD Bundessoldatendeutsch
dän. — dänisch
dial. — dialektal
dichter. — dichterisch
dim. — diminutiv (verkleinernd)
dt. — deutsch
engl. — englisch
franz. — französisch
fries. — friesisch
frühnhd. — frühneuhochdeutsch
geh. — gehoben
germ. — germanisch
griech. — griechisch
halbw. — halbwüchsigensprachlich
indogerm. — indogermanisch
iron. — ironisch
ital. — italienisch
Jh. — Jahrhundert
jidd. — jiddisch
jmd. — jemand
jmdm. — jemandem
jmdn. — jemanden
journ. — journalistensprachlich
jug. — jugendsprachlich
Kartensp. — Jargon der Kartenspieler
kirchenlat. — kirchenlateinisch
kroat. — kroatisch
landschaftl. — landschaftlich
lat. — lateinisch
lit. — literarisch
meliorat. — meliorativ
mhdt. — mittelhochdeutsch
milit. — militärisch
mitteldt. — mitteldeutsch
niederl. — niederländisch
niederdt. — niederdeutsch
norddt. — norddeutsch
österr. — österreichisch
pejorat. — pejorativ
poln. — polnisch
portug. — portugiesisch
reg. — regional
rotw. — Rotwelsch
russ. — russisch
s. — siehe
sächs. — sächsisch
scherzh. — scherzhaft
scherzh.-iron. — scherzhaft-ironisch
schles. — schlesisch
schül. — schülersprachlich
schwäb. — schwäbisch
schwed. — schwedisch
schweiz. — schweizerisch
slaw. — slawisch
slovak. — slovakisch
slow. — slowenisch
slowak. — slowakisch
sold. — soldatensprachlich
span. — spanisch
sportl. — sportsprachlich
stud. — studentensprachlich
süddt. — süddeutsch
südwestdt. — südwestdeutsch
schwäb. — schwäbisch
tschech. — tschechisch
ugs. — umgangssprachlich
ukr. — ukrainisch
ung. — ungarisch
ungebr. — ungebräuchlich
vgl. — vergleiche
vulg. — vulgär
weißruss. — weißrussisch
westdt. — westdeutsch
ziv. — zivilsprachlich

Das erste linguistische Wörterbuch deutscher Vergleiche

Das Epitheton „Erster“ in der deutschen Lexikographie zu erringen, dürfte sicherlich genau so schwer sein, wie Fußballweltmeister zu werden. Schließlich ist bekannt, dass die deutsche Lexikographie weltweit bereits seit langer Zeit den Siegerpokal in der Wörterbuchforschung verdient. Eine solche große Vielfalt und Menge verschiedenster Wörterbücher und Wörterbüchlein, die in Deutschland herausgegeben wurden und immer noch herausgegeben werden, findet man wahrscheinlich sonst nirgendwo auf der Welt. Außer jeder Konkurrenz steht das mehr als 100-bändige Wörterbuch der Brüder Grimm (das kürzlich abgeschlossen wurde), das 10-bändige „Handbuch des deutschen Aberglaubens“, die beispielgebenden „Duden“-Wörterbucher, die fundamentalen etymologischen, enzyklopädischen, erklärenden zwei- und mehrsprachigen Wörterbücher, die Synonymwörterbücher, idiographische und phraseologische Wörterbücher, Wörterbücher des Nonstandards und Jargons und viele, viele weitere Wörterbücher der deutschen Sprache. Es gibt keinen Dialekt in Deutschland und in den deutschsprachigen Ländern, der nicht einer detaillierten lexikographischen Beschreibung unterzogen worden wäre, es gibt kaum einen Berufszweig, der nicht auf sein eigenes Spezialwörterbuch verweisen könnte...

Es scheint, dass es bei einem solchen Perfektionismus keine „weißen Flecken” geben kann, die noch nicht mit „lexikographischer Farbe” bearbeitet worden wären.

Und trotzdem: Einen solchen weißen Fleck gibt es in der deutschen Lexikographie. Oder genauer – gab es, denn der Leser hält mit diesem Buch das *erste* Wörterbuch deutscher fester stereotyper Vergleiche in der Hand, das diese lexikographische Lakune ausfüllt. Die Notwendigkeit, ein solches Wörterbuch zu erstellen, wird seit langem betont. L. Röhrich schreibt: „Während es für das Lateinische, Französische und Englische gute Arbeiten über den sprichwörtlichen Vergleich gibt, steht die Forschung für den deutschen Sprachbereich noch ganz in den Anfängen“ (Röhrich 2001[1], 27), eine Reihe neuerer Forschungen geben weitere Hinweise auf die Notwendigkeit einer konzentrierten Darstellung (Schick 1978[2]; Hessky 1989[3], Hahnemann 1999[4]; Czochralski 2001[5]; Szczęk, Wysoczański 2004[6], Lapidus 2006[7] u.a.). Die

[1] Röhrich, L. (2001): Lexikon der sprichwörtlichen Redensarten. 5 Bd. Hier: Bd. 1. A-Dutzend. Verlag Herder. Freiburg. Basel. Wien. - 348 S.

[2] Schick, H. (1978): Synchron-diachrone Untersuchungen zu volkstümlichen Vergleichen des Deutschen, Französischen und Spanischen. Magisterarbeit. Freiburg i. Br.

[3] Hessky, R. (1989): Sprach- und kulturspezifische Züge phraseologischer Vergleiche. // Phraséologie Contrastive. Aktes du Colloque International. Klingenthal-Strabourgh, 12-16 Mai 1988. Collektion Recherches Germaniques 2. Hrsg. v. G. Gréciano. Université des Sciences Humaines. Département d´ Ètudes Allemandes Strasbourg, 195.

[4] Hahnemann, S. (1999): Vergleiche im Vergleich. Zur Syntax und Semantik ausgewählter Vergleichsstrukturen mit „als“ und „wie“ im Deutschen. Tübingen.

[5] Czochralski, J.A. (2001): Deutsche und polnische Vergleichswendungen. Ein Versuch. // U. Kramer: Lexikologisch-lexikographische Aspekte der deutschen Gegenwartssprache.

Notwendigkeit, ein solches Wörterbuch deutscher Vergleiche zur Verfügung zu haben, ergibt sich auch vor dem Hintergrund der europäischen Lexikographie, in der solche Veröffentlichungen breit vertreten sind. So gibt es z.B. große Wörterbücher tschechischer (Zaorlalek 1963; SĆF 1, 1983), bulgarischer (Кювлиева 1986), englischer (Wilstach 1924), andalusischer (Rodriguez 1899), spanischer (Castillo 1970; Shirley 1977), portugiesischer (Basto 1924) u.a. Vergleiche. Bemerkenswert ist auch, dass eine ganze Reihe von Sammlungen volkstümlicher Vergleiche der slawischen Völker herausgegeben wurden - der Weißrussen (Янкоуск 1973), Ukrainer (Турин 1966, 1974; Юрченко, Івченко 1993), Russen (Лебедева 1994; Огольцев 1984; 1994; 2001; Мокиенко 2003; Горбачевич 2004), Tschechen (SĆF), Polen (Bańko 2005), Kroaten (Fink 2006).

Ein solches wahres „Feuerwerk" von Untersuchungen zu festen Vergleichen in der europäischen Lexikographie ist leicht dadurch zu erklären, dass es für sie einerseits einen wissenschaftlichen und praktischen Bedarf gibt, andererseits durch die große Popularität solcher Bücher bei einem breiten Leserpublikum. Es ist deshalb auch kein Zufall, dass das kleine Bändchen volkstümlicher Vergleiche von I. Turin z.B. zunächst in Fortsetzungen in der Kiewer „Literaturzeitung" publiziert und zwei Mal aufgelegt wurde, und das das kleine, hervorragend illustrierte weißrussische Wörterbüchlein von F.M. Jankovskij sofort nach seinem Erscheinen zu einer bibliographischen Kostbarkeit wurde.

Der Autor des vorliegenden „Wörterbuches deutscher Vergleiche" hat natürlich die Erfahrungen seiner europäischen Vorgänger berücksichtigt umso mehr, als Herr Prof. Dr. Dr. h.c. Harry Walter selbst ein bekannter Slawist ist, dem die Probleme der slawischen „Komparatographie" selbst nur allzu gut bekannt sind. Darüber hinaus unterscheidet sich das hier vorliegende Wörterbuch in einigen Punkten doch erheblich von den oben genannten Sammlungen europäischer komparativer Phraseologie - sowohl hinsichtlich des Materials als auch hinsichtlich der Prinzipien seiner Beschreibung. Die Materialsammlung erwies sich allein deshalb schon als äußerst arbeitsaufwändig, weil in der übergroßen Zahl selbst der besten und umfangreichsten Wörterbücher der deutschen Sprache Vergleiche praktisch entweder gar nicht angeführt werden oder sich verstreut in den zu bestimmten Stichwörtern illustrierenden Kontexten ohne jegliche Definitionen verbergen, ohne Angabe zu ihrer Gebrauchshäufigkeit, ohne stilistische Markierung und darüber hinaus auch noch ohne Erklärung des zugrunde liegenden Bildes.

Tübingen, 151-157.

[6] Szczęk, J., Wysoczański, W. (2004): Das sprachliche Weltbild am Beispiel der deutschen und polnischen Wie-Vergleiche mit Tierbezeichnungen im Komponentenbestand. // Acta Universitas Wratislaviensis. Nr. 2604. Studia Linguistica XXIII. Wrocław, 87-143.

[7] Lapidus, H. (2006): Feste Vergleiche im Russischen und im Deutschen (eine kontrastive Analyse). Diplomarbeit. Heidelberg. – 67 S.

Jeder, der die Mühen des Wortes kennt, weiß, wie schwierig sich die Suche nach einem richtigen Vergleich gestalten kann, um seine Gefühle adäquat auszudrücken, um Gesehenes oder Gehörtes genau wiederzugeben, um diesen oder jenen Gegenstand, Zustand oder Menschen zu charakterisieren. Und tatsächlich ist der Vergleich eines der wichtigsten Mittel, die Welt zu erkennen, eine kompakte bildhafte Denkart. Durch Vergleiche erkennt der Mensch von Alters her die ihn umgebende Welt: Die Gegenüberstellung von Unbekanntem oder wenig Bekanntem mit Bekanntem und gut Bekanntem ist eine der ältesten und zuverlässigsten Benennungsmethoden. In unserem alltäglichen Leben, wenn uns ein bestimmtes Wort fehlt oder die Bezeichnung von etwas oder von jemandem, greifen wir am häufigsten gerade auf Vergleiche zurück. Obwohl der *Vergleich* nach einem französischen Sprichwort – *kein Beweis ist* (Comparaison n'est pas raison), wird er häufig zu einem schwerer wiegenden Argument im Streit und im Dialog als die Umstände erklärende, trockene und langweilige Anhäufung von Fakten.

Der Vergleich ist nicht nur eine Möglichkeit zur Benennung der umgebenden Welt, sondern darüber hinaus eine exzellente Möglichkeit ihrer Bewertung. Ein Vergleich hat vielfach eine verstärkende, intensivierende Funktion und verleiht einer Aussage ein erhöhtes Maß an Expressivität, er ist anschaulich und charakterisiert bildhaft Menschen, Naturerscheinungen und Alltagssituationen. Gerade die Bildhaftigkeit und die Genauigkeit der gegebenen Charakteristik führen mit ihrer Sprachökonomie häufig zur Bevorzugung von Vergleichen gegenüber ausschweifenden Beschreibungen. Vergleiche sind allein deshalb schon genau, weil ein Bild in der Regel einmalig, unwiederholbar, individuell ist. Dies bedingt jene besondere semantische Differenzierung jedes festen Vergleichs, die Prof. B.A. Larin seinerzeit als „zusätzlichen Sinn" von Phraseologismen bezeichnet hat. Dieser ist besonders in Synonymreihen zu spüren, z.B. in Vergleiche vom Typ *schwarz* wie*: schwarz wie Pech, pechschwarz, schwarz wie Ebenholz, schwarz wie Teer, schwarz wie Schuhwichse,* die häufig die Haarfarbe bezeichnen, *kohlrabenschwarz* oder *schwarz wie ein Schornsteinfeger, schwarz wie Kohle, schwarz wie ein Rabe, schwarz wie Ruß* - über einen schmutzigen, ungewaschenen Menschen; *schwarz wie ein Neger, schwarz wie Schokolade, schwarz wie ein Mohr, schwarz glänzend wie ein geschliffener Onyx, wie aus Espresso-Schaum geboren* – über einen Menschen mit von der [Höhen-]Sonne stark gebräunter oder mit dunkler Haut, *schwarz wie ein Pinguin, schwarz wie ein Grufti* – über Personen mit dunkler oder schwarzer Kleidung, *schwarz wie in einem Wal (in einer Kuh)* – über einen dunklen Keller, über eine dunkle Nacht, über das Vorhandensein von wenig oder gar keinem Licht u.a. Jedoch diktiert auch innerhalb dieser semantischen Gruppen eine Differenzierung der semantischen Schattierung, vgl. *schwarz wie die Nacht* und *schwarz wie der Teufel.*

Ebenso verhält es sich mit dem scheinbar mathematischen und abstrakten Begriff „Vielheit" im Spiegel der Vergleiche, in dem er viele verschiedene

Färbungen annimmt: *bepackt (beladen) wie ein Lastesel* - sehr viel tragen, viel Gepäck befördern; viele Teile in den Händen halten; *saufen wie ein Loch* (ugs. derb) - sehr viel Alkohol trinken; *sich vermehren wie die Meerschweinchen* (salopp abwertend) - sehr viele Nachkommen haben, viele Kinder haben; *fressen wie eine Raupe (wie sieben Raupen, wie eine sieben-, neunköpfige Raupe)* (salopp) - sehr viel essen; *mehr Schulden haben als Haare auf dem Kopf* (ugs. spött.) - hoch verschuldet sein, sehr viele Schulden haben; *schuften wie ein Vieh (Rindvieh, Tier)* (ugs.) - viel und schwer arbeiten; *jmdn. ausnehmen wie eine Weihnachtsgans* - 1. (ugs.) sich in schamloser Weise an jmdm. bereichern, jmdn. schamlos ausbeuten, ausnutzen; jmdn. [auf unehrliche Weise] um sehr viel Geld o.Ä. bringen u.v.a.

Hier liegen unterschiedliche Wertungen vor, gar nicht zu sprechen von den unterschiedlichen stilistischen Färbungen, ihren Anwendungssphären, ihrer Gebrauchshäufigkeit usw. Unterschiedlich ist auch die Wertung, die diese Vergleiche widerspiegeln, z.B. *wie das Katzenmachen* und *wie Pilze nach dem Regen hervorkommen (schießen, wachsen)*, die eine große und ständig zunehmende Anzahl von etw. bezeichnen. Die Vergleiche *wie Mist* oder *Geld wie Heu* bezeichnen auch eine große Anzahl von etw., jedoch besonders Geld. Und der Vergleich *so, dass sich die Tische biegen* bezeichnet zwar ebenfalls eine große Zahl, bezieht sich jedoch nur auf eine große Menge angebotenen Essens und Trinkens, *wie die Ameisen* bezieht sich auf eine große Zahl von Menschen.

Die genaue und treffsichere Differenzierung, die uns die Vergleiche bieten, verleihen diesen eine besonderen Expressivität, die vor allem daher rührt, dass die Bilder sowohl aus den aktuellen als auch aus traditionellen Sphären der menschlichen Tätigkeit entlehnt sind. Um klar und treffsicher zu sein, muss das Bild aktuell sein, allgemein verständlich und durchschaubar. Gerade deshalb sind viele Vergleiche mit Tieren und Pflanzen gebildet, mit Erfahrungen aus dem traditionellen bäuerlichen Leben oder aus der geistigen Welt der Menschen, z.B. der Mythologie. So existieren allein mit der Komponente *Hund* – wenn man das dialektale und folkloristische Sprachmaterial berücksichtigt – in vielen europäischen Sprachen mehr als 300 feste Vergleiche (Мокиенко 2003[8]; Mokienko, Walter, Valodzina 2004[9]). Aus der großen Zahl solcher Vergleiche hat Harry Walter in sein Wörterbuch mehr als 50 der häufigsten und ausdrucksstärksten Wendungen ausgewählt: *jmdn. abknallen wie einen tollen (tollwütigen, räudigen) Hund; etw. abschütteln wie der Hund den Regen (die*

[8] Мокиенко, В.М. (2003): Словарь сравнений русского языка. Норинт. Санкт-Петербург. – 608 с.

[9] Walter, H., Mokienko, V.M., Valodzina, T.V. (2004): Slawisch-germanische Projektionen pomoranischer Redewendungen (animalistische Phraseologismen mit der Komponente *Hund*) // III Międzynarodowa konferencja naukowa. Dzieje wsi pomorskiej. Włościborz 14-16 maja 2004. Materiały pod redakcją R. Gazińskiego i A. Chludzińskiego. Dygowo-Szczecin 2004, 191-211.

Regentropfen, das Wasser); etw. abschütteln wie der Hund die Flöhe; abziehen (dastehen) wie ein geprügelter (verprügelter) Hund (wie ein begossener, nasser Pudel); jmdn. begraben wie einen Hund; jmdn. behandeln wie einen Hund; jmdn. behandeln wie einen räudigen Hund; bekannt wie ein bunter (scheckiger) Hund [sein]; bellen wie ein Hund; um etw. betteln wie ein Hund; jmd. ist so blöd (dumm, bescheuert), dass ihn die Hunde anpinkeln (die Schweine beißen); wie in Buxtehude, wo die Hunde mit dem Schwanz bellen (ugs. scherzh.) = S. Buxtehude.; dastehen wie ein begossener Hund (öfter: Pudel); jmdn. davonjagen wie einen räudigen Hund; dreinschauen wie ein geprügelter Hund; einsam wie ein Hund in seiner Hütte; jmd. ist voller Freude wie ein Hund voll Flöhe; Das freut mich wie den Hund das Hechellecken; jmdm. folgen wie ein Hund; folgsam wie ein Hund; frei von Sünden wie ein Hund von Flöhen; frieren wie ein (junger) Hund (wie ein Schneider); etw. ist wie ein Hund ohne Schwanz; kaputt sein wie ein toter Hund; jmd. klemmt (zieht) den Schwanz ein wie ein Hund; knurren wie ein Hund; krepieren wie ein Hund; sich krummlegen wie ein Hund; leben wie ein Hund; leiden wie ein Hund; das ist der Moment, wo der Hund ins Wasser rennt (springt); müde wie ein Hund; nachlaufen wie ein Hund; sich um etw. raufen wie die Hunde um den Knochen; jmd. riecht wie Laternenpfahl ganz unten und schmeckt wie Hund ganz hinten; wie Rothschild sein Hund; jmdn. schlagen wie einen Hund; schmecken wie dicker Hund von hinten; schmecken wie Hund; sich schütteln wie ein nasser Hund; jmd. lässt den Schwanz hängen wie ein begossener Hund (Pudel); sich [mit jmdm.] stehen wie Hund und Katz[e]; jmd. steckt voller Unarten wie der Hund voll Flöhe; treu wie ein Hund; wie ein toller (tollwütiger) Hund sein; sich [mit jmdm.] vertragen (leben) wie Hund und Katz[e]; verrecken wie ein Hund; weg sein wie Fischers Hund; widerlich wie die Mahlzeit eines Hundes, der das Erbrochene erneut aufschlappt; wie die Hunde sein; wie Hund und Katze sein (leben); zusammenlaufen wie die Hunde.

Hier sind sowohl solche Vergleiche in großer Zahl vorhanden, die der Literatursprache zuzurechnen sind, als auch umgangssprachliche, die aus der mündlichen Rede aufgezeichnet wurden. Darüber hinaus finden sich dialektale, lokale, veraltete oder periphäre Wendungen, die verschiedenen Quellen entnommen sind. Wichtig ist jedoch, dass sie alle die reichhaltige Expressivität aufzeigen, zum Nachdenken über ihre Bildhaftigkeit anregen und die Grundlage zu ihrer schöpferischen Verwendung bieten. In einer Reihe von ihm geläufigen und seit langem bekannten Ausdrücken findet der Leser die Lösung sprachlicher Rätsel, über die er vielleicht schon in der Kindheit nachgedacht hat. Bei solchen Vergleichen, wie *wie in Buxtehude, wo die Hunde mit dem Schwanz bellen* verbirgt sich ein vielschichtiger „sprachlicher Blätterteig" von Erklärungen, von denen der Autor die wahrscheinlichste für seine Darstellung ausgewählt hat.

Solche ganzen Reihen von Vergleichen mit einem klaren Kernwort findet der Leser im Wörterbuch an vielen Stellen.

Nicht viel weniger vielschichtig und differenziert als die Vergleiche mit der Komponente *Hund* ist die Reihe mit dem mythologischen Wort *Teufel* (die ja in der Mythologie zumindest „verwandt" sind): *Abschied nehmen wie der Teufel [- mit Gestank]; angeben wie eine Tüte voll(er) Teufel; ein Arbeiter sein wie der Teufel ein Apostel; als der Teufel noch ein kleiner Junge (Bub) war (als der Teufel noch klein war); böse wie der Teufel; jmd. denkt [auch], der Teufel sei ein kleiner Junge; Der Teufel ist nicht so schwarz, wie ihn die Leute machen (malen); sich zu etw. eignen wie der Teufel zum Apostel; fahren wie der Teufel; etw. fürchten (hassen) wie der Teufel das Weihwasser; etw. fürchten wie der Teufel das Kreuz; hässlich wie der Teufel; hinter etw. her sein wie der Teufel; hinter etw. her sein (dahinter her sein) wie der Teufel nach (hinter) einer (der) armen Seele (Judenseele); hinter dem Geld her sein wie der Teufel hinter der armen Seele; Der Kaffee soll vier Eigenschaften haben: Er soll sein heiß wie die Hölle, schwarz wie der Teufel, rein wie ein Engel und süß wie die Liebe; Der Mann soll sehen wie ein Teufel, das Weib wie ein Engel; müde wie der Teufel; reden (Es redet mancher) wie ein Engel und handeln (handelt) wie ein Teufel; auf etw. scharf sein wie der Teufel auf eine arme Seele; Der Spanier gleicht (seiner Erscheinung nach) dem Teufel, der Italiener ist ein Mann, der Franzose ist wie ein Weib, der Brite wie ein Engel, der Deutsche wie eine Säule; wie der Teufel.*

Das ist nur ein Teil der „Teufel"-Vergleiche, die Harry Walter in seinem Wörterbuch beschreibt. Einige von ihnen sind ungewöhnlich, selten, vielleicht sogar durch irgendwelche scharfsinnigen Wortspiele in einem abgelegenen deutschen Dörfchen oder in der lauten Stadt erdacht. Mit einer solchen Diagnose sollten wir aber recht vorsichtig sein. Wenn wir uns die Wörterbuchartikel ansehen, finden wir in ihnen eine inhaltliche Erklärung, ihre territoriale Verbreitung, die Erklärung dialektaler oder „vergessener" Wörter und Begriffe, die nicht nur für das Deutsche charakteristisch sind, sondern die europäische Wurzeln und recht weite Verbindungen erkennen lassen. So ist der Vergleich *etw. fürchten (hassen) wie der Teufel das Weihwasser* faktisch allen europäischen Sprachen des christlichen Europas bekannt, obwohl er seinem Wesen nach eigentlich keine streng christlichen Vorstellungen widerspiegelt, sondern heidnische. Dabei hat natürlich jedes Volk auch eigene Vorstellungen und bildliche Variationen dieses gemeineuropäischen Vergleichs. So fürchtet der Teufel im Ukrainischen, Russischen und Weißrussischen nicht nur das Weihwasser (das heilige Wasser) und das Kreuz, sondern auch den *Weihrauch* – ein wohlriechendes Harz, das orthodoxe Geistliche bei Gottesdiensten oder anderen kirchlichen Zeremonien einsetzen.

Selbstverständlich sind nicht alle diese Vergleiche in unserem sprachlichen Fonds gleichermaßen aktiv, trotzdem gehören doch selbst die periphersten von ihnen zu den „sprachlichen Immobilien", zur unabdingbaren „eisernen Reserve", auf die man im notwendigen Moment als Schriftsteller, Journalist oder einfach Liebhaber der deutschen Sprache zurückgreifen kann.

Die Materialauswahl für das hier dem Leser vorgestellte Wörterbuch erfolgt durch H. Walter auf der Grundlage der Analyse verschiedener Wörterbücher des Deutschen und anderer Quellen (darunter von Materialien aus Radio- und Fernsehsendungen, dem Internet usw.). Es finden sich Vergleiche, die der Belletristik entnommen sind (Karasek), der Publizistik, der lebendigen Volkssprache. Das grundlegende Kriterium der Materialauswahl ist die klare Bildhaftigkeit und Expressivität des sprachlichen Vergleichs und seine „Einpassung" in für feste Vergleiche typische struktur-semantische Modelle.

Da solche Vergleiche bisher noch keiner konsequenten lexikographischen Beschreibung unterzogen wurden, hat der Autor völlig zu Recht in sein Wörterbuch auch einige veraltete und solche Wendungen aufgenommen, die aus dem allgemeinen Gebrauch entweder allmählich ausgeschlossen werden oder bereits ausgeschieden sind. Die genaue Angabe der Herkunft jedes einzelnen Vergleichs und die an vielen Stellen vorgenommene Datierung der ersten Fixierung hilft implizit, die Gebrauchshäufigkeit und seine territoriale Verbreitung zu bestimmen.

Bei seiner Darstellung des Materials war Harry Walter, sozusagen als „Erstbesteiger" des Berges deutscher Vergleiche, gezwungen, nicht nur die Kriterien der Auswahl fester Vergleiche zu vereinheitlichen, sondern auch die semantische, definitorische und formale „Vielstimmigkeit" solcher Wendungen in verschiedenen Quellen zu vereinheitlichen. Dafür hat er einen ganzen Komplex von Prinzipien der lexikographischen Beschreibung von Vergleichen erarbeitet und das in quantitativer Hinsicht höchst heterogene Material unifiziert, was eine schwierige Aufgabe war. Diese Vereinheitlichung erforderte auch eine Angleichung der Orthographie, was bekanntermaßen zusätzlich durch die deutsche Orthographiereform erschwert wird, die ja gerade erst offiziell in Kraft getreten ist.
In das Wörterbuch wurden deutsche Vergleiche unterschiedlicher semantischer und formaler Struktur aufgenommen:

- bildhafte Vergleiche, die allgemein gebräuchlich sind und die der Literatursprache zuzuordnen sind, z.B. *dastehen wie ein begossener Pudel; wie Phoenix aus der Asche auferstehen (aufsteigen); scheu wie ein Reh [sein]; sich wie ein Lamm zur Schlachtbank führen lassen; Es wird nichts so heiß gegessen, wie es gekocht wird* u.a.
- treffende Vergleiche mit regionaler Verbreitung, z.B. *munter wie ein Alräunchen* (ugs. Nordthüringen iron.); *auf jmdn. ist Verlass (jmd. ist verlässlich) wie [auf] Wasser in der Kalit* (ugs. uckermärk.-brandenb.); *drauf losstürzen wie die Sau auf den Äppelkrotze* (ugs. Rheinhessen); *das freut jmdn. wie den Hund das Hechellecken* (ugs. bayerisch abwertend); *rangehen wie Hektor an die Buletten* (berlinisch salopp); *so alt wie der Böhmerwald (Bremer, Harzer, Duisburger, Thüringer, Westerwald); so groß wie das Heidelberger Fass sein* u.a.

- moderne saloppe und jargonale Vergleiche, z.B. *[Hier sieht's aus] wie bei Hempels unterm (hinterm) Sofa (Bett)* (vorw. journalist.); *Es hört sich an, als ob eine Ziege aufs Trommelfell scheißt (pinkelt)* (militär.); *Husaren reiten wie der Wind, wenn welche hinter ihnen sind* (Kartenspieler scherzh.); *wie eine gesengte Sau spielen* (Sportl.).
- Vergleiche, die im Deutschen aus lediglich einem Wort bestehen[10] und deren Status als Phraseologismus durchaus umstritten ist, z.B. zusammengesetzte Farbadjektive vom Typ *schneeweiß, himmelblau, goldglänzend*, aber auch andere synthetische Bildungen vom Typ *aalglatt, hundeelend, butterweich, strohdumm, bauernschlau, knochentrocken,* was an dieser Stelle sehr angebracht erscheint, denn ihre Äquivalente in den slawischen Sprachen sind überwiegend analytisch gebildet.

Einige Sprichwörter mit parömiologischer komparatistischer Struktur ergänzen exemplarisch das Wörterbuch, z.B. *Lieber (besser) ein Spatz (den [ein] Sperling) in der Hand als die Taube auf dem Dach; Vorbeugen ist besser als heilen; Ein armer Mann hat so viele Kinder wie ein Sieb Löcher; Besser (lieber) spät als nie[mals] (als gar nicht, als nie[mals]); Wie der Herr, so's Gescherr* u.a. Diese Einheiten hat der Autor aufgenommen, da sie im vorliegenden Korpus der festen Vergleiche eine Grenzstellung einnehmen und nicht fest einem bestimmten Bereich zuzuordnen sind, weil sich aber an ihnen sehr gut ihre bildhafte und strukturelle Wechselwirkung und ihre diachrone „Erbfolge" demonstrieren lässt.

Ein wichtiges Argument dafür, solche Satzphraseme[11] aufzunehmen, war, dass einerseits viele vergleichende Konstruktionen aktive konstruktive Elementen von Sprichwörtern (wie auch von sprichwörtlichen Redensarten) sind und zu ihrer bildspendenden Quelle werden, andererseits relativ häufig selbst ein Produkt der Kondensation von Sprichwörtern sind (Implikation, Univerbierung).

Die überwiegende Zahl der bildhaften deutschen Vergleiche werden einheitlichen nach einer konsequenten, folgerichtigen und detaillierten Komposition beschrieben:

1. Die Überschrift des Eintrags, das Stichwort;
2. die stilistische Charakteristik (Gebrauchshäufigkeit, Verbreitung, expressiv-stilistische Qualifikation);
3. genaue und vollständige Bedeutungserklärung;
4. Angaben über die Quellen des Vergleichs;

---

[10] Zur Frage der Einwortphraseme s. genauer bei Günther, K. (1990): Wörterbuch phraseologischer Termini. Linguistische Studien. Reihe A. Nr. 205. Akademie der Wissenschaften der DDR. Zentralinstitut für Sprachwissenschaft. Berlin, 48.

[11] Eckert, Günther (1993): Eckert, R., Günther, K: Die Phraseologie der russischen Sprache. Langenscheidt. Verlag Enzyklopädie. Leipzig. Berlin. München u.a. – 176 S.

5. Erklärungen zur Geschichte und Etymologie, Erklärung unbekannter (besonders dialektaler und jargonaler oder fremdsprachiger) Wörter, die in die Wendung eingehen.

Das Sprachmaterial des Wörterbuches spiegelt, wie bereits gesagt, den aktiven Status der modernen deutschen volkstümlichen Vergleiche wider. Als Zeichen ihres Status und ihrer Bestimmung als Einheiten vorwiegend der Rede kann die aktive Variabilität dienen, weshalb eine strenge Abgrenzung fester Vergleiche von freien Verbindungen mit vergleichender Bedeutung mitunter ziemlich schwierig ist. Gerade individuelle und okkasionelle Bildungen (darunter auch solche, wo der „Autor" das Volk ist) stimulieren häufig die aktive Varianz fester Vergleiche. Gewöhnlich werden solche Wendungen entweder nach bekannten festen strukturell-semantischen und bildhaften Modellen gebaut, oder sie sind Produkte dialektaler oder soziolektaler Äußerungen. Genau deshalb sind auch solche Einheiten sind in das Korpus des Wörterbuches auch aufgenommen worden. Durch sie kann der Leser eine genauere Vorstellung von der Dynamik und von den bildhaften Potenzen deutscher vergleichender Wendungen erhalten.

Eine der Hauptaufgaben des Wörterbuches ist es, die lexikographische Beschreibung der Vergleiche möglichst differenziert darzubieten. Schließlich fühlt der aufmerksame „Nutzer" der Sprache, dass hinter jeder synonymen Wendung lediglich eine vorgetäuschte, äußere Identität der Bedeutung steht. So kann der Leser z.B. leicht die unterschiedliche semantische Struktur und den Stilwert der aktiven Synonymreihe mit der Bedeutung „dumm" erkennen: *dumm wie Affenscheiße; dumm wie ein Bauer, schön wie eine Mohnblume und dumm wie ein ausgebrannter Baumstock; dumm wie ein Bock; dumm wie Bohnenstroh [sein]; dumm wie ein Bund Stroh [sein]; schön wie ein Engel und dumm wie eine Gans; dumm wie (dümmer als) ein Esel; dumm wie ein Hammel; horndumm; dumm wie ein Hornvieh, dumm wie (dümmer als) eine Kuh; dumm wie ein Kurgast; dumm wie (dümmer als) ein Ochs(e); dumm wie Scheiße; zum Scheißen zu dämlich (zu dumm) sein; dumm wie ein Schwein; jmd. ist so dumm, dass ihn die Schweine (die Gänse) beißen; dumm (blöd, bescheuert) wie Straßendreck; dumm wie Stroh; dumm wie Stulle; dumm wie die Sünde; dümmer als dumm; jmd. ist noch dümmer als Jan Wohlers: der konnte wenigstens noch Rad fahren; dümmer als ein Kalb; so dumm [sein] wie (dümmer als) ein Regiment Soldaten; dümmer als das Vieh (als ein Stück Vieh); dümmer [sein], als die Polizei erlaubt; jmd. hat einen Geist wie ein Spitalkorridor; ein weniger hoch entwickeltes Gehirn haben als ein debiler Dino; jmd. ist einfältig wie ein Tanzbär* u.a.

Solche semantisch-stilistischen Nuancen bleiben in den meisten Wörterbüchern unbeachtet. Im besten Falle finden wir sie in den kontextuellen Illustrationen, die dem Leser helfen sollen, sich selbst die expressiv-ästhetische

Funktion der Wendung zu erschließen, die die Wendungen mit sich führen. Deshalb finden wir in den meisten der genannten Wörterbücher entweder überhaupt keine oder höchstens nur sehr wenige differenzierende Marker. Im Wörterbuch von H. Walter hingegen hat der Autor, gestützt auf die genaue Untersuchung der kontextuellen Situation, den Versuch unternommen – und man mit vollem Recht sagen, dieser Versuch war erfolgreich – solche besonders für den Nicht-Muttersprachler, aber auch für Muttersprachler, äußerst wichtigen Informationen zu liefern.

Die meisten Vergleiche werden auch nach ihrer Gebrauchssphäre differenziert, nach ihrer Auftretenshäufigkeit und nach ihrer stilistischen Charakteristik. Solch eine Differenzierung erfolgt mittels spezieller Marker, z.B.: *sold.* – soldatisch; *jugendspr.* – jungendsprachlich; *Kartensp.* – aus dem Jargon der Kartenspieler; *landschaftl.* – landschaftlich-regional; *selten, eher selten; ungebr.* – heute ungebräuchlich; *veraltend* – archaisierend; *ugs.* – - umgangssprachlich; *geh.* – gehoben; *salopp; scherzh.* – scherzhaft; *iron.* – ironisch; *spött.* – spöttisch; *derb; vulg.* – vulgär; *emotional, bildungsspr.* – bildungssprachlich; *dial.* - dialektal u.a.

Die stilistischen Angaben sind, wie wir sehen, hierarchisch gegliedert und werden konsequent angebracht.

Die Erklärung der festen Vergleiche ist eines der schwierigsten theoretischen und praktischen Probleme der Lexikographie. Auch hier ist es kein Zufall, dass sie in vielen großen Wörterbüchern der deutschen Sprache, darunter auch der phraseologischen, entweder völlig fehlen oder in sehr vereinfachter Form semantisch charakterisiert werden. Der Autor des vorliegenden Wörterbuches strebt danach, eine zu starke Vereinfachung zu vermeiden, gleichzeitig aber einer zu genauen und zu detaillierten Beschreibung der Wendungen aus dem Wege zu gehen. Die Hauptfunktion der Definitionen ist hier eine möglichst genaue Erhellung der Semantik und ihre Verbindung mit dem charakterisierten Menschen, Gegenstand oder Prozess bzw. der Situation, die konnotativ beschrieben wird.

Die expressiv-stilistische Gradation der Vergleiche und die komplizierte Semantik, die der Autor darzustellen versucht, geht mit ihren Wurzeln auf die traditionelle Gruppierung ihrer Bilder zurück. Die Beobachtungen der Komponenten der festen Vergleiche in der Vertikale, also nach den Komponenten ihres Bestandes, zeigen verschiedene Gesetzmäßigkeiten der Formierung der Bildhaftigkeit ihrer begrifflichen Komponenten, Lexeme, Animalismen usw. Wenn Erstere in der Regel über eine klare innere Form verfügen, über eine klare Motiviertheit, so ist für Letztere eine wesentlich kompliziertere und unvermitteltere Art der assoziativen Merkmale kennzeichnend. Die Formierung der Kennzeichnungen der zweiten Gruppe verläuft auf einem komplizierteren Wege als bei den Wendungen, die auf der Grundlage gegenständlicher Lexik gebildet werden. Einerseits werden die assoziativen Kennzeichen solcher Komponenten, z.B. der Animalismen, durch Beobachtung des Menschen über äußere Kennzeichen, das Leben und Verhaltensweisen der Tiere bestimmt (bei diesen Vergleichen ist die innere Form meist klar), andererseits wird die rein empirische Erfassung der Tiere durch den Menschen durch die mythologische Umdeutung dieser Bilder erschwert, sie erfahren einen Einfluss der geistigen Kultur - folkloristischer Texte, religiöser Vorstellungen u.a. Hieraus entsteht eine wesentliche Erweiterung des semantischen Potentials solcher Komponenten, sie erwerben zusätzliche konnotative Konnotationen und verändern häufig die innere Form.

Nicht in allen Fällen entsprechen die im Wörterbuch angeführten festen Vergleiche (besonders die veralteten, folkloristischen und jargonalen) den modernen Alltagsvorstellungen über irgendeinen Gegenstand, eine Sache oder Erscheinung. So scheint z.B. für den deutschen Leser, besonders wenn er ein Gartenliebhaber ist, der Vergleich *wühlen wie ein Maulwurf* völlig durchsichtig zu sein, obwohl trotz der positiven Wertung, über die die Wendung mit dem „Gartenzerstörer" verfügt, dieser auch deutlichen Unwillen hervorrufen kann. Die Erklärung des bekannten Ethnologen und Folkloristen Lutz Röhrich, die Harry Walter korrekt anführt, zeigt jedoch, dass die positive Wertung der „Arbeit" nicht aus mythologischen Vorstellungen über dieses von Gärtnern gehassten Tieres entsteht. Vielmehr entstammt die Methapher der Berufssprache der Bergleute, die dem durchschnittlichen Sprecher des Deutschen wenig bekannt ist: „In der Bergmannssprache hat die Feststellung *Der Maulwurf schafft* die besondere Bedeutung angenommen, dass durch den Sohlendruck das Gestänge gehoben wird, gleichsam als ob eine unsichtbare Kraft, die man sich in Gestalt des Tieres denkt, am Werke gewesen sei". Solche in bestimmtem Maße subjektiven „Nichtübereinstimmungen" sind völlig natürlich, da die festen Verbindungen bei ihrer Verwendung nicht alle Seiten eines Gegenstandes, Prozesses der Wirklichkeit usw. widerspiegeln, sondern lediglich eine seiner Seiten. Der Autor des Wörterbuches legt dies auf angenehme Art dar widerspiegelt diese Seiten möglichst vollständig.

Genau deshalb enthalten viele Wörterbucheinträge bei Notwendigkeit auch Erklärungen und „Entschlüsselungen" des Bildes der erklärten Wendung. Dabei werden mitunter auch recht ausführliche historisch-etymologische Erklärungen oder linguolandeskundliche Informationen gegeben. So finden wir z.B. kurze oder längere Kommentare zu Vergleichen mit verdunkelter Bildhaftigkeit: **harmlos wie die Mörderbienen** (ugs. iron.) = *aggressiv, angriffslustig, streitsüchtig.* Brugger 1993, 13. *Mörderbiene* (auch *Killerbiene*) (Apis mellifera scutellata) ist eine umgangssprachliche Bezeichnung für eine im tropischen Südamerika durch Kreuzung entstandene Unterart der Honigbiene, die sehr gute Honigerträge bringt, aber sehr aggressiv ist; **frech wie Oskar** (salopp) = *in herausfordernder Weise, ohne Achtung und Respekt vor anderen;*

unverschämt; auf eine dreiste, kecke Art frech; übermütig. Lapidus 2006, 36. Der Vergleich ist besonders in Mittel- und Nordostdeutschland verbreitet, seine Herkunft nicht sicher geklärt. Einige Quellen führen ihn auf den Berliner Theaterschriftsteller und –leiter namens Oskar Blumenthal (1852–1917) zurück, der sehr scharfe und „freche" Kritiken schrieb (DZR 2002, 233). Wahrscheinlich stammt er aus der Umgangssprache Berlins und hat sich von dort weiter ausgebreitet. H. Küpper (1993, 588) bringt ihn in Zusammenhang mit dem Leipziger Jahrmarktsverkäufer Oskar Seifert, der wegen seiner derben Ausdrucksweise bekannt wurde, nach dieser Quelle verwendet ab 1870. Bei diesen genannten Hypothesen handelt es sich jedoch um volksetymologische Darstellungen. Wahrscheinlicher ist die Theorie von A. Földes, der darauf hinweist, dass verschiedene Forscher in der Wendung keinen Phraseologismus mit Eigennamen sehen, sondern Oskar als volksetymologische Umdeutung des jiddischen *ossoker* ′freche Person′, ′Frecher′ aus jiddisch *ossok* ′frech, verhärtet′, erklären (Wolf 1993, 235 – nach dieser Quelle ab 1925 belegt). Andere sprichwörtliche Vergleiche mit *frech* sind ebenfalls sehr gebräuchlich, z.B. *frech wie Dreck (Gassendreck), frech wie Rotz am Ärmel, frech wie eine Mücke (Fliege), frech wie ein Rohrspatz* (vgl. ‚Schimpfen wie ein Rohrspatz'), rheinisch *frech wie ne Bur, der gebicht hät'; frech as en mager Ferken*, und werden zumeist gebraucht im Sinne von dreist, unverfroren, unverschämt, anmaßend, ohne Anstand. Dass freche, hemmungslose Menschen oft mehr Erfolg haben als die Zaghaften, lässt sich auch aus dem Sprichwort *Frechheit siegt* ersehen (vgl. *Frechdachs*). (F. Müller: ‚Frech wie Oskar'. In: Sprachpflege 18/1969, 25; Földes: Onymische Phraseologismen als Objekt des Sprachvergleichs. In: Europhras 88, Phraséologie Contrastive. Straßburg 1989, 128; Röhrich 2001, 2, 472ff.); **dastehen (sich verhalten) wie Petrus am Kohle[n]feuer** (geh. selten) = *seine Ansichten verleugnen, nicht zu seinen Überzeugungen stehen.* Röhrich 2001, 1, 305. Der Apostel Petrus befand sich zu dem Zeitpunkt, zu dem Jesus nach seiner Verhaftung befragt wurde, auf dem Platz vor dem Gebäude, auf dem Marktweiber u.a. Kohlefeuer entzündet hatten. Dreimal ist er gefragt worden, ob er nicht zu den Gefolgsleuten Jesu gehöre, und hat dies jedes Mal abgestritten: *Sie griffen ihn aber und führten ihn hin und brachten ihn in des Hohenpriesters Haus. Petrus aber folgte von ferne. Da zündeten sie ein Feuer an mitten im Hof und setzten sich zusammen; und Petrus setzte sich unter sie. Da sah ihn eine Magd sitzen bei dem Licht und sah genau auf ihn und sprach: Dieser war auch mit ihm. Er aber verleugnete ihn und sprach: Weib, ich kenne ihn nicht. Und über eine kleine Weile sah ihn ein anderer und sprach: Du bist auch deren einer. Petrus aber sprach: Mensch, ich bin's nicht. Und über eine Weile, bei einer Stunde, bekräftigte es ein anderer und sprach: Wahrlich dieser war auch mit ihm; denn er ist ein Galiläer.* (Lukas 22, 54-59). Vgl. *Wenn der Hahn kräht, weint Petrus.* -′Wenn das Gewissen aufwacht, kommt die Reue′. Wander 2, 267; **aussehen (dastehen, dasitzen) wie eine gebadete Maus** (ugs.) = 1. *völlig durchnässt sein, von Wasser triefend.* 2. (auch übertragen) *zurechtgestaucht, in unangenehmer Lage, hilflos.* Szczęk,

Wysoczański 2004, 116. Röhrich führt die Wendung darauf zurück, dass man früher Mäuse ertränkt hat. 1600 ff. Röhrich 2001, 1, 305. Das Bild der Maus benutzt schon der römische Schriftsteller Petronius in seinem Roman »Satyrica«, wo ein Gast bei einem Gelage erzählt, dass früher die Menschen noch reinen Herzens die Götter um Regen gebeten hätten; sogleich habe es dann aus Gießkannen geregnet, »und alle kamen nass wie die Mäuse heim« (Borchardt, Wustmann, Schoppe 1954, 329-330). Der Vergleich mit Mäusen könnte also tatsächlich darauf zurückgehen, dass gefangene Mäuse gewöhnlich durch Ersäufen getötet wurden. Ebenfalls bei Petronius findet man die lateinische Redensart *wie eine Maus im Nachttopf* für jemanden, der in arger Verlegenheit steckt. In einem Soldatenlied von 1693 jammert ein Türke: »Ich gedachte das Spiel viel anders zu karten; jetzt sitz ich wie eine gebattene Maus.« (ebd., 330). Hans Sachs dichtete über einen Bayern, der in die Donau gefallen ist und an Land schwimmt: »Stig auch an dem gestate aus / triff nasser wie ain taufte maus." (ebd.); **klar wie Kloßbrühe sein** (ugs. scherzh.-iron.) = *ganz klar und eindeutig sein; sich von selbst verstehen, völlig einleuchtend.* Bei der „Kloßbrühe" handelt es sich im heutigen Verständnis um die Brühe, die beim Kochen von Klößen entsteht. Die Redensart ist eigentlich scherzhaft-ironisch, denn diese Kloßbrühe ist stets trübe (Röhrich 2001, 3, 851). In der Wendung hat jedoch dieses Wort nichts mit Klößen oder Klopsen zu tun und die religiöse Grundlage dieses Vorgangs ist unbestritten, denn diese *Kloßbrühe* ist eigentlich eine *Klosterbrühe*. Die Klosterbrühe hatte früher klar und durchsichtig zu sein, vermutlich, um der Völlerei vorzubeugen (Krämer, Sauer 2001, 27). Vielleicht ist die Klosterbrühe gemeint, also die dem Bettelnden an der Klosterpforte verabreichte Armensuppe. Ähnliche Vergleiche sind: *klar wie dicke Tinte*, *klar wie dicke Suppe* (DZR 2002, 138), *klar wie Klunkertunke* (schlesisch), *klar wie Sirup*, *klar wie Zwetschgenbrüh*, *klar wie Schuhwichs* (unterfränkisch), *wie Mehlsuppe«* (elsässich), *klar wie dicker Kaffee* (schleswig-holsteinisch) usw., oder auch nur wortspielerisch: *Klar wie Klärchen*; engl. *as clear as day,* poln. *jasne jak słońce,* russ. *ясно как солнце,* ukr. *це цілком ясно.* 1830 ff. Küpper 1993, 427; Walter 2006, 32; **dunkel (düster, finster) wie in einer Kuh** (ugs. emotional verstärkend) = *sehr dunkel, stockdunkel, sehr finster, völlig lichtlos.* Szczęk, Wysoczański 2004, 105. *Kuh* - 'Verließ', Kerker für widerspenstige Geistliche (bayr., schwäb.). Heute auf das Tier bezogen. Seit dem 18. Jh. Küpper 1993, 468.

Häufig finden sich Erklärungen an solchen Stellen, an denen die Wendung solche Wörter enthält, die dem durchschnittlichen Muttersprachler isoliert nicht oder nicht mehr bekannt sind, z.B. **saufen wie ein Brezelbub** (ugs. scherzh.) = *sehr viel Alkohol trinken; viele alkoholische Getränke zu sich nehmen.* Lapidus 2006, 45. Wahrscheinlich handelt es sich hier eher um eine Verballhornung von *Beelzebub, Bezlebub* als um einen Bezug auf den *Brezelbub* in Peter Fendis Gemälde *Brezelbub auf dem Glacis,* 1828 (Historisches Museum der Stadt Wien) oder den Brunnen mit dem Brezelbub in Speyer. Somit scherzh.

Verstärkung. S. *wie der Teufel*; **Wer sein Weib schlägt mit einem Bengel, der ist vor Gott angenehm wie ein Engel; tritt er sie mit Füßen, so lässt's ihn Gott genießen; wirft er sie die Stiegen hinab, so ist er von seinen Sünden ledig ab; schlägt er sie dann gar zu tot, der ist der angenehmst vor Gott.** (iron.) = *Spruchweisheit.* Wander 5, 1806. *Bengel* tritt hier in seiner alten Bedeutung auf (Bengel, der; -s, -, ugs., bes. norddt. auch: -s [mhd. *bengel* = derber Stock, Knüppel, zu einem wohl lautm. Verb mit der Bed. „schlagen"; frühndt.; Bedeutungsentwicklung wie bei *Flegel*], d.h., veraltet, noch landsch.) *(kurzes) Holzstück, Knüppel;* **auf jmdn. ist Verlass (jmd. ist verlässlich) wie [auf] Wasser in der Kalit** (ugs. iron. landschaftl. uckermärk.-brandenb.) = *jmd. ist unzuverlässig, auf jmdn. ist kein Verlass.* Die Kalit ist ein geflochtener bäuerlicher aus Span gefertigter Frühstücks- und Vesperkorb mit Deckel, der natürlich kein Wasser halten kann. Diverse Geschichten über die Kalit finden sich in den Romanen des Uckermärker Dichters Ehm Welk „Die Heiden von Kummerow" und „Die Gerechten von Kummerow"; **jmd. schwankt (wackelt) wie ein Hochzeitslader** (ugs. scherzh. veraltend) = *über eine betrunkene Person.* Da es ein weitverbreiteter Brauch war, den Hochzeitslader (oder Hochzeitsbitter, Huxbitter), der bei der feier als Unterhalter fungierte (und in einigen Gegenden – z.B. in der Oberlausitz - auch heute noch fungiert), mit Wein und Schnaps zu versorgen, manchmal sogar bewusst in der Absicht, ihn betrunken zu machen, ist es nicht verwunderlich, dass es zur Prägung dieser Redensart kam, denn bei aller Trinkfestigkeit, die ein Hochzeitslader haben musste, konnte es durchaus geschehen, dass es hin und wieder des Guten zuviel wurde. So wurden die Hochzeitsbitter bereits in einer Frankfurter Verordnung von 1653 zur Nüchternheit im Dienst ermahnt. Röhrich 2001, 2, 726; **[da]sitzen (dastehen) wie die Ölgötzen** (ugs. abwertend) = *regungslos, ungelenk stehen (sitzen); zur Unterhaltung nichts beitragen; sich unwissend stellen*; 1500 ff. Küpper 1993, 585; **wie ein Ölgötze** (ugs. abwertend) = *über einen langweiligen, steifen Menschen*; *über einen unbewegt, teilnahms- u. verständnislos wirkenden Menschen.* Fußt seit den Reformationstagen auf der bildlichen Darstellung der schlafenden Jünger Jesu im Garten Gethsemane. Wegen ihrer Regungslosigkeit nannte man sie »Ölberggötzen«, woraus das Stichwort verkürzt ist. Die Bezeichnung ging später auch über auf schwerfällige, plumpe männliche Holzfiguren als Halter für die Öllampe. Küpper 1993, 585; DZR 2002, 785.; Walter 2004, 31-32.

Solche historischen, ethnographischen, mythologischen oder allgemein-kulturellen Kommentare gibt Harry Walter nach Möglichkeit am Ende vieler Lemmata, was das Wörterbuch zu einem besonders wertvollen Nachschlagewerk werden lässt. Das Ziel solcher Kommentare ist es, die nationale Spezifik des bildspendenden Systems des Deutschen und des „deutschen Weltbildes" aufzuzeigen. Deshalb kann man das Wörterbuch in gewissem Maße als Mosaikbild der deutschen Sprachbilder in ihrer historischen Perspektive ansehen. Die Bilder der beschriebenen vergleichenden Wendungen sind dabei die Mosaiksteinchen, aus denen sich das gesamte Bild zusammen setzt.

Solch ein kulturologisches Herangehen gestattet es, deutlicher den Reichtum und die Reichhaltigkeit der Bilder aufzuzeigen, die die deutsche Sprache hervorgebracht hat. Dabei handelt es sich nicht nur um sprachliche, wortgefasste Bilder, sondern auch um Erfahrungen eines vielgestaltigen Lebens des Volkes, das so sein eigenes „Schatzkästchen“ von Vergleichen geschaffen hat.

Unter Berufung auf das eingangs bereits erwähnte bekannte französische Sprichwort *Comparaison n'est pas raison* (Ein Vergleich ist noch kein Beweis), hat der bekannte ukrainische und russische Sprachwissenschaftler A.A. Potebnja in seinem Buch „Мысль и язык“ (Gedanke und Sprache) sehr treffend bemerkt: „Сравнение *n'est pas raison,* но оно, как говорят, может навести на мысль“. Der Autor des Wörterbuches deutscher Vergleiche beschreibt nicht nur plastisch, vielseitig und möglichst vollständig die möglichen Bildungsmodelle der deutschen bildhaften festen Vergleiche, sondern er zeigt auch, dass solche Vergleiche „zum Gedanken führen“, indem er die in ihnen vorhandenen vielgestaltigen geistigen Inhalte beschreibt. Allein deshalb schon ist dem originellen, in der deutschen Lexikographie ersten linguistischen Wörterbuch fester Vergleiche ein langes Leben vorauszusagen und es macht neugierig auf den idiographischen Teil, der als Band 2 dieses Nachschlagewerks vorgesehen ist.

Prof. Dr. Dr. h.c. Valerij Mokienko
Staatliche Universität Sankt Petersburg

Zu Ein- und Ausgrenzungen, Ordnung und Unordnung des Sprachmaterials

Das vorliegende Wörterbuch der Vergleiche setzt sich von vornherein der Kritik aus, unvollständig zu sein. In einem so lebhaften Organismus, wie es die Sprache ist, kann das auch gar nicht anders sein. Schließlich entsteht täglich Neues, das sich in der Sprache „einbürgert", aber auch okkasionelle „Eintagsfliegen", regionale Ausdrücke oder soziolektal determinierte Spracheinheiten. Andererseits reicht allein der Blick in das fundamentale Wörterbuch von Karl Friedrich Wilhelm Wander (s. Literaturverzeichnis), um festzustellen, was für eine große Zahl sprichwörtlicher Vergleiche allein dort verzeichnet ist, denn allein nach dem Modell „etw. ist besser als etw." verzeichnet er 413 Einträge, mit „lieber dies als etw. anderes" ca. 1000 Wendungen. Helmut Karasek bringt den Vergleich „Lieber vom Leben gezeichnet als von Picasso gemalt" (Karasek 2004, 13) und bedient damit das höchst produktive Modell *„Lieber den Spatz in der Hand als die Taube auf dem Dach*", *„Besser arm und gesund als reich und mit Krankheit geschlagen*" (nach Sirach 30, 14), das bereits die sprachliche Kreativität von Generationen angeregt hat. Hiervon kann man sich leicht auf einer großen Zahl von Internetseiten überzeugen. So verzeichnet allein die Seite http://www.ffhex.de/index.html? http://www.ffhex.de/liebals.htm. (10.7.2008) 1133 solcher Wendungen, andere Seiten stehen dem kaum nach: http://www. profifun.de/witze38seite11. html; http://www.witze4u.de/artikel 1941.htm u. v. a. Die Wirkung vieler dieser intelligenten, witzigen – oft jedoch auch derben oder vulgären –Sprachspiele beruht auf dem Kalauern, auf witzigem, mehr oder weniger geistreichem, manchmal sarkastischem Umgang mit homophonen, homonymen oder homographen Wörtern und Ausdrücken oder auf der Wirkung von Oxymoronen oder selbst dem Zusammenbringen von Dingen, die auf den ersten Blick nichts miteinander zu tun haben: *Lieber einen dicken Chef als ein dünnes Gehalt. Lieber Abendrot als Morgengrauen. Lieber ein Holzbein als ein Holzkopf.* L. Röhrich führt eine ganze Reihe solcher Wendungen mit dem Komparativ „lieber" an, die fast ausschließlich der niederen Umgangssprache angehören: *Lieber eine Laus im Pott als gar kein Fleisch; Lieber scheintot im Massengrab; Lieber klopfe ich mir selber Steine auf dem Arsch; Lieber ein Jahr in Sibirien ohne Hose; Lieber den nackten Arsch in Schwefelsäure hängen; lieber fünf Minute geschämt als Geld ausgebe (schwäbisch); lieber e Ranze vum Esse als e Buckel vum Schaffe; Lieber krankfeiern als gesundschuften; Lieber den fleißigen Bock zum Gärtner als den faulen zum Ehemann; Lieber durch Glück dumm als durch Schaden klug; Lieber reich und glücklich als arm und unglücklich; Lieber etwas in der Birne haben als Birne sein; Lieber fernsehmüde als radioaktiv; Lieber instand setzen als kaputtbesitzen; Lieber Gott als tot; Lieber Sonne im Herzen als Eis am Stiel; Lieber einen guten Film als ein schlechtes Gespräch; Lieber gar keine Haare als eine Glatze; Lieber ein kalter Krieger als ein warmer Bruder; Besser ein kinderloses Ehepaar als ein eheloses Kinderpaar; Lieber nett im Bett als cool auf dem Stuhl; Lieber no* *future als überhaupt keine Zukunft; Lieber von Picasso gemalt als vom Schicksal gezeichnet; Lieber 'nen Tag in Eis und Gletscher als 'ne Nacht mit Margret Thatcher!; Lieber strahlen als zahlen (mit Bezug auf die Entschädigung der Landwirte nach dem Reaktorunglückin der UdSSR 1986); Lieber Ostern als Western; Lieber rot als tot.* (Röhrich 2001, 3, 966).

Es ist unmöglich, die Tausenden solcher Beispiele in einem kleinen Wörterbüchlein darzubieten – und es ist auch nicht angebracht. Vielmehr kommt es uns an dieser Stelle darauf an, die grundlegenden Modelle, nach denen Vergleiche im Deutschen gebildet werden, aufzuzeigen und damit die Grundlage zu legen, im nächsten Schritt eine sprachübergreifende Analyse durchzuführen und zu untersuchen, welches tertium comparationis im „sprachlichen Weltbild" eines Volkes wofür genutzt wird und wie sich hierin Nationales und Internationales in der Phraseologie zeigen. Die Idiomatik (resp. Phraseologie) wird traditionell als Schatzkammer der nationalen Spezifika jeder Literatursprache angesehen. Sehr häufig wird dieser Feststellung der Zusatz „zu Recht" beigefügt. Trotzdem ist eben dieses „zu Recht" in vielen Fällen nicht unumstritten. Erst nach einer genauen Untersuchung der Einzelsprachen kann man, wie mir scheint, eigentlich nationale Idiome von Internationalismen unterscheiden und einer Überbewertung des Nationalen entgegen wirken, wozu dieses Wörterbüchlein eine gewisse Vorarbeit leisten soll.

Phraseologische Vergleiche bilden eine „Subklasse der Phraseologie" (Hessky), die sich durch einige spezifische Merkmale relativ leicht identifizieren und beschreiben lassen. Sie bestehen aus einem Vergleichsobjekt (Vergleichsgröße oder comparandum), einem Vergleichsmaß (comparatum) und einer Vergleichspartikel/Konjunktion als Verbindungsglied. „Die inhaltliche Beziehung zwischen Vergleichnisobjekt und Vergleichnismaß beruht auf einer Ähnlichkeit im weitesten Sinn des Wortes. ... Die in Vergleichen erfassten Ähnlichkeitsrelationen können sowohl objektiv gegeben, begrifflich/ faktisch (und semantisch) nachvollziehbar wie auch subjektiv und/oder gefühlsmäßig bedingt sein. Im letzteren Fall handelt es sich dann nicht um reale oder abgebildete Gemeinsamkeiten, sondern eher um gestiftete Analogien, willkürlich geschaffene Korrespondenzen" (Hessky 1989, 195-196).

Bei jedem Wörterbuch stellt sich der Autor die Frage, wie die Anordnung der Stichwörter erfolgen soll, denn Idiome i.e.S. lassen sich infolge ihres besonderen Charakters häufig nicht in direkte Beziehung zum Stichwort bringen. Zudem verfügen die komparativen Phraseologismen über eine Reihe „expliziter struktureller Merkmale" (Fleischer 1997, 193; Báčová 2006, 23-25):

- Anschluss des Vergleichs an ein Verb oder Adjektiv/Adverb durch „wie" + Substantiv: *frieren wie ein Schneider;*
- Anschluss des Vergleichs an ein Verb oder Adjektiv/Adverb durch „wie" + Partizip: *passen wie angegossen; kommen wie gerufen; aussehen wie geleckt*

- Anschluss des Vergleichs an ein Verb oder Adjektiv/Adverb durch „wie" + Satz: *jmd. redet, wie er es versteht;*
- Anschluss des Vergleichs an ein Substantiv durch „wie" + Substantiv: *ein Kerl wie ein Baum;*
- Anschluss des Vergleichs vorwiegend an ein Verb oder Adjektiv/Adverb durch andere Strukturen: *jmd. tut, als hätte er die Weisheit mit Löffeln gefressen; aussehen, als hätten einem die Hühner das Brot weggefressen.*

Im vorliegenden Wörterbuch ist die in der modernen slawistischen Phraseologie übliche Verfahrensweise gewählt worden, die Stichwörter nach dem sog. „Kernwort" der phraseologischen Einheiten zu präsentieren, also nach dem ersten Substantiv, Adverb, Adjektiv usw. Das Kernwort ist dabei kein rein lexikographischer Begriff und keineswegs mit dem Kernwort einer Wortfügung identisch. Dieses Herangehen bietet uns jedoch die Möglichkeit, alle Vergleiche mit gleichem tertium comparationis (z.B. Hund, Kuh) zusammen zu finden. So finden wir *ein Gedächtnis haben wie ein Elefant (das Gedächtnis eines Elefanten haben)* unter dem Stichwort „Gedächtnis" so, wie *ein Gemüt haben wie ein Elefant* unter „Gemüt" eingeordnet ist. Den Vergleich *nachtragend wie ein [indischer] Elefant (auch: ein Wasserbüffel) sein* findet der Leser unter „Elefant". Verweise auf das jeweilige Stichwort sollen die Suche erleichtern. Ein solches Herangehen erschwert andererseits jedoch eine idiographische Suche (z.B. zum phraseologischen Feld „trinken, betrunken, Trunksucht" – ein in allen europäischen Sprachen sehr verbreitetes Feld, nicht nur in den slawischen, wie manche – vor allem slawische – Sprachwissenschaftler meinen). Solch eine Darstellung muss einem 2. Band vorbehalten sein und kann als linguistische Arbeit das Büchlein von H.P. Brugger (1993) ergänzen, das ein reiches Material nach Sachgruppen geordnet bietet, darunter auch sehr vieles, was nicht zu den Vergleichen i.e.S. zu zählen ist, z.B. bildhafte Formulierungen, die wir ausgespart haben: *bei jmdm. ist Verstand Mangelware; jmd. ist ein Mondkalb, und zwar von der Rückseite; jmd. ist Müllers Sackträger; jmd. hat die Weisheit mit löchrigen Löffeln gefressen; jmdm. guckt die Dummheit aus allen Knopflöchern; jmd. hat Kerbelsuppe gegessen; ein Mensch ohne jeden Schimmer; jmd. versteht mit knapper Müh' und Not, was ein Großfeuer ist; jmd. hat in seinem Leben nie eine Schule von innen gesehen; jmd. hat bei der Erfindung des Pulvers im Nebenzimmer gesessen; bei jmdm. haben sie wohl das Kind fortgeworfen und die Nachgeburt aufgezogen* (Brugger 1993, 54-55).

Wichtig war uns die Charakteristik der Einheiten im Hinblick auf ihre Anwendungssphäre und eine stilistische Charakterisierung der Vergleiche. Das Wesen der Phraseologie bedingt, dass Wertungen, Emotionen ausgedrückt werden – und dabei meist negative, dass es sich selten um stilistisch neutrale Einheiten handelt. Diese Charakterisierungen sind eine unbedingte Voraussetzung dafür, sprachübergreifend zu arbeiten, zumal einerseits gleiche Bilder in unterschiedlichen Sprachen an unterschiedliche Bedeutungen, darunter auch stilistische, gebunden sein können und dies zu interkulturellen Missverständnissen führen kann (wie es sehr gut Lichtenberg 1994, 37-39 zeigt), andererseits unterschiedliche Bilder für den Ausdruck ein und desselben Gedankens gewählt werden können, was z.B. Činkure (2006, 14ff.) und vor allem das Wörterbuch von Z. Fink (Fink 2006) u.a. am Beispiel von neun slawischen Sprachen (Bulgarisch, Kroatisch, Makedonisch, Ukrainisch, Russisch, Polnisch, Slowakisch, Slowenisch und Tschechisch) eindrucksvoll demonstrieren (vgl. auch die kultursemiotische Arbeit von Dobrovol'skoj und Piirainen 1997, die eine große Zahl von Tiervergleichen enthält – und das im europäischen Kontext). Wichtig scheint auch, auf veraltete oder seltene Erscheinungen hinzuweisen und – nach Möglichkeit – den Zeitpunkt der ersten Fixierung unserer Vergleiche anzugeben. Hier wird weiter zu arbeiten sein.

Im Unterschied zu etymologischen Wörterbüchern wählen wir eine synchrone Darstellung. Deshalb bestimmt die Etymologie nicht die Reihenfolge der angeführten Bedeutungen. Die allgemeinere und gebräuchlichere Bedeutung steht an der ersten Stelle, auch wenn sie später entstanden ist als speziellere Bedeutungen. Etymologische Angaben zum Stichwort dienen dabei der Illustration und sind in der Mehrzahl der Fälle dem Duden Universalwörterbuch (1989) entnommen. Andere Quellen werden gekennzeichnet. Bei der Entscheidung der Abgrenzung von Polysemie und Homonymie wurden der gegenwärtige Forschungsstand und auch die spezifischen Aufgaben der Lexikographie berücksichtigt. Als unbestreitbare Homonyme gelten dabei Wörter, die zwei oder mehrere synchron nicht miteinander in Beziehung stehende Bedeutungen haben, z.B. **SPIEß**[1] und **SPIEß**[2]. Da jedoch bisher keine festen Kriterien für die Abgrenzung von Polysemie und Homonymie vorliegen, und auch solche Fragen wie die Vereinbarkeit von allgemeinen und speziellen, direkten und übertragenen Bedeutungen innerhalb mehrdeutiger sprachlicher Einheiten nicht völlig geklärt sind, wird hier der Begriff *Polysemie* weit gefasst und deshalb werden in einem Wörterbuchartikel sehr verschiedene Bedeutungen vereinigt, wenn zwischen ihnen mehr oder weniger fühlbare semantische Beziehungen bestehen. Diese Einstellung scheint gerechtfertigt durch die speziellen Forderungen an die Gestaltung des vorliegenden Wörterbuches und vor allem im Interesse der potentiellen Nutzer, denn eine starke Einengung der Grenzen der Homonymie würde zu einer „Zerstückelung" vieler Einträge führen und die Zahl der Stichwörter stark vergrößern. Wichtiger schien es jedoch, Angaben historisch-etymologischer Art innerhalb der Einträge zu liefern.

Das vorliegende Wörterbuch versteht sich als kleiner Beitrag dazu, die Voraussetzungen zu verbessern, deutsche komparativische Phraseologismen denen anderer europäischer Sprachen gegenüberzustellen, laufende Arbeiten zu unterstützen, neue Projekte anzuregen – und dadurch Nationales und Internationales besser zu erkennen und die sich in versprachlichten Stereotypen verfestigten deutschen „Grundmuster kollektiver Selbstfindung“ (Lichtenberg 1994, 39; Fink 2006) vor einem breiten europäischen Hintergrund zu beschreiben.

Ich möchte ganz herzlich allen danken, die mich bei der Sammlung und Bearbeitung des Materials zum vorliegenden Wörterbuch so tatkräftig unterstützt haben. Anne Walter hat in der Literatur nach Vergleichen gestöbert und vieles Wertvolles zusammengetragen, meine Frau Regina mich immer wieder ermutigt, die Arbeit zu Ende zu führen und wichtige Hinweise gegeben. Frau Rebecca Wilpert hat sich mit großer Akribie der Mühe unterzogen, das Manuskript möglichst fehlerfrei zu gestalten. Meine Kollegen Slawisten – vor allem die Mitglieder der Phraseologischen Kommission beim Internationalen Slawistenkomitee – haben mich immer und immer darin bestärkt, dass ein solches Material für die internationale Forschung benötigt wird. Hierfür nochmals herzlichen Dank.
Gern nehme ich Hinweise, Ergänzungen und Kritiken entgegen, die ganz sicher in einen zweiten Band einfließen werden.

Harry Walter

A

A [a:], das; - (ugs.: -s), [mhd., ahd. a]

Das passt wie A auf E. (ugs. selten) = *gut passen.* Wenn ein Handwerker Zugeschnittenes zusammenfügte und es passte sogleich, dann pflegte er im Niederdeutschen scherzh. zu sagen: *Dat passt as de Äs up'n Emmer*; oder kurz: ... *as Äs up E.* In dieser Form ist die Redensart auch ins Hochdeutsche gelangt. Röhrich 2001, 1, 365.

AAL, der; -[e]s, -e [mhd., ahd. al]

glatt (schlüpfrig) wie ein Aal (ugs. oft abw.) = *charakterlich geschmeidig; überfreundlich; schlau, ohne überführt werden zu können.* Der Aal ist schwierig festzuhalten. 19. Jh. Küpper 1993, 54; Schemann 1993, 3; Szczęk, Wysoczański 2004, 126. Vgl. Schlange. Die Wendung ist ein geflügeltes Wort und geht zurück auf Anguilla est: elabitur (Plautus, Pseudolus 747), wo es heißt: *Er ist ein Aal, er entgleitet einem.* Lexikon lateinischer Zitate und Wendungen, S. 882. Der Vergleich existiert in vielen Sprachen, z.B. russ.: *скользкий как угорь.* Mal'ceva 2002, 31.

dünn wie ein Aal (ugs.) = *sehr dünn, hager.* (Duden)

geschmeidig wie ein Aal (ugs. selten) = 1. *biegsame, gelenkige Glieder besitzend und daher sehr gewandt; mit gleitenden, kraftvollen und dabei anmutigen Bewegungen.* 2. (oft abwertend) *anpassungsfähig, wendig im Gespräch oder Verhalten.* Szczęk, Wysoczański 2004, 126. 3. (oft meliorativ) *sehr wendig und geschickt.*

jmdm. entschlüpfen wie ein Aal (ugs. selten) = *sich schnell und geschmeidig einer Bedrohung oder Bewachung entziehen.* Szczęk, Wysoczański 2004, 126; Wander 1, 4.

Er macht's wie die Aale von Melun, er schreit, eh' man ihn häutet. (veraltet selten) = *über jmdn., der vor großer Furcht bereits vor dem Eintreten des befürchteten Ereignisses ohne triftigen Grund [laut] wehklagt.* Der Ursprung dieser Redensart soll folgender sein: „Es war früher in den Schulen Frankreichs Brauch, dass die Schüler dramatische Vorstellungen gaben, um ihr Gedächtniss wie ihren Vortrag zu bilden. Die Schüler von Melun gaben nun einst ein Stück, in welchem einer derselben, Namens Languille, die Person des heiligen Bartholomäus vorstellte, der, wie man erzählt, lebendig geschunden ward. Als sich der Vollstrecker ihm mit dem Messer in der Hand näherte, um ihm scheinbar die Haut abzuziehen, begann Languille, von plötzlicher Furcht ergriffen, dermassen zu schreien, dass das Stück unterbrochen ward. Dieser Vorfall ging von Mund zu Mund und ward Sprichwort, dessen man sich bediente, sowol um die Schüler von Melun zu necken, als auch um eine grundlose Furcht zu bezeichnen". Wander 1, 3-4.

sich [drehen und] winden (krümmen) wie ein Aal (ugs.) = 1. *sich aus einer unangenehmen, schwierigen Lage zu befreien suchen.* 2. *sich in einer Sache nicht festlegen wollen; etw. nicht zugeben wollen.* Schemann 1993, 3. Poln. *wić się jak pikorz.* WW 2004, 114; Szczęk, Wysoczański 2004, 92, 126; Mal'ceva 2002, 31.

zittern wie ein Aal (ugs.) = *sehr furchtsam sein; übertriebene Angst haben.* 1900 ff. Küpper 1993, 55. Der Zitteraal ist ein (in Südamerika heimischer) dem Aal ähnlicher Fisch von brauner Färbung, der an den Schwanzflossen elektrische Organe besitzt und seine Beute durch Stromstöße tötet.

AALGLATT <Adj.>

aalglatt = 1. (seltener) *überaus glatt, glatt wie ein Aal.* 2. (abwertend) *schwer zu fassen; fähig, sich aus jeder Situation herauszuwinden.* Schemann 1993, 3. S. glatt wie ein Aal.

AAS, das; -es, -e u. Äser [im nhd. Wort sind zusammengefallen mhd., ahd. az = Essen, Speise; Futter u. mhd. as = Fleisch zur Fütterung der Hunde u. Falken, Aas; beides zu essen u. eigtl. = Essen, Fraß]

auf jmdn. fliegen wie die Würmer auf Aas (ugs.) = S. Wurm.

stinken wie [ein] Aas (ugs. abwertend) = *sehr unangenehm riechen, stinken.* Röhrich 2001, 1, 53. Aas ist ein toter, in Verwesung übergehender Tierkörper, der unangenehme Gerüche aussendet.

wie Aas (ugs.) = 1. *sehr stark, sehr intensiv.* 2. *ununterbrochen; ausdauernd.* 3. *vortrefflich.* S. *wie die Pest.*

AASGEIER, der

wie die Aasgeier über jemanden herfallen (ugs. abwertend) = *sich auf jmdn. [Schwächeren] stürzen; habgierig sein; jmdn., ein Land o. Ä. unerwartet hart angreifen.*

ABÉ, der

immer noch besser als vor dem Abé in die Hose geschissen (derb) = *Ausdruck der Befriedigung über ein halbwegs geglücktes Unternehmen.* 1910 ff. Küpper 1993, 3.

ABÉDECKEL, der; -s, -

ein Kotelett so groß wie ein Abédeckel (ugs. scherzhaft) = S. Kotelett.

ABNAGEN <sw. V.; hat>

wie abgenagt sein (ugs.) = *mager, dürr sein.* Vergleichsweise wie ein Knochen, an dem kein Fleisch mehr geblieben ist. Seit dem frühen 20. Jh. S. 1. Küpper 1993, 6.

ABORTDECKEL, der

so groß wie ein Abortdeckel (ugs.) = *sehr groß (breit, plump)* (z.B. über Hände). 1900 ff. Küpper 1993, 10. *Abortdeckel* ist der Deckel auf einem *Abort* ['abɔrt], der Toilette [wohl aus dem Niederd., eigtl. ′abgelegener Ort′] (wird heute hochsprachlich meist gemieden, in der Amts- und Fachsprache sowie in festen Wendungen jedoch noch gebräuchlich). S. Abtrittdeckel.

ABRAHAM, in der Wendung

[sicher] wie in Abrahams Schoß sein (ugs.) = *sehr sicher, geschützt sein; sich in guter Hut befinden.* Vgl. *In Abrahams Schoße sitzen (liegen)* - *′in sehr guten Verhältnissen leben; ohne Sorgen leben; sich sehr glücklich fühlen′.* Der Vergleich ist spätestens ab dem 17. Jh. gebräuchlich. Küpper 1993, 11. Er geht auf die Bibel zurück, wo berichtet wird, dass der »arme Lazarus« bei seinem Tod von Engeln in Abrahams Schoß gebracht wird: »Es begab sich aber, dass der Arme starb und ward getragen von den Engeln in Abrahams Schoß.« (Lukas 16, 22) Abraham war einer der Erzväter des Volkes Israel. *Abrahams Schoß* ist bereits im Neuen Testament eine Metapher für das Paradies. - Wer *wie in Abrahams Schoß* sitzt, fühlt sich sicher und geborgen oder auch in einer nur äußerlichen Weise in einer besonders bequemen oder angenehmen Lage. Eine Weiterführung des Bildes von Abrahams Schoß ist die (ihrer Herkunft nach unklare) Fügung *Abrahams Wurstkessel*, mit der in scherzhafter Weise das Jenseits umschrieben wird, und zwar in zweierlei Hinsicht. Wenn man von jemandem sagt, er sei zu einer bestimmten Zeit *noch in Abrahams Wurstkessel gewesen*, so drückt man damit aus, dass er damals noch nicht geboren, noch im Jenseits war. Sagt man aber von jemandem, er komme *bald in Abrahams Wurstkessel*, so heißt das, dass er bald sterben, ins Jenseits kommen wird. DZR 2002, 787.

ABREIßKALENDER, der

abnehmen wie ein Abreißkalender (ugs.) = *zusehends abmagern.* 1920 ff. Küpper 1993, 12. Vom Abreißkalender wird täglich ein Blatt abgerissen, wodurch er kontinuierlich dünner wird.

ABSCHIED [zu abscheiden], der; -[e]s, -e

Abschied nehmen wie der Teufel [- mit Gestank] = *jemand entfernt sich, ohne sich anständig zu verabschieden, ohne seine Schulden zu bezahlen oder seinen sonstigen Verpflichtungen nachzukommen.* Nach dem Volksglauben hinterläßt der Teufel, wenn er durch ein heiliges Wort oder Zeichen verscheucht wird, einen entsetzlichen Schwefelgestank. Es gibt eine Reihe weiterer Redensarten, die bedeuten, dass sich jmd. „nicht ordentlich" verabschiedet: schwäbisch *franz. Abschied nehmen*, ostpreußisch *polnisch Abschied nehmen* oder auch *einen stumpfen Abschied nehmen*; vgl. franz. *filer à l'anglaise*; wörtlich - ´sich engl. verdrücken´, ebenso russ. *прощаться по-английски.*

Abschied nehmen (abschleichen) wie die Katze vom Taubenschlag[e] (veraltend) = Dass., wie *Abschied nehmen wie der Teufel [- mit Gestank] (S.).* Wander 1, 15.

ABSCHNEIDEN <unr. V.; hat>

wie abgeschnitten (ugs.) = *plötzlich beendet; über etw., das plötzlich aufhört; über ein unerwartetes, schnelles Ende eines Vorgangs, einer Erscheinung.*

ABSZESS, der, österr. auch: das; -es, -e [lat. abscessus, zu: abscedere (2. Part.: abscessum) = sich ablagern]

böse wie ein Abszess (bildungsspr.) = *böse, schlecht, schlimm, übel.*

ABT, der; -[e]s, Äbte [mhd. abt, ahd. abbat < spätlat. abbas (Gen.: abbatis)

saufen wie ein Abt (ugs. salopp) = *stark dem Alkohol zusprechen; viel trinken, ein Trinker sein.* Röhrich 2001, 4, 1287; Lapidus 2006, 48. Ähnliche Bildungen sind z.B. *saufen wie ein Domherr (wie ein Kapuziner, wie ein Templer)* u.Ä.

Wie der Abt, so die Mönche. (Sprichwort) = *Vorgesetzte, Vorbilder, Eltern u.a. bedingen das Verhalten Unterstellter, Kinder usw.* Koženjako 1997, 16. Ähnliche Bilder finden wir in: *Wie der Herr, so's Gescherr.*; *Wie der Herr [ist], so [ist] auch der Knecht.* (s.); *Wie der Herr ist, so sind auch die Untertanen.* (s.); *Wie der Hirt(e), so das Vieh.*; *Wie der Hirt, so die Herde (Rinder).* (s.); *Wie die Würze, so der Braten.* (s.).

ABTRITTDECKEL, der

Gesicht wie ein Abtrittdeckel (ugs.) = S. Gesicht.

so groß wie ein Abtrittdeckel (ugs.) = *sehr breit, umfangreich.* (z.B.: ein Kotelett so groß wie ein Abtrittsdeckel). Seit dem ausgehenden 19. Jh. Küpper 1993, 16. *Abtritt* (veraltend, noch landsch.) - ´[einfacher] Abort´. S. Abortdeckel.

ACKER, der; -s, Äcker u. (Feldmaß) - [mhd. acker, ahd. ackar; urspr. = Viehweide]

Wie der Acker, so das Getreide, wie die Wiese, so die Weide, wie der Herr, so der Knecht, wie der Krieger, so das Gefecht. (Sprichwort, teilw. veraltend) = *die negativen Eigenschaften, die schlechten Angewohnheiten eines Menschen, lassen sich auch an den Untergebenen, an seinem Eigentum, den Kindern o. Ä. feststellen.* Wander 5, 708. Näher Vgl. *Wie der Herr, so's Gescherr* (S. Herr). u.v.a.

ACKERGAUL, der (abwertend)

Man kann arbeiten wie ein Ackergaul (Gaul), für [die] Zuschauer ist man immer [noch zu] faul. (Sprichwort) = S. Gaul.

schuften (ackern) wie ein Ackergaul (ugs.) = *schwer, angestrengt arbeiten.* Der *Ackergaul* ist die abw. Bezeichnung eines Ackerpferdes. Das hier realisierte Modell ist weit verbreitet, vgl. *arbeiten wie ein Pferd* (s.), *wie ein Lastesel, Mülleresel, Vieh, Hund, Ross in der Tretmühle, indischer Arbeitselefant* u.a.

ADAM, männl. Vorname [hebr. adam = Mensch]

so lang[e] wie (veraltet: **als) Adam und Eva im Paradies** (veraltend) = *nur kurze Zeit, nicht lange.* Wander erklärt: „Wie die Theologen versichern, kaum einen Tag." Wander 5, 713.

nackt wie Adam (bildungsspr.) = *völlig nackt, unbekleidet.* Der Vergleich bezieht sich auf die Bibel, auf das Alte Testament, in der der erste, von Gott erschaffene Mensch nackt ist. Büchmann o.J., 9.

ADLER, der; -s, - [mhd. adler, adelar(e), eigtl. = Edelaar, zu mhd. ar (Aar), das auch die „unedlen" Jagdvögel wie Bussard und Sperber bezeichnete]

Augen wie ein Adler (Adleraugen) haben = S. Auge.

etw. ist (fliegt) schneller als ein Adler (ein Falke, eine Rakete) = *etw. ist sehr schnell.* Röhrich 2001, 4, 1390.

ADLERAUGE, das

Adleraugen (Augen wie ein Adler) haben = 1. *über scharfe, durchdringend blickende Augen (eines Menschen).* 2. *gutes Sehvermögen besitzen.* (Duden)

ADLERSFLÜGEL <Pl.>

wie auf Adlersflügeln [herbeieilen] (dichter. veraltet) = *so schnell wie möglich [kommen].*

wie auf Adlersflügeln gebettet (getragen) = *sehr sicher; geschützt sein; sich in guter Hut befinden.* Szczęk, Wysoczański 2004, 118.

AFFE, der; -n, -n [mhd. affe, ahd. affo]

angeben wie ein Wald voll Affen (ugs.) = S. Wald.

angeben wie ein wildgewordener Affe (ugs.) = *lärmen; prahlen.* 1920 ff. Küpper 1993, 28.

angeben wie sechs wilde (wie eine Lore) Affen (ugs.) = *stark prahlen.* Anspielung auf die tobenden und kreischenden Affen im Zoo. 1920 ff. Küpper 1993, 29.

angeben wie tausend Affen (wie eine Kiepe voll Affen; wie eine Lore Affen; wie eine Steige voll Affen) (ugs.) = *heftig lärmen; stark prahlen.* 1920 ff. Küpper 1993, 29.

angeben wie zehn nackte Affen (ugs. jugendsprachlich abwertend) = *sich brüsten, prahlen.* 1930 ff. Küpper 1993, 28.

fit wie ein Affe (ugs.) = *volleistungsfähig; einsatzbereit.* Leitet sich her entweder von der Lebhaftigkeit der Affen oder von ihrem starken Geschlechtstrieb. BSD 1960 ff. Küpper 1993, 19.

frieren wie ein Affe (ugs.) = *sehr stark frieren.* Wohl vom Verhalten der Jungtiere hergenommen. 1920 ff. Küpper 1993, 20.

ein Gesicht machen wie ein pensionierter Affe (ugs. abwertend) = S. Gesicht.

klettern wie ein Affe (ugs.) = *ein besonders gutes Steigvermögen haben.* Fliegerspr. 1939 ff. Küpper 1993, 20.

das ist der Moment, wenn (wo) der Affe ins Wasser rennt (springt, luppt) (ugs. scherzh.) = S. Moment.

der Moment, wo der Frosch ins Wasser springt (und sich der Mensch vom Affen unterscheidet) (ugs. scherzhaft) = S. Frosch.

rennen wie ein vergifteter Affe (ugs.) = *außerordentlich schnell, hastig, eilig laufen, rennen.*

schön wie ein kranker Spanier und so lieblich wie ein alter Affe (iron.) = S. Spanier.

schwitzen wie ein Affe (ugs.) = *stark schwitzen.* Dass Affen stark schwitzen müssen, schließt man aus ihrem lebhaften Hinundherspringen. Seit dem frühen 20. Jh. Küpper 1993, 673; Duden, Bd. 11, 30; Szczęk, Wysoczański 2004, 92.

sich wie ein wilder Affe benehmen (ugs.) = *sich ungesittet aufführen.* 1930 ff. Küpper 1993, 19.

sitzen (dasitzen) wie ein Affe (seltener: **wie eine Katze) auf dem Schleifstein** (ugs. scherzh.) = *ungeschickt, in unglücklicher Haltung auf etw. (besonders einem Fahrrad) sitzen; mit krummem*

Rücken sitzen; in gekrümmter Haltung reiten; in schlechter Haltung Rad fahren. Gemeint ist wahrscheinlich, dass bei gekrümmtem Sitzen die Jacke nicht mehr das Gesäß bedeckt, oder dass die unbequeme Unterlage zu unbequemer Haltung zwingt. Spätestens seit 1900. Küpper 1993, 20; Duden, Bd. 11, 666; DZR 2002, 783; Röhrich 2001, 1, 304; Szczęk, Wysoczański 2004, 95.

jmd. sitzt da wie ein Affe im Garnladen (ugs. selten) = *unschlüssig sein, sich nicht zu helfen wissen.* Röhrich 2001, 1, 304.

wie ein Affe (ugs.) = *sehr schnell.* 1900 ff. Küpper 1993, 19.

wie ein gebissener Affe (ugs.) = *sehr schnell.* 1950 ff. Küpper 1993, 19.

wie vom Affen gebissenen (ugs.) = *sehr schnell.* 1950 ff. Küpper 1993, 19.

wie ein vergifteter Affe (ugs.) = *überaus rasch.* Der an sich bewegliche Affe - so denkt man - läuft noch schneller, wenn er vergiftet ist (bzw. Angst hat). 1900 ff. Küpper 1993, 19.

[jmdm.] alles nachmachen wie ein Affe (ugs. abwertend) = 1. *die Sprechweise, bestimmte Bewegungen, Eigenheiten o. Ä. anderer in übertriebener, groteskverzerrender Weise nachahmen.* 2. *jmdn., etw. in einfallsloser, törichter Weise nachahmen.* Vgl. jmdn. nachäffen. Poln. *naśladować kogoś jak małpa.* Szczęk, Wysoczański 2004, 95.

AFFENARSCH, der (derb)

aussehen wie ein Affenarsch (derb) = *im Gesicht rot (stark) geschminkt sein.* 1900 ff. Küpper 1993, 20.

blank wie ein Affenarsch (derb) = 1. *sehr sauber.* 1900 ff. 2. *ohne jegliche Trumpfkarte; ohne jegliches Blatt der geforderten Spielfarbe.* Kartenspieler, 1900 ff. Küpper 1993, 20.

glänzen wie ein lackierter Affenarsch (derb) = *hell (oder farbintensiv) glänzen; stark pomadisiert sein.* Seit dem frühen 20. Jh. Küpper 1993, 20.

glatt wie ein Affenarsch (derb) = *faltenlos; ohne jede Unebenheit.* 1800 ff. Küpper 1993, 20.

schnell (mit gerötetem Gesicht?). Klingt nach Kasernenhofblüte. Sold. 1914 ff. Küpper 1993, 20. Nach dem Modell *wie ein geölter Blitz.*

AFFENARTIG <Adj.>

affenartig (ugs.) = *in der Art und Weise eines Affen:* eine affenartige Behändigkeit; Mit affenartiger (sehr großer) Geschwindigkeit liefen alle davon.

AFFENBUDE, die; -, -n

hier mieft (stinkt) es wie in einer Affenbude (ugs. [derb]) = *in diesem Raum ist viel verbrauchte Luft.* 1914 ff. Küpper 1993, 20.

AFFENKÄFIG, der

das geht ja hier zu wie in einem Affenkäfig (ugs.) = *hier herrscht furchtbarer Trubel, Lärm.* Die Wendung spielt auf den Käfig [im Zoo] an, in dem Affen gehalten werden, und in denen oft ausgelassenes Treiben herrscht.

AFFENKLEISTER, der

kleben wie Affenkleister (ugs. selten) = *stark kleben.* Die Wendung hat nichts mit dem Tier *Affe* zu tun. Vielmehr stammt der erste Teil des Kompositums von hebräisch *afo* - ´backen´ ab. Somit ist die ursprüngliche Bedeutung ´kleben wie zusammengebacken´. Nachama 2000, 42. Denselben Ursprung hat übrigens auch der *Klammeraffe*, die kleinere Heftmaschine zum Zusammenheften einzelner Blätter, mit der etw. mit einer Klammer verbunden wird.

AFFENPINSCHER, der [nach der affenähnlichen Form u. Behaarung des Kopfes]

angeben wie ein wildgewordener Affenpinscher (ugs. abwertend) = *prahlen.* Affenpinscher toben possierlich. 1920 ff. Küpper 1993, 29.

AFFENSCHEIßE, die

dumm wie Affenscheiße (derb abwertend) = *sehr dumm.* Wohl dem Folgenden nachgebildet. 1900 ff. Küpper 1993, 21.

frech wie Affenscheiße (derb abwertend) = *sehr frech. Frech* hat hier die Bedeutung von 'aufdringlich' hinsichtlich des Gestanks. Affenexkremente riechen streng. Seit dem späten 19. Jh. Küpper 1993, 21.

geil wie Affenscheiße (derb) = *sehr wollüstig, liebeshungrig, liebesgierig. Geil* kann aus niederd. *geel* - 'gelb' entstellt sein. 1900 ff. Küpper 1993, 21.

klar wie Affenscheiße (derb iron.) = *völlig einleuchtend. Wie Affenscheiße* nimmt zunehmend den Sinn eines Unüberbietbaren an. 1900 ff. Küpper 1993, 21. Nach dem Modell *klar wie Kloßbrühe.*

scharf wie Affenscheiße (derb) = *liebesgierig.* Analog zu *geil wie Affenscheiße* 3. Etwa seit 1940 ff. Küpper 1993, 21.

AFFENSTALL, der

stinken wie in einem (wie im) Affenstall (ugs. abwertend) = *sehr unangenehm riechen, stinken.* Der Gestank kommt von den Stallbewohnern, den Affen. Szczęk, Wysoczański 2004, 95.

ein Gestank wie im Affenstall (ugs. abwertend) = S. Gestank.

AHNUNG, die; -, -en [zu ahnen]

von etw. Ahnung haben wie die Kuh vom Sonntag (ugs.) = *sich in etw. nicht auskennen, keine Ahnung haben von etw.* Szczęk, Wysoczański 2004, 105.

Ahnung haben wie ein Sägefisch vom Hobeln (ugs.) = *für etw. völlig unbegabt sein.*

AKTIE, die; -, -n

Wie die Aktie, so die Rente (Dividende). = *Das Ergebnis einer Sache richtet sich nach den Anstrengungen, die man ihr entgegengebracht hat.* „Um zu bezeichnen, dass jeder nach Verhältnis seines Anteils interessiert ist, sagen die Franzosen: *Chacun y est pour sa vade*, weil dasjenige Geld, welches man zu Anfange gewisser Spiele als Brélan u.s.w. einsetzt, *la vade* heißt." Wander 1, 26. Eine *Aktie* [niederl. actie < lat. actio = Tätigkeit; klagbarer Anspruch] ist eine Urkunde, in der das Anteilsrecht am Grundkapital einer Aktiengesellschaft festgelegt und der Anspruch auf einen bestimmten Teil des Gewinnes verbrieft ist. Hierauf bezieht sich der Vergleich.

AKUSTIK, die; -

Akustik wie in einem Bauernbett (ugs. scherzhaft) = *übler Geruch; Gestank.* Eigentlich die Lehre vom Schall; hier Anspielung auf laut entweichende Darmwinde. 1930 ff. Küpper 1993, 22.

ALB, ALP, der; -[e]s, -e [mhd., ahd. alp, alb]

etw. liegt wie ein Alb auf jmds. Brust (geh. bildungsspr.) = *eine schwere seelische Last, seelische Bedrückung, Beklemmung empfinden; große Befürchtungen haben, Angst haben vor etw.* Ein *Alb* ist im alten Volksglauben ein koboldhaftes, gespenstisches Wesen, das sich nachts auf die Brust des Schlafenden setzt und bei ihm ein drückendes Gefühl der Angst hervorruft. Vgl. die Komposita *Albtraum, Albdruck.* Der *Albtraum* entsteht dadurch, dass der Schläfer auf irgendeine Weise (Bedecken von Mund und Nase mit der Bettdecke, Bauchlage mit in die Kissen gedrücktem Gesicht, Schnupfen oder andre Erkrankungen der Atmungsorgane) im Atmen behindert wird; verbrauchte Luft im Schlafraum, Belastung des Magens mit schwer verdaulichen Speisen, gewisse Krankheiten befördern das Zustandekommen des Albtraums. Die Art des im Albtraum gesehenen Wesens (ob haarig oder glatt) und seiner Angriffsweise (ob plötzlich überfallend oder langsam beschleichend) hängt oft nachweislich mit der Beschaffenheit des die Atemhemmung bewirkenden Gegenstandes (ob Wolldecke oder Leinen) und mit dem Tempo des Eintretens der Atemhemmung zusammen). – Der Albtraum hebt sich aus der Masse der gewöhnlichen Träume durch eine gewisse Typik seines Inhalts und seiner Formen heraus: der vom *Alb* befallene Schläfer glaubt meistens, dass ein Wesen tierischer oder menschlicher Gestalt sich auf seiner Brust niederlasse und ihn bis zur Erstickungsgefahr drücke; er fühlt sich dabei im Zustande hochgradiger Angst und außerstande, sich zu rühren oder einen Laut von sich zu geben (eigentlicher *Albtraum*), bis endlich eine energische Bewegung, ein Aufschrei oder dgl. ihn zum Erwachen bzw. zu traumlosem Weiterschlafen befreit. Nicht selten sind mit dem *Albdruck* erotische Träume verbunden (erotischer Albtraum). Hervorgehoben wird von den meisten Beobachtern eine ungewöhnliche Lebhaftigkeit und Einprägsamkeit der Albtraumvisionen. HDA 1, 281-282.

ALMSTIER, der; -[e]s, -e

aufgeputzt wie ein Almstier (ugs.) = *geschmacklos bunt gekleidet.* Vgl. Pfingstochse. 1950 ff. Küpper 1993, 24.

ALRÄUNCHEN, das [Vkl. v. mhd. alrun(e), ahd. alrun(a), aus ahd. alb und runen, raunen, wohl eigtl. der Name des in die Wurzel gebannten Geistes]

munter wie ein Alräunchen (ugs. landschaftl. Nordthüringen iron.) = *träge, wenig initiativ.* Die mit *Alraune (Alräunchen)* gebildeten Redensarten stehen in Beziehung zum Volksglauben. Die *Alraune* (Mandragora) ist eine Wurzel von menschenähnlicher Gestalt, die zu zauberischen Zwecken verwendet wurde. Der Mandragora-Glaube ist orientalischen Ursprungs und auf verschiedenen Wegen, besonders durch die gelehrt-magische Literatur, nach Mitteleuropa gelangt. Schon im klassischen Altertum wurde das Nachtschattengewächs Mandragora zum Liebeszauber und als Betäubungsmittel benutzt. Die schlafbringende Wirkung der Pflanze spiegelt sich auch in den Redensarten. Von einem trägen und schläfrigen Menschen sagt man *er hat Alraun gegessen*; vgl. lateinisch *bibere mandragoram* (Sprichwörtersammlung des Erasmus von Rotterdam, 684); vgl. *einen Alraun im Leib haben* (Kinder- und Hausmärchen der Brüder Grimm 183). Röhrich 2001, 1, 76. Im heutigen Sprachgebrauch wird *Alraun* verwendet für: 1. einer menschlichen Gestalt ähnliche oder entsprechend zurechtgeschnitzte Alraunwurzel, die nach dem Volksglauben Zauberkräfte besitzt u. zu Reichtum und Glück verhilft. 2. über Zauberkräfte verfügendes Wesen. (Duden).

ALT <Adj.; älter, älteste> [mhd., ahd. alt, eigtl. = aufgewachsen, verw. mit lat. alere, Alimente]

Man ist so alt, wie man sich fühlt = *Nicht auf das Alter kommt es an, sondern auf die richtige Einstellung und die körperliche und geistige Kondition.*

ALTE, der; -n, -n

etw. wie ein Alter machen (ugs.) = *wie ein erwachsener, erfahrener Mensch handeln.*

Wie die Alten sungen, so zwitschern [auch (schon)] die Jungen (Sprichwort) = *Das Sprichwort bezieht sich in den meisten Fällen auf die negativen Eigenschaften, die sich von den Eltern auf die Kinder übertragen, oder auf das negative Beispiel der Eltern, das von den Kindern nachgeahmt wird.* DZR 2002, 783. *Die Erziehung und das eigene Vorbild bedingen das Verhalten der Kinder.* Koženjako 1997, 46; Sprichwörter 1978, 57; Weidenfeld 2000, 13. Vgl. *Wie der Baum, so die Frucht; Wie der Baum, so die Birne. Wie die Mutter, so die Dirne.* (S. Baum) u.a.

ALTERSHEIM, das

pennen wie ein komplettes Altersheim (spöttisch abwertend) = *unaufmerksam sein.* (Duden). Das *Altersheim* ist ein Altenwohnheim, ein Seniorenheim.

AMATEUR, der; -s, -e [frz. amateur < lat. amator = Liebhaber]

etw. machen (arbeiten) wie ein Amateur (ugs. leicht abwertend) = *eine Aufgabe ohne die nötigen Fachkenntnisse zu bewältigen versuchen.* (Duden).

AMEISE, die; -, -n [mhd. ameiʒe, ahd. ameiʒa, zu ahd. meiʒan = (ab)schneiden, eigtl. = die Abgeschnittene, wohl nach dem scharfen Einschnitt zwischen Vorder- und Hinterkörper]:

wie die Ameisen (ugs.) = *in großer Anzahl* (über Menschen); *über eine Ansammlung vieler Menschen.*

fleißig (arbeitsam, emsig) wie eine Ameise (die Ameisen) (ugs. meliorativ) = *sehr fleißig, sehr arbeitsam.* Poln. *pracowity (pracuje) jak mrówka.* Chrissou 2001, 114; Szczęk, Wysoczański 2004, 133. Vgl. *fleißig wie eine Biene, ein Bienchen.*

AMEISENHAUFEN, der

es geht durcheinander wie in einem Ameisenhaufen (ugs.) = *über ein großes Durcheinander, über unübersichtliches Tun vieler Personen.* Szczęk, Wysoczański 2004, 133.

[ein] Gewimmel wie im Ameisenhaufen (ugs.) = S. Gewimmel.

es wimmelt wie in einem Ameisenhaufen (ugs.) = *über große Geschäftigkeit; über unübersichtliches Tun vieler Personen, die sich [in großer Menge] rasch, lebhaft durcheinander bewegen, irgendwohin bewegen.* Szczęk, Wysoczański 2004, 133.

AMEN, das; -s, - <Pl. selten>

Das ist so sicher wie das Amen in der Kirche (in der Bibel, im Gebet) = *das ist ganz bestimmt; das ist mit Sicherheit zu erwarten; ganz gewiss.* Duden, Bd. 11, 35. Hergenommen vom häufigen und regelmäßigen Gebrauch des Wortes *Amen* im christlichen Gottesdienst. Spätestens seit 1700. Küpper 1993, 25. Entlehnt aus lateinisch *āmēn* als Schlussformel des christlichen Gebets, dieses aus griech. *amēn*, aus hebr. *'āmēn*, zu hebr. *'āman* „stärken, bekräftigen". Ein Wort der Bekräftigung: *„so soll es sein!"*. Ebenso nndl. amen, ne. amen, nfrz. amen, nschw. amen, nisl. amen. Kluge 2002, 38.

etw. ist so wahr wie das Amen in der Kirche (wie das Evangelium) = *völlig der Wahrheit ensprechend.* Es ist so wahr, als wenn's Gott selber sagte, vgl. lateinisch *Non Apollinis responsum magis verum, atque hoc dictum est.* Röhrich 2001, 1689; Lapidus 2006, 28.

AMÖBE, die; -, -n [zu griech. amoibe = Wechsel, Veränderung]

schleimen wie eine Amöbe (ugs. abwertend) = *langsam begreifen.* Schül. seit 1955. Küpper 1993, 25.

AMTLICH <Adj.> [mhd. ambetlich, ahd. ambahtlih]

jmd. tut, als ob er's amtlich hätte (ugs.) = *er tut so, als sei jeglicher Zweifel unangebracht.* 1950 ff. Küpper 1993, 26.

AMTMANN, der; -[e]s, ...männer

voll wie ein Amtmann (ugs. selten) = *stark betrunken sein; unter starkem Alkoholeinfluss stehen.*

ANBLASEN <st. V.; hat>:

etw. ist wie angeblasen gekommen (ugs.) = *die Krankheit ist plötzlich ausgebrochen.* Fußt auf dem Aberglauben, wonach man einen Menschen durch Anhauchen verhexen kann.1900 ff. Küpper 1993, 29.

ANGEL, die; -, -n [mhd. angel, ahd. angul, zu ahd. ango = Haken (eigtl. = der Gekrümmte, Gebogene), verw. mit Anker]

wie ein Fisch an der Angel zappeln (ugs. selten) = S. Fisch.

ANGELRUTE, die
gebogen wie eine Angelrute (ugs.) = *stark gebogen, gekrümmt*. Ilf, Petrov. Zwölf Stühle, Kap. 36. Die Rute ist ein Teil der Angel, an dessen Ende eine Schnur mit einem Haken befestigt ist. Beim Fang eines Fisches biegt sich diese stark.

ANGIEßEN <st. V.; hat>
etw. passt (sitzt) wie angegossen (ugs.) = 1. *genau passen, einen tadellosen Sitz haben* (über Kleidung). DZR 2002, 781. 2. *zusammen passen*. Borneman 2003, 7.11. Der Vergleich stammt aus der Gießereitechnik und bezog sich ursprünglich auf die Gussmasse, die sich genau der Form anpasst.

ANGST, die; -, Ängste [mhd. angest, ahd. angust, eigtl. = Enge, verw. mit eng]
mehr Angst als Vaterlandsliebe haben (scherzh.) = *sehr ängstlich, furchtsam sein*. Die Redensart ist in Kriegszeiten entstanden (Röhrich 2001, 1, 84), nach Küpper (1993, 31) *ängstlich vor dem Feind sein*, jedoch vor dem ersten Weltkrieg, 1900 ff.

ANNAGELN <sw. V.; hat>
wie angenagelt (festgenagelt, angewurzelt) [sitzen, stehen] (ugs.) = *unbeweglich sein, sich nicht von der Stelle rühren*. Bierich 2005, 241.

ANNO [lat. anno, Ablativ von: annus = Jahr] (veraltet)
Anno eins (als der große Wind war) (ugs.) = *vor sehr langer Zeit*. Anspielung auf den Orkan vom 3. November 1801. 19. Jh. Küpper 1993, 34.
Anno Schnee, wie der große Siebzehner gefallen ist (ugs.) = *vor langer Zeit*. 1933 ff. Küpper 1993, 34.

ANPUSTEN <sw. V.; hat> (ugs.)
die Krankheit ist plötzlich ausgebrochen. 1993, 30.

ANSCHLAGSÄULE, die
verschwiegen wie eine Anschlagsäule sein (iron.) = *alles ausplaudern*. Ironie; denn die Anschlagsäule dient der Reklame. Seit dem späten 19. Jh. Küpper 1993, 36. S. Litfaßsäule.

ANSICHT, die; -, -en
Ansichten wie in (aus) der älteren Steinzeit (ugs.) = *völlig veraltete Ansichten*. 1930 ff. Küpper 1993, 796.

ANSPUCKEN <sw. V.>
das ist wie [an]gespuckt für jmdn. (ugs.) = *das passt ausgezeichnet zu jmdm*. 1960 ff. Küpper 1993, 292. S. spucken.

ANTWORT, die; -, -en [mhd. antwürte, ahd. antwurti, eigtl. = Gegenrede, aus mhd., ahd. ant- (Antlitz) u. Wort]
Besser eine kluge Antwort langsam, als eine dumme schnell. (Sprichwort) = *Es ist besser, gründlich zu überlegen, als vorschnell zu urteilen*. Wander 5, 780. Das Sprichwort ist in Europa verbreitet und findet eine gewisse Parallele in *Der Morgen ist klüger als der Abend* (s.).

ANWURZELN
wie angewurzelt (angenagelt, festgenagelt) [da]stehen (auch: **stehen bleiben**) (ugs.) = *vor Schreck (Überraschung, Verwunderung, Aufregung) stehen bleiben*. Der Ausdruck beschreibt den Zustand, wenn jemand ohne jede Bewegung dasteht oder plötzlich regungslos stehen bleibt. Die Regungslosigkeit resultiert meist aus einem Gefühl der Überraschung, von dem der Betreffende überwältigt ist. DZR 2002, 781. Vgl. einwurzeln.

APFEL, der; -s, Äpfel [mhd. apfel, ahd. apful, urspr. wohl = Holzapfel]

da bleiben soviel Äpfel wie (als) Birnen (ugs. selten) = *eine Sache ist unentschieden.* Die Redensart findet sich schon bei Johann Fischart („Da pleiben so vil Oepfel als bieren"; »Bienenkorb« 86 b), ist aber sonst relativ selten belegt. Röhrich 2001, 1, 93.

das ist einen Apfel (Appel) und ein Ei wert (ugs.) = *das ist (fast) wertlos.* 1950 ff. Küpper 1993, 40.

rund wie ein Apfel = *völlig rund.* Röhrich 2001, 5, 1725.

so voll sein, dass kein Apfel (keine Stecknadel) zu Boden (zur Erde) fallen kann (könnte) = *sehr voll, überfüllt sein.* Duden, Bd. 11, 770. S. Stecknadel.

APFELARTIG <Adj.>

apfelartig = *wie ein Apfel geartet.* (Duden)

APFELBAUM, der

hocken wie eine Sau auf dem Apfelbaum (salopp) = S. Sau.

passen wie der Sau das Halsband (salopp abwertend selten) = S. Sau.

weglaufen (laufen) wie die Sau vom Trog (ugs. abwertend) = S. Sau.

APFELFRAU, die

das ist hier nicht wie bei der Apfelfrau (ugs.) = *das ist hier nicht gestattet; Ausnahmen werden nicht geduldet.* Bei der Obst- und Gemüsehändlerin kann man aussuchen. 1900 ff. Küpper 1993, 40.

APFELGRÜN <Adj.>

apfelgrün = *kräftig hellgrün, wie ein Apfel.*

APFELHÖKER, der; -s, -

dasitzen wie ein Apfelhöker (ugs.) = *jmd. ist ungeschickt, ratlos.* Anspielung auf den Obsthändler, der keinen Abnehmer findet. Skatspielerspr., spätestens seit 1900. Küpper 1993, 40. Ein Höker [aus dem Ostmd., wahrsch. zu Hucke] (veraltet) ist ein Kleinhändler, Inhaber einer Verkaufsbude od. eines offenen Standes. Vgl. *verhökern* (ugs.) - ´(einzelne Gegenstände) zum Kauf anbieten und zu Geld machen´.

APFELMUS, das

gerührt wie Apfelmus [sein] (ugs. scherzh.) = *sehr gerührt [sein].* Röhrich 2001, 1, 93; Duden, Bd. 11, 253.

APFELRUND <Adj.>

apfelrund = *rund wie ein Apfel.* (Duden)

APHRODISIAKUM, das

[auf jmdn.] wirken wie ein Aphrodisiakum (ugs. scherzh.) = *anregend, belebend, aufmunternd wirken.* Ein *Aphrodisiakum* [zu griech. aphrodisiakós = zum Liebesgenuss gehörend] ist ein Mittel zur Anregung und Steigerung des Geschlechtstriebs und der Potenz.

APHRODITE, Name

schön wie [die] Aphrodite (poet. geh.) = *sehr hübsch, sehr schön, anmutig* (meist über Mädchen und Frauen). *Aphrodite* (griech. Ἀφροδίτη) ist in der griechischen Mythologie die Göttin der Liebe, der Schönheit und der sinnlichen Begierde und eine der kanonischen zwölf olympischen Gottheiten. Ursprünglich zuständig für das Wachsen und Entstehen, wurde sie erst später zur Liebesgöttin, die sich in allen polytheistischen Religionen wiederfindet. Nach Hesiod ist sie die Tochter des Uranos. Dessen Sohn Kronos schnitt ihm, auf Rat seiner Mutter Gaia, die Geschlechtsteile mit einem Sichelhieb ab und *„warf diese hinter sich"* ins Meer. Das Blut und der Samen vermischten sich mit dem Meer, welches ringsum aufschäumte und daraus Aphrodite gebar, die dann von Zephyros geleitet zunächst nach Kytheira, dann an der Küste von Zypern an Land ging und ihre Blöße hinter einem Myrthenstrauch verbarg. Dort schmückten Horen sie, bevor sie den Unsterblichen vorgestellt wurde (Theogonie, 182, 91). Nach Nonnos, Pausanias ist es die Göttin Thalassa, «die See», welche den Samen empfing. Nachdem sie im Olymp aufgenommen war, wurde sie Adoptivtochter des Zeus. *„Sie ist das erste Schöne, was sich aus Wesen gegeneinander entwickelt und gebildet hat. In ihr bildet sich die himmlische Zeugungskraft zu dem vollkommenen Schönen, das alle Wesen beherrscht und welchem von Göttern wie Menschen gehuldigt wird."* (Gustav Schwab) Dieser Mythos, dem sie auch den Beinamen „die Schaumgeborene" verdankt, wurde aus dem griechischen Wortstamm ὁ ἀφρός; *aphros* – „Schaum" konstruiert. Man geht heute aber davon aus, dass diese Verbindung etymologisch unhaltbar und der Name *Aphrodite* möglicherweise gar nicht griechischen, sondern orientalischen Ursprungs sei. Dies würde auch insofern mit dieser Version des Mythos übereinstimmen, als er sie zu einer der ältesten Göttinnen, ja nahezu präolympisch macht, da es vorhesiodische und vorhomerische Kulte um Aphrodite vermutlich schon vor der Blütezeit der olympischen Götter gab. Vgl. **MORGEN**[1]. *Toll wie die Lollo, schick wie die kleine Jane, schön wie die Aphrodite einst in Athen. Alles zusammen, das nenn' ich ideal, so und nicht anders ist Lady Carneval.* (Text eines Liedes von Karel Gott)

APOSTEL, der; -s, - [mhd. apostel, ahd. apostolo < kirchenlat. apostolus < griech. apóstolos, eigtl. = abgesandt; Bote, zu: apostéllein = (als Gesandten) wegschicken]

ein Arbeiter sein wie der Teufel ein Apostel (ugs.) = S. Arbeiter.

sich zu etw. eignen wie der Teufel zum Apostel (ugs. spött.) = S. Teufel.

APOTHEKE, die; -, -n [mhd. apoteke < lat. apotheca < griech. apotheke = Aufbewahrungsort]

es ist wie in der Apotheke (ugs. meliorativ) = *es ist sehr sauber, es ist peinlich rein.*

von etw. soviel verstehen wie die Kuh von einer Apotheke (ugs. abwertend) = S. Kuh.

ÄPPELKROTZE, die

drauf losstürzen wie die Sau auf die Äppelkrotze (ugs. landschaftl. Rheinhessen) = S. Sau.

APRILWETTER, das

wie das Aprilwetter sein (ugs.) = *sehr unbeständig sein, sich ständig verändern.* Der Vergleich beruht auf der meteorologischen Beobachtung, dass sich das Aprilwetter sehr schnell und sehr stark verändern kann. Die Wendung kann in verschiedenen Zusammenhängen gebraucht werden, z.B.: *Aprilwetter und Weibertreu, das ist immer einerlei.* Wander 5, 790; *Es ist mit den Christen wie mit dem Aprilwetter, fröhlich, traurig und wieder fröhlich.* Wander 1, 533; *Drei Dinge ändern sich wie Aprilwetter: Herrengunst, Frauenlieb' und Rosenblätter.* Wander 1, 609. Dabei ist das *Aprilwetter* Bestandteil einer ganzen Reihe von Vergleichsgegenständen die für „Unbeständigkeit" herangezogen werden, vgl. *Sechs Dinge verändern sich alle Augenblick: Würfelspiel und Kartenglück, Frauenlieb' und Rosenblätter, Fürstengunst und Aprilwetter.* Wander 1, 644.

launisch wie das Aprilwetter (abwertend): *wechselnden Stimmungen unterworfen u. ihnen nachgebend; häufig von schlechter Laune beherrscht.* Vgl auch: *Aprilwetter und Weiberlaunen sind von gleicher Art.* Wander 5, 790.; *Aprilwetter und Frauensinn ist veränderlich von Anbeginn.* Wander 1, 115.

[Das] Glück ist wie [das] Aprilwetter. (Redensart) = *über die Unbeständigkeit des Glücks; Warnung, sich allzu sehr auf sein Glück zu verlassen.* Wander 1, 1747.

AQUARIUM, das; -s, ...ien [zu lat. aquarius = zum Wasser gehörend]

passen wie ein Kanarienvogel ins Aquarium (ugs.) = S. Kanarienvogel.

ARBEIT, die; -, -en

Wie die Arbeit, so der Lohn. (Sprichwort) = *Wie du dich selbst anderen gegenüber verhältst, so werden die sich dir gegenüber varhalten.* Wander 1, 120. Vgl. *Böses Gewerbe bringt bösen Lohn.* (Schiller.) Das Sprichwort folgt dem weit verbreiteten Modell „Wie dies, so das“- *Wie der Baum, so die Früchte* (S. Baum), vgl. *Wie der Richter, so der Schlichter, wie der Herr, so der Knecht, wie der Vater, so der Sohn, wie die Arbeit, so der Lohn, Mutter und Tochter sind ein Geschlecht.* Wander 3, 1677.

ARBEITEN, das; -s, -

Wie das Pferd zum Rennen, der Ochse zum Pflügen, der Hund zum Aufspüren, so ist der Mensch zum Handeln und Arbeiten geboren. (Spruchweisheit) = S. Pferd.

ARBEITER, der; -s, - [mhd. arbeiter = Tagelöhner, Handwerker]

ein Arbeiter sein wie der Teufel ein Apostel (ugs.) = *träge sein; arbeitsscheu sein.* Seit dem 19. Jh. Küpper 1993, 831.

ARBEITSSTELLE, die

jmd. wechselt die Arbeitsstellen wie das Hemd (die Hemden) (ugs.) = *jmd. bleibt auf keiner Arbeitsstelle lange Zeit.* Anspielung auf den Hemdenwechsel am Samstagabend oder auch öfter. 1955 ff. Küpper 1993, 43.

ARBEITSTIER, das

schuften wie ein Arbeitstier (ugs.) = *sehr hart und unermüdlich arbeiten; schwer arbeiten.* Szczęk, Wysoczański 2004, 95. (S. Tier)

ARM, der; -[e]s, -e [mhd., ahd. arm, urspr. = Fügung; Gelenk, Glied]

Arme wie ein Affe (Affenarme) haben (ugs.) = *lange Arme haben.* Szczęk, Wysoczański 2004, 95.

riechen wie eine alte Frau unterm Arm (ugs. abwertend) = S. Frau.

schmecken wie eine alte Frau unterm Arm (ugs. abwertend) = S. Frau.

schmecken wie eine alte Oma unterm Arm (salopp) = S. Oma.

ARM <Adj.; ärmer, ärmste>

Besser arm in Ehren als reich in Schanden. (Sprichwort) = s. Ehre.

ARMDICK <Adj.>

armdick = *dick wie ein Arm.* (Duden).

ÄRMEL, der; -s, - [mhd. ermel = Ärmel, ahd. armilo = Armring, Armfessel, zu Arm]

angeben wie Rotz am Ärmel (derb abwertend) = S. Rotz.

frech wie [der] Rotz [am Ärmel] (derb abwertend) = S. Rotz.

sich benehmen wie Rotz am Ärmel (derb abwertend) = S. Rotz.

ARMELEUTESOHN, der <Pl. selten>

sich benehmen wie ein Armeleutesohn (veraltend) = *sich unterwürfig zeigen; in würdeloser Weise darum bemüht sein, sich die Meinung eines Höhergestellten o. Ä. zu Eigen zu machen, ihm bedingungslos zu Diensten zu sein.* (Duden).

ÄRMELKANAL, der; -s

jmd. fühlt sich, als hätte er den Ärmelkanal durchschwommen (ugs.) = *am Ende seiner Kräfte sein, völlig erschöpft, übel zugerichtet sein.* Brugger 1993, 8. Der Ärmelkanal ist die Meeresstraße zwischen Frankreich und England (engl. *Channel,* frz. *La Manche*). Verbindet die Nordsee mit dem Atlantik. An der schmalsten Stelle, zwischen Dover und Calais, 32 km breit, bis 172 m tief. Starke Gezeitenströme (die das Schwimmen zusätzlich erschweren), Gezeitenhub bis 12 m. Vgl. Eigernordwand.

ARMESÜNDER, der

dasitzen da wie ein Armesünder (veraltend) = 1. *sehr betrübt sein; traurig, bekümmert sein.* 2. *schuldbewusst sein.* Ein

Armesünder war (früher) ein zum Tode Verurteilter, von dem man annahm, dass er seine Taten bereut - woher das Bild rührt.

ARMLANG <Adj.>:
armlang = *so lang wie ein Arm.* (Duden)

AROMA, das; -s, ...men, -s; (bildungsspr. veraltend:) -ta [lat. aroma < griech. ároma = Gewürz]
Mit dem Obst ist es wie mit den Füßen - zuviel Waschen verdirbt das Aroma. (ugs.) = S. Obst.

ARSCH, der; -[e]s, Ärsche [mhd., ahd. ars, urspr. wohl = Erhebung; vorstehender Körperteil] (derb)
besser als die Katze im Arsch geleckt (derb) = S. Katze.
dasitzen (dastehen, aussehen) wie Karl Arsch (ugs. sehr derb) = S. Karl.
ein Gesicht wie ein Arsch haben (derb abwertend) = S. Gesicht.
ein Gesicht wie ein Arsch mit Ohren haben (derb. abwertend) = S. Gesicht.
das passt wie [der] Arsch auf [den] Eimer (den Pisspott) (derb) = *das passt ausgezeichnet, ist bestens in Ordnung. Eimer* - 'Toiletteneimer'. Frühestens seit dem späten 19. Jh. Küpper 1993, 47.
sich in den Arsch gefickt fühlen (ugs. derb) = *sich veralbert (verspottet, hintergangen, betrogen) fühlen.* Hier wird eine soldatenspr. und jugendspr. Variante des Verbs *ficken* aktualisiert (vulg.) 'jmdn. hereinlegen'.
finster wie im Arsch = *sehr dunkel.* 1900 ff. Küpper 1993, 45.
finster wie im Arsch eines Negers (im Negerarsch) (vulg. abw.) = *völlig dunkel.* Alles an und in einem Neger denkt man sich schwarz. 1920 ff. Küpper 1993, 568.
[flink] wie der Wind aus dem Arsch (derb) = S. Wind.
jmdm. geht der Arsch mit Schneegestöber (derb) = *jmd. ist ängstlich, mutlos.* Sold. 1939 ff. Küpper 1993, 46.
jmdm. geht der Arsch wie eine Kreissäge (derb) = *er fühlt sich äußerst beklommen.* Die schnell sich drehende, kreischend laufende Kreissäge versinnbildlicht hier das Aufgeregtsein. Sold. 1935 ff. Küpper 1993, 46.
jmdm. geht der Arsch wie eine Windmühle (derb) = *er ist aufgeregt, nervös.* Die Windmühle als Sinnbild der Ruhelosigkeit. Sold. 1939 ff. Küpper 1993, 46.
der Arsch ist nicht von Glas (derb) = *auf eine zimperliche Person gemünzte Redewendung.* 19. Jh. Küpper 1993, 48.
glatt wie ein Arsch sein (derb) = *mittellos sein.* Wortspielerei: glatt - 1. 'unbehaart, faltenlos'; 2. 'ohne Geld'. BSD 1965 ff. Küpper 1993, 48.
einen Arsch (einen Hintern) haben wie ein Sechzigtalerpferd (wie ein Pferd, Brauereipferd, wie ein Wallach) (derb) = *ein breites Gesäß haben.* Sechzig Taler für ein Pferd waren ein hoher Preis, der nur für ein sehr gutes und in vortrefflichem Futterzustand befindliches Pferd gezahlt wurde. Norddt. 1840 ff. Küpper 1993, 758; Szczęk, Wysoczański 2004, 108.
einen Arsch wie ein Brötchen haben (derb) = *ein schmächtiger Mann sein.* »Brötchen« steht sinnbildlich für kleines Format. 1914 ff, sold. Küpper 1993, 46.
etw. passt wie der Arsch auf den Nachttopf (den Eimer) (ugs. derb) = *es passt hervorragend; ganz genau zueinander passen.* 1900 ff. Küpper 1993, 47; Borneman 2003, 7.11.
etw. passt wie der Arsch zum Igel (derb) = *das passt sehr schlecht zusammen.* Sold. 1935 ff. Küpper 1993, 47.
es reimt sich wie Arsch und Friedrich (derb) = *es passt durchaus nicht zusammen.* Seit dem 16. Jh. geläufig, ursprünglich mit Bezug auf Kaiser Friedrich III. (1440-1493). Küpper 1993, 47.
stinken (riechen) wie die Kuh aus dem Arsch (derb abwertend) = S. Kuh.

ARSCHLOCH, das (derb)

angeben wie ein Arschloch mit Dünnschiss (vulg.) = *prahlen.* Durchfall kann explosionsartig (laut) abgehen. Sold. 1935 ff. Küpper 1993, 28.

aus dem Hals riechen wie die Sau aus dem Arschloch (derb) = S. Hals.

saufen, bis die Blase vorm Arschloch steht (derb) = S. Blase.

ARSCHWISCH, der (derb abwertend)

passen (sich eignen) wie der Igel zum Arschwisch(en) (derb) = S. Igel.

tauglich wie der Igel zum Arschwisch (derb) = S. Igel.

ASCHE, die; -, (techn.:) -n [mhd. asche, ahd. asca, verw. mit Esse]

grau wie Asche = *von stumpfer grauer Farbe, aschgrau.* Vgl. *aschgrau.*

ASCHEIMER, der

ein Gesicht haben wie ein kaputter Ascheimer (ugs. abwertend) = S. Gesicht.

ASCHGRAU, <Adj.>

aschgrau= *von stumpfem Grau, von grauer Farbe, grau wie Asche.* Vgl. *Asche.*

ASKET, der; -en, -en [mlat. asceta < griech. asketes]

leben wie ein Asket = *entsagend, enthaltsam leben; in Askese (asketisch) leben.* (Duden). Ein *Asket* ist ein ′enthaltsam lebender Mensch′. Das Wort ist fachsprachlich als Entlehnung seit dem 18. Jahrhundert bekannt. Entlehnt aus gr. *askētēs*, einem Nomen agentis zu gr. *askeīn* - ′üben, etwas gewissenhaft tun′. Die *Askese* bedeutet im alten Griechenland zunächst die körperliche Ertüchtigung, dann geistige Schulung und Zucht, bei der Selbstbeherrschung und Entsagung teilweise stärker hervortreten. Die christliche, auf Entsagung und teilweise Weltverneinung begründete Askese wird erst im 17. Jh. mit dem Wort *Askese* bezeichnet. Adjektiv: *asketisch*; Abstraktum: *Askese.*

ASSMANN, Name

es wie Pfarrer Assmann (Krause) machen (ugs.) = S. Pfarrer.

ATHLET, der; -en, -en [lat. athleta < griech. athlētēs, zu: āthlos, āthlon = Wettkampf; Kampfpreis]

wie ein Athlet gebaut (ugs.) = *über einen kräftig gebauten, muskulösen Mann; über einen Kraftmenschen.* (Duden)

AUERHAHN, der [mhd. urhan, unter dem Einfluss von ur (Auerochse) umgebildet aus mhd. orhan, urspr. = männlich(es Tier)]

balzen wie ein Auerhahn (ugs. spöttisch) = *heftig flirten.* Szczęk, Wysoczański 2004, 118.

AUFSPÜREN, das

Wie das Pferd zum Rennen, der Ochse zum Pflügen, der Hund zum Aufspüren, so ist der Mensch zum Handeln und Arbeiten geboren. (Spruchweisheit) = S. Pferd.

AUFZIEHEN <unr. V.>

wie aufgezogen [sein] = *angeregt, animiert [sein]; ohne Unterlass etw. machen (z.B. reden, lärmen u.Ä.).* Nach dem durch Spannen der Feder o. Ä. bereitgemachen Mechanismus von Uhren, Spielzeug usw.

AUGAPFEL, der; -s, ...äpfel [mhd. ougapfel, ahd. ougapful]

jmdn. (etw.) wie seinen Augapfel hüten (veralt.: **wert halten)** (bildungsspr.) = *jmdn. (etw.) besonders sorgsam behüten.* Wander 1, 169; Bierich 2005, 241. Hier handelt es sich um eine biblische Redensart (vgl. Dtn 32, 10 und Ps 17, 8), sie kommt aber in ähnlicher Form auch im Lateinischen *plus oculis suis amare* (mehr als seine Augen lieben) bei Catull (etwa um 54 v. Chr.) vor und in fast allen modernen europäischen Sprachen, so im

Französischen: *conserver quelqu'un comme la prunelle de l'œil* (inzwischen ungebräuchlich, heute heißt es: *garder quelqu'un comme la prunelle de ses yeux*; im Niederländischen *jemand liefhebben als de appel zijner ogen*, im Englischen »*to keep a person as the apple of one's eye* (Röhrich 2001, 1, 112), im Russischen *хранить (беречь) как зеницу ока*.

AUGE, das; -s, -n [mhd. ouge, ahd. ouga, viell. eigtl. = Seher]

Besser ein Auge verlieren, als den guten Ruf. (Sprichwort) = *Das Ansehen einer Person ist wichtiger als körperliche Vorzüge.* Wander 1, 170.

Besser ein schlechtes fleischernes Auge, als ein schönes porzellanenes. (Sprichwort veraltend) = 1. *Eigene Körperteile sind besser als jegliche Prothese.* 2. *Etwas Selbstgemachtes ist mehr wert als von Fremden Angeeignetes.* Wander 1, 170.

die Augen sind größer als der Magen (Mund, Bauch) (ugs.) = *man häuft mehr auf den Teller, als man verzehren kann.* Eine in verschiedenen Sprachen geläufige Vorstellung. 1500 ff. Küpper 1993, 59. Die Redensart gehört zu dem Sprichwort *Man füllt den Bauch eher als das Auge*, doch ist die Redensart bekannter und in vielen Sprachen anzutreffen. Vgl. niederl. *Zijn ogen zijn groter dan zijn maag*, engl. *His eyes are bigger than his belly (stomach)*; franz. *Il a les yeux plus grands que le ventre*; ital. *Ha più grandi gli occhi che la bocca.*

Augen haben wie ein abgestochener Bock (ugs.) = *verwundert blicken; erschrocken schauen.* Szczęk, Wysoczański 2004, 102.

Augen haben wie ein Adler (Adleraugen haben) = 1. *über scharfe, durchdringend blickende Augen (eines Menschen).* 2. *gutes Sehvermögen besitzen.* (Duden)

Augen haben wie ein Falke (ugs. selten) = *sehr gut sehen können.* Der Falke hat ein gutes Sehvermögen. Szczęk, Wysoczański 2004, 118. S. *Augen wie ein Adler (wie ein Luchs) haben.*

Augen, klar wie Festerglas (wie ein Bergbach, wie ein Kristall) = *über klare, leuchtend offene Augen.*

jmd. hat Augen wie ein Haftelmacher (Heftelmacher) (österrisch) (ugs.) = *jmd. passt gut auf, er hat seine Augen überall und sieht alles.* Röhrich 2001, 2, 688.

[rote] Augen haben wie ein Karnickel (ugs. selten) = *rot unterlaufene Augen haben, gerötete Augen haben.* Szczęk, Wysoczański 2004, 114. Häufiger ist die Wendung mit Kompositum *Karnickelaugen haben* (ugs.).

Augen haben wie ein Luchs (ugs.) = *gute, scharfe Augen haben, ungewöhnlich gut sehen können.* Seit dem 17. Jh. Küpper 1993, 505. *Sehr scharf sehen und alles bemerken.* Duden, Bd. 11, 64. Der Luchs hat ein gutes Sehvermögen.

Augen wie ein Luchs machen (ugs.) = *sehr aufmerksam beobachten.* Szczęk, Wysoczański 2004, 97. S. Adler, Falke. Vgl. franz. »*avoir des yeux de lynx*«.

Augen machen wie ein Kabeljau (ugs.) = *erstaunt blicken; dümmlich, seelenlos blicken.* 1900 ff. Küpper 1993, 385.

Augen machen (glotzen stieren, gucken) wie ein [ab-]gestochenes Kalb (ugs.) = *dümmlich, verwundert dreinblicken; vor Verwunderung große, blöde Augen machen.* Schon bei J. Fischart 1588. Röhrich 2001, 3, 794; Schemann 1993, 393; Szczęk, Wysoczański 2004, 105; DZR 2007, 83.

Augen (ein Gesicht) machen wie die Katze, wenn es donnert (ugs.) = *erschrocken blicken; vor Angst, Erstaunen oder Überraschung die Augen weit aufreißen.* Seit dem 18. Jh. Küpper 1993, 403. S. *aussehen wie die Katze wenn's donnert.*

Augen machen, als ob die Sau sichten (Mehl sieben) hört (salopp) = *erwartungsvoll gucken, dreinschauen.* Röhrich 2001, 4. 1293.

Augen haben wie ein Reh = *große braune Auge haben.* Szczęk, Wysoczański 2004, 100. Die *Rehaugen* sind groß und meist braun, woraus auf Einfühlsamkeit und Weiche geschlossen wird.

Augen machen (glotzen, stieren, gucken) wie ein [ab-]gestochenes Kalb (ugs.) = 1. *ausdruckslos, hilflos blicken.* 2. *dümmlich, verwundert dreinblicken; vor Verwunderung große, blöde Augen machen.* Schon bei J. Fischart 1588. Bezieht sich auf den Augenausdruck des abgestochenen Kalbs. 1500 ff. Küpper 1993, 389; Schemann 1993, 393; Röhrich 2001, 3, 794.

jmdm. wie aus den Augen (häufiger: **wie aus dem Gesicht) geschnitten sein** (ugs.) = *jmdm. stark ähneln, jmdm. sehr ähnlich sehen.* Brugger 1993, 13. Vgl. Gesicht.

die Augen verdrehen wie ein Karpfen (ugs.) = 1. *ungeduldig sein, mit einer Sache nicht einverstanden sein; (nicht offen) protestieren.* 2. *erstaunt gucken.* Szczęk, Wysoczański 2004, 126.

Augen wie Mühlräder (ugs.) = *große Augen.* Sprichwörtliche Übertreibung. Röhrich 2001, 5, 1725.

es fällt jmdm. wie Schuppen von (aus)den Augen (ugs.) **(aus den Haaren** (ugs. scherzh.) = S. Schuppe.

Vier Augen sehen mehr als zwei. (Sprichwort) = 1. *Probleme können schneller gelöst werden, wenn man sie mit jmdm. bespricht, eine Lösung ist eher „zu sehen". Das Urteil vieler ist dem eines Einzelnen vorzuziehen.* 2. *Bei einer Suche ist man erfolgreicher, wenn sich mehrere Personen daran beteiligen.* Das Bild ist weit verbreitet und in vielen europäischen Sprachen vorhanden, s. Wander 1, 176.

wie ein Hase mit offenen Augen schlafen (ugs.) = S. Hase.

ein Kreuz (Schultern) haben wie ein Hering zwischen den Augen (ugs. iron.) = S. Kreuz.

passen wie die Faust aufs Auge (ugs.) = S. Faust[1].

AUSDAUER, die; - [rückgeb. aus veraltet ausdauern = ertragen, aushalten]

Courage ist gut, aber Ausdauer ist besser. (scherzh.) = s. Courage.

AUSKOTZEN <sw. V.; hat>

aussehen wie frisch [aus-]gekotzt (derb) = *bleich, farblos aussehen.* 1940 ff. Küpper 1993, 453.

AUSLAUGEN <sw. V.; hat> [zu Lauge]

sich wie ausgelaugt fühlen (ugs.) = *kraftlos (überanstrengt, schlapp, müde) sein. Auslaugen* hier: *erschöpfen, entkräften.*

AUSSÄTZIGE, der u. die; -n, -n

jmdn. wie einen Aussätzigen behandeln (ugs.) = 1. *jmdn. ignorieren, bewusst ausschließen.* 2. *jmdn. abfällig behandeln; jmdn. erniedrigen.* Aussatz ist eine ist eine auch heute noch vor allem in den Tropen und Subtropen verbreitete chronische Infektionskrankheit, die besonders zu entstellenden Veränderungen der Haut führt, später zu Nervenschäden und zu Gliederverstümmelung - die Lepra. Auf Grund von Infektionsgefahr dieser sehr langwierigen und schwer heilbaren Krankheit werden an Lepra Erkrankte isoliert, obwohl die tatsächliche Ansteckung bei Kontaktpersonen nur etwa 5 % beträgt. Früher wurden sie in speziellen Dörfern oder Einrichtungen von jeglicher Umwelt ferngehalten. Weltweit werden heute etwa 12 bis 20 Millionen Leprakranke geschätzt, darunter einige Tausend in den USA (Texas, Lousiana, Hawaii). Bei früher Diagnose sind heute die Heilungschancen günstig. S. Filzlaus.

AUSSCHEIßEN <st. V.; hat>

wie ausgeschissen (wie an die Wand gepisst [gepinkelt]) aussehen (derb) = *sehr blass, erschöpft, kränklich aussehen.* Duden, Bd. 11, 74.

ÄUßERUNG, die; -, -en [mhd. uȝerunge, zu äußern]

etw. ist so neu und eigenständig wie die Äußerungen einer sprechenden Puppe (ugs. iron. abwertend) = *über etw. Langweiliges, Abgedroschenes, Altbekanntes.* Brugger 1993, 7.

AUSTER, die; -, -n [niederd. uster < (m)niederl. oester, über das Roman. < lat. ostreum < griech. óstreon, zu: ostéon = Knochen (nach der harten Schale)]

verschlossen wie eine Auster = *unnahbar, schweigsam, wortkarg.* Etwa seit 1900. Küpper 1993, 67. Austern sind wegen ihrer harten Schale nur sehr schwer zu öffnen.

AUSWECHSELN <sw. V.; hat>

wie ausgewechselt sein = *in Stimmung u. Benehmen völlig verändert; sich anders benehmen als üblich; sich in einer veränderten Stimmungslage befinden.* DZR 2002, 782.

AUTO, das; -s, -s

jmdn. auseinandernehmen wie ein altes Auto (ugs.) = *jmdn. psychologisch testen, ausforschen.* 1960 ff. Küpper 1993, 68.

als das Auto noch aus der Flasche trank (ugs. scherzh.) = *vor langer Zeit.* Herzuleiten aus der Anfangszeit des Automobilismus, als der Autofahrer mangels Tankstellen das Benzin flaschenweise in der Apotheke oder Drogerie kaufen musste; beeinflußt von der Vorstellung des Kindes, das noch aus der Milchflasche trinkt. Berlin 1958 ff, jug. Küpper 1993, 240.

gucken (blicken, auch: **kucken) wie ein Auto** (ugs.) = 1. *vor Verwunderung die Augen weit aufreißen; sehr erstaunt, verblüfft dreinblicken; ein erstauntes oder perplexes Gesicht machen.* 1920 ff. 2. *ungerührt dreinschauen.* 1950 ff. Küpper 1993, 68. Die Bildlichkeit der umgangssprachlichen Wendung spielt darauf an, dass man vor Überraschung die Augen so weit aufreißt, dass sie an Autoscheinwerfer erinnern. DZR 2007, 314.

jmd. guckt wie ein Auto, bloß nicht so schnell (ugs.) = *jmd. hat einen müden, benommenen Blick.* Schül. 1950 ff. Küpper 1993, 68.

gucken wie ein Auto bei eintretender Dunkelheit (ugs.) = *mit weit aufgerissenen Augen blicken.* 1920 ff. Küpper 1993, 68.

wie ein umgekipptes Auto gucken (ugs.) = *sehr erstaunt blicken.* 1955 ff. Küpper 1993, 68.

AXT, die; -, Äxte [mhd. ackes, ax(t), ahd. ackus, wahrsch. aus einer kleinasiat. Spr.]

Benehmen wie die Axt im Walde (ugs. abwertend) = S. Benehmen.

Benimm wie eine Axt (ugs.) = S. Benimm.

fett wie eine Axt (ugs.) = *betrunken. Fett* - 'betrunken'. *Wie eine Axt* ist aus einschlägigen Vergleichen übernommen im Sinne einer Verstärkung. BSD 1960 ff. Küpper 1993, 70.

scharf wie eine Axt (salopp) = *sexuell sehr interessiert, sexuell sehr anziehend* 1914 ff. Küpper 1993, 70. S. Rasiermesser, Rasierklinge.

voll wie eine Axt (ugs.) = *schwer bezecht.* 1900 ff, vorwiegend stud. Küpper 1993, 70.

wie die (auch: **eine) Axt im Walde** (ugs.) = *ungehobelt, rüpelhaft in seinem Benehmen.* DZR 2002, 783; DZR 2007, 840. S. Benehmen.

B

Babel, das; -s, - [hebr. Bavel für griech. Babylon < babyl. babilani = Pforte der Götter]

wie beim Turmbau zu Babel (bildungsspr.) = S. Turmbau.

Baby, das; -s, -s [engl. baby, Lallwort der Kinderspr.]

sich benehmen wie ein Baby (ugs.) = 1. *sich in unangemessener Weise wie ein Kind benehmen, sich für sein Alter unpassend verhalten; töricht, albern, unreif sein.* 2. *unverständig sein, Argumenten gegenüber verschlossen sein.* (Duden)

Baccus

glücklich sein wie Baccus auf dem Fass (ugs.) = *sich sehr freuen; an Ausgelassenheit Freude haben.* Elsässisch *Der sieht so glickli üss wie der Bacheles uffem Faß.* Das elsässische Wörterbuch (II, 8) erklärt den redensartlichen Vergleich irrig als durch ein altes Wirtshausschild veranlasst. Es handelt sich dabei vermutlich um eine Verwechslung mit einer Verszeile des Dichters K. Boese „Mer hätte bald geglüejt wie uffem Fass der Baches", die er in Erinnerung an einen elsässischen Faßreiter in einem Ensisheimer Wirtshaus gedichtet hatte (Elsässisches Schatzkästel [1877], 206). Es gibt zwar heute Wirtschaften »Zum Gambrinus«, dem Gott oder König des Bieres, doch keine zum Bacchus. Es finden sich aber in der elsässischen Volkskunst mehrfach geschnitzte Bacchusfiguren, sowohl als Fassreiter wie als Fassriegel, als Eckpfosten von Winzerhäusern, auf Trinkbechern und Pokalen. *Bacchus* gilt in diesem Sinne nicht eigentlich als römischer Gott des Weines, sondern es gibt im Elsaß einen verchristlichten Volksbacchus, das Patrozinium des hl. Bacchus, eines angeblich römischen Märtyrers. Sein Patronatstag ist der 7. Oktober, liegt also mitten in der Weinlese. Der fröhliche Bacchus auf dem Fass ist jedoch weder der Weingott der Antike, noch der Heilige, noch der brave Bacchus, wie er im Trinklied des Al. Blumauer geschildert wird, oder der grobe Saufbold in seinem Gegenstück, einem Trinklied von G. A. Bürger, sondern der *Volksbachele*, der fröhlich-heitere, rundlich-dicke Patron aller Zecher und Schlemmer, wie er in zahlreichen Darstellungen im Straßburger »Musée d'Alsace« zu sehen ist. Röhrich 2001, 1, 126. Vgl. *wie Bolle auf dem Milchwagen.*

Backbirne, die; -, -n

verschrumpelt (vermurkelt) wie eine Backbirne (ugs.) = *faltig, runzlig.* Eigentlich Bezeichnung der gedörrten Birne. 19. Jh. Küpper 1993, 72.

Backe, die; -, -n [urspr. niederd. Nebenf. von Backen]

angeben wie Graf Rotz von der Backe (ugs. scherzh. abwertend) = S. Graf.

die Backen aufblasen wie ein Hamster (ugs.) = *dicke Backen machen, die Wangen aufblasen.* Szczęk, Wysoczański 2004, 117.

Backen wie ein Hamster haben (ugs.) = *dicke Backen haben.* (Duden)

Wie die Backen, so die Hacken (ugs.) = *Wie man genährt wird, so läuft (arbeitet) man.* Hagere und Hohlwangige gelten als schlechte Arbeiter. 19. Jh. Küpper 1993, 72. *Backen* meinen hier die Wangen.

Backofen, der

Einfälle [haben] wie ein alter Backofen (ugs. scherzh.) = S. Einfall.

[heiß] wie im Backofen (ugs.) = *sehr warm, heiß* (oft über heißes, trockenes Wetter). Der *Backofen* ist im Arbeitsraum eines Bäckers der Ort, wo es am heißesten ist. Der Vergleich bezieht sich auf die Temperaturen, die zum Backen und Braten benötigt werden.

BACKSTUBE, die
[heiß] wie in der Backstube (ugs.) = *sehr warm, heiß* (meist über heißes, trockenes Wetter). Brugger 1993, 105.

BAD, das; -[e]s, Bäder [mhd. bat, ahd. bad, verw. mit bähen, urspr. nur Bez. für das heiße Bad]
auffahren wie ein Furz im Bade (z.B. sächsisch) (derb) = S. Furz.

BADEGAST, der
dummer (dümmer) als ein Badegast (ugs.) = *überaus dumm.* Badegästen entlockt man auf mannigfaltige Weise mehr Geld, als sie eigentlich ausgeben wollten und sollten; viele nehmen das kritiklos hin und beweisen damit ihre Unerfahrenheit. 1930 ff. Küpper 1993, 73.

BADEHOSE, die
Benehmen wie eine nasse Badehose (ugs.) = S. Benehmen.

BADEWANNE, die
es ist mir wie eine ganze Badewanne voll Speiseeis (ugs. scherzh.) = *es ist mir ein besonderes Vergnügen.* Stud. 1920 ff. Küpper 1993, 74.

BAHNHOF, der
Gesicht wie ein Bahnhof (ugs.) = S. Gesicht.

BALKEN, der; -s, - [mhd. balke, ahd. balko, im Sinne von „dickes Brett" verw. mit Ball]
lügen, dass sich die Balken biegen (ugs.) = *hemmungslos, stark lügen.* Duden, Bd. 11, 465; Lapidus 2006, 34.

BALL, der; -[e]s, Bälle [mhd., ahd. bal, eigtl. = geschwollener, aufgeblasener Körper]
rund wie ein Ball (Fußball) (ugs.) = *völlig rund.* Röhrich 2001, 5, 1725.
hüpfen (springen) wie ein (Gummi-) Ball (ugs.) = *fröhlich herumlaufen, toben* (oft über Kinder).

BANDWURM, der
etw. zieht sich wie ein Bandwurm (ugs.) = *etw. dauert lange Zeit, etw. zieht sich in die Länge* (temporal). Der Bandwurm ist ein langer Plattwurm, der als Schmarotzer im Darm von Menschen und Wirbeltieren vorkommt.
lang wie ein Bandwurm (ugs.) = *sehr lang sein; in räumlicher Ausdehnung nach einer Richtung den Durchschnitt übertreffend; von [vergleichsweise] großer räumlicher Ausdehnung in einer Richtung.* Szczęk, Wysoczański 2004, 131.

BANK, die; -, -en [ital. banco, banca, eigtl. = Tisch des Geldwechslers, aus dem Germ.]
so sicher wie die Bank [von England] (ugs.) = *völlig sicher; unbedingt zuverlässig.* Vgl. niederl. *zo vast als de bank*, franz. *comme la banque* [veraltet], engl. *his word is as good as the bank.* Röhrich 2001, 1, 143.

BANTU-NEGER, der
angeben wie wie eine Horde wildgewordener Bantu-Neger (emotional oft abwertend) = S. Horde. Vgl. Wilde.

BÄR, der; -en, -en [mhd. ber, ahd. bero, eigtl. = der Braune, verhüll. Bez.]
aussehen (blass sein) wie der (ein) Bär um die Eier (jugendspr., derb) = 1. *ungepflegt sein.* 2. *ein bleiches Aussehen haben.* Anspielung auf die Pelzfarbe des Bären um die Hodengegend. 1960 ff, sold. Küpper 1993, 79.
jmd. brummt (brummen, brummig sein) wie ein Bär (Brummbär) (ugs.) = *über einem mürrischen Menschen.* Szczęk, Wysoczański 2004, 98. Ähnlich ist es in der Bibel bezeugt: „wir brummen alle wie die Bären" (Jes 59, 11). Für die Gemütslage übellauniger Menschen verfügt die Sprache über verwandte Formulierungen, beispielsweise schleswig-holsteinisch »He maakt n Gesicht as'n Bar«: grimmig. »Er ist wie ein Bär,

er trauert, wenn schön Wetter ist«, damit meint man einen, der durch heiteres Wesen anderer verstimmt wird. Röhrich 2001, 1, 145.

gehen wie ein Bär auf Socken (ugs.) = *schwerfällig gehen.* 1900 ff, westd. Küpper 1993, 79.

einen Gang haben wie ein Bär (ugs.) = S. Gang.

Hunger haben (fressen) wie ein Bär (einen Bärenhunger haben) (ugs.) = S. Hunger.

hungrig wie ein Bär sein (ugs.) = *sehr hungrig sein.* S. *Hunger haben wie ein Bär* (einen Bärenhunger haben) (Duden)

ein Kerl wie ein Bär (ein Bärenkerl) (ugs.) = S. Kerl.

wie ein Bär (ugs.) = *sehr, in besonders starkem Maße.*

gesund wie ein Bär (ugs.) = *gesund sein.*

zu etwas Lust haben wie der Bär zum Tanzen (ugs.) = S. Lust.

plump (schwerfällig) wie ein Bär (ugs.) = *sich unbeholfen, plump bewegen; schwerfällig, unbeholfen, ungeschickt, unbeweglich, ungelenk sein.* Szczęk, Wysoczański 2004, 97.

saufen wie ein Bär (ugs. selten) = *sehr viel trinken; viel Alkohol konsumieren.* Lapidus 2006, 46.

schlafen wie ein Bär (ugs.) = *fest, lange schlafen.* Seit dem späten 19. Jh. Küpper 1993, 79. Anspielung auf den Winterschlaf des Tieres. Röhrich 2001, 1, 145; Szczęk, Wysoczański 2004, 97.

schnarchen wie ein Bär (ugs.) = *stark und tief schnarchen.* Hängt zusammen mit dem Brummlaut des Bären. 18. Jh. Küpper 1993, 79; Szczęk, Wysoczański 2004, 97. In der volkstümlichen Vorstellung schnarcht der Bär laut in seiner Höhle.

[so] stark wie ein Bär = (ugs.) *stark und kräftig sein; bärenstark sein.* Szczęk, Wysoczański 2004, 97. Vgl. *bärenstark.*

schaffen wie ein Bär (ugs. selten) = *schwer arbeiten.* Szczęk, Wysoczański 2004, 97.

Schläge bekommen wie ein Bär (ugs.) = S. Schlag.

schreien wie ein Bär (ugs. selten) = *laut schreien, brüllen.* Szczęk, Wysoczański 2004, 97.

schwitzen wie ein Bär (ugs.) = *stark schwitzen.* Wegen seines dichten und dicken Fells nimmt man an, der Bär müsse entsprechend schwitzen. 1850 ff. Küpper 1993, 79.

drei Sinne wie ein Bär haben (ugs. selten) = S. Sinn.

tanzen wie ein Bär (ugs.) = *nicht gut tanzen, sich beim Tanz plump bewegen.* Szczęk, Wysoczański 2004, 97.

zottig wie ein Bär [um die Eier] (ugs. [derb]) = *struppig, dicht und kraus.* HWA 2005 1, 889.

BÄRENARSCH, der; -[e]s, ohne Plural: in der Wendung

dunkel (düster, finster) wie im Bärenarsch (derb) = *sehr dunkel, völlig lichtlos.*

BÄRENBEIßER, der

ein Gesicht machen wie ein Bärenbeißer (ugs.) = S. Gesicht.

BÄRENHAFT <Adj.>

bärenhaft = *stark, plump, ungeschickt (wie ein Bär).* (Duden)

BÄRENHITZE, die; -,

Bärenhitze (ugs.) = *große Hitze.* Zusammenhängend mit *schwitzen wie ein Bär.* 1900 ff. Küpper 1993, 79.

BÄRENSTARK <Adj.>

bärenstark (ugs.) = *sehr stark.* 19. Jahrhundert. Küpper 1993, 79. S. *stark wie ein Bär.*

BARGELD

jmd. (das) ist so gut wie Bargeld = jmd. verliert jedes Spiel. Der ständige Verlierer ist für den Gewinner eine ständig sprudelnde Geldquelle. Kartenspielerspr. Seit dem späten 19. Jh. Küpper 1993, 79-80.

Bau, der; -[e]s, -e u. -ten [mhd., ahd. bu, urspr. = Errichtung eines Wohnsitzes u. Bearbeitung des Feldes beim Sesshaftwerden; zusammengefallen mit einem alten Fem. „Baute", Baute]

gucken wie ein Dachs aus seinem Bau (ugs.) = S. Dachs.

gucken wie ein Ziesel aus seinem Bau (ugs. spöttisch selten) = S. Ziesel.

leben wie ein Maulwurf in seinem Bau = S. Maulwurf.

Bauch, der; -[e]s, Bäuche [mhd. buch, ahd. buh, urspr. = der Geschwollene]

die Augen sind größer als der Bauch (ugs.) = S. Auge.

aussehen wie die Katze unterm Bauch (ugs.) = S. Katze.

blass wie die Katze am Bauch (ugs.) = S. Katze.

auf den Bauch plumpsen (klatschen) wie ein Frosch (ugs. selten) = *flach hinfallen, nach vorne umfallen.* Szczęk, Wysoczański 2004, 128.

saufen, dass der Bauch zerplatzen möchte (salopp) = *sehr viel trinken, stark dem Alkohol zusprechen* (meist über Bier oder Wein). Lapidus 2006, 48.

Bauchweh, das <o. Pl.> (ugs.)

das ist mir so lieb wie Bauchweh (Bauchschmerzen) (ugs.) = *das ist mir sehr widerwärtig.* 19. Jh. Küpper 1993, 83.

Bauer, der; -n (selten: -s), -n [mhd. (ge)bure, ahd. giburo, zu: bur = Wohnung, eigtl. = Mitbewohner, Dorfgenosse]

draufschlagen wie der Bauer auf den Wolf (ugs.) = *heftig, besonders mit einem Stock [zur Strafe] schlagen.* Szczęk, Wysoczański 2004, 101.

dumm wie ein Bauer (abwertend) = *dumm, unkultiviert.* S. das Nachfolgende.

sich verhalten (essen, latschen) wie ein Bauer (ugs. abwertend) = *sich unzivilisiert verhalten, unkultiviert sein.* Der Bauer wird hier als ungebildet und nicht mit den Normen des gesellschaftlichen Lebens vertrauter Mensch zum Vergleich herangezogen.

Bauernbett, das

Akustik wie in einem Bauernbett (ugs. scherzhaft) = S. Akustik.

bauernschlau <Adj.>

bauernschlau = *mit bäuerlicher Pfiffigkeit ausgestattet, pfiffig, gewitzt, sich dümmer stellen, als man ist.* (Duden). Der Bauer wird in einer Reihe von Vergleichen als ungebildet und nicht mit den Normen des gesellschaftlichen Lebens vertrauter Vergleich herangezogen, S. *dumm wie ein Bauer, sich verhalten (essen, latschen) wie ein Bauer.* In diesem Vergleich wird jedoch betont, dass die Bauern durchaus wissen, wie sie zu ihrem eigenen Vorteil handeln können, wobei ihnen dabei eine gespielte Naivität von großem Nutzen sein kann, da sie von ihrem Gegenüber unterschätzt werden.

Baum, der; -[e]s, Bäume [mhd., ahd. boum]

alt wie ein Baum (poet.) = *sehr alt, betagt.* Vgl. Titel und Text eines Liedes der Rock-Gruppe „Puhdys": „Alt wie ein Baum möchte ich werden / genau, wie der Dichter es beschreibt...". Nach dem Alter großer Bäume.

ein Baum von einem Kerl (ein Kerl wie ein Baum; ein Kerl groß wie ein Baum) (ugs.) = *tüchtiger, kräftiger, unerschütterlicher Mann.* Der Baum als Bild der Festigkeit, der Größe und Kraft. 19. Jh.

eine Sache wie ein Baum (ugs.) = S. Sache.

schlafen wie ein Baum (ugs.) = *fest schlafen.* Der Baum als Sinnbild der Festigkeit. 1900 ff. Küpper 1993, 84.

stark wie ein Baum = *sehr stark.* (Duden). Hier steht der Baum als Sinnbild der Stärke, Unbeugsamkeit.

Wie der Baum, so die Frucht (poet. Sprichw.) = *Die Taten, Ergebnisse, Erfolge zeigen die wahre Gesinnung eines*

Menschen; der wahre Charakter von Menschen ist erst an dem zu erkennen, was sie durch ihr Handeln bewirken, an den »Früchten« ihres Tuns. Der Vergleich geht auf ein biblisches Sprichwort zurück. *An der Frucht (An den Früchten) erkennt man den Baum.* Jesus gebraucht die sprichwörtliche Redensart in der »Bergpredigt« im Zusammenhang mit der Warnung vor »den falschen Propheten« und erläutert dann genauer, dass nur ein guter Baum gute, ein fauler Baum jedoch nur schlechte Früchte bringen könne: „An ihren Früchten sollt ihr sie erkennen. Kann man auch Trauben lesen von den Dornen oder Feigen von den Disteln?" (Matthäus 7, 16; Matth. 8, 22). Nach demselben Modell entstanden weitere sprichwörtliche Vergleiche, s. bei Wander: Die Bergamasken sagen: *An den Früchten, nicht aus den Blüten sieht man, was die Herzen hüten.* Holl.: *Aan de vruchten kent men den boom.* It.: *Il frutto fa conoscer l'albero.* Lat.: *De fructu arborem cognoscere.* (Wander 1, 1234). Vgl. auch *Wie der Herr, so das Gescherr.; Wie der Herr, so die Herde.* (Weidenfeld, 168); *Wie der Herr ist, so sind auch die Untertanen.; Wie der Acker, so das Getreide, wie die Wiese, so die Weide, wie der Herr, so der Knecht, wie der Krieger, so das Gefecht* (Wander 5, 708).

Ähnliche Vergleiche existieren in allen europäischen Sprachen, z.T. mit unterschiedlichen Bildern.

Wie der Baum, so die Birne. Wie die Mutter, so die Dirne. (Sprichwort) = *Die Nachkommen sind ihren Eltern ähnlich, übernehmen deren Gewohnheiten und Ansichten.* Sprichwörter 1978, 57. Vgl. *Wie der Vater, so der Sohn [, wie die Mutter, so die Tochter].* Sprichwörter 1978, 57 (S. Vater); *Wie die Alten sungen, so zwitschern [auch (schon)] die Jungen* (S. Alte); *Wie der Baum, so die Frucht* (S. Baum) u.a.

BAUMARTIG <Adj.>

baumartig = *einem Baum ähnlich, wie ein Baum aussehend, wirkend* (z.B. Pflanzen, Sträucher). (Duden).

BAUMSTAMM, der

ein Kerl wie ein Baumstamm (ugs.) = S. Kerl.

BAUMSTARK <Adj.>

baumstark = *sehr stark, kräftig.* Entweder ´kräftig wie ein Baum´ oder ´so kräftig, dass er einen Baum ausreißen kann´. 1500 ff. Küpper 1993, 84; Röhrich 2001, 1, 15.

BAUMSTOCK, der

schön wie eine Mohnblume und dumm wie ein ausgebrannter Baumstock (iron.) = S. Mohnblume.

BAUSTELLE, die

ein Fuß wie eine Baustelle (wie Kähne, wie Oderkähne) (ugs.) = S. Fuß.

BEAMTE, der; -n, -n <Dekl. Abgeordnete> [subst. aus veraltet beamt, Kurzf. von beamtet]

mucksch wie ein Beamter (ugs. abwertend) = *missgestimmt, unwirsch.* 1900 ff. Küpper 1993, 550. *Mucksch* (landsch., bes. ostmd.) - ´mürrisch, launisch, unfreundlich´.

stur wie ein Beamter (ugs. abwertend) = *eigensinnig; starren Weisungen hörig; unfähig zur Selbstentscheidung.* 1920/30 ff. Küpper 1993, 85.

BECHER, der; -s, - [mhd. becher, ahd. behhari < mlat. bicarium < griech. bikos = irdenes Gefäß, wahrsch. aus dem Ägypt.]

Im Becher ertrinken (ersaufen) mehr, denn im Meer (in der Donau, im Rhein, im See, im Fluss, im Bach u.Ä.). (Sprichwort) = *Warnung vor übermäßigem Alkoholkonsum.* Die Zahl derer, welche zechend ihre Gesundheit zerrütten und ihr Leben verkürzen, ist größer als die Zahl derer, die auf dem Meere verunglücken. Wander 1, 286. Weit verbreitetes europäisches Modell, s. Wein.

Man ist nie frecher als beim Becher. (Sprichwort) = *Alkohol enthemmt und führt dazu, dass man auch Dinge sagt, die man im nüchternen Zustand nicht sagen würde.* Wander 1, 1144.

BEHEXEN <sw. V.; hat>

es ist wie verhext (behext) (ugs.) = *über etw., das trotz aller Bemühung misslingt.* 1900 ff. Jmdn. behexen – jdm. die klare Überlegung rauben. Fußt auf dem Volksglauben, dass Hexen den Menschen so verzaubern können, dass er nicht mehr Herr seiner selbst ist. Spätestens seit 1700. Küpper 1993, 87.

wie behext sein (ugs.) = 1. *geistig verwirrt sein.* 1700 ff. Küpper 1993, 87. 2. *stark in den Bann von jmdm. (etw.) gezogen sein.*

BEICHTGEHEIMNIS, das

etw. wie ein Beichtgeheimnis behandeln = *sehr verschwiegen sein, über eine Sache nicht reden; ein Geheimnis bewahren.* Das Beichtgeheimnis gilt für alle Dinge, die dem Geistlichen in der Beichte anvertraut worden sind.

BEIN, das; -[e]s, -e, (landsch., südd., österr. auch: -er) [mhd., ahd. bein]

Beine haben wie eine Gazelle (ugs.) = *lange, schlanke, wohlgeformte Beine haben.* Szczęk, Wysoczański 2004, 96.

Beine haben wie ein Storch (ugs.) = *lange, dünne Beine haben.* Szczęk, Wysoczański 2004, 121. Vgl. *Storchbein* - 'langes, sehr dünnes Bein', *storchbeinig* - 'den Beinen eines Storchs ähnlich; Storchbeine habend', oft in Anspielung auf wenig ausgebildete Waden.

Beine wie der stärkste Hirsch im Taunus (Odenwald o.Ä.**)** (ugs. scherzh. regional) = *sehr kräftig entwickelte Beine.* 1950 ff. Küpper 1993, 352.

Beine wie ein Liebesroman (ugs. iron.) = *nach außen gebogene (O-)Beine.* Zur Erklärung Vgl. Courths-Mahler- Beine: auswärts gebogene Beine. Witzelnd bezogen auf die stereotypen Liebenden und ihr Liebesschicksal: erst haben sie sich, dann gehen sie auseinander, und dann haben sie sich wieder. Diese Schicksalskurve beschreiben auch die auswärtsgekrümmten Beine. 1900 ff. Küpper 1993, 152, 498.

Beine wie ein O haben (ugs.) = *auswärtsgekrümmte Beine haben.* Die nebeneinanderstehenden, auswärtsgekrümmten Beine formen den Buchstaben O. Seit dem 19. Jh. Küpper 1993, 579. Vgl. O-Beine.

Beine wie ein Ofenrohr haben (gern mit dem Zusatz: **nicht so dick, aber so dreckig**) (ugs.) = *schmutzige Beine haben.* 1900 ff. Küpper 1993, 581.

ein Bein mehr haben als der Gegner (ugs. sportl.) = *ein besserer Fußballspieler sein als der Gegner.* Sportl. 1950 ff. Küpper 1993, 89.

auf einem Bein stehen wie der (ein) Storch (ugs. scherzh.) = *auf einem Bein stehen, ein Bein im Stehen anwinkeln.* Szczęk, Wysoczański 2004, 122. Der Storch steht oft auf einem Bein.

etw. hängt jmdm. wie ein Klotz am Bein (ugs.) = S. Klotz.

jüngere Beine haben (ugs.) = *besser als ein Älterer laufen können.*

BEINKLEID, das <meist Pl.> (veraltet, noch scherzh.)

das ist Jacke wie Beinkleid (Hose) (ugs. scherzh.) = S. Jacke.

BEIßZANGE, die

als der Alte Fritz sich die Hosen mit der Beißzange (Kneifzange) anzog (ugs.) = S. Fritz.

jmd. ist so dumm, dass er sich die Hosen mit der Beißzange anzieht (ugs.) = S. Hose.

Benehmen, das; -s [zu veraltet sich benehmen = sich verständigen]

Benehmen wie die Axt im Walde (ugs. abwertend) = *sehr schlechtes, ungestümes Benehmen.* 1920 ff. Küpper 1993, 72. Die *Axt* steht für ein grobes Werkzeug, mit dem feine Arbeiten nicht möglich sind. *Im Walde* dient der Verstärkung.

Benehmen wie ein Radfahrer (ugs. abwertend) = *sehr schlechtes Benehmen.* 1900 ff. Küpper 1993, 647. Gegenüber Vorgesetzten unterwürfig, aber gegenüber Seinesgleichen oder Untergebenen herrisch sein. Beruht auf der Vorstellung, dass der Radfahrer oben sich bückt, aber unten tritt. Spätestens seit 1890. Küpper 1993, 647.

Benehmen wie eine nasse Badehose (ugs.) = *ungebührliches Benehmen* (gegenüber weiblichen Personen). Wohl Anspielung auf die Genitalien, die sich in der nassen Badehose überdeutlich abzeichnen. 1940 ff. Küpper 1993, 73.

ein Benehmen haben wie eine offene Hose (ugs. abwertend) = *sehr schlechte Umgangsformen haben.* Die vorn offene Hose gilt als Sinnbild der Unanständigkeit. 1935 ff. Küpper 1993, 361.

Benehmen wie eine gesengte Sau (derb) = *überaus schlechtes Benehmen; grobe Anstandswidrigkeit.* 1910 ff. Küpper 1993, 694.

Benehmen wie eine offene Brause (ugs.) = *ungebührliches Benehmen.* Hergenommen von der Flasche Brauselimonade, die beim Öffnen knallt und zischt. 1930 ff. Küpper 1993, 127.

Benehmen wie eine Wildsau (derb) = *sehr schlechtes Benehmen.* 1920 ff. Küpper 1993, 920.

Benehmen wie im Urwald (ugs. abwertend) = *schlechte Umgangsformen.* Leitet sich her von den für Deutsche fremden Sitten der Urwaldbewohner. Vgl. auch Axt 2. 1900 ff, sold., stud .und schül. Küpper 1993, 870.

Benehmen wie ein nasser Sack (ugs.) = *sehr schlechtes, plumpes Benehmen.* 1920 ff. Küpper 1993, 687.

Bengel, der; -s

Wer sein Weib schlägt mit einem Bengel, der ist vor Gott angenehm wie ein Engel; tritt er sie mit Füßen, so lässt's ihn Gott genießen; wirft er sie die Stiegen hinab, so ist er von seinen Sünden ledig ab; schlägt er sie dann gar zu tot, der ist der angenehmst vor Gott. (iron.) = S. Weib.

Benimm, der; -s (ugs.)

Benimm wie eine Axt (ugs.) = *grobe, plumpe Lebensart.* 1920 ff. Küpper 1993, 72.

Berg, der

dastehen wir der Ochs (Ochse) vorm (am) Berg (vorm neuen Tor, vorm neuen Scheunentor) (ugs.) = S. Ochse.

Bergbach, der

Augen, klar wie ein Bergbach = S. Auge.

Bergmann, der

ein Kreuz haben wie ein Bergmann, - nicht so breit, aber so dreckig (ugs. scherzhaft) = S. Kreuz.

Bergwerksarbeiter, der

sich fühlen (müde sein) wie ein Bergwerksarbeiter nach einer 8-Stunden-Schicht (ugs.) = *körperlich abgekämpft sein, sehr müde sein.* Brugger 1993, 7.

Bernhardiner, der; -s, -

anhänglich wie ein Bernhardiner (ugs.) = *sehr anhänglich.* 1930 ff. Küpper 1993, 95.

wie ein Bernhardiner schlafen (schnarchen) (ugs.) = *fest, tief schlafen und schnarchen.* 1930 ff. Küpper 1993, 95.

treu wie ein Bernhardiner (ugs. meliorativ) = *sehr treu.* 1930 ff. Küpper 1993, 95. Der als Lawinensuchhund eingesetzte große, kräftige Hund mit weißem, große gelbe bis braune Flecken aufweisendem Fell ist sprichwörtlich treu, dem Menschen ergeben. Benannt nach dem Hospiz St. Bernhard (Schweiz), wo diese Hunde gezüchtet wurden.

BERSERKER, der; -s, -

wie ein Berserker (ugs.) = *sehr angestrengt; heftig; unbändig.* Stammt aus dem Altnordischen und bezeichnete dort einen in Bärenfell gekleideten Krieger (S. unten). Man glaubte, mit dem Tierfell zugleich die Kräfte des Tieres übernehmen zu können. 1800 ff. Küpper 1993, 95.

wie ein Berserker arbeiten (ugs.) = *sehr angestrengt arbeiten.* 1900 ff. Küpper 1993, 95.

toben (wüten) wie ein Berserker (wie ein Wilder) (ugs.) = *sich wild, wie wahnsinnig gebärden; rasen, wüten, seine Wut heftig äußern; rücksichtslos handeln.* 19. Jh. Küpper 1993, 95.

kämpfen wie ein Berserker (ugs.) = *durch außergewöhnlichen Ingrimm erregt sein und deshalb wilde, hemmungslose Angriffslust besitzen.* Berserker, aus dem Altnordischen entlehnt, war ursprünglich nur die Bezeichnung für das Bärenhemd (serkr - 'Hemd, Gewand'; ber - 'Bär'), in das sich die skandinavischen Krieger hüllten, um die Kraft des Bären durch das Fell auf sich zu übertragen. Dieser Glaube, dass die Stärke der wilden Tiere auf den Träger ihres Felles übergeht, ist eine bei Naturvölkern weitverbreitete Vorstellung. Berserker nannte man dann in Nordeuropa die Männer, die durch eine Bärenhaut ein solch furchterregendes Aussehen erhielten, dass man von ihnen glaubte, sie könnten zeitweilig wirkliche Bärengestalt annehmen. Ähnlich wie die Werwölfe wurden sie als Wesen zwischen Mensch und Tier mit übernatürlichen Kräften gefürchtet. Die altisländische Saga berichtet von ihrer blinden, tierischen Wut, der nichts widerstehen konnte, obwohl sie ohne Waffen kämpften... Die redensartlichen Vergleiche *wütend wie ein Berserker sein* und *toben (schreien, kämpfen) wie ein Berserker* haben die Erinnerung an den Bärenhäuter bis heute lebendig erhalten. Röhrich 2001, 1, 176.

lärmen wie die Berserker (ugs. abwertend) = *als störend und unangenehm empfundene sehr laute Geräusche verursachen.* Eine ähnliche Bedeutung haben die Wendungen *ein Lärm wie auf dem polnischen Reichstag veranstalten; lärmen wie die Gänse auf dem Kapitol*; *lärmen wie die Wilden*; *mehr Lärm machen als ein Kesselschmied.* Röhrich 2001, 3, 929.

BESENBINDER, der

laufen (rennen) wie ein Besenbinder (ugs.) = *eilen.* Die Besenbinder erfreuten sich keines guten Rufes und mussten oft vor der Polizei Reißaus nehmen. 19. Jh. Küpper 1993, 98.

saufen wie ein Besenbinder (ugs.) = *stark zechen können.* Wohl übertragen vom Bürstenbinder. 19. Jh. Küpper 1993, 98. S. Bürstenbinder.

BESENSTIEL, der

wie ein Besenstiel auf Rollen gehen (ugs.) = *hochaufgerichtet, gerade, sehr leise gehen.* 1920 ff. Küpper 1993, 98; Röhrich 2001, 3, 816.

besoffen [sein] wie ein Besenstiel (ugs.) = *stark betrunken sein, unter starkem Alkoholeinfluss stehen.* Lapidus 2006, 47.

steif wie ein Besenstiel (ugs.) = *sehr steif, ungelenk.*

BESESSEN <Adj.> [mhd. beseȥȥen, eigtl. = besetzt; bewohnt, adj. 2. Part. von besitzen]

wie [vom Teufel] besessen = 1. *sehr intensiv, mit großem Eifer, Einsatz.* 2. *von etw. völlig beherrscht, erfüllt. Besessen* gründet sich auf den Volksglauben, der meint, dass jmd. von bösen Geistern beherrscht ist, wahnsinnig ist, was sich besonders im Zusatz *[wie] vom Teufel be-*

sessen sein zeigt. (s.u.). Subst.: *wie ein Besessener.*

wie [vom Teufel] besessen arbeiten (ugs.) = *angestrengt und ohne Unterlass arbeiten.* Die Wendung *besessen sein* meint ´von Fanatismus gepackt sein´. Vom Ursprung her bedeutet die Wendung soviel wie ´im Besitz anderer, fremder Wesen´. In der Sprache des Neuen Testaments sind meist die bösen, unreinen Geister und Teufel gemeint, wenn von *besessen* die Rede ist, so bei Mt 4,24: „Und sie brachten zu ihm allerlei Kranke, mit mancherlei Seuchen und Qual behaftet, die Besessenen..." oder in der Apg 8,7: „Denn die unsauberen Geister fuhren aus vielen Besessenen mit großem Geschrei." Bei Mk 5,15 heißt es: " .. und sahen den, der vom Teufel besessen war". Darüber hinaus wird die Wendung in Zusammenhang gebracht mit Feindschaft, Wut, Bosheit, Ehrgeiz, Fleiß, Wahrheitsliebe und ähnlichem. Auch der redensartliche Vergleich *Wie besessen* kann auf unterschiedliche Weise gebraucht werden. Jemand, der z.B. *Von einer Idee besessen* ist, *Arbeitet wie besessen*, um sie zu Papier zu bringen. Wer sich fürchtet, *schreit wie besessen.* Immer wird unterstellt, dass jemand von guten oder bösen Geistern gehetzt oder von Leidenschaften getrieben wird. Röhrich 2001, 1, 182.

schreien wie [vom Teufel] besessen (ugs.) = *laut und intensiv [vor Angst] schreien.* In diesen Vergleichen wird unterstellt, dass jemand von guten oder bösen Geistern gehetzt oder von Leidenschaften getrieben wird. Röhrich 2001, 1, 182.

BESESSENER, der
S. **wie [vom Teufel] besessen.**

BESSER [mhd. beȥȥer, ahd. beȥȥiro, Komp. zu dem unter bass genannten Adj.]

besser als gut = *sehr gut.* Mittelhochdeutsch: „bezzer danne guot". Die Wendung begegnet uns schon früh im deutschen Minnesang. Sie war eine beliebte Formel zur Steigerung des Guten und wurde vor allem dann eingesetzt, wenn es galt, andere im Lob der Frauen zu übertreffen. Röhrich 2001, 1, 183.

besser als je[mals] zuvor = so gut wie bisher nie.

Das wäre ja noch besser (schöner) (ugs. negativ) = *etw. kommt gar nicht in Frage.*

BESTELLEN <sw. V.; hat> [mhd. bestellen = ordnen, einrichten; umstellen, ahd. bistellen = umstellen, umgeben]

wie bestellt und nicht abgeholt [dastehen, dasitzen] (ugs. scherz.) = *unschlüssig stehen, warten; verloren und ein wenig ratlos dastehen.* Röhrich 2001, 1, 304; DZR 2002, 782. S. dastehen.

BETT, das; -[e]s, -en [mhd. bet(te), ahd. betti, auch: Beet; urspr. Bez. für das mit Stroh u. Fellen gepolsterte Lager entlang den Wänden des germ. Hauses u. viell. eigtl. = Polster]

eine Laune wie ein Bett am Morgen (ugs.) = S. Laune.

wie ein Stein [könnte man] ins Bett fallen (ugs.) = S. Stein.

sich zieren wie die Jungfer im Bett (ugs.) = S. Jungfer.

BETTELMANN, der <Pl. ...leute> (veraltet)

etw. im Griff haben wie der Bettelmann die Laus (ugs.) = S. Griff.

jmd. hat's im Griff wie der Bettelmann die Laus (ugs.) = S. Griff.

BETTEN <sw. V.; hat> [mhd. betten, ahd. betton = das Bett richten]

Wie man sich bettet, so liegt (schläft) man (geh. Sprichwort) = *Es hängt von einem selbst ab, wie man sein Leben gestaltet; die Vorbereitung ist wichtig; Man ist für die Folgen seines Tuns selbst verantwortlich.* DZR 2002, 788. Eine ähnliche Aussage findet sich schon bei Grimmelshausen (102, 5) in dem Sprichwort

Hast du dir wohl gebettet, magst du auch wohl liegen. Röhrich 2001, 1, 186.

BETTLER, der; -s, - [mhd. betelære, ahd. betalari]

wie ein Bettler aussehen (ugs.) = *wegen armseliger Bekleidung und ärmlichen Schuhwerkes den Eindruck eines Bettlers erwecken.* Poln. *wyglądać jak strach na wróble* 'lustig, wunderlich aussehen'. Szczęk, Wysoczański 2004, 91; WW 2004, 119.

stolz wie ein reichgewordener Bettler (ugs. abwertend) = *dünkelhaft, voller Dünkel; eingebildet, hochmütig.* Röhrich 2001, 5, 1563.

BETTNÄSSER, der; -s, -

dastehen wie ein Bettnässer (Bettpisser) (ugs. [derb]) = 1. *ratlos sein.* Das Schamgefühl prägt den Gesichtsausdruck des Bettnässers. 1800 ff. 2. *ein schlechtes Gewissen haben.* 1800 ff. Küpper 1993, 102.

BEUTE, die; - [mhd. biute < mniederd. bute = Tausch; Anteil, Beute (aus der Spr. des ma. Handels), zu: buten = Tauschhandel treiben; verteilen, wohl im Sinne von „herausgeben" Präfixverb zu aus (= mniederd. ut; vgl. mniederd. uten = ausgeben)]

wie ein Geier über seine Beute herfallen (ugs. abwertend) = S. Geier.

wie eine Hyäne über seine Beute herfallen (ugs.) = S. Hyäne.

BEZAHLEN <sw. V.; hat> [mhd. bezaln]

als ob er es bezahlt kriegte (ugs.) = *sehr schnell, tüchtig, heftig.* Für Bezahlung vollbringt man besonders große Anstrengungen (er läuft, als ob er es bezahlt kriegte). Seit dem späten 19. Jh. Küpper 1993, 103.

BIBEL, die; -, -n [mhd. bibel, biblie < kirchenlat. biblia (Pl.) = die heiligen Bücher (des Alten u. Neuen Testaments), zu griech. biblíon, byblíon = Papierrolle, Buch(rolle), zu: bíblos, býblos = Papyrusstaude, -bast, nach Býblos, der phönizischen Hafenstadt, aus der der zu Papierrollen verarbeitete Bast vornehmlich importiert wurde]

das ist so sicher wie das Amen in der in der Bibel = S. Amen.

BIBER, der; -s, - [mhd. biber, ahd. bibar, eigtl. = der Braune]

arbeiten wie ein Biber (ugs.) = *angestrengt arbeiten.* 1930 ff. Küpper 1993, 104.

BIENCHEN, das

fleißig (arbeitsam) wie ein Bienchen (ugs.) = *sehr fleißig, arbeitsam.* Poln. *wity jak pszczółka.* Szczęk, Wysoczański 2004, 133. S. Biene, Imme.

laufen wie ein Bienchen (ugs.) = *gut laufen, funktionieren* (meist über Fahrzeuge).

BIENE, die; -, -n [mhd. bin(e), ahd. bini; wohl tabuistische Entstellung des eigtl. Tiernamens]

angeben wie eine Tüte Bienen (ugs.) = S. Tüte.

einander so ähnlich sein wie eine Biene der andern (ugs. landschaftl. veraltend) = *sich stark ähneln.* Lat.: *Quam apes apum similes.* (Erasmus von Rotterdam, 845; Wander 1, 41. Nach dem Bild *sich gleichen wie ein Ei dem anderen* (S.).

laufen wie eine Biene (ein Bienchen) (ugs.) = 1. *rüstig zu Fuß sein.* 2. *leicht und schnell fahren.* 1925 ff. Küpper 1993, 104.

fleißig (emsig) wie eine Biene (ein Bienchen) sein (ugs.) = *sehr fleißig sein.* Lapidus 2006, 29. Poln. *pracowity jak pszczoła.* Szczęk, Wysoczański 2004, 133.

S. Imme. Vgl. bienenfleißig.

BIENENFLEIßIG <Adj.>

bienenfleißig <Adj.> = *mit, von unermüdlichem Fleiß.* Vgl. *fleißig wie eine Biene (ein Bienchen).* Der *Fleiß der Bie-*

nen war schon den Römern ein Begriff. Der Dichter Horaz vergleicht sich in einem seiner Gedichte mit einer rastlosen Biene: »Ich aber, nach Art und Weise einer Biene vom Matinus [einem Berg in Süditalien], die angenehmen Thymian mit sehr viel Mühe sammelt, um den Hain und die Ufer des feuchten Tibur herum, bilde bescheiden arbeitsreiche Gedichte.« Auch Seneca meint: »Die Bienen müssen wir nachahmen«, jedoch weniger wegen ihres bloßen Fleißes, sondern weil sie »umherfliegen und die zur Honiggewinnung geeigneten Blüten aussaugen und dann, was sie eingebracht haben, ordnen, auf die Waben verteilen und, wie unser Vergil sagt, flüssigen Honig anhäufen und mit süßem Nektar füllen die Zellen« - ebenso solle man als Schriftsteller nicht in der Lektüre anderer Werke nachlassen, sondern aus ihnen schöpfen und sich zu eigener Produktion anregen lassen; die Worte »Die Bienen nachahmen« kennzeichnet Seneca dabei in einem Nebensatz bereits damals als sprichwörtliche Wendung. Pohlke 2006, 37. S. Biene, Imme.

BIENENHAUS, das

es ist [Betrieb] wie in einem Bienenhaus (ugs.) = *über große Geschäftigkeit, starken Publikumsverkehr, fleißige Arbeit.* Szczęk, Wysoczański 2004, 133. Das Bienenhaus ist ein aus Bienenkästen bestehender Holzbau in Form eines kleinen Hauses.

Mein Herz ist wie ein Bienenhaus. (poet.) = S. Herz.

BIENENKORB, der

es kribbelt wie im Bienenkorb (ugs. scherzh.) = *es herrscht Leben, Unruhe, Bewegung.* Dieser Vergleich entspricht nicht dem geordneten, harten Leben der Bienen, auch nicht der Bedeutung des Korbes, mit dessen Hilfe der Mensch die Bienen domestizierte. Wie diese selber galt ihre Behausung von der Antike bis ins späte Mittelalter als Sinnbild unschuldigen Lebens, des goldenen Zeitalters. Wegen ihrer exemplarischen staatlichen Ordnung sahen Ambrosius von Mailand (339-397) und viele nach ihm im Wohnsitz der Bienen das Abbild der wahren christlichen Gemeinde. In der bildenden Kunst erhielt dann auch der Mailänder Bischof, ihr Schutzpatron, sowie Bernhard von Clairvaux und Chrysostomos als Attribut den Bienenkorb: Zeichen süßer Beredsamkeit und wissenschaftlichen Eifers. ... Das 1834 errichtete Grabmonument der Barbara Uttmann (sie führte im 16. Jahrhundert im Erzgebirge die Spitzenklöppelei ein und schuf so für die Bevölkerung eine Existenzmöglichkeit) stellt die geschäftstüchtige Handelsherrin auf einem Bienenkorb sitzend dar, dem Symbol des Fleißes. Röhrich 2001, 1, 192; Szczęk, Wysoczański 2004, 133.

BIER, das; -[e]s, (Sorten:) -e [mhd. bier, ahd. bior, viell. < spätlat. biber = Trank, zu lat. bibere = trinken]

jmdn. kaltstellen wie eine Flasche Bier (ugs.) = S. Flasche.

etw. wie sauer (saures) Bier anbieten (seltener: **ausbieten), anpreisen** (ugs.) = *eifrig für etw. werben, was niemand haben will.* Duden, Bd. 11, 109.

etw. ausbieten (ausschreien) wie sauer (saures) Bier (ugs.) = *eine Sache, die keinen Wert hat, mit vielen Worten und zu niedrigem Preis, aber vergeblich anbieten.* Vgl. franz.: *Ce n'est pas de la petite bière* (wörtlich: Das ist kein kleines Bier), im Sinne von: Das ist etwas Wertvolles. Röhrich 2001, 1, 193.

BIERESEL, der

lachen wie ein Bieresel (ugs. selten) = *dumm und laut lachen.* Szczęk, Wysoczański 2004, 109.

BIERKUTSCHER, der (ugs.)

fluchen wie ein Bierkutscher (ugs.) = *grob fluchen.* Bierkutscher gelten als rauhe Gesellen. Spätestens seit 1900. Küpper 1993, 105.

Hände haben wie ein Bierkutscher (ugs.) = S. Hand.

schimpfen (fluchen) wie ein Bierkutscher (ugs.) = *grobe Schimpfwörter verwenden.* 1900 ff. Küpper 1993, 105. Die Kutscher von durch Pferde gezogenen Brauereiwagen (Bierkutscher) waren für ihre derben Sprüche bekannt.

BILANZ, die; -, -en [ital. bilancio = Gleichgewicht (der Waage), zu: bilanciare = abwägen; im Gleichgewicht halten, zu: bilancia = Waage, über das Vlat. zu lat. bilanx, Balance]

aussehen wie eine Bilanz = *von unergründbarer Wesensart sein; undurchsichtig, rätselvoll erscheinen.* Der (die) Betreffende ist wie eine Bilanz »verschleiert«. 1920 ff. Küpper 1993, 106-107.

BILD, das; -[e]s, -er [mhd. bilde = Bild, Gestalt, ahd. bilidi = Nachbildung, Abbild; Gestalt, Gebilde, viell. urspr. = Wunder(zeichen) und dann verw. mit Bilwiss]

jmd. sitzt da wie ein geschnitztes Bild (ugs. selten) = *unbeweglich sitzen, sich nicht rühren, nicht bemerkbar machen.* Röhrich 2001, 1, 304.

BILDERBUCH, das

wie aus dem (aus einem, wie im) Bilderbuch (ugs. meliorativ) = *überaus schön; lieblich; ideal.* Bilderbücher für Kinder zeigen eine verschönerte Welt und ein auf Erhebung stilisiertes Geschehen. Es ist alles zu schön, um wahr zu sein. 1930 ff. Küpper 1993, 107; DZR 2002, 787.

BILDERBUCHFIGUR, die; -, -en

[eine] Bilderbuchfigur [haben] (ugs.) = *sehr schöner Körperbau.* 1965 ff. Küpper 1993, 107. *Bilderbuch-* drückt in Bildungen mit Substantiven aus, dass jmd. oder etw. als ideal angesehen wird: *Bilderbuchehe, -ehemann, -karriere, -landung, -wetter.*

BILLIG <Adj.> [mhd. billich, ahd. billih = recht, angemessen, gemäß, wohl zu Bild u. urspr. = wunderkräftig, wirksam]

billiger als billig (Werbespr.) = *außergewöhnlich billig, sehr kostengünstig.* Hypertrophierung in der Werbesprache, vgl. auch *weißer als weiß* (Waschmittelreklame).

BINDFADEN, der

wie ein wilder Furz am Bindfaden (derb) = S. Furz.

BIRNE, die; -, -n [mhd. bir[e], ahd. bira < vlat. pira < lat. pirum]

[ab]fallen wie eine reife Birne (wie Fallobst) (ugs.) = 1. *sich leicht von etw. loslösend herunterfallen, sich lösen.* Wander 5, 694. 2. (iron. Sport) *ein Foul simulieren, überaus sensibel auf Angriffe des Gegners reagieren, um daraus selbst einen Vorteil zu erlangen.* 3. (Boxsport) *über schlechte Boxer, die schnell zu Boden gehen, leicht k. o. geschlagen werden können.*

da bleiben soviel Äpfel wie (als) Birnen (ugs. selten) = S. Apfel.

dastehen wie eine gebackene Birne (ugs. landschaftl. selten) = *unschlüssig stehen, warten; verloren und ein wenig ratlos dastehen.* Röhrich 2001, 1, 305.

BISSEN, der; -s, - [mhd. biȥȥe, ahd. biȥȥo]

Ein Bissen im Mund ist besser, als ein versprochener Braten. (Sprichwort) = *Es ist besser, sich mit dem zu begnügen, was man bekommen kann, als etw. Unsicheres anzustreben; Aussage darüber, dass es besser ist, sich mit bescheidenen Dingen zufrieden zu geben, als nach dem Maximum zu streben.* Wander 1, 385. Dieses Sprichwort folgt dem Modell *Lieber eine Spatz in der Hand, als die Taube auf dem Dach* (S. dort ausführlich)

Blase, die; -, -n

saufen, als wenn (bis) die Blase vorm Arschloch steht (derb) = *sehr viel Alkohol trinken; viele alkoholische Getränke zu sich nehmen.* Lapidus 2006, 48.

Blei, das; -[e]s, (Arten:) -e [mhd. bli, ahd. bli(o), urspr. = das (bläulich) Glänzende]

schwer wie Blei (ugs.) = *sehr schwer.* Blei ist ein relativ weiches Schwermetall mit silberhell glänzenden Schnittflächen, die an der Oberfläche blaugrau anlaufen (chemisches Element).

Der Schreck, die Müdigkeit lag ihm wie Blei in den Gliedern, Knochen - *'lähmte ihn, seine Tatkraft'.*

jmdm. [schwer] wie Blei (wie ein Stein) im Magen liegen (ugs.) = 1. *jmdm. schwer zu schaffen machen, ein großes Problem für jmdn. sein.* 2. *schwer verdaulich sein, Magendrücken verursachen.* Duden, Bd. 11, 471; Röhrich 2001, 1, 212.

es liegt jmdm. wie Blei in den Gliedern (Knochen) (ugs.) = *jmd. fühlt sich müde und erschöpft, weil ihm die geringste Bewegung nun wie eine ungeheure Anstrengung erscheint.* vgl. franz. *J'ai comme du plomb dans les jambes* (in den Beinen). Röhrich 2001, 1, 212.

jmdm. wie Blei in den Gliedern (Knochen) liegen (ugs.) = *vor Müdigkeit, Schreck o.Ä. unbeweglich sein; etw. lähmte ihn, seine Tatkraft.* DZR 2002, 782. S. Schreck.

etw. lagert (liegt) wie Blei in den Regalen (ugs.) = *etw. lässt sich schlecht (nicht) verkaufen.* Die Wendung spielt auf das hohe Gewicht von Blei an, wodurch es schwer zu heben ist.

wie mit Blei an den Sohlen laufen (ugs. selten) = 1. *einen schwerfälligen Gang haben.* 2. *stark ermüdet sein.*

Bleichspargel, der; -s, -, (schweiz. meist:) -n, (südd., schweiz. auch:) die; -, -n [spätmhd. sparger, über das Roman. (vgl. älter ital. sparago, mlat. sparagus) < lat. asparagus < griech. asp(h)áragos = Spargel; junger Trieb]

braun wie Bleichspargel (scherzh.-iron.) = 1. *blutleer im Gesicht.* 2. *nicht sonnengebräunt, blass.* Bleichspargel guter Qualität zeichnet sich dadurch aus, dass er fast weiß ist und keine Verfärbungen aufweist. Das Oxymoron verweist auf eine sehr blasse Gewichtsfarbe.

bleistifteng <Adj.>

bleistifteng = *sehr eng anliegend* (meist auf Mädchen- oder Frauenhosen bezogen). Der Stoff dieser Hose umschließt das Bein ebenso fest wie die Holzhülle des Bleistifts die Mine. 1955 ff. Küpper 1993, 113.

Blinddarm, der [LÜ von lat. intestinum caecum, aus: intestinum (Intestinum) und caecus = blind, hier im Sinne von „ohne Öffnung"]

überflüssig (unnötig) wie ein Blinddarm (ugs. abwertend) = *gänzlich überflüssig.* 1900 ff. Küpper 1993, 114. S. Kropf, Schwiegermutter, Wurmfortsatz

Blinde, der u. die; -n, -n

jmd. ist wie ein Blinder ohne Stock (ugs.) = *jmd. ist ganz arm; über jmdn., dem das Notwendigste fehlt, um sich allein forthelfen zu können.* Vgl. franz. *C'est un aveugle sans bâton* (veraltet). Röhrich 2001, 1, 217.

wie ein Blinder im Dunkeln tappen = *unwissend sein, sich in etw. nicht auskennen und vergeblich nach der Lösung eines Problems suchen.* Der Vergleich ist biblischer Herkunft und bezieht sich auf Dtn 28, 28-29: *Der Herr wird dich schlagen mit Wahnsinn, Blindheit und Rasen des Herzens; und du wirst tappen am Mittag, wie ein Blinder tappt im Dunkeln.* Vgl. auch die Wendung *mit Blindheit geschlagen sein,* die uns im selben Text und bei Gen 19, 11 begegnet, wo es bei der Vertilgung Sodoms heißt: *Und die Männer vor der Tür am Hause wurden mit Blindheit geschlagen, klein* *und groß, bis sie müde wurden und die Tür nicht finden konnten.* Vgl. franz. *être frappé de cécité.* Röhrich 2001, 1, 218; DZR 2007, 379.

wie mit Blindheit geschlagen sein (geh.) = *etw. Wichtiges nicht sehen, erkennen; wie blind für etwas sein.* Die Wendung findet sich im Alten Testament. Hier wird an verschiedenen Stellen (1. Moses 19, 11; 5. Moses 28, 28 f.; 2. Könige 6, 18) davon berichtet, dass Menschen von Jahwe mit Blindheit geschlagen werden, d. h., dass sie vorübergehend ihr Augenlicht verlieren. Duden, Bd. 12, 378; DZR 2002, 494; Büchmann 2002, 22; Krauss 1993, 32.

horchen wie ein Blinder (ugs.) = *intensiv hören, um Informationen zu erlangen.* (Duden)

reden (urteilen) von etw. wie ein Blinder (der Blinde) von der Farbe (ugs.) = *ohne Sachkenntnis von etw. reden, über etw. urteilen.* DZR 2002, 783. 2. *trotz Unfähigkeit urteilen; blindlings urteilen.* 18. Jh. Küpper 1993, 114. L. Röhrich datiert anders und bemerkt, dass schon im 16. Jahrhundert dieser Vergleich gebraucht wurde, z.B. in der »Hildesheimer Chronik« Oldecops (S. 138): „also de blinde von der farve". Erweitert erscheint diese Wendung in einem Hochzeitsgedicht Henricis von 1743: *Die Lieb ist mir noch unbekannt, drum denkt und schreibt auch mein Verstand als wie ein blinder Mann von einer grünen Farben.* Vgl. auch niederl. *Hij oordeelt erover als een blinde over de kleuren* und franz. *Il en juge comme un aveugle des couleurs.* Bei einer klaren, einleuchtenden Sache, die jeder verstehen müsste, heißt es heute umgekehrt: *Das kann ein Blinder sehen und ein Ochs verstehen.* Häufiger ist jedoch der Ausruf: *Das sieht doch ein Blinder!* (auch mit den Zusätzen *Mit dem Fuß, mit dem Krückstock, ohne Laterne, ohne Sonnenbrille*). Röhrich 2001, 1, 217. Poln. *mówić jak ślepy o kolorach.* WW 2004, 64.

Blitz, der; -es, -e [mhd. blitze, blicz(e), blitzize, älter: blic, zu blitzen]

aufleuchten wie ein Blitz (wie ein plötzlicher Sonnenstrahl) = *plötzlich, für kurze Zeit leuchten.* (Duden)

dastehen, wie vom Blitz gerührt (getroffen) (ugs.) = *einen starken Schreck bekommen, verstört sein.* So z.B. in der »Insel Felsenburg« 1,7: „Ich fiel nach Lesung dieses Briefs, als ein vom Blitz Gerührter, rückwärts auf mein Bette"; Goethe kennt: „er stand, wie vom Blitz getroffen". Vgl. franz. *rester planté là comme foudroyé.* Röhrich 2001, 1, 219.

dazwischenfahren wie der Blitz (ugs.) = *Ordnung schaffen, heftig in etw. eingreifen.* **2.** *jmdn. in seiner Rede durch einen Einwand o. Ä. mit Heftigkeit unterbrechen.*

einschlagen wie ein Blitz (ugs.) = *völlig überraschend kommen und große Aufregung hervorrufen; über Unglück, Verstörung durch eine unerwartete Nachricht hervorrufen.* Röhrich 2001, 1, 219.

grell wie ein Blitz (ugs.) = *in unangenehmer Weise hell, blendend hell.* Ein sehr heller Blitz wird häufig als unangenehm empfunden, da er die Sehfähigkeit beeinträchtigen kann.

laufen wie der Blitz (ugs.) = *schnell laufen.*

schnell wie der Blitz (wie ein geölter Blitz) (ugs.) = *sehr schnell.* Es geht schnell wie der Blitz, vgl. franz. *rapide comme l'éclair.* Röhrich 2001, 4, 1389.

wie der Blitz (ugs.) = *überaus schnell.* Hergenommen von der Lichtgeschwindigkeit des Blitzes. 1500 ff. Küpper 1993, 115. Poln. *jak błyskawica.* WW 2004, 42.

wie der Blitz verschwinden (ugs.) = *überaus schnell einen Ort verlassen.* Abgeleitet von der Lichtgeschwindigkeit des Blitzes. Röhrich 2001, 1, 219.

wie ein Blitz [-schlag] aus heiterem Himmel (ugs.) = *völlig unerwartet, ohne dass man darauf vorbereitet gewesen ist (in Bezug auf etw. Unerfreuliches).* Die Fügung wird in Bezug auf als unerfreulich empfundene, plötzliche, nicht vorauszusehende Veränderungen im Sinne von »ganz wider Erwarten« gebraucht. Duden, Bd. 11, 117; DZR 2002, 783; DZR 2007, 92-93. 1800 ff. Küpper 1993, 115. Engl. *like a bolt from the blue*). Sie findet sich nach L. Röhrich jedoch schon in Christoph Lehmanns »Florilegium politicum oder Politischer Blumengarten« von 1639 (S. 398); „Zu Hof donnerts offt, und schlägt ein beym hellen Himmel, da doch kein Blitz vorher gegangen". Ebenso hat Schiller die ungeheure Schnelligkeit eines hereinbrechenden Verderbens in den ahnenden Worten Theklas beschrieben (»Picoolomini« III, 9): O! Wenn ein Haus im Feuer soll vergehn, / Dann treibt der Himmel sein Gewölk zusammen, / Es schießt der Blitz herab aus heitern Höhn. Röhrich 2001, 1, 219. Poln. *jak grom z jasnego nieba.* WW 2004, 42.

wie ein geölter Blitz (ugs. scherzh.) = *sehr schnell.* Eine sogenannte »Kasernenhofblüte«: der Ausbilder meint, der schnelle Blitz werde noch schneller, wenn er geölt sei. Etwa seit dem zweiten Drittel des 19. Jhs. Vgl. engl. »like greased lightning«. Küpper 1993, 115; Röhrich 2001, 1, 219.

wie vom Blitz getroffen (ugs.) = 1. *vor Schreck, Entsetzen o. Ä. völlig verstört.*2. *unbeweglich.*

BLITZABLEITER, der

wie ein Blitzableiter wirken (ugs.) = *auf der Bühne Misserfolg erleiden.* Der Betreffende „schlägt nicht ein". Theaterspr. 1920 ff. Küpper 1993, 115.

jmdn. als Blitzableiter nutzen (ugs.) = *als jemand, an dem er seine Wut, Aggression o. Ä. abreagieren kann, benutzt werden.*

BLÜCHER, in der Wendung

rangehen an etw. wie [der alte] Blücher (ugs.) = *ein Vorhaben tatkräftig und ohne Scheu anpacken*; *etw. mutig und entschlossen angehen; versuchen, mit viel Energie schnell an sein Ziel zu gelangen.* Nach dem preußischen Generalfeldmarschall Fürst Blücher (1742–1819). Dieser redensartliche Vergleich meint oft einen Draufgänger, auch dessen stürmisches Verhalten gegenüber Frauen. Röhrich 2001, 1, 221. S. Bolle, Hektor.

kalt wie Blücher (ugs.) = *ruhig, unerschrocken.* Röhrich 2001, 1, 221.

Ran wie Blücher! (ugs.) = *Ermunterung, eine Sache zu beginnen.* Röhrich 2001, 1, 221. S.o.

BLUMENKOHL, der

angeben wie Lord Blumenkohl (ugs. spöttisch) = S. Lord.

BLUMENLADEN, der <Pl. ...läden>

wie ein Blumenladen riechen (scherzh.-iron.) = *stark parfümiert sein.* Berlin 1920 ff. Küpper 1993, 117.

BLUMENSTRAUß, der

besser als in die Hand geschissen [als gar kein Blumenstrauß] (derb) = S. Hand.

BLUT, das; -[e]s, (Fachspr.) -e [mhd., ahd. bluot, wohl eigtl. = Fließendes]

wie Milch und Blut aussehen (geh.) = S. Milch.

rot wie wie Blut = *dunkelrot.* Nach der Farbe des Blutes.

BLUTEGEL, der; -s, -

saufen wie ein Blutegel (Egel) (derb) = *viel (Alkohol) trinken.* Szczęk, Wysoczański 2004, 100; Gall 2006, 4; Wander 4, 31. S. *saufen wie ein Igel.*

wie ein Blutegel sein (ugs. abwertend) = 1. *jmdn. erpressen, von jmdm. sehr viel Geld fordern.* 2. *von jmdm. (andauernd) Geschenke, Gaben erbitten, fordern.* Der Blutegel ist ein im Wasser lebender Ringelwurm mit zwei Saugnäpfen, der Blut aus Blutgefäßen menschlicher oder tierischer Körper heraussaugt. Er wird auch zu medizinischen Zwecken eingesetzt.

Blutentziehungen durch Aderlass, Schröpfen, Blutegel und dgl. waren schon den ältesten Völkern bekannt und wurden zu allen Zeiten geübt. Wann man genau anfing, ihn zu Heilzwecken zu gebrauchen, lässt sich nicht feststellen. So viel ist sicher, dass sowohl Ärzte wie Laien davon überzeugt waren, der Blutegel sauge das ungesunde Blut weg. Da nach primitiver Ansicht Blut gleich Leben ist, so bedeutete ursprünglich das Blutlassen nichts anderes als einen Ersatz für das Menschenopfer. HDA 1, 172, 1443.

jmdn. aussaugen wie ein Blutegel (ugs. abwertend) = Dass., wie *wie ein Blutegel sein* (s.). Poln. *ssać kogoś jak pijawka (pijawki).* Szczęk, Wysoczański 2004, 132.

BLÜTENWEIß <Adj.>

blütenweiß = *strahlend weiß* (von Wäsche o. Ä.)

BLUTROT <Adj.>

blutrot = *rot wie Blut.* S. Blut.

BLUTWURST, die

Das ist zu schlecht, um Blutwurst draus zu machen (ugs. abwertend) = *das ist höchst minderwertig.* Wurst aus Blut und Speckstücken gilt manchen als ein mindergeachtetes Essen. 1930 ff. Küpper 1993, 118.

BOCK, der; -[e]s, Böcke [mhd., ahd. boc, urspr. = Ziegenbock]

Augen haben wie ein abgestochener Bock (ugs.) = S. Auge.

dumm wie ein Bock (ugs. selten) = *dumm sein, geistig beschränkt sein.* Szczęk, Wysoczański 2004, 102; Schemann 1993, 93; lapidus 2006, 41. Der Bock gilt im Volksglauben als naiv und dumm.

geil wie ein Bock (ugs. oft abwertend) = *gierig nach geschlechtlicher Befriedigung, vom Sexualtrieb beherrscht, sexuell erregt.* Szczęk, Wysoczański 2004, 102. Vgl. die Bildung *alter (geiler) Bock* - 'sexuell interessierter älterer Mann'. 19. Jahrhundert. Küpper 1993, 119. Vgl. auch die landschaftl. Wendung *keusch wie ein Bock um Jakobi* (25. Juli) (iron.) - 'sexuell interssiert, erregt'.

auf seinem (dem) Geld sitzen wie der Bock auf der Haferkiste (ugs.) = S. Geld.

es kommt jdm. wie dem Bock die Milch [oft mit dem Zusatz: - **ruckweise]** (ugs.) = *schwer begreifen, begriffsstutzig sein; das ist bei ihm ausgeschlossen; das begreift er nie oder nur sehr langsam.* 1800 ff. Küpper 1993, 119; Szczęk, Wysoczański 2004, 102. Ein Bock kann nicht gemolken werden, Erfolge stellen sich also schwerlich ein.

schielen wie ein Bock (ugs. selten) = *einen Augenfehler haben, bei dem die Blickrichtung eines oder beider Augen nach innen oder außen abweicht.* Szczęk, Wysoczański 2004, 102. Böcke haben häufig eine solche Augenstellung.

jmd. schreit wie der Bock, der zum Markte geführt wird (ugs. abwertend) = *über jmdn., der laut schimpft, der vor Wut, Zorn o. Ä. mit lauter, schriller Stimme schimpft, jammert.* Szczęk, Wysoczański 2004, 102.

steif wie ein Bock (ugs. abwertend) = *ungelenk, alterssteif.* 19. Jh. Küpper 1993, 119; Szczęk, Wysoczański 2004, 102.

stinken wie ein Bock (ugs. salopp abwertend veraltend) = 1. *einen sehr unangenehmen und durchdringenden Geruch an sich haben.* 2. *aus dem Hals riechen.* Schemann 1993, 93; Borchardt, Wustmann, Schoppe 1954, 77. Böcke stinken und verbreiten somit einen sehr unangenehmen Geruch. Szczęk, Wysoczański 2004, 102. Vor dem Schlachten um Aegidi (1. September) wurde der Bock aus dem Stalle heraus – oder vom Dach oder Heuboden herabgesprengt und, auf dem Boden angekommen, abgestochen. Dadurch sollte er seinen üblen Geruch verlieren. HDA 9, 913. S. *stinken wie die Kuh aus dem Arsch.*

stur (störrisch) wie ein Bock (ugs.) = *störrisch, unzugänglich; schwer zu leiten.* 1914 ff. Küpper 1993, 119; Müller 2005, 66; Lapidus 2006, 32. Poln. *uparty jak kozioł.* Szczęk, Wysoczański 2004, 101; WW 2004, 111.

sich auf etw. verlassen wie der Bock auf die Hörner (ugs.) = *sich einer Sache sicher sein, sich auf etw. verlassen können.* Der Bock kann sich auf seine Kraft (Hörner) verlassen, sie bilden die Grundlage seiner Wehrkraft. Szczęk, Wysoczański 2004, 102.

BODEN, der; -s, Böden [mhd. bodem, ahd. bodam, verw. mit lat. fundus, Fundus]

so voll sein, dass keine Stecknadel (kein Apfel) zu Boden (zur Erde) fallen kann (könnte) = S. Stecknadel.

wie aus dem Boden gestampft (gewachsen) (ugs.) = *plötzlich, überraschend [schnell], wie durch Zauberei vorhanden.* Duden, Bd. 11, 122; DZR 2002, 781.

wie Pilze aus dem Erdboden schießen (wachsen) (ugs.) = S. Pilz.

BODENSEE, der

[sich fühlen] wie der Reiter auf (über) dem Bodensee (landschaftl.) = S. Reiter.

BÖHMERWALD, der; -[e]s

so alt wie der Böhmerwald (Bremer, Harzer, Duisburger, Thüringer, Westerwald) (landschaftl.) = *sehr alt.* Der Vergleich tritt auch mundartlich auf, z.B. *Hei is sau aalt, as de Düringer Wahld.* Der Böhmerwald ist das Grenzgebirge zwischen der Bundesrepublik Deutschland, Österreich und der Tschechischen Republik. Der redensartliche Vergleich stammt deutlich aus der *Wechselbalgsage.* Der Wechselbalg wird durch irgendeine merkwürdige Hantierung seiner Pflegemutter, z.B. durch das Brauen von Bier in Eierschalen, zum Sprechen veranlasst. Dadurch, dass er als Wickelkind schon sprechen kann, sowie durch das Eingeständnis seines hohen Alters zeigt er, dass er nicht zu den Menschen, sondern zur dämonischen Welt gehört. Nachdem der Wechselbalg sich so verraten hat, muss er zu den Seinen zurückkehren, die dafür das gestohlene Kind wiederbringen. Der Spruch hat oft die Sage selbst an Lebenskraft überdauert und ist als Redensart (mit starken lokalen Abweichungen) noch relativ geläufig. Röhrich 2001, 1, 76-77; HDA 9, 858.

BOHNE, die; -, -n [mhd. bone, ahd. bona, viell. verw. mit Beule u. eigtl. = die Geschwollene]

das ist nicht die Bohne wert (ugs.) = *das ist nichts wert.* 1500 ff. Küpper 1993, 120.

BOHNENSTANGE, die

dünn wie eine Bohnenstange (ugs.) = 1. *überaus hager.* 19. Jh. Vgl. franz. *mince comme un échalas.* 2. *flachbusig und flachgesäßig.* 1900 ff. Küpper 1993, 121.

lang wie eine Bohnenstange (abwertend) = *großwüchsig; sehr groß und auffallend dünn.* 19. Jh. Küpper 1993, 121. Die Länge der Bohnenstange führt zu dem übertreibenden Vergleich, der über besonders dünne und hagere Personen gebraucht wird; im Berndeutsch *Bohnenstangli* - 'magere Person'; pfälzisch *e langi Bohnestang* für einen überaus großen, hageren Menschen, auch *langgeschossen wie e Bohnegät*; ostpreußisch *he is man so ne Bohnestange* - 'schmales, kränkliches Geschöpf' Die Wendung wird meist im verächtlichen Sinne gebraucht; vgl. franz. *grand et maigre comme un échalas* (so groß und dürr wie ein Rebenpfahl). Leicht missbilligend klingt auch das Schwäbische: *Er kommt daher, wie wenn er Bonestecke* (eine Bohnenstange) *im Leib hätt* für die gezwungene Haltung eines betont stramm Auftretenden. Ähnlich abschätzig beurteilt der Schwabe die vergeblichen Bemühungen einer hässlichen Person, ihre äußeren Mängel durch übertriebene, geschmacklose Kleidung und Putz zu decken: *ma ka en Bonestecke ziere.* Wird ihm selber unerhörtes Glück zuteil, so befindet der Neid: *es bocket ihm am End no d Bonestecke; dem kälberet d Benestecke auf der Bühne* (Heuboden) - ′das dürre Holz verwandelt sich für ihn noch in lebendigen Segen′. Schwäbisch *dümmer als ein Bohnenstecken* ist wohl aus Bohnenstroh (s.) entstellt oder mißverstanden. Röhrich 2001, 1, 238. Poln. *wysoki jak tyka.* WW 2004, 122.

BOHNENSTROH, das: in der Fügung

dumm wie Bohnenstroh [sein] (ugs.) = *sehr dumm [sein].* Lapidus 2006, 42. Nach der Wertlosigkeit des als Strohersatz gebrauchten Bohnenstrohs. Bohnenstroh meint den daumendicken Stengel der Saubohne, Schweins- oder Pferdebohne. Solche Stengel trocknen nur schwer und werden, wenn nicht luftig gelagert, sehr leicht dumpf. »Dumpf« meint »muffig« und wird von Luther mit »dumm« übersetzt. 19. Jh. Der Vergleich mit dem *Bohnenstroh* geht auf das ältere *grob wie Bohnenstroh* zurück. Arme, ungebildete Menschen konnten ihr Schlaflager nicht auf Stroh bereiten, sondern mussten mit dem härteren, gröberen Kraut der Futterbohne vorlieb nehmen. Duden, Bd. 11, 162; Szczęk, Wysoczański 2004, 92.

grob wie (gröber als) Bohnenstroh (ugs.) = *sehr unhöflich; ungezogen; sehr derb.* 1500 ff. Küpper 1993, 121; Röhrich 2001, 1, 238.

BOLLE: in den Wendungen

sich wie Bolle amüsieren (ugs. Berlin) = *lustig unter Lustigen sein.* Fußt auf dem Berliner Lied mit dem Kehrreim »Aber dennoch hat sich Bolle ganz köstlich amüsiert«. DZR 2002, 782. Etwa seit 1870. Küpper 1993, 121.

sich wie Bolle auf dem Milchwagen (auf dem Bock) freuen (amüsieren) (ugs. Berlin) = *sich sehr freuen; an Ausgelassenheit Freude haben.* Nach dem Begründer der Berliner Meierei Bolle, deren Milch die *Bollejungen* bimmelnd ausfuhren, auch in Anlehnung an den Refrain eines anonymen Berliner Liedes: Aber dennoch hat sich Bolle ganz köstlich amüsiert. Duden, Bd. 11, 123. Die Kutscher oder Milchträger der Berliner Meierei Bolle wurden die wegen ihrer fröhlichen Natur rasch volkstümlich. Seit dem späten 19. Jh. Küpper 1993, 121. Vgl. *glücklich sein wie Baccus auf dem Fass.*

[es geht jmdm.] wie Bolle auf dem Milchwagen (ugs. Berlin) = *ganz vortrefflich; es geht jmdm. (materiell) gut, jmd. verdient leicht seinen Unterhalt.* DZR 2002, 782.

BOLTE, Name

es machen wie die Witwe Bolte (ugs. spött.) = S. Witwe.

BOMBE, die; -, -n [frz. bombe < ital. bomba < lat. bombus = dumpfes Geräusch < griech. bómbos]

wie eine Bombe einfallen (einschlagen) (ugs.) = *als unliebsame Überraschung ankommen; Überraschung, Bestürzung o. Ä. hervorrufen.* Etwa seit 1870. Küpper 1993, 122.

BONSAI, der; -[s], -s [jap. bonsai]

ein Kerl wie ein Baum, man nannte ihn Bonsai (ugs. scherzh.-iron.) = S. Kerl.

BORSTENVIEH, das (ugs. scherzh.)

abgebrüht sein wie ein Borstenvieh (ugs. abwertend) = *gefühllos sein.* Hergenommen vom Übergießen geschlachteter Schweine mit heißem Wasser. 1900 ff. Küpper 1993, 199.

BOUILLON [bul'jɔŋ; auch: bʊl'jo:, österr. nur: bu'jo:], die; -, -s [frz. bouillon, zu: bouillir = wallen, sieden < lat. bullire]

es ist klar wie Bouillon (ugs.) = *es ist völlig einleuchtend.* 1900 ff, Berlin. Küpper 1993, 125. Gebildet nach dem Modell *klar wie Kloßbrühe.*

Boxer, der; -s, - [engl. boxer]
wie ein angeschlagener Boxer (ugs.) = *gefährlich, zu unkontrollierten Handlungen fähig.*

Brauereipferd, das
einen Arsch haben wie ein Brauereipferd (derb) = S. Arsch.
Hintern wie ein Brauereipferd (ugs. [derb]) = S. Hintern.
einen Strahl haben wie ein Brauereipferd (ugs. spött.) = S. Strahl.

Braunbier, das
aussehen wie Braunbier und (mit) Spucke (ugs.) = *sehr elend aussehen; schwächlich, kränklich aussehen.* Duden, Bd. 11, 74; Brugger 1993, 10; DZR 2002, 782. Vgl. *wie das Leiden Christi aussehen.*

Brause, die; -, -n [gek. aus Brauselimonade]
angeben wie eine offene Brause = *sehr viel mehr scheinen wollen, als man ist.* Die in der geöffneten Flasche Brauselimonade aufsteigenden und sich buchstäblich *in Luft auflösenden* Kohlensäurebläschen versinnbildlichen die Substanzlosigkeit. 1920 ff. Küpper 1993, 127.
Benehmen wie eine offene Brause (ugs.) = S. Benehmen.

Braut, die; -, Bräute [mhd., ahd. brut]
dasitzen wie eine Braut, die niemand haben will (ugs. scherzh.) = *unschlüssig stehen, warten; verloren und ein wenig ratlos dastehen.* Röhrich 2001, 1, 305.

Brechmittel, das
etw. ist für mich wie Brechmittel Nummer Eins (ugs.) = *das ist mir völlig unerträglich.* Schül. und stud. 1950 ff. Küpper 1993, 128. Brechmittel werden angewendet, um ein Erbrechen auszulösen.

Brei, der; -[e]s, -e [mhd. bri(e), ahd. brio, urspr. = Sud, Gekochtes]
Der Brei wird nicht so heiß gegessen, wie (als) er vom Feuer kommt (als er aufgegeben wird). (veraltend) = *Es wird nicht jedem Befehl, besonders dem zu strengen, sogleich Folge geleistet, wenn er gegeben ist; er wird selten in dem Umfange ausgeführt, in welchem er erlassen wurde.* Wander 1, 457; Simrock, 1278.
um etw. herumgehen (herumschleichen, rumreden) wie die Katze um den heißen Brei (ugs.) = S. Katze.
etwas satt haben wie kalten Brei (ugs. selten) = *genug davon haben; etw. nicht [mehr] mögen.* Röhrich 2001, 1, 252.
wie die Katze um den heißen Brei gehen (schleichen) (ugs.) = S. Katze.

breit <Adj.> [mhd., ahd. breit]
das ist so breit wie lang (ugs.) = *das kommt auf dasselbe heraus.* 1850 ff. Küpper 1993, 128.

Breitmaulfrosch, der
grinsen wie ein Breitmaulfrosch (ugs. salopp) = *breit, hämisch grinsen.* Die Wendung spielt auf den Ausdruck *breites Grinsen* an.

Brett, das; -[e]s, -er [mhd., ahd. bret, urspr. = (aus einem Stamm) Geschnittenes]
glatt wie ein Brett (ugs.) = *flachbusig, -gesäßig.* 1900 ff.
steif wie ein Brett (ugs.) = 1. *ungelenk, ungewandt* (über Personen). 2. *unnahbar-förmlich.* 19. Jh. Küpper 1993, 130.

Brezelbacken, das; -s
das geht [nicht] wie's Brezelbacken (ugs.) = *die Ausführung, Erledigung eines Auftrags o. Ä. geht [nicht] in auffallend kurzer Zeit, [nicht]sehr rasch vor sich.* Eine (besonders obersächsisch) verbreitete Redensart, die G. S. Corvinus 1720 in seinen »Reifferen Früchten der Poesie« S. 633 erläutert: „Die Bretzeln schiebet man geschwinde In Ofen ein

und wieder aus. Der Teig wird augenblicks zur Rinde, Mit Versen sieht es anders aus." Vgl. *sich brezeln vor Lachen* - 'kräftig lachen und sich dabei wie eine Brezel krümmen', eine erst um 1920 aufgekommene Redensart, vgl. *sich kringeln*. Röhrich 2001, 1, 257.

BREZELBUB, der

saufen wie ein Brezelbub (ugs. scherzh.) = *sehr viel Alkohol trinken; viele alkoholische Getränke zu sich nehmen.* Lapidus 2006, 45. Wahrscheinlich handelt es sich hier eher um eine Verballhornung von *Bezlebub* als um einen Bezug auf den *Brezelbub* in Peter Fendis Gemälde *Brezelbub auf dem Glacis,* 1828 (Historisches Museum der Stadt Wien) oder den Brunnen mit dem Brezelbub in Speyer. Somit scherzh. Verstärkung. S. *wie der Teufel.*

BRIEFKASTEN, der

einen Kopf haben wie ein Briefkasten (ugs.) = S. Kopf.

einen Mund haben wie ein Briefkasten (ugs.) = S. Mund.

BRIEFMARKE, die

sich platt machen wie eine Briefmarke (ugs.) = *sich eng an den Boden schmiegen; volle Deckung nehmen.* Sold. in beiden Weltkriegen.

platt wie eine Briefmarke (wie eine Flunder) sein (ugs.) = 1. *sehr überrascht, verblüfft sein; sehr erstaunt, sprachlos sein.* Duden, Bd. 11, 550. 1900 ff. Verstärkung von *platt sein* (ugs.) - 'völlig überrascht sein' 2. *flachbusig, körperlich unentwickelt sein* (auf weibliche Personen bezogen). Nach 1965 aufgekommen. Küpper 1993, 131. 3. *überflügelt, besiegt sein.* Der Besiegte liegt flach am Boden. 1920 ff. Küpper 1993, 247. Wortspiel mit den Bedeutungen von *platt.*

BRIEFTRAGEN, das

jmd. passt (passen) zu etw. (dazu) wie die Laus zum Brieftragen (ugs. selten) = S. Laus.

BRILLENSCHLANGE, die

wie eine Brillenschlange aussehen (ugs. scherzh. leicht abwertend) = *eine Brille tragen, Brillenträger sein.* Szczęk, Wysoczański 2004, 129. Brillenschlangen kommen in Afrika und im tropischen Asien vor. Ihr Gift wirkt meist tödlich und sie lassen bei Erregung eine helle, brillenartige Zeichnung zwischen den Rückenschuppen erkennen. Auf Letzteres bezieht sich der Vergleich.

BRITE, der; -n, -n

Der Spanier gleicht (seiner Erscheinung nach) **dem Teufel, der Italiener ist ein Mann, der Franzose ist wie ein Weib, der Brite wie ein Engel, der Deutsche wie eine Säule.** (bildungsspr.) = S. Spanier.

BROT, das; -[e]s, -e [mhd. brot, ahd. prot, eigtl. = Gegorenes, zu brauen]

aussehen, als hätten einem die Hühner das Brot [weg-] gefressen (ugs. salopp) = *verwundert, ratlos dreinsehen.* Duden, Bd. 11, 74; Röhrich 2001, 3, 752.

jmd. sieht aus (macht ein Gesicht), als wenn ihm die Hühner das Brot gestohlen hätten (ugs.) = *über jmdn., der ein einfältiges, ratloses, trübseliges Gesicht macht.* Hergenommen vom Gesichtsausdruck eines Kindes, das sich aus Unachtsamkeit von den Hühnern das Butterbrot hat wegnehmen lassen. 1800 ff. Küpper 1993, 364.

dumm wie Brot (Stulle) sein [, aber nicht so nahrhaft] (ugs.) = *besonders dumm sein.* Berliner Modewort seit 1957. Küpper 1993, 182; Karasek 2004, 41.

dünn wie ein Brot, aber ganz nah! (ugs.) = *unsinnige Redewendung.* BSD 1965 ff. Küpper 1993, 131.

etw. geht weg wie geschnittenes (wie warmes) Brot (ugs. meliorativ) = es ist sehr leicht zu verkaufen. 1900 ff. Küpper 1993, 133.

mehr können als Brot essen (ugs.) = 1. *tüchtig sein; etw. können; jmd. weiß sein Brot auch zu verdienen.* 3. *sehr klug sein.* 2. (veraltet) *geheime Kräfte besitzen, der Magie kundig sein,* Schleswig-holsteinisch: *He kann mehr as Brood eten* - 'er kann hexen'. Bei dieser Redensart zeigt sich, dass der ursprüngliche Sinn, etwas von der »schwarzen Kunst« zu verstehen, in der städtischen Umgangssprache verlorengegangen ist und nur noch auf dem Lande bekannt ist. Dass er früher allgemein verständlich war, beweist eine Textstelle aus Gottfried Kellers »Grünem Heinrich« (III, Kapitel 14): „Die blitzartige Schnelligkeit, mit welcher der Zufall spielte. . . brachte den Eindruck hervor, wie wenn die rosige Bankhalterin mehr als Brot essen könne, das heißt geheimnisvoller Künste mächtig wäre“. Röhrich 2001, 1, 263-264.

Dazu gehört mehr als Brot essen = *es ist eine große Schwierigkeit zu überwinden, die besondere Kräfte beansprucht und mehr als normale Anforderungen stellt.* Vgl. lateinisch *Ultra peram sapit* und franz. *Il fait plus que son pain manger.* Röhrich 2001, 1, 264.

BRÖTCHEN, das; -s, -

einen Arsch wie ein Brötchen haben (derb) = S. Arsch.

BRUDER, der; -s, Brüder

wie Bruder Straubinger (scherzh. regional selten) = *schlecht (und oft schmutzig) gekleidet, wie ein Landstreicher, wie jmd., der nicht sesshaft ist, meist keinen festen Wohnsitz hat, ziellos von Ort zu Ort zieht.* Der im heutigen Sprachgebrauch kaum noch verwendete Ausdruck steht scherzhaft für »Landstreicher«. Die Bezeichnung nimmt auf den Ortsnamen Straubing und ein um 1820 entstandenes, früher sehr bekanntes Trinklied eines bayerischen Dichters Bezug: Mit seinen etwas abgerissenen Hosen und dem Bündel über der Schulter sah er aus wie ein echter Bruder Straubinger. DZR 2007, 134.

BRUMMER, der; -s, - (ugs.)

angeben wie ein Brummer an der Scheibe (ugs.) = *lärmen; prahlen.* Brummer - 'Brummfliege'. 1920 ff. Küpper 1993, 29.

angeben wie ein Brummer in einer Trommel (ugs.) = *lärmen; laut prahlen.* 1920 ff. angeben wie ein Sack Flöhe = sich aufspielen. 1910 ff. Küpper 1993, 29.

BRUMMKREISEL, der

aufgedreht sein wie ein Brummkreisel (ugs.) = *sehr lebhaft sein.* 1900 ff. Küpper 1993, 136. Ein *Brummkreisel* ist ein (als Kinderspielzeug hergestellter) kegelförmiger Hohlkörper meist aus Blech, der, in eine Drehbewegung versetzt, einen brummenden Ton hervorbringt.

sich drehen wie ein Brummkreisel. (ugs.) = 1. *sehr lebhaft sein.* Küpper 1993, 136. 2. *angestrengt, intensiv arbeiten.*

BRUMMTRIESEL, der

rumflitzen wie ein Brummtriesel (ugs.) = *sich schnell bewegen; lebhaft sein.* Berlin 1900 ff. Küpper 1993, 136. S. Brummkreisel.

BRUNNENPUTZER, der; -s, - (veraltet)

arbeiten (schaffen) wie ein Brunnenputzer (ugs.) = *viel und hart arbeiten.* http://www.redensarten-index.de/register/z.php. 28.8.2006.

schimpfen (fluchen, sich streiten, zanken o. Ä.) wie ein Brunnenputzer (ugs.) = *heftig, laut schimpfen, fluchen, sich streiten, zanken o. Ä.* Sehr oft wird in solchen Vergleichen auch auf andere Berufsgruppen angespielt, insbesondere auf solche, die allgemein wenig Achtung genießen: *Droschkenkutscher, Fuhrknecht, Scherenschleifer, Kesselflicker,*

Fischweib, Kuppelweib usw. Röhrich 2001, 4, 1339. S. Rohrspatz.

BRUST, die; -, Brüste [mhd., ahd. brust, eigtl. = die Schwellende, Sprießende]

sich in die Brust schmeißen wie das Schwein in die Scheiße (in den Dreck) (derb) = *sich brüsten.* 1900 ff. Küpper 1993, 137.

sich in die Brust schmeißen wie ein Spatz in den Müllabfall (ugs.) = *sich brüsten.* 1950 ff, schül. Küpper 1993, 137.

[zu jmdm. sein] wie eine Mutter ohne Brust (ugs. scherzhaft) = S. Mutter.

BRUSTKORB, der

Brustkorb wie ein Gorilla (ugs.) = *über einen starken Mann mit breiter Brust.*

BUB, der; -en, -en [mhd. buobe] (südd., österr., schweiz.)

als der Teufel noch ein kleiner Junge (Bub) war (als der Teufel noch klein war) (ugs.) = S. Teufel.

jmd. denkt [auch], der Teufel sei ein kleiner Junge (ugs.) = S. Teufel.

BUCH, das; -[e]s, Bücher [mhd. buoch, ahd. buoh (Pl.), urspr. wohl = (Runen)zeichen, Buchstabe, dann: Schriftstück]

einen Mund haben wie ein Buch (ugs.) = S. Mund.

wie ein Buch (auch: **ein Wasserfall) reden (sprechen o.ä.)** (ugs.) = *fließend, pausenlos, gelehrt sprechen.* Der Betreffende redet, als ob er aus einem Buch vorläse oder als ob er selber ein gelehrtes Buch sei. 1700 ff. Küpper 1993, 138; DZR 2007, 639.

sein, wie jmd. (etw., es) im Buch[e] steht (wie etw. im Büchel steht) (geh. bildungssprachl.) = *genauso sein, wie man sich jmdn. Bestimmtes od. eine bestimmte Sache vorstellt; mustergültig; ideal.* Leitet sich her von dem Buch der Chronika, einem Teil des Alten Testaments; das Buch enthält religiöse Vorschriften, Glaubensgrundsätze und sonstige Satzungen. Außerdem gilt für den einfachen Menschen das Gedruckte oft als eine unbedingte Autorität. 1840 ff. Küpper 1993, 138.

BUCHFINK, der; -en, -en

eine Stimme haben wie ein Buchfink. (ugs.) = S. Stimme.

BÜCHSE, D

wie die Heringe (Sardinen) in der Büchse (ugs.) = S. Hering.

lärmen wie die Schweidnitzer Büchse (landschaftl.) = *starken Lärm hervorbringen, sehr laut sein.* Der redensartliche Vergleich geht auf einen chronikalischen Bericht von 1488 über eine Schweidnitzer Kanone zurück, die von 43 Pferden gezogen worden sein und 3 Zentner schwere Kugeln verschossen haben soll. Röhrich 2001, 3, 929.

wie die Ölsardinen (Sardinen) in der Büchse (in der Dose) (ugs.) = S. Ölsardine.

[gequetscht, eingepfercht, zusammengepresst] wie die Sardinen in der Büchse (in der Tonne) [liegen] (ugs.) = S. Sardine.

BÜFFEL, der; -s, - [spätmhd. büffel < (m)frz. buffle < ital. bufalo < lat. bufalus, bubalus < griech. boúbalos]

wie ein Büffel vorgehen (ugs.) = *unbeirrbar, gewalttätig vorgehen.* 19. Jh. Küpper 1993, 140. Küpper 1993, 141. Bezug auf 1. in Asien und Afrika wild lebendes Rind von plumpem, massigem Körperbau mit großen, ausladenden Hörnern. 2. (ugs. abwertend) Grobian.

BÜGELBRETT, das

flach (platt) wie ein Bügelbrett (Plättbrett) = *flachbusig.* 1900 ff. Küpper 1993, 141; Röhrich 2001, 2, 434. S. Plättbrett 2.

wie ein Bügelbrett sitzen (stehen o. Ä.) = *in steifer, unzugänglicher Körperhaltung* *sitzen (stehen* u.Ä.). 1950 ff. Küpper 1993, 141.

BULETTE, die; -, -n [frz. boulette, Vkl. von: boule, Boule] (bes. berlin.)

Ran wie Hektor an die Buletten! (landsch. salopp) = S. Hektor.

rangehen wie Hektor an die Buletten (landsch. salopp) = S. Hektor.

so sicher wie alte Semmeln in der Bulette (ugs.) = S. Semmel.

BULLDOGGE, die; -, -n

charmant wie eine Bulldogge (wie Schwefelsäure, ein Kuhfladen) (ugs. iron. abwertend) = *abscheulich, furchtbar, uncharmant.* Die *Bulldogge* [engl. bulldog, aus: *bull* - ′ Bulle′ und *dog* - ′Hund′] ist ein kurzhaariger, gedrungener Hund mit großem, eckigem Schädel und verkürzter Schnauze, der früher zur Bullenhetze abgerichtet wurde. Er gilt als aggressiv und blutrünstig, das diesem Bild zugrunde liegt. Vgl. Kuhfladen, Schwefelsäure. *Charmant wie eine Bulldogge, schlau wie ein Fuchs. Seit zehn Jahren ist Gordon Brown Finanzminister in der Labour-Regierung. Nun soll der Schotte Nachfolger von Tony Blair werden. Damit wird eine alte Abmachung eingelöst. Blair und Brown waren Nachbarn und Partner - und sind doch sehr verschieden.* Sueddeutsche.de. 10.5.2007.

verbissen wie eine Bulldogge (wie Schwefelsäure, ein Kuhfladen) (ugs. iron. abwertend) = *[allzu] hartnäckig, zäh, nicht bereit nachzugeben, aufzugeben.* Kirchenweb 2007. 1.12.2007.

BULLE, der; -n, -n [mniederd. bulle, eigtl. = der Aufgeblasene, der Strotzende, bezogen auf die Geschlechtsteile]

gehen, wie der Bulle pisst (derb) = *ohne Richtung gehen; einem geschlängelten Weg folgen; torkeln.* Harnt der Bulle beim Schreiten, entsteht eine nasse Zickzacklinie. 1900 ff. Küpper 1993, 142.

scheißen wie ein Bulle (derb) = 1. *umfangreich koten.* Sold. 1939 ff. Küpper 1993, 142. 2. *starke Darmwinde ablassen.*

schnarchen wie ein Bulle (ugs.) = *heftig schnarchen.* 1950 ff. Küpper 1993, 142.

schwitzen wie ein Bulle (ugs.) = *stark schwitzen.* Sold. 1939 ff. Küpper 1993, 142; Szczęk, Wysoczański 2004, 103.

stark wie ein Bulle (ugs.) = *sehr stark.* Poln. *silny jak buhaj.* Szczęk, Wysoczański 2004, 103.

BUMERANG, der; -s, -s u. -e [engl. boomerang, aus der Sprache der Ureinwohner Australiens]

etw. kehrt zurück wie ein Bumerang (ugs.) = *mit einer Handlung schadete sich der Handelnde selbst.*

etw. stellt sich als Bumerang heraus (ugs.) = *etw. hat das Gegenteil des beabsichtigten Resultats bewirkt.* Der Bumerang ist ein gekrümmtes Wurfholz, das [beim Verfehlen des Zieles] zum Werfer zurückkehrt.

BUND, das; -[e]s, -e [mhd. bunt, eigtl. = Gebundenes]

dumm wie Bund Stroh [sein] (ugs.) = *sehr dumm [sein].* Lapidus 2006, 42.

BURIDAN, Name

dastehen wie Buridans Esel (bildungsspr.) = *sich zwischen zwei gleichwertigen Dingen nicht entscheiden können.* Bezieht sich auf eine Parabel des franz.en Philosophen J. Buridan (1300-1358), nach der ein hungriger Esel aus Unentschlossenheit vor zwei gleichen Bündeln Heu verhungern würde. Sie ist in dieser Form aber schriftlich nicht nachgewiesen. Der Grundgedanke stammt aus Aristoteles′ (384-322 v. Chr.) „De caelo" („Über den Himmel") und wird in Buridans Kommentar zu diesem Werk am Beispiel des Hundes aufgenommen. Der *Esel* ist möglicherweise eine von Buridan erfundene Abwandlung. DZR 2002, 144.

BÜRSTE, die; -, -n [mhd. bürste, eigtl. = Gesamtheit der Borsten, zu Borste]

angeben wie eine Bürste ohne Haare (ugs. scherzh.) = *toben; sich unberechtigterweise brüsten. Bürste ohne Haare* ist ein Oxymoron, ein Widerspruch in sich; ähnlich unsinnig ist das Prahlen. 1920. Küpper 1993, 29.

BÜRSTENBINDER, der (veraltet)

fluchen wie ein Bürstenbinder (ugs.) = *heftig, unflätig fluchen.* Die Bürstenbinder waren raue Gesellen und nicht überall beliebt. 1870 ff. Küpper 1993, 146.

fressen wie ein Bürstenbinder (derb) = *viel essen.* 19. Jh. Küpper 1993, 146.

laufen (rennen) wie ein Bürstenbinder (ugs.) = *eilen; viel unterwegs sein.* Bürstenbinder übten ihr Gewerbe im Umherziehen aus; sie waren flinke Gesellen. 19. Jh. Küpper 1993, 146.

lügen wie ein Bürstenbinder (ugs.) = *dreist lügen.* 1900 ff. Küpper 1993, 146.

wie ein Bürstenbinder [arbeiten] (salopp) = *eifrig [arbeitend], ohne sich zu schonen.*

saufen (trinken) wie ein Bürstenbinder (ugs. derb) = *stark zechen, viel Alkohol trinken.* Müller 2005, 78; Lapidus 2006, 45. Fußt auf dem mittelalterlichen Studentenleben: die Studenten wohnten gemeinsam in besonderen Häusern, die man nach dem Säckel (=bursa) *Burse* nannte. Die Gemeinschaft der Studenten war die »Burse«; ihre Hauptbeschäftigung beim Zusammensein war das *Bürschen* - 'Trinken'. Dies wurde von den Nichtstudenten mit *bürsten* verwechselt und schließlich für eine besondere Eigenschaft der Bürstenbinder gehalten. 1500 ff. Küpper 1993, 146. Das Wort saufen wird durch zahlreiche redensartliche Vergleiche häufig verstärkt, wie z.B.: *Saufen wie ein Loch, wie eine Senke, wie ein Templer, wie ein Abt, wie ein Domherr* (so schon bei Johann Fischart in der »Geschichtklitterung«: „Ich sauff wie ein Tumbher"); vgl. franz. *boire comme un trou, comme un tonneau* und *biberonner* oder *picoler* oder *lever le coude*; *Wie ein Franziskaner, wie ein Bär, wie ein Frosch, wie ein Füllen, wie ein Igel, wie ein Nilhund ... wie eine Kuh, wie eine Katze, wie ein Schwamm, wie eine Kanone, ...* „Sauft Wasser wie das liebe Vieh" steht in einem Studentenlied im »Leipziger Kommersbuch« von 1815. Röhrich 2001, 4, 1287.

BUSCH, der; -[e]s, Büsche [mhd. busch, ahd. busk, wohl verw. mit Beule u. eigtl. = Dickes, Dichtes]

toben wie zehn nackte Wilde im Busch (ugs.) = S. Wilde.

wie Zieten aus dem Busch (ugs. scherzh.) = S. Zieten.

BUSCHFEUER, das

[sich ausbreiten] wie ein Buschfeuer (Lauffeuer) (bildungsspr.) = *außergewöhnlich schnell; ungemein schnell durch Weitererzählen [verbreitet werden].* Ursprünglich war das *Lauffeuer* ein Feuer, das an ausgestreutem Pulver entlangläuft, um zu zünden, dann auch: Gewehrfeuer entlang einer Schützenlinie. Die Wendung bezieht sich auf die Geschwindigkeit, mit der das Pulver verbrennt und die Flamme ihren Weg nimmt. Duden, Bd. 11, 438; DZR 2002, 784.

BUSLENKER, der

rund wie ein Buslenker (scherzh.-iron.) = *volltrunken, stark unter Alkoholeinfluss stehen.* Walter, Mokienko 2001, 104.

BUSSARD, der; -s, -e [frz. busard = Weihe, zu afrz. bu(i)son < lat. buteo (Gen.: buteonis) = eine Falkenart]

dasitzen wie ein Bussard (ugs. selten) = *unbeweglich sitzen und auf etw. warten; sich wenig mühen.* HWA 2005, 1, 1716. Der Bussard, ein Greifvogel, sitzt häufig auf erhöhten Stellen und wartet auf Beute, z.B. Mäuse.

BUTTER, die; - [mhd. buter, ahd. butera, über das Vlat. < lat. butyrum < griech.

boútyron, zu: bous = Kuh, Rind u. eigtl. = Quark aus Kuhmilch]

dastehen (bestehen) wie [die] Butter an der Sonne (ugs.) = 1. *nicht standhalten, versagen; vor Scham vergehen*; *jmd. weiß sich nicht zu helfen, ist ratlos.* DZR 2002, 144. Die Redensart wird besonders auf einen angewandt, der mit seiner Klugheit ratlos dasteht oder mit seinem Prahlen und seinen Unschuldsbeteuerungen vergebens zu bestehen sucht. Sie findet sich schon öfters bei Luther: *das ich da stehen muste wie butter an der sonne*, später auch noch so bei Goethe (»Götz von Berlichingen«): „Es macht warm in der Nähe, und wir stehen da wie Butter an der Sonne". Röhrich 2001, 1, 305. Vgl. *wie Max in der Sonne.*

dahinschmelzen wie Butter (auch: **wie Schnee) an der Sonne** (ugs. scherzh.) = *äußerst schnell aufgebraucht werden, zu Ende gehen.* DZR 2002, 782.

[gehen] wie das heiße Messer (ein heißes Messer) durch die Butter (ugs.) = S. Messer.

jmds. Herz, jmd. ist weich wie Butter (ugs.) = S. Herz.

etw. geht runter wie [warme] Butter (ugs.) = *das leuchtet ein, wird ohne Widerspruch vernommen.* 1970 ff.

merken, wo die Stulle nach Butter schmeckt (ugs.) = S. Stulle.

rumrutschen wie ein Stück Butter auf der heißen Kartoffel (ugs.) = S. Stück.

schmelzen wie Butter im Hochofen (ugs.) = *schnell hingerissen sein.* 1966 ff. Küpper 1993, 147.

es spricht sich wie Butter (ugs.) = *der Text spricht sich bequem und flüssig.* Theaterspr. 19. Jh. Küpper 1993, 147.

strampeln wie der Frosch in der Butter (ugs.) = S. Frosch

BUTTERMILCH, die

aussehen wie Buttermilch und Spucke (Käse) (ugs. iron.) = *elend aussehen.* 19. Jh. Küpper 1993, 148.

sich bewegen wie die Fliege in der Buttermilch (ugs.) = S. Fliege.

klar wie Buttermilch (iron.) = *völlig einleuchtend.* 19. Jh. Küpper 1993, 148. Nach dem Modell *klar wie Kloßbrühe.*

BUTTERSTULLE, die (landsch.)

jmdn. einwickeln wie eine Butterstulle (ugs.) = *jmdn. völlig betören, beschwatzen.* 1960 ff. Küpper 1993, 148.

BUTTERWEICH <Adj.>

butterweich = 1. *sehr weich, so weich wie Butter.* 2. *keine Festigkeit (die man eigentlich erwartet hat) in seiner Haltung, seinem Auftreten o. Ä. zeigend.* 3. (Sport Jargon) *(vom Zuspiel) gefühlvoll, ohne Wucht.*

BUXTEHUDE, Ortsname

wie in Buxtehude, wo die Hunde mit dem Schwanz bellen (ugs. scherzh.) = *an einem entlegenen (rückständigen) Ort* (meist über Langeweile). Der Name der Kleinstadt Buxtehude im niedersächsischen Kreis Stade hat in Norddeutschland eine ähnliche Bedeutung wie mittel- und oberdeutsch *Dummsdorf*, *Dingskirchen*, *Hintertupfingen* und ähnliches. Buxtehude, oft entstellt zu *Buxtehusen* oder *Büxenhusen*, erscheint in den Redensarten als ein irgendwo in blauer Ferne liegender Ort, in dem sich allerlei merkwürdige Dinge ereignen können. Die Brüder Grimm lassen z.B. ihr bekanntes Märchen vom Swinegel und dem Hasen *up de lüttje Heid bi Buxtehude* spielen, woraus der Leser schließen könnte, dass nicht nur der Wettlauf, sondern auch der Ort der Handlung erfunden sei. Die Redensart *in Buxtehude, wo die Hunde mit dem Schwanz bellen* soll das Unglaubwürdige dieser Stadt noch unterstreichen. In Wirklichkeit ist hiermit gemeint: ′wo die Glocken mit dem Tau geläutet werden′. Die Glocke einer der ältesten deutschen Kirchen aus dem 13. Jahrhundert in Buxtehude wurde mit Tau und Klöppel geläutet. *Hunte* sind ′Glocken′, *bellen* heißt läuten (vgl. engl. »to ring the bell«); der *Schwanz* ist das ausgefranste Ende des Glockentaus. Röhrich 2001, 1, 287-288.

C

CHAMÄLEON [ka...], das; -s, -s [lat. chamaeleon < griech. chamailéon, eigtl. = Erdlöwe]

sich verändern wie ein Chamäleon (ugs. abwertend) = *sich den jeweiligen Bedingungen schnell anpassen.* Lapidus 2006, 35. Das Chamäleon ist eine auf Bäumen lebende [kleine] Echse, die ihre Hautfarbe bei Gefahr rasch ändert, sich an die Umgebung anpasst, woher der Vergleich rührt. Poln. *zmieniać się jak kameleon.* Szczęk, Wysoczański 2004, 128.

seine Meinung ändern wie das Chamäleon seine Farbe (ugs. abwertend) = S. Meinung.

wie ein Chamäleon seine Farbe wechseln (ugs. abwertend) = *seine (meist politischen) Überzeugungen, Prinzipien schnell ändern; sich nach dem richten, was im Augenblick günstig ist oder Erfolgsaussichten verspricht.* Szczęk, Wysoczański 2004, 128. S. *die Gesinnung wie das Hemd wechseln.*

CHINA, ; -s: Land in Ostasien

leben wie der Kaiser von China (ugs.) = S. Kaiser.

CHINESE [çi..., südd., österr.: ki...], der; -n, -n

scharf wie tausend Chinesen (wie Paprika, wie Schifferscheiße) sein (salopp) = 1. *begierig auf sexuelle Betätigung sein.* 2. *sexuell stark anregend sein, erotische, sexuelle Anziehungskraft besitzen, Sex-Appeal haben* (bes. über Frauen). Borneman 2003, 4.8.

CHRISTBAUM, der (landsch.)

aufgemotzt wie ein Christbaum (ugs.) = *mit Straß (o.a. Schmuck) besetzt.* 1950 ff. Küpper 1993, 151.

CHRISTUS, kurz für Jesus Christus

aussehen wie das Leiden Christi (wie Braunbier mit [und] Spucke) (ugs.) = S. Leiden.

aussehen wie das Leiden Christi in Zivil (ugs.) = S. Leiden.

aussehen wie das Leiden Christi zu Pferde (ugs.) = S. Leiden.

CLOWN, der; -s, -s [engl. clown (urspr. der „Bauerntölpel" im alten engl. Theater) < frz. colon < lat. colonus = Bauer]

angezogen [sein] wie ein Clown (ugs.) = *sehr auffällig gekleidet sein, bunte Kleidung tragen.*

sich benehmen wie ein Clown (ugs. abwertend) = *sich einfältig, töricht, kindisch verhalten; sich albern aufführen.*

COURAGE [ku'ra:ʒə; österr.: ...'ra:ʒ], die; - [frz. courage, zu: cœur, Cœur]

Courage ist gut, aber Ausdauer ist besser. (scherzh.) = *Mit dem Zitat bekräftigt man seine Absicht, ein Ziel durch Geduld und zähes Beharren zu erreichen und auf riskante Aktionen zu verzichten.* Diese sentenzhafte Ansicht äußert im 4. Kapitel von Theodor Fontanes (1819-1898) Roman »Der Stechlin« die Hauptfigur Dubslav von Stechlin gegenüber Czako, dem Regimentskameraden seines Sohnes. Er bezieht sich damit auf die große Zeit der Heiligen Allianz von 1813: »Große Zeit ist es immer nur, wenns beinah schiefgeht, wenn man jeden Augenblick fürchten muss: »Jetzt ist alles vorbei.« Da zeigt sich's. Courage ist gut, aber Ausdauer ist besser. Ausdauer, das ist die Hauptsache.«. DZR 2007, 141.

CREDO

man gedenkt jmds. wie des Pilatus im Credo (geh. veraltet) = S. Pilatus.

wie der Pontius ins Credo kommen (bildungsspr.) = S. Pontius.

D

DACH

etw. halten können wie der auf dem Dach (ugs.) = *etw. nach Belieben behandeln können.* Mit »der« ist der Dachdecker (s.) gemeint. 1900 ff. Küpper 1993, 153.

Lieber (besser) ein Spatz (den [ein] Sperling) in der Hand als die Taube auf dem Dach. (Sprichwort) = S. Spatz.

DACHDECKER, der; -s, -

Das kannst du halten wie der Dachdecker (oder: **wie der Pfarrer Assmann; wie der Pfarrer Nolte).** (salopp) = *damit kannst du nach Belieben verfahren; es ist gleichgültig, wie du es machst; Das kannst du tun, wie du willst; das läuft auf das Gleiche hinaus.* Duden, Bd. 11, 141. Über die Herleitung dieser seit dem späten 19. Jh. geläufigen Redensart veranstaltete die Zeitschrift »Hör zu« 1967 eine Umfrage; hierbei ergab sich Folgendes: Laien und Fachleute stimmen darin überein, dass dem Dachdecker hoch oben auf dem Dach keiner so leicht auf die Finger sehen kann. Keiner macht ihm Vorschriften, keiner redet ihm in die Arbeit. Während die anderen Bauhandwerker Gemeinschaftsarbeit verrichten, ist der Dachdecker vorwiegend ganz auf sich selbst gestellt. Er kann entscheiden, ob er mit seiner Arbeit auf der linken oder auf der rechten Dachhälfte beginnt. Dass es im Belieben des Dachdeckers steht, auf welcher Seite des Daches er herunterfällt oder ob er an der Dachrinne Halt sucht oder abstürzt, ist ein nachträglicher Deutungsversuch. Die von Küpper (Küpper 1993, 153) als Quelle vermutete Posse ist bisher nicht aufgespürt worden. S. Pfarrer.

Das kannst du halten wie der Dachdecker seine Stulle. (salopp) = *mach es, wie du willst!* 1900 ff. Küpper 1993, 153.

Das kannst du halten wie der Dachdecker seinen Schwanz (derb) = *das kannst du nach Belieben behandeln.* 1945 ff. Küpper 1993, 153.

Das kannst du halten wie der Dachdecker, nur nicht so hoch. (ugs.) = *das entscheide nach freiem Ermessen!* 1900 ff. Küpper 1993, 153.

Das kannst du halten wie ein Dachdecker, nämlich mit der Hand (bei den Händen). (ugs.) = *das kannst du nach Belieben entscheiden.* 1900 ff. Küpper 1993, 153.

Das kannst du halten wie ein Dachdecker, er kann auf beiden Seiten runterpissen. (derb.) = *das kannst du nach Belieben entscheiden.* 1900 ff. Küpper 1993, 153.

nehmen wie ein Dachdecker (ugs.) = *möglichst viel haben wollen; hohe Preise verlangen.* 1949 ff. Küpper 1993, 153.

DACHS, der; -es, -e [mhd., ahd. dahs]

arbeiten wie ein Dachs (ugs.) = *angestrengt arbeiten.* Nach dem Verhalten des Dachses beim Bau seiner Unterkunft. Mal´ceva 2002, 32.

beißen (um sich beißen) wie ein Dachs (ugs.) = *sich stark verteidigen; sich aggressiv verhalten.* Nach dem Verhalten des Dachses gegenüber Angreifern. S. *sich wehren wie ein Dachs.* Mal´ceva 2002, 32.

faul wie ein Dachs (ugs. abwertend) = *abgeneigt zu arbeiten, sich zu bewegen, sich anzustrengen; nicht gern tätig; bequem, träge.* Reflektiert das lange Schlafen (Untätigsein) des Dachses.

frech wie ein Dachs (ugs.) = *über eine freche, herausfordernde Person.* Szczęk, Wysoczański 2004, 98. Der Dachs ist insofern „frech“, als er sich die vom Fuchs gegrabene Höhle zu Eigen macht und diesen Bau dann (auch gegen den Fuchs) in steter Kampfbereitschaft verteidigt. Seit dem späten 19. Jh. (Küpper 1993, 252). Vgl. *Frechdachs.*

schlafen wie ein Dachs (ugs.) = *sehr tief [und lange] schlafen.* Szczęk, Wysoczański 2004, 98. Hergenommen vom langen Winterschlaf des Dachses. 1600 ff. Küpper 1993, 154; Duden, Bd. 11, 141; Mal'ceva 2002, 32.

schlau wie ein Dachs (ugs.) = *sehr schlau.* Szczęk, Wysoczański 2004, 98. S. frech wie ein Dachs.

schnaufen wie ein Dachs (ugs.) = *tief und deutlich hörbar, geräuschvoll atmen.* Szczęk, Wysoczański 2004, 98. Nach den deutlichen Geräuschen der Dachse.

sich wehren wie ein Dachs (ugs.) = *sich (bei Angriffen) stark wehren.* Der Dachs verteidigt sein Revier. Mal'ceva 2002, 32.

wie ein Dachs von seinem eigenen Fett leben (ugs. seltener) = *genügsam leben.* Szczęk, Wysoczański 2004, 98. Der Dachs lebt in der Winterperiode lange von seinen eigenen Fettreserven.

wie ein Dachs arbeiten (ugs. seltener) = *schwer arbeiten.* Szczęk, Wysoczański 2004, 98.

essen (fressen) wie ein Dachs (ugs. seltener) = *viel essen.* Szczęk, Wysoczański 2004, 98. Dachse fressen viel, um sich Fettreserven für den Winter anzulegen.

gucken wie ein Dachs aus seinem Bau (ugs.) = *aufmerksam gucken, seine Umgebung beobachten.* Szczęk, Wysoczański 2004, 98. Der Dachs beobachtet wachsam die Umgebung, um sich vor Feinden zu schützen.

DÄCHSCHEN, das

wie ein Dächschen immer zu Hause sein (ugs.) = *die eigene Wohnung selten verlassen.* Szczęk, Wysoczański 2004, 98; Mal'ceva 2002, 32. Dachsjunge verlassen erst sehr spät den Bau.

DACKEL, der; -s, - [urspr. oberd. Kurzf. von Dachshund]

eine Nase wie ein Dackel haben (ugs.) = S. Nase.

wie ein alter Dackel aussehen (ugs.) = *die Stirn in Falten legen wie ein Dackel.* 1930 ff. Küpper 1993, 154.

wie ein bepisster Dackel (derb) = *niedergeschlagen.* 1920 ff. Küpper 1993, 154.

DAMPFER, der; -s, - [wohl zu niederd. damper für engl. steamer]

qualmen wie ein alter Dampfer (ugs. abwertend) = *dicke Tabakswolken ausstoßen; viel rauchen.* 1920 ff. Küpper 1993, 157.

DAMPFNUDEL, die (südd.)

aufgehen wie eine Dampfnudel (ugs. abwertend) = 1. *dick, korpulent, beleibt werden.* 19. Jh. 2. *aufbrausen.* Analog zu *hochgehen.* 1900 ff. Küpper 1993, 157; Duden, Bd. 11, 144.

DANK, der; -[e]s [mhd., ahd. danc, urspr. = Absicht, Gedanke, zu denken]

das ist (wie) der Dank vom Hause Habsburg (des Hauses Habsburg) (ugs.) = *das sind Enttäuschungen, wo man Dank und Anerkennung erwartet hatte.* Fußt auf Schillers »Die Piccolomini« (II 6). 1900 ff. Küpper 1993, 316.

DASTEHEN <unr. V.; hat; südd., österr., schweiz. auch: ist>

dastehen (dasitzen) wie bestellt und nicht abgeholt (ugs. scherz.) = *unschlüssig stehen, warten; verloren und ein wenig ratlos dastehen.* Röhrich 2001, 1, 304; DZR 2002, 782.

dastehen (dasitzen) wie geliehen (geborgt) (ugs.) = *unschlüssig stehen, warten.* Röhrich 2001, 1, 304.

DAUERBRENNER, der

strahlen wie ein Dauerbrenner (ugs.) = *bester Laune sein.* Wie der Dauerofen, der eine bestimmte Mindestzeit ohne weitere Brennstoffzufuhr und ohne sonstige Bedienungsmaßnahmen weiterbrennt, Wäme ausstrahlt, so strahlt das Gesicht gute Stimmung aus. 1920 ff. Küpper 1993, 159.

DAUERLAUF, der

sich fühlen wie nach einem Dauerlauf um sieben Ecken (ugs. emotional) = *am Ende seiner Kräfte, völlig erschöpft, übel zugerichtet [sein].* Brugger 1993, 7.

Daumen, der; -s, - [mhd. dume, ahd. thumo, eigtl. = der Dicke, Starke]
[so] sicher wie eine Laus zwischen zwei Daumen (ugs.) = S. Laus.

Daunenweich <Adj.>
daunenweich = *zart und weich wie Daunen.* Daunen sind kleine, zarte Federn mit weichem Kiel, die sich unter den Deckfedern der Vögel befinden, Flaumfedern, woher der Vergleich rührt.

Deckel, der; -s, - [im 15. Jh. mit dem l-Suffix der Gerätenamen geb. zu decken]
etw. passt wie der Deckel auf den Pott (Topf) (ugs.) = *es passt ausgezeichnet.* 19. Jh. Küpper 1993, 161.
das ist Pott wie Deckel (ugs.) = S. Deckel.
zusammenpassen wie der Deckel auf den Topf (ugs. meliorativ) = *ein ideales Ehepaar sein.* 1920 ff. Küpper 1993, 161.
wie Topf und Deckel zusammenpassen (ugs.) = S. Topf.

Deckung, die; -, -en <Pl. selten>
die Deckung ist löcherig wie ein Schweizer Käse (ugs.) = *die Deckung ist mangelhaft.* Sportl. 1950 ff. Küpper 1993, 755. *Deckung* meint hier ′den gegnerischen Spieler, den Raum, in den der gegnerische Spieler eindringen will, so abschirmen, dass der Gegner nicht den Ball annehmen kann, nicht zur Spielentfaltung kommt′.

Dein <Possessivpron.> [mhd., ahd. din]
es schmeckt nicht nach Mein und nicht nach Dein (ugs.) = S. Mein.

Delphingrau <Adj.>
delphingrau = *im Farbton zwischen Schwarz und Weiß.* Von der Farbe des Delphins.

Denkmal, das; -s, ...mäler (geh.: ...male) [für griech. mnemósynon = Gedächtnishilfe; zu Mal]
wie ein Denkmal stehen (ugs. abwertend) = *unbeweglich stehen.* Sold. 1935 ff. Küpper 1993, 163.

Deutsche, der u. die; -n, -n
Der Spanier gleicht (seiner Erscheinung nach) **dem Teufel, der Italiener ist ein Mann, der Franzose ist wie ein Weib, der Brite wie ein Engel, der Deutsche wie eine Säule.** (bildungsspr.) = S. Spanier.
trinken wie ein Deutscher (ugs.) = *stark zechen, sehr viel Alkohol trinken.* Lapidus 2006, 48, 61.

Dezimalbruch, der
er kann einen Schädelbruch nicht von einem Dezimalbruch unterscheiden (ugs. spött.) = S. Schädelbruch.

Diamant, der; -en, -en [mhd. diamant, diemant < frz. diamant, über das Vlat. zu lat. adamas < griech. adámas, eigtl. = Unbezwingbares]
funkeln (glitzern) wie ein Diamant = 1. *funkenähnlich aufleuchtendes, ständig wechselndes Licht, Lichtreflexe von sich geben.* 2. (über Augen) *klar, freundlich, offen.* Karasek 2004, 44.
hart wie Diamant = *sehr hart.* Diamanten sind das härteste bekannte Material, woher der Vergleich rührt.

Dieb, der; -[e]s, -e [mhd. diep, diup, ahd. diob, thiob; viell. eigtl. = der Sichniederkauernde]
jmd tut etw. so gern wie der Dieb an den Galgen geht (ugs. veraltend) = *etw. sehr ungern tun; irgendwohin sehr ungern gehen.* Röhrich 2001, 2, 535.
lärmen wie ein Dieb im Pferdestall (ugs. iron.) = *sehr leise sein.* Auch andere Vergleiche funktionieren auf dieser Grundlage, z.B. *jmd. lärmt wie die Frösche im Winter* (die dann bekannter Maßen nicht aktiv sind); ähnlich: *als wenn*

die Katze ein Ei legt, jmd. macht einen Lärm wie die Henne vor Tage. Röhrich 2001, 3, 930.

wie ein Dieb in der Nacht (bildungsspr.) = *unbemerkt, überraschend, unvorhergesehen handeln.* Dieser Vergleich stammt aus Paulus' 1. Brief an die Thessalonicher (5, 2) im Neuen Testament, in dem es heißt: »Denn ihr selbst wisset gewiss, dass der Tag des Herrn wird kommen, wie ein Dieb in der Nacht.« Damit soll ausgedrückt werden, dass dieses unvorhersehbare Ereignis im Stillen und unverhofft eintreten wird. Wenn jemand in ähnlicher Weise handelt, wird kommentierend das o.g. Zitat verwendet. DZR 2002, 783. Poln. *jak złodziej w nocy.* WW 2004, 44.

DIESEL, der; -[s], -

wie ein Diesel anspringen (ugs.) = *leicht aufbrausen; sich rasch aufregen.* Der Dieselmotor macht beim Anspringen mehr Lärm als der Benzinmotor. 1948 ff. Küpper 1993, 166. Nach dem deutschen Ingenieur Rudolf Diesel (1858–1913).

DING, das; -[e]s, -e u. -er [mhd. dinc, ahd. thing, eigtl. = (Gerichts)versammlung der freien Männer, dann = Rechtssache, Rechtshandlung; wahrsch. zu dehnen u. urspr. entw. = Zusammenziehung (von Menschen) od. = (mit einem Flechtwerk) eingefriedeter Platz (für Versammlungen)]

ein Ding wie eine Wanne (ugs.) = *eine außergewöhnliche, eindrucksvolle, hervorragende Angelegenheit; eine feststehende Tatsache; eine Sache mit völlig sicherem Ausgang.* Aufgekommen mit den Badewannen, die den Badezuber ablösten. 1910 ff. Küpper 1993, 904.

DINO, der; -s, -s (ugs., oft scherzh.)

ein weniger hoch entwickeltes Gehirn haben als ein debiler Dino (Dinosaurier) (ugs. scherzh.-abwertend) = S. Gehirn.

DOHLE, die; -, -n [mhd. tahele, tale, Vkl. zu mhd. tahe, ahd. taha (nach dem Lockruf)]

neugierig wie eine Dohle (Elster) (ugs.) = *sehr neugierig.* 1900 ff. Küpper 1993, 206.

stehlen (diebisch) wie eine Dohle (Elster) (ugs.) = *sehr diebisch sein.* Dohlen stehlen angeblich glänzende Gegenstände. 1900 ff. Küpper 1993, 168; Röhrich 2001, 5, 1535.

zänkisch wie eine Dohle (Elster) (ugs.) = *sehr unverträglich, zanksüchtig.* In ihrem Revier dulden diese Vögel andere nur unter Protestgeschrei. 1900 ff. Küpper 1993, 206.

DOKTOR, der; -s, ...oren [mlat. doctor = Lehrer, zu lat. docere (2. Part.: doctum) = lehren]

das ist genau das, was mir der Doktor verschrieben (verordnet) hat (ugs. scherzh.) = *das ist das Zutreffende, das Fehlende, das Willkommene.* Die Redensart kann sich beziehen auf ein Mädchen, auf einen Schnaps, auf eine leckere Mahlzeit o. Ä. 1920 ff. Küpper 1993, 169.

wie ein Doktor schreiben (ugs.) = *unleserlich schreiben.* Ärzte haben meist eine schwer lesbare Handschrift. 19. Jh. Küpper 1993, 169.Vgl. *eine Doktorschrift haben.*

DOLCH, der; -[e]s, -e [frühnhd.]

[wie] ein Dolch in den Rücken sein (geh.) = *über eine hinterlistige, hinterhältige Handlung (ein unerwartetes sehr negatives Ereignis).* Der *Dolch* ist eine Stichwaffe mit kurzer, fest stehender, spitzer, meist zweischneidiger Klinge. Im Kampf gilt es als ehrenhaft, einem Gegner gegenüber zu stehen, ihm gleiche Chancen zu gewähren. Wird ein Dolch in den Rücken gestoßen, kommt dieser unehrenhafte Angriff unerwartet von hinten.

DOLL <Adj.> [landsch. Nebenf. von toll] (ugs.)

wie doll und verrückt (ugs. regional) = *sehr stark, sehr viel.*

DOMHERR, der

saufen wie ein Domherr (ugs.) = *viel, genüsslich trinken.* 1500 ff. Küpper 1993, 169. S. Bürstenbinder. So schon bei Johann Fischart in der »Geschichtklitterung«: „Ich sauff wie ein Tumbher". Röhrich 2001, 4, 1287.

DONNER, der; -s, - <Pl. selten> [mhd. doner, ahd. donar, lautm.]

wie vom Donner gerührt (ugs.) = *unbeweglich, starr vor Schreck, Entsetzen.* Richtiger ist *wie vom Blitz gerührt*, nämlich vom Blitz erschlagen. 1700 ff. Vgl. engl. *to be thunderstruck.* Küpper 1993, 169; DZR 2002, 789.

wie vom Donner gerührt dastehen (sein) (ugs.) = *erstarrt [und verstört] dastehen.* Duden, Bd. 11, 596; Röhrich 2001, 1, 305. Häufiger ist die Wendung mit der Komponente *Blitz*, S. auch Blitz.

DONNERHALL, der

einen Ruf wie Donnerhall haben (ugs. abwertend) = S. Ruf.

DONNERWETTER, das

wie das (leibhaftige) Donnerwetter (ugs.) = *sehr schnell; aus Leibeskräften.* 18. Jh. Küpper 1993, 170.

DOOF <Adj.> [niederd. Entsprechung zu hochd. taub < mniederd. dof= taub] (salopp abwertend)

Doof ist besser als bucklig, man sieht's nicht so (salopp abwertend) = *Redensart zur ironischen Verharmlosung der Dümmlichkeit.* Berlin 1950 ff. Küpper 1993, 170.

DORFBULLE, der

sich benehmen wie ein Dorfbulle (ugs. abwertend) = 1. *sich sehr ungesittet benehmen.* 1910 ff. 2. *von heftigem geschlechtlichem Tatendrang beseelt sein.* 1919 ff. Küpper 1993, 171. Der Dorfbulle ist der Bulle zum Decken der Kühe eines Dorfes.

DOSE, die; -, -n [aus dem Niederrhein. < mniederd., mniederl. dose= Behälter zum Tragen, Lade, Koffer

[gequetscht, eingepfercht, zusammengepresst] wie die Sardinen in einer Dose (in der Büchse, in der Tonne) [liegen] (ugs.) = S. Sardine.

wie die Ölsardinen in der Dose (in der Tonne) (ugs.) =S. Ölsardine.

DOTTERGELB <Adj.>

dottergelb = *kräftig gelb wie der Dotter des Hühnereis.*

DRACHE, der; -n, -n [mhd. trache, ahd. trahho < lat. draco < griech. drákon]

jmdn. (etw.) wie ein Drache bewachen (ugs.) = *jmdn. (etw.) scharf bewachen.* Szczęk, Wysoczański 2004, 134. Die phantastische Figur des Drachen gehört sowohl dem Mythos, der Legende an als auch dem Märchen und der Sage und ist eine der universellsten Gestalten der Folklore. Im Deutschen gibt es für dieses Wesen zwei Worte: *Lindwurm* (zu lateinisch *lentus* - 'biegsam') und Drache (aus lateinisch *draco*, griechisch *drákohn*); gehört zum Verbum *dérkomai* und meint eigentlich - 'der scharf Blickende'. Der Vergleich mit dem Drachen ist darauf zurückzuführen, dass der Drache in Mythologie und Folklore als Schätze bewachendes feuerspeiendes Wesen mit giftigen Zähnen beschrieben wird. Der schatzhütende Drache kommt am frühesten in der Fabel des Phädrus (4,21) vom Fuchs und dem Drachen vor: Der Fuchs stößt beim Bau seiner Höhle auf einen Drachen, der auf seinem Schatz liegt. In Märchen und Sagen tritt der Drache nicht nur als Schatzhüter, sondem auch als Schatzvermehrer auf, der das Gold wachsen lassen kann. Röhrich 2001, 1, 330.

böse wie ein Drache = *sehr böse.* Szczęk, Wysoczański 2004, 134. Der lang anhaltende Glaube an die reale Existenz von Drachen fand seine Stütze unter anderem auch darin, dass die Bibel an mehreren Stellen vom Drachen berichtet, der weithin mit dem Teufel gleichgesetzt wird (Gen, Dan, Hiob, Offb). Dem entspricht es auch, dass die katholische Kirche eine große Zahl von drachenbezwingenden Heiligen verehrt, von denen Georg und Margarete die bekanntesten sind. In den emblematischen Darstellungen noch der Barockzeit wird der Krieg selbst als Drache dargestellt; oder der niedergeworfene Gegner wird symbolisch als besiegter Drache, der Sieger als Drachenkämpfer gesehen. Die Symbolisierung eines militärischen oder politischen Sieges durch das Bild einer Drachenüberwindung ist ein weitverbreiteter Erzähl- und Bildinhalt. Röhrich 2001, 1, 330.

sich wie ein Drache auf jmdn. stürzen (ugs. selten) = *jmdn. plötzlich und unerwartet stark angreifen.* Szczęk, Wysoczański 2004, 134.

toben (wüten) wie ein Drache (ugs. selten) = *sehr wütend sein; im Zustand der Wut toben, rasen, zerstören.* Szczęk, Wysoczański 2004, 134.

DRAGONER, der; -s, - [frz. dragon]

fluchen wie ein Dragoner (ugs.) = *unflätig fluchen, laut schimpfen.* Der *Dragoner* war in der deutschen Armee ein *leichter Reiter.* Die fachsprachliche Bezeichnung ist im 17. Jahrhundert aus franz. *dragon* entlehnt, das auf lateinisch *draco* - 'Drache' beruht. Franz. *dragon* war die ursprüngliche Bezeichnung einer Handfeuerwaffe (»feuerspeiender Drache«) für die Kavalleristen. Die Bezeichnungsübertragung erfolgte von der Waffe auf die mit ihr ausgerüsteten Reiter. Von einem großen, plumpen, aller echten Weiblichkeit ermangelnden Frauenzimmer sagt man *sie ist ein (wahrer) Dragoner.* Sie ist ein *Küchendragoner* - 'sie ist ein robustes Weib'; auch Scherzname für *Köchin. Küchendragoner* war ursprünglich eine scherzhafte Bezeichnung für drei brandenburgische Dragonerregimenter, die zwischen 1689 und 1704 zum Hofdienst nach Berlin beordert waren. Röhrich 2001, 1, 331.

DRAHT, der; -[e]s, Drähte [mhd., ahd. drat (2. Part. von: draen = drehen), eigtl. = Gedrehtes, gedrehter (Faden)]

wie am Draht gehen (veraltend) = *steif und aufgerichtet gehen* (wie eine Drahtpuppe im Puppentheater). Röhrich 2001, 1, 331.

DRAHTSEIL, das

Nerven haben wie Drahtseile (Stricke, seltener **wie Dreierstricke, wie ein Batzenstrick, wie Kupferdrähte, wie breite Nudeln, wie Nylonseile)** (ugs. emotional) = S. Nerv.

DRECK, der; -[e]s [mhd., ahd. drec, urspr. = Mist, Kot]

angeben wie eine Handvoll Dreck (ugs. abwertend) = S. Hand.

sich benehmen wie das letzte Stückchen Dreck (salopp) = S. Stück.

sich in die Brust schmeißen wie das Schwein in den Dreck (derb) = S. Brust.

dasitzen (dastehen) wie das Kind vorm (beim) Dreck (ugs. abwertend) = S. Kind.

Geld wie Dreck haben (verdienen) (ugs.) = S. Geld.

jmdn. wie den letzten Dreck (wie das letzte Stück Dreck) behandeln (ugs. abwertend) = *jmdm. größte Verachtung bezeigen.* 1900 ff. Küpper 1993, 175.

jmdn. wie ein Stück Dreck behandeln (ugs. abwertend) = S. Stück.

sich wie Dreck benehmen (ugs. abwertend) = *unverschämt auftreten.* 1920 ff. Küpper 1993, 175.

sich wie der letzte Dreck fühlen (ugs.) = *sich sehr minderwertig vorkommen; sich* *ausgestoßen fühlen.* 1950 ff. Küpper 1993, 175.

frech wie Dreck (ugs. abwertend) = *sehr unverschämt, dreist.* Lapidus 2006, 36. *Dreck* ist insofern ′frech′, als angespritzter Straßendreck an der Kleidung haftet. 19. Jh. Küpper 1993, 175.

klar wie Dreck (iron.) = *selbstverständlich; völlig einleuchtend.* 1900 ff. Küpper 1993, 175. Nach dem Modell *klar wie Kloßbrühe.*

wunderschön ist ein (der reinste) Dreck dagegen (ugs. emotional verstärkend) = *es ist unübertrefflich, bildschön.* 1920 ff. Küpper 1993, 929.

DRECKEIMER, der (ugs.)

strahlen wie ein frischlackierter (frischpolierter; übergelaufener) Dreckeimer (ugs. scherzh.) = *vor Freude strahlen*; *über das ganze Gesicht strahlen.* Dreckeimer ist ein blecherne Mülleimer. 1900 ff, schül. Küpper 1993, 176. S. *strahlen wie ein Honigkuchenpferd.*

DRECKSCHLEUDER, die

ein Maul haben wie eine Dreckschleuder (salopp) = S. Maul.

jmdm. geht das Maul wie eine (einer) Dreckschleuder (salopp) = S. Maul.

DROGERIE, die; -, -n [frz. droguerie]

wie eine [ganze] Drogerie riechen (ugs. scherzh.-abwertend) = *stark parfümiert sein.*

DROSCHKENGAUL, der

dürr wie ein Droschkengaul (ugs. abwertend) = *hager, überaus dünn.* Szczęk, Wysoczański 2004, 108. Das Bild ist von (ugs. abwertend) Droschkengaul übernommen, einem grobknochigen, schweren Pferd.

DROSCHKENKUTSCHER, der

fluchen wie ein Droschkenkutscher (ugs.) = *unflätig schimpfen.* Kutscher galten als grob, dreist, ungebildet und wenig beherrscht. 1900 ff. Küpper 1993, 179, 475. Eine Droschke war früher ein leichtes ein- oder zweispänniges Fuhrwerk zur Beförderung von Personen. Heute zu touristischen Zwecken genutzt. Droschkenkutscher galten als grob und rüde. Küpper 1993, 179. Poln. *kląć jak dorożrakz.* WW 2004, 47.

schimpfen wie ein Droschkenkutscher (ugs.) = *wüst schimpfen.* 1920 ff. Küpper 1993, 179. Sehr oft wird in solchen Vergleichen auch auf andere Berufsgruppen angespielt, insbesondere auf solche, die allgemein wenig Achtung genießen: *Fuhrknecht, Brunnenputzer, Scherenschleifer, Kesselflicker, Fischweib, Kuppelweib* usw. Röhrich 2001, 4, 1339. (S. Rohrspatz).

DROSSEL, die; -, -n [aus dem Md., Niederd. < mniederd. drosle, viell. lautm.]

voll sein wie eine Drossel (ugs.) = *betrunken sein.* 1900 ff. Vgl. franz. *ivre comme une grive.* Küpper 1993, 179.

DUDELSACK, der [zu poln., tschech. dudy = Dudelsack < türk. düdük = Pfeife]

voll (dick) wie ein Dudelsack (ugs.) = *betrunken.* 1750 ff. Küpper 1993, 181.

DUMBO, Figur eines Elefanten in Zeichentrickfilmen.

Ohren haben wie Dumbo (ugs. scherzh.) = S. Ohr.

DUMM, <Adj.; dümmer, dümmste> [mhd. tump, ahd. tumb, eigtl. = verdunkelt, mit stumpfen Sinnen, urspr. = stumm]

so dumm sein, dass man blökt (salopp) = *sehr dumm sein.* Lapidus 2006, 44. Der Vergleich spielt an auf *dumm wie ein Schaf,* das ja blökt.

er ist nicht dumm, er weiß bloß wenig (iron.) = *er ist überaus dumm.* BSD 1960 ff. Küpper 1993, 182.

er ist nicht nur dumm, er stinkt auch noch nach Masse (derb abwertend) = *er ist überaus dumm.* BSD 1960 ff. Küpper 1993, 182.

jmd. ist [gar] nicht so dumm, wie er aussieht (ugs. spöttisch) = *spöttische Erwiderung auf eine kluge Äußerung.* 19. Jh. Küpper 1993, 182.

er ist so dumm, dass er brummt (ugs.) = *er ist sehr dumm.* Hergenommen von Ochsen und Rindern, die brummen und für dumm gelten. Auch den Tanzbären bezeichnet man als dumm. 19. Jh. Küpper 1993, 182.

er ist so dumm, dass ihn die Gänse beißen (ugs. abwertend) = S. Gans.

er ist so dumm, wie er lang ist (ugs.) = *er ist sehr dumm.* 19. Jh. Küpper 1993, 182.

dümmer als dumm (ugs. spöttisch) = *äußerst dumm.* Lapidus 2006, 44. Das umgangssprachliche, aber wirkungsvolle Mittel, die besondere Steigerung einer Eigenschaft mit dem Komparativ vor derselben Eigenschaft zu bezeichnen (*klüger als klug, kälter als kalt* etc.), ist eine Möglichkeit des Lateinischen, jedoch nicht dort zuerst nachweisbar. Doch ist es interessant zu sehen, dass die im Deutschen wohl häufigste Anwendung, nämlich *dümmer als dumm*, bereits bei dem lateinischen Komödiendichter Plautus gängig ist: »Dümmer als dumm bist du gewesen, der du Geschriebenem geglaubt hast«, sagt zum Beispiel im »Curculio« der Kapitän Therapontigonus zu dem Bankier Lyco, der auf ein gefälschtes Siegel hereingefallen ist und daraufhin einem Kuppler Geld ausgezahlt hat. Und im »Amphitruo« Alkmene zu Jupiter: »Wenn du nicht dümmer als der Dümmste bist, kannst du mit einer Frau, die du für schamlos hältst und laut erklärst, weder im Spaß noch im Ernst ein Wörtchen reden.« In ähnlicher Konstruktion sagt in der Gespensterkomödie »Mostellaria« der junge Herr Philolaches zu der schlauen Sklavin Scapha: »Wie überaus klug sie doch alles durchschaut! Nichts ist klüger als diese Kluge.« Übrigens finden sich auch die komparativischen Wendungen *weniger als nichts* (absolut nichts; lat.: *minus nihilo*) und umgekehrt *besser (mehr) als nichts*« (etwas, ein wenig; lat.: *plus quam nihil*) bei klassischen Autoren. Pohlke 2006, 50-51.

DUMME, der; -n, -n

wie der Dumme zur Ohrfeige kommen (gelangen) (ugs.) = *überraschend (unverdient) etw. gewinnen oder ein unerwartetes Missgeschick erleiden. Ohrfeige* - 'Schlag mit der flachen Hand auf die Wange'. Vgl. *wie die Jungfrau zum Kind(e) kommen.*

DUMMKOPF, der (abwertend)

Ein diensteifriger Dummkopf (Tölpel) ist schlimmer (gefährlicher) als ein Feind. (Sprichwort) = *Mit Unbedachtheit kann man großen Schaden anrichten, selbst wenn dies mit gutem Willen geschieht.* Dieses Sprichwort ist in vielen europäischen Sprachen vorhanden, in den slawischen sehr aktiv.

DUNKELHEIT, die; -, -en <Pl. selten>

gucken wie ein Auto bei eintretender Dunkelheit (ugs.) = S. Auto.

DÜNNSCHISS, der (derb)

angeben wie ein Arschloch mit Dünnschiss (vulg.) = S. Arschloch.

DURST, der; -[e]s [mhd., ahd. durst, urspr. = Trockenheit (in der Kehle), verw. mit dürr]

Durst haben wie ein Fisch (ugs. selten) = *sehr durstig sein, großen Durst haben.* Szczęk, Wysoczański 2004, 125.

Durst haben wie ein Ochs(e) (ugs.) = *heftigen Durst haben.* 1900 ff. Küpper 1993, 581.

Durst haben wie eine Talsperre (ugs. emotional) = *heftigen Durst haben.* 1930 ff. Küpper 1993, 822. Eine *Talsperre* ist eine Anlage, die aus einem ein Gebirgstal absperrenden Staudamm, dem dahinter aufgestauten See und einem Kraftwerk besteht.

Durst ist schlimmer als Heimweh (ugs.) = *Redensart eines erfahrenen Trinkers.*

1935 ff. (wohl viel früher). Küpper 1993, 188.

eins (meist: **einen) über den Durst trinken** (ugs. scherzh.) = *zu viel von einem alkoholischen Getränk trinken.*

DUSCHE [auch: ‚du:ʃə], die; -, -n [frz. douche < ital. doccia = Dusche, Gießbad; Wasserrinne, wohl zu: doccione = Wasserspeier; Fallrohr < lat. ductio, eigtl. = das Ziehen, das Führen]

[für jemanden] wie eine kalte Dusche sein; [auf jemanden] wie eine kalte Dusche wirken (ugs.) = *eine empfindliche Enttäuschung, Ernüchterung für jemanden sein; ernüchternd, enttäuschend sein.* DZR 2002, 783; Müller 2005, 97. Poln. *podziałać jak zimny prysznic.* WW 2004, 82.

DÜSENJÄGER, der

[schnell] wie ein Düsenjäger (ugs.) = *sehr schnell.* 1950 ff. Küpper 1993, 188.

laut wie ein Düsenjäger = *sehr laut.*

D-ZUG, der

Ein alter Mann ist [doch] kein D-Zug, [er ist nur Passagier]. (ugs. scherzh.) = S. Mann.

[schnell] wie ein D-Zug (ugs.) = *sehr schnell, mit großer Geschwindigkeit.* Obwohl es die Bezeichnung D-Zug (Durchgangs-Zug), ein Zug, der ohne Halt große Strecken zurücklegt, nicht mehr gibt, ist diese Wendung im aktiven Gebrauch erhalten.

D-ZUG-ARTIG <Adj.>

D-Zug-artig (ugs.) = *sehr schnell, mit großer Geschwindigkeit.* Wie ein D-Zug (s.).

E

EAU DE COLOGNE

nach Geld stinken wie die Sau nach Eau de Cologne (derb abwertend) = S. Geld.

EBENHOLZ, das; -es, ...hölzer [verdeutlichende Zus. zu mhd., spätahd. ebenus = Ebenholz(baum) < lat. ebenus < griech. ébenos < altägypt. hbnj]

schwarz wie Ebenholz = *tiefschwarz* (meist über Haare). (Duden). Das *Ebenholz* ist ein sehr hartes, schwarzes oder tiefdunkles Edelholz, das zum Schmuck an Waffen oder für sehr hochwertige Möbel eingesetzt wird.

EBER, der; -s, - [mhd. eber, ahd. ebur, verw. mit gleichbed. lat. aper]

wie ein angeschossener (wütender) Eber [rasen] (ugs.) = *sehr schnell; heftig; erregt [umherlaufen].* Der angeschossene Eber läuft blindwütig um sein Leben. 19. Jh. Küpper 1993, 189; Szczęk, Wysoczański 2004, 105. Vgl. *wie ein angeschlagener Boxer.*

hochfahren wie ein angestochener Eber (ein angestochenes Schwein) (ugs.) = *wütend, sehr stark erregt reagieren; auf etw. heftig reagieren.*

ECHTERNACH, Stadt in Luxemburg

vorankommen wie die Echternacher Springprozession (ugs. landschaftl.) = S. Springprozession.

ECKE, die; -, -n [mhd. ecke, ahd. ecka]

etw. ist egal wie Käse, der stinkt von allen Ecken. (salopp) = S. Käse.

sich fühlen wie nach einem Dauerlauf um sieben Ecken (ugs. emotional) = S. Dauerlauf.

ECKHAUS, das

blau sein wie ein Eckhaus (ugs. scherzh.) = *[völlig, stark] betrunken sein.* Diese relativ junge Redensart hängt wohl zusammen mit der schon wesentlich älteren

Wendung *es wurde jmdm. blau vor den Augen* (z.B. bei einer Ohnmacht oder eben im Rausch); vielleicht spielt die Redensart aber auch auf die blaue Nase des Trinkers an. Verstärkt hört man auch *blau wie eine Strandhaubitze* (s.). Der sprichwörtliche Vergleich beruht auf der scherzhaft-wortspielerischen Gleichsetzung der eigentlichen und der übertragenen Bedeutung von blau. Eine relativ neue Wendung ist die scherzhafte Feststellung: Blau ist keine Farbe, blau ist ein Zustand. Röhrich 2001, 1, 209. Küpper bringt die verstärkende Wendung *blau sein wie tausend Mann* - ´ volltrunken sein´. Küpper 1993, 520.

EGAL [e'ga:l] <indekl. Adj.> [frz. égal < lat. aequalis = gleich]

egal wie sechsundsechzig (ugs.) = *völlig gleichgültig.*

EGEL, der; -s, - [mhd. egel(e), ahd. egala, urspr. wohl = kleine Schlange u. verw. mit Igel]

saufen wie ein Egel (Blutegel) (derb) = *viel (Alkohol) trinken.* Szczęk, Wysoczański 2004, 100; Gall 2006, 4; Wander 4, 31. Vgl. *saufen wie ein Igel.*

EH

wie (seit) eh und je = *wie schon immer, wie gewöhnlich.* »Eh und je« steht in diesen Fügungen für ´[schon] immer´. DZR 2007, 687.

EHER <Adv.> [ahd. er, urspr. komparativisches Adv. zu einem Positiv mit der Bed. „früh" (vgl. got. air = früh)]

eher wie nicht = *mit größter Wahrscheinlichkeit.* Beispiel: A fragt: »Kommst Du uns Sonntag besuchen?« B. antwortet: »Eher wie nicht« (nämlich: eher komme ich, als dass ich nicht komme; wahrscheinlicher ist, dass ich komme, als dass ich nicht komme). 1900 ff. Küpper 1993, 191.

EHRE, die; -, -n [mhd. ere, ahd. era, urspr. = Ehrfurcht, Verehrung]

Besser arm in Ehren als reich in Schanden. (Sprichwort) = *Moralischen Werten (dem Glauben) ist gegenüber den matriellen Dingen der Vorzug zu geben.* Vgl. ähnlich: *Besser reich in Gott als reich in Gold.* Wander 3, 1602.

EI, das; -[e]s, -er [mhd., ahd. ei, zu einem Wort mit der Bed. „Vogel" (vgl. lat. avis = Vogel) u. eigtl. = das vom Vogel Gelegte]

aussehen (blass sein) wie der (ein) Bär um die Eier (jugendspr. derb) = S. Bär.

jmdn. (etw.) behandeln (auch: **anfassen) wie ein rohes Ei** = *jmdn. (etw.) sehr behutsam, sehr vorsichtig behandeln.* 1700 ff. Küpper 1993, 192. Die Schale roher Eier ist sehr zerbrechlich und muss deshalb mit großer Vorsicht behandelt werden. DZR 2007, 842. Poln. *obchodzić się (z kimś, z czymś) jak z jajkiem.* WW 2004, 70.

das ist einen Apfel (Appel) und ein Ei wert (ugs.) = S. Apfel.

das ist eine Sache mit Ei und Zucker, das nährt. (ugs.) = S. Sache.

das ist (nicht) das Gelbe vom Ei (ugs.) = S. Gelb.

dasitzen (dastehen) wie eben gelegte Eier (ugs. spött.) = *ruhig und still warten; still sitzen, sich nicht bemerkbar machen.* Röhrich 2001, 1, 304. Spielt auf *warm und still* an – eben wie gerade gelegte Eier.

ein Gesicht machen wie ein Sack ohne Eier (derb abwertend) = S. Gesicht.

sich gleichen wie ein Ei dem anderen; etw. (jmd.) gleicht (ähnelt) etw. (jmd.) wie ein Ei dem anderen = *völlig gleich sein, es ist zum Verwechseln ähnlich.* Wenn sich zwei Personen oder Dinge gleichen wie ein Ei dem anderen, dann sind sie sich zum Verwechseln ähnlich. DZR 2007, 299. Eier sind weitgehend formgleich. 1500 ff. Küpper 1993, 192. Bereits Cicero erwähnt, es gebe die sprichwörtliche *Ähnlichkeit von Eiern* *untereinander*. Wahrscheinlich meinte er den Satz „Kein Ei ist einem Ei so ähnlich", den man nach dem Rhetoriklehrer Quintilian sagen konnte, wenn zwei Dinge sich völlig gleichen. Seneca verwendet den Vergleich in seiner Satire über Kaiser Claudius: Dieser habe Cassius Frugi ermorden lassen, den Schwiegervater seiner Tochter, *einen Menschen, ihm so ähnlich wie ein Ei einem Ei.* Erasmus von Rotterdam hat die Wendung in seiner Adagia besprochen (Lat.: *Non tam ovum ovo simile.* Die deutsche Wendung gleicht der lateinischen – fast wie ein Ei dem anderen. Wander 1, 43, 763; Pohlke 2006, 77-78. Vgl. *Sie sind einander so ähnlich wie eine Biene der andern.* Lat.: *Quam apes apum similes.* (Erasmus von Rotterdam, 845; Wander 1, 41.

herumlaufen wie ein Huhn, das ein Ei legen will und weiß nicht wo (ugs.) = S. Huhn.

stinken wie faule Eier (wie nach faulen Eiern) (ugs. abwertend) = *üblen Geruch von sich geben; unerträglich schlecht riechen.* Norddeutsch *hier riecht's no faule Eega* -´die Sache ist brenzlig, etwas stimmt daran nicht´. Röhrich 2001, 2, 355.

umgehen mit jmdm. wie mit einem rohen Ei = *jmdn. sehr behutsam behandeln.* 1700 ff. Küpper 1993, 192.

wie auf Eiern gehen (ugs.) = *die Füße vorsichtig aufsetzend gehen*; *vorsichtig, behutsam gehen; einen trippelnden Gang haben.* 1500 ff. Vgl. franz. »*marcher sur des oeufs*«. Küpper 1993, 192. Wer umgangssprachlich ausgedrückt *wie auf Eiern geht*, setzt beim Gehen die Füße sehr vorsichtig auf. DZR 2002, 781.

wie aus dem Ei (ugs.) = *elegant, sauber gekleidet.* Gekürzt aus *wie aus dem Ei gepellt.* Küpper 1993, 192.

wie aus dem Ei gepellt (selten: **geschält) sein** (ugs.) = *sehr sauber; sehr appetitlich; kleidsam gekleidet, sehr sorgfältig gekleidet sein.* Nach Entfernung der Schale kommt das blendend weiße (gekochte) Ei zum Vorschein. 1600 ff. Küpper 1993, 192; DZR 2002, 781.

wie der Kuckuck seine Eier in fremde Nester legen (ugs.) = S. Kuckuck.

wie die Glucke auf den Eiern (auf etw.) sitzen (ugs.) = S. Glucke.

wie Titte mit Ei schmecken (derb) = S. Titte.

EICHE, die; -, -n [mhd. eich(e), ahd. eih, altgerm. Baumname]

fest (feststehen) wie eine [deutsche] Eiche (ugs.) = 1. *unveränderbar sein* (über eine Meinung, eine Festlegung, einen Auftrag u.Ä.). 2. *(bes. gegen Anfeindungen, Versuchungen o.Ä.) standhaft sein, fest zu seinem Entschluss stehend; in gefährdeter Lage nicht nachgebend; beharrlich im Handeln, Erdulden o.Ä.* Wander 3, 576.

stark wie eine Eiche (ugs.) = *sehr stark, kräftig* (meist über Männer).

ein Kerl wie eine Eiche (ugs.) = S. Kerl.

EICHELHÄHER, der

geschwätzig wie ein Eichelhäher (ugs. abwertend) = *viel und in aufdringlicher Weise redend, redselig.* Kirchenweb 2007. 1.12.2007. Der Eichelhäher ist ein taubengroßerVogel mit buntem Gefieder, der sich von Früchten und Samen nährt.

EICHHÖRNCHEN, das

aussehen wie ein frisch geficktes (gebumstes) Eichhörnchen (derb) = *schlecht rasiert, schlecht gekämmt o. Ä. aussehen.* Der Haarpelz des Eichhörnchens ist in Unordnung. BSD 1965 ff. Küpper 1993, 193.

flink wie ein Eichhörnchen = *sich rasch und geschickt bewegend oder arbeitend.* Poln. *zręczny jak wiewiórka.* Szczęk, Wysoczański 2004, 98. Das Eichhörnchen oder Eichkätzchen (Sciurus vulgaris), das schon Plinius sorgfältig beschrieb und das Brehm als „eine der Hauptzierden unserer Wälder" bezeichnete, erscheint im »Parzival« (1200/10) des Wolfram von Eschenbach (651, 13): „wil er wenken (weichen) als ein eichorn" in Anspielung auf seine scheue Natur, wie auch bei Goethe entsprechend: „sie ist ja so scheu wie ein Eichhorn". Die Schnelligkeit und Lebhaftigkeit des Eichhörnchens spielt in verschiedenen redensartlichen Wendungen eine Rolle. Vgl. niederl. *hij is zoo vlug als een eekhoorntje*, daher auch z.B. in der Gegend von Leipzig: *Der Pflug ging wie en Eckerchen*, so leicht und schnell. Ähnlich: *munter wie ein Eichhörnchen*; vgl. franz. *vif (agile) comme un écureuil*. Norddeutsch *de Jung klattert wie e Ekatte*: so behende und sicher und *he rennt as n Echkat* (Eichkater). Im Saarland sagt man auch noch: *gesond wie en Eichert*. In der Kinderliteratur des 19. Jahrhunderts wurde das Eichhörnchen zum Symbol für lustiges, unbeschwertes Leben. So bei Friedrich Güll (1812-79): „Eichhörnchen, Eichhörnchen im grünen Wald, / Was führst du für ein lustiges Leben!" oder in Hoffmann von Fallerslebens Kinderlied »Eichhörnchen«: „Heißa, wer tanzt mit mir? Lustig und munter!" Röhrich 2001, 2, 359. S. Katze, Wiesel.

- **gucken wie ein frisch geficktes Eichhörnchen** (spött. derb) = *verwundert gucken*. Szczęk, Wysoczański 2004, 98. Jungtiere betrachten ihre Umgebung zunächst „mit Verwunderung".

wie ein Eichhörnchen blicken (gucken), wenn's donnert (ugs.) = *verdutzt blicken*. 1950 ff. Küpper 1993, 193.

lebendig wie ein Eichhörnchen (ugs. meliorativ) = *schnell und beweglich*. Szczęk, Wysoczański 2004, 98.

munter wie ein Eichhörnchen = *sehr munter; heiter, gut gelaunt, aufgeweckt und lebhaft; von Heiterkeit, Fröhlichkeit, Lebhaftigkeit zeugend*. Szczęk, Wysoczański 2004, 98. Eichhörnchen vermitteln durch ihre schnellen und grazilen Bewegungen einen sehr munteren Eindruck.

Ohren wie ein Eichhörnchen haben (ugs.) = S. Ohr.

scheu wie ein Eichhörnchen (Eichhorn) = *sich von anderen, besonders von fremden Menschen fernhaltend; sehr scheu, ängstlich*. Röhrich 2001, 2, 359.

schnell wie ein Eichhörnchen (Eichhorn) = Dss., wie *flink wie ein Eichhörnchen* (s.).

EIDECHSE, die; -, -n [mhd. eidehse, egedehse, ahd. egidehsa]

flink wie eine Eidechse (ugs.) = *sich rasch und geschickt bewegend oder arbeitend; sehr schnell sein*. Poln. *zwinny jak jaszczurka*. Szczęk, Wysoczański 2004, 128.

EIERLEGEN, das

sich anstellen wie die Kuh zum (beim) Eierlegen (Klavier spielen) (ugs. abwertend) = S. Kuh.

von einer Sache soviel verstehen wie der Hahn vom Eierlegen (ugs.) = S. Hahn.

EIERSCHALE, die

[zart und] zerbrechlich wie Eierschalen (wie Glas) = *leicht zerbrechlich*.

EIGENSCHAFT, die

Der Kaffee soll vier Eigenschaften haben: Er soll sein heiß wie die Hölle, schwarz wie der Teufel, rein wie ein Engel und süß wie die Liebe. = S. Kaffee.

EIGERNODRWAND, die

abgekämpft (müde) wie jmd., der die Eigernordwand bestiegen hat [und jetzt noch seine [[ganze]] Ausrüstung zum Zug schleppen muss] (ugs.) = *sehr erschöpft, müde, abgekämpft*. Brugger 1993, 7. Vgl. Hölzfäller. Der *Eiger* ist ein Gipfel in den Berner Alpen, der zur Jungfrauengruppe gehört (3970 m). Seine Nordwand gilt als besonders schwieriges Klettergebiet.

EIMER, der; -s, - [mhd. eim(b)er, einber, ahd. eimber, eimbar, in der Bed. „einhenkeliges Gefäß" für ahd. amber (< lat. amphora, Amphore) angelehnt an [1]ein u. ahd. beran = tragen]

jmd. ist zu dumm, einen Eimer Wasser anzuzünden (ugs. scherzh.) = *jmd. ist überaus dumm*. 1965 ff. Küpper 1993, 195; Röhrich 2001, 5, 1725.

Einfälle wie ein alter Eimer haben (ugs. scherzh.) = S. Einfall.

Gesicht wie ein eingedrückter Eimer (ugs.) = S. Gesicht.

Gesicht wie ein kaputter Eimer (ugs.) = S. Gesicht.

es gießt wie aus (mit) Eimern (Kannen, Gießkannen) <unpers.> (ugs.) = *heftig regnen, in Strömen regnen.*

Ideen haben wie ein alter Eimer (ugs.) = S. Idee.

passen wie [der] Arsch auf [den] Eimer (den Pisspott) (derb) = S. Arsch.

[so] voll sein wie ein Eimer (ugs.) = *stark betrunken, volltrunken sein.* Röhrich 2001, 365; 1920 ff. Küpper 1993, 195.

EINER [mhd., ahd. ein, alter idg. Pronominalstamm, vgl. er; schon ahd. als unbest. Art.]

Einer wie der andere (ugs. abwertend) = *alle.* Die heute meist als negative Feststellungen gebräuchlichen Formulierungen wie *Da ist einer wie der andere* (im Sinne von »Sie taugen alle nichts«) gehen auf ein Bibelzitat zurück. Im 1. Korintherbrief 3, 6-8 sagt Paulus von sich und dem urchristlichen Missionar Apollos: »Ich habe gepflanzt, Apollos hat begossen; aber Gott hat das Gedeihen gegeben. So ist nun, weder der da pflanzt noch der da begießt, etwas, sondern Gott, der das Gedeihen gibt. Der aber pflanzt und der da begießt, ist einer wie der andere.« DZR 2007, 210.

EINFALL, der; -[e]s, ...fälle [mhd. inval]

Einfälle haben wie ein alter Backofen (Ofen) (ugs. scherzh.) = *ausgefallene, verrückte Ideen [haben], wunderliche Einfälle haben.* Röhrich 2001, 5, 1725. Diese Wendung ist bereits seit dem 17. Jahrhundert bekannt. Sie reflektiert sprachspielerisch auf Einfälle ′Gedanke, der jmdm. plötzlich in den Sinn kommt; Idee, die jmd. plötzlich hat′ und ′den Zusammenhalt verlieren und auf einen Haufen fallen; einstürzen′. Nach der Vorstellung eines baufälligen „einfallenden“ Hauses. DZR 2002, 188. Zu einem törichten Menschen, dem nie etwas einfällt, sagt man deshalb scherzhaft oder ironisch auch: *Du hättest Baumeister werden können!* Aus Holland belegt Harrebomée die Redensart in der Form *Hij heeft zulke drollige invallen als een boerenkakhuis*; schlesisch *Er hat Einfälle wie ein altes Hirtenhaus*; rheinisch *wie ein altes Backhaus.* Röhrich 2001, 1, 336. Der alte Backofen ist vom Einsturz bedroht. *Einfall* hat hier doppelte Bedeutung: 1. Einsturz; 2. Gedanke, Plan. 1900 ff. Küpper 1993, 73.

Einfälle wie ein altes Haus haben (ugs. scherzh.) = *sonderbare Einfälle haben, verrückte Ideen haben.* Die Wendung ist vermutlich ein Wortspiel mit den beiden Bedeutungsvarianten von »Einfall«, indem sie die Vorstellung eines baufälligen »einfallenden« Hauses auf den Einfall im Sinne von »Idee, Gedanke« überträgt. Hier treffen die zwei Bedeutungen desselben Worts zusammen: »ein Haus fällt ein« und »einem Menschen fällt etwas ein«. Früher hieß es auch »Einfälle wie ein altes Seitengebäude haben«; dies beruhte auf einer von König Friedrich Wilhelm I. von Preußen 1714 erlassenen Bestimmung, wonach jeder Berliner Grundbesitzer zu bauen habe, falls sein Grundstück nicht konfisziert werden solle; daher baute man die nicht zur Straße gelegenen Flügel nur schlecht, so dass sie Wind und Wetter nur kurze Zeit standhielten. Seit dem 17. Jh. Küpper 1993, 332. Vgl. das Vorhergehende.

Einfälle haben wie eine Kuh (ugs.) = *wunderliche Einfälle haben.* Von der *dummen Kuh* kann man nur dumme Einfälle erwarten. 1900 ff. Küpper 1993, 468.

Einfälle haben wie die Kuh Ausfälle (ugs.) = *unsinnige Einfälle haben. Ausfall* bei der Kuh meint die Darmentleerung. Da Kühe viel misten, macht auch der Einfallsreiche viel *Mist* - ′Unsinn′. 1910 ff. Küpper 1993, 468.

Einfälle wie ein alter Eimer haben (ugs.

scherzh.) = *wunderliche Einfälle (Gedanken) haben.* Wortspiel mit zwei Bedeutungen von »Einfall«: 1) plötzlich aufkommender Gedanke; 2) Einsturz. *Alter Eimer* für ʹAborteimerʹ ist Modernisierung; früher hieß es mundartlich *Einfälle haben wie ein alter Abtritt, wie ein Bauernabtritt, wie ein altes Scheißhaus* usw. 1920 ff. Küpper 1993, 195. Ein alter, ausgedienter (Holz-)Eimer bricht zusammen oder fällt ein. Mit diesem materiellen Einfallen wird in einem sprachlichen Scherz der plötzliche Gedanke, d.h. der geistige »Einfall« gleichgesetzt. Vgl. franz. *Il raisonne* (oder *résonne*) *comme un tambour* (wörtlich: Bei ihm klingt es wie aus einer Trommel, oder: Er hat Einfälle wie eine Trommel). Die beiden franz.en Verben *résonner* ʹklingenʹ oder *raisonner* ʹetwas durchdenkenʹ werden ähnlich ausgesprochen. Röhrich 2001, 365.

EINKOMMENSTEUER, die

einen Schlund haben wie die Einkommensteuer (ugs.) = S. Schlund.

EINMALEINS, das

etw. ist so wahr wie das Einmaleins = *etw. ist der Wahrheit, Wirklichkeit, den Tatsachen entsprechend; wirklich geschehen, nicht erdichtet, erfunden o. Ä.* Vgl. niederl. *Het is zoo waar, als dat twee maal twee vier is.* Vgl. *Es ist so wahr, wie zweimal zwei vier ist; so wahr wie das Gesetz und die Propheten.* Röhrich 2001, 5, 1689.

EINS, die; -, -en

Anno eins (als der große Wind war) (ugs.) = S. Anno.

wie eine Eins (ugs.) = 1. *hervorragend.* Übernommen von der mustergültig straffen Körperhaltung des Soldaten. 1935 ff. 2. *schnurgerade; haarscharf; unveränderbar.* 1950 ff. Küpper 1993, 200.

wie eine Eins fahren (ugs.) = *völlig einwandfrei fahren.* 1950 ff. Küpper 1993, 200.

wie eine Eins fliegen (ugs.) = *ausgezeichnet fliegen.* 1950 ff. Küpper 1993, 200.

das steht fest wie eine Eins (ugs.) = *das ist eine unabänderliche Tatsache.* 1950 ff. Küpper 1993, 200.

wie eine Eins gehen (ugs.) = *hochaufgerichtet gehen.* 1935 ff. Küpper 1993, 200.

es klappt wie eine Eins = *es geht hervorragend vonstatten.* 1935 ff. Küpper 1993, 200.

etw. wie eine Eins können (ugs.) = *etw. fehlerlos beherrschen.* 1950 ff. Küpper 1993, 200.

die Kiste läuft wie eine Eins (ugs.) = S. Kiste.

wie eine Eins marschieren (ugs.) = *in tadelloser Haltung marschieren.* 1935 ff. bis heute. Küpper 1993, 200.

wie eine Eins stehen (ugs.) = 1. *ganz gerade, senkrecht stehen.* Duden, Bd. 11, 685. 2. *unbeweglich stehen.* Sold. 1935 ff. 3. *eine Aufgabe hervorragend meistern.* Schül. und Sportl. 1950 ff. 4. *charaktervoll, unbedingt zuverlässig sein.* 1950 ff. Küpper 1993, 200. Die Wendung stammt aus der Soldatensprache und bezieht sich auf die mustergütlig-stramme Haltung des Soldaten. Im umgangssprachlichen Gebrauch kann sich der Ausdruck sowohl auf Personen als auch auf Dinge beziehen. DZR 2007, 708.

EINSIEDLER, der; -s, - [spätmhd. einsidelære, unter Anlehnung an siedeln weitergebildet aus mhd. einsidele, ahd. einsidilo, Lehnübertragung von lat. monachus, Mönch]

leben wie ein Einsiedler (ugs.) = *zurückgezogen, einsam leben, keinen Kontakt zu anderen Menschen haben; sich von der Gesellschaft absondern.* Vgl. *leben wie ein Mönch.*

EINSIEDLERKREBS, der

leben wie ein Einsiedlerkrebs (ugs.) = Dass., wie *leben wie ein Einsiedler.* Brugger 1993, 11. Vgl. Einsiedler; *leben wie ein Mönch.*

EINWURZELN <sw. V.>

wie eingewurzelt [da]stehen (auch: **stehen bleiben)** (ugs.) = *regungslos dastehen, stehen bleiben* (häufig vor Überraschung oder vor Schreck).DZR 2002, 784. Vgl.Anwurzeln.

EIS, das; -es [1: mhd., ahd. is]

kalt wie Eis (ugs. abwertend) = *über eine gefühlsarme oder skrupellose Person.* Desgleichen die verstärkte Wendung: Eiskalt wie eine Hundeschnauze (s.). Röhrich 2001, 2, 372.

EISBERG, der

kühl wie ein Eisberg (ugs., oft abwertend) = *streng sachlich denkend ohne jegliche Gefühlsregung.* 1920 ff. Küpper 1993, 203.

ein Gemüt haben wie ein Eisberg (ugs.) = S. Gemüt.

EISEN, das; -s, -

Das Leben des Menschen ist wie das Eisen; benutzt man es, nutzt es sich ab, benutzt man es nicht, verzehrt es der Rost. (Spruchweisheit) = S. Leben.

wie von (aus) Eisen = *unverwüstlich, fest, unbeugsam.* Der Vergleich bezieht sich auf die Unverwüstlichkeit, die Festigkeit des Eisens. Röhrich 2001, 2, 374.

jmdn. hauen (schlagen) wie kalt (kaltes) Eisen (ugs.) =*jmdn. tüchtig durchprügeln, schlagen.* Röhrich 2001, 2, 373.

EISGRAU <Adj.>

eisgrau = *ergraut; alt; altgedient.* Die Farbe liegt zwischen grau- und weißhaarig (mit bläulichem Schimmer), wie häufig bei gefrorenem Wasser. 1500 ff. Küpper 1993, 204.

EISKALT <Adj.>

eiskalt 1. *sehr kalt.* Der Vergleich bezieht sich auf die niedrige Temperatur des Eises. 2. a) *völlig gefühllos, abweisend.* b) *sehr nüchtern, von keinerlei Gefühlswerten oder -regungen bestimmt.* Nach der Kälte gefrorenen Wassers.

EISKÄLTE, die

Eiskälte = *sehr große Kälte.* Vergleich mit dem als sehr kalt empfundenen gefrorenen Wasser.

EISSCHRANK, der

kühl wie ein Eisschrank (ugs.) = *gefühlskalt; streng sachlich; steif-förmlich; abweisend.* 1940 ff. Küpper 1993, 204.

ELEFANT, der; -en, -en [mhd. elefant, ahd. elpfant, elafant < lat. elephantus < griech. eléphas (Gen.: eléphantos), zu ägypt. ab(u), kopt. eb(o)u = Elfenbein, Elefant]

angeben wie ein Elefant (ugs.) = *prahlen.* Hergenommen von der lauten Stimme des Elefanten. 1920 ff. Küpper 1993, 29.

[sich benehmen] wie ein Elefant im Porzellanladen (ugs.) = 1. *durch Ungeschick Schaden anrichten; ungeschickt, plump [sein].* 1900 ff. Küpper 1993, 29; DZR 2002, 784 2. *sich [anderen Menschen gegenüber] ungeschickt, plump, taktlos verhalten.* Das Bild refelktiert die Plumpheit eines Elefanten. Engl. *like a bull in a chinashop.* Poln. *jak słoń w składzie porcelany.* Szczęk, Wysoczański 2004, 96; WW 2004, 43.

ein Gedächtnis haben wie ein Elefant (das Gedächtnis eines Elefanten haben) (ugs.) = S. Gedächtnis.

ein Gemüt haben wie ein Elefant (ugs.) **=** S. Gemüt.

gehen wie ein Elefant (ugs.) = *sich langsam und schwerfällig bewegen.* Poln. *chodzi/porusza się jak słoń.*

das ist der Moment, wo der Elefant [das] Wasser lässt (ugs. scherzh.) = S. Moment.

das ist der Moment, wo der Elefant ins Wasser springt (rennt) (ugs. scherzh.) = S. Moment.

das ist der Moment, wo der Elefant sein Wasser lässt = S. Moment.

nachtragend wie ein [indischer] Elefant (auch: **ein Wasserbüffel) sein** (ugs.) = *sehr, besonders nachtragend sein* Elefanten sagt man ein besonders gutes Gedächtnis nach; angeblich vergessen sie nicht, wie man sie behandelt. Chrissou 2001, 114; DZR 2007, 569-570.

passen wie eine Maus auf einen Elefanten (ugs.) = S. Maus.

plump wie ein Elefant (ugs.) = 1. *von dicker, massiger, unförmiger Gestalt, Form.* 2. *schwerfällig, unbeholfen, ungeschickt, unbeweglich, ungelenk.* Karasek 2004, 30.

Elend, das; -s [mhd. ellende, ahd. elilenti = anderes Land, Verbannung; Not, Trübsal]

aussehen wie das leibhaftige (wie ein wandelndes) Elend (ugs.) = *sehr krank, schlecht aussehen; bleich aussehen.* 1900 ff. Küpper 1993, 205.

[dastehen, aussehen] wie ein Häufchen Unglück (Elend) (ugs.) = s S. Häufchen.

Elster, die; -, -n [mhd. elster, agelster, ahd. agalstra, weitergeb. aus ahd. aga]

diebisch wie eine Elster (ugs. abwertend veraltend) = *zum Diebstahl neigend, auf Diebstahl ausgehend.* Kirchenweb 2007. 1.12.2007.

neugierig wie eine Elster (ugs.) = *sehr neugierig.* 1900 ff. Küpper 1993, 206.

schnattern (schwatzen, schwätzen) wie eine Elster (Ente) (ugs. selten) = *eifrig, hastig [und aufgeregt] über allerlei [unwichtige und alberne] Dinge reden; schwatzen.* Schemann 1993, 160; Poln. *gadatliwy jak sroka.* Szczęk, Wysoczański 2004, 118.

schwätzen (o. Ä.) **wie eine Elster** (ugs.) = *anhaltend schwätzen.* 1900 ff. Küpper 1993, 206.

stehlen (klauen, diebisch sein) wie eine Elster (Dohle) (ugs.) = *sehr diebisch sein.* Meist über Frauen gesagt. 18. Jh. Vgl. engl. *He steals like a mag-pie*, franz. *il est larron comme une pie* und ital. *è ladro come una gazza.* Küpper 1993, 206. Die Elster trägt tatsächlich glänzende Gegenstände in ihr Nest, die sie selbst aus Wohnräumen entführt. Vergleiche schweizerisch »Er stiehlt wie eine Dole (Atzel)«; franz. *être voleur comme une pie.* Auch literarisch hat die Redensart Verwendung gefunden, zum Beispiel heißt es in Carl Zuckmayers »Schinderhannes« (1. Akt): „Stehlt wie siwwe Elstern". Die Wendung *ärger stehlen als ein Böhme* begegnet bereits literarisch in Grimmelshausens »Simplicissimus« (5, 6, S. 392, Neudruck): „meinem Knecht, welcher aerger stelen konte als ein Böhme". Röhrich 2001, 5, 1535; Schemann 1993, 160; Szczęk, Wysoczański 2004, 118.

zänkisch wie eine Elster (ugs.) = *sehr unverträglich, zanksüchtig.* In ihrem Revier duldet die Elster andere Vögel nur unter Protestgeschrei. 1900 ff. Küpper 1993, 206.

Elysium, das; -s, <o. Pl.> [lat. Elysium < griech. Elýsion (pedíon)]

wie im Elysium sein (geh. bildungsspr. = *in Hochstimmung / sehr glücklich sein.* Aus der griechischen Mythologie; Elysium - *in der griechischen Sage das Land der Seligen in der Unterwelt.*

Emma, weiblicher Vorname

etw. ist wie ein Frühlingsabend mit Emma (ugs. scherzh. meliorativ) = S. Frühlingsabend.

Emu, der; -s, -s [engl. emu < port. ema, urspr. = Kranich, dann auf den Strauß u. straußenähnliche Vögel übertr.]

schnell wie ein Emu = *sehr schnell.* http://www.yo-einstein.at/viewtopic. 5.9.2006.

Ende, das; -s, -n [mhd. ende, ahd. enti = äußerster räumlicher od. zeitlicher Punkt, eigtl. = vor einem Liegendes]

Lieber (Besser) ein Ende mit Schrecken als [ein] Schrecken ohne Ende. = *Mit diesem Ausspruch gibt man seiner Entschlossenheit Ausdruck, ein schnelles Ende in einer Sache herbeizuführen, auch wenn man dabei größere Nachteile in Kauf nehmen muss. Wichtig ist nur, dass man die Angelegenheit schnell hin-*

ter sich bringt und dann wieder frei von allen Unannehmlichkeiten oder Zwängen ist. Der preußische Offizier Ferdinand von Schill (1776-1809) versuchte 1809 mit seinem Husarenregiment eine allgemeine Erhebung gegen Napoleon I. auszulösen. Einer Schar, die ihm gefolgt war, um sich mit seiner Truppe zu vereinigen, rief er - gleichsam als Losung - die zitierten Worte zu. DZR 2007, 499; Wander 1, 815. Schills Worte, die zu einem wahren Internationalsimus geworden sind, basieren auf einem Bibelwort, das er in Abwandlung verwendet hat: „ Ja, du setzest sie aufs Schlüpfrige und stürzest sie zu Boden. Wie werden sie so plötzlich zunichte! Sie gehen unter und nehmen ein Ende mit Schrecken" (Ps 72, 18-19) (Walter 2008).

ENGEL, der; -s, - [mhd. engel, ahd. engil < griech. ággelos = Bote (Gottes)]

gut wie ein Engel (ugs.) = *sehr gut, ungewöhnlich gut, über einen guten und hilfsbereiten Menschen.* Poln. *dobry jak anioł.* WW 2004, 31.

Der Kaffee soll vier Eigenschaften haben: Er soll sein heiß wie die Hölle, schwarz wie der Teufel, rein wie ein Engel und süß wie die Liebe = S. Kaffee.

Der Mann soll sehen wie ein Teufel, das Weib wie ein Engel. (ugs.) = S. Mann.

Es redet mancher wie ein Engel und handelt wie ein Teufel. = *Spruchweisheit.* Reden und Handeln sind zweierlei, oft über unaufrichtige oder heuchlerische Personen. Dän.: *Mangen taler godt, og tænker ondt. // Manger taler som en engel, og gjør som en dievel.* Wander 3, 1555.

ein Gesicht haben wie ein Engel (poet.) = S. Gesicht.

schön wie ein Engel und dumm wie eine Gans (ugs.) = *hübsch aber dumm sein.* Häufig über Frauen. Der Abbé Chryso pries die Herzogin von Fontanges, weil sie schön sei wie ein Engel und dumm wie eine Gans. (Magazin für die Literatur des Auslandes, 1859, S. 320.). Wander 4, 317.

sanft und gütig wie ein Engel = *über einen einfühlsamen und verständnisvollen Menschen.*

schön wie ein Engel = *sehr schön* (über Personen, meist Mädchen und Frauen)

Der Spanier gleicht (seiner Erscheinung nach) **dem Teufel, der Italiener ist ein Mann, der Franzose ist wie ein Weib, der Brite wie ein Engel, der Deutsche wie eine Säule.** (bildungsspr.) = S. Spanier.

rein wie ein Engel (emotional) = *1. völlig rein, ohne Zusätze* (über Lebensmittel oder andere Stoffe). *2. ohne jegliche Hintergedanken, unverdorben* (über Personen).

vornehm wie ein gestorbener Engel (ugs.) = *unnahbar; kühl abweisend.* Hergenommen von Engelsgestalten auf Grabdenkmälern. 1910 ff. Küpper 1993, 208.

Wer sein Weib schlägt mit einem Bengel, der ist vor Gott angenehm wie ein Engel; tritt er sie mit Füßen, so lässt's ihn Gott genießen; wirft er sie die Stiegen hinab, so ist er von seinen Sünden ledig ab; schlägt er sie dann gar zu tot, der ist der angenehmst vor Gott. (iron.) = S. Weib.

ENGELSFLÜGEL, der

Engelsflügel (geh.) = *Flügel wie der eines Engels, einer Engelsfigur.*

ENGELSGESICHT, das

Engelsgesicht (geh.) = *Gesicht [wie das] eines Engels, einer Engelsfigur.*

ENGELSKOPF, der

Engelskopf (geh.) = *Kopf wie der einer Engelsfigur.*

ENGELSZUNGEN <Pl.>

wie mit Engelszungen reden (geh.) = *mit größter Beredsamkeit, Eindringlichkeit..* Bekannt wurde die Wendung vor allem durch Luthers Bibelübersetzung, in der es 1 Kor 13, 1 heißt: „Wenn ich mit Menschen- und mit Engelszungen redete und hätte der Liebe nicht, so wäre ich ein tönend Erz oder eine klingende Schelle". Seitdem ist die Wendung sehr geläufig und wird besonders mit dem Nebensinn gebraucht ′jemanden zu überreden versuchen′. Vgl. franz. *parler le langage des anges* (die Sprache der Engel reden). Röhrich 2001, 2, 387.

ENGLISCH, das; -[s]

Englisch (Französisch) sprechen wie die Kuh Spanisch (ugs.) = *Fremdsprachen radebrechen; keine Fremdsprachenkenntnisse besitzen.* 1800 ff. Vgl. franz. *il parle français comme les vaches espagnol.* Küpper 1993, 468.

ENTE, die; -, -n [mhd. ente, ant, ahd. enita, anut, urspr. Bez. für die Wildente]

etw. abschütteln wie die Ente das Wasser (ugs.) = *etw. sich nicht zu Herzen gehen lassen.* 1900 ff. Küpper 1993, 209.

jmdm. ähnlich sehen wie eine Katze einer Ente (ugs. veraltend) = S. Katze.

lahm wie eine Ente (ugs.) = *wie gelähmt; stark ermüdet und daher kraftlos, schwer beweglich; sehr langsam.* Szczęk, Wysoczański 2004, 123. Vgl. *eine lahme Ente sein.* Schemann 1993, 163.

laufen wie eine bleierne Ente (ugs. iron.) = *langsam gehen.* 19. Jh. Küpper 1993, 209.

schnattern wie eine Ente (Elster) (salopp.) = 1. *eifrig, hastig [u. aufgeregt] über allerlei [unwichtige u. alberne] Dinge reden; schwatzen; ununterbrochen reden.* 2. wie die Enten – *durcheinander reden.* Schemann 1993, 163; Szczęk, Wysoczański 2004, 123. Abgeleitet von Gänsen und Enten, die schnell aufeinander folgende, helle, harte, fast klappernde Laute von sich geben.

schwimmen wie eine bleierne Ente [auf dem Grunde, auf trockener Landstraße] (ugs. scherzh.-iron.) = *schlecht schwimmen; nicht schwimmen können.* 1800 ff. Küpper 1993, 209; Schemann 1993, 163; Röhrich 2001, 1, 212; 5, 1729; Szczęk, Wysoczański 2004, 123.

voll wie eine Ente (ugs.) = *betrunken.* Leitet sich her entweder vom vielen Saufen der Enten oder von ihrem Watschelgang, der dem Torkelgang des Bezechten ähnelt. BSD 1965 ff. Küpper 1993, 209. S. *watscheln wie eine Ente.*

[daher-]watscheln wie eine Ente (salopp) = *sich schwerfällig fortbewegen, sodass sich das Gewicht sichtbar von einem Bein auf das andere verlagert; einen schaukelnden, schwankenden Gang haben.* Wander 1, 1145; Schemann 1993, 163. Poln. *chodzić jak kaczka.* Szczęk, Wysoczański 2004, 123. *Watscheln* ist eine Verkleinerung von spätmhd. *wakzen* - ′hin und her bewegen′, eine Intensivbildung zu *wacken (wackeln)*, eigentlich - ′sich ein wenig hin und her bewegen′. S. Gans.

ENTENARSCH, der

jmdm. geht das Maul wie ein Entenarsch (derb) = S. Maul.

ENTENFLÜGEL, der

ablaufen wie das Wasser am Entenflügel (ugs.) = S. Wasser.

ENTENSCHWANZ, der

jmds. Maul geht wie ein Entenschwanz (ugs. abwertend) = S. Maul.

ENTENSTALL, der

Geschnatter wie im Entenstall (ugs.) = S. Geschnatter.

ER <Personalpron.; 3. Pers. Sg. Nom. Mask.> [mhd., ahd. er, alter idg. Pronominalstamm; verw. mit ein]

nicht nach ihm und nicht nach ihr schmecken (ugs. abwertend) = *es schmeckt nach nichts, ist unschmackhaft, fade.* Bezogen auf ungewürzte oder zu schwach gewürzte Speisen. 1870 ff. Duden, Bd. 11, 629.

Erbse, die; -, -en

wie die (eine) Prinzessin auf der Erbse (iron.) = S. Prinzessin.

Erdboden, der

etw. dem Erdboden gleich machen (ugs.) = *etw. (ein Gebiet, eine Stadt, ein Land ö.Ä.) völlig zerstören.*

wie vom Erdboden verschluckt (verschwunden) sein (ugs.) = *ganz plötzlich verschwunden sein.* DZR 2002, 790.

Erde, die

so voll sein, dass keine Stecknadel (kein Apfel) zur Erde fallen kann (könnte) = S. Stecknadel.

erfrieren <st. V.> [mhd. ervriesen]

Besser erstunken als erfroren. (salopp) = *lieber in einem zu warmen Raum mit schlechter Luft als in einem gut gelüfteten, aber kalten.* Derselbe Sinn wird in der Redensart *Erfroren sind schon viele, erstunken ist noch keiner* ausgedrückt. DZR 2007, 114.

Erlöser, der; -s, - [mhd. erlœsære, ahd. irlosari]

wie der Erlöser selbst etw. durchleiden (geh.) = *stark leiden.* Gemeint ist Christus als Erretter der Menschen.

Erste, der, die

Lieber der Erste hier als der Zweite in Rom. = *lieber die wichtigste Funktion in einem kleinen Rahmen haben, als eine untergeordnete Rolle in einem großen spielen.* Der griechische Schriftsteller Plutarch (um 46 bis um 125) berichtet in seiner Cäsar-Biografie, Cäsar habe beim Anblick einer kleinen Stadt in den Alpen ausgerufen: »Ich möchte lieber der Erste hier als der Zweite in Rom sein.« Nach dem Muster dieses geflügelten Wortes ist der geäußerte Gedanke immer wieder und in unterschiedlicher Weise formuliert worden, z. B.: *Lieber der Erste bei den Kleinen als der Zweite bei den Großen. Lieber der Erste im Dorf, als der Zweite in der Stadt.* Zu hören sind auch Transformationen und Umkehrungen wie: »*Er ist lieber ein kleiner Abgeordneter in der Hauptstadt als Landrat in der Provinz.*« DZR 2007, 499.

erstinken [scherzh. Kunstwort nach dem Modell „erfrieren", „ersticken", „ertrinken" u.a.]

Besser erstunken als erfroren. (salopp) = S. erfrieren.

Erwachsene, der u. die; -n, -n

jmdn. [nicht] wie einen Erwachsenen behandeln (ugs.) = *jmdn. [nicht] ernst nehmen; jmdn. [nicht] für voll nehmen, in seinen Fähigkeiten [nicht] richtig einschätzen und ihn dementsprechend behandeln.* (Duden)

Esel, der, -s, - [mhd. esel, ahd. esil < lat. asinus od. asellus (Vkl.), wohl aus einer kleinasiatischen Spr.]

jmdn. antreiben wie einen störrischen Esel (ugs.) = 1. *jmdn. vorwärts treiben.* 2. *jmdn. zu höherer Leistung zwingen, anstacheln; jmdn. zur Arbeit antreiben.* Szczęk, Wysoczański 2004, 109. Ein Esel wird oft wegen seiner *Sturheit* angetrieben.

sich wie ein Esel benehmen (ugs.) = 1. *sich dumm, töricht verhalten.* 2. *störrisch sein.* S.u.

dastehen wie Buridans Esel (bildungsspr.) = S. Buridan.

dastehen wie der Esel vor der Schmiede (ugs. landschaftl.) = *in einer bestimmten Situation ratlos sein.* Röhrich 2001, 1, 305. Vgl. *wie der Ochs vorm Scheunentor.*

dumm wie ein Esel [sein] (ugs. abwertend selten) = *sehr dumm, unintelligent, töricht [sein].* Poln. *głupi jak osioł.* Szczęk, Wysoczański 2004, 109.

dümmer als ein Esel (ugs.abwertend) = *überaus dumm.* Lapidus 2006, 41, 44. Steigerung zur Wendung *dumm wie ein Esel.*

geschickt wie der Esel zur Harfe (zum Harfenspiel) (ugs.) = *ungeschickt, für* *eine Tätigkeit völlig ungeeignet.* Es ist vergebliche Mühe, dem Esel das Harfenspiel beizubringen. Schon das mittelhochdeutsche *Ein man mac sich wol selben touben* (betouben - 'betören'), *der ein esel wil harpfen lêren.* Statt des Esels erscheint auch der Bär als Schüler: *So mac man einen wilden bern noch sanfter herpfen lêren.* Dazu gehört das warnende Sprichwort: *Wer die Harfe nicht spielen kann, greife nicht hinein.* Nachdem die Harfe im 16. /17. Jahrhundert entsprechend ihres selteneren Gebrauchs auch im Sprachgebrauch kaum noch begegnete, lebte ihr Bild durch die allgemeine Hinwendung zur Antike im 18. Jahrhundert wieder auf, jetzt freilich in der gehobenen Sprache, hochstilisiert zur Äolsharfe, Wind- und Geisterharfe in Verbindung mit hochpoetischen Zitaten wie: „Der Wind harft in den Bäumen". Röhrich 2001, 2, 665.

wie der Esel zum Lautenschlagen passen (ugs.) = *schöngeistigen Dingen verständnislos gegenüberstehen; durchaus nicht zueinander passen* In dieser oder verwandter Form schon in der Antike geläufig. Spätestens um 1400 im Deutschen verbreitet. Küpper 1993, 214. Vgl. lat. *asinus ad lyram.* Die Wendung wird in der spätmittelalterlichen deutschen Didaktik oft gebraucht. Röhrich 2001, 2, 394; Szczęk, Wysoczański 2004, 108.

[sich benehmen, verhalten] wie ein Esel in der Löwenhaut (bildungsspr. selten) = *ein Dummkopf [sein], der sich wichtig tut und sich ein besonderes Ansehen zu geben versucht.*

passen wie einem Esel die Stiefel (ugs. selten) = *über etwas völlig Unpassendes.* Szczęk, Wysoczański 2004, 108. Einem Esel passen keine Stiefel. In der Volkssprache werden falsch herum angezogene Schuhe auch als *Eselsfüße* oder *Zickenfüße* bezeichnet. S. Ochse, Sau.

Schläge bekommen wie ein Esel = S. Schlag.

schnarchen wie ein Esel (Waldesel) (ugs.) = *laut schnarchen.* Szczęk, Wysoczański 2004, 109.

schmecken wie ein Tritt vom Esel (ugs. abwertend) = S. Tritt.

störrisch wie ein [Maul-]Esel (ugs. abwertend) = *sehr störrisch, eigensinnig, starrsinnig sein; sich widersetzen oder eine entsprechende Haltung erkennen lassen.* Poln. *uparty jak osioł.* Szczęk, Wysoczański 2004, 109.

stur (störrisch) wie ein Esel (ugs. abwertend) =1. *unzugänglich, unbeugsam.* 2. *sehr hartnäckig.* Esel sind störrisch. BSD 1965 ff. Küpper 1993, 214; Lapidus 2006, 32. Poln. *uparty jak osioł.* WW 2004, 111.

jmd. weiß soviel von der Kirche, als des Müllers Esel kann die Laute schlagen (ugs. iron.) = S. Kirche.

ESPENLAUB, das

wie Espenlaub zittern (ugs.) = *am ganzen Körper heftig zittern.* Das Bild kommt vom unruhigen „Zittern" des Laubs der Espe im Wind. Poln. *drżeć jak osika.* WW 2004, 34.

ESPRESSO-SCHAUM, der; -[e]s, -Schäume <Pl. selten> [mhd. schum, ahd. scum, viell. eigtl. = Bedeckendes u. verw. mit Scheune]

wie aus Espresso-Schaum geboren (scherzh.) = *über einen Menschen mit von der [Höhen-]Sonne stark gebräunter oder mit dunkler Haut.* Brugger 1993, 57. Der Vergleich bezieht sich auf die Farbe des Espresso-Schaumes. Espresso ist ursprünglich ein auf ausdrücklichen Wunsch eigens (d. h. schnell) zubereiteter Kaffee von dunkelbrauner Farbe, zu: espresso - 'ausgedrückt', < lat. expressus, express.

ESSEN, das; -s, -

Das Essen (die Küche) bringt mehr um als das Schwert. (Sprichwort) = *Falsche Essgewohnheiten und übermäßiges Essen führen zu Krankheiten, die manchmal auch tödlich enden können.* Wander bezieht das Sprichwort auf die Kosten, die gutes Essen verursacht: „Nicht bloß einzelne Menschen und Haushaltungen, sondern sogar große Reiche. Schon bei Lucullus kostete eine Mahlzeit mehr als 10.000 Taler. Cato der Ältere wunderte sich mit Recht, wie ein Staat bestehen könne, in dem ein Fisch teurer sei als ein Ochse. Vitellius, den Tacitus das kaiserliche Schwein nennt, verschwendete in 7 Monaten mit Essen 42 Mill. Taler. Den Kaiser Varus kostete ein einziges Abendessen für 12 Personen 1/4 Mill. Taler". Wander 2, 1652. Vgl. lat.: *Gula plures quam gladius perimit.*

ESSIG, der; -s, (Sorten:) -e [mhd. ezzich, ahd. ezzih, mit Konsonantenumstellung zu lat. acetum, verw. mit: acer = scharf]

damit ist es [wie] Essig und Öl (ugs.) = *das ist völlig gescheitert.* 1920 ff. Küpper 1993, 215.

sauer wie Essig (ugs.) = *missgestimmt, misslaunig.* Vgl. Essiggurke.

ESSIGGURKE, die

sauer wie eine Essiggurke (salopp) = *über etw. stark verärgert, wütend sein.* Röhrich 2001, 4, 1286. Steigerung zu *sauer* - ´verärgert, wütend´.

ETWAS <Indefinitpron.>

Ein kleines Etwas ist besser als ein großes Garnichts. (Sprichwort) = *Es ist besser, sich mit dem zu begnügen, was man bekommen kann, als etw. Unsicheres anzustreben; Aussage darüber, dass es besser ist, sich mit bescheidenen Dingen zufrieden zu geben, als nach dem Maximum zu streben.* Wander 1, 385. Dieses Sprichwort folgt dem Modell *Lieber ein Spatz in der Hand, als die Taube auf dem Dach* (S. dort ausführlich).

EULE, die; -, -n [mhd. iu(we)le, ahd. uwila, Vkl. von Uhu]

fett (voll) wie eine Eule (ugs.) = *betrunken.* Lapidus 2006, 46. Hier ist *Eule* entstellt aus *Aule* - ´Steinkrug´. 1800 ff. Küpper 1993, 216; Szczęk, Wysoczański 2004, 118.

ein Gesicht machen wie eine Eule am Mittag (ugs. selten) = S. Gesicht.

jmd. sitzt da wie eine Eule im Sterben (ugs. selten) = *sehr niedergeschlagen, betrübt [dastehen, aussehen]; unglücklich sein, sich keinen Rat wissen.* Röhrich 2001, 1, 304.

EVA ['e:fa, auch: 'e:va], die; -, -s

so lang[e] wie (veraltet: **als) Adam und Eva im Paradies** (veraltend) = S. Adam. *Eva* [hebr. Hawwä] ist der erste, von Gott erschaffene weibliche Mensch - im Alten Testament]; heute (ugs. scherzh.) häufig für ´Mädchen, Frau, besonders als typische Vertreterin des weiblichen Geschlechts bzw. als Partnerin des Mannes´.

EVANGELIUM, das; -s, ...ien [mhd. ewangelje, ahd. euangelijo < kirchenlat. euangelium < griech. euaggélion, eigtl. = gute Botschaft, zu: euággelos = gute Botschaft bringend, zu: eu = gut, wohl u. ággelos, Engel]

das ist jmdm. (für jmdn.) [wie] das Evangelium (geh.) = *das ist für ihn eine feststehende Tatsache; das hält er für unbedingt zuverlässig.* Das Evangelium als oberste Glaubensnorm. 18. Jh. Küpper 1993, 216.

etw. ist so wahr wie das Evangelium (wie das Amen in der Kirche) = *völlig der Wahrheit ensprechend.* Es ist so wahr, als wenn's Gott selber sagte, vgl. lateinisch *Non Apollinis responsum magis verum, atque hoc dictum est.* Röhrich 2001, 1689. Vgl. Amen.

F

FÄCHER, der; -s, - [älter focher, focker = Blasebalg, Wedel zum Anfachen des Feuers < mlat. focarius = Heizer; Küchenjunge, zu lat. focus, Fokus]

sich wie ein Fächer ausdehnen (ausbreiten) = *sich über eine bestimmte Fläche flach ausdehnen, erstrecken.* Ein *Fächer* ist ein halbkreisförmiger flacher [zusammenklappbarer] Gegenstand aus Seide, Papier o. Ä., den man mit der Hand hin- und herbewegt, um sich kühlende Luft zuzuwehen.

FACKEL, die; -, -n

Ein Liebhaber lodert wie eine Fackel, wenn sie in Bewegung gehalten wird, noch heller auf. (Spruchweisheit) = S. Liebhaber.

FADEN, der; -s, Fäden u. Faden [mhd. vaden, vadem, ahd. fadum, urspr. = so viel Garn, wie man mit ausgespanntem Arm messen kann]

dünn wie ein Faden = *sehr dünn, sehr schmal.* Szczęk, Wysoczański 2004, 91. Poln.: *cienki jak nitka.* WW 2004, 21.

etw. zieht sich wie ein roter Faden hindurch durch etw. (bildungsspr.) = *es kommt immer wieder zum Vorschein.* Die engl.e Kriegsmarine ließ in die Taue ihrer Segelschiffe einen roten Faden eindrehen, damit das Tauwerk (da gegebenenfalls leicht als Diebesgut erkennbar) nicht gestohlen werden konnte. Diese Herleitung stammt von Goethe (»Wahlverwandtschaften«). 18. Jh. Küpper 1993, 219.

FAHNENJUNKER, der

als der Alte Fritz noch Fahnenjunker (Gefreiter) war (ugs.) = S. Fritz.

FAHRRAD, das

er hat ein Gesicht wie ein Fahrrad, - stundenlang zum Reintreten (ugs. abwertend) = S. Gesicht.

FALKE, der; -n, -n [mhd. valk(e), ahd. falc(h)o, wohl zu fahl (nach dem graubraunen Gefieder)]

Augen wie ein Falke haben (ugs. selten) = S. Auge.

etw. bewachen wie ein Falke (selten) = *über jmdn., etw. streng wachen.* Szczęk, Wysoczański 2004, 118.

sehen wie ein Falke = *sehr gut sehen können.* Der Falke hat ein gutes Sehvermögen. Szczęk, Wysoczański 2004, 118.

FALLOBST, das

[ab]fallen wie Fallobst (wie eine reife Birne) (ugs.) = 1. *sich leicht von etw. loslösend herunterfallen, sich lösen.* Wander 5, 694. 2. (iron. Sport) *ein Foul simulieren; überaus sensibel auf Angriffe des Gegners reagieren, um daraus selbst einen Vorteil zu erlangen.* 3. (Boxsport) *über schlechte Boxer, die schnell zu Boden gehen, leicht k. o. geschlagen werden können.* Das *Fallobst* ist Obst, das selbst vom Baum gefallen ist.

FALSCHGELD, das

dastehen (rumlaufen, dasitzen) wie Falschgeld (ugs.) = *desorientiert (krank, unschlüssig, unpassend) wirken.*

sich wie Falschgeld fühlen (ugs.) = 1. *sich nutzlos fühlen.* 2. *sich unerwünscht fühlen.* 3. *ratlos (desorientiert) sein.* http://www.redensarten-index.de. 28.8.2006.

FALSTAFF, Name

verführerisch wie Falstaff (bildungsspr. oft scherzh.) = *äußerst attraktiv, reizvoll.* S. Schwarz: War das jetzt schon Sex? Berlin 2005, 44. *Falstaff* steht hier nach der gleichnamigen komischen Dramenfigur bei Shakespeare, die einen sinnenfreudigen Genießer meint.

FARBE, die

reden (urteilen) von etw. wie ein Blinder (der Blinde) von der Farbe (ugs.) = S. Blinde.

seine Meinung ändern wie das Chamäleon seine Farbe (ugs. abwertend) = S. Meinung.

wie ein Chamäleon seine Farbe wechseln (ugs. abwertend) = S. Chamäleon.

FASS, das; -es, Fässer (als Maßangabe auch: Fass) [mhd., ahd. vaʒ = Behälter, Gefäß, verw. mit Fessel u. urspr. = geflochtenes Behältnis (die älteste Töpferei schmierte Ton über rund geflochtene Körbe)]

jmd. ist so dick wie ein Fass (ugs.) = *jmd. ist sehr dick, beleibt.* Vgl. *jmd. ist ein richtiges Fass.* (Duden)

glücklich sein wie Baccus auf dem Fass (ugs.) = S. Baccus.

so groß wie das Heidelberger Fass sein (landschaftl.) = *ein unvorstellbar großes Fassungsvermögen besitzen, riesengroß sein.* Der redensartliche Vergleich bezieht sich auf die bestaunenswerte Sehenswürdigkeit im Heidelberger Schloß, die noch heute Touristen anlockt. Das erste *Große Fass* ließ 1589-1591 Pfalzgraf Kurfürst Friedrich IV. bauen, wie Merian berichtet: „Zu dem erwehnten Faß ist ein Stiege von 27 Staffeln und alsdann ein kleines Brücklein, hinauff zu gehen. Es sollen zu den 24 großen eisernen Reiffen, die herumb seyn,122 Centner Eisen seyn gebraucht worden". Röhrich 2001, 2, 688-689.

jmd. trinkt (säuft) wie ein Fass (ugs.) = *über jmdn. der unmäßig viel Alkohol trinkt.* (Duden)

hohl wie ein [leeres] Fass (ugs.) = *viel trinken können; großen Durst entwickeln.* 1900 ff. Küpper 1993, 356.

voll (betrunken) wie ein Fass (ugs.) = *volltrunken.* Lapidus 2006, 48. 19. Jh. Vgl. franz. *ivre comme une futaille.* Küpper 1993, 222.

FASSBINDER, der (südd., österr.)

zechen wie ein Fassbinder (ugs. Mittel- und Norddeutschland) = *viel Alkohol konsumieren, stark zechen.* Röhrich 2001, 2, 420. Ein *Fassbinder* ist ein Böttcher, ein Fassmacher.

laufen wie ein Fassbinder. (ugs. Mittel- und Norddeutschland) = *sich abmühen, viel herumlaufen.* Ein Fassbinder mußte früher tüchtig laufen, wenn er das gefertigte Fass auf der Straße zum Besteller rollte; laufen mußte auch ein unzünftiger Böttcher, der sich nur mit dem Ausbessern alter Fässer beschäftigte, bis er seinen Lebensunterhalt verdient hatte. Von diesem Vergleich sind die anderen wohl später abgezweigt. Röhrich 2001, 2, 420.

arm dran sein wie der ärmste Fassbinder (ugs. Mittel- und Norddeutschland) = *sehr arm sein.* Röhrich 2001, 2, 420.

FAUL <Adj.> [mhd. vul, ahd. ful, eigtl. = stinkend, modrig]

jmd. ist so faul, dass er stinkt (salopp grob abwertend) = *über jmdn., der stark abgeneigt ist zu arbeiten, sich zu bewegen, sich anzustrengen;über jmdn., der nicht gern tätig, sehr bequem, träge ist.* In Anlehnung an die Wendungen *vor Faulheit stinken* und *wie die Pest stinken.* Die Verstärkung der Bedeutung ergibt sich aus der ursprünglichen Bedeutung des Wortes *faul* - ′stinkend, modrig′ in Verbindung mit der Bedeutung ′arbeitsunwillig′. Vgl. *faul wie die Pest sein.*

FAULHEIT, die

vor Faulheit stinken wie der frische Misthaufen in der Morgensonne (salopp) = *überaus träge sein.* Der Misthaufen stinkt infolge des Verrottungsvorgangs. Faulheit meint hier nicht das Faulen, sondern die Trägheit. Jug. 1930 ff. Küpper 1993, 539.

Faust[1], die; -, Fäuste [mhd. vust, ahd. fust, viell. verw. mit fünf u. dann eigtl. = Fünfzahl der Finger]

passen wie die Faust aufs Auge (ugs.) = 1. *überhaupt nicht passen; es passt schlecht (durchaus nicht) zusammen; etw. ist unpassend, unangebracht gewählt.* Duden; Borneman 2003, 7.12. Die kraftvolle Faust und das hochempfindliche Auge sind äußerste Gegensätze. 1500 ff. Küpper 1993, 224. 2. *genau passen.* (Duden). Poln. *(Coś) pasuje (do czegoś) jak pięść do nosa.* WW 2004, 76.

Faust[2], Name nach J. W. Goethe

passen wie der Faust aufs Gretchen (ugs. scherzh.) = *überhaupt nicht passen.* Borneman 2003, 7.12. Scherzh. Transformation von *passen wie die Faust aufs Auge* (s.).

faustdick <Adj.>

faustdick = *ungefähr so dick wie eine Faust.* (Duden)

Feder, die; -, -n [mhd. veder(e), ahd. fedara, zu einem Verb mit der Bed. „auf etw. los-, niederstürzen; fliegen"]

leicht wie eine Feder = *sehr leicht; etw. wiegt sehr wenig.* Poln. *lekki jak piórko.* Szczęk, Wysoczański 2004, 91; WW 2004, 52.

federleicht <Adj.>

federleicht = 1. *kein nennenswertes Gewicht habend, sehr leicht, leicht wie eine Feder.* 2. *scheinbar schwerelos, wie schwebend.* Vom geringen Gewicht der Feder hergenommen, leicht wie eine Feder.

Fegefeuer, (seltener:) **Fegfeuer**, das; -s [mhd. vegeviur, LÜ von kirchenlat. *ignis purgatorius* = reinigendes Feuer] (kath. Rel.)

so gern gehen wie die arme Seele ins Fegfeuer (ugs. veraltend) = S. Seele.

Fels, der; -, - [mhd. vels(e), ahd. felis, felisa; vgl anord. fjall, fell = Berg, Fels]

[dastehen, stehen] wie ein Fels [in der Brandung] (geh.) = *unerschütterlich allen Schwierigkeiten trotzend, unbeirrt.*

Felsen, der; - [mhd. vels(e), ahd. felis, felisa; vgl anord. fjall, fell = Berg, Fels]

alt wie ein Felsen (geh.) = *sehr alt, uralt.* Nach der Vorstellung, dass Felsen vor sehr langer Zeit entstanden sind. D. Kehlmann, Die Vermessung der Welt. 2006, 39.

Fenster, das; -s, - [mhd. venster, ahd. fenstar < lat. fenestra]

angeben, dass die Fenster anlaufen (ugs.) = *übermäßig prahlen.* Vor solcher Prahlerei beginnen sogar die Fensterscheiben zu schwitzen. 1920 ff. Küpper 1993, 29.

Fensterglas, das

Augen, klar wie Festerglas (wie ein Bergbach, wie ein Kristall) = *über klare, leuchtende, offene Augen.*

Ferkel, das; -s, - [mhd. verkel(in), verhel(in), ahd. farhili(n), Vkl. von: far(a)h = (junges) Schwein, eigtl. = Wühler]

gefräßig wie ein Ferkel (salopp selten) = *unmäßig, unersättlich im Essen; voller Essgier.* Ferkel fressen sehr viel, sind gefräßig.

aussehen wie ein Ferkel (Schmutzferkel) (ugs.) = *schmutzig aussehen, verschmutzt sein.* Szczęk, Wysoczański 2004, 107. Ferkel wird oft als Schimpfwort gebraucht für einen ´Menschen, der nicht auf Sauberkeit achtet´. Hergeleitet vom äußeren Bild der wühlenden Ferkel.

sich behnehmen wie ein Ferkel (ein Schwein) (ugs. abwertend) = *sich unanständig, anstößig benehmen.*

beliebt wie ein Ferkel in einer Judenküche (ugs. abwertend veraltet) = *unbeliebt sein, nicht erwünscht sein.* Röhrich 2001, 2, 535; Szczęk, Wysoczański 2004, 107.

FERKES, Familienname

Ran wie Ferkes Jan! (landsch. Niederrhein salopp) = *mutig draufzu! ran.* Meint oft einen Draufgänger, auch dessen stürmisches Verhalten gegenüber Frauen. Röhrich 2001, 4, 1223.

FESSELBALLON, der

sich aufblasen wie ein Fesselballon (ugs.) = *sich aufspielen; prahlen.* Ins Militärische abgewandelte Redensart *sich aufblasen wie ein Frosch,* heute weit verbreitet 1910 ff. Küpper 1993, 229.

FETT, das; -[e]s, -e [aus dem Niederd. < mniederd. vet(te), subst. Adj.]

wie ein Dachs von seinem eigenen Fett leben (ugs. seltener) = S. Dachs.

FETTAUGE, das

da gucken mehr Fettaugen rein als raus (ugs.) = *das ist eine Wassersuppe.* Westdt. 1930 ff. Küpper 1993, 230.

FEUER, das; -s, - <o. Pl.> [mhd. viur, ahd. fiur, verw. mit griech. pyr = Feuer]

Der Brei wird nicht so heiß gegessen, wie (als) er vom Feuer kommt (als er aufgegeben wird). (veraltend) = S. Brei.

[ein Gegensatz, so verschieden] wie Feuer und Wasser sein = *vollkommen unvereinbar, ein schroffer Gegensatz sein.* Duden, Bd. 11, 240; Schemann 1995, 376. S. *wie Wasser und Feuer; wie Hund und Katz.*

es (etw.) brennt wie Feuer (wie Nesseln) = 1. *über einen brennenden Schmerz.* 2. *scharf schmecken, einen beißenden Reiz verursachen.*

heiß wie Feuer = *sehr heiß, mit sehr hoher Temperatur.* Der Kaffee muss sein heiß wie das Feuer, schwarz wie die Sünde, rein wie ein Engel, süß wie die Liebe. (Bäcker „de Mäkelbörger“, Wolgast 25.10.2007).

wie wenn Wasser mit Feuer sich mengt (bildungsspr. selten) = S. Wasser.

[ein Gegensatz] wie Wasser und sein Feuer = dass., wie *wie Wasser und Feuer* (aber etwas seltener).

FEUERLÖSCHER, der

ein Gesicht haben wie ein Feuerlöscher [, zum Reinschlagen] (ugs. abwertend) = S. Gesicht.

FEUERMELDER, der

jmd. hat ein Gesicht wie ein Feuermelder, - zum Reinschlagen (ugs. abwertend) = S. Gesicht.

FEUERROT <Adj.>

feuerrot = *grellrot (wie Feuer).*

FEUERSTELLUNG, die

wie eine Nutte in Feuerstellung liegen (salopp abwertend) = S. Nutte.

FEUERWEHR, die

ab geht's wie die Feuerwehr (ugs.) = *schnellstens wird gestartet.* 1900 ff. Küpper 1993, 232.

ab wie die Feuerwehr (ugs.) = *eiligst davon.* 1900 ff. Küpper 1993, 232.

abfahren wie die Feuerwehr (ugs.) = *schnell starten.* 1900 ff. Küpper 1993, 232.

abgehen wie die Feuerwehr (ugs.) = *davoneilen; eiligst starten.* 1900 ff. Küpper 1993, 232.

pünktlich wie die Feuerwehr (ugs.) = *sehr pünktlich.* 1900 ff. Küpper 1993, 232.

wie die Feuerwehr (ugs.) = 1. *sehr schnell.* 2. *eiligst, schnellstmöglich.* Spätestens seit 1900. Küpper 1993, 232.

FIEBER, das; -s, (selten:) - [mhd. fieber, ahd. fiebar < lat. febris = Fieber]

wie im Fieber reden (ugs.) = *wir reden, zusammenhangslos reden, erzählen.*

wie im Fieber zittern = 1. *sehr zittern, beben.* 2. *aufgeregt sein.* Poln. *trząść się jak w febrze.* WW 2004, 107.

FIEDELBOGEN, der (veraltet)

gespannt [sein] wie ein Fiedelbogen (ugs.) = *sehr neugierig [auf etw.] sein, in gespannter Erwartung sein.* Spiel mit den beiden Bedeutungen desselben Wortes: Gespannt = 1. straff gezogen; = 2. erwartungsvoll. 1900 ff. Küpper 1993, 233. Der *Fiedelbogen* ist der Geigenbogen. S. Flitzbogen.

FIFFI, Hundename

scharf (spitz) wie Nachbars Fiffi (Lumpi, Waldi) sein (scherzhaft salopp) = S. Nachbar.

FIGUR, die; -, -en [mhd. figur(e) < afrz. figure < lat. figura = Gebilde, Gestalt, Erscheinung, zu: fingere, fingieren]

Figur wie ein Bügelbrett (ugs.) = *Frauengestalt ohne plastische Rundungen.* 1900 ff. Küpper 1993, 141.

FIGURA [lat.]: nur in der Wendung

wie Figura zeigt (bildungssprachlich-veraltend) = *wie man an diesem Beispiel ablesen kann.* DZR 2002, 786.

FILM, der; -[e]s, -e [engl. film, eigtl. = Häutchen, dann = dünne Schicht, verw. mit Fell]

sich wie im falschen Film fühlen (jugendspr.) = *das Gefühl haben, an die falsche Stelle geraten zu sein; sich fremd fühlen; etwas unverständlich finden*

FILZLAUS, die

jmdn. behandeln, als würde er alles, worauf er sitzt, mit Filzläusen infizieren (abwertend) = *jmdn. abfällig behandeln; jmdn. erniedrigen.* Brugger 1993, 7. Die Filzlaus ist eine Laus, die sich vor allem in der Schambehaarung des Menschen festsetzt. Somit spielt dieser Vergleich auf einen Menschen an, der keine Körperhygiene betreibt, der somit außerhalb der Gesellschaft steht – so wie ein Aussätziger. S. Aussätzige.

FINGER, der

wie ein Ohrwürmchen um den kleinen Finger zu wickeln sein (ugs. selten) = S. Ohrwürmchen.

FISCH, der; -[e]s, -e [mhd. visch, ahd. fisk; vgl. lat. piscis = Fisch]

jmd. ist wie ein abgestandener Fisch (ugs. selten) = *über jmdn. ohne Ideen, über eine langweilige Person.* Szczęk, Wysoczański 2004, 125.

sich abmühen wie der Fisch auf dem Trockenen (ugs. selten) = *sich vergeblich abmühen; eine aussichtslose Sache betreiben.* Szczęk, Wysoczański 2004, 125.

etw. anpreisen wie ein Warenhaus es mit seinen billigen Fischen zu halten pflegt (ugs. abwertend) = S. Warenhaus.

Durst haben wie ein Fisch (ugs. selten) = S. Durst.

flink (wendig) wie ein Fisch im Wasser [sein] (ugs.) = *sich rasch und geschickt bewegend oder arbeitend; schnell, behende sein.*

gesund (frei, lebendig) wie ein Fisch im Wasser = *gesund und munter.* Müller 2005, 138. Der im Wasser sich tummelnde Fisch ist ein anschauliches Bild frischen, gesunden, unbeschwerten Lebens. Seit mhd Zeit. Küpper 1993, 238. Vgl. franz. *hereux comme un poisson dans l'eau* (wörtlich: glücklich wie ein Fisch im Wasser) = *restlos glücklich*; seltener im Gegenteil: *Em es tomod* (zu Mute) *wie em Fisch op em Land.* Röhrich 2001, 2, 449.

kalt wie ein Fisch (ugs. abwertend) = 1. *geschlechtlich unnahbar.* Fische laichen, aber begatten nicht. 19. Jh. 2. *über eine temperamentlose Frau.* 3. *gefühllos, ungerührt.* 1900 ff. Küpper 1993, 238. Poln. *zimny (zimna) jak ryba.* Szczęk, Wysoczański 2004, 125; WW 2004, 132; Röhrich 2001, 15.

munter wie ein Fisch [im Wasser] = *unbeschwert, lebhaft, lebenslustig; munter sein, sich wohl fühlen.* 19. Jh. Küpper

1993, 238; Schemann 1993, 199; Szczęk, Wysoczański 2004, 125.

sich fühlen wie ein Fisch auf dem Trocknen (ugs.) = *in einer unglücklichen, ausweglosen Situation sein; jmdm. fehlt das Lebenselement, das er braucht; sich unwohl fühlen.* Stephan 1989, 97; Schemann 1993, 198; Szczęk, Wysoczański 2004, 125; DZR 2007, 265.

sich fühlen (wohl fühlen) wie ein Fisch im Wasser (wie die Made im Speck) = *sich wohl fühlen, munter sein, gesund sein.* Schemann 1993, 199; Müller 2005, 138; Biereich 2005, 242. Poln. *czuć się dobrze jak ryba w wodzie.* Szczęk, Wysoczański 2004, 125; DZR 2007, 265.

stinken wie ein toter Fisch (abwertend) = 1. *sich das Wohlwollen verscherzt haben.* 1920 ff. Küpper 1993, 238. 2. *missmutig sein, übel gelaunt sein.* Von jarg. *stinkig sein* - ′missmutig, verdrießlich, mürrisch sein′. 3. *sehr übel riechen.* Vom Verwesungsgeruch faulender Fische.

stumm [sein] wie ein Fisch [im Wasser] (ugs.) = 1. *kein Wort sprechen, sich schweigend verhalten; lautlos, wortkarg sein.* Röhrich 2001, 15. 2. *über jmdn., der absolut zuverlässig und verschwiegen ist.* Schemann 1993, 198. Ein in vielen Sprachen gebräuchlicher Vergleich. 16. Jh. Küpper 1993, 238. Vgl. franz. *muet comme une carpe* (stumm wie ein Karpfen). Stumm wie ein Fisch ist seit den alten Ägyptern fast bei allen Kulturvölkern ein sprichwörtliches Bild für die Schweigsamkeit. Bei Erasmus von Rotterdam in den »Adagia« ist der Vergleich noch gesteigert: *Magis mutus quam pisces* (stummer als die Fische). „Das sprichwörtliche Bild beruht auf der Unfähigkeit des menschlichen Gehörs, unter Wasser Geräusche wahrzunehmen. Menschen hören durch Luftschall, Fische durch Schwingungen des Wassers. Nur wenige besonders starke »Krakeler« wie den Knurrhahn kann der Mensch hören. Doch ist kaum einer der zahllosen Fische wirklich absolut stumm. Röhrich 2001, 2, 449. Poln. *milczeć jak ryba.* Szczęk, Wysoczański 2004, 125.

jmd. schwimmt (schwimmen) wie ein Fisch (ugs. meliorativ) = *jmd. kann gut und ausdauernd schwimmen.* Röhrich 2001, 5, 1725. Poln. *pływać jak ryba [w wodzie].* Szczęk, Wysoczański 2004, 125.

weg sein wie ein toter Fisch (ugs.) = *in der Narkose liegen.* 1950 ff. Küpper 1993, 238.

sich wohl fühlen wie ein Fisch im Wasser (ugs.) = *sich sehr wohl fühlen; über jmdn., dem es gut geht.* Röhrich 2001, 15. Fische können sich nur im Wasser wohl fühlen, alle anderen Orte sind für sie ungeeignet.

wie ein Fisch an der Angel zappeln (ugs. selten) = *sich nicht wehren können, von einer Sache völlig eingenommen sein und von ihr nicht los kommen.* Szczęk, Wysoczański 2004, 125.

zappeln wie ein Fisch auf dem Trockenen (ugs.) = *hilflos sein, keinen Ausweg aus einer schwierigen Lage wissen.* Poln. *tłuc się jak ryba wyjęta z wody.* Szczęk, Wysoczański 2004, 125.

FISCHBRÜHE, die

klar wie Fischbrühe (ugs. iron.) = *einleuchtend.* Fischbrühe ist eigentlich trübe. 1950 ff. Küpper 1993, 238. Nach dem Modell *klar wie Kloßbrühe.* (S.)

FISCHER, der; -s, - [mhd. vischære, ahd. fiscari]

weg sein wie Fischers Hund (ugs. selten) = 1. *ausdauernd ausbleiben; lange fernbleiben.* Auf die Frage, was mit Fischers Hund sei, erhält man die Antwort: »Er war 14 Tage weg« (weil der Fischer zwei Wochen auf See war). 1960 ff. 2. *längere Zeit geistesabwesend sein; ohnmächtig sein.* 1960 ff. Küpper 1993, 368.

FISCHWEIB, das

schimpfen (fluchen, sich streiten, zanken o. Ä.**) wie ein Fischweib** (ugs.) = *heftig, laut schimpfen, fluchen, sich strei-*

ten, zanken o. Ä. Das *Fischweib* ist eine (veralt.) Bezeichnung für eine Marktfrau, die Fische verkauft. Durch ihr Auftreten, z.B. beim Anpreisen der Ware, gilt sie als zänkisch, streitsüchtig. Sehr oft wird in solchen Vergleichen auch auf andere Berufsgruppen angespielt, insbesondere auf solche, die allgemein wenig Achtung genießen: *Droschkenkutscher, Brunnenputzer, Fuhrknecht, Scherenschleifer, Kesselflicker, Kuppelweib* usw. Röhrich 2001, 4, 1339. S. Rohrspatz.

FLAGGSCHIFF, das
aufgetakelt wie ein Flaggschiff (eine Fregatte) (ugs. abwertend) = *auffällig gekleidet.* 1965 ff. Küpper 1993, 239.

FLASCHE, die; -, -n [1: mhd. vlasche, ahd. flaska, entw. zu flechten u. eigtl. = umflochtenes Gefäß od. zu flach u. eigtl. = flaches Gefäß]
als das Auto noch aus der Flasche trank (ugs. scherzh.) = S. Auto.
jmdn. kaltstellen wie eine Flasche Bier (ugs.) = *jmdn. vorerst seinem Einflußbereich entziehen.* 1960 ff. Küpper 1993, 391.
schwach wie eine Flasche leer (ugs. scherzh.) = *sehr schlecht; schwach; ungenügend.* Geflügeltes Wort; entstand 1998 bei einem Wutausbruch des ital.en Trainers des Fußballklubs FC Bayern München, der in gebrochenem Deutsch ausrief: *In diese Spiel es waren zwei, drei oder vier Spieler, die waren schwach wie eine Flasche leer* und schloss die Rede mit (dem grammatisch falschen) *Ich habe fertig*! ab. Dies machte ihn in Deutschland äußerst beliebt, die genannten Zitate wurden zu geflügelten Worten. S. Mücke.

FLAUMWEICH <Adj.>
flaumweich = *so weich wie Flaum, sehr weich.*

FLAUSCHIG <Adj.>
flauschig = *weich wie Flausch.* Der Vergleich konserviert die ursprüngliche Bedeutung von Flausch, aus dem Niederd. < mniederd. vlus(ch) = Wollbüschel; Schaffell, verw. mit Vlies u. urspr. = ausgerupfte Wolle oder Feder, heute ′dicker, weicher Wollstoff mit gerauter Oberfläche′.

FLEDERMAUS, die; -, ...mäuse [mhd. vledermus, ahd. fledarmus = Flattermaus, zu mhd. vlederen, ahd. fledaron = flattern, ablautende Bildung zu flattern]
blind wie eine Fledermaus (ugs. scherzh.) = *keine Sehkraft, kein Sehvermögen besitzend; ohne Augenlicht.* Die Fledermaus ist ein kleineres, meist Insekten fressendes Säugetier mit Flughäuten zwischen den Gliedmaßen, das in der Dämmerung seine Beute fängt, wobei als Orientierung ein akustisches System dient. Kirchenweb 2007. 1.12.2007.

FLEISCHBRÜHE, die
klar wie Fleischbrühe (iron).= *völlig einleuchtend.* Gebildet nach dem Modell *klar wie Kloßbrühe.* (S.) 1920 ff. Küpper 1993, 242.

FLEISCHERHUND, der
ein Gemüt haben wie ein Fleischerhund (wie ein Metzgerhund) (ugs. abwertend) = S. Gemüt.

FLIEGE, die; -, -n [1: mhd. vliege, ahd. fliege, eigtl. = die Fliegende]
besser eine Fliege in der Suppe als gar kein Fleisch (ugs. scherzhaft) = *lieber eine Kleinigkeit als gar nichts.* Sold. 1914 ff. Küpper 1993, 243.
sich bewegen wie die Fliege in der Buttermilch (ugs.) = *sich langsam bewegen, stark in seinen Bewegungen gebremst sein.* Szczęk, Wysoczański 2004, 130.

frech wie ein Fliege sein (ugs. abwertend selten) = *sehr frech sein, in herausfordernder Weise, ohne Achtung und Respekt vor anderen sein; unverschämt sein.* Szczęk, Wysoczański 2004, 130; Lapidus 2006, 36.

lästig wie eine Fliege (eine Scheißhausfliege) (ugs. [derb] selten) = *aufdringlich, jmdn. in [aufdringlich] unangenehmer Weise beanspruchend, störend, ihn in seinem Tun oder seinen Lebensgewohnheiten behindernd; sehr unangenehm.* Poln. *natrętny jak mucha.* Szczęk, Wysoczański 2004, 130. S. Insekt, Juckreiz, Scheißhausfliege.

matt sein wie eine Fliege (ugs.) = *sehr erschöpft sein.* DZR 2007, 517; Röhrich 2001, 2, 460.

so notwendig wie die Fliegen in der Suppe (ugs. selten) = *völlig überflüssig, unnötig.* Szczęk, Wysoczański 2004, 130. S. Kropf.

schlapp (schwach) wie eine Fliege (ugs.) = *ermattet, erschöpft, schwach.* 1920 ff. Küpper 1993, 243; Kirchenweb 2007. 1.12.2007; ; Röhrich 2001, 2, 460. Poln. *słaby jak mucha.* Szczęk, Wysoczański 2004, 130; WW 2004, 94.

die Fliege aus der Buttermilch (abw.) = 1. *langsam, schwerfällig.* 2. *unkenntlich, entstellt, gedemütigt.*Wander 1, 1068; Röhrich 2001, 2, 460.

wie die Fliegen sterben (dahinsterben, umfallen, fallen o. Ä.**)** (ugs.) = *in Menge sterben (meist über Menschen).* Kann zurückgehen auf das Sterben der Eintagsfliegen oder auf das Massensterben der Fliegen bei Kälteeinbruch. 1700 ff. Küpper 1993, 243. Poln. *umierać (padać) jak muchy.* Szczęk, Wysoczański 2004, 129; WW 2004, 110.

FLIEGEN, das; -s, - <o. Pl.>

er schickt sich zum Springen wie die Kröte zum Fliegen (ugs. selten) = S. Springen.

von etw. soviel verstehen wie die Kuh vom Fliegen (ugs. abwertend) = S. Kuh.

FLIEGENSCHEIßE, die (derb)

Es ist [hier] (wir sind hier) nicht wie bei armen Leuten, wo die Tapeten durch Fliegenscheiße ersetzt werden (derb.-iron.) = S. Leute.

FLINK <Adj.> [aus dem Niederd., eigtl. = blank, glänzend]

flink wie ein Eichhörnchen (ugs.) = S. Eichhörnchen.

flink wie ein Wiesel (ugs.) = S. Wiesel.

FLITZBOGEN, (landsch. auch:) **FLITZEBOGEN,** der [mniederd. flitsbogen] (ugs.)

gespannt sein wie ein Flitzbogen (Flitzebogen, Regenschirm) sein (ugs.) = *sehr neugierig auf den Ausgang einer Sache sein, voll gespannter Erwartung sein. Gespannt* bedeutet hier ′straffgezogen′ und ′erwartungsvoll′. Hier ist mit *Flitzbogen* der *Bogen,* die alte Schusswaffe zum Abschießen von Pfeilen gemeint, heute als Sportgerät verwendet. Wortspielerische Vermischung zweier Wortbedeutungen: *gespannt* ist sowohl der Bogen als auch der neugierige Mensch. 1870 ff. Küpper 1993, 244; DZR 2007, 292.

krumm wie ein Flitzebogen sitzen (stehen) (ugs.) = 1. *gekrümmt sitzen (stehen); einen krummen Rücken machen.* 1900 ff. Küpper 1993, 244. 2. *eine schlechte Körperhaltung haben.*

FLOH, der; -[e]s, Flöhe [mhd. vlo(ch), ahd. floh; schon früh an fliehen angelehnt im Sinne von ′schnell entkommendes Tier′, wahrsch. aber verhüll. Entstellung od. Abwandlung des urspr. Tiernamens]

etw. abschütteln wie der Hund die Flöhe (ugs.) = S. Hund.

angeben wie ein Sack Flöhe (ugs.) = S. Sack.

jmd. ist voller Freude wie ein Hund voll Flöhe (ugs. selten) = S. Freude.

springen (hüpfen) wie ein Floh (ugs.) = 1. *sich schnell und gewandt bewegen* (v.a. laufen). 2. *hoch springen, mit Leichigkeit springen* . Szczęk, Wysoczański

2004, 130. Vgl. *hüpfen (springen) wie ein Gummiball (wie ein junges Reh).*

lieber [einen Sack (voll)] Flöhe hüten [als diese Arbeit tun] (ugs. scherzh.) = *eine Arbeit nicht tun wollen, eine Arbeit (eine Aufgabe) ablehnen; lieber eine unangenehme, fast unmögliche Aufgabe übernehmen als...* 1500 ff. Küpper 1993, 245. Die Wendung spielt scherzhaft darauf an, dass es nahezu unmöglich ist, einen Sack voll Flöhe zu hüten, da man die Tiere mit bloßem Auge kaum sehen kann. Wenn man es dennoch vorzieht, einen Sack voll Flöhe zu hüten, anstatt etwas anderes zu tun, dann möchte man die betreffende Sache am liebsten gar nicht machen: Lieber einen Sack voll Flöhe hüten, als mit diesen Rackern einen Ausflug machen zu müssen. DZR 2007, 499.

jmd. ist schwieriger zu hüten als ein Sack (voll) Flöhe (ugs.) = S. Sack.

frei von Sünden wie ein Hund von Flöhen (ugs.) = S. Sünde.

jmd. steckt voller Unarten wie der Hund voll Flöhe (ugs. selten) = S. Unart.

FLUG, der

die Zeit vergeht [schnell] wie im Fluge (geh.) = S. Zeit.

FLUNDER, die; -, -n [mniederd. vlundere, eigtl. = flacher Fisch, wahrsch. aus dem Nordd., vgl. schwed., norw. flundra, urspr. = flacher Fisch]

bei mir Flunder, platt vor Staunen (ugs.) = *ich staune. Platt* meint sowohl ′flach′ als auch ′verwundert′. 1930 ff., Berlin. Küpper 1993, 247. S. *platt wie eine Flunder.*

platt wie eine Flunder (wie eine Briefmarke) [sein] (ugs.) = 1. *sehr flach (als Fläche) ohne Erhebung (und in die Breite sich ausdehnend).* 2. *sehr überrascht, verblüfft sein; sehr erstaunt, sprachlos sein.* Duden, Bd. 11, 550. 1900 ff. Verstärkung von *platt sein* (ugs.) - ′völlig überrascht sein′ 3. *flachbusig, körperlich unentwickelt sein* (auf weibliche Personen bezogen). Nach 1965 aufgekommen. Küpper 1993, 131; Szczęk, Wysoczański 2004, 126. 4. *überflügelt, besiegt sein.* Der Besiegte liegt flach am Boden. 1920 ff. Küpper 1993, 247. Wortspiel mit den ugs. Bedeutungen von platt, v.a. *platt sein* (ugs.) - ′völlig überrascht sein; sehr erstaunt sein′, ′stark erschöpft sein′; *etw. platt machen* (salopp) - ′zerstören, dem Erdboden gleichmachen′.

FORELLE, die; -, -n [mhd. forhele, ahd. forhana, eigtl. = die Gesprenkelte, die Bunte (nach den bunten Tupfen auf dem Rücken)]

sicher wie eine Forelle unter zehn Hechten (ugs.) = *sehr unsicher, gefährlich.* In dieser Wendung wird auf paradoxe Weise eine gesteigerte Gefahr ausgedrückt. Vgl. auch *so sicher wie eine Laus zwischen zwei Daumen; wie eine Taube vorm Geier; wie die Maus bei der Katze.* Röhrich 2001, 4, 1470; Szczęk, Wysoczański 2004, 126. S. Laus.

FÖRSTER, der [mhd. forster, forstaere, spätmhd. forstari]

wie ein Förster gehen (ugs. scherzh.-iron.) = *das Gewehr nicht vorschriftsmäßig halten oder tragen.* Förster tragen die Büchse nach eigenem Belieben. Sold. 1914 ff. Küpper 1993, 248.

FRAGEZEICHEN, das [LÜ von lat. signum interrogationis]

dastehen (dasitzen) wie ein [hingeschissenes, in die Luft geschissenes] Fragezeichen (ugs. [derb]) = 1. *in schlechter Haltung dastehen, dasitzen; eine unglückliche Figur machen; eine schlechte Haltung haben.* Duden, Bd. 11, 146. 2. *in schlechter militärischer Haltung stehen.* Sold. 1910 ff. Küpper 1993, 250. 3. *gekrümmt stehen.* Sold. 1910 bis heute. Küpper 1993, 250.

wie ein Fragezeichen dastehen (gehen o. **Ä.)** (ugs.) = *in schlechter Körperhaltung* *stehen (gehen* o. Ä.*)*. 1910 ff. Küpper 1993, 250.

dastehen wie ein lebendiges Fragezeichen (ugs.) = *überhaupt nicht wissen, wie man anfangen soll zu fragen.*

wie ein lebendiges Fragezeichen liegen (ugs.) = *gekrümmt im Bett liegen.* 1910 ff. Küpper 1993, 250.

wie ein windschiefes Fragezeichen (ugs.) = *gekrümmt stehen; Soldat in unmilitärischer Haltung.* Ziv. und sold. 1910 ff. Küpper 1993, 250.

FRANKREICH

leben wie Gott in Frankreich = S. Gott.

FRANZISKANER, der; -s, -

saufen wie ein Franziskaner (ugs. selten) = *stark zechen, sehr viel Alkohol trinken.* Lapidus 2006, 48. Nach dem hl. Franziskus von Assisi (1181/82–1226). S. Abt.

FRANZOSE, der

Der Spanier gleicht (seiner Erscheinung nach) **dem Teufel, der Italiener ist ein Mann, der Franzose ist wie ein Weib, der Brite wie ein Engel, der Deutsche wie eine Säule.** (bildungsspr.) = S. Spanier.

FRANZÖSISCH, das; -[s]

jmd. spricht Französisch wie eine Kuh Spanisch (ugs.) = *keine Fremdsprachen kennen.* Szczęk, Wysoczański 2004, 105.

FRAU, die; -, -en [mhd. vrouwe, ahd. frouwe = Herrin, Dame, w. Form zu einem untergegangenen Subst. mit der Bed. „Herr", vgl. asächs. froio = Herr u. (mit anderer Bildung) ahd. fro, Fron]

Arbeitende Frauen sollen aussehen wie ein Filmstar, sich benehmen wie eine Dame, willig sein wie eine Hure, denken wie ein Mann, arbeiten wie ein Pferd. (salopp scherzh.) = *chauvinistische Ansicht über die Rolle der Frau in der Gesellschaft.* http://funrunners.de/humor/lachseite2.htm. 7.7.2008.

wie alte Frau unterm Arm schmecken (ugs. abwertend) = *widerlich schmecken.* Halbw. 1950 ff. Küpper 1993, 251.

das riecht wie eine alte Frau unterm Arm (ugs. abwertend) = *das riecht widerlich.* 1950 ff. Küpper 1993, 251.

Eine Frau ohne Mann ist wie ein Fisch ohne Fahrrad. = *Spruch, mit dem besonders die Vertreterinnen der Frauenbewegung ihre erstrebte Unabhängigkeit in drastischer Form bekundeten und bekunden.* Dieser in den 1970er-Jahren aufgekommene und allgemein bekannt gewordene Spruch ist in den deutschen Titel eines 1990 aus dem Amerikanischen übersetzten Romans von Elizabeth Dunkel eingegangen. Das emanzipatorische Frauenbuch heißt: »Der Fisch ohne Fahrrad«. DZR 2007.

lieber die Frau verleihen als ein Pferd (ugs.) = *von zwei Übeln das kleinere wählen.* Gemeint ist, dass von fremder Hand ein Pferd viel leichter überanstrengt und zugrunde gerichtet werden kann als eine Frau, bei der man Fremdschwängerung für den ungünstigsten Fall ansieht. 1840 ff. Küpper 1993, 881.

schimpfen wie die Frau Sopherl (ugs. regional) = *unflätig schimpfen.* Wien 1900 ff. Küpper 1993, 776.

Wie die Frau, so die Dirn, wie der Baum, so die Birn. = *Die Erziehung und das eigene Vorbild bedingen das Verhalten der Kinder.* Koženjako 1997, 46. Ähnliche sprichwörtliche Vergleiche sind: *Wie der Baum, so die Birne. Wie die Mutter, so die Dirne.* (S. Baum); *Wie der Vater, so der Sohn [, wie die Mutter, so die Tochter].* Sprichwörter 1978, 57 (S. Vater); *Wie die Alten sungen, so zwitschern [auch (schon)] die Jungen* (S. Alte); *Wie der Baum, so die Frucht* (S. Baum) u.a.

FRAUENAUGE, das

Kaffee muss (soll) sein wie Frauenaugen und Männerfüße: schwarz und feucht. (scherzh.) = S. Kaffee.

FRAUENHAAR, das

Ein Frauenhaar zieht mehr als ein Glockenseil (Marssegel). (Sprichwort) = *über den großen Einfluss der Frauen auf das männliche Geschlecht.* Wander schreibt: „Durch die ungeheuere Kraft, die das Marssegel auf einem Schiffe ausübt, wird die Grösse des weiblichen Einflusses auf das männliche Herz, die das Sprichwort ausspricht, veranschaulicht". Wander 1, 1142. Das Sprichwort ist vielen europäischen Sprachen bekannt.

FREGATTE, die; -, -n [urspr. = Beiboot, wohl < frz. frégate < ital. fregata]

aufgetakelt wie eine Fregatte (ein Flaggschiff) (ugs. abwertend) = *auffällig gekleidet.* 1965 ff. Küpper 1993, 239; Brugger 1993, 13.

FREIMARKE, die

behandle mich von hinten wie eine Freimarke! (derb) = *derbe Abweisung.* Die Freimarke - ´Briefmarke´ wird auf der Rückseite geleckt. 1920 ff. Küpper 1993, 252. Euphemistische Anspielung auf (derb) *Leck´ mich am Arsch!*

FRESSE, die; -, -n (derb)

eine Fresse haben wie ein Maschinengewehr (derb) = *viel, gewandt, ausdauernd reden. Fresse* - ´Mund´. 1914 ff., sold. Küpper 1993, 523.

FREUDE, die; -, -n [mhd. vröude, ahd. frewida, frouwida, zu froh]

jmd. ist voller Freude wie ein Hund voll Flöhe (ugs. selten) = *über jmdn., der freudig ist, der Freude empfindet, der voller Freude [und Fröhlichkeit] über etw. ist.* Szczęk, Wysoczański 2004, 111.

FREUND, der; -[e]s, -e [mhd. vriunt, ahd. friunt, eigtl. = der Liebende, urspr. erstarrtes Part. eines mit frei verw. Verbs (vgl. got. frijon = lieben)]

Besser ein guter Freund als zehn Freunde. (geh.) = *Es ist besser, einen wirklichen Freund zu haben als zehn gute Bekannte.* Röhrich 2001, 1, 16.

Ein alter Freund ist besser als zwei neue. (Sprichwort) = *Freundschaften sind ein teures Gut und echte Freundschaft ist nicht leicht herzustellen, weshalb sie besonders wertvoll ist.* Wander 1, 1177. Dieses Bild ist in vielen Sprachen vorhanden.

Ein falscher Freund ist schlimmer als ein offener Feind. (Sprichwort) = *Geheuchelte Freundschaft ist gefährlicher, als eine offene Auseinandersetzung.* Wander 1, 1177. Dieses Sprichwort wird oft auf Voltaire zurückgeführt, es ist jedoch wahrscheinlich wesentlich älter. Vgl. *Ein böser Gesell, ein arg und falscher Freund sind schädliche Ding und böser als Gift.* Wander 1, 1605. *Keine größere Wunde, denn falscher Freund.* Wander 5, 446. *Ein Freund, der schadet, ist schlimmer als ein Feind.* Wander 1, 1177.

Ein guter Freund ist besser (ist mehr wert) als hundert Verwandte (hundert Vettern). (Sprichwort) = *Freundschaften sind oft haltbarer als verwandschaftliche Beziehungen.* Wander 1, 1177. Dieses Bild ist in vielen Sprachen vorhanden. Vgl. mhd.: *Ein trût geselle ist bezzer danne vil unholder mâge. - Mâc hilfet wol, friunt verre baz.*; engl.: *A good friend is my nearest relation.*; niederl.: *Een goed vriend is beter dan een namaag.* Wander 1, 1179 u.v.a.

Lieber einen Freund verlieren als einen guten Witz (als eine Pointe) (ugs.) = *sich nicht zurückhalten können, mit seinen Worten keine Rücksicht nehmen können* (auch: *für einen guten Witz seine Schwiegermutter verkaufen*). Der römische Dichter Horaz (65-27 v. Chr.) beschreibt in einer seiner Satiren die verbreiteten Vorbehalte gegenüber einem Dichter, da er jemandes Fehler und Schwächen mit seinen Versen öffentlich mache: »Wenn er nur Lachen / erweckt, wird er dich nicht und auch keinen Freund schonen.« Das Motiv, Lachen um jeden Preis wecken zu wollen, dürfte daraufhin sprichwörtlich geworden sein (oder auch schon gewesen sein) und wird so von dem Rhetoriklehrer Quintilian (um 35-100) zitiert: »Verletzen möchten wir niemals, und weit von uns sei jener Vorsatz, lieber einen Freund als einen Spruch zu verlieren«. Vorläufer der Horaz-Stelle ist wohl ein ansonsten verlorener Vers aus einem Stück des Ennius: »Der Wissende drückt eher eine Flamme im brennenden Mund aus als dass er einen guten Spruch zurückhält«, wobei uns Cicero darüber belehrt, dass mit einem *guten Spruch* hier ein Witz gemeint ist. Pohlke 2006, 64.Vgl. franz.: *Il vaut mieux perdre un bon mot, qu'un ami.*; ital.: *Meglio perdere l'amico ehe un bei detto.*

den Freund (die Freundin) wechseln wie die Strümpfe (ugs.) = *nur kurze Liebesabenteuer schätzen.* 1950 ff. Küpper 1993, 812.

die Freunde (Freundinnen) wechseln wie die Unterwäsche (ugs.) = *in der Freundschaft unstet sein.* Jug. 1960 ff. Küpper 1993, 868.

FREUNDIN, die; -, -nen [mhd. vriundin(ne)]: w. Form zu Freund

jmd. wechselt seine Freundinnen wie die Hemden (ugs.) = *er hält es bei (mit) keiner weiblichen Person lange aus.* Anspielung auf den üblichen Hemdenwechsel zum Sonntag. 1900 ff. Küpper 1993, 256.

FRIEDHOF, der. –s, -höfe [mhd. vrithof, ahd. frithof, urspr. - eingehegter Raum]

es ist, als wenn (als ob) der (ein) Friedhof gähnte (ugs. selten = *über etw. Langweiliges, Abgedroschenes.* Brugger 1993, 7.

eine Schnauze haben wie ein Friedhof (salopp) = S. Schnauze.

FRIEDRICH, männl.Vorname

es reimt sich wie Arsch und Friedrich (derb) = S. Arsch.

FRIKADELLE, die; -, -n [dissimiliert (wie z. B. „Kartoffel" aus älter „Tartuffel") aus ital. frittatella (frittadella) = Gebratenes, kleiner Pfannkuchen, Vkl. von: frittata, Frittate]

da ist alles drin wie in einer Frikadelle (ugs.) = *die Angelegenheit läßt noch viel erwarten.* Der Frikadelle wird nachgesagt, sie enthalte die wunderlichsten Bestandteile. 1962 ff. Küpper 1993, 256.

FRITZ [nach dem männlichen Vornamen Fritz]

als der Alte Fritz noch Fahnenjunker (Gefreiter) war (ugs.) = *vor langer Zeit.* 1900 ff. Küpper 1993, 257.

als der Alte Fritz sich die Hosen mit der Kneifzange (Beißzange) anzog (ugs.) = *vor langer Zeit.* Anspielung auf Friedrich den Großen. 1920 ff. Küpper 1993, 257.

als sich der Alte Fritz noch ohne Otto Gebühr behelfen mußte (ugs.) = *vor langer Zeit.* Otto Gebühr war der Darsteller des »Alten Fritz« (= Friedrich der Große) in vielen Friderikus-Filmen der Ufa. 1930 ff. Küpper 1993, 257.

für den Alten Fritzen (Fritz) (ugs.) = *umsonst, vergeblich; das taugt nichts, ist vertane Mühe.* Wird gewöhnlich auf Friedrich II. von Preußen bezogen, geht aber eher auf König Friedrich Wilhelm I. zurück. Die Wendung soll sich auf die hohen Abgaben in den Kriegs- und Nachkriegsjahren beziehen. Die Redensart hing ursprünglich mit König Friedrich Wilhelm I. von Preußen (1713-1740) zusammen, der die für ihn arbeitenden Untertanen nicht oder nur kärglich entlohnte. Später auf Friedrich II. (der auf äußerste Sparsamkeit bedacht war) übertragen, vielleicht von den Sachsen, die sich seinen Feinden anschlossen. 1820/30 ff. Küpper 1993, 257.

wie der kleine Fritz (klein Fritzchen) das sieht (denkt, sich vorstellt) (ugs.) = *in einfältiger Auffassung.* Der kleine Fritz ist irgendein kleiner Junge. 1930 ff. Küpper 1993, 257.

FROSCH, der; -[e]s, Frösche [mhd. vrosch, ahd. frosk]

sich aufblasen (aufblähen) wie ein Frosch (ugs. abwertend) = *sich aufspielen; dünkelhaft sein*; *sich wichtig machen, seinen eigenen Wert, seine Bedeutung stark unterstreichen, sich brüsten; prahlen.* Geht zurück auf die Fabel des Phädrus (30 n. Chr.): Der Frosch beneidet den Ochsen um seine schöne Gestalt und fängt an, sich aufzublasen, um ihm zu gleichen. Dabei platzt er. 1500 ff. Küpper 1993, 258; Röhrich 2001, 2, 477; Lapidus 2006, 35. Poln. *nadąć się/ nadymać się jak żaba.* Szczęk, Wysoczański 2004, 127. S. Kröte, Luftballon.

aufgeblasen wie ein Frosch (ugs. abwertend) = *sehr eingebildet, hochmütig*. Vgl. das Vorhergehende. 1500 ff. Küpper 1993, 258.

auf den Bauch plumpsen wie ein Frosch (ugs. selten) = S. Bauch.

dasitzen wie ein Frosch auf der Gießkanne (ugs. selten) = 1. *unbeweglich dasitzen.* 2. *nachdenklich sein.* Szczęk, Wysoczański 2004, 128.

Geld wie ein Frosch Haare haben (ugs. scherzh.) = S. Geld.

[daliegen] wie ein geprellter Frosch (ugs.) = *völlig ermattet, kraftlos.* Das Wort *prellen* heißt ursprünglich soviel wie ´aufprallen lassen´. Im Mittelalter war das Prellen eine Strafe für Verbrecher. Sie wurden an einem Galgen so lange hochgezogen und wieder fallen gelassen, bis ihre Knochen gebrochen waren: Hierauf geht die vorliegende Wendung zurück. Duden, Bd. 11, 556; DZR 2002, 783. 1600 ff, vorwiegend bayerisch. Küpper 1993, 258; Szczęk, Wysoczański 2004, 128.

hüpfen wie ein Frosch im Mondschein (ugs. selten) = *fröhlich hüpfen, springen.* Szczęk, Wysoczański 2004, 128.

kalt wie ein Frosch (ugs.) = 1. *gefühllos, abgestumpft.* 2. *geschlechtlich abweisend.* Spielt an auf den Kaltblüter oder auf das Laichen. Spätestens seit 1900. Küpper 1993, 258; Brugger 1993, 9; Szczęk, Wysoczański 2004, 127.

lärmen wie die Frösche im Winter (ugs. iron.) = *sehr leise sein.* Frösche sind bekanntermaßen im Winter nicht aktiv. Auch andere Vergleiche funktionieren auf dieser Grundlage, z.B. ähnlich: *lärmen wie ein Dieb im Pferdestall, als wenn die Katze ein Ei legt, jmd. macht einen Lärm wie die Henne vor Tage.* Röhrich 2001, 3, 930.

der Moment, wo der Frosch ins Wasser springt (und sich der Mensch vom Affen unterscheidet) (ugs. scherzh.) = S. Moment.

der Moment, wo der Frosch ins Wasser springt und dabei sein Leben riskiert (und es doch nicht verliert) (ugs. scherzh.) = S. Moment.

[rum-]quaken wie ein Frosch (ugs.) = 1. *laut reden.* 2. *Unsinn reden.* Szczęk, Wysoczański 2004, 128.

strampeln wie der Frosch in der Butter (ugs.) = *sich abmühen.* Hängt zusammen mit der Fabel von den beiden Fröschen, die in einen Milcheimer gefallen sind: der eine ergibt sich tatenlos in sein Schicksal, während der andere strampelt und strampelt, bis er schließlich auf einem Klumpen Butter sitzt. Schül. 1960 ff. Küpper 1993, 258.

saufen wie ein Frosch (ugs. selten) = *sehr viel Alkohol trinken, ein Trinker sein.* Lapidus 2006, 46.

FROSTBEULE, die

blau sein wie eine Frostbeule (ugs. scherzh.) = *[völlig, stark] betrunken sein*; *volltrunken.* 1945 ff. Küpper 1993, 258. Diese relativ junge Redensart spielt auf die die direkte Bedeutung von *Frostbeule* an - durch Kälte und Feuchtigkeit besonders an Händen und Füßen entstehende, gerötete, später bläulich verfärbte Schwellung der Haut; Pernio, aber auch auf die blaue Nase des Trinkers. Verstärkt hört man auch *blau wie eine Strandhaubitze* (s.). Der sprichwörtliche Vergleich beruht auf der scherzhaft-wortspielerischen Gleichsetzung der eigentlichen und der übertragenen Bedeutung von blau. Eine neuere Wendung ist die scherzhafte Feststellung: *Blau ist keine Farbe, blau ist ein Zustand.* Röhrich 2001, 1, 209.

FRUCHT, die; -, Früchte [mhd. vruht, ahd. fruht < lat. fructus, zu: frui (2. Part.: fructum) = genießen]

jemandem (wie eine reife Frucht) in den Schoß fallen (ugs.) = *etwas ohne Mühe bekommen.*

FRÜHLINGSABEND, der; -s, -e [mhd. abent, ahd. aband, eigtl. = der hintere od. spätere Teil des Tages, wahrsch. verw. mit After]

etw. ist wie ein Frühlingsabend mit Emma (ugs. scherzh. meliorativ) = *etw. ist überaus erfreulich.* 1964 ff. Küpper 1993, 258.

FUCHS, der; -es, Füchse [mhd. vuhs, ahd. fuhs, eigtl. = der Geschwänzte, wohl verhüll. Bez.]

Haare wie ein Fuchs haben (ugs.) = S. Haar.

jmd. ist darauf wie der Fuchs auf die Henne (auf das Geflügel) (ugs.) = *jmd. ist begierig auf etw., will etw. unbedingt haben.* Szczęk, Wysoczański 2004, 98. Anspielung auf den Fuchs als Räuber im Geflügelstall (begierig aufs Geflügel), vgl. das Kinderlied „Fuchs, du hast die Gans gestohlen, gib sie wieder her…".

darüber her sein wie der Fuchs über den Hühnern (ugs.) = *schnell, listig, schlau sein.* Szczęk, Wysoczański 2004, 98. Der Fuchs greift Hühner an und frisst sie schnell.

es machen (jmd. macht es) wie der Fuchs mit den Trauben (ugs.) = *etw. herabsetzen, was man nicht erreichen kann.* Szczęk, Wysoczański 2004, 98. Der Vergleich geht auf Aesops (6. Jh. v. Chr.) Fabel „Der Fuchs und die Trauben" zurück: Eine Maus und ein Spatz saßen an einem Herbstabend unter einem Weinstock und plauderten miteinander. Auf einmal zirpte der Spatz seiner Freundin zu: „Versteck dich, der Fuchs kommt", und flog rasch hinauf ins Laub. Der Fuchs schlich sich an den Weinstock heran, seine Blicke hingen sehnsüchtig an den dicken, blauen, überreifen Trauben. Vorsichtig spähte er nach allen Seiten. Dann stützte er sich mit seinen Vorderpfoten gegen den Stamm, reckte kräftig seinen Körper empor und wollte mit dem Mund ein paar Trauben erwischen. Aber sie hingen zu hoch. Etwas verärgert versuchte er sein Glück noch einmal. Diesmal tat er einen gewaltigen Satz, doch er schnappte wieder nur ins Leere. Ein drittes Mal bemühte er sich und sprang aus Leibeskräften. Voller Gier huschte er nach den üppigen Trauben und streckte sich so lange dabei, bis er auf den Rücken kollerte. Nicht ein Blatt hatte sich bewegt. Der Spatz, der schweigend zugesehen hatte, konnte sich nicht länger beherrschen und zwitscherte belustigt: „Herr Fuchs, Ihr wollt zu hoch hinaus!" Die Maus piepste vorwitzig: „Gib dir keine Mühe, die Trauben bekommst du nie." Der Fuchs biß die Zähne zusammen, rümpfte die Nase und meinte hochmütig: „Sie sind mir noch nicht reif genug, ich mag keine sauren Trauben." Mit erhobenem Haupt stolzierte er in den Wald zurück.

jmd. predigt wie der Fuchs den Gänsen (ugs. abwertend) = *unaufrichtig sein; unaufrichtige, hinterhältige Handlungen ausführen; heuchlerisch reden, falsch sein.*

schlau (listig) wie der Fuchs (ugs.) = *über die Fähigkeit verfügend, sich verschiedener Gegebenheiten zur Erreichung seiner Absichten zu bedienen, die anderen verborgen sind; von List zeugend.* Lapidus 2006, 32. Poln. *chytry/szczwany jak lis.* Szczęk, Wysoczański 2004, 98; Kirchenweb 2007. 1.12.2007. Der Fuchs gilt in der Folklore als schlaues, listiges Tier.

stinken wie ein nasser Fuchs (ugs. abwertend) = *sehr üblen Geruch verbreiten.* Füchse verströmen einen strengen Geruch, und das um so mehr, wenn der Pelz nass ist. 1900 ff. Küpper 1993, 259; Szczęk, Wysoczański 2004, 98.

stinken wie ein Nest voll Füchse (ugs. abwertend) = S. Nest.

triefen wie ein nasser Fuchs (ugs.) = *durchnäßt sein.* 1960 ff. Küpper 1993, 259.

FUCHSBAU, der <Pl. -e>

stinken wie in einem (wie im) Fuchsbau = *sehr üblen Geruch verbreiten.* (vgl. *stinken wie ein nasser Fuchs*).

FUHRKNECHT, der; -s, - (veraltet)

schimpfen (fluchen, sich streiten, zanken o. Ä.**) wie ein Fuhrknecht** (ugs.) = *heftig, laut schimpfen, fluchen, sich streiten, zanken o. Ä.* Sehr oft wird in solchen Vergleichen auch auf andere Berufsgruppen angespielt, insbesondere auf solche, die allgemein wenig Achtung genießen: *Droschkenkutscher, Brunnenputzer, Scherenschleifer, Kesselflicker, Fischweib, Kuppelweib* usw. Röhrich 2001, 4, 1339. S. Rohrspatz.

FÜLLEN, das; -s, - [mhd. vüli(n), ahd. fuli(n), Vkl. von Fohlen]

herumspringen (hüpfen) wie ein junges Füllen (geh.) = *lebhaft herumlaufen, herumspringen; sich schnell und leicht bewegen.* Szczęk, Wysoczański 2004, 108.

saufen wie ein Füllen (ugs. selten) = *stark zechen, sehr viel Alkohol trinken.* Lapidus 2006, 48. Das Füllen (geh.) ist ein neugeborenes bzw. junges Pferd. Die Wendung ist gebildet nach dem Vergleich *saufen wie ein Pferd.* S. Pferd.

FURIE, die; -, -n [lat. Furia, personifiziert aus: furia = Wut, Raserei]

wie von Furien gehetzt (auch **gejagt, gepeitscht**) (ugs.) = *über jmdn., der wie ein Irrer* (S.) *durch die Gegend rast, von Feinden oder von seinem eigenen Gewissen getrieben.* Furien sind die römischen Rachegöttinnen entsprechend den griechischen Erinnyen. Sie griffen bei Untaten strafend ein und waren daher gefürchtet. Wenn jemand *wie von Furien gehetzt* aussieht, wird ihm zumeist auch ein sehr schlechtes Gewissen unterstellt. In älterer Zeit bedeutete *in der Furie sein* - 'wütend und zornig sein'. Meist bezog sich der Vergleich auf eine vor Eifersucht wütende Frau. Röhrich 2001, 2, 489; DZR 2002, 790.

aussehen wie eine Furie (ugs.) = *wie eine zornentbrannte, außer sich geratene Frau mit hochrotem Kopf und aufgelösten Haaren aussehen.* Röhrich 2001, 2, 489.

FÜRST, der; -en, -en [mhd. vürste, ahd. furisto, eigtl. = der Erste, Vornehmste, zu: furist, subst. Sup. von: furi (Adv.) = vor, voraus]

angeben wie ein nackter Fürst (ugs. iron.) = *toben; prahlen.* Ein Zusammenhang mit dem Märchen von »Des Kaisers neue Kleider« erscheint möglich. 1930 ff. Küpper 1993, 29.

leben wie ein Fürst = *sorglos, verschwenderisch leben.* Entstammt den Verhältnissen des 18. Jh., als die Fürsten im Wohlstand lebten und die anderen Stände unterdrückten. 1800 ff. Küpper 1993, 262.

FURZ, der; -es, Fürze [mhd. vurz, spätahd. furz, zu mhd. verzen, ahd. ferzan = furzen; lautm.]

auffahren wie ein Furz im Bade (z.B. sächsisch) (derb) = *wegen einer Nichtigkeit in Eifer geraten, leidenschaftlich und erregt mit Worten für etw. eintreten.* 1645 in den »Facetiae facetiarum« (486) belegt. Röhrich 2001, 2, 490.

hin und her sausen (rasen, laufen, rennen) wie ein [rollender] Furz auf der Gardinenstange (derb) = 1. *sehr schnell umhergehen.* Duden, Bd. 11, 337. 2. *sinnlos herumlaufen.* Röhrich 2001, 2, 490; DZR 2007, 350.

wie ein Furz auf der Gardinenstange (Stange) (derb) = *unruhig hin und her; sehr schnell; mit rasender Geschwindigkeit.* Gemeint ist eigentlich »beim Reiten eine wunderliche Figur abgeben«. Beim Reiten ohne Sattel hat der Reiter wenig Halt auf dem Pferderücken; mangels Steigbügeln sucht er die Stöße mit dem Gesäß aufzufangen; die Ausweichbewegungen des Gesäßes erwecken den Eindruck eines Darmwindes, der nicht weiß, ob er rechts oder links abgehen soll. Sold. seit dem frühen 20. Jh. Küpper 1993, 262.

verschwinde, wie der Furz (wie die Wurst) im Winde (derb) = *Aufforderung, sich schnell und unauffällig zu entfernen.* Röhrich 2001, 2, 490.

wie ein Furz im Schneegestöber (derb) = *völlig hilflos.* 1914 ff. Küpper 1993, 262.

wie ein Furz im Wind (derb) = *unbedeutend (flüchtig) sein; schnell verschwinden.*

wie ein Furz in der Laterne (derb) = *unstet, unruhig, aufgeregt; ratlos.* Röhrich 2001, 2, 490; 1850 ff. Küpper 1993, 262.

wie ein wilder Furz am Bindfaden (derb) = *viel Lärm um Nichts; große Hektik (Aufregung) wegen unbedeutender Dinge verbreiten; wegen Nichtigkeiten sehr aufgeregt sein.* Röhrich 2001, 2, 490.

wie ein Furz mit Pressluft (derb) = *sehr schnell.* 1935 ff. Küpper 1993, 262.

wie ein Furz mit Spazierstock (derb) = *über einen dünkelhaften Menschen; Gernegroß.* 1910 ff. Küpper 1993, 262.

wie ein geölter Furz (derb scherzh.) = *überaus schnell.* Dem *geölten Blitz* (S.) nachgeahmt. Sold. 1910 ff. Küpper 1993, 262.

Fuß, der; -es, Füße u. - [mhd. vuoȥ, ahd. fuoȥ; vgl. griech poús, lat. pes]

ein Fuß wie eine Baustelle (wie Kähne, wie Oderkähne) (ugs.) = *großer, breiter Fuß.* Wo er hintritt, entsteht eine Baustelle. 1920 ff. Berlin. Küpper 1993, 84. Eine regionale Variante ist *jmd. hat Füße - so groß, damit kann man Elsaß-Lothringen an Frankreich abtreten.* Röhrich 2001, 2, 494.

Mit dem Obst ist es wie mit den Füßen - zuviel Waschen verdirbt das Aroma. (ugs.) = S. Obst.

Wer sein Weib schlägt mit einem Bengel, der ist vor Gott angenehm wie ein Engel; tritt er sie mit Füßen, so lässt's ihn Gott genießen; wirft er sie die Stiegen hinab, so ist er von seinen Sünden ledig ab; schlägt er sie dann gar zu tot, der ist der angenehmst vor Gott. (iron.) = S. Weib.

wie eingeschlafene Füße schmecken (salopp) = *fade, geschmacklos, nach nichts schmeckend.* Duden, Bd. 11, 629; Karasek 2004, 158.

Fußball, der [LÜ von engl. football]

sich aufpumpen wie ein Fußball (ugs. jugendspr.) = *sich ereifern.* In der Erregung atmet man schneller und »pumpt« mehr Luft in die Lunge. 1950 ff. Küpper 1993, 264.

Fußballschuh, der

fit wie ein Fußballschuh (ugs. okk.) = *sehr fit, bei guter körperlicher und seelischer Konstitution.* FAZ 14.6.2006, 38. Während der Fußball-Weltmeisterschaft 2006 in Deutschland okkasionall gebildete Variante zu *fit wie ein Turnschuh.* S. Turnschuh.

G

GALGEN, der

jmd tut etw. so gern wie der Dieb an den Galgen geht (ugs. veraltend) = S. Dieb.

GALGENHOLZ, das

faul wie ein Galgenholz (salopp selten) = *sehr faul sein.* Lapidus 2006, 37.

GALGENSTRICK, der [spätmhd. galgenstric = Strick, mit dem der Verurteilte am Galgen aufgehängt wird]

abgerissen wie ein Galgenstrick (ugs.) = *zerlumpt; in zerschlissener Kleidung.* 19. Jh. Küpper 1993, 267.

GALLE, die; -, -n [mhd. galle, ahd. galla, eigtl. = die Gelblichgrüne, verw. mit gelb]

bitter wie Galle (ugs.) = *sehr bitter.* Röhrich 2001, 5, 1725.

GALLEBITTER, GALLENBITTER <Adj.>

gallebitter, gallenbitter = *sehr bitter, so bitter wie Galle.*

GANG, der; -[e]s, Gänge [mhd., ahd. ganc, eigtl. = das Schreiten; das Spreizen der Beine, nicht verw. mit gehen]

einen Gang haben wie ein Bär (ugs.) = *plump, schwerfällig laufen.* Poln. *poruszać się jak niedźwiedź.* Szczęk, Wysoczański 2004, 98. Die verschiedenen Eigenschaften des Bären, seine Stärke und Schwerfälligkeit, seine unbeholfene Drolligkeit haben in vielen redensartlichen Vergleichen Ausdruck gefunden. Röhrich 2001, 1, 144.

GANS, die; -, Gänse [mhd., ahd. gans, eigtl. - Faucherin, Gähnerin, nach dem heiseren Fauchen mit geöffnetem Schnabel im erregten Zustand]

ablaufen von jmdm. wie das Wasser von der Gans (ugs.) = S. Wasser.

jmdn. ausnehmen wie eine [gestopfte (tote)] Gans (ugs.) = 1. *sich in schamloser Weise an jmdm. bereichern, jmdn. schamlos ausbeuten, ausnutzen; jmdn. [auf unehrliche Weise] um sehr viel Geld o.Ä. bringen; jmdn. gründlich ausbeuten; jmdm. das letzte Geld abnehmen, abgewinnen.* Veranschaulichung von *ausnehmen* ′jmdn. schröpfen, ausrauben; jmdm. das Geld abgewinnen; jmdn. durch überhöhte Preise betrügen′. Hergenommen vom Ausweiden getöteter Tiere. Szczęk, Wysoczański 2004, 123. S. Weihnachtsgans.

jmdn. rupfen wie eine Gans (ugs. selten) = *jmdm. Geld abnötigen.* Szczęk, Wysoczański 2004, 123. S. Huhn.

aussehen (gucken, schielen), wie eine Gans, wenn es (wenn′s) donnert (blitzt) (ugs.) = *verblüfft, überrascht sein.* Schemann 1993, 224; Szczęk, Wysoczański 2004, 123. S. Kuh.

dastehen wie die Gänse, wenn's donnert (blitzt) (ugs.) = *verwundert, ratlos stehen.* Röhrich 2001, 1, 305. Häufiger ist die Wendung *dastehen wie ein Ochs, wenn es donnert.* S. Ochse.

so dumm sein, dass einen die Gänse (häufiger: **die Schweine) beißen** (ugs. selten) = *sehr dumm sein, über eine geringe Auffassungsgabe verfügen; er ist sehr dumm.* 19. Jh. Küpper 1993, 269. Lapidus 2006, 62.

eingebildet wie eine Gans (ugs. abwertend) = *aufgrund bestimmter Fähigkeiten, als positiv empfundener Eigenschaften oder einer gehobeneren sozialen Stellung sich für besser als andere haltend und diesen gegenüber in überheblicher, dünkelhafter Weise Distanz haltend, sich ihnen überlegen fühlend.* Kirchenweb 2007. 1.12.2007.

ein Gesicht machen wie die Gans, wenn es donnert (blitzt) (ugs. abwertend) = S. Gesicht.

lärmen wie die Gänse auf dem Kapitol (geh. abwertend) = *als störend und unangenehm empfundene sehr laute Geräusche verursachen.* Eine ähnliche Bedeutung haben die Wendungen *ein Lärm wie auf dem polnischen Reichstag; lärmen* *wie die Berserker; lärmen wie die Wilden; mehr Lärm als ein Kesselschmied lärmen.* Röhrich 2001, 3, 929.

jmd. predigt wie der Fuchs den Gänsen (ugs. abwertend) = S. Fuchs.

saufen wie eine Gans (ugs. selten) = *stark zechen, sehr viel Alkohol trinken.* Lapidus 2006, 46. Einer der vielen Vergleiche, die das Trinken von Alkohol mit Tieren in Verbindung bringen. S. *saufen wie ein Pferd* u.a. S. Pferd.

schnattern wie eine Gans (Ente, Elster) (ugs.) = *eifrig, hastig [u. aufgeregt] über allerlei [unwichtige u. alberne] Dinge reden; schwatzen; ununterbrochen reden.* Schemann 1993, 224. S. Ente.

schnattern (schwatzen) wie die Gänse (Enten) (ugs.) = *[laut] durcheinander reden.* Schemann 1993, 224; Szczęk, Wysoczański 2004, 123. S. Ente.

[daher-]watscheln wie eine Gans (Ente) (salopp) = *sich schwerfällig fortbewegen, sodass sich das Gewicht sichtbar von einem Bein auf das andere verlagert; einen schaukelnden, schwankenden Gang haben.* Schemann 1993, 163. Poln. *chodzić jak kaczka.* Szczęk, Wysoczański 2004, 123. *Watscheln* ist eine Vkl. von spätmhd. *wakzen* - 'hin und her bewegen', eine Intensivbildung zu *wacken (wackeln)*, eigentlich - 'sich ein wenig hin und her bewegen'. S. Ente.

schön wie ein Engel und dumm wie eine Gans (ugs.) = S. Engel.

GÄNSEARSCH, der

wie ein Gänsearsch (derb) = *in rascher Aufeinanderfolge; fast pausenlos* (auf Redseligkeit bezogen). Der Gänseafter ist fast ständig in Betrieb. 19. Jh. Küpper 1993, 270.

GARDINENSTANGE, die

hin und her sausen (rasen, laufen, rennen) wie ein [rollender] Furz auf der Gardinenstange (derb) = S. Furz.

wie ein Furz auf der Gardinenstange (Stange) (derb) = S.Furz.

GARTENZWERG, der

maulen wie ein gereizter Gartenzwerg (ugs. iron.) = *sich missmutig äußern.* 1950 ff. jug. Küpper 1993, 271.

GASANSTALT, die, -, -en

[angeben] wie Graf Koks [von der Gasanstalt] (ugs. scherzh.-iron.) = S. Graf.

GASSENDRECK, der: meist in der Wendung

frech wie Gassendreck (Dreck) (salopp abwertend) = *sehr unverschämt, dreist.* Lapidus 2006, 36.

GAST, der; -[e]s, Gäste [mhd., ahd. gast, urspr. = Fremdling]

dasitzen wie der steinerne Gast = *in einer Gesellschaft sitzen, ohne sich am Gespräch zu beteiligen, stumm dasitzen.* Geht zurück auf das in spanischen Romanzen auftauchende volkstümliche Sagenmotiv, wonach ein steinernes Standbild einem lebenden Rächer gleich eine Freveltat bestraft.

GAUKLER, der; -s, - [mhd. goukelære, ahd. gougulari, zu gaukeln]

die Gedanken schwanen (schwanken) bei jmdm. wie ägyptische Gaukler auf dem Hochseil (ugs.) = S. Gedanke.

GAUL, der; -[e]s, Gäule [mhd. gul = Pferd; männliches Tier, bes. Eber; Ungetüm]

jmdm. zureden wie einem lahmen (alten, kranken) Gaul (ugs.) = *jmdm. eindringlich, anhaltend zureden.* Das hinkende Pferd ist nur durch geduldiges Zureden zum Weitergehen zu bewegen. Küpper 1993, 272. S. Pferd, Star.

mit jmdm. sprechen wie mit einem lahmen Gaul (ugs.) = *auf jmdn. geduldig und beschwörend (erfolglos) einreden.* 1900 ff. Küpper 1993, 272. Reden, wie man es bei einem lahmen Pferd tut, damit es wieder weitergeht.

Man kann arbeiten wie ein Gaul (Ackergaul), für [die] Zuschauer ist man immer [noch zu] faul. (Sprichwort) = *Außenstehende können den wahren Wert einer geleisteten Arbeit häufig nicht einschätzen.* Wander 1, 122.

GAZELLE, die; -, -n [ital. gazzella < arab. gazala^{h}]

flink (schlank) wie eine Gazelle (laufen) (ugs.) = *schnell und graziös (laufen).* Szczęk, Wysoczański 2004, 96. Der Vergleich bezieht sich auf die in den Steppen und Wüsten Afrikas lebende Antilope mit langen, schlanken Beinen, großen Augen und quer geringelten Hörnern.

Beine haben wie eine Gazelle (ugs. meliorativ) = S. Bein.

GEBEN <st. V.; hat> [mhd. geben, ahd. geban, urspr. = nehmen; bringen, reichen]

was gibst du, was hast du (ugs.) = *sehr eilig, so schnell wie möglich.* Die Wendung reflektiert wahrscheinlich den gedrängten Wortwechsel und Austausch von Gesten bei Kauf, Tausch, Zug-um-Zug-Geschäften.

GEBISS, das; -es, -e [mhd. gebiʒ, ahd. gibiʒ, zu beißen]

ein Gebiss haben wie ein Pferd (ugs. abwertend) = *vorstehende Zähne haben, die auffällig zu sehen sind.*

Gebiss wie die Sterne (ugs. scherzh.) = *künstliches Gebiss.* Wortspielerei: die Sterne wie die künstlichen Zähne *kommen abends heraus*, die einen am Himmel, die anderen aus der Mundhöhle. 1920 ff. Küpper 1993, 798.

GEBÜHR, die; -, -en [mhd. gebür(e), ahd. giburi, eigtl. = was einem zukommt, zufällt, zu gebühren]

als sich der Alte Fritz noch ohne Otto Gebühr behelfen mußte (ugs.) = S. Fritz.

GEBURTSTAG, der [mhd. geburttac, ahd. giburt(i)tag(o), LÜ von lat. dies natalis]

es ist wie Geburtstag und Weihnachten zugleich (ugs.) = *etw. ist eine große freudige Überraschung.* Ab 1939 ff. Küpper 1993, 274.

GEDÄCHTNIS, das; -ses, -se [mhd. gedæhtnisse, ahd. kithehtnissi = das Denken an etw.]

- **ein Gedächtnis haben wie ein [indischer] Elefant (das Gedächtnis eines Elefanten haben)** (ugs.) = *ein gutes Gedächtnis haben, nicht vergesslich sein, sich sehr lange an etw. erinnern.* Szczęk, Wysoczański 2004, 96. Die ältere Physiologie lehrte, dass die Größe des Gehirns mit der Kraft des Denkens zusammenhänge. 1950 ff. Elefanten sagt man ein sehr gutes Gedächtnis nach. Der Vergleich mit einem Elefanten geht davon aus, dass sich Elefanten angeblich noch nach Jahren daran erinnern, wer ihnen etwas Böses angetan hat.

ein Gedächtnis haben wie ein poröser Keks (ugs.) = *ein schlechtes Gedächtnis haben, ein schlechtes Auffassungsvermögen haben, geistig beschränkt sein.* Sachverwandt mit »ein Gedächtnis haben wie ein Sieb«. 1920 ff. Küpper 1993, 406.

ein Gedächtnis wie ein Sieb haben (ugs.) = *sehr vergesslich sein; ein schlechtes Gedächtnis haben; sich nichts merken können; die Erinnerung (das Wissen) ist lückenhaft, nur das Wichtigste ist »hängengeblieben«; ein (zu) kurzes Gedächtnis [haben].* Seit dem 18. Jh. Küpper 1993, 768; Röhrich 2001, 2, 515; 4, 1471; Szczęk, Wysoczański 2004, 91.

GEDANKE, der; -ns, -n, (veraltet:) **GEDANKEN,** der; -s, - [mhd. gedanc, ahd. gidanc, zu denken]

schnell wie ein Gedanke = *sehr schnell.* Der redensartliche Vergleich soll in den meisten Fällen die geschwindeste Art von Schnelligkeit ausdrücken. Röhrich 2001, 4, 1390.

die Gedanken schwanen (schwanken) bei jmdm. wie ägyptische Gaukler auf dem Hochseil (ugs.) = *unentschlossen* *sein, sich nicht festlegen können (wollen).* Das Hochseil ist ein in großer Höhe gespanntes Seil des Seiltänzers, das sich bewegt.

GEDENKREDE, die

lügen wie eine Gedenkrede (ugs. abwertend) = *die Wahrheit schamlos entstellen.* Gedenk-, Grabreden entfernen sich oft von der Wirklichkeit, wie sie der Verstorbene vorgelebt hat. 1920 ff. Küpper 1993, 275.

GEFALLEN <st. V.; hat> [mhd. gevallen, ahd. gifallan, eigtl. = zufallen, zuteil werden, zu fallen]

wie es euch gefällt (bildungsspr.) = *meint, dass man sich ganz so verhalten kann, wie es seinen eigenen Vorstellungen entspricht, wie man gerade Lust hat, oder dass man sich ganz nach jemandes Wünschen richten wird.* Shakespeares Komödie mit diesem deutschen Titel ist um 1599 entstanden. Im Englischen lautet der Titel *As You Like It.* Er wird, wie die deutsche Übersetzung, im o.g. Sinne häufig zitiert. DZR 2002, 785.

GEFLÜGEL , das; -s [spätmhd. gevlügel(e), unter Einfluss von Flügel (also eigtl. = Gesamtheit der Flügel tragenden [Haus]tiere; Kollektivbildung zu Flügel) < mhd. gevügel < ahd. gifugili = Kollektivbildung zu: fogal = Vogel]

jmd. ist darauf (drauf) wie der Fuchs auf das Geflügel (ugs.) = S. Fuchs.

GEFREITER, unterer militärischer Dienstgrad

als der Alte Fritz noch Gefreiter (Fahnenjunker) war (ugs.) = S. Fritz.

GEFÜHL, das; -s, -e [für spätmhd. gevulichkeit, gevulunge, zu fühlen]

ich habe ein Gefühl als ob (ugs.) = 1. *ich habe eine böse Ahnung.* Hinter *Gefühl* ergänze *als ob es sich zum Schlimmeren entwickelte.* 1910 ff. 2. *ich habe eine zärtliche Anwandlung, ein Verlangen nach Geschlechtsverkehr.* Hinter *Gefühl* vervollständige *als ob es mich zum anderen Geschlecht hindrängte.* 1910 ff. Küpper 1993, 276.

ein Gefühl wie Weihnachten haben (ugs.) = *ein Gefühl von Behaglichkeit, Herzlichkeit, Feierlichkeit, Friedlichkeit.* Der soldatensprachliche redensartliche Vergleich stammt aus dem 2. Weltkrieg. Röhrich 2001, 5, 1708.

ein Gefühl wie Weihnachten und Ostern zusammen (ugs.) = *ein sehr schönes Gefühl.*

GEGEND, die

wie ein Mondkalb in die Gegend gucken (salopp) = S. Mondkalb.

GEGNER , der; -s, - [aus dem Niederd. < mniederd. gegenere (LÜ von lat. adversarius), zu: gegenen = entgegenkommen, begegnen, zu gegen]

ein Bein mehr haben als der Gegner (ugs. sportl.) = S. Bein.

GEHACKTE, das; -n

angeben wie ein Pfund Gehacktes (ugs.) = S. Pfund.

GEHEN <unr. V.; ist> [mhd., ahd. gen, gan, urspr. = verlassen, fortgehen; leer sein, klaffen, verw. mit gähnen]

es geht nichts über etw. = *nichts ist besser als das Genannte.*

wie jemand geht und steht (auch: **ging und stand)** = *auf der Stelle, ohne Aufenthalt oder Vorbereitungen; so, wie jmd. gerade [angezogen] ist.* DZR 2002, 786.

GEHIRN, das; -[e]s, -e [15. Jh.; Kollektivbildung zu Hirn]

jmdm. das Gehirn ausblasen wie eine Kerze (ugs.) = *jmdn. begriffsstutzig machen.* 1930 ff. Küpper 1993, 278.

ein Gehirn haben wie ein Schweizer Käse (salopp abwertend) = *schlechte Merkfähigkeit besitzen.* Das Wissen entschwindet durch die Löcher. 1960 ff. Küpper 1993, 755.

ein Gehirn (Hirn) wie ein Spatz haben (salopp abwertend) = *wenig Verstand haben, geistig beschränkt sein; ein kleines Gehirn besitzen, sehr wenig Verstand, ein schlechtes Gedächtnis haben.* Szczęk, Wysoczański 2004, 121. Seit dem 19. Jh. Küpper 1993, 776. Der Spatz ist ein sehr kleiner Vogel, weshalb er oft mit ′wenig′ oder ′klein′ assoziiert wird. Hier mit einem kleinen Gehirn, das zum Denken nicht taugt, dem *Spatzen[ge]hirn.* Weitere Beispiele sind *essen wie ein Spatz, eine Spatzenportion essen, auf Spatzen* (etw. Kleines, Unbedeutendes) *mit Kanonen schießen* u.a. Vgl. das Sprichwort *Besser den Spatz in der Hand als die Taube auf dem Dach*, d.h., besser einen kleinen, aber sicheren Gewinn als große Hoffnungen, die sich nicht erfüllen. In einem schwäbischen redensartlichen Vergleich heißt es *,s isch, als scheißt e Spatz ins Meer* - ′eine Sache ist ganz belanglos, unwichtig′. Röhrich 2001, 4, 1497.

ein Gehirn [haben] wie ein Sieb (ugs.) = *ein nur lückenhaftes, schlechtes Gedächtnis haben.* Röhrich 2001, 4, 1471.

ein weniger hoch entwickeltes Gehirn haben als ein debiler Dino (ugs. scherzh.-abwertend) = *sehr dumm sein.* Dinosaurier gelten als plump und dumm, da sie im Verhältnis zur Körpermasse nur über ein sehr kleines Hirn verfügten. *Dino* ist eine ugs., oft scherzh. Kurzform für ′Dinosaurier′.

jmds. Gehirn ist wie ein Sieb (ugs.) = *jmd. merkt sich nichts, jmd. hat ein lückenhaftes, schlechtes Gedächtnis.* Das Bild impliziert, dass das Gehirn (Gedächtnis) alles durch lässt, weil es offenbar Löcher besitzt, vgl. franz. *avoir la tête comme une passoire.* Röhrich 2001, 4, 1471.

GEIER, der; -s, - [mhd., ahd. gir, eigtl. = der Gierige]

gefräßig wie ein Geier (ugs. abwertend) = *mit einem heftigen, maßlosen Verlangen schnell essen; voller Gier essen.* Szczęk, Wysoczański 2004, 118.

wie ein Geier über seine Beute herfallen (ugs. abwertend) = Dass., wie *sich wie ein Geier (wie die Geier) auf etw. stürzen* (s.). Szczęk, Wysoczański 2004, 118.

etw. passt wie der Geier ins Taubenhaus (ugs.) = *über etwas Unpassendes.* Röhrich 2001, 4, 1144.

sich wie ein Geier (wie die Geier) auf etw. stürzen (ugs. abwertend) = *sich gierig und ohne Rücksicht einer Sache bemächtigen; sich (beim Essen) gierig verhalten.* Szczęk, Wysoczański 2004, 118.

sicher wie eine Taube vorm Geier (ugs. selten) = S. Taube.

wie ein Geier (die Geier) sein (ugs. abwertend) = *gierig sein; von einem heftigen, maßlosen Verlangen nach etw. erfüllt sein; voller Gier sein; habgierig sein.*Vgl. die Begriffe *Aasgeier* und *Pleitegeier.* Röhrich 2001, 2, 522; Szczęk, Wysoczański 2004, 118.

GEIGE, die; -, -n [mhd. gige, spätahd. giga]

jmd. ist voll wie die Geigen, die an den Wänden hängen (ugs. spött.) = *über einen armen Menschen, einen Hungerleider.* Röhrich 2001, 2, 524.

GEIß, die; -, -en [mhd., ahd. geiȥ, idg. Tiername mit unklarem Benennungsmotiv]

springen wie eine Geiß = *sich rasch und geschickt bewegen, gut springen können.* Szczęk, Wysoczański 2004, 100.

so dürr wie eine Geiß (ugs.) = *sehr schlank, hager.* Szczęk, Wysoczański 2004, 102. Eine Geiß ist gewöhnlich knochig, sehr schlank.

GEIST, der

jmd. hat einen Geist wie ein Spitalkorridor (ugs. landschaftl.) = *über jmdn., der sehr dumm ist.* Brugger 1993, 55. *Spitalkorridor* meint hier einen sehr engen

Gang, somit meint das Bild, dass jmd. in seinen Gedanken, Ansichten, Überlegungen sehr eingeschränkt ist.

GEISTERBAHN, die

aussehen wie von der Geisterbahn (ugs. veraltend) = *häßlich aussehen.* Geisterbahn - auf Jahrmärkten o. Ä. aufgestellte Bahn, die durch dunkle Räume führt, in denen schaurige Geräusche und Erscheinungen die Mitfahrenden erschrecken sollen.

GEISTERHAND, die: meist in der Fügung

wie von (durch) Geisterhand = *wie durch eine unsichtbare Hand, Kraft [bewegt].*DZR 2002, 790.

GELATINEPUDDING, der

zittern wie ein Gelatinepudding (ugs.) = *vor Angst heftig zittern.* Sold. 1939 ff. Küpper 1993, 282.

zittern wie ein grüngelber Gelatinepudding (ugs.) = *vor Angst zittern und die Farbe wechseln.* Sold. 1939 ff. Küpper 1993, 282.

GELB, das; -s, -, ugs.: -s

das ist (nicht) das Gelbe vom Ei (ugs.) = *das ist (un)erwünscht, (nicht) schön.* Das (der) Dotter schmeckt vom Ei am besten. Halbw. 1965 ff. Küpper 1993, 281.

GELD, das; -[e]s, -er [mhd. gelt = Zahlung, Vergütung, Einkommen, Wert; dann: geprägtes Zahlungsmittel, ahd. gelt = Zahlung; Lohn; Vergeltung, zu gelten; urspr. = Vergeltung; Abgabe]

auf seinem (dem) Geld sitzen wie der Bock auf der Haferkiste (ugs.) = *über jmdn., der übertrieben sparsam, geizig ist.* Das Bild reflektiert die Tatsache, dass Böcke gern Hafer fressen und daraus ein Futtergeiz und Gefräßigkeit entstehen. Szczęk, Wysoczański 2004, 102.

auf seinem (dem) Geld sitzen wie die Henne auf den Eiern (ugs.) = *geizig sein; übertrieben sparsam sein.* Szczęk, Wysoczański 2004, 124. Eine Henne, die brütet, verlässt ihr Nest, in dem die Eier liegen, nicht.

Geld wie ein Frosch Haare haben (ugs. scherzh.) = *kein Geld haben, mittellos sein.* Szczęk, Wysoczański 2004, 128.

Geld wie Heu (wie Dreck) haben (ugs.) = *sehr reich sein.* Dreck ist stets reichlich vorhanden. 1700 ff. Küpper 1993, 175; Schemann 1993, 244.

jmd. hat schon Geld wie Heu gehabt, bevor er wusste, wie dürres Gras heißt (ugs. iron.) = *von besserer Abstammung sein; aus einem begüterten Haus kommen, eine reiche Familie haben.* Brugger 1993, 11.

Geld wie Heu verdienen (ugs.) = *sehr viel Geld verdienen.* Schemann 1993, 244.

hinter dem Geld her sein wie der Teufel hinter der armen Seele (ugs. pathetisch abwertend) = *auf Geld versessen, geldgierig sein.* Schemann 1993, 245. S. Teufel.

mein Geld ist genau so rund wie das anderer Leute = *mein Geld ist genau soviel wert wie das der bevorzugten Kunden.* 1900 ff. Küpper 1993, 681.

nach Geld stinken wie die Sau nach Eau de Cologne (derb abwertend) = *sehr arm sein.* 1920 ff. Küpper 1993, 282.

GELDSCHRANK, der

ein Kreuz wie ein Geldschrank haben (ugs.) = S. Kreuz.

GELDSTÜCK, das

falsch wie ein falsches Geldstück (ugs.) = 1. *gefälscht, nicht echt.* 2. *hinterlistig, nicht ehrlich* (über Personen). Lapidus 2006, 34.

GELEHRTENKOPF, der

Gelehrtenkopf = *besonders ausdrucksvoller, charakteristischer Kopf (wie der eines Gelehrten).*

GEMSE, die; -, -n [mhd. gemeʒe, ahd. gamiʒa, wohl aus einer untergegangenen Spr. in den Alpen]

klettern wie eine Gemse (ugs.) = *gewandt und flink klettern, einen Berg begehen, eine Anhöhe erklimmen.* Szczęk, Wysoczański 2004, 101. Die Gemse (alte Schreibung: Gämse) ist ein im Hochgebirge lebendes, zu den Paarhufern gehörendes Säugetier mit gelblich braunem bis rotbraunem Fell und nach hinten gekrümmtem Gehörn, das über gute Kletterfähigkeit verfügt.

laufen wie eine Gemse (ugs.) = *flinkfüßig sein, schnell und elegant laufen.* 1920 ff. Küpper 1993, 283.

leichtfüßig wie eine Gemse (ugs.) = *mit leichten Schritten, ohne Schwerfälligkeit (in der Bewegung).*

GEMÜT, das; -[e]s, -er [mhd. gemüete = Gesamtheit der seelischen Empfindungen u. der Gedanken; Gemütszustand; Kollektivbildung zu Mut]

ein Gemüt haben wie ein Eisberg (ugs.) = 1. *durch nichts aus dem seelischen Gleichgewicht zu bringen sein.* 1940 ff. 2. *unerbittlichen Charakters sein.* 1940 ff. Küpper 1993, 203.

ein Gemüt haben wie ein Elefant (ugs.) = 1. *unempfindlich sein; auf Gefühle keine Rücksicht nehmen.* Analog zu dickhäutig. 1950 ff. Küpper 1993, 205. 2. *geduldig, unerschütterlich sein.* Wysoczański 2004, 95.

ein Gemüt haben wie ein Honigkuchenpferd (ugs.) = *wunderlich sein.* 1940 ff. Küpper 1993, 358. Vom geistlosen, starren grinsenden Gesichtsausdruck des Honigkuchenpferdes. Walter 2004, 12.

ein Gemüt wie ein Kohlenkasten haben (ugs.) = *über einen gefühllosen, groben, rohen Menschen.* 1930 ff. Küpper 1993, 443.

ein Gemüt haben wie ein Krimi (ugs.) = *rücksichtslos, roh, gefühllos handeln.* 1955 ff. Küpper 1993, 463.

ein Gemüt haben wie ein Fleischerhund (Metzgerhund) (ugs. abwertend) = 1. *roh, herzlos sein.* 2. *unsensibel sein. gefühllos sein, überhaupt kein Gemüt haben*). Szczęk, Wysoczański 2004, 96, 111.Von der Gier nach Fleisch und Blut übertragen. 1920 ff. Küpper 1993, 534; DZR 2007, 287.

ein Gemüt wie ein Schaukelpferd haben (ugs.) = *gleichgültig sein, sich für nichts interessieren.*

ein Gemüt haben wie ein Schlachterhund (ugs. abwertend) = *gefühllos, gefühlsroh sein.* Vom angeblich rohen Metzger übertragen auf seinen Hund wegen der Gier nach Fleisch. 1917 ff. Küpper 1993, 712.

ein Gemüt haben wie ein Viertaktmotor (ugs.) = *rücksichtslos sein; auf Gefühle keine Rücksicht nehmen.* 1958 ff. Küpper 1993, 891.

ein Gemüt haben wie ein Veilchen (ein Schaukelpferd) (salopp) = *naiv sein; ohne sich Gedanken zu machen, jmdm. etw. zumuten*).

GENAU [mhd. genou = knapp, eng; sorgfältig, zu gleichbed. nou, zu mhd. niuwen, ahd. hniuwan = zerreiben, zerstoßen u. eigtl. = drückend, kratzend]

das ist genau so, bloß ganz anders = *es scheint dasselbe zu sein, ist es aber nicht.* 1900 ff. Küpper 1993, 284.

GERBERHUND, die

husten wie ein Gerberhund (ugs.) = *heftig, bellend husten.* Aus *kotzen wie ein Gerberhund* entwickelt. 1960 ff. Küpper 1993, 286.

kotzen wie ein Gerberhund (derb) = *sich heftig erbrechen.* Der Gerberhund nährt sich auch von den verdorbenen Fleischresten, die beim Schaben der Felle abfallen. 1600 ff. Küpper 1993, 286.

GERBERTÖLE, die; -, -n [aus dem Niederd.] (bes. nordd. abwertend)

falsch wie eine Gerbertöle sein (ugs. abwertend) = *hochgradig wütend sein.* Töle - ′Hund′. 1900 ff. Küpper 1993, 286. 2.

nicht vertrauenswürdig sein. 1900 ff. 3. *bösartig sein.* 1900 ff. Küpper 1993, 286.

der Magen bellt wie eine Gerbertöle (salopp) = S. Magen.

GESANGBUCH, das

abgegriffen wie ein Gesangbuch (wie ein [alter] Groschen, [seltener, veraltend] **wie ein Sechser)** (ugs.) = *abgenutzt, nicht mehr neu, schäbig.* Wander 5, 695. Das *Gesangbuch* ist zum Gebrauch im Gottesdienst bestimmt. In ihm befindet sich eine Sammlung von Kirchenliedern und geistlichen Gesängen. Da es durch viele Personen benutzt wird, weist es häufig Gebrauchsspuren auf, ist nicht mehr neu, ist es durch häufiges Anfassen abgenutzt, abgegriffen.

GESCHEIT <Adj.> [mhd. geschide, eigtl. = (unter)scheidend, scharf (vom Verstand u. von den Sinnen), zu: schiden, scheiden]

wie nicht gescheit = *unvernünftig rasch, unbedacht; überaus schnell.* 1900 ff. Küpper 1993, 288.

GESCHERR, das

Wie der Herr, so's Gescherr (Sprichwort) = S. Herr.

GESCHMACK, der; -[e]s, Geschmäcke u. (ugs. scherzh.:) Geschmäcker [mhd. gesmac, zu schmecken]

einen Geschmack im Mund haben wie von alten Groschen (ugs.) = 1. *einen faden Geschmack im Mund verspüren.* 1920 ff. 2. *etw. als sehr mißlich empfinden.* 1920 ff. Küpper 1993, 289.

[einen] Geschmack wie eine Kuh haben (salopp) = *einen schlechten Geschmack haben, ein schlechtes Werturteil haben über das, was für jmdn. schön oder angenehm ist, was jmdm. gefällt, wofür jmd. eine Vorliebe hat; ästhetisches Empfinden vermissen lassen.* 1900 ff. Küpper 1993, 468; Szczęk, Wysoczański 2004, 105.

GESCHNATTER, das; -s

Geschnatter wie im Entenstall (ugs.) = *über lautes Stimmengewirr; über eifriges, hastiges Reden.*

GESCHWÄTZ, das; -es

Wir bringen unsre Jahre zu wie ein Geschwätz. (geh.) = S. Jahr.

GESCHWINDIGKEIT, die; -, -en

mit affenartiger Geschwindigkeit (ugs.) = *sehr schnell, mit sehr großer Geschwindigkeit.* Duden, Bd. 11, 30.

GESETZ, das; -es, -e [mhd. gesetze, gesetzede, ahd. gisezzida, eigtl. = Festsetzung, zu setzen]

etw. ist so wahr wie das Gesetz und die Propheten (ugs. veraltend) = *etw. ist der Wahrheit, Wirklichkeit, den Tatsachen entsprechend; wirklich geschehen, nicht erdichtet, erfunden o. Ä.* Vgl. niederl.: *Het is zoo waar, als dat twee maal twee vier is.* Vgl. *Es ist so wahr, wie zweimal zwei vier ist; so wahr wie das Einmaleins.* Röhrich 2001, 5, 1689.

Es erben sich Gesetz' und Rechte wie eine ew'ge Krankheit fort. (geh.) = *über das Bestehen des Rechts und der Rechtsgelehrsamkeit.* Mit diesen Worten kommentiert in Goethes Faust (Teil I, Studierzimmer) der als Faust verkleidete Mephisto auf seine Weise das Thema Rechtsgelehrsamkeit, nachdem der eifrig beflissene Schüler Wagner geäußert hatte, dass er zu dieser Fakultät sich »nicht bequemen« könne. Die im Zusammenhang mit juristischen Fragen, der Juristerei als Lehrfach oder ausgeübter Tätigkeit gern scherzhaft-spöttisch zitierten Worte lauten im Zusammenhang: »Ich weiß, wie es um diese Lehre steht./Es erben sich Gesetz' und Rechte/Wie eine ew'ge Krankheit fort;/Sie schleppen von Geschlecht sich zu Geschlechte/Und rücken sacht von Ort zu Ort./Vernunft wird Unsinn, Wohltat Plage ...«. DZR 2007, 224-225.

GESICHT, das; -[e]s, -er [mhd., ahd. gesiht = das Sehen, Anblicken; Erscheinung, Anblick, Aussehen; Gesicht, zu sehen]

Gesicht wie ein Abtrittsdeckel (ugs.) = *rundliches, breites Gesicht.* 1920 ff. Küpper 1993, 16.

ein Gesicht machen wie ein pensionierter Affe (ugs. abwertend) = *einfältig, teilnahmslos blicken.* Seit dem späten 19. Jh.

ein Gesicht wie ein Arsch haben (derb abwertend) = *ein feistes Gesicht haben..* 19. Jh. Küpper 1993, 46.

ein Gesicht wie ein Arsch mit Ohren haben (derb abwertend) = *ein häßlich feistes Gesicht haben.* 1900 ff. Küpper 1993, 46.

ein Gesicht haben wie ein kaputter Ascheneimer (ugs. abwertend) = *ein entstelltes, schiefes Gesicht haben.* Hergenommen vom verbeulten Mülleimer. 1955 ff. Küpper 1993, 50.

Gesicht wie ein Bahnhof (ugs.) = 1. *regelmäßige Gesichtszüge; ebenmäßiges Gesicht.* 1930 ff. 2. *Gesicht mit unregelmäßigen Zügen.* Gedacht wird an das Schienengewirr eines Bahnhofs. 1930 ff. Küpper 1993, 74.

ein Gesicht machen wie ein Bärenbeißer (ugs.) = *grimmig gucken, einen sehr zornigen, wütenden Gesichtsausdruck haben.* Der Bärenbeißer ist ein Hund mit kurzhaarigem Fell, großem Kopf und schwarzer Schnauze, der zur Bärenjagd verwendet wurde.

Gesicht wie ein eingedrückter Eimer (ugs.) = *schiefes, entstelltes Gesicht.* 1920 ff. Küpper 1993, 195.

Gesicht wie ein kaputter Eimer (ugs.) = *grobes Gesicht.* 1950 ff. Küpper 1993, 195.

ein Gesicht haben wie ein Engel (poet.) = *ein ebenes, weiches Gesicht haben; ein sehr schönes Gesicht haben* (meist über Kinder oder Mädchen). Hier werden die Gesichtszüge eines Menschen mit denen eines Engels, einer Engelsfigur verglichen.

ein Gesicht machen wie eine Eule am Mittag (ugs. selten) = *müde aussehen.* Szczęk, Wysoczański 2004, 118. Eulen sind nachtaktiv und schlafen gewöhnlich am Tage, sind da also müde.

ein Gesicht machen wie die Gans, wenn es donnert (blitzt) (ugs. abwertend) = *überrascht, ratlos blicken.* 1900 ff. Küpper 1993, 269.

jmd. hat ein Gesicht wie ein Fahrrad [– stundenlang zum Reintreten] (ugs. abwertend jugendsprachlich) = *jmd. zeigt eine hässliche, mürrische Miene. Reintreten* meint sowohl ´auf die Pedale treten´ als auch ´hineintreten´. 1955 ff. Küpper 1993, 220.

ein Gesicht haben wie ein Feuerlöscher [, zum Reinschlagen] (ugs. abwertend) = *ein ziemlich ausdrucksloses Gesicht haben.* 1900 ff. Küpper 1993, 358.

jmdm. wie aus dem Gesicht (seltener: **wie aus den Augen) geschnitten sein** (ugs.) = *jmdm. stark ähneln, jmdm. sehr ähnlich sehen.* Brugger 1993, 13; Duden, Bd. 11, 256; DZR 2002, 781. Vgl. Auge.

Wie das Gesicht, so die Gesinnung. (Sprichwort) = *an dem Gesichtsausdruck erkennt man den Charakter eines Menschen; die Physiognomie verrät viel über den Geist.* Dieser sprichwörtliche Vergleich geht zurück auf lat. *Facies qualis, mens talis.* Wir finden dies bei Walther, Proverbia sententiaeque 36810 (Lexikon lateinischer Zitate und Wendungen, S. 4468). Die verstärkende Expressivität ergibt sich aus der Bedeutung der Komponenten, denn *Gesinnung* [zu veraltet gesinnen = an etw. denken] benennt die Haltung, die jmd. einem anderen od. einer Sache gegenüber grundsätzlich einnimmt; die geistige und sittliche Grundeinstellung eines Menschen. Die Wendung ist in viele Sprachen eingegangen, z.T. in lexikalischen und strukturellen Varianten, vgl. deutsch: *Wie das Gesicht, so der Wicht.*

ein Gesicht haben wie ein Honigkuchenpferd (ugs. abwertend) = *ein ziemlich* *ausdrucksloses Gesicht haben.* 1900 ff. Küpper 1993, 358.

ein Gesicht machen, als wenn ihm die Hühner das Brot gestohlen hätten (ugs.) = *jmd. macht ein einfältiges, ratloses, trübseliges Gesicht.* Hergenommen vom Gesichtsausdruck eines Kindes, das sich aus Unachtsamkeit von den Hühnern das Butterbrot hat wegnehmen lassen. 1800 ff. Küpper 1993, 364.

ein Gesicht machen wie ein Kalb, wenn's donnert (ugs. abwertend) = *verständnislos, erschrocken blicken.* 1900 ff. Küpper 1993, 389.

ein Gesicht wie ein Klavier (ugs. abwertend) = *häßliches Gesicht; Gesicht mit frechem, gemeinem Ausdruck.* Es reizt zum Draufschlagen wie auf die Tasten des Klaviers. 1920 ff. Küpper 1993, 421.

Gesicht wie eine Konservendose (ugs.) = *plattes, feistes, faltenloses Gesicht ohne eigenen Ausdruck.* 1950 ff. Küpper 1993, 446.

ein Gesicht haben wie ein Kuharsch (derb abwertend) = *abstoßend häßlich von Angesicht sein.* 1850 ff. Küpper 1993, 468.

jmd. hat ein Gesicht wie ein Lexikon, - immer nachschlagen (ugs. abwertend) = *sein Gesicht reizt zum Ohrfeigen.* 1970 ff., jug. Küpper 1993, 496.

Gesicht wie ein Mond mit Henkeln (ugs.) = *feistes Gesicht.* Es ist ein Rundgesicht mit zwei Anfassern. 1950 ff., jug. Küpper 1993, 542.

ein Gesicht wie ein Pfannkuchen (ugs. abwertend) = *rundes, ausdrucksloses Gesicht.* Seit dem späten 19. Jh. Küpper 1993, 602.

ein Gesicht haben wie ein Pferd (ugs. abwertend) = *ein langes Gesicht, eine längliche Kopfform haben.*

ein Gesicht ziehen (machen) (aussehen, dreinblicken) wie drei (sieben, zehn, vierzehn) Tage Regenwetter (ugs.) = *verdrießlich, missvergnügt dreinschauen.* Duden, Bd. 11, 256.

Gesicht wie ein Reibeisen (ugs.) = *raue Gesichtshaut; Unrasiertheit.* Von der Kartoffelreibe übertragen. Seit dem 19. Jh. Küpper 1993, 659.

ein Gesicht machen wie ein Sack ohne Eier (derb abwertend) = *griesgrämig, lustlos blicken.* Gemeint ist der Hodensack, aus dem die Hoden entfernt wurden. 1955 ff., jug. Küpper 1993, 687.

Gesicht wie eine Schallplatte (ugs.) = *rundliches, dümmliches Gesicht.* 1920 ff. Küpper 1993, 700.

Gesicht wie ein Streuselkuchen (ugs.) = *pickliges, narbiges Gesicht.* Der Streuselkuchen ist ein mit Streuseln bedeckter Hefekuchen, der eine sehr unebene Oberfläche aufweist, viele „Pickel" hat.

jmd. hat ein Gesicht wie eine Tomate, - nicht so rot, aber so matschig (ugs. abwertend) = *er hat ein feistes Gesicht.* 1965 ff. jug. Küpper 1993, 839.

ein Gesicht wie ein Vollkornbrot (ugs. abwertend) = *ein unreines Gesicht voller Eiterbläschen.* Berlin 1930 ff. Küpper 1993, 894.

ein Gesicht wie ein Vollmond (ugs.) = *rundes Gesicht.*

Gesicht wie ein Ziegenbock (ugs. abwertend) = *boshafter Gesichtsausdruck.* 1960 ff. Küpper 1993, 944.

ein Gesicht, sauer wie eine unreife Zitrone (ugs.) = *mürrischer Gesichtsausdruck.* 1950 ff. Küpper 1993, 984.

GESINNUNG, die; -, -en [zu veraltet gesinnen = an etw. denken]

die Gesinnung wie das Hemd wechseln (ugs. abwertend) = *unzuverlässig sein; sich nach dem richten, was im Augenblick günstig ist oder Erfolgsaussichten verspricht.* 1920 ff. Küpper 1993, 292. S. Chamäleon.

GESTANK, der; -[e]s [mhd. gestanc, Kollektivbildung zu mhd., ahd. stanc = (schlechter) Geruch]

ein Gestank wie im Affenstall (ugs. abwertend) = *über unangenehmen Geruch, Gestank.*

Gestank wie in einem Ziegenstall (ugs. abwertend) = *es riecht unangenehm, es* *ist ein übler Geruch vorhanden.* Szczęk, Wysoczański 2004, 103. S. Pumakäfig.

GEWÄCHSHAUS, das
[heiß, schwül] wie im Gewächshaus (Treibhaus) (ugs.) = *sehr feucht und warm, über feuchte Hitze* (meist über das Wetter). Gewächshaus - 'an allen Seiten und am Dach mit Glas oder Folie abgedeckter, hausartiger Bau, in dem unter besonders günstigen klimatischen Bedingungen Pflanzen gezüchtet werden'.

GEWEHRKUGEL, die
schnell wie eine Gewehrkugel (ugs.) = *sehr schnell.* Berliner Morgenpost. http://www.morgenpost.de/content/2006/08/31/sport/850969.html. 5.9.2006.

GEWIMMEL, das; -s [mhd. gewimmel, zu wimmeln]
[ein] Gewimmel wie im Ameisenhaufen (ugs.) = *Durcheinander von vielen, sich schnell bewegenden Lebewesen; sich in lebhaftem Durcheinander bewegende Masse.*

GEWINNEN <st. V.; hat> [mhd. gewinnen, ahd. giwinnan = zu etw. gelangen; erlangen, zu mhd. winnen, ahd. winnan = kämpfen, sich anstrengen; leiden; erlangen, urspr. = umherziehen; nach etw. suchen, trachten]
wie gewonnen, so zerronnen (geh.) = *etwas sehr leicht und schnell Erworbenes wurde ebenso leicht und schnell wieder verloren.* DZR 2002, 786. Improvisiertes Sprichwortspiel, aufgeführt im Jahre 1815 (Heidelberg 1815). Das Sprichwort *Leicht gewunnen, leicht zerrunnen* kommt schon um das Jahr 1360 bei Teichner vor. Tschech.: *Jak došlo, tak prošlo. / Jak nabyl, tak pozbyl. / Jak přišlo, tak i odešlo.* Engl.: *Lightly come, lightly go. / So got, so gone.* Franz.: *Ce que le gantelet gagne, le gorgerin le mange.* Kroat.: *Kak došlo, tak prešlo.* Lat.: *Dispendio usque est fraude quaesitum lucrum.* Poln.: *Jak się zeszło, tak się rozeszło.* Wander 1, 1662-1663.

GEWISSEN, das; -s, - [mhd. gewiȥȥen(e), ahd. gewiȥȥeni = (inneres) Bewusstsein, LÜ von lat. conscientia, eigtl. = Mitwissen, LÜ von griech. syneídesis]
ein Gewissen haben wie ein Schlachterhund (ugs. abwertend) = *gewissenlos sein; niederträchtig, ehrlos handeln.* 1870 ff. Küpper 1993, 712.

GEWOHNHEIT, die; -, -en
Die Gewohnheit ist [wie] eine zweite Natur. (Sprichwort) = *oft über Handlungen, zu denen man sich selbst auf Grund seiner eigenen Gewohnheiten gezwungen fühlt; oft entschuldigend für „Ich kann nicht anders handeln" mit dem gedanken, dass man durch häufige und stete Wiederholung selbstverständlich gewordene Handlung, Haltung, Eigenheit, etw. oft nur noch mechanisch oder unbewusst ausführt.* Dieser sprichwörtliche Vergleich geht zurück auf Cicero: De finibus bonorum et malorum (25. 74): *Consuetudo est quasi altera natura.* Lexikon lateinischer Zitate und Wendungen, S. 2276. *Jmdm. zur zweiten Natur werden* - 'jmdm. selbstverständlich, zur festen Gewohnheit werden'. Friedrich Schiller verwendet das geflügelte Wort in der Form *Denn aus Gemeinen ist der Mensch gemacht, Und die Gewohnheit nennt er seine Amme.* (Wallensteins Tod. I. 4) Der Vergleich ist in viele europäische Sprachen eingegangen, z.T. ohne direkten Vergleich und in Varianten, vgl. deutsch: *Groß ist die Macht der Gewohnheit. Die härteste ist die Herrschaft der Gewohnheit;* franz.: *L'habitude est une autre nature;* span.: *La costumbre es otra naturaleza*; engl.: *Habit is /a/ second nature; Custom is almost a second nature.* (bei Shakespeare: How use doth breed a habit in a man. *The two gentlemen of Verona,* V. 4); griech.: Και γαρ το είθισμένον ώσπερ πεφυκος ήδη γίγνεται. (Aristoteles, Rhetoric, I. 11). Arthaber 1989, 3-

4, russ.: *Привычка — вторая натура;* weißruss. *Прывычка — другая натура*; bulgar. *Навикът е втора природа*, pol.: *Przyzwyczajenie jest drugą naturą*; ukr.: *Звичка — друга натура.* vgl. *Привикне собака за возом бігати, побіжить за саньми*; tschech.: *Zvyk má železnou košili.* vgl. *Zvyk je železná košile.* u.Ä.

GEWÜRZBÜCHSE, die

etw. passt wie ein Strumpf zu einer Gewürzbüchse (ugs.) = S. Strumpf.

GIEßKANNE, die

dasitzen wie ein Frosch auf der Gießkanne (ugs. selten) = S. Frosch.

es regnet (gießt, schüttet) wie aus (mit) Gießkannen (Kannen, Eimern) (ugs.) = *es regnet sehr stark.* 1800 ff. Küpper 1993, 296.

eine Stimme haben wie eine [rostige] Gießkanne (ugs.) = S. Stimme.

strahlen wie eine rostige Gießkanne (ugs. scherzh.) = *über das ganze Gesicht strahlen; froh (voller Freude, Dankbarkeit) sein über etw.* Röhrich 2001, 5, 1566.

etw. wie mit der Gießkanne verteilen (ugs. abwertend) = *etw. ohne Berücksichtigung bestimmter Umstände gleichmäßig verteilen* (meist über Geld).

GIFT, das; -[e]s, -e [mhd., ahd. gift, eigtl. = das Geben, Übergabe; Gabe, zu geben; Lehnbed. nach Dosis, dieses auch verhüll. für „Gift" (im Sinne von „Gabe")]

Gift wie eine Klapperschlange verspritzen (ugs.) = *bösartig sein; Schlechtes über andere reden.*

wie Gift kleben (ugs.) = *unablösbar haften.* Röhrich 2001, 2, 549.

wie Gift schneiden (ugs.) = *sehr scharf sein* (von Messern gesagt), rheinisch *dat mess schneid wie gift.* Röhrich 2001, 2, 549.

GIFTGRÜN <Adj.>

giftgrün = *eine kräftige, grelle grüne Farbe aufweisend.*

GLAS, das

der Arsch ist nicht von Glas (derb) = S. Arsch.

[zart und] zerbrechlich wie Glas (wie Eierschalen) = *leicht zerbrechlich.*

GLASSCHERBE, die

jmd. taugt zum Sänger wie eine Glasscherbe zum Gurgeln (ugs. abwertend) = S. Sänger.

GLATZE, die

lieber keine Haare als eine Glatze! (ugs. scherzhaft) = S. Haar.

GLIED, das

es liegt mir wie Blei in den Gliedern (ugs.) = S. Blei.

GLUCKE, die; -, -n [mhd. klucke, zu glucken]

wie die Glucke auf den Eiern [auf etw.] sitzen (ugs.) = *etw. nicht herausgeben, etw. argwöhnisch hüten.* Duden, Bd. 11, 666; DZR 2002, 783.

GOCKEL, der; -s, - [wohl lautm.] (bes. südd., sonst ugs. scherzh.)

sich aufmandeln wie ein alter Gockel (ugs.) = *sich brüsten; seine Macht zeigen.* Gockel - 'Hahn'. 1900 ff. Küpper 1993, 55. *Gockel* ist eine Abkürzung aus *Gockelhahn*, einer Bezeichnung des Haushahns, die in der verkürzten Form literarisch bereits im 15. Jahrhundert begegnet.

sich aufplustern wie ein Gockel (ugs.) = sich liebestoll benehmen; auf die Geliebte eindrucksvoll als Mann zu wirken suchen. 1900 ff. Küpper 1993, 303.

balzen wie ein Gockel (ugs.) = *heftig flirten.* 1900 ff. Küpper 1993, 303.

sich benehmen wie ein Gockel (ugs.) = *in aller Öffentlichkeit eine weibliche Person umwerben.* 1900 ff. Küpper 1993, 303.

einherstolzieren wie ein Gockel (ugs. iron. abwertend) = 1. *Vergleich für einen Mann, der sich vor Damen gespreizt benimmt.* Röhrich 2001, 2, 565. 2. *sich sehr wichtig nehmend einhergehen, gravitätisch irgendwohin gehen.* Szczęk, Wysoczański 2004, 120. S. Hahn, Pfau.

rumsteigen wie der Gockel am Mist (auf dem Misthaufen) (ugs.) = *stolzieren.* Seit dem 19. Jh. Küpper 1993, 301.

sich spreizen ein Gockel (der Gockeler) auf dem Mist (ugs.) = *über jmdn., der eitel und eingebildet ist.* Röhrich 2001, 5, 1513.

wie ein verliebter Gockel (ugs.) = *bezeichnet das Verhalten eines jungen Mannes, der sich allzu auffällig um weibliche Gunst bemüht.* Röhrich 2001, 2, 565.

GOCKELER, der

sich spreizen ein Gockeler (der Gockel) auf dem Mist (ugs. landschaftl.) = S. Gockel.

GOLD, das; -[e]s [mhd. golt, ahd. gold, eigtl. = das Gelbliche od. Blanke, verw. mit gelb]

das ist Gold dagegen (ugs.) = *dieses ist weit wertvoller als das andere.* Seit dem 19. Jh. Küpper 1993, 302.

jmd. ist treu wie Gold (geh.) = *man kann sich auf jmdn. unbedingt verlassen.* Vergleiche den lateinischen Ausspruch über einen treuen Freund *Aurum igni probatum est* (Er ist Gold, in Feuer geprüft). Im Niederdeutschen hört man häufig: *Treu wie Gold, nur nicht so echt*, wobei ein leiser Zweifel ironisch ausgedrückt wird, oder man sagt scherzhaft: *He is so tru as'n Lus.* Röhrich 2001, 5, 1638; Lapidus 2006, 29.

GOLDARTIG <Adj.>

goldartig = *wie Gold wirkend, aussehend.*

GOLDGLÄNZEND <Adj.>

goldglänzend = *glänzend wie Gold.*

GOLDHELL <Adj.>

goldhell (geh.) = *hell wie Gold.* Oft über Wein.

GOMORRHA, das; - [nach der gleichnamigen bibl. Stadt] (bildungsspr.)

wie bei Sodom und Gomorrha (bildungsspr.) = S. Sodom.

es geht zu wie in Sodom und Gomorrha (bildungsspr.) = S. Sodom.

GORILLA, der; -s, -s [engl. gorilla < griech. Gorillai, eigtl. = behaarte wilde Wesen (unklar, ob Menschen od. Tiere) in Afrika; westafrik. Wort]

Brustkorb wie ein Gorilla (ugs.) = S. Brustkorb.

wie ein Gorilla sein (ugs.) = *groß und stark sein.* Szczęk, Wysoczański 2004, 96. Hieraus abgeleitet auch die (ugs.) Bedeutung von Gorilla 'Leibwächter'.

GOTT, der; -es (selten in festen Wendungen -s), Götter [mhd., ahd. got,.; viell. eigtl. = das (durch Zauberwort) angerufene Wesen od. = das (Wesen), dem (mit Trankopfer) geopfert wird]

laufen wie ein Gott (ugs.) = *ausgezeichnet marschieren; ein hervorragender Eiskunstläufer sein; im Wettlauf allen voran sein.* Sportreporterspr. 1950 ff. Küpper 1993, 303.

leben wie ein Gott (ugs.) = *ohne Not leben.* Fußt auf der Vorstellung vom Leben der antiken Götter. Seit dem 18. Jh.

leben wie Gott in Frankreich = *ein Faulenzerleben führen; ohne Sorgen leben; im Überfluß leben.* Bierich 2005, 241. Aus dem Vorhergehenden gekreuzt mit der Redensart *leben wie ein Herr in Frankreich*, gemünzt auf das Wohlleben der Aristokratie im 18. Jh. bis zur Französischen Revolution. Seit dem späten 18. Jh. Küpper 1993, 303.

wie Gott jemanden geschaffen (erschaffen) hat (ugs. scherzh.) = *nackt, unbekleidet.* DZR 2002, 786.

schlafen wie ein Gott (ugs.) = *ausge-*

zeichnet schlafen. 1800 ff. Küpper 1993, 303.

singen wie ein Gott (ugs.) = *ein begabter (»begnadeter«) Sänger sein*. 1920 ff. Küpper 1993, 304.

wie ein junger Gott (ugs.) = (im Aussehen, in der Ausführung von etw.) *außergewöhnlich schön, anmutig, gewandt* (dass man es bewundert). DZR 2002, 784. 19. Jh. Küpper 1993, 303.

wie ein junger Gott tanzen (ugs.) = *sehr schön, anmutig, vorbildlich tanzen*. Seit dem 19. Jh. Küpper 1993, 304.

Wer sein Weib schlägt mit einem Bengel, der ist vor Gott angenehm wie ein Engel; tritt er sie mit Füßen, so lässt's ihn Gott genießen; wirft er sie die Stiegen hinab, so ist er von seinen Sünden ledig ab; schlägt er sie dann gar zu tot, der ist der angenehmst vor Gott. (iron.) = S. Weib.

GOUVERNANTE [guvɛr'nantə], die; -, -n [frz. gouvernante, subst. 1. Part. von: gouverner = lenken, leiten < lat. gubernare, Gouverneur]

angeben wie eine engl.e Gouvernante (ugs. abwertend) = *sich mit seiner angeblichen Vornehmheit brüsten*. Nordd 1920 ff. Küpper 1993, 29.

GRAB, das; -[e]s, Gräber [mhd. grap, ahd. grab, urspr. = in die Erde gegrabene Vertiefung, zu graben]

er dreht sich im Grab um (er rotiert im Grab) wie ein Ventilator (ugs. emotional verstärkt) = *wenn der Verstorbene dies wüßte, fände er keine Ruhe im Grab*. 1920 ff. Küpper 1993, 872.

schweigen wie ein Grab = 1. *verschwiegen sein*. 2. *kein Geständnis ablegen*. Seit dem 19. Jh. Küpper 1993, 304. Poln. *milczeć jak grób*. WW 2004, 63.

schweigsam (stumm) wie ein Grab (geh.) = *sehr verschwiegen*. Seit dem 19. Jh. Küpper 1993, 304; Röhrich 2001, 2, 449. S. *Beichtgeheimnis*.

GRAF, der; -en, -en [mhd. grave, ahd. gravo, grafio < mlat. graphio, urspr. = königlicher Beamter < (m)griech. grapheús (byzantin. Hoftitel), eigtl. = Schreiber, zu griech. gráphein = schreiben]

[angeben] wie Graf Koks [von der Gasanstalt] (ugs. scherzh.-iron.) = 1. *übertrieben, stutzerhaft o. ä herausgeputzt; sich unecht-vornehm geben*. 1930 ff. Küpper 1993, 29. 2. *sehr vornehm*. DZR 2002, 786.

angeben wie Graf Rotz [von der Backe] (ugs. scherzh. abwertend) = *großspurig, anmaßend, dreist, unverschämt auftretend; Wohlhabenheit, Vornehmheit u. Ä. vortäuschen*. 1930 ff. Küpper 1993, 29; DZR 2002, 786.

GRAMMOPHON, das, schweiz. gelegtl.: der; -s, -e [zu griech. grámma = Aufgezeichnetes (Gramm) u. phone = Stimme, Ton, Schall] (früher)

wie ein Grammophon (Grammofon) quatschen (ugs.) = *ununterbrochen reden*. 1900 ff. Küpper 1993, 305.

GRANATE, die; -, -n [ital. granata, urspr. = von Grenadieren geschleudertes Wurfgeschoss, das mit Pulverkörnern gefüllt ist, eigtl. = Granatapfel, nach Form u. Füllung]

voll wie eine Granate (ugs.) = *betrunken*. Meint eigentlich ´mit Sprengstoff bis zum Äußersten gefüllt´; danach übertragen wegen der Gleichsetzung von Alkohol mit Sprengstoff. 1900 ff. Küpper 1993, 305. Vgl. ähnlich *voll wie eine Haubitze, voll wie eine Strandkanone, voll wie tausend Mann*; vgl. franz.: *plein comme une outre* (wörtlich - „voll wie ein Schlauch"). Röhrich 2001, 2, 574.

GRASGRÜN <Adj.>

grasgrün = *leuchtend grün* (nach der Farbe des frischen Grases).

GRAU <Adj.> [mhd. gra, ahd. grao, eigtl. = schimmernd, strahlend]

alles grau in grau sehen (malen) (ugs.) = *alles pessimistisch beurteilen, darstellen.*

GRETCHEN, Name nach J.W. Goethe

passen wie der Faust aufs Gretchen (ugs. scherzh.) = S. Faust[2].

GRIFF, der; -[e]s, -e [mhd., ahd. grif, zu greifen]

etw. im Griff haben wie der Bettelmann die Laus (ugs.) = *für etw. eine geschickte Hand haben, etw. gut können.* 19. Jh. Küpper 1993, 307; Röhrich 2001, 5, 1725. Man kann eine Laus nur dann töten, wenn man Erfahrung hat. Szczęk, Wysoczański 2004, 130.

GRIND, der

frech wie die Laus im Grind (Schorf) (ugs.) = S. Laus.

sitzen wie die Laus im Grind (Schorf) (ugs.) = S. Laus.

GRIPS, der; -es, -e <Pl. selten> [eigtl. = Griff, Fassen, Subst. zu mundartl. gripsen = schnell fassen, raffen, Iterativbildung zu gleichbed. mundartl. grippen, Intensivbildung zu greifen] (ugs.)

mehr Grips als Schwanz [haben] (derb spöttisch abwertend) = *mehr Intelligenz als Potenz besitzen.* Borneman 2003, 5.

GROSCHEN, der; -s, - [älter: grosch(e), mhd. grosse < mlat. (denarius) grossus = Dickpfennig, zu lat. grossus = dick]

abgegriffen wie ein alter Groschen (veraltend) = *abgenutzt, nicht mehr neu, schäbig.* Wander 5, 695.

platt sein wie ein Groschen (ugs.) = *sprachlos sein.* 1930 ff. Küpper 1993, 308. S. *platt wie eine Flunder.*

Besser heut' ein Groschen, als morgen ein Gulden. (Sprichwort) = *Schnelle Hilfe ist selbst in kleinem Umfange besser als die (ungewisse) Aussicht auf späte Unterstützung.* Wander 2, 143. Auch dieses Sprichwort ist nach einem international weit verbreiteten Modell gebildet, vgl. *Wer schnell gibt, gibt doppelt.* u.v.a.

Ein ehrlicher Groschen (Pfennig) ist besser als ein gestohlener Taler. (Sprichwort) = *Ehrlich erworbene bescheidene Werte sind besser als unredlich erworbene Dinge oder Vorteile.* Wander 2, 143. Dieses Sprichwort ist nach einem weit verbreiteten Modell gebildet, deren Prototyp sich durch viele Parömien zieht: „Besser den Spatz in der Hand als die Taube auf dem Dach“ (s.), z.T. mit semantischen Schattierungen; vgl. *Besser ein Vogel in der Hand, als zehn über Land; Besser ein heidnisches Pfand, als ein christliches Versprechen.* Wander 3, 1245; *Ein Groschen von Herzen ist besser als ein Taler von der Hand.* Wander 2, 143; *A schneller Grosch ist besser als a langsamer Sechser.* (Schwaben.). Wander 5, 1380. *Ein geschenkter Pfennig ist besser als ein versprochener Taler.* Wander 3, 1268. *Besser wenig mit Recht, als viel mit Unrecht. Wenig mit Recht ist besser, als viel mit Unrecht.* Wander 5, 187 u.v.a.

einen Geschmack im Mund haben wie von alten Groschen (ugs.) = S. Geschmack.

GROẞMOGUL, der

angeben wie der Großmogul (ugs. abwertend) = *mit seinem Geld prahlen.* 1920 ff. Küpper 1993, 29.

GROẞMUTTER, die [mhd. groȥmuoter, LÜ von frz. grand-mère]

das ist ein Skat, den meine Großmutter noch nach dem ersten Schlaganfall spielen kann (Kartenspieler spött.) = S. Skat.

GROTTENBAHN, die

aussehen wie der erste Waggon der Grottenbahn (ugs. abwertend) = S. Waggon.

GRUFTI, der; -s, -s

schwarz wie ein Grufti (Jugendspr.) = *schwarz gekleidet; mit schwarzen Haa-*

ren und schwarzem Schmuck. Das Wort *Grufti* hat in der Jugendsprache mehrere Bedeutungen: 1. a) Erwachsener, von dem man sich als Jugendlicher abgrenzen will; b) alter Mensch (von Gruft - ´Grab´). 2. Jugendlicher, der schwarz gekleidet, mit schwarz gefärbtem Haar und weiß geschminktem Gesicht auftritt und (zusammen mit Gleichgesinnten) besonders Friedhöfe als Versammlungsort wählt. Das Bild des Vergleichs bezieht sich auf letztere Bedeutung.

GRÜN <Adj.> [mhd. grüene, ahd. gruoni, zu mhd. grüejen, ahd. gruoen = wachsen, grünen, urspr. entw. = wachsend, sprießend od. = grasfarben, verw. mit Gras]

[das ist] dasselbe in grün (ugs.) = *[das ist] so gut wie dasselbe, im Grunde nichts anderes*; *das ist ungefähr dasselbe.* Über die Herleitung sind die Meinungen geteilt. Küpper führt mehrere Versionen an, die jedoch sehr an Volksetymologie erinnern: Die eine gehen zurück auf die Äußerung einer Verkäuferin, die zwei gleich geschneiderte Kleider vorlegt, von denen eines grün ist. Nach anderer Deutung leitet sich die Redensart von der grünen Farbe der Eisenbahnfahrkarte zweiter Klasse her: nachdem einer eine Fahrkarte dritter Klasse nach X. verlangt hat, bittet der nächste Kunde, der dasselbe Reiseziel hat, um *dasselbe in grün.* 1850 ff. Küpper 1993, 310; DZR 2002, 144.

das ist dasselbe in grün, bloß einen Schein dunkler (ugs. scherzh.) = *das ist fast dasselbe.* 1900 ff. Küpper 1993, 310.

GUMMI [mhd. gummi < (m)lat. gummi(s), cummi(s) < griech. kómmi, aus dem Ägypt.]

dehnbar wie Gummi (ugs.) = 1. *leicht veränderbar, leicht auszudehnen.* 2. *unterschiedlich interpretierbar, indifferent.* Der Vergleich mit Gummi wird wegen seiner Anschaulichkeit auch heute noch gern gebraucht als treffender Vergleich für alles Ungenaue, das sich einer bestimmten Festlegung entzieht. Da Gummi nicht nur weich, sondern auch dehnbar ist, spricht man nicht selten auch von einem Paragraphen, der dehnbar wie Gummi ist, dem sogenannten »Gummiparagraphen«, der verschiedene, zum Teil auch gegensätzliche Deutungen zulässt. Röhrich 2001, 2, 598.

GUMMIBALL, der

hüpfen (springen, herumspringen) wie ein Gummiball (scherzh.) = *sich fröhlich und ausgelassen bewegen, aktiv und munter sein (oft über Kinder).*

hin und her geworfen werden wie ein Gummiball (abwertend) = 1. *zwei unterschiedlichen Meinungen ausgesetzt sein und ihnen gegenüber schwanken.* 2. *hin und her geworfen, geschleudert werden.* (Duden).

GUMMIMANN, der

toben wie ein Gummimann (ugs.) = *sich wild gebärden.* Hergenommen von einer an einem Gummiband aufgehängten Puppe. 1920 ff. Küpper 1993, 313.

GURGELN, das

jmd. taugt zum Sänger wie eine Glasscherbe zum Gurgeln (ugs. abwertend) = S. Sänger.

GURKE, die; -, -n [aus dem Westslaw.; vgl. poln. ogórek, tschech. okurka < mgriech. ágouros = Gurke, zu griech. áoros = unreif; die Gurke wird grün („unreif") geerntet]

aussehen wie eine saure Gurke (ugs.) = *unfroh dreinblicken.* 1910 ff. Küpper 1993, 313.

sauer wie eine Gurke (ugs.) = *missgestimmt.* 1910 ff. Küpper 1993, 313.

GUSS, der; Gusses, Güsse [mhd., ahd. guȥ, zu gießen]

[wie] aus einem Guss (meliorativ) = *in sich geschlossen, einheitlich, vollkommen in Bezug auf die Gestaltung.* (Redensarten 2007, 145)

GUTE, das

wie nichts Gutes (ugs.) = *außerordentlich stark, schnell.* DZR 2002, 788.

H

HAAR, das; -[e]s, -e [mhd., ahd. har, eigtl. = Raues, Struppiges, Starres]

angeben wie eine Bürste ohne Haare (ugs. scherzh.) = S. Bürste.

Geld wie ein Frosch Haare haben (ugs. scherzh.) = S. Geld.

Haare wie ein Fuchs haben (ugs.) = *rote Haare haben.* Szczęk, Wysoczański 2004, 98. Anspielung auf das rote Fell des Fuchses.

Haare wie ein Pferd haben (ugs.) = 1. *strohiges, nicht feines Haar haben.* 2. *langes Haar haben.* Szczęk, Wysoczański 2004, 107. Vgl. *Pferdeschwanz* - ′ hoch am Hinterkopf zusammengebundenes, -gehaltenes u. lose herabfallendes langes Haar′. Das Bild rührt von der langen Mähne bzw. dem langen Schwanz des Pferdes.

um kein Haar besser (ugs.) = *wie immer, von gleicher (gleich schlechter) Qualität.*

lieber keine Haare als eine Glatze! (ugs. scherzhaft) = *scherzhafte Trostrede an einen Kahlköpfigen.* 1920 ff. Küpper 1993, 315.

mehr Schulden haben als Haare auf dem Kopf (ugs. spött.) = S. Schuld.

es fällt jmdm. wie Schuppen von (aus)den Augen (ugs.) **(aus den Haaren** (ugs. scherzh.) = S. Schuppe.

etw. passt wie Haare in die (in der) Suppe (ugs.) = *über etwas Unpassendes.* Röhrich 2001, 4, 1144.

HABICHT, der; -s, -e [mhd. habech, ahd. habuch, viell. verw. mit heben in dessen urspr. Bed. „fassen, packen" u. eigtl. = Fänger, Räuber]

sich wie ein Habicht auf etw. (jmdn.) stürzen (ugs. abwertend) = *sich etw. schnell und rücksichtslos aneignen; gierig sein; jmdn. aggressiv angreifen.* Szczęk, Wysoczański 2004, 118. S. Geier.

raubgierig wie ein Habicht (ugs. abwertend) = *sich etw. rücksichtslos aneignen; gierig sein; von einem heftigen, maßlosen Verlangen nach etw. erfüllt sein.* Kirchenweb 2007. 1.12.2007.

HABSBURG, altes Adelsgeschlecht

das ist (wie) der Dank vom Hause Habsburg (des Hauses Habsburg) (ugs.) = S. Dank.

HACKE, die; -, -n [mhd. hacke, zu hacken]

voll wie eine Hacke sein (ugs.) = *betrunken sein.* Verkürzt aus *voll sein wie eine Radehacke* (s.). BSD 1970 ff. Küpper 1993, 317.

Wie die Backen, so die Hacken (ugs.) = S. Backe.

HAFENARBEITER, der

ein Kreuz haben wie ein Hafenarbeiter, nicht so breit, aber so dreckig (ugs. scherzhaft) = S. Kreuz.

HAFTELMACHER, der (südd., österr.)

aufpassen wie ein Haftelmacher (ugs. landsch.) = *sehr genau, gespannt aufpassen.* S. Heftelmacher

HAHN, der; -[e]s, Hähne, Fachspr. landsch. auch: -en [1: mhd. hane, ahd. hano, eigtl. = Sänger (wegen seines charakteristischen Rufs bes. am Morgen)]

aussehen wie ein nasser (betrübter) Hahn (ugs. selten) = *betrübt aussehen; verlegen sein.* Szczęk, Wysoczański 2004, 123. S. Pudel.

herumstolzieren (einherstolzieren) wie der (ein) Hahn (Gockel, Pfau) [auf dem Mist] (ugs. abwertend) = 1. *Vergleich für einen Mann, der sich vor Damen gespreizt benimmt.* Röhrich 2001, 2, 565. 2. *sich sehr wichtig nehmend ein-*

hergehen, gravitätisch irgendwohin gehen. Schemann 1993, 298; Szczęk, Wysoczański 2004, 120, 124. S. Gockel, Pfau.

laufen wie der Hahn über heiße Kohlen (ugs. selten) = *hastig, schnell und dabei aber vorsichtig laufen.* Szczęk, Wysoczański 2004, 123.

losgehen aufeinander wie zwei junge Hähne (ugs.) = *sich heftig streiten.* Szczęk, Wysoczański 2004, 123. Hergeleitet vom Kampf junger Hähne um Reviere auf dem Hühnerhof.

staunen wie der Hahn über den Regenwurm (ugs. selten) = *sehr erstaunt sein, verblüfft sein; verdutzt gucken.* Szczęk, Wysoczański 2004, 124.

stolz wie ein Hahn [auf dem Mist] (ugs.) = *sehr stolz, eitel; dünkelhaft, voller Dünkel; eingebildet, hochmütig.* Lapidus 2006, 35. Poln. *zaperzyć się jak kogut.* Szczęk, Wysoczański 2004, 123.

von einer Sache soviel verstehen wie der Hahn vom Eierlegen (ugs.) = *in einer Sache gänzlich unwissend sein; von etw. nicht die mindeste Ahnung haben.* 1920 ff. Küpper 1993, 318-319; Schemann 1993, 298. S. Sägefisch, Ochs, Ziege.

HAI, der; -[e]s, -e [niederl. haai < isländ. hai < anord. har, eigtl. = Dolle, urspr. wohl = Haken, viell. nach der hakenförmigen Schwanzflosse]

sich wie ein Hai einer Sache bemächtigen (ugs. selten) = *sich einer Sache erbarmungslos zupackend bemächtigen; eine Sache rücksichtslos angehen, sich etw. ohne Rücksicht auf andere Personen aneignen; sich mit Gewalt und ohne Rücksicht auf Konkurrenten oder andere Betroffene in den Vordergrund bringen.* Szczęk, Wysoczański 2004, 127. Der redensartliche Vergleich mit dem Hai taucht immer dann auf, wenn es sich um eine besonders gierige und alles verschlingende Art der Bereicherung handelt, wie es auch in den Begriffen *Börsenhai* und *Kredithai* angesprochen ist. Seine Gefräßigkeit ist schon früh literarisch belegt. So heißt es z.B. bei Shakespeare (»Macbeth«, übersetzt v. Schlegel, IV, 1): „Wolfes Zahn und Kamm der Drachen Hexenmumie, Gaum und Rachen aus des Haifischs scharfem Schlund"... Die genannten Eigenschaften sind bis heute im Volksbewußtsein haften geblieben, nicht zuletzt auch durch das Lied des Meckie Messer in der »Dreigroschenoper« von Bert Brecht (Musik von Kurt Weill, 1928), dessen Refrain lautet: *Und der Haifisch, der hat Zähne. Und die trägt er im Gesicht.* Röhrich 2001, 2, 629. Eine andere Deutung dieser Zeilen S. bei Küpper 1993, 936.

HALL, der; -[e]s, -e <Pl. selten> [mhd. hal, zu mhd. hellen, ahd. hellan = schallen, ertönen, verw. mit hell]

Wie der Hall, so der Schall. (Sprichwort) = *Wie man sich anderen gegenüber verhält, so wird man auch selbst behandelt.* Das Sprichwort unterliegt demselben Modell, wie *Wie man in den Wald hineinruft, so schallt es heraus.; Wie du mir, so ich dir.* u.v.a.

HALS, der; -es, Hälse

aus dem Hals riechen (stinken) wie die Kuh aus dem Arsch (derb abwertend) = *üblen Mundgeruch ausströmen.* 1900 ff. Küpper 1993, 468; Schemann 1993, 93; Röhrich 2001, 2, 633. S. *stinken wie die Kuh aus dem Arsch.*

aus dem Hals riechen wie die Sau aus dem Arschloch (derb) = *sehr üblen Mundgeruch ausatmen.* 1900 ff. Küpper 1993, 695.

aus dem Hals stinken wie der Zigeuner aus dem Hosenlatz (derb abwertend) = *widerlichen Mundgeruch verströmen.* Gehässige Redewendung, die sich selbst entlarvt. Hosenlatz - 'Hosenschlitz'. 1950 ff. Küpper 1993, 945.

etw. sitzt einem wie ein Kloß im Hals (ugs.) = S. Kloß.

Jedenfalls ist der Kopf dicker als der Hals (ugs.) = S. Kopf.

HALSBAND, das
passen wie der Sau das Halsband (salopp abwertend selten) = S. Sau.

HAMELN, Stadt in Deutschland
wie der Rattenfänger von Hameln (abwertend) = S. Rattenfänger.

HAMMEL, der; -s, -, seltener: Hämmel [mhd. hamel, spätahd. hamal, zu ahd. hamal = verstümmelt, urspr. = gekrümmt]
dumm wie ein Hammel (ugs.) = *besonders dumm, sehr dumm.* Poln. *głupi jak baran.* Brugger 1993, 54; Röhrich 2001, 2, 635; Szczęk, Wysoczański 2004, 109. S. *geduldig wie ein Hammel.* Der Hammel gilt gemeinhin als dumm. Deshalb wird *Hammel* auch als Schimpfwort gegenüber einem Menschen gebraucht.
geduldig wie ein Hammel (Lamm) (ugs.) = *sehr geduldig, mit stoischer Ruhe.* Röhrich 2001, 2, 635; Szczęk, Wysoczański 2004, 109. Hammel sind sehr geduldig, was zu der Nebenbedeutung ′dumm′ beiträgt. Vgl frz. *doux comme un agneau* – „sanftmütig wie ein Hammel".
grob wie ein Hammel (ugs.) = *im Verhalten sehr grob, unangemessen grob.* Szczęk, Wysoczański 2004, 109. Im niederdeutschen Raum mit seinen großen Schafzuchtgebieten wird der Hammel in vielen Vergleichen, Sprichwörtern und Redensarten genannt. So sagt man von einem Verrückten *Der hätt sick mit'n narrschen Hammel stött.* - er ist mit einem tollgewordenen Hammel zusammengestoßen. Röhrich 2001, 2, 635

HAMMELHERDE, die
dastehen wie eine Hammelherde (ugs.) = *in einer Gruppe eng aneinander stehen, dicht gedrängt stehen.* Szczęk, Wysoczański 2004, 109. Bezogen auf die Enge in einer Schafherde. S. Sardinenbüchse.
wie eine Hammelherde laufen (gehen) (salopp abwertend) = 1. *undiszipliniert, konfus, ungeordnet durcheinander laufen.* Vgl. auch den Ausruf *Diese Hammelherde!* (salopp abwertend) - ′dieser ungeordnete Haufen′. 2. *ohne eigene Initiative jmdm. folgen; einer vorgegebenen Richtung [ohne Nachzudenken] folgen.* Poln. *iść jak stado baranów.* Szczęk, Wysoczański 2004, 109. Hier wirkt das Bild vom *Leithammel* – 1. Leittier einer Schafherde. 2. (abwertend) jmd., dem andere willig und gedankenlos folgen.

HAMPELMANN, der; -[e]s, ...männer [zu hampeln]
zappelig wie ein Hampelmann (ugs.) = *unruhig, nervös.* Ursprünglich ist ein Hampelmann ein aus Holz, Pappe od. dgl. hergestelltes, an die Wand zu hängendes Kinderspielzeug in Gestalt eines Mannes (bes. eines Kaspers, einer Märchenfigur od. dgl.), der, wenn man an einem daran befestigten Faden zieht, Arme und Beine waagerecht vom Körper abspreizt und Unterschenkel und Unterarme nach unten baumeln lässt. In übertragener Bedeutung ist ein Hampelmann ein energieloser, willenloser Mensch; Mensch, der alles mit sich geschehen läßt. Im 16. Jh. ein Scheltwort auf den dummen Menschen (hampeln = sich hin- und herbewegen; charakterlich unfest sein); mit dem Aufkommen der Gliederpuppe im 17. Jh. entwickelte sich die heutige Bedeutung. Küpper 1993, 323.

HAMSTER, der; -s, - [mhd. hamastra, ahd. hamustro, vom Slaw. *chomestar*]
angeben wie ein wilder Hamster (ugs. scherzh.) = *sich aufspielen, prahlen.* 1920 ff. Küpper 1993, 29. Der *wilde Hamster* (cricetus frumentarius) ist hauptsächlich in slawischen Ländern verbreitet. In Deutschland kommt er nicht überall vor, besonders häufig ist er in Sachsen und Thüringen. Von Deutschland ist er westwärts gewandert (daher sein franz. Name *marmotte d'Allemagne* oder *hamster*). Ein Wort für Hamster findet sich weder im Griechischen noch im Lateinischen, noch auch im Kelti-

schen, wohl aber besitzen das Althochdeutsche, Altpreußische, Litauische und Slawische eigene, doch dunkle Namen für das Tier. Nhd. *Hamster* geht auf ahd. *hamustro (hamustra)* zurück, das aber zunächst nur den Kornwurm bezeichnet. Erst im 13. Jh. ist *hamustra* in der heutigen Bedeutung belegt. Dieser Bedeutungswandel hat nichts Auffallendes, wenn man beachtet, dass im Pfälzischen der Hamster heute umgekehrt *Kornwurm* heißt. Die Etymologie von *Hamster* ist nicht endgültig geklärt, ein Zusammenhang mit dem Slawischen möglich. Wegen seiner Bissigkeit und Gefräßigkeit wird der Hamster gern nach Raubtieren benannt. So heißt er bei Koblenz *Kornwolf.* HDA 3, 1378.

die Backen aufblasen wie ein Hamster (ugs.) = S. Backe.

Backen wie ein Hamster haben (ugs.) = S. Backe.

sich Vorräte halten (anlegen) wie ein Hamster (ugs. spött.) = S. Vorrat.

raffgierig wie ein Hamster (ugs. abwertend) = *voller Raffgier; von Raffgier geprägt.* Szczęk, Wysoczański 2004, 117. Der Hamster sammelt bis zum Überfluss Wintervorräte und versteckt sie.

rennen wie ein Hamster im Rad (ugs.) = 1. *sich unentwegt bewegen, ständig hin und her laufen.* 2. *sehr beschäftigt sein, viel arbeiten.* Spielt auf das Hamsterrad in Käfigen an.

sexy wie ein Hamster (ugs. iron.) = *sexuell nicht attraktiv, nicht sexuell anziehend.* Julia Roberts über Hugh Grant. In: Bosheiten von Stars über Stars. Interpill 2006.

HANAUER, der

es abwarten wie die Hanauer (ugs.) = *zögerlich sein, an Entscheidungsfreude mangeln.* Der redensartliche Vergleich bezieht sich wahrscheinlich auf den bayerischen General Wrede, der Napoleon nach der Völkerschlacht bei Leipzig mit 40.000 Mann in der Nähe von Hanau auflauerte und ihm den Weg zum Rhein verlegen wollte, aber am 30. und 31. Oktober 1813 von dem überlegenen Heere der Franzosen geschlagen wurde. Röhrich 2001, 2, 638.

HAND, die; -, Hände u. (bei Maßangaben:) - [mhd., ahd. hant, wahrsch. eigtl. = Greiferin, Fasserin]

angeben wie eine Hand voll Dreck (ugs. abwertend) = *ungebührlich prahlen.* Dreck gilt als frech und dreist, weil er sich ungebeten auf die Kleidung der Fußgänger setzt. 1920 ff. Küpper 1993, 29.

besser als in die Hand geschissen [als gar kein Blumenstrauß] (derb) = *besser etwas als gar nichts!* »In die Hand geschissen« lässt im Zusammenhang mit »Blumenstrauß« an »Kaktus« denken, was sowohl die Pflanze als auch den Kothaufen meint. Sold. 1939 ff. Küpper 1993, 324.

Lieber (besser) ein Spatz (den [ein] Sperling) in der Hand als die Taube auf dem Dach. (Sprichwort) = S. Spatz.

Das kannst du halten wie ein Dachdecker, nämlich mit der Hand (bei den Händen). = S. Dachdecker.

Hand wie eine Langspielplatte (ugs.) = *breite, plumpe Hand.* 1955 ff. Küpper 1993, 482.

Hände haben wie ein Bierkutscher (ugs.) = *breite, plumpe Hände haben.* 1900 ff. Küpper 1993, 105.

Hände haben wie eine Leberwurst (ugs.) = *völlig schlaff und ohne Druck die Hand geben.* 1920 ff. Küpper 1993, 489-490.

das ist wie in die hohle Hand geniest (ugs.) = *das ist eine Kleinigkeit; das ist keine ernste Angelegenheit.*

immer noch besser als in die hohle Hand geschissen (derb) = *Ausdruck der Befriedigung über den glimpflichen Ausgang einer Sache: es hätte schlimmer kommen können.* 1900 ff. Küpper 1993, 705.

immer noch besser als in die Hand gespuckt (gehustet) (ugs.) = *es hätte weit schlimmer kommen können. In die Hand* *gespuckt (gehustet)* umschreibt den Begriff 'nichts'. 1900 ff. Küpper 1993, 324.

Jemand ist [wie] Wachs in den Händen eines anderen = S. Wachs.

HÄNDCHEN, das; -s, -: Vkl. zu Hand

Wie eiskalt ist dies Händchen (scherzh.) = *Kommentar auf die Berührung einer kalten Hand.* Geht auf Gi. Puccinis Oper »La Boheme« (dt. von L. Hartmann, neue Übersetzung von H. Swarowsky) zurück, die 1896 uraufgeführt wurde. Im l. Bild wird die Liebesszene zwischen Mimi und Rudolf damit eingeleitet, dass die Kerzen verlöschen und bei der Suche im Dunkeln sich beider Hände berühren. Das ist der Anlass für Rudolfs Arie »Wie kalt ist dieses Händchen«. DZR 2002, 785.

HANDEL, der; -s [spätmhd. handel = Handel(sgeschäft); Rechtsstreit, rückgeb. aus handeln]

Mancher Handel ist wie ein Igel: Wo man ihn angreift, da sticht man sich. = *Lebensweisheit.* Wander 2, 330.

HANDELN, das

Wie das Pferd zum Rennen, der Ochse zum Pflügen, der Hund zum Aufspüren, so ist der Mensch zum Handeln und Arbeiten geboren. (Spruchweisheit) = S. Pferd.

HANDFEGER, der

angeben wie ein wildgewordener Handfeger (salopp.) = *toben; prahlen.* 1920 ff. Küpper 1993, 29.

rumlaufen (rumrennen usw.**) wie ein wild gewordener Handfeger** (landsch. salopp) 1. *zerzaust, unfrisiert o. Ä. umherlaufen.* 2. *unruhig, aufgeregt umherlaufen.*

wie ein wild gewordener Handfeger (salopp.) = *sehr aufgeregt.* 1930 ff. Küpper 1993, 326.

HANDTUCH, das <Pl. ...tücher> [mhd. hanttuoch, ahd. hantuh]

sich benehmen wie ein nasses Handtuch (ugs.) = 1. *sich ungesittet benehmen.* 2. *tölpelhaft, energielos handeln.* 1920 ff. Küpper 1993, 326.

wie ein nasses Handtuch (ugs.) = *völlig kraft- und willenlos, entkräftet, übermüdet, ohnmächtig.* Das nasse Handtuch ist ein anschauliches Sinnbild des kraft- und willenlosen Menschen. 1920 ff. Küpper 1993, 326. S. Sack. Als *schmales Handtuch* wird der überschlanke Mensch bezeichnet, der zudem noch eine beachtliche Länge aufzuweisen hat, auch ein schmales Stück Land. Röhrich 2001, 2, 658-659.

etw. passt wie der Igel zum Handtuch (zum Taschentuch) (ugs.) = S. Igel.

schlaff wie ein nasses Handtuch sein (ugs.) = *abgekämpft sein, keine Kraft haben.* Brugger 1993, 8.

HANF, der

wie der Vogel im Hanf sitzen (veraltend) = S. Vogel.

sich wohl fühlen wie ein Vogel im Hanf (veraltend) = S. Vogel.

HANFSAMEN, der

singen wie die Vögel im Hanfsamen (ugs.) = S. Vogel.

HANS, der; -, Hänse [nach dem Vornamen Hans, Kurzf. des m. Vorn. Johannes]

dastehen wie Hans Michel Meerrettich (ugs. selten, besonders schlesisch) = *unschlüssig stehen, warten; verloren und ein wenig ratlos dastehen.* Röhrich 2001, 1, 305. Hans ist in der Volkssprache eine beliebige männliche Person, besonders in Bezeichnungen wie: *Hans Guckindieluft; Hans Hasenfuß; Hans Huckebein* (Rabe; nach einer Gestalt von Wilhelm Busch); *Hans im Glück* (jmd., der bei allen Unternehmungen Glück hat; Glückspilz; nach einer Märchengestalt); *Hans Langohr* (Esel); *Hans Liederlich* (unzuverlässiger Mensch) u.a. *Michel* (eigtl. = Kurzf. des m. Vornamens Michael), taucht 1541 in der Verbindung *der teutsch Michel* erstmals in den Sprichwortbüchern des deutschen Dichters S. Franck (1499 –1542/43) auf und bezeichnet (abwertend) einen einfältig-naiven Menschen. Die Expressivität der Wendung ergibt sich aus der Kombination der drei Komponenten, von denen *Meerrettich* als zusätzliche Verstärkung dient.

HARFE, die; -, -n [mhd. har(p)fe, ahd. har(p)fa, wahrsch. zu einem Verb mit der Bed. „(sich) drehen, (sich) krümmen", entw. mit Bezug darauf, dass das Instrument mit gekrümmten Fingern gezupft wird, od. bezogen auf die gekrümmte Form]

geschickt wie der Esel zur Harfe (zum Harfenspiel (ugs.) = S. Esel.

HASE, der; -n, -n [mhd. hase, ahd. haso, eigtl. = der Graue, wahrsch. altes Tabuwort]

jmdn. abknallen wie die Hasen (salopp abwertend) = *jmdn. hemmungslos, kaltblütig niederschießen.*

ängstlich wie ein Hase = *sehr ängstlich, furchtsam sein.*Poln. *tchórzliwy jak zając.* Szczęk, Wysoczański 2004, 99; Kirchenweb 2007. 1.12.2007.

laufen (rennen) wie ein Hase (die Hasen) (ugs.) = 1. *schnell weglaufen, flüchten.* Poln. *biegać jak zając.* Szczęk, Wysoczański 2004, 99. 2. *ungeregelt flüchten.* 1900 ff. Küpper 1993, 329.

schneller lügen, als der Hase läuft (ugs.) = *sehr lügnerisch sein.* 1900 ff. Küpper 1993, 508.

wie ein Hase mit offenen Augen schlafen (ugs.) = *wachsam sein, aufpassen.* Poln. *spać jak zając.* Hasen schlafen mit offenen Augen. Szczęk, Wysoczański 2004, 99.

sitzen wie der Hase im Kraut (ugs.) = *ängstlich, scheu, verschreckt sein.* Szczęk, Wysoczański 2004, 99.

Stand halten wie der Hase bei der Trommel (ugs. iron.) = S. Wahrheit.

bei der Wahrheit stehen wie der Hase bei der Pauke (ugs. iron.) = *lügen, bewusst und absichtsvoll die Unwahrheit sagen.* Szczęk, Wysoczański 2004, 99.

sich wie die Hasen auf seine Stärke verlassen (ugs. iron.) = *sich auf seine Stärke nicht verlassen, schwach sein.* Szczęk, Wysoczański 2004, 99.

sich vermehren (rammeln) wie die Hasen (ugs.) = *viele Nachkommen zeugen.* Die Fortpflanzungsrate ist bei vielen Hasenartigen durch die kurze Trag- und Entwicklungszeit, die frühe Geschlechtsreife und die hohe Anzahl von Würfen mit hohen Wurfzahlen sehr groß. So können einige Pfeifhasen der Steppengebiete bis zu fünf Würfe im Jahr mit jeweils 8 bis 13 Jungtieren haben, bei den Wildkaninchen und einigen anderen Arten kommt es zu fünf bis sieben Würfen mit jeweils bis zu neun Jungtieren.

merken, wie der Hase läuft (ugs.) = *merken, welche Entwicklung die Sache nimmt.* Seit dem 18. Jh. Küpper 1993, 329.

sehen (wissen, erkennen, begreifen), wie der Hase läuft (ugs.) = *erkennen, vorhersagen können, wie eine Sache weitergeht.*

sehen (erkennen, begreifen) wie der Hase läuft (ugs.) 1. *erkennen, vorhersagen können, wie eine Sache weitergeht; den üblichen Verlauf einer Angelegenheit kennen; den wahren Sachverhalt kennen.* Seit dem 18. Jh. Küpper 1993, 329.2. *die Entwicklung der Dinge abwarten.* Der Hase ist bekannt für sein Hakenschlagen; der erfahrene Jäger läßt sich nicht von einem einzelnen Haken täuschen, sondern wartet ab, welche Hauptrichtung der Hase einschlägt. Seit dem 18. Jh. Küpper 1993, 329; Duden, Bd. 11, 312.

warten, wie der Hase läuft (ugs.) = *die Entwicklung abwarten.* Vgl. das Vorhergehende. 1900 ff. Küpper 1993, 329.

wie Hase tun (ugs.) = *sich dumm stellen.* Gehört zu *mein Name ist Hase.* 1900 ff. Küpper 1993, 329. *Mein Name ist Hase* – 'Ich weiß von nichts', 'In dieser Angelegenheit bin ich unwissend'. Soll auf einem Heidelberger Vorfall um 1854/55 beruhen: Victor Hase hatte seinen Studentenausweis absichtlich verloren, um einem Studenten, der im Duell einen anderen erschossen hatte, die Flucht nach Frankreich zu ermöglichen; vor das Universitätsgericht zitiert, erklärte er: »Mein Name ist Hase, ich verneine die Generalfragen, ich weiß von nichts.« Franz Lederer berichtet 1929 eine ähnliche Geschichte mit derselben Schlussfolgerung aus einer Berliner Gerichtsverhandlung aus dem Jahre 1840. Küpper 1993, 562.

HÄSSLICHKEIT, die; -, -en [spätmhd. heßligkeyt]

jmd. sieht aus wie die leibhaftige Hässlichkeit (ugs.) = *jmd. ist sehr hässlich.*

HAST, die; - [aus dem Niederd. < mniederd. ha(e)st < niederl. haast < afrz. haste = Hast, Eile, aus dem Germ.]

hastig wie ein Jude; Nur keine jüdische Hast! (ugs. scherzh. oft abwertend) = *nur keine übertriebene Geschäftigkeit! nur nicht gehetzt!* Den Juden sagt man Eile bei Verhandlungen und Drängen zum Geschäftsabschluß nach *christlicher Jude* - ´schachernder christlicher Kaufmann´. Juden galten (gelten) als sehr gewinnsüchtig. 1900 ff. Küpper 1993 382.

HAUBITZE, die; -, -n [spätmhd. hauf(e)niz < tschech. houfnice = Steinschleuder]

blau wie eine Haubitze (ugs.) = *schwer bezecht; volltrunken. Haubitze* meint militärtechnisch einen zwischen Flach- und Steilfeuergeschützen angesiedelten Geschütztypus; hier sprachlich gleichgesetzt mit *Kanone*, jedoch nicht als Bezeichnung eines Geschützes, sondern eines großen Trinkgefäßes. Sold. und zivil seit 1914. Küpper 1993, 330.

voll wie eine Haubitze (ugs.) = *volltrunken.* Sold. und ziv. seit 1914. Küpper 1993, 330.

sich voll laufen lassen wie eine Haubitze (ugs.) = *sich sinnlos betrinken.* 1950 ff. Küpper 1993, 330.

HAUEN <unr. V.; haute/hieb, gehauen/(landsch.:) gehaut> [mhd. houwen, ahd. houwan u. mhd. houwen, ahd. houwon (sw. V.)]

das ist nicht gehauen und nicht gestochen (ugs.) = 1. *das ist nur mittelmäßig; das ist nicht gekonnt, taugt nichts.* 2. *nicht genau zu bestimmen sein.* Leitet sich vielleicht her von einem schlechten Fechter, der weder Hieb- noch Stichwaffen richtig zu führen versteht, oder aus der Praxis des Baders, der früher auch *hauen* - ´schröpfen´ und *stechen* - ´zur Ader lassen´ können mußte. 1500 ff. Küpper 1993, 277.

HÄUFCHEN, das; -s, -: Vkl. zu Haufen

[dastehen, aussehen] wie ein Häufchen Unglück (Elend) (ugs.) = *sehr niedergeschlagen, betrübt [dastehen, aussehen]; unglücklich sein, sich keinen Rat wissen.* Röhrich 2001, 1, 304; DZR 2002, 784; Bierich 2005, 241.

HAUPT, das

Wäre er so lang (groß), wie er dumm ist, dann hätte er ewigen Schnee auf dem Haupt (o. Ä.) (ugs. abwertend) = S. lang.

HAUS, das; -es, Häuser [mhd., ahd. hus, eigtl. = das Bedeckende, Umhüllende]

das ist (wie) der Dank vom Hause Habsburg (des Hauses Habsburg) (ugs.) = S. Dank.

Einfälle [haben] wie ein altes Haus/wie ein alter [Back-] Ofen (ugs. scherzh.) = S. Einfall.

Man wird alt wie ein Haus und lernt nie aus. (Sprichwort) = *über die Notwendigkeit, im Leben ständig dazu zu lernen.* Koženjako 2003, 6; Zwilling 2001, 25. Vgl. *[Man wird] Alt wie ´ne Kuh und lernt immer noch (´was) dazu.* Koženjako 2003, 6; Walter, Mokienko 2006, 29.

wie in den besten jüdischen Häusern (ugs. scherzh.) = *ausgezeichnet; hervor-*

ragend geglückt. 1900 ff. Küpper 1993, 382.

sich [ganz] [wie] zu Haus[e] fühlen = *sich in einer neuen Umgebung nicht (mehr) fremd fühlen; sich unbefangen fühlen, heimisch werden.* Poln. *czuć się jak u siebie (w domu).* Szczęk, Wysoczański 2004, 91;

ein Spiel haben wie ein Haus (Kartenspieler) = S. Spiel.

ein Rausch wie ein Haus (ugs.) = S. Rausch.

HAUSSCHLÜSSEL, der

einen Violinschlüssel nicht von einem Hausschlüssel unterscheiden können (iron.) = S. Violinschlüssel.

HAUT, die; -, Häute [mhd., ahd. hut, eigtl. = die Umhüllende]

etw. passt wie eine zweite Haut (ugs.) = *es passt ganz genau* (meist über Kleidung).

HB-MÄNNCHEN, das

in die Luft gehen wie das HB-Männchen (veraltend) = S. Luft.

HECHELLECKEN, das

Das freut mich wie den Hund das Hechellecken. (ugs. landschaftl. bayerisch abwertend) = S. Hund.

HECHELMANN, der

aufpassen wie ein Hechelmann (Heftelsmann) (ugs. landschaftl. thüringisch) = *sehr genau, gespannt aufpassen.* Beruht wohl auf einer Verwechslung mit Heftelmacher. (S.) Röhrich 2001, 2, 684.

HECHT, der; -[e]s, -e [mhd. hech(e)t, ahd. hechit, hachit, zu Haken, viell. nach den scharfen Zähnen des Fisches]

sich wie ein Hecht im Karpfenteich benehmen (ugs.) = *durch seine Anwesenheit, besonders in einer langweiligen, nicht sehr aktiven Umgebung, Unruhe schaffen.* Szczęk, Wysoczański 2004, 126.

sicher wie eine Forelle unter zehn Hechten (ugs.) = S. Forelle.

HECHTSUPPE, die: nur in der Wendung

es zieht wie Hechtsuppe (ugs.) = *es zieht sehr, es herrscht starker Luftzug, es herrscht Durchzug.* Von jidd. *hech supha* - wie eine Windsbraut, wie ein Orkan. Nach einer volksetymologischen Lesart ist von der mit Meerrettich und Pfeffer bereiteten Hechtsuppe auszugehen, die »ziehen« muß, um wohlschmeckend zu werden; Etwa seit 1850. Küpper 1993, 335; Walter 2004, 16.

HEFE, die; -, (Arten:) -n [mhd. heve, ahd. hevo, zu heben, eigtl. = Hebemittel]

wie [auf] Hefe aufgehen (ugs.) = 1. *dick werden, an Leibesfülle stark zunehmen* (vgl. aufgehen wie ein Hefekloß (ein Hefekuchen, eine Dampfnudel). 2. *sich sehr schnell entwickeln, sehr schnell wachsen.* Poln. *rosnąć jak na drożdżach.* WW 2004, 89.

HEFEKLOß, der

aufgehen wie ein Hefekloß (Hefekuchen, eine Dampfnudel) (ugs. scherzh.) = *[ziemlich schnell] sehr dick werden, beleibt werden.* Das Bild liefert hier die Hefe als Treibmittel des Teigs. Seit dem 19. Jh. Küpper 1993, 335; DZR 2002, 784.

HEFTELMACHEN, das

etw. geht so schnell wie's Heftelmachen (Haftelmachen) (ugs. veraltend omd.) = 1. *etw. geht bei höchster Angespanntheit rasch voran.* 2. *sehr rasch.* Im gleichen Sinne *wie's Brezelbacken*, S. Brezel. Bei der Herstellung von Hefteln und Schlingen für den Verschluß von Röcken und Kleidern mußten sich vor der Automatisierung in den Betrieben viele Personen flink in die Hand arbeiten, damit keine Stockung eintrat. Für einen fremden Beobachter war dies ein bewundernswürdiger, rascher Vorgang, dem er kaum mit dem Auge zu folgen vermochte. Die Redensart, deren ursprünglicher Bezug bei der fortschreitenden Industrialisierung verblasste, wurde später entstellt zu: *es geht so schnell wie's Katzenmachen* (S. Katzenmachen). Röhrich 2001, 4, 1389-1390. (S. Gedanke, Pfeil, Wind.)

HEFTELMACHER, der (omd.)

aufpassen (spannen) wie ein Heftelmacher (wie ein Luchs, wie ein Schießhund) (ugs.) = *scharf acht geben, ganz genau aufpassen.* Eine besonders thüringisch und obersächsisch, aber auch im Steirischen bezeugte Redensart, der die rasche und dabei sorgfältige Arbeit des Herstellens von *Hefteln*, d.h. kleiner Häkchen und Ösen zum Zusammenhalten von Kleidern, zugrunde liegt. Das Auge vermag den raschen Bewegungen geübter Finger kaum zu folgen. Der Schnelligkeit des Fabrikationsvorgangs entspricht auch der redensartliche Vergleich. Röhrich 2001, 2, 687-688. Seit dem 19. Jh. Küpper 1993, 335; DZR 2007, 79. S. Haftelmacher

jmd. hat Augen wie ein Haftelmacher (Heftelmacher) (österrisch) (ugs.) = S. Auge.

flink (schnell) wie ein Heftelmacher (ugs.) = *sehr schnell.* (Duden)

HEIDE[1]**,** der; -n, -n [mhd. heiden, ahd. heidano = Heide, wohl über das Got. (vgl. got. haiÞno = Heidin)

fluchen wie ein Heide (ugs.) = *kräftig fluchen.* Die »Heiden« (nach christlichem Sprachgebrauch alle Nicht- Christen und Nicht-Juden) gelten nicht nur als Ungläubige, sondern auch als unzivilisiert und von grobem Benehmen. 1500 ff. Küpper 1993, 336. Heide - zu gleichbed. spätgriech. (tà) éthne, eigtl. ′die Völker′, Pl. von griech. éthnos = Volk u. volksetym. angelehnt an Heide[2].

HEIDE[2]**,** die; -, -n [mhd. heide, ahd. heida, eigtl. = unbebautes, wild grünendes Land, Waldgegend; Heidekraut]

dass die Heide wackelt (salopp) = *sehr heftig.* Oft als Drohung.

Ein Kerl, der spekuliert, ist wie ein Tier auf dürrer Heide. (geh., Spruchweisheit) = S. Kerl.

HEIDELERCHE, die

singen wie eine Heidelerche = *laut, hell oder ausdauernd singen.* Vgl. franz. *gai comme un pinson* (wörtlich: froh wie ein Fink). Die deutsche Redensart läßt sich bis um 1700 zurückverfolgen, besonders in obersächsischer Mundart. Der Name der *Heidelerche* (Lullula arborea) ist dabei vielleicht in Verbindung gebracht mit dem Jubelruf *Heidi, heida.* Die Mundart kennt die Aussprache *Heetel lerche*, d.i. *Häutel-, Haubenlerche* (Galerida cristata). Die Heidelerche lebt in baumarmen, trockenen Landschaften und in Heidegebieten, sie ist selbst in solchen Gegenden noch zu finden, in denen sonst alles Tierleben erstorben scheint und wegen ihres besonderen Gesanges geschätzt. Hierher rührt der Vergleich. Auch als Stubenvogel ist sie sehr beliebt. Röhrich 2001, 2, 689-690; Szczęk, Wysoczański 2004, 118.

HEIMWEH, das

Durst ist schlimmer als Heimweh (ugs.) = S. Durst.

Hunger ist schlimmer als Heimweh = S. Hunger.

HEINZELMÄNNCHEN, das <meist Pl.>

arbeiten wie die Heinzelmännchen = *in aller Stille, heimlich Arbeiten für Andere ausführen.* Heinzel ist eine Koseform des männlichen Vornamens Heinz, nach dem Volksglauben, durch derartige Namensgebungen die Hausgeister günstig stimmen zu können. Die Heinzelmännchen sind (im Volksglauben) hilfreiche *Geister in Zwergengestalt, die in Abwesenheit der Menschen deren Arbeit verrichten.* Vgl. *Das haben die Heinzelmännchen gemacht,* wenn man eine Arbeit schon vollbracht vorfindet.

wie die Heinzelmännchen leben (besonders rheinisch) = *allein, abgesondert le-*

ben. Vgl. die Drohung *Du wirst (noch) die Heinzelmännchen singen hören*, sowie *Dich mach ich zum Heinzelmännchen* - ´ich schlage dich ebenso klein´. Röhrich 2001, 2, 694; Brugger 1993, 11.

HEIß <Adj.> [mhd., ahd. heiʒ, urspr. = brennend (heiß)]

Es wird nichts so heiß gegessen, wie es gekocht (seltener **gebacken, aufgetragen) wird.** (Sprichwort) = *Eine angedrohte Maßnahme wird nicht so scharf angewendet, wie sie angekündigt wurde; Die Dinge sind nicht so schlimm, wie sie anfangs scheinen*. Wander 1, 890.

HEKTOR, häufig gebrauchter Hundename in der Wendung

rangehen wie Hektor an die Buletten (landsch. berlinisch salopp) = *schwungvoll, bedenkenlos, unverzagt vorgehen, ein Vorhaben tatkräftig anpacken, zielstrebig durchführen; mutig sein*. Der Vergleich bezieht sich eigentlich auf einen Hund namens Hektor, der die Buletten ohne Zögern frisst. Berlinisch seit dem ausgehenden 19. Jahrhundert. Küpper 1993, 338; Röhrich 2001, 2, 700. Vgl. *Ran wie Blücher; Ran wie Ferkes Jan*.

Ran wie Hektor an die Buletten! (landsch. salopp) = *mutig draufzu!* Bulette = Fleischklößchen, Frikadelle. Seit dem späten 19. Jahrhundert, Berlin. Küpper 1993, 338; Röhrich 2001, 2, 700.

HEMD, das; -[e]s, -en [mhd. hem(e)de, ahd. hemidi, eigtl. = das Verhüllende, Bedeckende]

sich freuen wie ein nackter Neger, wenn er ein Hemd bekommt (ugs.) = S. Neger.

das Hemd ist jmdm. näher als der Rock (ugs.) = 1. *jmd. ist selbstsüchtig; Familieninteressen haben den Vorrang*. 2. *man muß Prioritäten setzen*. 1800 ff. Küpper 1993, 339.Übersetzt aus dem *Trinummus* des Plautus (um 250-184 v.Chr.). In seinem *Dreigroschenstück* rechtfertigt sich der junge Lysiteles mit diesen Worten dafür, dass er zuerst seinen künftigen Schwiegervater Charmides und erst dann dessen Freund Callicles begrüßt: »Auch du sei gegrüßt, Callicles; doch dieser kommt für mich zuerst: Das Hemd ist näher als der Rock.« Mit dem *Hemd* ist hier die *Tunika*, das römische Untergewand, gemeint, während der *Rock* das *Pallium*, ein beliebtes rechteckiges Obergewand, ist und damit dem Körper ferner steht als die Tunika. Im Griechischen gab es mit entsprechendem Sinn bereits das auch in Rom gern zitierte Sprichwort *Das Knie ist mir näher als das Schienbein* und vielleicht auch umgekehrt *Das Schienbein ist weiter weg als das Knie*. Im Deutschen wurde das Sprichwort zuerst in der Form *Das hembd liegt eim näher dann der rock.* eingeführt und kann als Begründung für alles verwendet werden, was den Vorrang vor anderem erhalten soll (meist die eigenen Interessen vor denen anderer). Bisweilen wird es auch iron.-anzüglich zu einem Wellerismus-Antisprichwort abgewandelt: *Ihr Hemd war mir näher als mein Rock, sagte der Ehebrecher.* Pohlke 2006, 87-88.

die Gesinnung wie das Hemd wechseln (ugs. abwertend) = S. Gesinnung.

die Männer wechseln wie das Hemd (die Kleider) (ugs.) = S. Mann.

die Männer wie eine Wohnung wechseln (ugs.) = S. Mann.

die Meinung wie das Hemd wechseln (ugs.) = S. Meinung

die Partei wechseln wie die Hemden (ugs. abwertend) = S. Partei.

jmd. wechselt die Arbeitsstellen wie das Hemd (die Hemden) (ugs.) = S. Arbeitsstelle.

jmd. wechselt seine Freundinnen wie die Hemden (ugs.) = S. Freundin.

seine Mädchen wechseln wie die Hemden (ugs.) = S. Mädchen.

HEMPEL, Familienname

Hier sieht's aus wie bei Hempels (wie bei Hempels die Küche) = *hier herrscht große Unordnung.* Karasek 2004, 41. Geht nach Krüger-Lorenzen (»Aus der Pistole geschossen«) in der Form *hier sieht's aus wie bei Hempels unterm Wohnwagen* zurück auf einen Budenbesitzer namens Hempel, der um 1900 jeglichen Abfall unter seinen Wohnwagen kehrte. Heute im BSD verbreitet. Küpper 1993, 339. Bei dieser Erklärung scheint es sich jedoch um Volksetymologie zu handeln, wahrscheinlicher ist die im nachfolgenden Eintrag gegebene Erklärung.

[Hier sieht's aus] wie bei Hempels unterm (hinterm) Sofa (Bett) (ugs. salopp) = *von heilloser Unordnung zeugend, chaotisch; es ist unordentlich, unaufgeräumt, schmutzig.* Laut Küpper 1993, 339, seit 1966. Die Wendung ist jedoch wahrscheinlich älter. Sie hat sich rasch im politischen Jargon durchgesetzt und spielt auch in der Sprache der Medien eine Rolle. Selbst der Schlager hat sie aufgegriffen und in einem Refrain verarbeitet, wodurch sie weitere Verbreitung erfuhr: *Ach wie schön, ach wie nett! / Doch wie sieht's aus / Bei Hempels unterm Bett?* Hempel *„Hempe"* ist eine Nebenform zu *„Hampe"* und bezeichnet einen groben, einfältigen, unkultivierten Menschen (Bayerisches Wörterbuch, 1872: Stichwort „Hämpel, Hampel" - 'Einfaltspinsel, dummer Mensch'. DZR 2002, 782. So nachgewiesen schon für das Jahr 1828. Und auch bei Luther werden wir fündig: *Grober Hempel* oder *ungelehrter Hempel* schimpft dieser. Bei den Brüdern Grimm steht er unter dem Eintrag *hempelmann.* Vgl. *Hampelmann.*

HENKEL, der

dastehen wie ein Pisspott mit zwei Henkeln (landsch. derb) = S. Pisspott.

HENKER, der; -s, - [mhd. henker = Scharfrichter]

wie der (ein) Henker (ugs.) = *unvernünftig rasch; eiligst.* Übernommen von *wie der Teufel.* Seit dem 19. Jh. Küpper 1993, 340.

HENNE, die; -, -n [mhd. henne, ahd. henna, zu Hahn]

auf seinem Geld sitzen wie die Henne auf den Eiern (ugs.) = S. Geld.

aussehen wie eine Henne unterm Schwanz (ugs. abwertend) = *blaß aussehen.* Bayr 1900 ff. Küpper 1993, 340.

jmd. ist darauf wie der Fuchs auf die Henne (auf das Geflügel) (ugs.) = S. Fuchs.

jmd. macht einen Lärm wie die Henne vor Tage (ugs.) = S. Lärm.

HERING, der; -s, -e [mhd. hærinc, ahd. harinc]

jmdn. ausnehmen wie einen Hering (ugs.) = *jmdm. seine gesamte Barschaft abnötigen.* Meint eigentlich die Entfernung der ungenießbaren Innereien des Herings. 1870 ff. Küpper 1993, 340.

aussehen wie ein abgeleckter (abgezogener) Hering (salopp) = *hager, bleich aussehen.* 1900 ff. Küpper 1993, 340.

aussehen wie ein ausgenommener (ausgeweideter) Hering (ugs.) = *entkräftet, hungrig aussehen.* 1900 ff. Küpper 1993, 340; Röhrich 2001, 2, 702; Szczęk, Wysoczański 2004, 126.

aussehen wie ein schmaler Hering (ugs.) = *über eine dünne, hagere Person.*

betrunken (voll) wie ein Hering (ugs. selten) = *stark betrunken; stark unter dem Einfluss von alkoholischen Getränken stehen.* Lapidus 2006, 46.

dünn wie ein Hering (ugs. scherzh.) = *sehr dünn, hager.* (Duden) Szczęk, Wysoczański 2004, 126.

ein Kreuz (Schultern) haben wie ein Hering zwischen den Augen (ugs. iron.) = S. Kreuz.

[aufeinander] gepfercht (zusammengepresst, gequetscht, eingezwängt, ge-

drängt) wie die Heringe (seltener **Salzheringe) [in der Tonne]** (ugs.) = *dicht gedrängt*. Übertragen von der Art der Verpackung in Fässern und Tonnen. 1700 ff. Küpper 1993, 340. Der redensartliche Vergleich findet sich schon bei Abraham a Sancta Clara (»Judas« IV, 390): *Gleich den Häringen aufeinander liegen*; ähnlich *wie die Ölsardinen*; vgl. franz. *être serrés comme des sardines en boîte* (wörtlich: so dicht nebeneinander stehen oder liegen wie die Sardinen in der Dose). Röhrich 2001, 2, 702. Poln. *gnieść się/tłoczyć jak śledzie w beczce*. Szczęk, Wysoczański 2004, 126; WW 2004, 43. S. Salzhering.

wie die Heringe in der Büchse (ugs.) = Dass., wie *gepfercht wie die Heringe* (S.). Röhrich 2001, 2, 702.

HERR, der; -n (selten: -en), -en [mhd. her(re), ahd. herro, zu dem Komp. hêríro = älter, ehrwürdiger, erhabener, zu: her, hehr; wahrsch. LÜ von mlat. senior = Herr, eigtl. = Komp. von lat. senex = alt]

Wie der Herr, so's Gescherr (Sprichwort) = *die negativen Eigenschaften, die schlechten Angewohnheiten eines Menschen, lassen sich auch an den Untergebenen, an seinem Eigentum, den Kindern o. Ä. feststellen. Gescherr* ist eine Nebenform von *Geschirr*, das früher ganz allgemein ´Werkzeug, Gerät´ bedeutete. Gemeint war also, dass man vom ungepflegten Äußeren eines Menschen auf den schlechten Zustand seiner Geräte (oder umgekehrt) schließen kann. DZR 2002, 782. Die Redensart findet sich bereits in den „Satirae" des römischen Satirikers C. Petronius Arbiter (gestorben 66 n. Chr.), wo es in der parodistischen Einlage „Das Gastmahl des Trimalchio" heißt: *Qualis dominus, talis et servus* (Wie der Herr, so [ist] auch der Knecht). Walter, Mokienko 2006, 99. Während des Gelages bei Trimalchio in Petronius' Roman geraten die Gäste untereinander in Streit. Neureiche Freigelassene beschimpfen ihre ehemaligen Herren und sich gegenseitig - und dabei sagt einer zu einem anderen: *Ganz wie der Herr, so auch der Sklave!* - der Angesprochene habe also genauso schlechte Manieren wie sein ehemaliger Besitzer. Ein ähnliches griechisches Sprichwort lautete: *Wie die Herrin, so die Hündin*. Der Kirchenvater Hieronymus kehrte die Bezugsrichtung um, indem er forderte: »Der Herrscher soll so beschaffen sein wie jene; die beherrscht werden.« Die gereimte lateinische Fassung *Qualis rex, talis grex* (»Wie der König, so die Herde«) ist erst im Mittelalter entstanden. Im Deutschen ist dann - wohl zum Zwecke des Reims - für den Untergebenen (Sklave, Haustier) das *Gescherr* eingetreten, in dem jener *angeschirrt* ist. Pohlke 2006, 88. Vgl:

Wie der Herr [ist], so [ist auch] der Knecht. (Sprichwort). Fink-Henseler 1996, 289. S.o.

Wie der Herr ist, so sind auch die Untertanen. (Sprichwort veraltend). Wander 2, 576. Alle genannten Sprichwörter folgen dem europäisch weit verbreiteten Modell: Wie jmd. „Höheres", so auch die „Abhängigen". Vgl. *Wie der Abt, so die Mönche*. (s.); *Wie der Hirt(e), so das Vieh.; Wie der Hirt, so die Herde (Rinder)*. (s.); *Wie die Würze, so der Braten*. (s.) ; *Wie der Baum, so die Frucht*. (s.) u.v.a.

HERRGOTT, der; -s [mhd. herregot; zusger. aus der Anrede *herre got*]

so, wie ihn (sie) der Herrgott erschaffen hat (geh.) = *nackt, unbekleidet*. Poln. *jak go Pan Bóg stworzył*. WW 2004, 42.

wie ein junger Herrgott (ugs. meliorativ) = *vorzüglich*. Seit dem 19. Jh. Küpper 1993, 341.

HERUNTERREIẞEN <st. V.; hat>

wie heruntergerissen (süddt., österr.) = *zum Verwechseln ähnlich*. Dieser im süddeutschen und österreichischen Sprachraum gebräuchliche Vergleich erklärt sich aus der fachsprachlichen Bedeutung von *reißen* - ´zeichnerisch entwerfen'. *Wie heruntergerissen* bedeutet also eigentlich - 'wie abgezeichnet'. DZR 2002, 787.

HERZ, das; -ens (med. auch stark gebeugt: des Herzes, dem Herz), -en [mhd. herz(e), ahd. herza, altes idg. Wort]

das Herz gerührt wie lauter Rühreier (scherzh. salopp) = *innerlich bewegt.* Wortspielerei mit zwei Bedeutungen von *rühren*: einmal soviel wie 'drehen, vermengen' und einmal soviel wie 'seelisch ergreifen'. 1925 ff. Küpper 1993, 677.

jmds. Herz (jmd.) ist weich wie Butter (ugs.) = *jmd. ist sehr empfindsam, sehr nachgiebig.*

ein Herz haben wie ein Hase (ugs.) = *feige sein.* Seit dem 16. Jh. Küpper 1993, 329.

das Herz hüpft (auch: **klopft) [jmdm.] wie ein Lämmerschwanz (Lammerschwänzchen)** (ugs. scherzh.) = 1. *jmd. hat Angst, ist aufgeregt.* 1600 ff. Küpper 1993, 480. 2. *jmd. ist froh, ist in freudiger Erwartung.* Szczęk, Wysoczański 2004, 110. Rachel hat in seinen »Satirischen Gedichten« (VI, 425) die Redensart bis auf die fehlende Verkleinerung genauso: „das Herz klopft wie ein Lämmerschwanz" , während Abel (»Satirische Gedichte«, S. 212) ein Kälberschwänzlein einsetzt, das sich ebenfalls durch unablässiges Wippen auszeichnet, und auch Simplicissimus (II,6) sagt: „das Herz hüpfte mir gleichsam vor Freuden wie ein Kälberschwänzlein". Im Grimmschen Märchen »Das tapfere Schneiderlein« (Kinder- und Hausmärchen der Brüder Grimm 20) heißt es: „Und sein Herz wackelte ihm vor Freude wie ein Lämmerschwänzchen". H. Rölleke fand heraus, dass sich in den »Erznarren« von Christian Weise (1673) eine fast wörtliche Vorlage für diese sprichwörtliche Redensart findet: „dem guten mensch wackelte das herz vor freuden wie ein lämmerschwänzchen" Röhrich 2001, 3, 923-924.

das Herz klopft [jmdm.] wie ein Lämmerschwanz (Lammerschwänzchen) (ugs.) =

ein Herz wie ein Kühlschrank haben (ugs.) = *herzlos, gefühlskalt sein.* 1950 ff. Küpper 1993, 469.

aus seinem Herzen keine Mördergrube machen (ugs.) = *seine wahre Meinung nicht verhehlen; sich nicht schlechter machen als der Wahrheit entsprechend.* Frei entwickelt aus Matthäus 21, 13 (»Mein Haus soll ein Bethaus sein; ihr habt daraus eine Mördergrube gemacht.«) und Jeremias 7, 11 (»Haltet ihr denn dieses Haus, das nach meinem Namen genannt ist, für eine Mördergrube?«). Die Insassen einer Mördergrube suchen ihre Absichten zu verbergen. 1700 ff. Küpper 1993, 342.

Mein Herz ist wie ein Bienenhaus. (poet.) = *über den Zustand des Verliebtseins.* »Mein Herz, das ist ein Bienenhaus,/Die Mädchen sind darin die Bienen./Sie fliegen ein, sie fliegen aus,/Grad wie es ist im Bienenhaus.« Diese Zeilen, die der Freude des Mannes an häufigem Verliebtsein und Liebeleien Ausdruck geben, gehen auf ein Lied des deutschen Germanisten und Schriftstellers Karl Simrock (1802-1876) zurück. Der viel gesungene Text wurde häufig verändert; er lautete ursprünglich: »Mein Herz war wie ein Bienenhaus,/Es flogen Mädchen ein und aus;/Doch endlich kam die Königin,/Die bleibt und herrscht nun ewig drin.« DZR 2007, 521.

HEU, das, -[e]s [mhd. höu[we], ahd. houwi; verw. mit hauen, eigtl. = das zu Hauende od. das Gehauene]

Geld wie Heu (wie Dreck) haben (ugs.) = S. Geld.

Geld wie Heu verdienen (ugs.) = S. Geld.

HEUHAUFEN, der; -s, -

etw. (jmdn.) wie eine Stecknadel im Heuhaufen (Heuschober) suchen (ugs.) = S. Stecknadel.

HEUSCHEUNE, die; -, -n

einen Magen haben wie eine Heuscheune (Scheuer) (ugs.) = S. Magen.

HEUSCHOBER, der; -s, -

etw. (jmdn.) wie eine Stecknadel im Heuschober (Heuhaufen) suchen (ugs.) = S. Stecknadel.

HEUSCHRECKE, die [mhd. höuschrecke, ahd. houscrecho, 2. Bestandteil zu schrecken in der älteren Bed. „(auf)springen"]

wie die Heuschrecken (ein Heuschreckenschwarm, wie Heuschreckenschwärme) (ugs.) = *in Furcht erregender Anzahl und Schnelligkeit zerstörerisch wirken.* Die Geschwindigkeit, die Gewalt der Gefahr sowie die Masse der Einzelwesen, die in geballter Formation heranströmt und Schrecken verbreitet, liegt diesem Bild zugrunde. Heuschrecken sind sehr gefräßig und können in kürzester Zeit ganze Saatfelder vernichten. Das sprachliche Bild von der Heuschrecke begegnet schon in der Bibel (Jer. 46,23; Dtn. 28, 38; 2 Chr. 7, 13). Röhrich 2001, 2, 711; Szczęk, Wysoczański 2004, 134.

HEUSCHRECKENSCHWARM, der; -[e]s, -schwärme

wie ein Heuschreckenschwarm (wie Heuschreckenschwärme) (ugs.) = S. Heuschrecke.

HEXE, die; -, -n [mhd. hecse, hesse, ahd. hagzissa, hag(a)zus(sa); 1. Bestandteil wahrsch. verw. mit Hag, also wohl eigtl. = auf Zäunen od. in Hecken sich aufhaltendes dämonisches Wesen, 2. Bestandteil wohl verw. mit norw. mdal. tysja = Elfe]

böse wie eine Hexe [sein] (ugs.) = *sehr böse sein, moralisch schlecht; verwerflich sein.* Lapidus 2006, 31. Hexen treten im Volksglauben, besonders in Märchen und Sagen, als weibliches dämonisches Wesen auf, meist in Gestalt einer hässlichen, buckligen alten Frau mit langer, krummer Nase, die mit ihren Zauberkräften den Menschen Schaden zufügt und oft mit dem Teufel im Bunde steht. Heute steht Hexe oft für eine garstige, unverträgliche, keifende Frau. Eigentlich eine Frau, von der man in abergläubischer Furcht annahm, sie zaubere den Menschen und Tieren Krankheiten an, verstehe sich auf Gifte und Wettermacherei und stehe mit dem Teufel im Bund. Das Zeitalter der Aufklärung bescherte ihr eine Bedeutungsverbesserung; sie war jetzt bloß noch eine alte Frau, deren Schädlichkeit sich vorwiegend in Unverträglichkeit erschöpfte. Seit dem 18. Jh. Küpper 1883, 344.

hässlich wie eine Hexe [sein] (ugs.) = *sehr hässlich, abstoßend hässlich [sein].* WW 2004, 15. Die Hexe gilt im Volksglauben als hässlich, weshalb sie in Märchen auch als hässliche alte Frau beschrieben wird.

voll wie eine Hexe (ugs.) = *betrunken.* Von den Hexen glaubte man, sie hätten mit dem Teufel alkoholische und geschlechtliche Orgien gefeiert. 1960 ff. Küpper 1993, 344.

HIMMEL, der; -s, - <Pl. dichter.> [mhd. himel, ahd. himil, viell. urspr. = Decke, Hülle (dann verw. mit Hemd) od. urspr. = Stein (nach der alten Vorstellung des Himmels als Steingewölbe, dann verw. mit Hammer]

sich [wie] im sieb[en]ten Himmel fühlen (ugs.) = *voll Überschwang, über die Maßen glücklich sein; in höchster Wonne schweben, sich sehr glücklich fühlen.* Nach der aus der jüdischen Tradition stammenden Vorstellung, dass der siebente und oberste Himmel der Sitz Gottes sei. Die Redensart wird vor allem als Ausdruck der Liebesseligkeit gebraucht (vgl. den Schlager: „Ich tanze mit dir in den Himmel hinein... in den siebenten Himmel der Liebe") und ist auch franz. *être au septieme ciel* und engl. *to be in the seventh heaven* bekannt. Erste nachweisbare Erwähnung fanden die sieben

Himmel in dem zwischen 70 und 135 n. Chr. entstandenen apokryphen »Testament der 12 Patriarchen« Levi, Kapitel 3: „Höre nun von den sieben Himmeln". Die Lehre von den sieben Himmeln entspricht rabbinischer Anschauung und wird im Talmud beschrieben. Von dort ging sie in den Koran über und fand durch ihn weite Verbreitung. Nach dem Talmud ist der siebente Himmel der oberste Himmel und heißt »Araboth«. Es ist der Ort des Rechts, des Gerichts und der Gerechtigkeit. Dort befindet sich der Schatz des Lebens, des Friedens und des Segens. Dort weilt Gott selber mit den ihm dienenden Engeln. Röhrich 2001, 2, 715; DZR 2002, 354. Poln. *czuć się jak w siódmym niebie.* WW 2004, 26.

so sicher, wie der Stern am Himmel (geh.) = S. Stern.

wie im Himmel = *glücklich, zufrieden, unbeschwert.*

es wie im Himmel haben = *unbeschwert leben.* Seit dem 19. Jh. Küpper 1993, 345.

HIMMELBLAU <Adj.>

himmelblau = *blau wie der wolkenlose Himmel; hell-, azurblau.*

HINKEL, das

jmd. steht da wie ein Kind, dem die Hühner (die Hinkel) das Brot [weg-] gefressen haben (ugs. selten) = S. Kind. *Hinkel* - mhd. (md.) hinkel, hünkel, zu: huoniclin; Vkl. von: huon - 'Huhn'.

HINTERHALT, der

wie ein Schuss aus dem Hinterhalt (ugs.) = S. Schuss.

HINTERMEIER, Name

sich bekehren wie Hintermeiers Kuh (ugs. landschaftlich bairisch) = *sich nicht bessern.* Beruht auf einem Wortspiel mit der Doppeldeutigkeit des Wortes *bekehren.* Sie bezieht sich ironisch auf die Tatsache, dass die Kuh des kleinen Bauern, für den stellvertretend der Name Hintermeier steht, hinten nicht am reinlichsten abgekehrt zu sein pflegt. Röhrich 2001, 2, 720.

HINTERN, der; -s, - [mhd. hinder(e), zu Hintere; das -n stammt aus den gebeugten Fällen] (ugs.)

aussehen wie aus dem Hintern (Arsch) gezogen (ugs. [derb])= *sehr schmutzig aussehen.* 1910 ff. Küpper 1993, 350.

Hintern (Arsch) wie ein Brauereipferd (ugs. [derb]) = *sehr breites Gesäß.* Brauereipferde (Bräurösser) sind kräftig entwickelt. 1920 ff. Küpper 1993, 127.

ein Hintern wie ein 80-Taler-Pferd (ugs.) = *breites Gesäß.* Westd. 19. Jh. Küpper 1993, 350.

einen Hinteren (einen Arsch) wie ein Wallach haben (salopp [derb]) = *ein breites Gesäß haben.* Szczęk, Wysoczański 2004, 108. S. Sechzigtalerpferd, Pferd, Brauereipferd, Wallach.

HINTERQUARTIER, das (ugs.)

ein Hinterquartier (Arsch) wie ein Tausend-Taler- Pferd (ugs.[derb]) = *sehr breites Gesäß.* Seit dem 19. Jh. Küpper 1993, 826. *Hinterquartier* steht hier für 'Hintern' (s.).

ein Hinterquartier haben wie der stärkste Hirsch aus dem Odenwald (ugs. landschaftl.) = *ein sehr breites Gesäß haben.* 1930 ff. Küpper 1993, 351.

HINTERTUPFINGEN <erfundener Ortsn.>

wie in Hintertupfingen (ugs. spöttisch) = *wie an einem abgelegenen, unbedeutenden, provinziellen Ort.* S. Buxtehude.

HIOB, -S, Name

arm wie Hiob (Job) (bildungsspr.) = 1. *sehr arm.* Im Alten Testament ist Hiob ein frommer Dulder, ein vom Schicksal sehr hart geschlagener Mann. Seit dem 18. Jh. Der redensartliche Vergleich stützt sich auf das ganze biblische Buch Hiob oder auch speziell auf Hiob 17, 6: „Er hat mich zum Sprichwort unter den Leuten gemacht". Der weniger häufige redensartliche Vergleich *arm wie Lazarus* (s.) beruht auf Lk 16, 20. Röhrich 2001, 1, 98. Vgl. franz.: *pauvre comme Job*. Russ.: *Беден как Иов*. 2. (Kartenspieler) *im Besitz einer sehr schlechten Kartenzusammenstellung*. Der Partner kann also auf keinerlei Unterstützung rechnen. Kartenspielerspr. 19. Jh. Küpper 1993, 351.

HIRN, das; -[e]s, -e [mhd. hirn(e), ahd. hirni, eigtl. = Horn; Kopf; Spitze; gehörntes od. geweihtragendes Tier, verw. mit Horn]

ein Hirn haben wie ein Luftballon (ugs.) = *gedankenarm leben; keine eigenen Überlegungen anstellen*. Der Luftballon benötigt fremde Luft. 1950 ff. Küpper 1993, 507.

ein Hirn haben wie ein Spatz (ugs.) = *dumm sein; ein schlechtes Gedächtnis haben*. Seit dem 19. Jh. Küpper 1993, 779.

HIRSCH, der; -[e]s, -e [mhd. hirȝ, ahd. hir(u)ȝ, eigtl. = gehörntes od. geweihtragendes Tier, verw. mit Hirn]

Beine wie der stärkste Hirsch im Taunus (Odenwald o.Ä.**)** (ugs. scherzh.) = S. Bein.

ein Hinterquartier haben wie der stärkste Hirsch aus dem Odenwald (ugs. landschaftl.) = S. Hinterquartier.

laufen wie ein (junger) Hirsch (ugs.) = *schnell laufen*. Poln. *pomykać/biec jak jeleń*. Szczęk, Wysoczański 2004, 99. Vgl. franz.: *sauter et danser comme un cabri* (wörtlich: springen und tanzen wie eine junge Geiß). Seit 1900 wurde Hirsch auch auf das Fahrrad, später das Motorrad (*Schneller Hirsch*) übertragen, doch hängt dies wohl nicht so sehr mit der Geschwindigkeit zusammen, sondern eher mit der Gabelform der Lenkstange. In weiterer Übertragung nennt man dann den Motorradfahrer selbst *Hirsch*. Ebenfalls um 1900 aufgekommen ist Hirsch für den jungen Mann. Röhrich 2001, 3, 722.

müffeln (riechen) wie ein (wilder) Hirsch (salopp) = *streng, unangenehm riechen*. „Sie sind beherrschend und riechen wie ein Hirsch? Dann Vorsicht: Laut einer neuen Studie könnten nicht wenige Frauen ein Kind von Ihnen wollen...". http://www.gq-magazin.de/gq/6/content/14883/index.php. 17.8.2006

flink (frisch) wie ein Hirsch (ugs.) = *flink, schnell, beweglich*. Röhrich 2001, 3, 722; Szczęk, Wysoczański 2004, 99.

munter wie ein Hirsch (ugs.) = *heiter, gut gelaunt, aufgeweckt und lebhaft; von Heiterkeit, Fröhlichkeit, Lebhaftigkeit zeugend*. Szczęk, Wysoczański 2004, 99.

springen (laufen, tanzen) wie ein [junger] Hirsch (ugs.) = *sich fortbewegen, schnell und gewandt springen*. Röhrich 2001, 3, 722; Szczęk, Wysoczański 2004, 99.

wie der Hirsch schreit nach frischem Wasser (bildungsspr. scherzh.) = *Man verwendet das Zitat, um jemandes starkes Verlangen nach etwas zu charakterisieren*. Der Vergleich stammt aus dem 42. Psalm (V. 2), der das heftige Verlangen des Menschen nach Gott zum Inhalt hat. DZR 2002, 782.

HIRT, der; -en, -en, (auch:) **HIRTE**, der; -n, -n [mhd. hirt(e), ahd. hirti, zu Herde]

Wie der Hirt, so das Vieh. (Sprichwort) = *Vorgesetzte, Vorbilder, Eltern u.a. bedingen das Verhalten Unterstellter, Kinder usw.* Zwilling 2001, 42.

Wie der Hirt, so die Herde (Rinder). (Sprichwort). = *Dass.* Wander 2, 685. Die genannten Sprichwörter folgen dem europäisch weit verbreiteten Modell: Wie jmd. „Höheres", so auch die „Abhängigen". Vgl. *Wie der Abt, so die Mönche.* (s.); *Wie der Herr ist, so sind auch die Untertanen.* (s.); *Wie die Würze, so der Braten.* (S.) ; *Wie der Baum, so die Frucht* (S.); *Wie der Baum, so die Birne. Wie die Mutter, so die Dirne.* (S. Baum); *Wie der Vater, so der Sohn [, wie die Mutter, so die Tochter]*. Sprichwörter

1978, 57 (S. Vater); *Wie die Alten sungen, so zwitschern [auch (schon)] die Jungen* (S. Alte) u.v.a.

HITZE, die; -, (Fachspr.:) -n [mhd. hitze, ahd. hizz(e)a, zu heiß]

Hitze wie im Affenstall (ugs.) = *über sehr starke, als unangenehm empfundene Wärme; hohe Lufttemperatur, große Hitze.* Szczęk, Wysoczański 2004, 95.

HOCH [mhd. ho(ch), ahd. hoh, eigtl. = gewölbt; nach oben gebogen]

das ist vorn so hoch wie hinten = *Das ist einerlei.* 1900 ff. Küpper 1993, 897.

HOCHHAUS, das

groß wie ein Hochhaus (Turm) (ugs.) = *sehr groß.* Ein Hochhaus ist ein großes Gebäude mit vielen Stockwerken.

HOCHOFEN, der

heiß wie vor dem (wie im) Hochofen (ugs.) = *sehr heiß, über eine sehr hohe Temperatur.* (Duden) S. Ofenklappe. Ein Hochofen ist ein großer Schmelzofen zur Gewinnung von Roheisen, was bei sehr hohen Temperaturen geschieht.

schmelzen wie Butter im Hochofen (in der Sonne) (ugs.) = S. Butter.

HOCHSEIL, das

die Gedanken schwanen (schwanken) bei jmdm. wie ägyptische Gaukler auf dem Hochseil (ugs.) = S. Gedanke.

HOCHSPANNUNG, die

Sex wie eine Hochspannung haben (ugs.) = S. Sex.

HOCHZEIT, die; -, -en [mhd. hoch(ge)zit = hohes kirchliches od. weltliches Fest; Vermählungsfeier]

angezogen wie für die Hochzeit (ugs. leicht spöttisch) = *adrett gekleidet, feierlich angezogen.* Brugger 1993, 13.

Hier geht es zu wie auf Matzens Hochzeit. (fam. scherzh.) = S. Matz.

HOCHZEITSLADER, der (veraltend)

jmd. schwankt (wackelt) wie ein Hochzeitslader (ugs. scherzh. veraltend) = *über eine betrunkene Person.* Da es ein weitverbreiteter Brauch war, den Hochzeitslader (oder Hochzeitsbitter, Huxbitter), der bei der Feier als Unterhalter fungierte (und in einigen Gegenden – z.B. in der Oberlausitz - auch heute noch fungiert), mit Wein und Schnaps zu versorgen, manchmal sogar bewusst in der Absicht, ihn betrunken zu machen, ist es nicht verwunderlich, dass es zur Prägung dieser Redensart kam, denn bei aller Trinkfestigkeit, die ein Hochzeitslader haben mußte, konnte es durchaus geschehen, dass es hin und wieder des Guten zuviel wurde. So wurden die Hochzeitsbitter bereits in einer Frankfurter Verordnung von 1653 zur Nüchternheit im Dienst ermahnt. Röhrich 2001, 2, 726.

HOFHUND, der

bellen wie ein Hofhund (Hund) (ugs. scherzh.) = *(durch eine starke Erkältung o. Ä. verursacht) bellende Laute von sich geben; stark husten.* Szczęk, Wysoczański 2004, 112. Das Bild bezieht sich auf das mitunter lang anhaltende Bellen eines Hofhundes, eines Wachhundes, der zur Bewachung des Hauses im Freien (angekettet) gehalten wird. S. Hund.

HÖLLE, die; -, -n <Pl. selten> [mhd. helle, ahd. hell[i]a, wahrsch. urspr. = die Bergende, verw. mit hehlen]

heiß wie die Hölle (ugs.) = *sehr heiß, mit sehr hoher Temperatur.* Die Redensart geht auf die grellen Schilderungen der höllischen Folterqualen zurück (Fegefeuer), durch die früher die Geistlichkeit auf ihre Zuhörer, namentlich auf solche, die dem Tode nahe waren, einzuwirken suchte. Demselben Bild entspringt die Wendung *einem die Hölle heiß machen.*

Der Kaffee soll vier Eigenschaften haben: Er soll sein heiß wie die Hölle, schwarz wie der Teufel, rein wie ein

Engel und süß wie die Liebe. = S. Kaffee.

wie die Hölle (salopp emotional verstärkend) = *im äußersten Maße, Grad.* DZR 2002, 783.

HÖLLENHUND, der (Myth.)

aufpassen wie ein Höllenhund (ugs.) = *überaus wachsam sein.* Gemeint ist der Wächter am Eingang zur Unterwelt in der griech Mythologie (s.a. Zerberus): ein Fabelwesen von Hundsgestalt, das jeden schweifwedelnd in das Totenreich des Hades einließ, aber dreiköpfig zähnefletschend jedem entgegentrat, der es wieder verlassen wollte. Die Redewendung ist aus *aufpassen wie ein Schießhund* (s.) entstanden. 1964 ff. Küpper 1993, 357.

HOLZ, das; -es, Hölzer u. - [mhd., ahd. holz, eigtl. = Abgehauenes]

dasitzen (dastehen) wie ein Stück Holz (ugs.) = S. Stück.

fauler als ein Stück Holz [, denn Holz arbeitet] (ugs.) = *sehr faul, arbeitsscheu.*

aus dem gleichen/aus anderem Holz [geschnitzt] sein = *die gleiche/eine andere Wesensart, den gleichen/einen anderen Charakter haben.*

aus hartem (härterem, feinem, feinerem, gröberem, geringerem) Holz [geschnitzt] sein als jmd. (ugs.) = *in Bezug auf Charakter, Fähigkeiten, körperlich-geistige Beschaffenheit u. Ä. mehr oder minder stark sein.*

HOLZFÄLLER, der; -s, -

abgekämpft wie ein Holzfäller, der von seiner [schweren] Arbeit nach Hause kommt (ugs.) = *sehr erschöpft, müde, abgekämpft.* Brugger 1993, 7.

HOLZHACKER, der

wie ein Holzhacker essen (ugs.) = *viel und schnell essen.*

wie ein Holzhacker (wie die Holzhacker) spielen (ugs. sportl.) = *unfair spielen, foulen* (meist über Fußball).

HOLZKNECHT, der (früher)

grob wie ein Holzknecht (ugs.) = *derb* (auf die Redeweise bezogen). 1900 ff. Küpper 1993, 358. *Holzknecht* ist ein veralteter Ausdruck für 'Holzfäller'.

HOMO [auch: ,hɔ...], der; -s, -s (ugs.)

aufgehen (auflaufen) wie die Homos (salopp) = *beim Marschieren zu dicht aufschließen.* Anspielung auf homosexuelle Annäherung. BSD 1960 ff. Küpper 1993, 358.

HONIG, der; -s, -e [mhd. honec, ahd. hona(n)g, eigtl. = der Goldfarbene]

etw. passt wie Honig auf Neujahrsabend (ugs.) = *über etwas Unpassendes.* Röhrich 2001, 4, 1144.

es geht jmdm. ein wie Honig (ugs.) = *das hört er gern; das versteht er sofort.* 1920 ff. Küpper 1993, 358.

HONIGKUCHENPFERD, das

ein Gemüt haben wie ein Honigkuchenpferd (ugs.) = S. Gemüt.

ein Gesicht haben wie ein Honigkuchenpferd (ugs. abwertend) = S. Gesicht.

strahlen (lachen, grinsen) wie ein Honigkuchenpferd (auch: Primeltopf; aus allen Knopflöchern grinsen) (ugs., oft scherzh.) = *über das ganze Gesicht strahlen; sich sehr freuen und über das ganze Gesicht lachen; glücklich lächeln.* DZR 2002, 667; DZR 2007, 309. Ein *Honigkuchenpferd* ist eigentlich ein trockener, gewürzter und mit Honig bereiteter Kuchen in Pferdeform; auf den Menschen übertragen: ein energieloser, auch dummer, einfältiger Mensch (Wahrig 1996, 810). Bei der Bemalung des Honigkuchenpferdes mit Zuckerguss wird das Maul als kleiner Bogen gezeichnet, wodurch ein starrer, grinsender Ausdruck entsteht. Gelegentlich auch scherzh. verstärkt durch *mit Korinthen darauf. Grinsen wie ein Schokoladengäulchen mit Rosinenaugen und 'nem Schokoladenmäulchen.* Seit 1830 (Küpper 1993, 358). Vgl. engl.: *to grin like a Cheshire cat,* poln.: *śmiać się całą gębą,* russ.: *сиять как мёдный таз (как самовар); кто-н. весь сияет от счастья; лыбиться как параша.*

HOPFENSTANGE, die

[so] dürr wie eine [richtige] Hopfenstange (ugs.) = *über jmdn. der sehr groß und hager ist.* Röhrich 2001, 3, 737.

HORDE, die; -, -n [wohl über poln. horda, russ. orda < türk. ordu = Heer < tat. urdu = Lager; urspr. = umherziehender Tatarenstamm]

angeben wie wie eine Horde wildgewordener [Bantu-] Neger (emotional abwetrend) = 1. *toben, kreischen; prahlen.* 1900 ff. Küpper 1993, 29. 2. *mehr scheinen als sein.* Verg. franz.: *Ce sont de vrais sauvages* (wörtlich: Das sind echte wilde Menschen) im Sinne von ′das sind echte Tölpel′. Oder: *Il est parti comme un sauvage* (wörtlich: Er ist wie ein wilder Mensch weggegangen) im Sinne von - ′Er ist, ohne zu grüßen, gegangen′. Röhrich 2001, 5, 1729. *Bantu* - Angehöriger einer Sprach- und Völkergruppe in Afrika. Vgl. Wilde.

HORN, das; -[e]s, Hörner u. -e [mhd., ahd. horn, eigtl. = Spitze, Oberstes, verw. mit Hirn]

sich auf etw. verlassen wie der Bock auf die Hörner (ugs.) = S. Bock.

HORNBERG: in der Wendung

es geht aus (es endet) wie das Hornberger Schießen (ugs.) = S. Schießen.

HORNDUMM <Adj.>

horndumm (salopp) = *äußerst dumm.* (Duden) Dieses Adjektiv ist gebildet aus der Wendung *dumm wie ein Hornvieh.*

HORNISSE, die; -, -n [mhd. horniʒ, ahd. hornaʒ, eigtl. = gehörntes Tier, wegen der gebogenen Fühlhörner]

sich auf jmdn. stürzen wie die Hornissen (ugs.) = *jmdn. plötzlich, schnell und mit Härte angreifen, sich auf ihn stürzen.* Szczęk, Wysoczański 2004, 133. Die Hornisse, ein großes, zu den Wespen gehörendes Insekt (die Hornisse heißt z.B. im Schwedischen *bal-geting* - ′große Wespe′), gilt (zu Unrecht) als außergewöhnlich gefährlich für den Menschen. Im Volksglauben vermögen drei Hornissenstiche ein Pferd zu töten. Kiefer wie Stachel gelten als gleich gefährlich. HDA 4, 341. S. Wespe.

HORNVIEH, das

dumm wie ein Hornvieh (salopp) = *äußerst dumm.* Vgl. *horndumm. Hornvieh* sind Hörner tragende Tiere, die allgemein als dumm gelten. Dabei wird *Hornvieh [Hornviecher]* (derb) oft als Schimpfwort gebraucht, vgl. *Hornochs[e].*

HOSE, die; -, -n [mhd. hose, ahd. hosa = Bekleidung der (Unter)schenkel samt den Füßen, in germ. Zeit wahrsch. Bez. für die mit Riemen um die Unterschenkel geschnürten Tuch- oder Lederlappen; eigentlich = Hülle, Bedeckendes]

ein Benehmen haben wie eine offene Hose (ugs. abwertend) = S. Benehmen.

besser als in die Hose geschissen (derb) = *besser als nichts (als Ärgeres). Ausdruck der Befriedigung über den glimpflichen Ausgang einer Sache.* 1900 ff. Küpper 1993, 361.

immer noch besser als vor dem Abé in die Hose geschissen (derb) = S. Abé.

jmd. ist so dumm, dass er sich die Hosen mit der Kneifzange (Beißzange) anzieht (ugs.) = *über jmdn., der sehr dumm ist.* Auch als Antwort: „Ich ziehe mir doch nicht die Hosen mit der Kneifzange an!“

das ist Jacke wie Hose (ugs.) = S. Jacke.

das ist Rock wie Hose (ugs.) = S. Rock.

HOSENLATZ, der

aus dem Hals stinken wie der Zigeuner aus dem Hosenlatz (derb) = S. Hals.

HOSENTASCHE, die

sich in etw. auskennen wie in der eigenen Hosentasche (ugs.) = *in etw. gründlich Bescheid wissen.* 19. Jh. Küpper 1993, 362.

etw. kennen wie die eigene Hosentasche (Westentasche auch: **seine [eigene] Tasche)** (ugs.) = *etw. sehr genau kennen.* In der eigenen Anzug- oder Hosentasche kennt man sich genau aus. Seit dem 19. Jh. Vgl. franz.: *connaître quelqu'un (quelque chose) comme sa poche.* Küpper 1993, 824; DZR 2002, 789.

HOTTENTOTTE, der; -n, -n

wie die Hottentotten hausen (salopp) = 1. *ärmlich, in dürftiger Wohnung leben.* 2. *ungeordnet, völlig durcheinander.* 1910 ff. Hottentotte - ungesitteter, dummer, lächerlicher Mensch. Eigentlich entstanden aus ndl. »hotentot = Stotterer« als abfällige Sammelbezeichnung der Eingeborenen Süd- und Südwestafrikas, weil deren Sprachen den Kolonialherren völlig unverständlich waren. 1800 ff. Küpper 1993, 362.

HUHN, das; -[e]s, Hühner [mhd., ahd. huon, ablautende Bildung zu Hahn]

aussehen, als hätten einem die Hühner das Brot [weg-] gefressen (ugs. salopp) = *verwundert, ratlos dreinsehen.* Duden, Bd. 11, 74; Röhrich 2001, 3, 752.

aussehen wie ein gerupftes Huhn (ugs.) = *unordentlich aussehen, zerzaust aussehen; abgekämpft aussehen.* Szczęk, Wysoczański 2004, 124.

aussehen wie ein krankes Huhn (ugs.) = *bedauernswert aussehen; blass aussehen;* (oft) *stark erkältet sein.* Szczęk, Wysoczański 2004, 124.

her sein über etw. wie der Fuchs über den Hühnern (ugs.) = S. Fuchs.

herumlaufen wie aufgescheuchte Hühner (Hinkel, Dollhinkel) (wie ein aufgescheuchtes Huhn) (ugs.) = *planlos hin und her laufen (z.B., um etw. zu suchen).* Röhrich 2001, 3, 753. Deutlich häufiger als *herumlaufen wie ein Huhn, das ein Ei legen will und weiß nicht wo.* (S.)

herumlaufen wie ein Huhn, das ein Ei legen will und weiß nicht wo (ugs.) = *planlos hin und her laufen* (z.B., um etw. zu suchen). Röhrich 2001, 3, 753. Seltener als *herumlaufen wie aufgescheuchte Hühner (Hinkel, Dollhinkel).* (S.)

hin- und herlaufen wie ein Huhn (ugs.) = *planlos laufen, orientierungslos sein; Arbeiten uneffektiv ausführen.* Schemann 1993, 374.

jmdn. ausnehmen wie ein Huhn (ugs.) = *jmdn. ausfragen.* Man dringt gewissermaßen in ihn ein wie in ein Huhn, dem man die Eingeweide entfernt. 1920 ff. Küpper 1993, 364.

jmdn. rupfen wie ein Huhn (ugs. selten) = *sich an jmdm. bereichern, jmdn. schamlos ausbeuten, ausnutzen; jmdn. um sehr viel Geld o.Ä. bringen.* Szczęk, Wysoczański 2004, 124. S. Gans.

jmd. sieht aus (macht ein Gesicht), als wenn ihm die Hühner das Brot gestohlen hätten (ugs.) = *er macht ein einfältiges, ratloses, trübseliges Gesicht.* Hergenommen vom Gesichtsausdruck eines Kindes, das sich aus Unachtsamkeit von den Hühnern das Butterbrot hat wegnehmen lassen. 1800 ff. Küpper 1993, 364.

traurig wie ein Huhn im Regen (ugs.) = *missgestimmt, niedergeschlagen, traurig.* 1900 ff. Küpper 1993, 364.

wie die Hühner auf der Stange sitzen (ugs.) = *dicht gedrängt nebeneinander sitzen, z.B. auf einem Holzstamm, einer Bank u.Ä.* Röhrich 2001, 3, 753; Szczęk, Wysoczański 2004, 124. Das Bild ist dem Hühnerstall entnommen, in dem die Tiere auf ihren Legestangen sitzen.

HÜHNCHEN, das; -s, -: Vkl. zu Huhn

wie ein krankes Hühnchen aussehen (ugs.) = Dass., wie *aussehen wie ein krankes Huhn.* (S.)

HÜHNERBOUILLON, die; -, -s

klar wie Hühnerbouillon (ugs.) = *völlig einleuchtend.* 1900 ff. Küpper 1993, 364. Nach dem Modell *klar wie Kloßbrühe.*

HÜHNERLEITER, die

Das Leben gleicht der Hühnerleiter, man kommt vor lauter Mist nicht weiter. (ugs.) = S. Leben.

Das Leben ist wie eine Hühnerleiter, man macht viel durch. (ugs. scherzh.) = S. Leben.

Das Leben ist wie eine Hühnerleiter, [kurz und] beschissen [von oben bis unten]. (derb) = S. Leben.

HUMMEL, die; -, -n [mhd. hummel, humbel, ahd. humbal, wohl lautm. u. eigtl. = die Summende]

brummen (summen) wie eine Hummel (häufiger: **wie ein Bienchen)** (ugs. selten) = *gut laufen, gut fahren* (über ein Fahrzeug). S. Bienchen.

HUND, der; -[e]s, -e [mhd., ahd. hunt, alter idg. Tiername]

jmdn. abknallen wie einen tollen (tollwütigen, räudigen) Hund (salopp) = *jmdn. ungerührt erschießen.* Tollwütige Hunde müssen erschossen werden. 1930 ff. Küpper 1993, 366.

Ein Hund lebt wie ein Hund. (Sprichwort) = *wer sich seines Wertes nicht bewusst ist, darf von anderen nicht erwarten, geachtet zu werden.* Wander 2, 837.

etw. abschütteln wie der Hund den Regen (die Regentropfen, das Wasser) (ugs.) = *sich etw. nicht zu Herzen nehmen.* Seit dem 19. Jh. Küpper 1993, 366.

etw. abschütteln wie der Hund die Flöhe (ugs.) = *sich etw. nicht nahe gehen lassen.* Seit dem 19. Jh. Küpper 1993, 366.

abziehen (dastehen) wie ein geprügelter (verprügelter) Hund (wie ein begossener, nasser Pudel) (ugs.) = *deprimiert, desillusioniert sein, weggehen.* Schemann 1993, 375.

jmdn. begraben wie einen Hund (ugs. abwertend) = *jmdn. würdelos begraben; jmdn. achtlos, oft heimlich irgendwo begraben.* Szczęk, Wysoczański 2004, 111.

jmdn. behandeln wie einen Hund (ugs.) = *jmdn. herabwürdigen; jmdn. würdelos behandeln; jmdn. nicht beachten.* Schemann 1993, 375. Poln. *traktować kogoś jak psa.* Szczęk, Wysoczański 2004, 110.

jmdn. behandeln wie einen räudigen Hund (pathet. abwertend veraltend) = 1. dass., wie *jmdn. behandeln wie einen Hund.* 2. *jmdn. ausschließen; jmdn. nicht beachten.* Schemann 1993, 375. Poln. *traktować kogoś jak parszywego psa.* Szczęk, Wysoczański 2004, 110.

bekannt wie ein bunter (scheckiger) Hund [sein] (ugs.) = *überall bekannt. Bunt* ist der gescheckte Hund, der eher auffällt und sich einprägt als der einfarbige, somit bekannter ist. 1600 ff. Küpper 1993, 366; Schemann 1993, 375; DRZ 2007, 111.

bellen wie ein Hund (ugs.) = *(durch eine starke Erkältung o. Ä. verursacht) bellende Laute von sich geben; stark husten.* Szczęk, Wysoczański 2004, 112. Das Bild bezieht sich auf das Bellen des Hundes (und des Fuchses), die wiederholt kurze, kräftige Laute von sich geben. S. Hofhund.

um etw. betteln wie ein Hund (ugs. abwertend) = *um etw. inständig bitten.* Spielt an auf das Verhalten schlecht erzogener Hunde angesichts essender Menschen. 1900 ff. Küpper 1993, 367.

jmd. ist so blöd (dumm, bescheuert), dass ihn die Hunde anpinkeln (die Schweine beißen) (ugs. abwertend) = *sehr dumm [sein]* (meist über einen Mann). Borneman 2003, 5, 3.

wie in Buxtehude, wo die Hunde mit dem Schwanz bellen (ugs. scherzh.) = S. Buxtehude.

dastehen wie ein begossener Hund (öfter: **Pudel)** (ugs. selten) = *kleinlaut, schuldbewusst sein; beschämt dastehen.* 1800 ff. Küpper 1993, 365. Das komische Aussehen des sich vor Nässe schüttelnden Tieres hat den Anlass zur Redensart gegeben, wie auch zu dem Ausdruck *Pudelnass*. Schon 1618 heißt es im Volkslied von den zum Prager Rathausfenster hinuntergeworfenen Herren, sie hätten sich davongeschlichen „alsam begoßne Hund". In Schillers »Räubern« (II, 3) vergleicht Spiegelberg einen, der Angst kriegt: „Tausend Sakerment! Da hättest du den Kerl sehen sollen die Augen aufreißen und anfangen zu zappeln wie ein nasser Pudel"; vgl. auch die Ausdrücke *Pudelnackt* - völlig nackt (wie ein geschorener Pudel) und *Pudelnärrisch* - närrisch, mutwillig, übermütig (wie ein ausgelassener Pudel). Röhrich 2001, 4, 1207.

jmdn. davonjagen wie einen räudigen Hund (pathet. abwertend veraltend) = 1. *vertreiben, verscheuchen, in die Flucht schlagen; weg-, fortjagen. 2. jmdn. würdelos entlassen; jmdm. kurfristig kündigen.* Szczęk, Wysoczański 2004, 110.

dreinschauen wie ein geprügelter Hund (ugs.) = *unterwürfig sein, sich ergeben zeigen, eine ergebene Miene machen.* Poln. *patrzeć jak zbity pies.* Szczęk, Wysoczański 2004, 110.

ehrlich wie ein Hund (ugs.) = *ehrlich ergeben, treu.* S. *müde wie ein Hund.*

einsam wie ein Hund in seiner Hütte (ugs.) = *sehr einsam, für sich allein, verlassen; ohne Kontakte zur Umwelt.* (Deutschlandfunk, 25.10.2005, 15.10 Uhr).

jmd. ist voller Freude wie ein Hund voll Flöhe (ugs. selten) = S. Freude.

Das freut mich wie den Hund das Hechellecken. (ugs. landschaftl. bayerisch abwertend) = *über etw. Unerfreuliches, Unangenehmes.* Röhrich 2001, 2, 684.

jmdm. folgen wie ein Hund (ugs. oft abwertend) = 1. S. *folgsam wie ein Hund.* 2. *jmdm. nachgehen; hinter jmdm., etw. hergehen.* Poln. *chodzić za kimś jak pies.* Szczęk, Wysoczański 2004, 110. 3. *in der gleichen Weise oder ähnlich wie jmd. handeln; sich nach jmdm., etw. richten; etw. mitmachen.*

folgsam wie ein Hund (ugs. oft abwertend) = *sich den Anordnungen fügend, sich ihnen nicht widersetzend; gehorsam, artig.* Poln. *posłuszny jak pies.* Szczęk, Wysoczański 2004, 110. Gut erzogene Hunde folgen den Anordnungen ihres Herrn ohne jeglichen Widerstand.

frei von Sünden wie ein Hund von Flöhen (ugs. iron.) = S. Sünde.

jmd. ist voller Freude wie ein Hund voll Flöhe (ugs. selten) = S. Freude.

frieren wie ein [junger] Hund (wie ein Schneider) (ugs.) = *heftig frieren.* Junge Hunde sind nackt oder nur dünn behaart und entsprechend kälteempfindlich. 1700 ff. Küpper 1993, 367; Schemann 1993, 374; DZR 2007, 262. Vgl. Schneider.

etw. ist wie ein Hund ohne Schwanz (ugs. scherzh.) = *etw. ist unvollständig; es fehlt etw. zur Vollkommenheit.*

kaputt sein wie ein toter Hund (ugs.) = *völlig erschöpft sein.* 1950 ff. Küpper 1993, 368.

jmd. klemmt (zieht) den Schwanz ein wie ein Hund (ugs.) = S. Schwanz.

knurren wie ein Hund (ugs.) = *mürrisch, missmutig sein.* Wander 1, 1144-1145. Vgl. *knurrig sein* - eigtl. von einem Hund - ′mürrisch, verdrießlich sein′.

krepieren wie ein Hund (salopp abwertend) = *verenden, elend sterben; unter sehr schlechten Umständen sein Leben beenden.* Szczęk, Wysoczański 2004, 111. S. *verrecken wie ein Hund.*

sich krummlegen wie ein Hund (ugs.) = *sich sehr einschränken.* Hunde liegen gern eingerollt. Wortspiel mit » krummlegen«. 1960 ff. Küpper 1993, 367.

leben wie ein Hund (ugs.) = 1. *armselig, in sehr dürftigen Verhältnissen leben. 2. einsam und unter primitiven Bedingungen leben.* Vgl. Goethe, Faust: »es möcht' kein Hund so länger leben«. Seit dem 19. Jh. Küpper 1993, 367. Bezieht sich auf die sozial niedrige Stellung des Hundes. Poln. *żyć jak pies.* Szczęk, Wysoczański 2004, 110; WW 2004, 136. S. *Ein Hund lebt wie ein Hund.*

leiden wie ein Hund (ugs.) = *einen Zustand von schwerer Krankheit, Schmerzen, seelischem Leiden o. Ä. auszuhalten, zu ertragen, zu erdulden haben; stark leiden.*

das ist der Moment, wo der Hund ins Wasser rennt (springt) (ugs. scherzh.) = S. Moment.

müde wie ein Hund (ugs.) = *sehr müde; übermüdet.* Herzuleiten vom Hund des Schäfers, vom Karrenhund oder vom Hund nach der Jagd. 1800 ff. Küpper 1993, 366; Schemann 1993, 374; Szczęk, Wysoczański 2004, 111.

Du sagst, du wärst so müde wie ein Hund, / So reizbar, krank und hungrig wie ein Hund, / So matt und melancholisch wie ein Hund. / So träge, schläfrig, müßig wie ein Hund. / Doch warum vergleichst du dich mit einem Hund?
Worin der Mensch gering schätzt einen Hund, / Stell ich dich besser gleich mit einem Hund.
Du bist so treu und ehrlich wie ein Hund, / Bist unbefangen, lieb, so wie ein Hund,/ Du bist so klug und tapfer wie ein Hund.
Sir John Davies. In Cineam (1594).

nachlaufen wie ein Hund (ugs. selten) = *jmdm. gedankenlos, willenlos folgen; einer bestimmten Strömung ohne eigenen Einfluss folgen.* Schemann 1993, 375.

sich um etw. raufen wie die Hunde um den Knochen (ugs.) = 1. *verbissen eigene Interessen vertreten.* 2. *zänkisch sein, eine stark ausgeprägte Neigung haben, mit jmdm. einen Zank zu beginnen.* Szczęk, Wysoczański 2004, 111.

jmd. riecht wie Laternenpfahl ganz unten und schmeckt wie Hund ganz hinten (salopp) = S. Laternenpfahl.

Wie das Pferd zum Rennen, der Ochse zum Pflügen, der Hund zum Aufspüren, so ist der Mensch zum Handeln und Arbeiten geboren. (Spruchweisheit) = S. Pferd.

wie Rothschild sein Hund (ugs. scherzh.) = S. Rothschild.

jmdn. schlagen wie einen Hund (ugs.) = *jmdn. gnadenlos schlagen; jmdm. bewusst durch Schläge körperlichen Schaden zufügen.* Hunde werden mitunter geschlagen, um sie unterwürfig zu machen und ihnen Gehorsam anzuerziehen.

schmecken wie dicker Hund von hinten (ugs. stark abwertend selten) = *es schmeckt scheußlich, überaus schlecht.* 1950 ff., schül. Küpper 1993, 367.

schmecken wie Hund (ugs.) = *sehr schlecht schmecken; widerlich schmecken.* Duden, Bd. 11, 629. Nach allgemeiner Ansicht ist Hundefleisch unschmackhaft; in Hungerzeiten war man anderer Meinung. 1965 ff. Küpper 1993, 367.

sich schütteln wie ein nasser Hund (ugs.) = *Einwände nicht beherzigen; Lästiges abweisen.* 1900 ff. Küpper 1993, 367.

jmd. läßt den Schwanz hängen wie ein begossener Hund (Pudel) (ugs.) = S. Schwanz

sich [mit jmdm.] stehen wie Hund und Katz[e] (ugs.) = *sich [mit jmdm.] nicht vertragen.* Duden, Bd. 11, 685.

jmd. steckt voller Unarten wie der Hund voll Flöhe (ugs.) = S. Unart.

treu wie ein Hund (ugs. oft spöttisch) = *sehr treu, anhänglich.* Schemann 1993, 375; Lapidis 2006, 28. S. *müde wie ein Hund.*

wie ein toller (tollwütiger) Hund sein (ugs.) = *sich wütend geben, ohne Rücksicht auf Anderevorgehen.* Szczęk, Wysoczański 2004, 112.

voller Unarten stecken wie der Hund voll Flöhe (ugs. selten) = S. Unart.

sich [mit jmdm.] vertragen (leben) wie Hund und Katz[e] (ugs.) = *mit jmdm. im Streit leben, sich [mit jmdm.] nicht vertragen.*

verrecken wie ein Hund (salopp) = *elend sterben; eingehen, krepieren.* Szczęk, Wysoczański 2004, 112. S. *krepieren wie ein Hund.*

weg sein wie Fischers Hund (ugs. selten) = S. Fischer.

widerlich wie die Mahlzeit eines Hundes, der das Erbrochene erneut aufschlappt (ugs. abwertend) = S. Mahlzeit.

wie die Hunde sein (ugs.) = *wild sein, sich auf etw. gierig stürzen, ungeordnet handeln.* Szczęk, Wysoczański 2004, 111.

wie Hund und Katze sein (leben) (ugs.) = *mit jmdm. in Zwietracht sein; miteinander im Streit sein; gegenseitig den Streit suchen, sich fortwährend mit jmdm. zanken, streiten; sich nicht vertragen.* Poln. *być jak pies z kotem.* Szczęk, Wysoczański 2004, 110; WW 2004, 136; Schemann 1993, 376. S. *(so verschieden) wie Feuer und Wasser sein.*

zusammenlaufen wie die Hunde (ugs.) = *wahllos heiraten; ohne Standesrücksichten heiraten.* 1800 ff. Küpper 1993, 368.

HÜNDCHEN, das, HUNDCHEN, das (landsch.); -s, -: Vkl. zu Hund

hinter jmdm. laufen wie ein Hündchen (ugs. abwertend) = 1. *jmdm. ständig folgen, hinter jmdm., hinter etw. herlaufen.* 2. *jmdm. willenlos folgen; jmdm. sich um jmdm. in unangemessener Abhängigkeit zu seinen Zwecken, Zielen [überall] eifrig darum bemühen, jmdn., etw. für sich zu gewinnen.* Szczęk, Wysoczański 2004, 113.

HUNDEELEND <Adj.>

sich hundeelend fühlen (salopp) = *(in Bezug auf jmds. Befinden) sehr elend, schlecht fühlen.* Schemann 1993, 376. Gebildet nach der Wendung *sich fühlen wie ein Hund.*

HUNDEHÜTTE, die

seine Brust sieht aus wie eine Hundehütte, in jeder Ecke ein Knochen (ugs. scherzh.) = *er hat eine schwächliche, knochige Brust.* Die Rippen sind deutlich zu erkennen. BSD 1955 ff. Küpper 1993, 368; Röhrich 2001, 5, 1725.

HUNDEKACKE, die

glatt wie Hundekacke (derb) = *sehr glatt, rutschig.* Spielt auf die Verunreinigung der Straßen durch Hunde an.

HUNDESCHNAUZE, die

kalt (eiskalt) wie [eine] Hundeschnauze (wie ein Eisblock) [sein] (ugs.) = 1. *rücksichtslos, hart, gefühllos, ohne jedes Mitempfinden sein.* Duden, Bd. 11, 369. 2. *unnahbar gegenüber Liebesgelüsten; temperamentlos sein.* Borneman 2003, 4.5 Die kalte Hundeschnauze ist eigentlich Zeichen der Gesundheit des Hundes, der Fieberfreiheit; hier meint *kalt* jedoch die Gefühlskälte, verstärkt mit den negativen Konnotationen, über die der Hund vorwiegend verfügt. 1860/70 ff. Küpper 1993, 368; Röhrich 2001, 2, 372; Szczęk, Wysoczański 2004, 111. Vgl. Eis, Eisblock.

HUNGER, der; -s [mhd. hunger, ahd. hungar, eigtl. = brennendes Gefühl (von Hunger, Durst)]

Hunger ist schlimmer als Heimweh = *Lebensweisheit eines Hungerleiders.* Nach dem Vorbild von *Durst ist schlimmer als Heimweh.* Sold. 1939 ff. Küpper 1993, 369.

Hunger haben wie ein Bär (einen Bärenhunger haben) (ugs.) = *sehr hungrig sein, großen Hunger haben.* Schon im 13. Jahrhundert bei Reinmar von Zweter. Vgl. dagegen franz.: *une faim de loup* (Wolfshunger). Röhrich 2001, 1, 145. Der Bär ist gefräßig und nahezu ein Allesfresser. 1900 ff. Küpper 1993, 79.

Hunger wie ein Wolf haben (ugs.) = *großen Hunger haben.* Seit dem 18. Jh. Küpper 1993, 926. Poln. *być głodnym jak wilk.* Szczęk, Wysoczański 2004, 101.

HUPFEN <sw. V.; ist> [mhd. hupfen] (südd., österr., sonst veraltet)

das ist gehupft (gehüpft, gehopst, gehuppt) wie gesprungen (ugs.) = *das ist völlig gleich, einerlei, dasselbe; das zeitigt dasselbe Ergebnis.* Duden, Bd. 11,

358. Leitet sich her von hüpfenden oder springenden Tanzbewegungen, wie sie vor allem im Volkstanz häufig sind. 1800 ff. Küpper 1993, 279.

HÜPFEN, (südd., österr., sonst veraltet:) <sw. V.; ist> [mhd. hüpfen, eigtl. = sich (im Tanze) biegen, drehen, verw. mit hoch in dessen urspr. Bed. „gebogen"]
hüpfen (springen, herumspringen) wie ein Gummiball = S. Gummiball.

HURE, die; -, -n [mhd. huore, ahd. huora, zu: huor = Ehebruch, urspr. wohl = Liebhaberin u. Substantivierung eines Adj. mit der Bed. „lieb; begehrlich"]
angeben wie eine unbenutzte Hure (ugs. abwertend) = *seine Wut anhaltend und laut äußern.* Prostituierte werden üblicherweise erst nach dem Beischlaf bezahlt und sind daher aufgebracht, wenn der Kunde den Beischlaf nicht vollzieht. 1920 ff. Küpper 1993, 29.

HURRIKAN, der; -s, -e u. (bei engl. Ausspr.:) -s [engl. hurricane < span. huracán < Taino (westindische Indianerspr.) hurakán]
zupacken wie ein Hurrikan (ugs.) = 1. *stark, kräftig sein.* 2. *eine Sache entschlossen angehen.* Brugger 1993, 123.

HUSAR, der; -en, -en [ung. huszár < älter serb. husar, gusar = (See)räuber < ital. corsaro, Korsar]
Husaren reiten wie der Wind (Kartenspieler) = *durch Einstechen mit guten Trümpfen erreicht man schnell die zum Gewinnen erforderliche Punktzahl.* Beim Militär hieß es: *Husaren reiten wie der Wind, - wenn sie erst aufgesessen sind«* Kartenspielerspr. 19. Jh. Küpper 1993, 370.
Husaren reiten wie der Wind, wenn welche hinter ihnen sind (Kartenspieler scherzh.) = *das Trumpfen in Mittelhand nutzt wenig, wenn der nächste Spieler eine höhere Trumpfkarte hat.* Kartenspielerspr. 19. Jh. Küpper 1993, 370.

HUSTEN, der; -s, - <Pl. selten> [mhd. huoste, ahd. huosto, Substantivierung eines das Hustengeräusch nachahmenden lautm. Wortes]
jmdn. wie den letzten Husten behandeln (ugs.) = *jmdn. abfällig behandeln; jmdn. erniedrigen.* Brugger 1993, 7.

HUT, der; -[e]s, Hüte [mhd., ahd. huot, eigtl. = der Schützende, Bedeckende]
Jmd. **ist wie sein Hut - kleiner Kopf und großer Rand.** (ugs.) = *Redewendung auf einen geistlosen Schwätzer.* Küpper 1993, 371.

HUTSCHNUR, die
dünn wie eine Hutschnur (ugs. selten) = *sehr dünn, hager.* (Duden)

HÜTTE, die; -, -n [mhd. hütte, ahd. hutta; eigtl. = Bedeckende, Umhüllende]
einsam wie ein Hund in seiner Hütte (ugs.) = S. Hund.

HYÄNE, die; -, -n [mhd. hientier, hienna, ahd. ijena < lat. hyaena < griech. hýaina, zu: hys = Schwein, wohl nach dem borstigen Rücken]
sich wie die Hyänen auf (über) etw. stürzen; wie eine Hyäne über seine Beute herfallen (ugs.) = *rücksichtslos über (meist) Schwache herfallen, anderen Schaden zufügen.* Szczęk, Wysoczański 2004, 96. Die Hyäne, ein dem Hund ähnliches Raubtier, ernährt sich vorwiegend von Aas und geht besonders nachts auf Beute aus. Dabei stürzt sich oft ein ganzes Rudel begierig auf sein Opfer.

I

IDEE, die; -, Ideen [z. T. unter Einfluss von frz. idée < lat. idea < griech. idéa, urspr. = Erscheinung, Gestalt, Form; bei Platon = Urbild, zu: idein = sehen, erkennen]

Ideen haben wie ein alter Eimer (ugs.) = *wunderliche Gedanken haben.* Idee = Einfall. »Einfall« kann sowohl den Geistesblitz als auch den Einsturz meinen. 1920 ff. Küpper 1993, 373.

Ideen haben wie eine kranke Kuh (ugs.) = *seltsame Einfälle haben.* Vgl. *Einfälle wie eine Kuh Ausfälle haben.* 1920 ff. Küpper 1993, 373.

IDIOT, der; -en, -en [lat. idiota, idiotes < griech. idiotes = gewöhnlicher, einfacher Mensch; Laie; Stümper, zu: ídios = eigen, eigentümlich]

als (wie) ein Idiot dastehen (ugs.) = *angeführt, genarrt, getäuscht worden sein; sich lächerlich machen, weil man sich auf einen anderen verlassen hat.*

IGEL, der; -s, - [mhd. igel, ahd. igil, zum idg. Wort für „Schlange" (vgl. griech. échis = Viper) u. eigtl.= Schlangenfresser]

etw. ist gespickt mit etw. wie ein Igel = *etw. ist stark angefüllt mit einer Sache; jmd. verfügt über großes Wissen auf einem Gebiet.* Vgl. *Er ist mit griechisch und lateinisch gespickt wie ein Igel.* Wander 2, 135.

Mancher Handel ist wie ein Igel, wo man ihn angreift, da sticht man sich. = S. Handel.

passen (sich eignen) wie der Igel zum Arschwisch(en) (derb) = *überhaupt nicht zusammenpassen; durchaus nicht passen, unpassend sein, nicht angebracht sein.* Szczęk, Wysoczański 2004, 100; Borneman 2003, 7.12. *Da ruffet Gargantua, wie sind dass Reutterskerles, wie ein Igel ein Arschwisch.* Wander 3, 1190. Seit dem 17. Jh. Küpper 1993, 373; Röhrich 2001, 3, 779.

etw. passt wie der Arsch zum Igel (derb) = S. Arsch.

etw. passt wie der Igel zum Taschentuch (zum Handtuch) (ugs.) = *das eignet sich sehr schlecht zu einem bestimmten Zweck; über Unpassendes, Ungeschicklichkeit.* Szczęk, Wysoczański 2004, 99. Früher mehr als heute war die Redensart üblich. Wie bei der Redensart *das passt wie die Faust aufs Auge* ist etwas gemeint, das in Wahrheit überhaupt nicht passt. Der *Igel zum Taschentuch* ist eine Abschwächung der derberen, aber noch einleuchtenderen Redensart aus dem siebzehnten Jahrhundert: *Das passt wie der Igel zum Arschwisch!* Bezeugt seit dem 17. Jahrhundert. Krüger-Lorenzen, 150-151.

saufen wie ein Igel (Egel, Blutegel) (salopp) = 1. *viel (Alkohol) trinken.* Szczęk, Wysoczański 2004, 100; Gall 2006, 4; Wander 4, 31. Die Form mit *Igel* ist wohl missverstanden aus: *Wie ein (Blut-) Egel,* doch schon bei Johann Fischart (1546-90): „Ich hab ein igel im bauch: der muß geschwummen haben". Röhrich 2001, 3, 778. Die Glassbrenner'sche Montagszeitung enthielt (Februar 1875) folgende Mitteilung: »Ein Berliner, der sich die 8 Elefanten und 5 Löwen bei Salamonski vergnügt angesehen hatte, ging nach der Circusvorstellung in eine Weinhandlung, entwickelte dort einen Wolfshunger, soff wie ein Igel, kaufte sich einen Affen, band, da er nicht Geld bei sich hatte, einen Bären an, hatte auf dem Heimwege einen Strauss mit dem Nachtwächter, torkelte, als der Hahn krähte, ins Bette und schlief wie eine Ratte. Wander 5, 381. 2. *trunksüchtig sein; stark zechen.* Missverstanden aus »(Blut-) Egel« oder aus »Ilk = Iltis«. 1700 ff. Küpper 1993, 373; Lapidus 2006, 46. S. Bürstenbinder.

sein (jmd. ist) wie ein Igel: er sticht, wo man ihn anrührt (scherzh. abwertend) = *über einen aufbrausenden Menschen.* Wander 2, 957.

stachlig wie ein Igel (ugs.) = 1. *unnahbar, abweisend.* Wander 4, 760. 2. (scherzh.) *unrasiert.*

taugen (passen) wie der Igel zur Türklinke (ugs.) = *zu dem beabsichtigten Zweck unbrauchbar sein.* Sold. seit dem späten 19. Jh., danach zivil. Küpper 1993, 373; Röhrich 2001, 3, 779; Borneman 2003, 7.12.

tauglich wie der Igel zum Arschwisch (derb) = *wehrdienstuntauglich.* Sold. 1910 bis heute.

sich zusammenrollen wie ein Igel (ugs.) = 1. *sich (wie ein Igel) einrollen, zusammenrollen.* 2. *sich ganz zurückziehen, von anderen abschließen.* 3. *passiv wehrhaft sein, niemanden an sich heran lassen.* Bei Gefahr rollt sich ein Igel zusammen. Vgl. *Der gedultig krümbt sich zusammen wie ein Igel vnd läst andere das maul vnd hörner vber sich zerstossen.* Wander 1, 1409.

vorsichtig [sein] wie der (die) Igel bei der Vermehrung (ugs. scherzhaft) = *sehr vorsichtig sein.* Das Bild spielt auf die Stacheln des Igels an, die (angeblich) bei Körperkontakt störend wirken. 1980 ff. Küpper 1993, 373.

ILLUSION, die; -, -en [frz. illusion < lat. illusio = Täuschung, irrige Vorstellung, zu: illudere = sein Spiel treiben, täuschen]

eine Illusion (o. Ä.) platzt (zerplatzt) wie eine Seifenblase (ugs.) = *eine trügerische Vorstellung erweist sich als nichtig.* 1800 ff. Küpper 1993, 762. Abgeleitet vom schnellen Platzen von Seifenblasen.

IMME, die; -, -n [mhd. imme, imbe, ahd. imbi = Bienenschwarm, die Bed. „Biene" hat sich erst in spätmhd. Zeit aus dem koll. Sinn entwickelt] (dichter.)

He stickt as'n Imm (mundartl.) = *er hat eine böse Zunge.* Röhrich 2001, 3, 779.

de is so klook as'n Imm, kann bloots keen Honni schieten (maken) (iron. abw. mundartl.) = Röhrich 2001, 3, 779.

jmd. trägt wie eine Imme (ugs.) = *jmd. trägt zusammen, spart.* Röhrich 2001, 3, 779.

jmd. brasselt (arbeitet) wie eine Imme (ugs.) = über jmdn., der viel und mühevoll arbeitet. Röhrich 2001, 3, 779. S *arbeiten (fleißig) wie ein Bienchen (eine Biene), bienenfleißig.*

sich reinigen wie eine Imme (Kartenspieler) = *Karten abwerfen. Imme* (dichter.) - 'Biene'. Man putzt sich wie eine Biene. Kartenspielerspr. 1900 ff. Küpper 1993, 374. Die Bedeutung 'Biene' ist erst spätmittelhochdeutsch, in den Mundarten wird z.T. zwischen den beiden Bedeutungen unterschieden (westfäl. *Ime* f. 'Biene', westfäl. *Imen* m. 'Bienenschwarm', schweizer. *immi* 'Biene', *imb* 'Bienenschwarm'. Kluge 2002, 435; Röhrich 2001, 3, 779.

stechen wie eine Imme (Kartenspieler) = *überbieten.* 1900 ff. Küpper 1993, 374.

INDIGO, der od. das; -s, (Arten:) -s [span. índigo < lat. Indicum < griech. Indikón, eigtl. = das Indische, nach seiner ostindischen Heimat]

blau wie Indigo (scherzh.-iron.) = *volltrunken, stark unter Alkoholeinfluss stehen.* Walter, Mokienko 2001, 104. Indigo ist der älteste pflanzliche, heute synthetisch hergestellte, tief dunkelblaue Farbstoff.

INSEKT, das; -s, -en [lat. insectum, eigtl. = eingeschnitten(es Tier), subst. 2. Part. von: insecare = einschneiden]

lästig wie ein Insekt (ugs. abwertend) = *aufdringlich, jmdn. in [aufdringlich] unangenehmer Weise beanspruchend, störend, ihn in seinem Tun oder seinen Lebensgewohnheiten behindernd; sehr unangenehm.* Szczęk, Wysoczański 2004, 129. S. Juckreiz, Scheißhausfliege.

sich auf jmdn. stürzen wie die Insekten (ugs. selten) = *wild, ungestüm über jmdn.*

herfallen, jmdn. angreifen, anfallen. Szczęk, Wysoczański 2004, 129.

INTERESSE [auch: ɪn'trɛsə], das; -s, -n [unter Einfluss von frz. intérêt = Anteil(nahme); Nutzen, Vorteil (< lat. interest = es bringt Nutzen) zum mlat. Subst. interesse = aus einer Ersatzpflicht resultierender Schaden (aus der Sicht des Gläubigers = Nutzen, Vorteil, Gewinn), zu lat. interesse = von Wichtigkeit sein]

jmd. hat ein Interesse wie ein verrosteter Nagel (ugs. iron.) = *über jmdn., der kein Interesse gegenüber einer Sache zeigt.* Röhrich 2001, 1, 316.

IRRE, der u. die; -n, -n (ugs. veraltend)

angeben wie ein [armer] Irrer (Blöder) (salopp) = *lärmen und toben.* 1920 ff. Küpper 1993, 29.

wie ein Irrer fahren (ugs.) = *sehr schnell, sehr undiszipliniert fahren.* Irrer - einfältiger Mensch; leicht Verrückter. Eigentlich Mitleidsbezeichnung gegenüber einem Geistesgestörten. Seit dem frühen 20. Jh. Küpper 1993, 376.

ITALIENER, der; -s; -

Der Spanier gleicht (seiner Erscheinung nach) **dem Teufel, der Italiener ist ein Mann, der Franzose ist wie ein Weib, der Brite wie ein Engel, der Deutsche wie eine Säule.** (bildungsspr.) = S. Spanier.

ITSCHE, die; -, -n

besoffen (voll) wie eine Itsche (salopp) = *volltrunken. Itsche* - ´Kröte´. Nach altem Volksglauben sind Kröten giftig. Hier meint *Gift* den Alkohol. Seit dem 19. Jh. Küpper 1993, 376.

IWAN, der; -s, -s [nach dem russ. m. Vorn. Iwan = Johannes] (ugs. scherzh., oft abwertend)

voll wie ein Iwan (ugs. scherzh. abwertend) = *volltrunken.* Iwan – abwertend für ´Russe´. Den Russen sagt man nach, sie tränken viel Alkoholisches (und könnten viel davon vertragen). 1965 ff. Küpper 1993, 377. S. Russe.

J

JACKE, die; -, -n [spätmhd. jacke < afrz. jacque = Waffenrock, wohl zu frz. jacque = Bauer (Spitzname, eigtl. der m. Vorn. Jacques = Jakob), da dieses Kleidungsstück hauptsächlich von Bauern getragen wurde]

das ist Jacke wie Beinkleid (Hose) (ugs. scherzh.) = *das ist dasselbe, einerlei.* Aus dem Folgenden scherzhaft-verhüllend entwickelt. 1900 ff. Küpper 1993, 378.

das ist Jacke wie Hose (ugs.) = *einerlei, unerheblich, kein Unterschied sein; das ist gleichgültig, ist dasselbe.* Duden, Bd. 11, 363. Die Jacke entstand aus einem gekürzten Rock oder Mantel, und die Hosen waren eigentlich Strümpfe (Beinlinge). Als man beide aus demselben Stoff schneiderte, entfiel ein bei älteren Trachten wesentlicher Unterschied zwischen Jacke und Hose. Seit dem 17. Jh. Küpper 1993, 378.

JAGD, die; -, -en [mhd. jaget, jagat, zu jagen]

Ab wie die wilde Jagd! (bildungsspr.) = *Schleunigst fort!* Die wilde Jagd ist das aus der Volkssage bekannte gespenstige Heer mit Wotan an der Spitze, das durch die Lüfte fährt. 1920 ff. Küpper 1993, 2.

JÄGER, der; -s, - [mhd. jeger(e), ahd. jagar(i)]

etw. ausweiden wie ein Jäger ein Tier (ugs.) = *etw. schamlos ausräumen; etw. so lange ausbeuten, bis nichts mehr vorhanden ist.* (Duden) Das Bild stammt aus der Jägersprache, in der *ausweiden* bedeutet, einem geschlachteten, erlegten Tier die Eingeweide entnehmen, sie daraus entfernen.

JAHR, das; -[e]s, -e [mhd., ahd. jar, viell. urspr. = Gang; Lauf, Verlauf]

lieber nichts (lieber zehn Jahre nichts) zu Weihnachten (ugs.) = *Ausdruck der Ablehnung einer Zumutung*. Etwa seit 1930. Röhrich 2001, 5, 1708.

Tausend Jahre sind vor dir wie ein Tag (geh.) = 1. *jegliche Zeitvorstellung ist relativ*. 2. *gebraucht, um anzudeuten, wie schnell die Zeit vergeht*. „Denn tausend Jahre sind vor dir wie der Tag, der gestern vergangen ist" lautet der Vers des 90. Psalms im Alten Testament (Psalm 90, 4), der gewöhnlich in der angeführten gekürzten Form zitiert wird. Er stellt die Ewigkeit Gottes der Vergänglichkeit des Menschen gegenüber. Heute werden diese Worte gewöhnlich ohne direkten Bezug auf Gott verwendet. DZR 2007, 151.

Wir bringen unsre Jahre zu wie ein Geschwätz. (geh.) = *meist als eine Art Klage über die Vergänglichkeit des menschlichen Daseins beim Rückblick auf sinnlos vertane Zeit, auf Jahre, die ohne Sinnerfüllung dahingegangen sind, zitiert.* Der 90. Psalm, der die Ewigkeit Gottes und die Vergänglichkeit des sündigen Menschen einander gegenüberstellt, enthält im 9. Vers diese Aussage. Der deutsche Schriftsteller Ernst Wiechert (1887-1950) hat dieses Bibelwort seinem Roman »Die Jerominkinder« (erschienen 1945-1947) als Motto vorangestellt. DZR 2007, 852-853.

JAHRMARKTSVERKÄUFER, der; -s, -

eine Schnauze haben wie ein Jahrmarktsverkäufer (salopp) = S. Schnauze.

JAN, männl. Vorname

jmd. ist noch dümmer als Jan Wohlers: der konnte wenigstens noch Rad fahren (ugs. iron.) = *jmd. ist überaus dumm*. BSD 1960 ff. Küpper 1993, 182.

JÄNNER, der; -s, - <Pl. selten> [mhd. jen(n)er < vlat. Ienuarius] (österr., seltener südd., schweiz.)

wie die Sonne im Jänner sein (iron.) = S. Sonne.

JEMALS <Adv.>

besser als je[mals] zuvor = S. besser.

JEMAND <Indefinitpron.> [mhd. ieman, ahd. ioman, eoman, aus: io, eo = immer u. man = Mann, Mensch]

wie für jemand (für etw.) geschaffen (ugs.) = *sehr passend für jmdn. (etw.), jmdm. zusagend, sehr geeignet für jmdn. (etw.)*. Poln. *jak(by) stworzony dla kogo, jak(by) stworzony do czego*. WW 2004, 44.

wie selten jemand (ugs.) = *einzigartig, ungewöhnlich*. Poln. *jar rzadko kto*. WW 2004, 43.

JETZT <Adv.>

Ein Jetzt ist besser als zwei Dann. (Sprichwort) = *schnelle Hilfe ist wertvoller, als solche, die spät kommt*. Wander 2, 1017. Diesem Sprichwort liegt dasselbe Bild zugrunde, wie in: *Wer schnell gibt, gibt doppelt*. - das weite europäische Parallelen aufweist.

JOHANNES, männl. Vorname

Wie die Nase des Mannes, so sein Johannes. (An der Nase des Mannes erkennt man seinen Johannes.) (salopp) = S. Nase.

JOSEPH, männl. Vorname

keusch wie Joseph (ugs. scherzh.) = 1. *über jmdn., der sexuelle Angebote ablehnt*. 2. (bildungsspr. geh. veraltet) *schamhaft zurückhaltend; bestimmten, einschränkenden sexuellen und moralischen Normen entsprechend; sittsam*. 3. *sexuell enthaltsam; frei von sexuellen Bedürfnissen, die nach bestimmten moralischen Grundsätzen verboten sind.* „Keusch" kommt aus mhd. kiusch(e), ahd. kuski, aus einem gotischen Adjektiv mit der Bedeutung ´der christlichen Lehre bewusst', < lat. conscius = eingeweiht, bewusst. Die Wendung bezieht sich auf 1. Mos. 39, wo Joseph den Verlockungen von Potiphars Weib – der Frau des ägyptischen Herrn – standhaft widersteht. Büchmann o.J., 13.

JUCHTEN, der od. das; -s [aus dem Niederd., neben älterem Juften < mniederd. juften < russ. juft', über das Turkotatar. < pers. guft = Paar, weil die Häute paarweise gegerbt werden]

weich wie Juchten (Juchtenleder) (bildungsspr.) = *sehr weich, anschmiegsam.* Juchten in der Bedeutung 'Juchtenleder' ist das als Oberleder für Schuhe verwendetes, in bestimmter Weise gegerbtes, wasserdichtes Leder.

JUCKREIZ, der

lästig wie Juckreiz (ugs. landschaftl.) = *aufdringlich, jmdn. in [aufdringlich] unangenehmer Weise beanspruchend, störend, ihn in seinem Tun oder seinen Lebensgewohnheiten behindernd; sehr unangenehm.* Juckreiz verursacht prickelnden oder stechenden Hautreiz, unangenehmes Jucken. S. Insekt, Scheißhausfliege.

JUDAS, der; -, -se

falsch wie Judas (geh. abwertend) = *hinterhältig, treulos an jmdm. handeln, ihn heuchlerisch verraten; Harmlosigkeit vortäuschend, aber Böses bezweckend; unehrlich.* Lapidus 2006, 34. Nach Judas Ischariot im Neuen Testament.

JUDE, der; -n, -n [mhd. jude, jüde, ahd. jud(e)o < lat. Iudaeus < griech. Ioudaios < hebr. yehûdî]

es war nicht so fett wie bei den Juden (wie in jüdischen Häusern) (ugs. scherzh. veraltend) = *scherzhaftes Lob nach der Mahlzeit.* Geht ironisch zurück auf das Schweinefleisch betreffende Speiseverbot der Juden. Wohl schon seit dem späten 19. Jh. Küpper 1993, 230.

handeln wie ein Jude (ugs. abwertend) = *geschickt, zäh verhandeln; den Preis zu senken trachten.* Seit dem 19. Jh. Küpper 1993, 382.

wie ein Jude reden (ugs. abwertend) = *undeutlich reden, mauscheln.* 1600 ff. Küpper 1993, 529. Mauscheln - urspr. 'wie ein jüdischer Händler Geschäfte machen'; wohl eigtl. - 'ein Glücksspiel spielen (und dabei betrügen)'; also eigtl. - 'wie ein Mauschel reden' - nach dem für Nichtjuden unverständlichen Jiddisch.

JUDENEI, das

glänzen wie ein Judenei (ugs. abwertend) = *stark glänzen, sauber geputzt sein.*

JUDENHAUS, das; -es, Judenhäuser

ankommen wie die Sau ins Judenhaus (salopp abwertend selten) = S. Sau.

das passt wie die Sau ins Judenhaus (ugs. abwertend) = S. Sau.

sich vorkommen wie die Sau im Judenhaus (ugs. abwertend veraltend) = S. Sau.

JUDENKÜCHE, die

beliebt wie ein Ferkel in einer Judenküche (ugs. abwertend veraltet) = S. Ferkel.

JUDENSCHULE, die: in der Wendung

sich benehmen wie in einer Judenschule (ugs. abwertend) = *lärmen; johlen.* 1920 ff. Küpper 1993, S. 382.

irgendwo geht es zu (herrscht ein Lärm, sind Zustände o. Ä.) wie in einer Judenschule (ugs. veraltet) = *irgendwo wird sehr laut durcheinander geredet; man lärmt durcheinander; es herrscht Stimmengewirr; man kann sein eigenes Wort nicht verstehen.* 1900 ff. Küpper 1993, 382. Im Mhd. hatte *judenschuole* die Bedeutung 'Synagoge'. Die Wendung ist gebildet nach dem Gewirr der Stimmen beim Gebet, das wegen der hebräischen Sprache dem Christen unverständlich war und von leisem Gemurmel oft zu lautem Anruf anschwoll.

JUDENSEELE, die; -, -n

hinter etw. hersein (dahinter her sein) wie der Teufel nach (hinter) einer (der) armen Judenseele (ugs. selten) = S. Teufel.

auf etw. scharf sein wie der Teufel auf eine arme [Juden-]Seele (ugs.) = S. Teufel.

JUNGE[1], der; -n, -n u. ugs., bes. nordd. u. md.: Jungs, -ns [mhd. junge, ahd. jungo]

jmdn. wie einen dummen Jungen behandeln (ugs.) = *jmdn. nicht ernst, nicht für voll nehmen und ihm gegenüber in entsprechend unangemessener Weise auftreten.*DZR 2002, 784.

als der Teufel noch ein kleiner Junge (Bub) war (als der Teufel noch klein war) (ugs.) = S. Teufel.

aussehen wie der dumme Junge von Meißen (ugs. landschaftl.) = *ein sehr dummes Gesicht machen.* Dieser redensartliche Vergleich wird zurückgeführt auf eine große Porzellanfigur, die bis gegen 1840 am Eingang des Formhauses der Meißner Porzellanmanufaktur aufgestellt war und mit ihrer lakaienhaften Tracht und ihrem dummen Gesicht den Besuchern sofort in die Augen fiel. Müller-Fraureuth (I, 573) lehnt diese Erklärung ab. Er hält die Wendung für eine Entstellung aus: *Der dumme Jude von Meißen* und bezieht sie auf den Judenkopf mit dem einer Narrenkappe ähnlichen spitzen Hut, der sich im Wappen der Markgrafen von Meißen seit der Erwerbung Thüringens durch Heinrich den Erlauchten als Zeichen der Belehnung mit der Schutzgerechtigkeit über die Juden befindet. Die Redensart begegnet obersächsisch auch in den Formen: *wie der dumme Junge von Dresden, von Mutzschen, vom Neumarchte.* Röhrich 2001, 3, 789.

jmd. denkt [auch], der Teufel sei ein kleiner Junge (ugs.) = S. Teufel.

JUNGE[2], das; -n, -n [mhd. junge, ahd. jungo]

Wie die Alten sungen, so zwitschern [auch] die Jungen (Sprichwort) = S. Alte.

JUNGFER, die; -, -n [spätmhd. junffer, jonffer, unter Abschwächung des 2. Bestandteils aus mhd. juncfrou(we), Jungfrau]

angesäuert wie eine alte Jungfer (ugs.) = *verstimmt, missmutig.* 1920 ff. Küpper 1993, 383.

saufen wie eine Jungfer (ugs. iron.) = *sehr viel Alkohol trinken; ein Trinker sein.* Lapidus 2006, 48.

sich zieren wie die Jungfer im Bett (ugs.) = *zimperlich sein; schämig tun.* 1920 ff. Küpper 1993, 383.

JUNGFRAU, die [mhd. juncfrou(we), ahd. juncfrouwa = junge Herrin, Edelfräulein]

sich anstellen wie eine Jungfrau, die plötzlich merkt, dass sie keine mehr ist (ugs. scherzhaft) = *sich übertrieben gebaren, gebärden, verhalten.* 1930 ff. Küpper 1993, 384.

wie die Jungfrau zum Kind kommen (gelangen) (ugs.) = *überraschend (unverdient) etw. gewinnen oder ein unerwartetes Missgeschick erleiden.* Seit dem 19. Jh. Küpper 1993, 384.

sich wie eine Jungfrau mit Kind vorkommen (ugs.) = *ratlos sein.* 1960 ff. Küpper 1993, 384.

wie eine keusche Jungfrau [sein, sich verhalten] (ugs. iron. abwertend) = *sich zieren, mit gekünstelter Zurückhaltung, Schüchternheit o. Ä. etw. [zunächst] ablehnen, was man eigentlich gern tun, haben möchte.* DZR 2007, 180.

K

Kabeljau , der; -s, -e u. -s [mniederd. kabelow, kabbelouw < mniederl. cabbeliau]

Augen machen wie ein Kabeljau (ugs.) = S. Auge.

Kachelofen, der

Sex-Appeal wie ein Kachelofen (wie eine Schrankwand) haben (ugs. spött.) = S. Sex-Appeal.

kackbraun <Adj.> (derb)

kackbraun (ugs. derb) = *von subjektiv als hässlich empfundener brauner Farbe.* Von *Kacke* [zu kacken] (derb) - 'Kot'.

Kaffee [auch: ka'fe:], der; -s, (Sorten:) -s [frz. café, ital. caffè < türk. kahve < arab. qahwa[h], auch = Wein]

Kaffee muss (soll) sein wie Frauenaugen und Männerfüße: schwarz und feucht. (scherzh.) = *über die Qualität eines guten Kaffees.*

Der Kaffee soll vier Eigenschaften haben: Er soll sein heiß wie die Hölle, schwarz wie der Teufel, rein wie ein Engel und süß wie die Liebe. = *Spruchweisheit.* Wander 5, 1477.

Der Kaffee muss sein heiß wie das Feuer, schwarz wie die Sünde, rein wie ein Engel, süß wie die Liebe. = *Spruchweisheit.* Bäcker „de Mäkelbörger", Wolgast 25.10.2007.

Käfig, der; -s, -e [mhd. kevje, ahd. chevia < lat. cavea = Käfig, Behältnis]

wie ein Löwe im Käfig herumlaufen (ugs.) = S. Löwe.

wie ein Tiger im Käfig herumlaufen (hin und her laufen) (ugs.) = S. Tiger.

Kahn, der; -[e]s, Kähne [aus dem Md. u. Niederd. < mniederd. kane = Boot, kleines Wasserfahrzeug, wahrsch. urspr. = (trogartiges) Gefäß]

ein Fuß (Füße) wie Kähne (wie Oderkähne) [haben] (ugs.) = S. Fuß.

Kai, männl. Vorname

hervorkommen (herausspringen) wie Kai aus der Kiste (ugs.) = *plötzlich erscheinen, unerwartet auftauchen.* Nach der Geschichte „Kai aus der Kiste" von Wolf Durian (1926): Berlin 1923. In einer Kiste schmuggelt sich Kai in das Hotelzimmer eines reichen amerikanischen Schokoladenkönigs, aus der er plötzlich hervorspringt, alle Konkurrenten überflügelt, und nach turbulenten Abenteuern den Werbeauftrag für die Schokolade erhält. Auch Titel eines Spielfilms, DDR 1988, Regisseur: Günter Meyer.

Kaiser, der; -s, - [mhd. keiser, ahd. keisar < got. kaisar, nach dem von den Germanen als Gattungsnamen übernommenen Familiennamen des röm. Staatsmannes [G. Julius] Caesar (etwa 100–44 v. Chr.)]

leben wie der Kaiser von China (ugs.) = *sehr gut leben, in Reichtum leben, verschwenderisch leben.*

Kaktus, der; -, ugs. u. österr. auch: -ses; ...teen, ugs. auch: -se [lat. cactus < griech. káktos]

[aussehen] wie ein Kaktus (ugs. scherzh.)= *unrasiert sein.* Kakteen sind stachlig. 1950 ff. Küpper 1993, 389.

eingehen wie ein Kaktus (salopp selten) = *[im geschäftlichen, sportlichen o. ä. Bereich] untergehen, hoch verlieren.* Das Eingehen der Pflanzen wird im redensartlichen Vergleich auf den Menschen übertragen, s.a. *eingehen wie eine Primel* (wie ein Primelpott). (S.) Röhrich 2001, 2, 367.

KALB, das; -[e]s, Kälber [mhd. kalp, ahd. chalp, wohl eigtl. = Leibesfrucht, Junges]

Augen machen (glotzen, stieren, gucken) wie ein [ab-]gestochenes Kalb (ugs.) = S. Auge.

aussehen (blicken) wie ein Kalb (die Kuh), wenn's donnert (ugs.) = *einfältig blicken.* 1900 ff. Küpper 1993, 389.

aussehen wie ein abgestochenes (gestochenes) Kalb (ugs.) = *ausdruckslos, hilflos blicken.* Bezieht sich auf den Augenausdruck des abgestochenen Kalbs. 1500 ff. Küpper 1993, 389; Schemann 1993, 393; Szczęk, Wysoczański 2004, 105.

dümmer als ein Kalb (ugs.) = *sehr dumm, dümmlich.* Lapidus 2006, 44.

ein Gesicht machen wie ein Kalb, wenn's donnert (ugs. abwertend) = S. Gesicht.

glotzen (stieren, gucken) wie ein [ab-]gestochenes Kalb (ugs.) = *dümmlich, verwundert dreinblicken; vor Verwunderung große, blöde Augen machen.* Schon bei J. Fischart 1588. Röhrich 2001, 3, 794; Schemann 1993, 393; Szczęk, Wysoczański 2004, 105; DZR 2007, 299.

groß wie ein Kalb (ugs.) = *über einen sehr großen Hund.*

unschuldig wie ein neugeborenes Kalb = *naiv, gutgläubig.* Dieser redensartliche Vergleich spielt auf die Naivität eines (jungen) Menschen an. Röhrich 2001, 3, 795.

wie ein Kalb aus der Wäsche gucken (glotzen, stieren) (ugs.) = *dümmlich, verwundert dreinblicken; vor Verwunderung große, blöde Augen machen.* Schemann 1993, 393.

KALIT, die

auf jmdn. ist Verlass (jmd. ist verlässlich) wie [auf] Wasser in der Kalit (ugs. landschaftl. uckermärk.-brandenb.) = S. Verlass.

KALK, der; -[e]s, (Sorten:) -e [mhd. kalc, ahd. kalk = Kalk, Tünche < lat. calx (Gen.: calcis), wohl verw. mit griech. chálix = Kalk(stein)]

weiß (blass) wie Kalk = *sehr, auffallend bleich.* Von der weißen Farbe des ungelöschten Kalks.

KALKWAND, die

weiß (bleich) wie eine Kalkwand (gekalkte Wand, wie ein Kalkeimer) (ugs.) = 1. *sehr blass, blutleer im Gesicht.* 1900 ff. Küpper 1993, 903. 2. (scherzh.) *ungebräunt, ohne Sonnenbräune im Gesicht.*

KALT <Adj.; kälter, kälteste> [mhd., ahd. kalt, eigtl. = abgekühlt, gefroren u. urspr. adj. 2. Part. eines untergegangenen Verbs mit der Bed. „abkühlen, frieren"]

Halb so kalt! = *Halb so schlimm!* Die Redensart ist abgeleitet von dem Sprichwort *Es wird nichts so heiß gegessen, wie es gekocht wird.* Röhrich 2001, 3, 798.

KAMEL, das; -[e]s, -e [mhd. kamel, kem(m)el < (m)griech. kámelos, aus dem Semit.; heutige Endbetonung durch Angleichung an lat. camelus]

Eher geht ein Kamel durch ein Nadelöhr. = *das ist so gut wie unmöglich, wird sicherlich nicht geschehen; über ein sehr schwer zu lösendes oder unlösbar scheinendes Problem.* Die Wendungen beziehen sich auf Mt 19, 23-25: *„Jesus aber sprach zu seinen Jüngern: Wahrlich, ich sage euch: Ein Reicher wird schwer ins Himmelreich kommen. / Und weiter sage ich euch: Es ist leichter, dass ein Kamel durch ein Nadelöhr gehe, denn dass ein Reicher ins Reich Gottes komme. / Da das seine Jünger hörten, entsetzten sie sich sehr und sprachen: Ja, wer kann denn selig werden?"* Mit dem Nadelöhr könnte ein sehr enges, kleines Tor in der Stadtmauer von Jerusalem gemeint sein, das nur Menschen den Durchgang gestattete und tatsächlich im Volksmund *Nadelöhr* genannt wurde. Wahrscheinlich beruht die Übersetzung jedoch auf einer falschen Lesart, so dass *kámaelon* - 'Kamel' mit *kamílion* -'Schiffstau' verwechselt wurde. Es müsste demnach in einem wirklich aufeinander bezogenen Vergleich richtiger heißen: *Es ist leichter, dass ein Schiffstau (dickes Seil) durch ein Nadelöhr gehe...*". Röhrich 2001, 3, 1070.

saufen wie ein Kamel (ugs.) = *stark zechen, sehr viel Alkohol trinken.* Lapidus 2006, 46. Das Kamel muss viel saufen, bevor es durch Wüsten läuft, woher der Vergleich rührt. Die Wendung ist gebildet nach dem Modell *saufen wie ein Pferd (wie ein Igel* u.a.*).* S. Pferd.

KAMPFNUTTE, die

wie eine persische Kampfnutte in Lauerstellung liegen (derb abwertend sold.) = *unvorschriftsmäßig, unanständig liegen.* Gemeint ist etwa ein »hingegossenes« Liegen mit gespreizten Beinen, fußend auf einer Phantasievorstellung, wie sie durch Verfilmung orientalischer Stoffe genährt ist. BSD 1970 ff. Küpper 1993, 392.

KANARIENVOGEL, der

gelb wie ein Kanarienvogel = *kräftig gelb.* Szczęk, Wysoczański 2004, 118. Der Kanarienvogel ist ein audf den Kanarischen Inseln heimischer, meist im Käfig gehaltener, kleiner, gelber oder orangefarbener Vogel mit schönem Gesang.

passen wie ein Kanarienvogel ins Aquarium (ugs.) = *es passt auf keine Weise zusammen.* 1955 ff. Küpper 1993, 392.

singen wie ein Kanarienvogel = 1. (ugs.) = *mit heller, kräftiger Stimme singen, gut singen können.* Szczęk, Wysoczański 2004, 118. 2. (gaunersprachl. salopp) = *ein umfassendes Geständnis ablegen.* 1960 ff. Küpper 1993, 392. *Singen* tritt hier in der saloppen Bedeutung 'vor der Polizei, als Angeklagter, Aussagen machen, durch die andere [Komplizen] mit belastet werden.

KANINCHEN, das; -s, - [Vkl. von veraltet Kanin = Kaninchen < mniederd. kanin < afrz. conin < lat. cuniculus]

jmdn. anstarren wie eine Klapperschlange ein Kaninchen (ugs.) = S. Klapperschlange.

jmdn. anstarren wie die Schlange das Kaninchen (ugs.) = S. Schlange.

wie ein Kaninchen vor der Schlange stehen (ugs.) = *vor Angst gelähmt sein; vor Schreck erstarren.*

wie ein Kaninchen auf die Schlange starren (die Schlange anstarren) (ugs.) = *eine Gefahr erkennen und nichts dagegen unternehmen können.* Verhaltensforscher haben darauf hingewiesen, dass nicht nur Kaninchen, sondern auch Ratten, Mäuse, Eidechsen und Vögel beim Anblick einer Schlange zur Bewegungsunfähigkeit erstarren. Dies diene freilich ihrer Rettung. Denn oft sieht die Schlange ihr Opfer nicht mehr, wenn es sich nicht bewegt, und kriecht lustlos davon. Röhrich 2001, 3, 800; Szczęk, Wysoczański 2004, 114.

[dasitzen] wie das Kaninchen vor der Schlange (ugs.) = *starr vor Angst [dasitzen].*

sie vermehren sich wie die Kaninchen (Karnickel) (ugs. abwertend) = *sehr fruchtbar sein; sich sehr stark vermehren; viel Nachwuchs zeugen.* Die Redensart spielt auf die Fruchtbarkeit der Kaninchen an, die sich in großen Würfen fortpflanzen. Röhrich 2001, 3, 800.

KANNE, die; -, -n [mhd. kanne, ahd. channa < lat. canna, Kanal]

es gießt (schüttet, regnet, seltener: **fällt) wie aus Kannen (mit Kannen, aus Eimern, aus Gießkannen) [vom Himmel]** (ugs.) = *es regnet sehr heftig.* Seit dem 19. Jh. Küpper 1993, 296, 393.

KANONE, die; -, -n [ital. cannone = Geschütz, eigtl. = großes Rohr, Vgr. von: canna = Rohr < lat. canna, Kanal]

voll (besoffen) wie eine Kanone (Strandkanone, Strandhaubitze) (salopp) = *schwer bezecht.* Hergenommen einerseits von *Kanone* - ′Bierkrug′ (2 bis 3 Liter), andererseits von *voll wie ein schwergeladenes Geschütz.* 1800 ff. Küpper 1993, 393; Lapidus 2006, 47.

wie aus der Kanone geschossen (ugs.) = *unverzüglich; ohne nachdenken zu müssen.* Analog zu »wie aus der Pistole geschossen«. 1950 ff. Küpper 1993, 393.

KAPAUN, der; -s, -e [mhd. kappun (älter: kappe, ahd. kappo) < frz. (mundartl.) capon, zu spätlat. capo = verschnittener Hahn]

sich aufplustern wie ein Kapaun (ugs. abwertend) = *sich wichtig tun.* Ein *Kapaun* ist ein kastrierter, gemästeter Hahn.

KAPITOL, das

lärmen wie die Gänse auf dem Kapitol (geh. abwertend) = S. Gans.

KAPUZINER, der; -s, - [ital. cappuccino, zu: cappuccio, Kapuze]

saufen wie ein Kapuziner (ugs. salopp) = *stark dem Alkohol zusprechen; viel trinken, ein Trinker sein.* Lapidus 2006, 48. Ähnliche Bildungen sind z.B. *saufen wie ein Domherr (wie ein Abt, wie ein Templer)* u.Ä. Vgl. dort.

KARL, männl. Vorname

dasitzen (dastehen, aussehen) wie Karl Arsch (ugs. sehr derb) = *sehr niedergeschlagen, betrübt [dastehen, aussehen]; unglücklich sein, sich keinen Rat wissen.* Röhrich 2001, 1, 304.

KARNICKEL, das; -s, - [niederd., md.; älter: Ka(r)nickelgen, zu mniederd. kanineken, Vkl. von: kanin, Kaninchen]

jmdn. abschießen wie ein Karnickel (salopp) = *jmdn. rücksichtslos erschießen.* 1940 ff. Küpper 1993, 396.

[rote] Augen haben wie ein Karnickel (ugs. selten) = S. Auge.

sich vermehren wie die Karnickel (Kaninchen) (ugs. abwertend) = *zahlreichen Nachwuchs haben.* Röhrich 2001, 3, 807. Poln. *mnożyć się jak króliki.* Szczęk, Wysoczański 2004, 114. S. Hase, Kaninchen.

KARPFEN, der; -s, - [mhd. karpfe, ahd. karpho, wahrsch. aus einer Spr. des Alpen- u. Donaugebietes]

die Augen verdrehen wie ein Karpfen (ugs.) = S. Auge.

glotzen wie ein Karpfen (salopp) = *mit dümmlichem Gesichtsausdruck starren.* 1920 ff. Küpper 1993, 396.

das Maul aufmachen wie ein Karpfen (salopp spöttisch) = S. Maul.

KARPFENTEICH, der

sich wie ein Hecht im Karpfenteich benehmen (ugs.) = S. Hecht.

KARRENRAD, das

groß wie ein Karrenrad (ugs.) = *sehr groß* (beispielsweise bezogen auf einen Hut, einen Pfannkuchen, auf die Augen o. Ä.). Seit dem 19. Jh. Küpper 1993, 397. *Karrenrad* - ′Rad eines Karrens, Wagens′.

KARTENHAUS, das

einstürzen ([in sich] zusammenfallen, zusammenstürzen) wie ein Kartenhaus (bildungsspr.) = 1. *sich als unrealistisch erweisen; sich in ein Nichts auflösen.* DZR 2007, 214; Szczęk, Wysoczański 2004, 89. 2. *unversehens missglücken.* 1920 ff. Küpper 1993, 398. *Kartenhaus* meint ein aus Spielkarten aufgebautes Häuschen, das beim kleinsten Anstoß oder Luftzug in sich zusammenfällt. Poln. *zawalić się jak domek z kart.* WW 2004, 130. 3. (ugs.) *einen Nervenzusammenbruch erleiden.* 1950 ff. Küpper 1993, 398.

etw. ist nichts als ein Kartenhaus (Luftschloss). = *etw. erweist sich als unrealis-*

tisch, als Träumerei. Franz.: *C'est un vrai château de cartes*. Wander 2, 1153.

KARTENSPIEL, das

etw. ist so abgegriffen wie ein altes Kartenspiel (ugs. abwertend) = *über etw. Altbekanntes, Abgedroschenes, Langweiliges*. Brugger 1993, 7.

KARTOFFEL, die; -, -n [dissimiliert aus älterem Tartuffel, Tartüffel < älter ital. tartufo, tartufolo, eigtl. = Trüffel < spätlat. terrae tuber = Trüffel, Erdknolle; das Wort wurde zur Bez. für die (zuerst von den Spaniern aus Amerika nach Europa gebrachte) Kartoffel durch eine Verwechslung ihrer Wurzelknollen mit den unterirdisch wachsenden knollenartigen Fruchtkörpern der Trüffel]

aussehen wie eine ausgequetschte Kartoffel (ugs.) = *eingefallene Wangen haben; hager im Gesicht sein; faltig, wie ausgedörrt aussehen*. BSD 1965 ff. Küpper 1993, 398.

etw. fallen lassen wie eine heiße Kartoffel (ugs.) = 1. *sich ohne Zögern von jemandem lossagen*. 2. *eine Sache kurz, überschnell abtun; sich auf eine Sache nicht weiter einlassen, etwas abrupt aufgeben*. Übernommen nach 1950 aus engl. *to drop something like a hot potatoe*. Küpper 1993, 398; DZR 2007, 244.

jmdn. fallen lassen wie eine heiße Kartoffel (ugs.) = *den Umgang mit jmdm. plötzlich abbrechen*. Vgl. das Vorhergehende. 1950 ff. Küpper 1993, 398.

jmdn. (etw) rumreichen (weiterreichen) wie eine heiße Kartoffel (ugs.) = *eine missliebige Sache an einen anderen abgeben; eine Entscheidung verschieben, hinauszögern*. 1950 ff. Küpper 1993, 398.

rumrutschen wie ein Stück Butter auf der heißen Kartoffel (ugs.) = S. Stück.

KARTOFFELSACK, der

aussehen wie ein alter Kartoffelsack (ugs.) = *schmutzig, verwahrlost aussehen*. 1950 ff. Küpper 1993, 398.

wie ein Kartoffelsack gehen (ugs.) = *schwerfällig gehen*. Vom Sackhüpfen der Kinder übernommen. 1950 ff. Küpper 1993, 398.

KARTON, der; -s, -s u. (seltener:) -e

wie aus dem Karton (ugs.) = *sehr sauber; wie neu gekleidet*. Hergenommen von der Pappschachtel, in die man Wäschestücke, auch Puppen verpackt. 1947 ff. Küpper 1993, 398.

KÄSE, der; -s, - [mhd. kæse, ahd. chasi, kasi < lat. caseus, eigtl. = Gegorenes, sauer Gewordenes]

aussehen wie Buttermilch und Käse (ugs. iron.) = S. Butter.

die Deckung ist löcherig wie ein Schweizer Käse (ugs.) = S. Deckung.

das ist egal wie Käse [, der stinkt von allen Ecken] (salopp) = *das ist mir gleichgültig*.

ein Gehirn haben wie ein Schweizer Käse (salopp abwertend) = S. Gehirn.

leben wie die Mäuse im Käse (ugs. selten) = S. Maus.

löchrig (löcherig) wie ein Schweizer Käse (ugs.) = *zahlreiche Löcher oder Lücken aufweisend*. Bezieht sich auf das „klassische" Aussehen des Schweizer Käses, der große Löcher hat, das als Metapher für „Lückenhaftigkeit" (z.B. des Gedächtnisses) genutzt wird.

KASTOR, Name (griech. Myth.)

wie Kastor und Pollux sein (bildungsspr. veraltet) = *sehr eng befreundet, unzertrennlich [von Männern]*. Der Vergleich ist in Bezug auf männliche Personen gebräuchlich. Wendung spielt auf die griechische Sage von den unzertrennlichen Zwillingen Kastor (lateinisch: Castor) und Polydeukes (lateinisch: Pollux) an. DZR 2002, 787.

KATER, der; -s, - [mhd. kater(e), ahd. kataro]

aussehen wie der gestiefelte Kater (ugs. spöttisch) = *lustig aussehen.* Szczęk, Wysoczański 2004, 116.

besoffen wie ein Kater (ugs. selten) = *betrunken sein, stark unter der Einwirkung von Alkohol stehen.* Lapidus 2006, 48. Wie *Kneipe* und *kneipen* hat das Wort *Kater*, das in Sachsen schon seit der Mitte des 19. Jahrhunderts bekannt war, aus der Studentensprache den Weg ins bürgerliche Leben gefunden. Das Wort selbst gilt als die vulgäre sächsische Aussprachefonn des Wortes *Katarrh*, das in der Volkssprache soviel wie 'Schnupfen, allgemeines Unwohlsein' und 'Kopfweh' bedeutet. Anfänglich sollte also dieser Kater mit der männlichen Katze oder mit Katzenjammer in der übertragenen Bedeutung nicht den mindesten Zusammenhang haben, sondern dürfte erst später als eine scherzhafte Verwendung des Tiernamens aufgefaßt worden sein, was in den Gegenden besonders nahe lag, wo die erwähnte volkstümliche Aussprache nicht gebräuchlich oder verständlich war. Aber diese Erklärung, die von Friedrich Kluge herrührt, überzeugt nicht vollkommen. Denn schon in Laukhards Lebensbeschreibung, also in den Jahren zwischen 1780 und 1790 kommt der redensartliche Vergleich *besoffen wie ein Kater* vor; offenkundig bedeutet Kater in dieser Wendung das Katzenmännchen. Die Ausdrucksweise selbst erinnert an die schwedische Redensart: *full som en kaja, full som en alika* (betrunken wie eine Dohle). Nun kann man sich gewiss über den Vergleich wundern: warum gerade *wie ein Kater*? Aber dieselbe Frage gilt für die erwähnten schwedischen Ausdrücke: sie gilt ebenso für die Redensart *besoffen wie ein Besenstiel* und viele andere dieser Art, z.B. *saufen wie ein Bürstenbinder.* Tatsächlich gebrauchen wir in der Rede derartige Vergleiche mit Vorliebe rein mechanisch und in Zusammenhängen, wo sie eigentlich sinnlos sind und wo sie einzig der Verstärkung und Auslösung unseres Gefühls dienen. Die Redensart *besoffen wie ein Kater* kann daher durch mechanische Nachbildung des Ausdrucks *verliebt* oder *geil wie ein Kater* zustande gekommen sein. Sobald es einmal die Redensart *besoffen wie ein Kater* gab, begünstigte das den Gebraucht von *Kater* - Katarrh in der Bedeutung 'Katzenjammer'. Katzenjammer tauchte seinerseits zu Beginn des 19. Jahrhunderts in den akademischen Kreisen Heidelbergs mit dieser Bedeutung auf. Röhrich 2001, 3, 816.

geil wie ein Kater (oft abwertend) = *gierig nach geschlechtlicher Befriedigung, vom Sexualtrieb beherrscht, sexuell erregt; sexuell sehr interessiert.* Röhrich 2001, 3, 816.

kastriert sein wie ein Kater (ugs. Kartenspieler) = *alle guten Karten wirkungslos ausgespielt haben.* Der Spieler kann nicht mehr »stechen«; 1900 ff. Küpper 1993, 402.

wie ein Kater sein, der überall maust (ugs.) = *seiner Frau untreu sein.* Mausen - koitieren. 1920 ff. Küpper 1993, 402.

er streicht um sie herum wie ein verliebter Kater (jmd. umstreicht sie wie ein Kater die Katze) (ugs. spött.) = 1. *in jmdn. (eine Frau, ein Mädchen) stark verliebt sein, starke Gefühle für jmdn. empfinden.* 2. (abwertend) *jmdn. belästigen, bedrängen; jmdm. gegenüber zudringlich werden.* Hergeleitet vom Paarungsverhalten der Katzen, bes. im Frühjahr.

verliebt wie ein Kater [sein] (ugs.) = *von sehr starker Liebe zu jmdm. ergriffen sein; von seinen Gefühlen gegenüber jmdm. getrieben sein.*

wie ein verliebter Kater (ugs.) = *ohne nachzudenken, ohne gründliche Überlegung; von seinen Gefühlen getrieben.*

KATZE, die; -, -n [mhd. katze, ahd. kazza]

abgehen (rennen) wie Schmidts Katze (ugs.) = S. Schmidt.

jmdm. ähnlich sehen wie eine Katze einer Ente (ugs. veraltend) = *sich nicht ähneln.* Die Alten behaupteten übrigens sprichwörtlich: *In der Welt ist alles ähnlich.* (Omnia similia. Erasm., 846.) Wander 1, 41.

Augen (ein Gesicht) machen wie die Katze, wenn es donnert (ugs.) = S. Auge.

aussehen wie die Katze unterm Bauch (ugs.) = *blass sein.* Küpper 1993, 403.

aussehen wie eine abgezogene Katze (ugs.) = *elend, mager, jämmerlich aussehen.* 1900 ff. Küpper 1993, 403.

aussehen wie eine nasse Katze (ugs. selten) = *wehmütig aussehen, bemitleidenswert aussehen.* Szczęk, Wysoczański 2004, 115.

aussehen wie die Katze, wenn's donnert (blitzt) (ugs.) = *verdutzt, ungläubig, erschrocken gucken.* Szczęk, Wysoczański 2004, 114. S. *Augen machen wie Katze wenn es donnert.*

immer noch besser, als die Katze im Arsch geleckt (derb) = *besser als nichts.* 1944 ff. Küpper 1993, 403.

blass wie die Katze am Bauch (ugs.) = *bleich.* Seit dem 19. Jh. Küpper 1993, 403.

blind wie eine junge Katze (ugs. spött.) = *sehr schlecht sehen können, blind sein; eine sehr starke Brille tragen müssen.* Szczęk, Wysoczański 2004, 115. S. *blind wie ein Maulwurf.*

dastehen wie die Katze vor dem neuen Scheunentor (ugs. selten) = *ratlos sein.* Variante zur Redewendung *stehen wie die Kuh vor dem neuen Scheunentor* (s.). Seit dem 19. Jh. Küpper 1993, 404.

jmdn. ersäufen wie eine junge Katze (ugs. selten) = *jmdn. ertränken.* Szczęk, Wysoczański 2004, 115. Neugeborene Katzen werden, wenn sie nicht gehalten werden sollen, in einem Sack ertränkt.

falsch wie eine Katze (ugs.) = *hinterlistig, heimtückisch.* (Meist über Mädchen und Frauen) Lapidus 2006, 33. *Katze* nennt man eine 'unverträgliche weibliche Person' (mit der Katze hat sie sinnbildlich das Fauchen, Kratzen und Beißen gemeinsam), ein *lebenslustiges hübsches Mädchen*, darüber hinaus *Prostituierte.* Eine *falsche Katze* ist eine 'charakterlose, schmeichlerische Person', ein Mensch, der kein Vertrauen verdient, *kesse Katze* ist ein reizendes junges Mädchen oder ein leichtes Mädchen, eine junge Prostituierte (Küpper 1993, 403). Der polnische Vergleich *fałszywy jak kot* und der kaschubische Vergleich *falšëvi jak kot*, die keine Parallelen in den ostslawischen Sprachen haben, finden eine Entsprechung im Deutschen: *falsch wie eine Katze, katzenfreundlich*; *keine Katze so glatt, sie hat scharfe Nägel*; und besonders in der Redensart *böse Katzen, die vorne lecken, hinten kratzen* (Fink-Henseler 1996, 321) sowie in den Ausdrücken *katzenfalsch, Katzenfalschheit, katzenfreundlich* 'geheuchelt freundlich'. *Die schmeichelnde Katze kann auch flink kratzen.* (Küpper 1993, 404) usw. Ausführlicher S. Mokienko, Walter, Volodina 2006, 205-206.

fallen wie eine Katze auf alle viere = *sich aus schwierigen Situationen immer herauswinden; schwierige Situationen unbeschadet überstehen.* Szczęk, Wysoczański 2004, 115. Dem Bild liegt der Glaube zu Grunde, dass eine Katze immer auf die Beine fällt.

fauchen wie eine Katze (ugs.) = *sich erregt, gereizt äußern; etw. in gereiztem Ton sagen.* Szczęk, Wysoczański 2004, 114.

falsch wie eine Katze (ugs. abwertend) = *unaufrichtig.* Kirchenweb 2007. 1.12.2007. Etwas Unheimliches, Dämonisches wohnt nach allgemeinem mythologischem Glauben diesem Tier inne, das man daher stets mit einer gewissen Scheu behandelt. Die Falschheit der Katze wird auch durch den Volksspruch bezeugt, dass ein Hund seinen Herrn täglich neunmal retten, eine Katze ihn aber neunmal umbringen will. HDA 4, 1117.

flink wie eine Katze (ugs. selten) = *sich rasch und geschickt bewegend oder ar-*

beitend. Szczęk, Wysoczański 2004, 115. S. Eichhörnchen, Wiesel.

sich vor etw. fürchten wie die Katze vor der Maus (ugs. iron. selten) = *etw. nicht fürchten, keine Angst haben.* Szczęk, Wysoczański 2004, 114.

geschmeidig wie eine Katze (ugs. selten) = *biegsame, gelenkige Glieder besitzend und daher sehr gewandt; mit gleitenden, kraftvollen und dabei anmutigen Bewegunge.* Szczęk, Wysoczański 2004, 115.

[herum-]schleichen wie eine Katze (ugs.) = 1. *sich leise, vorsichtig und langsam, heimlich [zu einem Ziel] bewegen.* 2. *schleichend herumgehen.* 3. *im Kreis, im Bogen um jmdn., etw. schleichen.* Szczęk, Wysoczański 2004, 115. Katzen könne sich sehr leise fortbewegen, schleichen.

um etw. herumgehen (herumschleichen, rumreden) wie die Katze um den heißen Brei (ugs.) = 1. *Ausflüchte machen, ein Problem umgehen; über etw. reden, ohne aber auf den eigentlichen Kern der Sache zu sprechen zu kommen.* 2. *sich nicht an eine heikle Sache wagen.* Duden, Bd. 11, 325. 3. *sich nicht zum Kauf einer Sache entscheiden können.* 1920 ff. Küpper 1993, 403; Röhrich 2001, 2, 820.

sich [mit jmdm.] stehen wie Hund und Katz[e] (ugs.) = S. Hund.

etw. klingt (singen) wie die Katze, wenn man ihr auf den Schwanz tritt (ugs. spöttisch) = *falsch, unmelodisch singen; schlecht ein Instrument spielen.* Szczęk, Wysoczański 2004, 114. Eine Katze miaut laut und schrillend, wenn man ihr auf den Schwanz tritt. Vgl. auch *Katzenmusik* - [aus der Studentenspr.] (ugs. abwertend) - ′misstönende Musik mit Disharmonien und jaulenden Tönen′.

lauern auf etw. wie eine Katze vor dem Mäuseloch (ugs.) = *in feindlicher, hinterhältiger Absicht (um jmdn. zu überfallen, jmdm. Böses anzutun, um Beute zu machen) in einem Versteck sich verbergend, auf jmdn., etw. angespannt warten.* Szczęk, Wysoczański 2004, 115.

naschhaft wie eine Katze [sein] (ugs.) = *gern und oft naschen, gern Süßigkeiten essen.* Szczęk, Wysoczański 2004, 115. Katzen gelten als naschhaft schlechthin, vgl. *Naschkatze* (ugs.) - ′jmd., der gerne und viel nascht′.

nass wie eine [gebadete] Katze (ugs.) = *tropfnass sein, vor Nässe triefen; völlig durchnässt.* Seit dem 18. Jh. Küpper 1993, 403; Szczęk, Wysoczański 2004, 115.

etw. passt wie die Katze auf die Maus (ugs. iron.) = *über etwas Unpassendes.* Röhrich 2001, 4, 1144.

schnurren wie eine Katze = 1. *Zufriedenheit mit sanfter Stimme äußern; als Äußerung des Wohlbefindens Laute hervorbringen.* 2. *jmdm. durch Schmeichelei, Koketterie o. Ä. für sich zu gewinnen suchen.* Poln. *mruczeć jak kot.* Szczęk, Wysoczański 2004, 114.

saufen wie eine Katze (ugs. selten) = *viel Alkohol trinken, ein Trinker sein.* Szczęk, Wysoczański 2004, 115.

schmeicheln wie eine Katze (ugs. veraltend) = *liebkosen, zärtlich sein.* Szczęk, Wysoczański 2004, 115.

sicher wie die Maus bei der Katze (ugs.) = S. Maus.

seine Siebensachen herumschleppen wie die Katze ihre Jungen (ugs. abwertend) = S. Siebensachen.

sieben Leben haben wie eine Katze = S. Leben.

stehlen wie eine Katze (ugs.) = *sehr diebisch sein.* 1800 ff. Küpper 1993, 404.

jmd. ist so treu (verlässlich) wie eine Katze bei süßer Milch (im Speisegewölbe) (ugs. iron.) = *sehr unzuverlässig sein, Versprechen nicht einhalten; über einen untreuen Diener oder Beamten.* Vgl. auch *treu wie ein Kettenhund.* Röhrich 2001, 5, 1638. Vgl. Kalit.

so treu wie die Katze im Speisegewölbe (ugs. iron. veraltend) = dass., wie *treu wie eine Katze bei süßer Milch.* Röhrich 2001, 5, 1638.

wie die Katze (Katz) mit der Maus spielen (ugs.) = *sich so verhalten, dass man* *jmdn. hinhält und ihn über eine [letztlich doch für ihn negativ ausfallende] Entscheidung im Unklaren lässt.* Szczęk, Wysoczański 2004, 114.

wie die Katze um den heißen Brei gehen (schleichen) (ugs.) = *Umschweife machen.* Leitet sich her von der Vorsicht und dem Misstrauen, mit dem die Katze den dampfenden Freßnapf umkreist. Vgl. franz. »tourner autour du pot«. 1500 ff. Küpper 1993, 403; Szczęk, Wysoczański 2004, 114.

sich [mit jmdm.] vertragen (leben) wie Hund und Katz[e] (ugs.) = S. Hund.

wie Hund und Katze sein (ugs.) = S. Hund.

zäh wie eine Katze (ugs.) = *von einer Konstitution, die auch stärkere Belastungen und Beanspruchungen nicht wesentlich zu beeinträchtigen vermögen.* Szczęk, Wysoczański 2004, 115. S. *sieben Leben haben wie eine Katze.*

KATZENFICKEN, das (vulg.)

es geht wie das Katzenficken (Katzenmachen) (vulg.) = *es geht sehr schnell.* Bei Katzen dauert der Paarungsakt nur kurz. 1900 ff. Küpper 1993, 404.

KATZENFREUNDLICH <Adj.>

katzenfreundlich (ugs. abwertend) = *von einer falschen Freundlichkeit [seiend, zeugend]; geheuchelt freundlich.* Die schmeichelnde Katze kann auch flink kratzen. Seit dem 19. Jh. Küpper 1993, 404.

KATZENGLEICH <Adj.>

katzengleich = *einer Katze entsprechend, wie eine Katze.*

KATZENMACHEN: in der Wendung

etw. geht wie's Katzenmachen (Katzenficken) (ugs. [derb]) = *etw. lässt sich schnell und ohne große Mühe durchführen, beansprucht nicht viel Zeit.* Röhrich 2001, 4, 1390; Szczęk, Wysoczański 2004, 114.

KATZENMUSIK, die

sich anhören wie Katzenmusik (ugs.) = *über falschen, unmelodischen Gesang;über schlechtes Instrumentenspielen.* Szczęk, Wysoczański 2004, 115. *Katzenmusik* - [aus der Studentenspr.] (ugs. abwertend) - ′misstönende Musik mit Disharmonien und jaulenden Tönen′. S. *etw. klingt (singen) wie die Katze, wenn man ihr auf den Schwanz tritt.*

KEKS, der, seltener: das; - u. -es, - u. -e, österr.: das; -, -[e] [engl. cakes, Pl. von: cake = Kuchen]

ein Gedächtnis haben wie ein poröser Keks (ugs.) = S. Gedächtnis.

trocken wie ein Keks (ugs.) = *schwunglos, langweilig.* »Trocken« meint sowohl ′mürbe′ als auch ′geistig ohne Energie′. 1920 ff. Küpper 1993, 406.

KELLER, der; -s, - [mhd. keller, ahd. kellari < spätlat. cellarium = Speise-, Vorratskammer, zu lat. cella = Vorratskammer, enger Wohnraum; vgl. Zelle]

jmd. ist so hell wie ein Keller (ugs. iron.) = *jmd. ist nicht besonders gescheit.* Halbw. 1965 ff. Küpper 1993, 407.

KERL, der; -s, -e, nordd. ugs. auch: -s [aus dem Niederd. < mniederd. kerle = freier Mann nicht ritterlichen Standes; grobschlächtiger Mann; im Ablaut zu mhd. karl(e), ahd. karal = (Ehe)mann; vgl. anord. karl = alter Mann]

ein Baum von einem Kerl (ein Kerl wie ein Baum; ein Kerl groß wie ein Baum) (ugs.) = S. Baum.

ein Kerl wie ein Bär (ein Bärenkerl) (ugs.) = *großer starker Mensch, kräftiger, stämmiger Mann.* Auch mundartlich belegt, »n Kerl as'n Boar« in der Mark Brandenburg; ostpreußisch: »de is wie e Boar«: ′strotzend vor Gesundheit′ und »de heft Krefte wie e Boar«.Weniger schmeichelhaft heißt es in Bremen und Umgebung von einem rauhen, plumpen Menschen, »he is een Baar«. Fällt jemand durch linkisches Benehmen auf, dann sagt man in Nordostdeutschland: »Der ös so tolpatschig wie e Boar«: ungeschickt. Röhrich 2001, 1, 145.

ein Kerl wie ein Baum, man nannte ihn Bonsai (ugs. scherzh.-iron.) = *kleiner, schwacher Mann.* Walter, Mokienko 2001, 169. Ein Bonsai ist ein japanischer Zwergbaum.

ein Kerl wie ein Baumstamm (ugs.) = *kräftiger, stämmiger Mann.* S.a. Baum. 1900 ff. Küpper 1993, 84.

ein Kerl wie eine [deutsche] Eiche (ugs.) = *dass., wie ein Kerl wie ein Baumstamm* (S.).

ein Kerl wie ein Pfund (ein Viertel) Wurst (ugs. iron.) = *energieloser Mann.* Gemeint ist wohl Wurst von der billigen Sorte; mehr ist der Betreffende nicht wert. Seit dem späten 19. Jh., vorwiegend nördlich der Mainlinie. Küpper 1993, 930.

ein Kerl wie ein Schrank (ugs.) = *breitschultriger Mann.* 1930 ff. Küpper 1993, 740.

ein Kerl wie ein Stück Strumpf (ugs.) = *ein unbrauchbarer, ungeschickter Mann.* Mit einem Stück Strumpf ist niemandem gedient. 1920 ff. Küpper 1993, 811.

Ein Kerl, der spekuliert, ist wie ein Tier auf dürrer Heide. (geh., Spruchweisheit) = *Derjenige, der sich mit bloßen Annahmen, mit Mutmaßungen und theoretischen Erörterungen begnügt, geht am wirklichen Leben vorbei und gleicht dem »Tier auf dürrer Heide«, das nichts zu fressen findet.* »Drum frisch! Lass alles Sinnen sein,/Und grad' mit in die Welt hinein!/Ich sag es dir: ein Kerl, der spekuliert,/Ist wie ein Tier auf dürrer Heide/Von einem bösen Geist im Kreis herumgeführt,/Und ringsumher liegt schöne grüne Weide.« Mit diesen Worten will Mephisto im 1. Teil von Goethes »Faust« (2. Teil der Studierzimmerszene) den Gelehrten auf den Boden der Wirklichkeit zurückholen. Mephisto greift an dieser Stelle seine ebenfalls häufig zitierten Worte »Grau, teurer Freund, ist alle Theorie« in dem Sinne auf, in dem das Zitat auch heute verwendet wird. DZR 2007, 452.

KERZE, die; -, -n [mhd. kerze, ahd. charza, kerza]

jmdm. das Gehirn ausblasen wie eine Kerze (ugs.) = S. Gehirn.

KERZENGERADE, KERZENGRADE (ugs.) <Adj.>

kerzengerade, kerzengrade (ugs.) = *(meist von etwas Aufrechtem) [auf steife, starre Weise] vollkommen gerade,* z.B. ein kerzengerader Baum; kerzengerade Haltung u.Ä. Hergenommen von der geraden Form einer in der Senkrechten stehenden Kerze.

KESSELFLICKER, der; -s, - (veraltet)

einander beschimpfen wie die Kesselflicker (ugs.) = *einander heftig, unflätig beschimpfen.* Kesselflicker ist eigentlich der Blechschmied, der Klempner. Die von Dorf zu Dorf umherziehenden Kesselflicker waren (sind) zumeist Zigeuner und gelten als grob und dreist. 1700 ff. Küpper 1993, 408.

schimpfen (fluchen, streiten, zanken o. Ä.) wie die Kesselflicker (ugs.) = *heftig, laut schimpfen, fluchen, sich streiten, zanken o. Ä.* 1700 ff. Küpper 1993, 408; FAZ v. 14.6.2006, 38. Sehr oft wird in solchen Vergleichen auch auf andere Berufsgruppen angespielt, insbesondere auf solche, die allgemein wenig Achtung genießen: *Droschkenkutscher, Fuhrknecht, Brunnenputzer, Scherenschleifer, Fischweib, Kuppelweib* usw. Röhrich 2001, 4, 1339. S. Rohrspatz.

sich streiten (zanken) wie die Kesselflicker (ugs.) = *heftig, mit groben Worten miteinander streiten.* 1700 ff. Küpper 1993, 408.

KESSELSCHMIED, der

mehr Lärm machen als ein Kesselschmied (ugs. abwertend) = S. Lärm.

KETTENHUND, der

aufpassen wie ein Kettenhund (ugs.) = *scharf aufpassen; sich nichts entgehen lassen.* 1950 ff. Küpper 1993, 408.

heulen wie ein Kettenhund (ugs.) = *laut weinen.* S.a. Schlosshund. Seit dem 19. Jh. Küpper 1993, 408.

scharf wie ein Kettenhund (ugs.) = *sehr aufmerksam; sich nichts entgehen lassen.*

KIND, das; -[e]s, -er [mhd. kint, ahd. kind, eigtl. = Gezeugtes, Geborenes, subst. 2. Part. eines Verbstammes mit der Bed. „gebären, erzeugen"]

Ein armer Mann hat so viele Kinder, wie ein Sieb Löcher. (Sprichwort) = S. Mann.

jmdn. behandeln wie ein [kleines] Kind = *jmdn. bevormunden.*

dasitzen (dastehen) wie das Kind vorm (beim) Dreck (ugs. abwertend) = 1. *hilflos sitzen (stehen); sich unbeholfen aufführen.* 2. *sich unbehaglich, verlegen fühlen.* Röhrich 2001, 1, 304. *Dreck* meint hier die Exkremente. 1800 ff. Küpper 1993, 412.

dastehen wie ein Kind vor dem Weihnachtsbaum (zu Weihnachten) (ugs.) = *erwartungsvoll sein, in freudiger Erwartung sein.* Röhrich 2001, 1, 305. S. *sich freuen wie ein Kind [zu Weihnachten].*

jmd. steht da wie ein Kind, dem die Hinkel (Hühner) das Brot [weg-] gefressen haben (ugs. selten) = *verwundert, ratlos sein.* Röhrich 2001, 1, 305.

Kinder wie die Orgelpfeifen (ugs.) = *Kinder in jeder Größe.* In den Orgelprospekten stehen die Pfeifen in Größenabstufungen nebeneinander. 1500 ff. Küpper 1993, 587.

zu etw. kommen wie das Kind zu Prügeln (ugs.) = *zufällig, unbeabsichtigt zu etw. kommen.* Hergenommen vom Kind, das man im Zorn voreilig schlägt. 1950 ff. Küpper 1993, 411.

sich freuen wie ein kleines Kind (ugs.) = *sich naiv und herzlich freuen.*

sich freuen wie ein Kind [zu, auf Weihnachten] (ugs.) = 1. *ungetrübt froh sein; sich arglos freuen.* Seit dem 19. Jh. Küpper 1993, 411. 2. *in froher Erwartung sein.* Seit dem 19. Jh. Küpper 1993, 912; Röhrich 2001, 5, 1708. S. *dastehen wie ein Kind vor dem Weihnachtsbaum.*

wie die Jungfrau zum Kind kommen (gelangen) (ugs.) = S. Jungfrau.

sich wie eine Jungfrau mit Kind vorkommen (ugs.) = S. Jungfrau.

zu etw. kommen wie das Mädchen zum Kind (ugs.) = S. Mädchen.

zu etw. kommen wie die Magd zum Kind (ugs.) = S. Magd.

unschuldig wie ein neugeborenes Kind sein (geh.) = 1. *völlig, ganz und gar unschuldig sein.*2. *völlig unschuldig, zu Unrecht beschuldigt.* 1920 ff. Küpper 1993, 411. Vgl. *Невинен как младенец.* Franz. *Il ne sait rien de cette affaire, il est innocent comme l'enfant qui vient de naître.*

jmdn. (sich) verteidigen wie die Löwin ihre Kinder = S. Löwin.

KINDERHEMD, das

Das Leben ist wie ein Kinderhemd, kurz und beschissen (salopp) = S. Leben.

KINDERKOPFGROß <Adj.>

kinderkopfgroß = *etwa so groß wie der Kopf eines kleinen Kindes.*

KINDERLEICHT <Adj.>

kinderleicht (fam.) = *sehr leicht, ganz einfach; völlig mühelos; unschwer zu bewerkstelligen.* Eigentlich *so leicht wie für Kinder.* 1700 ff. Küpper 1993, 412.

KINDERPOPO, der (ugs.)

glatt wie ein Kinderpopo (ugs. scherzhaft) = *über ein glatt rasiertes Gesicht, glatte Haut.*

KINDERSARG, der

Schuhgröße Marke Kindersarg (ugs.) = S. Schuhgröße.

KINN, das; -[e]s, -e [mhd. kinne, ahd. kinni, gemeingerm. Wort, vgl. auch griech. génys = Kinn]

ein Kinn haben wie ein Preisboxer (ugs.) = **ein breites, kräftig entwickeltes Kinn haben**. 1920 ff. Küpper 1993, 626.

KINO, das; -s, -s [Kurzwort für Kinematograph]

einen Kopf wie ein Kino haben (ugs.) = S. Kopf.

lachen wie ein volles Kino (ugs.) = *überlaut lachen*. Leitet sich her von der Vorführung von Lustspielfilmen. 1950 ff. Küpper 1993, 413.

KIRCHE, die; -, -n [mhd. kirche, ahd. kiricha < spätgriech. kyrikón = Gotteshaus, zu älter: kyriakón, eigtl. = das zum Herrn gehörende (Haus), zu: kýrios = Herr]

das ist so sicher wie das Amen in der Kirche (in der Bibel, im Gebet) = S. Amen.

jmd. ist so sicher wie in der Kirche = *sehr sicher sein, außerhalb jeglicher Gefahr sein*. Die Wendung bezieht sich auf das »Jus Asylis«, das jedem Verbrecher gewährt wurde, wenn es ihm gelungen war, sich an einer geweihten Stätte zu verbergen. Das widerspiegeln beispielsweise heute noch einige Straßennamen, z.B. um den Osnabrücker Dom: die *Kleine Domsfreiheit* und die *Große Domsfreiheit*. »Sünder«, die sich dahin geflüchtet hatten, waren »in Sicherheit. Röhrich 2001, 4, 1469.

etw. ist so wahr wie das Amen in der Kirche (wie das Evangelium) = S. Amen.

jmd. weiß soviel von der Kirche, als des Müllers Esel kann die Laute schlagen (ugs. iron.) = *über jmdn., der über eine Sache wenig oder gar nichts weiß, der zu einer Sache nicht taugt*. Röhrich 2001, 1, 316.

KIRCHENMAUS, die

arm wie eine Kirchenmaus (ugs. scherzh.) = *sehr arm*. Die in der Kirche lebende Maus findet keinerlei Vorräte und ist also die ärmste aller Mäuse. Szczęk, Wysoczański 2004, 116; DZR 2007, 50. Seit 1600 ff. Küpper 1993, 414 (nach Röhrich 2001, 1, 98 seit dem 18. Jahrhundert bezeugt). Vgl. russ. *Беден как церковная мышь*, polnisch *biedny jak mysz kościelna*, engl. *as poor as a churchmouse*, ebenso franz. *gueux comme un rat d'église* (veraltet).

KIRCHHOF, der (veraltend)

traurig wie ein ganzer Kirchhof (ugs.) = *sehr betrübt; sehr betrüblich*. Der Kirchhof (Friedhof) selbst ist nicht traurig, kann aber traurig stimmen. 1920 ff. Küpper 1993, 414. Hier steht Kirchhof bedeutungsübertragend für die Trauergemeinde.

KIRCHTURM, der

etw. passt wie der Kirchturm zum Mantel (ugs. selten) = *über etwas Unpassendes*. Röhrich 2001, 4, 1144.

KIRSCHROT <Adj.>

kirschrot = *leuchtend rot*.

KISTE, die; -, -n [mhd. kiste, ahd. kista < lat. cista < griech. kíste = Korb; Kiste]

hervorkommen (herausspringen) wie Kai aus der Kiste (ugs.) = S. Kai.

die Kiste läuft wie eine Eins (ugs.) = *das Kraftfahrzeug fährt großartig*. 1950 ff. Küpper 1993, 200.

wie aus der Kiste genommen (ugs.) = *tadellos; wie neu*. 1950 ff. Küpper 1993, 415. S. Karton.

KITTELREIN <Adj.> [mhd. reine, ahd. (h)reini, urspr. = gesiebt]

kittelrein = *unbescholten, schuldlos*. Man ist rein wie ein weißer Kittel. Seit dem 19. Jh. Küpper 1993, 416.

KLAMMERAFFE, der

an jmdm. (an jmds. Körper) hängen wie ein Klammeraffe (ugs.) = *1. jmdn. fest umarmen, sich an jmdm. festklammern. 2. sich von jmdm., etw. nicht trennen mögen; auf jmdn., etw. nicht verzichten mögen, jmdn., etw. nicht verlieren wollen.* Wortspiel mit den zwei Bedeutungen von Klammeraffe: 1. in Mittel- und Südamerika heimischer Affe, der sich mit seinem Greifschwanz bzw. mit seinen langen, dünnen Gliedmaßen festklammern kann. 2. Klammerheftmaschine. Die *Heftmaschine* hat jedoch etymologisch nichts mit dem Tier *Affe* zu tun. Vielmehr stammt der erste Teil des Kompositums von hebräisch *afo* - ′backen′ ab. Somit ist die ursprüngliche Bedeutung ′mit Klammern zusammenkleben, verbinden, wie zusammengebacken′. Nachama 2000, 42. Vgl. *kleben wie Affenkleister.*

KLAMMERBEUTEL, der

wie mit dem Klammerbeutel gepudert sein (salopp) = *nicht recht bei Verstand sein.* Bei dem Klammerbeutel handelt es sich um einen Beutel zum Aufbewahren von Wäscheklammern. Die Redensart ist erst zu Beginn dieses Jahrhunderts aufgekommen. Ihr liegt die Vorstellung zugrunde, dass jemand, der statt mit der Puderquaste mit einem Beutel für Wäscheklammern gepudert ist, durch die Schläge auf den Kopf einen geistigen Defekt davongetragen haben muss (Duden, Bd. 11, 385 f.; Röhrich 2001, 846).

KLAPPERSCHLANGE, die

jmdn. anstarren wie eine Klapperschlange ein Kaninchen (ugs.) = *jmdn. mit den Augen fixieren, jmdn. fest anstarren.* Szczęk, Wysoczański 2004, 129. Schlangen fixieren ihr Opfer, das dann in eine Starre fallen kann (übrigens, zum eigenen Schutz, weil Schlange sehr schlecht sehen können und vor allem Bewegungen wahrnehmen). *Klapperschlange* ist auch ein (ugs. scherzh.) Ausdruck für eine bösartige Frau.

Gift wie eine Klapperschlange verspritzen (ugs.) = S. Gift.

giftig wie eine Klapperschlange (ugs.) = *äußerst bösartig; überaus wütend.* 1930 ff. Küpper 1993, 419.

sie ist wie eine (eine richtige) Klapperschlange (ugs. scherzh.) = *über eine bösartige Frau.*

so scheußlich, dass sich sogar die Klapperschlangen davor fürchten (ugs. abwertend) = 1. *abscheulich, physischen Widerwillen, Ekel hervorrufend.* 2. *in hohem Maße unsympathisch, abstoßend.* Brugger 1993, 10.

KLÄRCHEN: in der Wendung

klar wie Klärchen (ugs.)= *völlig selbstverständlich; völlig einleuchtend, sich von selbst verstehen.* 1900 ff. Klärchen ist eine jarg. scherzh. Bezeichnung für die Sonne, eigtl. eine Koseform vom weiblichen Vornamen Klara, zu lat. clarus = hell, leuchtend. 1900 ff. Küpper 1993, 419.

KLAVIER , das; -s, -e [frz. clavier = Tastenreihe, Tastenbrett, zu mlat. clavis = Taste < lat. clavis = Schlüssel, zu: claudere = schließen]

Ein Onkel, der Gutes mitbringt, ist besser als eine Tante, die bloß Klavier spielt. (regional, selten) = s. Onkel.

sich anstellen wie die Kuh beim Klavier spielen (ugs. abwertend) = S. Kuh.

ein Gesicht wie ein Klavier (ugs. abwertend) = S. Gesicht.

Es ist [hier] (wir sind hier) nicht wie bei armen Leuten, wo das Klavier in der Küche steht (scherzh.-iron) = S. Leute.

KLAVIERSPIEL[EN], das

von etw. soviel verstehen wie die Kuh vom Klavierspielen (ugs. abwertend) = S. Kuh.

von so viel verstehen wie der Ochs (Ochse) vom Klavier[chen]spielen (ugs. selten) = S. Ochse.

KLEID, das; -[e]s, -er [mhd. kleit, wohl eigtl. = das mit Klei gewalkte (Tuch); Tuche wurden früher durch Walken unter Zusatz fetter Tonerde hergestellt]

in einem Kleid aussehen wie ein Mops im Paletot (ugs. scherzh.) = *ein viel zu weites Kleid tragen.* Geht wahrscheinlich auf einen in aller Eile „gedichteten" Albumvers zurück. 1910 ff. Küpper 1993, 544.

KLEIDERBÜGEL, der

aussehen wie ein Kleiderbügel (ugs.) = *eckige Schultern haben.* 1920 ff. Küpper 1993, 422.

KLEIDERSCHRANK, der

aussehen wie ein Kleiderbügel (ugs.) = *eckige Schultern haben.* 1920 ff. Küpper 1993, 422.

breit wie ein Kleiderschrank (ugs.) = *breitschultrig.* 1914 ff. Küpper 1993, 423.

ein Kreuz haben wie ein Kleiderschrank (ugs.) = S. Kreuz.

feststehen wie ein Kleiderschrank (ugs.) = *unerschütterlich sein.* 1950 ff. Küpper 1993, 423.

KLEPTOMANE, der; -n, -n

kämpfen, wie der Kleptomane gegen sein Laster (ugs.) = *[erfolglos] gegen seine eigenen verhängnisvollen Neigungen kämpfen.*

KLETTE, die; -, -n [mhd. klette, ahd. cletha, eigtl. = die Klebende, nach den anhaftenden Blütenköpfen, verw. mit Klei]

aneinander hängen (zusammenkleben) wie die Kletten (ugs.) = *fest zueinander stehen; in unzertrennlicher Freundschaft (Liebe) leben.* Seit dem 18. Jh. Küpper 1993, 425; DZR 2007, 884.

sich an jmdn. hängen wie eine Klette (an jmdm. hängen wie eine Klette) (ugs.) = *von jmdm. nicht ablassen, nicht weichen.* Vgl. engl. *He sticks like a bur.* Seit dem 18. Jh. Küpper 1993, 425.

zusammenhalten wie die Kletten (ugs.) = *fest zueinander stehen; eine (gegen äußere Gefahren o. Ä.) festgefügte Einheit bilden; sich nicht voneinander trennen; miteinander eng verbunden sein.* Seit dem 19. Jh. Küpper 1993, 425.

KLO, das; -s, -s

etw. ist wie ein Klo ohne Klopapier (ugs. scherzh.) = *etw. ist unvollständig. Klo* ist eine ugs. Form zu *Klosett.*

KLOPAPIER, das; -s, -s

etw. ist wie ein Klo ohne Klopapier (ugs. scherzh.) = S. Klo.

KLOSETT, das; -s, -s, auch: -e [gek. aus: Wasserklosett, älter: Watercloset < engl. water-closet, zu: water = Wasser u. closet = abgeschlossener Raum < afrz. closet = Gehege, zu lat. clausus, Klause]

aus dem Mund (Maul) riechen wie ein Klosett (ugs. abwertend) = S. Mund.

KLOß, der; -es, Klöße [mhd., ahd. kloʒ = Klumpen; Knäuel; Kugel, urspr. = zusammengeballte Masse, verw. mit Kolben]

etw. sitzt einem wie ein Kloß im Hals (ugs.) = *etw. bedrückt einen heftig.* Seit dem 19. Jh. Küpper 1993, 427.

KLOßBRÜHE, die

klar wie Kloßbrühe sein (ugs. scherzh. iron-) = *ganz klar und eindeutig sein; sich von selbst verstehen, völlig einleuchtend.* Bei der „Kloßbrühe" handelt es sich im heutigen Verständnis um die Brühe, die beim Kochen von Klößen entsteht. Die Redensart ist eigentlich scherzhaft-ironisch, denn diese Kloßbrühe ist stets trübe (Röhrich 2001, 3, 851). In der Wendung hat jedoch dieses Wort nichts mit Klößen oder Klopsen zu tun und die religiöse Grundlage dieses Vorgangs ist unbestritten, denn diese *Kloßbrühe* ist eigentlich eine *Kloster-*

brühe. Die Klosterbrühe hatte früher klar und durchsichtig zu sein, vermutlich, um der Völlerei vorzubeugen (Krämer, Sauer 2001, 27). Vielleicht ist die Klosterbrühe gemeint, die dem Bettelnden an der Klosterpforte verabreichte Armensuppe. Ähnliche Vergleiche sind: *Klar wie dicke Tinte*, *klar wie dicke Suppe* (DZR 2002, 138), *klar wie Klunkertunke* (schlesisch), *Klar wie Sirup*, *Klar wie Zwetschgenbrüh*, *wie Schuhwichs* (unterfränkisch), *wie Mehlsuppe«* (elsässich), *wie dicker Kaffee* (schleswig-holsteinisch) usw., oder auch nur wortspielerisch: *Klar wie Klärchen* (Klärchen - ′Sonne′); engl. *as clear as day*, poln. *jasne jak słońce*, russ. *ясно как солнце*, ukr. *це цілком ясно*. 1830 ff. Küpper 1993, 427; Walter 2006, 32.

klar wie Kloßbrühe und flüssig wie Pomade (ugs. scherzh.-iron.) = *völlig einleuchtend*. 1870 ff. Küpper 1993, 427.

KLOSTER, das; -s, Klöster [mhd. kloster, ahd. klostar < vlat. clostrum < (kirchen)lat. claustrum = (abgeschlossener) Raum (für Mönche u. Nonnen), zu lat. claudere = verschließen]

wie in einem Kloster leben (ugs.) = *ohne Frau sein* (über einen Mann). 1920 ff. Küpper 1993, 427.

KLOTZ, der; -es, Klötze u. (ugs.:) Klötzer [mhd. kloz = Klumpen; Kugel; Baumstumpf, ablautende Bildung zu Kloß]

dastehen da wie ein Klotz (ugs.) = 1. *unbeweglich stehen; steif, unbeweglich, hölzern sein*. 2. *arbeitsunwillig sein; faul sein*. (Duden); Röhrich 2001, 1, 305.

etw. hängt jmdm. wie ein Klotz am Bein (ugs.) = *etw. hindert für lange Zeit das Fortkommen*. 1900 ff. Küpper 1993, 427.

müde wie ein Klotz (ugs.) = *sehr müde*. *Wie ein Klotz* entwickelt sich zu einem steigernden Vergleich im Sinne von ′schwerfällig, schwerbeweglich′. 1950 ff. Küpper 1993, 427.

schlafen wie ein Klotz (ugs.) = *sehr tief schlafen*. (Duden)

steif wie ein Klotz (ugs.) = *ungewandt*. 1950 ff. Küpper 1993, 427.

Wie der Klotz, so der Span, wie [das] Wort, so [der] Mann. (Sprichwort) = *Gute Voraussetzungen bedingen ein gutes Ergebnis*. Wander 2, 1406.

Wie der Klotz, so der Keil. (Sprichwort) = *Die zu lösende Aufgabe bedingt die anzuwenden Mittel*. Wander 2, 1406.

Wie man in einen Klotz hackt, so fallen die Späne. (Sprichwort) = *Das eigene Verhalten bedingt das zu erwartende Ergebnis*. Wander 2, 1406.

KNAST, der; -[e]s, Knäste, auch: -e [aus der Gaunerspr.; vgl. jidd. knas, hebr. genas = Geldstrafe]

Ein Soldat ohne Knast ist wie ein Schiff ohne Mast. (Redensart ugs.) = S. Soldat.

KNEIFZANGE, die

als der Alte Fritz sich die Hosen mit der Kneifzange (Beißzange) anzog (ugs.) = S. Fritz. Vgl. Beißzange.

jmd. ist so dumm, dass er sich die Hosen mit der Kneifzange (Beißzange) anzieht (ugs.) = S. Hose.

KNIE, das; -s, - ['kni:ə, auch: kni:; mhd. knie, ahd. kneo, verw. mit lat. genu, griech. góny = Knie]

sich lieber ein Loch ins Knie bohren lassen (ugs.) = S. Loch.

KNOCHEN, der; -s, - [mhd. knoche, zu: knochen = drücken, pressen, eigtl. = das, womit man gegen etw. schlägt, zu einem urspr. lautm. Verb, das mit knacken verwandt ist (vgl. mhd. knochen = drücken, pressen; engl. to knock = schlagen, stoßen)]

jmdm. wie Blei in den Knochen sein (ugs.) = S. Blei.

seine Brust sieht aus wie eine Hundehütte, in jeder Ecke ein Knochen (ugs. scherzh.) = S. Hundehütte.

sich um etw. raufen wie die Hunde um den Knochen (ugs.) = S. Hund.

KNOCHENHART <Adj.>
knochenhart (ugs.) = *sehr hart.*

KNÖDELBRÜHE, die; -, -n
klar wie Knödelbrühe (ugs. scherzh.-iron.) = *völlig einleuchtend.* Analogiebildung zu *klar wie Kloßbrühe* (S.). Seit dem 19. Jh. Küpper 1993, 437.

KNOPFLOCH, das
aus allen Knopflöchern grinsen (ugs. selten) = *sich sehr freuen und über das ganze Gesicht lachen; glücklich lächeln.* DZR 2007, 309. Vgl. strahlen (lachen, grinsen) wie ein *Honigkuchenpferd (Primeltopf).*

KNÜPPEL, der; -s, - [aus dem Niederd., (Ost)md. (dafür mhd. knüpfel), im Sinne von „Knotenstock, Knorren" verw. mit Knopf; in niederd. Lautung im Hochdeutschen vermischt mit älterem Klüppel = Gerät zum Klopfen, mhd. (md.) klüppel, zu klopfen, kloppen]
etw. schmeckt wie Knüppel auf den Kopf (ugs.) = *über einen schlechten Geschmack, über schlechtes Essen.*

KNÜPPELDICK <Adv.>
knüppeldick (ugs.) = *sehr dick; plump; nachdrücklich.* Eigentlich »dick wie ein Knüppel« (= auf bestimmte Länge geschnittenes Rundholz); von da weiterentwickelt zur Bedeutung »unförmig, stark« sowie zur Geltung einer allgemeinen Verstärkung. 1700 ff. Küpper 1993, 440.
es knüppeldick haben (ugs.) = *reich sein.* Seit dem 19. Jh. Küpper 1993, 440.
es knüppeldick hinter den Ohren haben (ugs. abwertend) = S. Ohr.

KNÜPPELHART <Adj.>
knüppelhart (ugs.) = *sehr hart, sehr fest.*

KOBOLD, der; -[e]s, -e [mhd. kobolt, 1. Bestandteil wahrsch. mhd. kobe (Koben), 2. Bestandteil mhd. holt (hold) od. walten, also eigtl. = Stall-, Hausgeist od. Stall-, Hausverwalter]
lachen wie ein Kobold = *schadenfroh lachen.* Ein Kobold ist ein im Volksglauben existierender, sich in Haus und Hof aufhaltender, zwergenhafter Geist, der zu lustigen Streichen aufgelegt, zuweilen auch böse und tückisch ist. Seit dem 17. Jahrhundert ist der redensartliche Vergleich verbreitet. Er verweist auf das Gelächter, das die Hausgeister nach gelungenen Streichen und üblen Scherzen an Menschen lauthals ausstoßen sollen. *He lacht as'n Kobbold* war in Mecklenburg eine gebräuchliche Charakterisierung. Röhrich 2001, 3, 863.

KOCH, der; -[e]s, Köche [mhd. koch, ahd. choch < lat. coquus (vlat. cocus) = Koch, vgl. kochen]
Der Koch gilt so viel als der Kellner. (Sprichwort) = *Es kommt auf die Präsentation der Arbeitsergebnisse an und darauf, wie sie dem Kunden gefallen.* Wander 2, 1445.

KOHLE, die; -, -n [mhd. kol, ahd. kol(o), urspr. = Holzkohle]
wie auf [glühenden] Kohlen sitzen (ugs.) = *in einer bestimmten Situation in Erwartung von etw., durch eine Verzögerung, Behinderung o. Ä. voller Unruhe sein; gezwungenermaßen warten und dabei unruhig sein.* Die seit dem 17. Jahrhundert bezeugte Wendung meint eigentlich, dass jmd. vor Ungeduld hin und her rutscht, als ob er auf glühenden Kohlen säße. Vgl. die veraltete Wendung *wie der Hahn über die glühenden Kohlen laufen* - ′eilig davonlaufen′. Duden, Bd. 11, 369; Röhrich 2001, 3, 864. Poln. *siedzieć jak na rozżarzonych węglach.* WW 2004, 92.
laufen wie der Hahn über heiße Kohlen (ugs. selten) = S. Hahn.
schwarz wie Kohle = 1. *tiefschwarz.* 2. *schmutzig, ungewaschen.* 3. *über einen Menschen mit einer „schwarzen Seele", mit schlechtem und niederträchtigen*

Verhalten. Vgl. *kohlrabenschwarz.* Der Vergleich beruht auf der Farbe der Steinkohle.

KOHLE[N]FEUER, das
dastehen (sich verhalten) wie Petrus am Kohle[n]feuer (geh. selten) = S. Petrus.

KOHLENKASTEN, der
ein Gemüt wie ein Kohlenkasten haben (ugs.) = S. Gemüt.

KÖHLER, der; -s, - [mhd. koler, köler = Kohlenbrenner]
schwarz wie ein Köhler (ugs. selten) = *schmutzig, ungewaschen.* HWA 2005, 1, 1404.

KOHLRABENSCHWARZ <Adj.>
kohlrabenschwarz = 1. *tiefschwarz.* 2. *so dunkel, dass nichts zu sehen ist.* 3. *sehr schmutzig; schwarz von Schmutz.* „Kohlrabe" meint hier das schwarze Gefieder des Kolkraben. S. *Rabenschwarz.*

KÖNIG, der; -s, -e [mhd. künic, ahd. kuning, eigtl. = aus vornehmem Geschlecht stammender Mann]
sich freuen wie ein König (ugs.) = *sich sehr freuen. Wie ein König* meint soviel wie 'herausragend, hervorragend' und dient also zu einer allgemeinen Verstärkung. Vielleicht auch verkürzt aus *sich freuen wie ein Schneekönig* (s.). Seit dem 19. Jh. Küpper 1993, 446.

KONSERVENDOSE, die
Gesicht wie eine Konservendose (ugs.) = S. Gesicht.

KONTROLLE, die; -, -n [frz. contrôle, zusgez. aus älter: contrerôle = Gegen-, Zweitregister, aus: contre = gegen u. rôle = Rolle, Liste (Rolle)]
Vertrauen ist gut, Kontrolle ist besser! = S. Vertrauen.

KOPF, der; -[e]s, Köpfe [mhd. kopf, koph = Becher, Trinkgefäß; scherz. übertr. dann: Hirnschale, Kopf, ahd. chopf = Becher, Trinkschale, wohl < spätlat. cuppa < lat. cupa]
einen Kopf haben wie ein Briefkasten (ugs.) = 1. *einen großen, kantigen Kopf haben.* 1950 ff. 2. *benommen sein (infolge heftiger Erkältung oder nach einer durchzechten Nacht).* 1950 ff. Küpper 1993, 131.
[sich fühlen] wie vor den Kopf geschlagen; wie vor den Kopf geschlagen sein (geh.) = *vor Überraschung gelähmt sein; eine unangenehme Überraschung erleben.* DZR 2002, 790.
jmd. ist wie sein Hut, kleiner Kopf und großer Rand. (ugs.) = S. Hut.
Je schöner der Kopf, je weniger Gehirn. (Sprichwort scherzh.-abw.) = *über Personen, die ihr Hauptaugenmerk auf Äußeres legen und nicht auf Bildung.* Wander 2, 1507.
Jedenfalls ist der Kopf dicker als der Hals (ugs.) = 1. *Erwiderung auf eine mit »jedenfalls« beginnende Äußerung des Einwands, der Einschränkung o. Ä.* 1920 ff. Küpper 1993, 380. 2. *Ausdruck einschränkender Bestätigung.* Eigentlich Vervollständigung eines mit »jedenfalls« eingeleiteten Satzes. Mit diesem Reimspruch auf »jedenfalls« ist ungefähr gemeint: »mag alles anders sein, wie es will, - eines steht fest: der Kopf ist dicker als der Hals«. Spätestens seit 1900. Küpper 1993, 449.
mehr im Kopf (Kopp) als im Sack [haben] (Berlin, ugs. derb abwertend) = *mehr Intelligenz als Potenz besitzen.* Borneman 2003, 5. Reflektiert auf die vulg. Wendung: *Dumm fickt gut.*
den Kopf in den Sand stecken wie der Vogel Strauß (ugs.) = *seine Augen vor etw. Unangenehmem verschließen, eine unangenehme Wahrheit nicht sehen wollen, ignorieren.* Szczęk, Wysoczański 2004, 122. S. *es machen wie der Vogel Strauß.*

einen Kopf haben wie ein Sieb (ugs.) = *ein schlechtes Gedächtnis haben.* Seit dem 19. Jh. Küpper 1993, 768.

einen Kopf wie ein Kino haben (ugs.) = *vergesslich oder unzuverlässig sein.* Scherzhafte Anspielung auf die Notausgänge, die sich an beiden Seiten des Kinos befinden. Schül. 1950 ff. Küpper 1993, 413.

einen Kopf wie ein Rathaus haben (ugs.) = 1. *ein gutes Gedächtnis haben; viel wissen.* Anspielung auf das weite Arbeitsgebiet der Stadtverwaltungen. 1900 ff. 2. *Kopfdröhnen haben.* 1930 ff. Küpper 1993, 652.

jmd. hat einen Kopf wie ein Rucksack: wenn man ihn sieht, denkt man ans Wandern (Weggehen) (ugs. scherzh.) = *jmd. sieht unsympathisch aus.* Schül. 1950 ff. Küpper 1993, 676.

Du hast einen Kopf wie eine Wundertüte, in jeder Ecke eine Überraschung. (iron.) = *Redewendung angesichts einer ungewöhnlichen Kopfform.* 1935 ff. Küpper 1993, 929.

schmecken wie Knüppel auf den Kopf (ugs.) = S. Knüppel.

mehr Schulden haben als Haare auf dem Kopf haben (ugs. spött.) = S. Schuld.

mir geht [es wie] ein Mühlrad im Kopf herum (ugs.) = S. Mühlrad.

nötig wie ein Loch im Kopf (ugs.) = S. Loch.

KORINTHER der; -s, -

drauf (darauf) losgehen wie Paulus auf die Korinther (bildungsspr. bes. in niederdeutschen Mundarten) = S. Paulus.

KORN, das; -[e]s, Körner u. (Getreidearten:) -e [mhd., ahd. korn, urspr. = samenartige Frucht von Pflanzen, dann die des Getreides]

sich wohl fühlen wie die Maus im Korn (ugs. selten) = S. Maus.

KORNHAUFEN , der; -s, - [mhd. hufe, ahd. hufo = Haufe, Menge, Schar]

[so] sicher wie die Maus im Kornhaufen (ugs. landschaftl.) = S. Maus.

KOSMETIK-BERATERIN, die

jmdn. abweisen wie eine aufdringliche Kosmetik-Beraterin (ugs. scherzh.) = *jmdn. zurückweisen, abweisen; sich jmdm. gegenüber abweisend verhalten; mit jmdm. nichts zu tun haben wollen.* Brugger 1993, 13.

KOTELETT, das; -s, -s, selten: -e [frz. côtelette, eigtl. = Rippchen, Vkl. von: côte < afrz. coste < lat. costa= Rippe]

ein Kotelett so groß wie ein Abédeckel (ugs. scherzhaft) = ein sehr großes Kotelett. Parallel zu s.a. Abortdeckel. 1900 ff. Küpper 1993, 132.

KOTZEN <sw. V.; hat> [wohl zusgez. aus älter: koppezen, Intensivbildung zu spätmhd. koppen = speien] (ugs.)

aussehen wie gekotzt und geschissen (derb) = *bleich, elend aussehen.* 1940 ff. Küpper 1993, 453.

das ist gekotzt wie geschissen (derb.) = *das ist gleichgültig.* Abgang von Speise aus Mund oder After ist gleichermaßen unappetitlich. 1910 ff. Küpper 1993, 453.

wie [aus]gekotzt aussehen (derb) = *ungepflegt und wüst aussehen.* 1920 ff. Küpper 1993, 453.

KRAFT, die; -, Kräfte [mhd., ahd. kraft, urspr. = Zusammenziehung (der Muskeln)]

Kraft haben wie ein Elefant (ein Pferd, ein Ochse) = *sehr stark sein, sehr kräftig sein, sehr viel Kraft haben.* Der Vergleich zielt auf Arbeitstiere, die schwere Tätigkeiten ausführen.

Kraft haben wie eine Mücke (ugs. scherzh.) = *schwach, kraftlos sein sein.* Poln. *siła jak u komara.* Szczęk, Wysoczański 2004, 131.

Kraft haben wie ein Spatz (ugs. iron.) = *schwächlich sein, keine Kraft haben.* Szczęk, Wysoczański 2004, 121. Der Spatz wird in vielen Vergleichen für 'klein', 'schwach' herangezogen, vgl. *essen wie ein Spatz* u.Ä.

KRAM, der; -[e]s [mhd., ahd. kram = Zeltdecke (Schutzdach über dem Wagen od. dem) Stand eines umherziehenden Händlers; Kaufmannsware] (ugs. abwertend)

jmdm. [nicht] in den Kram/[nicht] in jmds. Kram passen (ugs.) = *als Forderung, Aufgabe o. Ä. in einem für jmdn. [un]günstigen Zeitpunkt kommen; über etwas Unpassendes.* Röhrich 2001, 4, 1144.

KRAMPFADER, die

Muskeln haben wie der Spatz Krampfadern (ugs. scherzh.) = S. Muskel.

KRANKENHAUSSUPPE, die; -, -n

klar wie Krankenhaussuppe (ugs.) = *völlig einleuchtend.* Krankenhaussuppe gilt als dünne Wassersuppe. 1930 ff. Küpper 1993, 457. Nach dem Modell *klar wie Klosterbrühe.* (S.)

KRÄPEL, der; -s, - (südd.)

auseinander laufen (aufgehen) wie ein Kräpel (salopp) = *dick werden.* Borneman 2003, 1.20. Ein *Kräpel* ist ein Krapfen (landsch.), ein kleines, rundes, meist mit Marmelade gefülltes, in schwimmendem Fett gebackenes Gebäckstück aus Hefeteig.

KRÄTZE, die; - , -

jmdm. hängt etwas an wie die Krätze (ugs.) = *jmd. wird etwas Unangenehmes schwer oder gar nicht los.* Die Krätze [mhd. kretze, zu kratzen] ist eine durch Hautmilben hervorgerufene Hautkrankheit, die durch rötlich braunen Ausschlag und heftigen Juckreiz gekennzeichnet ist; Skabies. Sie kann unter Umständen chronisch werden.

KRAUSE, Familienname

es wie Pfarrer Krause machen (ugs.) = S. Pfarrer.

KRAUT, das; -[e]s, Kräuter [mhd., ahd. krut]

wie Kraut und Rüben [durcheinander] (ugs.) = *unordentlich, völlig ungeordne.* Die Herkunft dieser Wendung ist nicht völlig geklärt. Sie könnte sich auf das Bild eines Rübenackers beziehen, auf dem früher während der Ernte die Rüben und die abgeschnittenen Rübenblätter ungeordnet durcheinander lagen. Möglich wäre auch, dass die Fügung auf ein Eintopfgericht anspielt, bei dem Kraut (= Kohl) und Rüben zusammen gekocht werden. DZR 2002, 787.

KREBS, der; -es, -e [mhd. krebiȥ, ahd. crebiȥ, eigtl. = krabbelndes Tier, verw. mit krabbeln]

rot werden wie ein Krebs (ugs.) = *stark erröten (vor Scham, Aufregung u.Ä.).* Poln. *zaczerwienić się jak rak.* Szczęk, Wysoczański 2004, 132.

rot wie ein Krebs (ugs.) = *errötet, mit auffallend roter Hautfarbe.* Poln. *czerwony jak rak.* Szczęk, Wysoczański 2004, 132.

rückwärts gehen wie ein Krebs = 1. *rückwärts gehen.* 2. *über nachlassende Geschäfte, Umsatz u.Ä.; eine rückläufige, sich verschlechternde Entwicklung aufweisen.* Vgl auch *Krebsgang*, das – wie auch der Vergleich - auf der (falschen) Vorstellung beruht, dass der Krebs rückwärts läuft. Poln. *leźć jak rak.* Szczęk, Wysoczański 2004, 132.

KREBSROT <Adj.>

krebsrot = *rot wie die Schalen eines gekochten Krebses (vom Gesicht, von der Haut), stark gerötet.*

KREIDE, die; -, -n <o. Pl.> [mhd. kride, spätahd. krida < vlat. (galloroman.) creda < lat. creta, viell. gek. aus: terra creta = gesiebte Erde, zu: cretum, 2. Part. von: cernere = scheiden, sichten]

weiß wie Kreide (emotional verstärkend) = 1. *von weißlicher Gesichtsfarbe, sehr blass.* 2. *durch einen besonders großen*

Schreck, durch Zorn, Übelkeit oder große Furcht sehr bleich. Geht zurück auf die natürliche weiße Farbe der Rohkreide, einen [fossilen] in unvermischter Form weißen und weiß färbenden, erdigen, weichen Kalkstein. Poln. *blady jak kreda.* WW 2004, 13. Vgl. kreidebleich.

KREIDEBLEICH <Adj.>
kreidebleich (emotional verstärkend) = *durch einen besonders großen Schreck, durch Zorn, Übelkeit oder große Furcht sehr bleich; von weißlicher Gesichtsfarbe, sehr blass.* Geht zurück auf die natürliche weiße Farbe der Rohkreide.

KREIS, der; -es, -e [mhd., ahd. kreiȝ = Kreislinie; Zauberkreis; Umkreis, urspr. = eingeritzte Linie u. verw. mit ahd. krizzon, kritzeln]
So (wie) fruchtbar ist der kleinste Kreis, wenn man ihn wohl zu pflegen weiß. = *Über die Bedeutsamkeit gemeinsamen Tuns für Menschen mit gleichen Interessen.* Der Zweizeiler stammt aus dem 6. Buch der »Zahmen Xenien« von Goethe aus dem Jahr 1827. DZR 2002, 786.

KREISSÄGE, die
jmdm. geht der Arsch wie eine Kreissäge (derb) = S. Arsch.
eine Stimme wie eine Kreissäge (ugs.) = S. Stimme.

KREUZ, das; -es, -e [mhd. kriuz(e) = Kreuz Christi, Mühsal, Leid, Qual, ahd. kruzi = Kreuz Christi < spätlat. crux (Gen.: crucis), lat. = Marter-, Hinrichtungspfahl (in T- od. Kreuzform)]
ein Kreuz (Schultern) haben wie ein Hering zwischen den Augen (ugs. iron.) = *sehr hager sein.* BSD 1965 ff. Küpper 1993, 340. *Kreuz* meint hier den menschlichen Rücken.
ein Kreuz haben wie ein Bergmann, - nicht so breit, aber so dreckig (ugs. scherz.) = *einen unsauberen Rücken haben.* 1965 ff, BSD. Küpper 1993, 95.
ein Kreuz haben wie ein Hafenarbeiter, nicht so breit, aber so dreckig (ugs. scherzh.) = *einen schmutzigen Hals (Oberkörper) haben.* BSD 1965 ff. Küpper 1993, 318.
ein Kreuz haben wie ein Kleiderschrank (ugs.) = *breitschultrig sein.* 1914 ff. Küpper 1993, 423.
ein Kreuz wie eine Litfaßsäule (ugs.) = *breiter Rücken; stark gewölbter Rücken.* Berlin 1930 ff. Küpper 1993, 500. *Litfaßsäule* - nach dem Drucker E. Litfaß, der sie erstmals 1855 in Berlin aufstellte: ′frei stehende, niedrigere Säule von größerem Durchmesser, auf die Bekanntmachungen, Plakate geklebt werden′.
ein Kreuz wie ein Geldschrank haben (ugs.) = *breitschultrig sein.* 1956 ff. Küpper 1993, 282.

KRIEG, der; -[e]s, -e [mhd. kriec = Kampf; (Wort-, Rechts-, Wett)streit, auch: Anstrengung, Streben, ahd. chreg = Hartnäckigkeit]
Im Krieg ist's wie im Kino, vorne flimmert es, und hinten sind die besten Plätze. (scherzh.) = *Spöttische Redewendung der Frontsoldaten gegen die Soldaten in der Etappe oder Heimat.* Sold. in beiden Weltkriegen. Küpper 1993, 413.

KRIMI ['kri:mi, ˌkrɪmi], der; -s, -s, (selten:) -, - [gek. aus Kriminalroman]
ein Gemüt haben wie ein Krimi (ugs.) = S. Gemüt.

KRISTALL, der; -s, -e [mhd. cristalle, ahd. cristalla < mlat. crystallum < lat. crystallus < griech. krýstallos = Eis; Bergkristall]
Augen, klar wie ein Kristall = S. Auge.
durchsichtig wie der reinste Kristall (geh.) = *klar zu erkennen, rein, völlig durchsichtig.*
klar wie Kristall = *unumstritten, völlig, durchsichtig.* Dieses Bild bringt eine große Zahl von Variationen: *klar wie Kloßbrühe (Schuhwichse, Zwetschgen-*

brühe, Mehlsuppe, dicke Tinte, dicke Suppe) DZR 2002, 138. Alle diese Wendungen haben dieselbe Grundbedeutung wie die angeführte. Tatsächlich aber entspricht nur die erste - literarische - Fassung »Klar wie Kristall« dieser Bedeutung. Aber gerade sie ist nicht volkstümlich. Alle volkstümlichen redensartlichen Vergleiche in diesem Wortfeld sind vielmehr scherzhaft, ironisch gemeint. Denn weder *Kloßbrühe* noch *dicke Tinte* oder *Schuhwichse* sind durchsichtig. Gerade die redensartlichen Vergleiche neigen besonders zur Variationenbildung, vielleicht weil sie sich rasch abnützen; zum Teil sind die Variationen auch geographisch, regional unterschieden. Röhrich 2001, 1, 15ff. Vgl. Kloßbrühe.

KROKODIL, das; -s, -e [lat. crocodilus < griech. krokódeilos, urspr. = Eidechse, eigtl. = Kieswurm (dissimiliert aus griech. króke = Kies u. drilos = Wurm)]

faul wie ein Krokodil (ugs. selten) = *abgeneigt zu arbeiten, sich zu bewegen, sich anzustrengen; nicht gern tätig; bequem, träge; faul; langsam.* Szczęk, Wysoczański 2004, 128. Krokodile liegen häufig über lange Zeit völlig bewegungslos.

KRONJUWEL, das, auch: der <meist Pl.>

so sicher wie die Kronjuwelen [von England, im Tower] (ugs.) = *völlig sicher; unbedingt zuverlässig.* S. Bank.

KROPF, der; -[e]s, Kröpfe [mhd., ahd. kropf, wahrsch. urspr. = Rundung, Krümmung, Ausbiegung u. verw. mit Kringel]

das hat einen Sinn wie ein Kropf (ugs.) = S. Sinn.

überflüssig (unnötig) wie ein Kropf (ugs., oft scherzh.) = *völlig überflüssig; völlig wertlos; gänzlich unerwünscht.* Röhrich 2001, 5, 1661. *Kropf* - krankhafte Schwellung der Schilddrüse. In früherer Zeit herrschte noch weithin Unklarheit über die Entstehung des Kropfes. Man glaubte, er könne durch Anstrengung oder durch Ärger und damit verbundenem Anhalten des Atems wachsen, wie noch heute aus einigen mundartlichen Redensarten ersichtlich ist. So heißt es z.B. *Sag's raus, sonst gibt's en Kropf, das gibt kei Kropf* (der Ärger wird nicht geschluckt), oder *sag's halt, bevor dir e Chropf wachst.* Es war also stets auch die Vorstellung von etwas Hinderlichem damit verbunden, wie es auch aus dem redensartlichen Vergleich *überflüssig (unnötig) wie ein Kropf* hervorgeht. Vielfach galt er auch als Strafe Gottes. Oberdt. seit dem 19. Jh. Röhrich 2001, 3, 894. S. Blinddarm, Schwiegermutter, Wurmfortsatz.

KRÖSUS, der; - u. -ses, -se

reich wie Krösus (oft scherzh.) = *jmd., der über Reichtümer verfügt, im Verhältnis zu andern sehr wohlhabend ist.* Nach lat. *Croesus*, griech. *Kroisos*, dem letzten, unermesslich reichen König von Lydien im 6. Jh. v. Chr.

KRÖTE, die; -, -n [mhd. kröte, krot(te), ahd. krota, kreta]

sich aufblasen (aufblähen, aufschwellen) wie eine Kröte (ugs. abwertend selten) = *sich aufspielen; dünkelhaft sein.* Poln. *nadąć się/nadymać się jak żaba.* Szczęk, Wysoczański 2004, 128. S. Frosch. 2. *wütend sein.* Wander 1, 165.

daherkommen wie eine [schleimige] Kröte mit triefenden Schwären (ugs. abwertend) = *über etw. Abscheuliches, Widerwärtiges, Ekliges.* Brugger 1993, 10. Eine *Schwäre* (geh.) ist ein eitriges Geschwür.

giftig wie eine Kröte (ugs.) = *zänkisch, ausfallend, keifend.* Seit dem 18. Jh. Küpper 1993, 464.

saufen wie eine Kröte (ugs.) = *viel trinken.* Seit dem 19. Jh. Küpper 1993, 464. S. Bürstenbinder.

er schickt sich zum Springen wie die Kröte zum Fliegen (ugs. selten) = S. Springen.

voll wie eine Kröte (ugs.) = *bezecht.* Wohl weil Kröten im allgemeinen feuchte Orte lieben. Seit dem 19. Jh. Küpper 1993, 464.

KRUPP, Name

Was Krupp in Essen ist, bin ich im Trinken. (ugs. scherzh.) = *Aussage, viel Alkohol zu vertragen.* Karasek 2004, 12. Wortspiel mit *Essen* - 'Nahrungsaufnahme' und dem Standort der Stahlfirma Krupp in der Stadt *Essen*, worauf sich die kalauernde Verbindung mit *Trinken* bezieht.

KRÜPPEL, der; -s, - [mhd. (md.) krüp(p)el, mniederd. krop(p)el, kröpel, eigtl. = der Gekrümmte, verw. mit Kringel] (emotional)

anhalten wie ein Krüppel am Wege (ugs.) = *inständig, immer von neuem bitten.* Hergenommen vom anhaltenden Gabeheischen des verkrüppelten Bettlers. Seit dem 19. Jh. Küpper 1993, 465.

KRUPPSTAHL, der; -s

hart wie Kruppstahl (ugs.) = 1. *sehr hart.* Stahl der Firma Krupp war für seine besondere Qualität bekannt. 2. *unnachgiebig; unsentimental.* Auf dem Reichsparteitag in Nürnberg 1938 äußerte Hitler anlässlich der Hitlerjugend-Kundgebung, die Hitlerjugend solle *flink (sein) wie die Windhunde, zäh wie Leder, hart wie Kruppstahl.* Fußt auf der älteren Redewendung *hart wie Stahl.* (S.) Küpper 1993, 465. 3. *hart; schwer zu beißen.* Sold. 1939 ff. Küpper 1993, 465.

KÜBEL, der; -s, - [mhd. kübel, ahd. kubelen (Pl.) < mlat. cupellus = kleines Trinkgefäß, Vkl. von lat. cupa, Kufe]

es regnet (gießt, schüttet) mit Kübeln (wie aus Kübeln) (ugs.) = *es regnet sehr stark.* 1500 ff. Küpper 1993, 466.

KÜCHE, die; -, -n

Die Küche (das Essen, Überfluss) bringt mehr um als das Schwert. (Sprichwort) = *Falsche Essgewohnheiten und übermäßiges Essen führen zu Krankheiten, die manchmal auch tödlich enden können.* Wander bezieht das Sprichwort auf die Kosten, die gutes Essen verursacht: „Schon bei Lucullus kostete eine Mahlzeit mehr als 10.000 Taler. Cato der Ältere wunderte sich mit Recht, wie ein Staat bestehen könne, in dem ein Fisch teurer sei als ein Ochse. Vitellius, den Tacitus das kaiserliche Schwein nennt, verschwendete in 7 Monaten mit Essen 42 Mill. Taler. Den Kaiser Varus kostete ein einziges Abendessen für 12 Personen ¼ Mill. Taler". Wander 2, 1652. Vgl. lat.: *Gula plures quam gladius perimit.* Vgl. auch *Überfluss bringt Überdruss. Überfluss bringt mehr um als Hunger (Mangel).* Wander 1, 1392.

KUCKUCK, der; -s, -e [aus dem Niederd.-Md. < mniederd. kukuk, lautm.]

dankbar wie ein Kuckuck (ugs. iron.) = *sehr undankbar.* Der vom fremden Vogel ausgebrütete Kuckuck vertreibt die kleinen Nestgenossen. Seit dem 19. Jh. Küpper 1993, 466.

undankbar wie ein Kuckuck sein (ugs. abwertend) = *sehr undankbar sein.* Szczęk, Wysoczański 2004, 120. Der redensartliche Vergleich führt zu einer Steigerung der Aussage, da es nichts Schlimmeres zu denken gibt als das Verhalten des jungen Kuckucks im fremden Nest, der die Jungen seiner Pflegeeltern verdrängt. Vg. franz.: *un monstre d'ingratitude* (wörtlich: ein Ausbund an Undank). Röhrich 2001, 5, 1660. Der junge Kuckuck ist beinahe unersättlich und wächst schneller als die Jungen der Grasmücke, in deren Nest er herangezogen wird. Er wirft die jungen Grasmücken aus dem Nest, er greift manchmal sogar das Grasmückenweibchen an.

wie der Kuckuck seine Eier in fremde Nester legen (jmd. ist wie der Kuckuck, der seine Eier in fremde Nester legt) (ugs.) = *sich vor etwas Unangenehmem drücken; über jmdn., der ein*

Drückeberger ist. Brugger 1993, 54. Röhrich 2001, 5, 1660; Szczęk, Wysoczański 2004, 119.

wie ein Kuckuck unter Nachtigallen (scherzh.) = *ein Laie unter Fachleuten.* Wohl nach der Gellertschen Fabel, in der der Kuckuck einen Sängerwettstreit mit der Nachtigall wagt.

KUGELLAGER, das

es läuft wie auf Kugellagern (ugs.) = *es geht reibungslos vonstatten.* 1950 ff. Küpper 1993, 467.

KUH, die; -, Kühe [mhd., ahd. kuo = (weibliches) Rind, viell. lautm.]

von etw. Ahnung haben wie die Kuh vom Sonntag (ugs.) = S. Ahnung.

[Man wird] Alt wie ′ne Kuh und lernt immer noch (′was) dazu (salopp Sprichwort) = *man lernt bis ins hohe Alter und immer wieder Neues [und erfährt Überraschendes].* Koženmjako 2003, 6; Zwilling 2001, 25. Vgl. *Man wird alt wie ein Haus und lernt nie aus.* Koženmjako 2003, 6; Walter, Mokienko 2006, 29.

jmdn. (etw) ansehen wie die Kuh das neue Tor (ugs. abwertend) = *jmdn. (etw.) ratlos, verständnislos, völlig verblüfft anschauen.* Mit dem neuen Tor ist das neue Stalltor gemeint. Seit dem 16. Jh. Küpper 1993, 468.

sich anstellen wie die Kuh zum (beim) Eierlegen (Klavier spielen) (ugs. abwertend) = 1. *sehr unbeholfen sein.* 2. *sich keinen Rat wissen.* 1950 ff. Küpper 1993, 468.

für etw. begabt sein wie die Kuh fürs Seiltanzen (ugs. abwertend) = *für etw. offenkundig keinerlei Begabung* haben. 1960 ff. Küpper 1993, 468.

sich bekehren wie Hintermeiers Kuh (ugs. landschaftlich bairisch) = S. Hintermeier.

blicken (gucken, kucken) wie die Kuh, wenn's donnert (ugs.) = *einfältig, verständnislos dreinsehen.* Seit dem 19. Jh. Küpper 1993, 468.

daliegen wie eine alte Kuh (salopp) = *träge sein, sich lustlos und ohne Schwung bewegen;sich nur widerstrebend bewegen, aktiv werden.*

dastehen wie die Kuh vor dem neuen Tor (Stall-, Scheunentor) (ugs. abwertend) = *ratlos sein.* 1500 ff. Küpper 1993, 468.

dumm wie (dümmer als) eine Kuh (ugs. abwertend) = *sehr dumm.* Seit dem 18. Jh. Küpper 1993, 468; Lapidus 2006, 46.

dunkel (düster, finster) wie in einer Kuh (im Loch) (ugs. emotional verstärkend) = *sehr dunkel, stockdunkel, sehr finster, völlig lichtlos.* Szczęk, Wysoczański 2004, 105. *Kuh* - ′Verlies′, Kerker für widerspenstige Geistliche (bayerisch, schwäbisch). Heute auf das Tier bezogen. Seit dem 18. Jh. Küpper 1993, 468. Vgl. Kuharsch.

[einen] Geschmack wie eine Kuh haben (salopp) = S. Geschmack.

gucken wie eine Kuh (salopp) = *teilnahmslos, stumpfsinnig gucken.* Szczęk, Wysoczański 2004, 105.

aus dem Hals riechen (stinken) wie die Kuh aus dem Arsch (derb abwertend) = S. Hals.

Ideen haben wie eine kranke Kuh (ugs.) = S. Idee.

zu etw. Lust haben wie die Kuh zum Messer (ugs.) = S. Lust.

passen wie die Kuh zur Akademie (zur Universität) (salopp) = *absolut nicht passen, ungeeignet sein.* Der Vergleich folgt einem bekannten Modell, wo zwei nicht zusammen passende Dinge miteinander in Beziehung gesetzt werden, vgl. *passen wie der Esel zum Lautenschlagen* u.Ä.

aus dem Maul stinken wie eine Kuh aus dem Arsch (derb abwertend) = S. Maul.

saufen wie eine Kuh (salopp abwertend) = 1. *in großen Schlucken trinken.* 1500 ff. 2. *sich betrinken.* 1500 ff. Küpper 1993, 480. S. Bürstenbinder.

schwarz wie in einer Kuh (in einem Wal) = *über einen dunklen Keller, über eine dunkle Nacht, über das Vorhanden-*

sein von wenig oder gar keinem Licht. Brugger 1993, 57. Vgl. *(dunkel) finster wie in einer Kuh.*

seichen wie eine alte Kuh (salopp abwertend) = *viel Harn lassen. Seichen* - 'urinieren'. Kühe lassen viel Wasser. 1900 ff. Küpper 1993, 468.

es schmeckt wie Kuh auf Sofa (salopp abwertend) = *es schmeckt widerlich.* Die Bestandteile des Essens passen so wenig zusammen, wie eine Kuh auf eine gepolsterte Sitzbank passt. 1950 ff., jug. Küpper 1993, 468.

jmd. spricht Französisch wie eine Kuh Spanisch (ugs.) = S. Französisch.

stinken (riechen) wie die Kuh aus dem Arsch (derb abwertend) = *unangenehmen Mundgeruch verbreiten, aus dem Hals riechen.* Schemann 1993, 93.

saufen wie eine [Häusler-] Kuh (salopp) = *unmäßig trinken.* Szczęk, Wysoczański 2004, 105.

von etw. soviel verstehen wie die Kuh von einer Apotheke (vom Fliegen, vom Klavier spielen, vom Liebesspiel, vom Tanzen, vom Radfahren, vom Schach spielen, von Weihnachten, vom Zither spielen) (ugs. abwertend) = *von etw. nichts verstehen; für etw. keinerlei Begabung haben; sich in etw. überhaupt nicht auskennen.* 1900 ff. Küpper 1993, 468. S. Hahn, Sägefisch, Ochs, Ziege.

von etw. soviel wissen (verstehen; Ahnung haben) wie die Kuh vom Sonntag (ugs. abwertend) = *von einer Sache nichts wissen (nichts verstehen).* Vgl. *von etw. soviel verstehen wie die Kuh von einer Apotheke.* Spätestens seit 1800. Küpper 1993, 468.

KUHARSCH, der

finster (dunkel) wie in einem Kuharsch (derb abwertend) = *sehr dunkel.* 1920 ff. Küpper 1993, 468. S. Kuh.

ein Gesicht haben wie ein Kuharsch (derb. abwertend) = S. Gesicht.

KUHFLADEN, der

charmant wie ein Kuhfladen (ugs. iron. abwertend) = *abscheulich, furchtbar, überhaupt keinen Charme besitzend.* (Vineta. Die Findlinge. Zinnowitz 2007). Mit *Kuhfladen* bezeichnet man den Kot von Rindern als flache, breiige Masse, die ekeleregend und abstoßend ist. Vgl. Bulldogge, Schwefelsäure.

KÜHLSCHRANK, der

ein Herz wie ein Kühlschrank haben (ugs.) = S. Herz.

KULI, der; -s, -s

arbeiten wie ein Kuli (wie ein Pferd, wie ein Lasttier, [selten] **wie ein Ruderknecht)** (oft abwertend) = *[körperlich] sehr schwer arbeiten.* Duden, Bd. 11, 49. Das aus dem Hindi entlehnte Wort *kuli* in der Bedeutung 'Lastträger' war ursprünglich der Name eines indischen Volksstammes, dessen Angehörige sich als Fremdarbeiter zu verdingen pflegten. DZR 2007, 48

KÜMMELTÜRKE, der

arbeiten (ackern) wie ein Kümmeltürke (ugs.) = *angestrengt, schwer arbeiten. Kümmeltürke* ist ein Schimpfwort. Seit 1790 ist es in der Sprache der Verbindungsstudenten Name für jmdn., der aus dem Umkreis von Halle/Saale kommt, weil dort viel Kümmel angebaut und die Gegend scherzhaft als *Kümmeltürkei* bezeichnet wurde (*Türkei*, weil Gewürze sonst meist aus dem Orient kamen); dann Bez. für einen langweiligen, spießbürgerlichen Menschen. Auch malte man einen Türken oder Mohren auf das Aushängeschild eines Kaufladens, in dem Gewürzwaren (»Kolonialwaren«) gehandelt wurden, und auf den Gewürzmärkten trugen die Händler die türkische Tracht. Seit dem ausgehenden 18. Jh. Küpper 1993, 470-471. Später wurde *Kümmeltürke* zur Bezeichnung für einen langweiligen, spießbürgerlichen Menschen. Nachdem die Grundvorstellung in Vergessenheit geriet, wurde das Wort ein allgemeines Schelt- und Schimpfwort. Röhrich 2001, 3, 909.

saufen wie ein Kümmeltürke (salopp abwertend) = *stark zechen.* Geht auf den Alkoholverzehr der Studenten zurück. Seit dem 19. Jh. Küpper 1993, 470-471.

KÜMMERNIS, die; -, -se [mhd. kumbernisse] (geh.)

jmd. ist wie die heilige Kümmernis (landschaftl. süddt. geh. bildungsspr.) = *er kümmert sich um alles, er versucht, überall einzugreifen, macht fremde Sorgen zu seinen eigenen.* Die im Wesentlichen auf das südostdeutsche Sprachgebiet beschränkte Redensart spielt scherzhaft auf die nicht kanonisierte Volksheilige an, deren volkstümlich gedeuteter Name auf ihre spezielle Hilfe bei Kummer und Not hinzuweisen scheint. Ebenso wortspielerisch ist der redensartliche Vergleich *Aussehen wie die heilige Kümmernis* - 'betrübt, bekümmert blicken'. Die Wendung bezieht sich auf ihr qualvolles, mehrere Tage dauerndes Martyrium. Die älteste Legende von dieser heiligen Jungfrau, die verschiedene Namen besitzt (Wilgefortis, Liberata, Ontkommer, Hülpe usw.), stammt aus den Niederlanden, wo aus Steenbergen seit dem 15. Jahrhundert Wunder von ihrer Hilfe bei Krankheit und Tod berichtet wurden. Sie gilt als portugiesische Königstochter, die einen Heidenkönig heiraten sollte. Da sie ihrem christlichen Glauben treu bleiben wollte, bat sie Christus um einen Bart, der sie völlig entstellte. Ihr wütender Vater ließ sie daraufhin kreuzigen. Im Deutschen verbindet sich damit die Sage vom armen Spielmann, dem sie ihren goldenen Schuh zuwarf, als er vor ihrem Bild spielte. Der Ursprung der Legende ist ein missverstandenes, bekleidetes Kruzifix, der Volto Santo, im Dom zu Lucca. Christus ist noch nicht als der Leidende, sondern als der Triumphierende am Kreuz dargestellt, mit der Krone und einem Faltengewand. Dieses nördlich der Alpen ungewöhnliche Kruzifix regte die Phantasie an und führte zur Erzählung von der gekreuzigten Jungfrau. Bild und Sage von der Kümmernis sind heute noch in Schlesien, Bayern und Österreich verbreitet. Röhrich 2001, 3, 910.

KUPPELWEIB, das

schimpfen (fluchen, sich streiten, zanken o. Ä.) **wie ein Kuppelweib** (ugs.) = *heftig, laut schimpfen, fluchen, sich streiten, zanken o. Ä.* Sehr oft wird in solchen Vergleichen auch auf andere Berufsgruppen angespielt, insbesondere auf solche, die allgemein wenig Achtung genießen: *Droschkenkutscher, Brunnenputzer, Fischweib, Fuhrknecht, Scherenschleifer, Kesselflicker* usw. Röhrich 2001, 4, 1339. S. Rohrspatz.

KURGAST, der

dumm wie ein Kurgast (ugs.) = *dümmlich; leicht zu übertölpeln.* Kurgäste kaufen bisweilen Wertloses für teures Geld. 1900 ff. Küpper 1993, 473.

KURVE ['kʊrvə, ˌkʊrfə], die; -, -n [spätlat. curva (linea) = gekrümmt(e Linie), zu: curvus = gekrümmt]

angeben wie ein Pudding in der Kurve (ugs. spött.) = S. Pudding.

angeben wie ein Waggon Sülze in der Kurve (ugs.) = S. Waggon.

KUSS, der; -es, Küsse [mhd., ahd. kus, rückgeb. aus küssen]

Wenn du so lang wärst, wie du dumm bist, müsstest du dich bücken, um dem Mond einen Kuss zu geben. (ugs. abwertend) = S. lang.

KUTSCHER, der; -s, -

fluchen wie ein (Droschken-) Kutscher (ugs.) = *unflätig schimpfen.* Kutscher galten als grob und dreist. 1900 ff. Küpper 1993, 475.

KUTSCHPFERD, das
stolz wie ein Kutschpferd (ugs. abwertend) = *dünkelhaft, voller Dünkel; eingebildet, hochmütig.* S. *stolz wie ein reich gewordener Bettler.* Röhrich 2001, 5, 1563.

L

LACHS, der; -es, -e [mhd., ahd. lahs,, viell. urspr. = der Gefleckte (nach der Tüpfelung)]
springen wie ein (junger) Lachs (ugs. selten) = 1. *über einen körperlich wendigen und beweglichen Menschen. sich schnell und gewandt bewegen* (v.a. laufen). 2. *hoch springen, mit Leichigkeit springen.* Szczęk, Wysoczański 2004, 127. Vgl. *hüpfen (springen) wie ein Gummiball (wie ein Floh, wie ein junges Reh).* Der weiten Verbreitung des hochwertigen Fisches entspricht auch der vielfältige Gebrauch in Redewendungen und Sprichwörtern, wobei in diesem Vergleich, ganz von der Realität ausgehend, an den über Flusshindernisse hinwegspringenden, ziehenden Lachs gedacht ist. Röhrich 2001, 3, 918.
Sprünge machen wie ein Lachs (ugs. selten) = S. Sprung.

LACKAFFE, der
wie ein Lackaffe aussehen (ugs. abwertend) = *über einen eingebildeten, eitlen Mann.* Szczęk, Wysoczański 2004, 95.

LADEN, der; -s, Läden, seltener: - [mhd. laden = Brett; Fensterladen, Kaufladen, verw. mit Latte]
der Laden läuft wie geölt (wie geschmiert) (ugs.) = *die Sache geht reibungslos vonstatten.* S. *wie geschmiert.* 1920 ff. Küpper 1993, 479.

LADESTOCK, der <Pl. ...stöcke> (früher)
steif wie ein Ladestock (ugs.) = *in steifer Haltung; sehr ungelenk.* Der *Ladestock* ist ein Stab, mit dem bei einem Vorderlader die Munition in den Lauf geschoben wird. Seit dem 19. Jh. Küpper 1993, 479.

LÄHMEN <sw. V.; hat> [mhd. lemen, ahd. lemjan]
[vor Schreck] wie gelähmt dastehen = *sich vor Schreck, Aufregung, Entsetzen, Angst nicht bewegen.*

LAMM, das; -[e]s, Lämmer [mhd. lamp, ahd. lamb]
aussehen wie ein Lamm, das zur Schlachtbank geführt wird (ugs.) = *resigniert sein, traurig aussehen, ergeben sein.* Szczęk, Wysoczański 2004, 110.
geduldig wie ein Lamm (geh.) = *überaus geduldig; Leiden widerspruchslos auf sich nehmend.* Geht zurück auf die christliche Redewendung: »wie ein Lamm wird er zur Schlachtbank geführt und tut den Mund nicht auf«. Mit dem Pietismus im frühen 18. Jh. aufgekommen. Küpper 1993, 480. Die Redensart beruht auf Jes 53,7: „Er tat seinen Mund nicht auf wie ein Lamm, das zur Schlachtbank geführt wird“.
sich wie ein Lamm zur Schlachtbank führen lassen (geh. bildungsspr.) = *alles geduldig mit sich geschehen lassen, die höchste Strafe erleiden, ohne den Versuch einer Rechtfertigung oder Verteidigung zu unternehmen.* Duden, Bd. 12, 484; DZR 2002, 784. Vgl. franz.: *se laisser conduire comme un agneau à l'abattoir.* Diese Redensart ist biblischen Ursprungs. Von der Gestalt des Gottesknechtes (einer alttestamentlichen Gestalt, die nicht klar zu deuten ist, mit der sich jedoch messianische Weissagungen verknüpfen) heißt es in Jesaja 53, 7: »Da er gestraft und gemartert ward, tat er seinen Mund nicht auf wie ein Lamm, das zur Schlachtbank geführt wird (...). Zu denken ist dabei an das Lamm, das als

Opfertier im Alten Testament eine große Rolle spielt, bis es im Neuen Testament in der Funktion des Opferlamms als Sinnbild für das Selbstopfer Christi neu gesehen wird. DZR 2002, 784. Bereits a.a.O. steht der prophetische Hinweis auf den Tod Jesu, der die Sünde der Welt und das Leiden dafür willig auf sich genommen hat. Röhrich 2001, 3, 922; Szczęk, Wysoczański 2004, 110.

eine Lammsgeduld besitzen (haben) (geh. selten) = S. Lammsgeduld.

sanft wie ein Lamm (ugs.) = *sanftmütig, friedfertig; zum eigenen Schaden gutmütig.* Seit dem 19. Jh. Küpper 1993, 480; Lapidus 2006, 27. Poln. *pokorny (łagodny, niewinny) jak baranek (jagnię).* Szczęk, Wysoczański 2004, 110.

unschuldig wie ein neugeborenes Lamm 1. *völlig, ganz und gar unschuldig sein.*2. *völlig unschuldig, zu Unrecht beschuldigt.* Szczęk, Wysoczański 2004, 110. S. Kalb, Kind, Lamm.

zahm (fromm) wie ein Lamm (ugs.) = *sanftmütig, friedfertig; zum eigenen Schaden gutmütig.* Szczęk, Wysoczański 2004, 110. S. *sanft wie ein Lamm.*

LÄMMCHEN, das

brav wie ein Lämmchen = 1. *brav, gehorsam, artig.* 2. (iron.) *bieder, hausbacken.* Szczęk, Wysoczański 2004, 110.

LÄMMERSCHWANZ, der

das Herz hüpft [jmdm.] wie ein Lämmerschwanz (Lammerschwänzchen) (ugs.) = S. Herz.

das Herz klopft [jmdm.] wie ein Lämmerschwanz (Lammerschwänzchen) (ugs. scherzh.) = S. Herz.

wie ein Lämmerschwanz [wackeln] (ugs.) = *heftig zappelnd, unruhig, rastlos; pausenlos sich bewegend.*

wie ein Lämmerschwanz sein (ugs.) = *unruhig, rastlos, lebhaft sein.* Seit dem 19. Jh. Küpper 1993, 480.

jmdm. geht das Maul (die Zunge) wie ein Lämmerschwanz (salopp) = S. Maul.

sich regen wie ein toter Lämmerschwanz (ugs.) = *über jmdn., der wenig aktiv ist, der keinen oder wenig eigenen Antrieb hat.* Szczęk, Wysoczański 2004, 110.

LÄMMERSCHWÄNZCHEN, das

Das Herz hüpft (klopft) wie ein Lammerschwänzchen (ugs. scherzh.) = S. Herz.

zittern wie ein Lämmerschwänzchen (ugs. scherzh.) = *vor Angst und Aufregung zittern; ängstlich sein, von Angst erfüllt sein; verängstigt, besorgt sein.* Szczęk, Wysoczański 2004, 110. Der Feigling und Unentschlossene wird denn auch einfach *Lämmerschwanz(chen)* genannt, das auch an *Schlapp- oder Lappschwanz* anklingen mag. In Hessen sagt man von einem sehr vergesslichen Menschen: *Der hat Gedanken wie ein Lämmerschwanz,* d.h. die Gedanken wechseln bei ihm so schnell wie das Wackeln des Lämmerschwanzes, oder sie sind so kurz wie der Lämmerschwanz. Von einem reglosen Menschen oder Tier sagt man ironisch: *Der regt sich wie ein toter Lämmerschwanz.* Eine bairisch-österreichische Wendung lautet: *Zittern wie a Lampelschwaf.* Sie begegnet schon Anfang des 18. Jahrhunderts. Röhrich 2001, 3, 923-924. Vgl. russ. *дрожать как овечий (заячий) хвост.*

LAMMFROMM <Adj.>

lammfromm sein = *gehorsam uns sanft, geduldig wie ein Lamm sein.*

LAMMSGEDULD, die

eine Lammsgeduld besitzen (haben) (geh. selten) = *alles geduldig mit sich geschehen lassen, die höchste Strafe erleiden, ohne den Versuch einer Rechtfertigung oder Verteidigung zu unternehmen.* Auch diese Wendung steht mit der Vorstellung vom *Gotteslamm* (Joh 1,29) in Zusammenhang, die uns in der katholischen Messe und in evangelischen Kirchenliedern begegnet. Röhrich 2001, 3, 922. S. *geduldig wie ein Lamm.*

LAND, das; -[e]s, Länder u. -e [mhd., ahd. lant, urspr. = freies Land, Feld, Heide]

wie die Unschuld vom Lande aussehen (ugs.) = S. Unschuld.

wie eine Windsbraut durchs Land fahren (landschaftl.) = S. Windsbraut.

LANDSKNECHT, der [eigtl. = ein im kaiserlichen Land angeworbener Soldat]

fluchen wie ein Landsknecht (ugs.) = *unflätig fluchen.* Die Landsknechte (Söldner zu Fuß) galten als derb und dreist in Lebensart und Ausdrucksweise. 1700 ff. Küpper 1993, 482.

LANDURLAUB, der

blau wie ein Seemann auf Landurlaub (ugs.) = S. Seemann.

LANG <Adj.; länger, längste> [mhd. lanc, ahd. lang; vgl. lat. longus = lang]

Wäre er so lang (groß), wie er dumm ist, dann hätte er ewigen Schnee auf dem Haupt (o. Ä.) (ugs. abwertend) = *Redewendung auf einen sehr dummen Menschen.* Schül. 1925 ff. Küpper 1993, 182.

Wenn du so lang wärst, wie du dumm bist, müßtest du dich bücken, um dem Mond einen Kuss zu geben. (ugs. abwertend) = *Redewendung zu einem Dummen.* 1900 ff. Küpper 1993, 182.

LANGSPIELPLATTE, die

Hand wie eine Langspielplatte (ein Bierkutscher, eine Leberwurst) (ugs.) = S. Hand.

LÄRM, der; -s, seltener: -es [älter: Lärmen, frühnhd. lerma(n), larman = Lärm, Geschrei, gek. aus Alarm]

irgendwo herrscht ein Lärm (sind Zustände o.Ä.) wie in einer Judenschule (ugs. veraltet) = *irgendwo wird sehr laut durcheinander geredet; man lärmt durcheinander; es herrscht Stimmengewirr; man kann sein eigenes Wort nicht verstehen.* 1900 ff. Küpper 1993, 382. Im Mhd. hatte *judenschuole* die Bedeutung ´Synagoge´. Die Wendung ist gebildet nach dem Gewirr der Stimmen beim Gebet, das wegen der hebräischen Sprache den Christen unverständlich war und von leisem Gemurmel oft zu lautem Anruf anschwoll.

ein Lärm wie auf dem polnischen Reichstag (ugs. abwertend) = *als störend und unangenehm empfundene sehr laute, durchdringende Geräusche.* Eine ähnliche Bedeutung haben die Wendungen *lärmen wie die Gänse auf dem Kapitol*; *lärmen wie die Berserker*; *lärmen wie die Wilden*; *mehr Lärm als ein Kesselschmied.* Eismann 1992, 92; Röhrich 2001, 3, 929.

jmd. macht einen Lärm wie die Henne vor Tage (ugs.) = *sehr leise sein.* Auch andere Vergleiche funktionieren auf dieser Grundlage, z.B. *jmd. lärmt wie die Frösche im Winter* (die dann bekannter Maßen nicht aktiv sind); ähnlich: *jmd. lärmt wie ein Dieb im Pferdestall; als wenn die Katze ein Ei legt.* Röhrich 2001, 3, 930.

mehr Lärm machen als ein Kesselschmied (ugs. abwertend) = *sehr laute Geräusche verursachen.* Eine ähnliche Bedeutung haben die Wendungen *ein Lärm wie auf dem polnischen Reichstag; lärmen wie die Berserker*; *lärmen wie die Wilden.* Röhrich 2001, 3, 929.

LASTER, das; -s, - [mhd. laster, ahd. lastar = Kränkung; Schmach; Tadel; Fehler, zu einem germ. Verb mit der Bed. „tadeln, schmähen“ (vgl. ahd. lahan = tadeln)]

kämpfen, wie der Kleptomane gegen sein Laster (ugs.) = *gegen seine eigenen verhängnisvollen Neigung en kämpfen.* Ein Laster ist 1. eine schlechte Gewohnheit, von der jmd. beherrscht wird; 2. eine ausschweifende Lebensweise.

LASTESEL, der

bepackt (beladen) wie ein Lastesel (ugs.) = *sehr viel tragen, viel Gepäck befördern; viele Teile in den Händen halten.* Szczęk, Wysoczański 2004, 109. Meist bezogen auf Personen, seltener auf Transportmittel (Auto u.ä.). Als Bildspender dient hier der Lastesel, der vorwiegend zum Transport von oft schweren Lasten gebraucht wird und dem eine sprichwörtliche Belastbarkeit eigen ist. S. Packesel.

LATERNE, die; -, -n [mhd. la[n]terne < (spät)lat. la(n)terna < griech. lampter = Leuchter, Fackel, Laterne]

wie ein Furz in der Laterne (derb) = S. Furz.

LATERNENPFAHL, der

jmd. riecht wie Laternenpfahl ganz unten und schmeckt wie Hund ganz hinten (salopp) = *Schelte auf einen unsauberen Jungen.* Hunde harnen an Laternenpfähle. Schül. 1950 ff. Küpper 1993, 484-485.

wie ein Laternenpfahl ganz unten schmecken (ugs.) = *widerlich schmecken.* Vgl. das Vorhergehende. 1945 ff. Küpper 1993, 484-485.

LATSCHEN, der; -s, - <meist Pl.> (ugs.)

aussehen wie der Tod auf La[a]tschen (ugs. emotional) = S. Tod.

zusammen passen wie ein paar alte Latschen (obersächs.) = *sich sehr gut verstehen.* (Duden)

LATTE, die; -, -n [mhd. lat(t)e, ahd. lat(t)a, urspr. = Brett, Bohle, verw. mit Laden]

dünn wie eine Latte (ugs.) = *schlank, flachbrüstig.* 1900 ff. Küpper 1993, 485.

LAUCH, der; -[e]s, -e [mhd. louch, ahd. louh, viell. verw. mit Locke u. urspr. = Gebogener, nach den nach unten gebogenen Blättern]

angeben wie eine Stange Lauch (ugs. spött.) = S. Stange.

LAUERSTELLUNG, die

sitzen wie eine (vollgeile) Nutte in Lauerstellung (salopp abwertend) = S. Nutte.

wie eine persische Kampfnutte in Lauerstellung liegen (derb abwertend sold.) = S. Kampfnutte.

LAUFFEUER, das

[sich ausbreiten] wie ein Lauffeuer (Buschfeuer) (bildungsspr.) = *außergewöhnlich schnell; ungemein schnell durch Weitererzählen [verbreitet werden].* Ursprünglich war das *Lauffeuer* ein Feuer, das an ausgestreutem Pulver entlangläuft, um zu zünden, dann auch: Gewehrfeuer entlang einer Schützenlinie. Die Wendung bezieht sich auf die Geschwindigkeit, mit der das Pulver verbrennt und die Flamme ihren Weg nimmt. Duden, Bd. 11, 438; DZR 2002, 784.

LAUNE, die; -, -n [mhd. lune, urspr. = Mondphase, -wechsel < lat. luna = Mond; die Stimmungen des Menschen wurden als abhängig vom wechselnden Mond empfunden]

eine Laune wie ein Bett am Morgen (ugs.) = *Mürrischkeit.* Wie das Bett ist man noch nicht „aufgeräumt“. 1940 ff. Küpper 1993, 101.

LAUS, die; -, Läuse [mhd., ahd. lus]

angeben wie ein Sack Läuse (ugs. selten) = S. Sack.

es so dick hinter den Ohren haben wie die Sau Läuse (salopp selten) = S. Ohr.

jmd. sitzt da, als hätte er eine Laus im Ohr (ugs. selten) = *unglücklich sein, sich keinen Rat wissen.* Röhrich 2001, 1, 304.

frech wie eine Laus (ugs.) = *keck, respektlos und draufgängerisch, kess, herausfordernd.* Szczęk, Wysoczański 2004, 131.

frech wie die Laus im Grind (Schorf) (ugs.) = *unverschämt, rücksichtslos.* Im *Grind* - 'Schorf' fühlt sich die Laus wohl. 1900 ff. Küpper 1993, 487. S. *sitzen wie die Laus im Grind (Schorf).*

jmd. geht wie die Laus am Stecken (ugs. selten) = *ärmlich sein, ärmlich aussehen.* Szczęk, Wysoczański 2004, 130.

etw. (jmdn.) gern haben wie die Laus im Pelz (ugs. selten) = 1. *etw. (jmdn.) nicht mögen, misstrauisch gegenüber jmdm. (etw.) sein.* 2. *durch jmdn. Ärger, Schwierigkeiten bekommen.* Szczęk, Wysoczański 2004, 131.

etw. im Griff haben wie der Bettelmann die Laus (jmd. hat's im Griff wie der Bettelmann die Laus) (ugs.) = S. Griff.

an jmdm. hängen wie eine Laus am Pelz (ugs. iron. selten) = *sich von jmdm., etw. nicht trennen mögen, auf jmdn., etw. nicht verzichten mögen; jmdn., etw. nicht verlieren wollen.* Poln. *trzymać się czegoś jak wesz kożucha.* Szczęk, Wysoczański 2004, 130.

lästig wie eine Laus (ugs.) = *jmdn. in [aufdringlich] unangenehmer Weise beanspruchend, störend, ihn in seinem Tun od. seinen Lebensgewohnheiten behindernd; sehr unangenehm.* Szczęk, Wysoczański 2004, 131.

jmd. passt (passen) zu etw. (dazu) wie die Laus zum Brieftragen (ugs. iron. selten) = *nicht zueinander passen, unpassend sein.* Szczęk, Wysoczański 2004, 130. S. *wie der Esel zum Lautenschlagen passen.*

[so] sicher wie eine Laus zwischen zwei Daumen (ugs. iron.) = *sehr unsicher, gefährlich.* Szczęk, Wysoczański 2004, 130. In dieser Wendung wird auf paradoxe Weise eine gesteigerte Gefahr ausgedrückt. Vgl. auch *sicher wie eine Forelle unter zehn Hechten; wie eine Taube vorm Geier; wie die Maus bei der Katze.* Die größte Unsicherheit wird im Schwäbischen umschrieben mit dem redensartlichen Vergleich: *Mancher isch so sicher wia d'r Frosch em Storchaschnabl.* Röhrich 2001, 4, 1470.

sitzen wie die Laus im Grind (Schorf) (ugs.) = *frech, herausfordernd sein.* Szczęk, Wysoczański 2004, 130. S. *frech wie die Laus im Grind (Schorf).*

jmdn. zerquetschen wie eine Laus (ugs.) = *jmdn. völlig zerstören, gänzlich zunichte machen, vernichten.* Szczęk, Wysoczański 2004, 130.

LAUTE , die; -, -n [spätmhd. lute < afrz. lëut, aprovenz. laiut, lahut < arab. al,ud, eigtl. = Holz(instrument)]

jmd. weiß soviel von der Kirche, als des Müllers Esel kann die Laute schlagen (ugs. iron.) = S. Kirche.

LAUTENSCHLAGEN, das

wie der Esel zum Lautenschlagen passen (ugs. iron.) = S. Esel.

LAZARUS, der; -[ses], -se [nach der Gestalt des Lazarus im N. T. (Luk. 16, 20 ff.)]

arm wie Lazarus [sein] (bildungsspr.) = 1. *sehr arm [sein].* Der im Verhältnis zu *arm wie Hiob* weniger häufige redensartliche Vergleich beruht auf Lk 16, 20. Röhrich 2001, 1, 98. Lat.: *Nudus tanquam ex matre.* Wander 1, 131. 2. (Kartenspieler) *im Besitz einer sehr schlechten Karte sein.* Spätestens seit 1900. Küpper 1993, 488.

LEBEN, das; -s, - [mhd. leben, ahd. leben, urspr. subst. Inf.]

aussehen wie das blühende Leben (ugs.) = *gesund und frisch aussehen.* Duden, Bd. 11, 74; DZR 2002, 782.*Gesund-rote Wangen haben.* 1870 ff. Küpper 1993, 489.

aussehen wie das ewige Leben (geh.) = *blühend, gesund, jugendfrisch aussehen.* Geht zurück auf die antike Vorstellung von der Unverwelkbarkeit und Unvergänglichkeit der Jugend. Die junge Göttin Hebe reichte den Göttern der Antike den Verjüngungstrank. Seit dem 19. Jh. Küpper 1993, 489.

Das Leben des Menschen ist wie das Eisen; benutzt man es, nutzt es sich ab, benutzt man es nicht, verzehrt es der Rost. [Ebenso sehen wir, dass die Menschen sich durch körperliche Betätigung abnutzen; wenn du dich aber nicht körperlich betätigst, richten Nichtstun und Trägheit mehr Schaden an als Anstrengung]. **(Spruchweisheit)** = *Aufruf zur Aktivität, zum Bestreben, sein Leben tätig zu gestalten.* Diese Worte finden sich bereits bei bei Gellius unter bezug auf Cato, Noctes Atticae 11. 2,6: *Vita humana prope uti ferrum est: si exerceas, conteritur; si non exerceas, tamen robigo interficit. Item homines exercendo videmus conteri; si nihil exerceas, inertia atque torpedo plus detrimenti facit quam exercitio.* Lexikon lateinischer Zitate und Wendungen, S. 17525.

das Leben gleicht der Hühnerleiter, man kommt vor lauter Mist nicht weiter. (ugs.) = *Gereimte Lebensweisheit lebenserfahrener Menschen.* Mist meint hier sowohl den Kot als auch jegliche Widerwärtigkeit. 1900 ff. Küpper 1993, 364.

Das Leben ist wie eine Hühnerleiter (wie eine Brille), man macht viel durch. (ugs. scherzh.) = *Redewendung von Leuten, die das Leben enttäuscht hat.* Der Kot fällt zwischen den Sprossen der Hühnerleiter hindurch, und der Mensch muss im Leben viel ertragen: mit diesen beiden Bedeutungen von *durchmachen* spielt die Redewendung. 1900 ff. Küpper 1993, 364; Karasek 2004, 11.

Das Leben ist wie eine Hühnerleiter, [kurz und] beschissen [von oben bis unten]. (derb) = 1. *Das Leben gleicht der Hühnerleiter, man kommt vor lauter Mist nicht weiter.* (Vgl. oben) Gereimte Lebensweisheit lebenserfahrener Menschen. Scherzhafte Bemerkung zur existenziellen Befindlichkeit des Menschen. 1850 ff. Küpper 1993, 364. 2. *Redewendung von Pessimisten.* 1850 ff. Küpper 1993, 364; Karasek 2004, 11.

Das Leben ist wie ein Kinderhemd, kurz und beschissen (salopp) = *Redewendung von Pessimisten.* Spiel mit den beiden Bedeutungen von *beschissen*: 1. durch Kot verunreinigt; 2. widerwärtig. Spätestens seit 1900. Küpper 1993, 412. S. Hühnerleiter.

Das Leben ist wie eine Reise, aber meist in der Holzklasse (ugs.) = *über die Schwierigkeiten des Lebens; Das Leben ist hart, kompliziert.* Karasek 2004, 10.

ein Leben führen wie die Made im Speck (ugs.) = *sehr gut, aus dem Vollen leben; im Überfluss leben, genug zu essen haben, dann allgemein: es sich wohl sein lassen.* Vgl. *leben (sitzen) wie die Made im Speck.* Szczęk, Wysoczański 2004, 131.

lieber fünf Minuten feige als das ganze Leben (für immer) tot. (ugs.) = S. Minute.

sieben Leben haben wie eine Katze = 1. *zäh sein, Gefahrensituationen immer wieder überstehen.* 2. *langlebig sein.* Szczęk, Wysoczański 2004, 115.

wie aus dem Leben gegriffen (ugs.) = *der Wirklichkeit entsprechend, wie im alltäglichen Leben; lebensecht; realistisch.*

LEBENDIG <Adj.> [mhd. lebendec, ahd. lebendig, weitergeb. aus dem 1. Part. mit urspr. Betonung der 1. Silbe]

(jmd. fühlt sich) **wie lebendig begraben** (ugs.) = *unbeachtet, an einen unbedeutenden Ort abgeschoben.*

LEBERWURST, die [mhd. leberwurst, ahd. leparawurst]

Hände haben wie eine Leberwurst (ugs.) = S. Hand.

LECKEN <sw. V.; hat> [mhd. lecken, ahd. lecchon, vgl. griech. leíchein = lecken]

wie geleckt [aussehen] (ugs.) = 1. *sehr sauber aussehen.* 2. *sehr sorgfältig gekleidet sein.* Duden, Bd. 11, 74. Dieser Wendung liegt die Beobachtung aus der Tierwelt zugrunde, dass Katzen ihr Fell lecken, um sich zu säubern. Im umgangssprachlichen Gebrauch meint der Ausdruck, dass etwas sehr sauber oder adrett ist. DZR 2002, 786. 3. (abwertend) *für einen geschniegelten Menschen.* Röhrich 2001, 3, 946.

LEDER, das; -s, - [mhd. leder, ahd. ledar]

zäh wie Leder (ugs) = 1. *sehr zähe, schlecht zu kauen* (Essen). 2. *von einer Konstitution, die auch stärkere Belastungen und Beanspruchungen nicht wesentlich zu beeinträchtigen vermögen* (über Menschen).

LEIBEN <sw. V.; hat>

wie jmd. leibt und lebt = *in jmds. ganz typischer Art; lebensecht; wie man ihn, sie kennt.* DZR 2002, 787. *Leiben* - urspr. ′leibliches Dasein haben′, auch: ′dem Leib angenehm sein′.

LEICHE, die; -, -n [mhd. lich, ahd. lih(h) = Körper, Leib(esgestalt); toter Körper]

aussehen wie ein eine Leiche auf Urlaub (ugs. salopp) = *bleich sein, sehr blass, elend aussehen.* Duden, Bd. 11, 74. Parallel zu *Skelett auf Urlaub.* 1930 ff. Küpper 1993, 772.

wie eine [wandelnde (lebende)] Leiche aussehen (ugs. salopp) = *sehr elend, sehr blass aussehen.* Duden, Bd. 11, 74.

LEICHENPRREDIGT, die

etw. passt wie „Heil dir im Siegerkranz“ zu einer Leichenpredigt (Leichenrede) (ugs.) = *über etwas Unpassendes.* Röhrich 2001, 4, 1144.

LEICHENREDE, die

lügen wie eine Leichenrede (ugs.) = *die Wahrheit schamlos entstellen.* 1850 ff. Küpper 1993, 492.

etw. passt wie „Heil dir im Siegerkranz“ zu einer Leichenrede (Leichenpredigt) (ugs.) = *über etwas Unpassendes.* Röhrich 2001, 4, 1144. Vgl. Leichenpredigt.

LEICHNAM [...na:m], der; -s, -e [mhd. lichname, ahd. lih(i)namo, Nebenf. von mhd. lichame, ahd. lihhamo, eigtl. = Leibeshülle, 1. Bestandteil zu mhd. lich (Leiche), 2. Bestandteil verw. mit Hemd in dessen urspr. Bed. „Hülle“] (geh.)

aussehen wie ein wandelnder (lebendiger) Leichnam (ugs.) = *über jmdn., der körperlich ganz verfallen und elend aussieht, blass (elend) aussehen; bleich aussehen.* 1870 ff. Küpper 1993, 492.

LEICHT [mhd. liht(e), ahd. liht(i), verw. mit gelingen] <Adj.>

[Es ist] Leicht gesagt, [aber] schwer getan. (Sprichwort) = *etw. lässt sich nicht einfach machen;* Anutei 1978, 121. Engl. *From word to deed is a great space. // Saying is one thing and doing another.* Lat. *Dicere perfacile est, opus exercere molestrum. // Dicere et facere non semper eiusdem.* Poln. *Łatwiej powiedzić niż zrobić. // Gadać łatwo, ale zrobić trudno (trudniej). // Gadanie to jeszcze nie robota.* Tschech.: *Něco jiného je slibit a něco jiného je splnit.* Schmelz 1990, 44. Walter, Mokienko 2006, 114.

Etw. ist leichter gesagt als getan. (Sprichwort) = *Sagen und Tun [,Versprechen und Handeln] sind (ist) zweierlei.* Walter, Mokienko 2006, 114.

LEIDEN, das; -s, - [mhd. liden, subst. Inf.]

aussehen wie das Leiden Christi (wie Braunbier mit [und] Spucke) (ugs.) = *jmd. sieht sehr elend aus; schwächlich, elend, kränklich, ärmlich aussehen.* Duden, Bd. 11, 74; DZR 2002, 782. Im frühen 19. Jh. aufgekommen im Hinblick auf alte Passionsbilder und Holzkruzifixe. *Das Leiden Christi* meint sowohl die Passion Christi als auch den leidenden Gesichtsausdruck des Gekreuzigten. Küpper 1993, 492; Röhrich 2001, 3, 951.

aussehen wie das Leiden Christi in Zivil (ugs.) = *leidend aussehen.* Wohl von Soldaten geprägt; 1920 ff. Küpper 1993, 492.

aussehen wie das Leiden Christi zu Pferde (ugs.) = *bejammernswert aussehen.* Fußt auf Darstellungen Christi in Fronleichnamsprozessionen und sonstigen kirchlichen Umzügen. 1800 ff. Küpper 1993, 492.

LEIHEN <st. V.; hat> [mhd. lihen, ahd. lihan = (zurück-, übrig)lassen]

jmd. sitzt da wie [aus-] geliehen (geborgt) (ugs. scherz.) = *unschlüssig stehen, warten; verloren und ein wenig ratlos sein.* Röhrich 2001, 1, 304.

LEINENTUCH, das <Pl. ...tücher>

weiß wie ein Leinentuch (emotional verstärkend) = 1. *sehr blass.* 2. *durch einen besonders großen Schreck, durch Zorn, Übelkeit oder große Furcht sehr bleich;.* Poln. *blady jak płótno.* WW 2004, 13. Ein Leinentuch ist ein Tuch aus Leinen, das in der Naturfarbe weiß ist.Vgl. *weiß wie Kreide.*

LERCHE, die; -, -n [mhd. lerche, lerche, ahd. lerahha]

heiter wie eine Lerche (meliorativ selten) = *fröhlich, durch Unbeschwertheit, Frohsinn u. innere Ausgeglichenheit gekennzeichnet.* Kirchenweb 2007. 1.12.2007. Der Gesang der Lerche wirkt fröhlich, munter, worauf der Vergleich beruht.

wie eine Lerche singen = *laut, hell oder ausdauernd singen.* Szczęk, Wysoczański 2004, 118. S. Heidelerche.

wie eine schwangere Lerche aussehen (wirken o.ä.**)** (ugs. scherzh.) = *einen lächerlichen Anblick bieten.* Sold. 1939 ff. Küpper 1993, 495.

LEUTE <Pl.> [mhd. liute, ahd. liuti, zu mhd., ahd. liut = Volk, eigtl. = Wuchs, Nachwuchs, Nachkommenschaft]

Es ist nicht wie bei armen Leuten. (scherzh.-iron) = *Aufforderung an einen Gast, doch beim Essen zuzugreifen.* Man will damit andeuten, dass alles reichlich vorhanden ist. Röhrich 2001, 1, 98.

Es ist [hier] (wir sind hier) nicht wie bei armen Leuten, wo das Klavier in der Küche steht (wo die Möbel an die Wand gemalt sind; wo die Tapeten durch Fliegenscheiße ersetzt werden) (scherzh.-iron-) = 1. *Aufforderung an einen Gast, doch beim Essen zuzugreifen.* Man will damit andeuten, dass alles reichlich vorhanden ist. Röhrich 2001, 1, 98. 2. *es ist hier nicht wie bei armen Leuten* (S.)*; hier kann man sich satt essen; hier geht es großzügig zu.* Seit dem späten 19. Jh. Küpper 1993, 43.

mein Geld ist genau so rund wie das anderer Leute = S. Geld.

Der Teufel ist nicht so schwarz, wie ihn die Leute machen (malen) (veraltend) = S. Teufel.

LEXIKON , das; -s, ...ka u. ...ken [griech. lexikón (biblíon) = Wörterbuch, zu: lexikós = das Wort betreffend, zu: léxis = Rede, Wort, zu: légein = auflesen, sammeln; reden]

jmd. hat ein Gesicht wie ein Lexikon, - immer nachschlagen (ugs. abwertend) = S. Gesicht.

LICHT, das; -[e]s, -er u. (veraltet, dichter.:) -e [mhd. lieht, ahd. lioht, urspr. = das Leuchten, Glanz]

wie ein Nachtfalter um das Licht schwärmen (auf das Licht fliegen) (ugs.) = S. Nachtfalter.

[schnell (flink)] wie das Licht (ugs.) = *sehr schnell.* Der Vergleich basiert auf der Vorstellung von sehr schneller Ausbreitung des Lichts (bes. im Vakuum). Vgl. *mit Lichtgeschwindigkeit.*

LICHTGESCHWINDIGKEIT, die

mit Lichtgeschwindigkeit = *sehr schnell.* Von der Geschwindigkeit, mit der sich Licht ausbreitet. Vgl. *schnell wie das Licht.*

LIEBE, die; -, -n [mhd. liebe, ahd. liubi, zu lieb]

Der Kaffee soll vier Eigenschaften haben: Er soll sein heiß wie die Hölle, schwarz wie der Teufel, rein wie ein Engel und süß wie die Liebe. = S. Kaffee.

Der Kaffee muss sein heiß wie das Feuer, schwarz wie die Sünde, rein wie ein Engel, süß wie die Liebe. (Bäcker „de

Mäkelbörger", Wolgast 25.10.2007) = S. Kaffee.

süß wie die Liebe (emotional) = 1. *sehr hübsch, äußerst attraktiv* (meist über Mädchen und junge Frauen, selten auch über Kinder). 2. *sehr süß.*

Die Liebe zieht mehr als vier Schimmel. (Sprichwort veraltend) = *Die Liebe ist eine sehr starke Kraft, die kaum zu überbieten ist.* Wander 3, 137. S. Frauenhaar, Mädchen.

LIEBESROMAN, der

Beine wie ein Liebesroman (ugs. iron.) = S. Bein.

wie in einem Liebesroman (ugs.) = 1. *romantisch.* 2. (iron.) *schwülstig-kitschig.* Bezieht sich auf das oft überzogene romantische Sujet von Liebesromanen.

LIEBESSPIEL, das

von etw. soviel verstehen wie die Kuh vom Liebesspiel (ugs. abwertend) = S. Kuh.

LIEBHABER, der; -s, -

Ein Liebhaber lodert wie eine Fackel, wenn sie in Bewegung gehalten wird, noch heller auf. (Spruchweisheit) = *Liebe und Zuneigung verstärken sich bei entgegengebrachter Aufmerksamkeit. Liebe und Entgegenkommen müssen gepflegt werden.* Bei Publilius Syrus, Sententiae 39, finden wir die Aussage *Amans sicut fax agitando ardescit magis*, die zum geflügelten Wort geworden ist. Lexikon lateinischer Zitate und Wendungen, S. 726.

LIESCHEN, Kurz- und Koseform des weibl. Vornamens Elisabeth

aussehen wie Lumpenmüllers Lieschen (ugs. iron. abwertend) = S. Lumpenmüller.

sich etw. vorstellen wie Lieschen Müller (ugs. iron. abwertend) = *naive Vorstellungen (Ansichten) haben.* Zu beziehen auf die Durchschnittlichkeit des Vornamens *Lieschen* und die Häufigkeit des Namens *Müller.* Dabei ist Lieschen Müller eine fiktive Person mit (dem Inbegriff von) seichter, kritikloser, zu Rührseligkeit neigender Kunstauffassung; Durchschnittsbürger mit solchem Kunstgeschmack. *Lieschen* und *Müller* haben stellvertretend den Rang der durchschnittlichen Deutschen angenommen. Wahrscheinlich kurz vor 1945 aufgekommen, vielleicht als später Rückgriff auf den Titel eines Romans, der 1879 erschienen ist. Vgl. Lumpenmüller. Bis heute geläufig. Küpper 1993, S. 498. Ironisch spricht man sogar von *Dr. Lieschen Müller*, wenn Akademiker einen *Kleine-Leute-Geschmack* entwickeln. Besonders in den 50er Jahren war der sprichwörtliche Vergleich gebräuchlich: *Was die »Bild-Zeitung« für Lieschen Müller, ist der »Spiegel« für Dr. Lieschen Müller.* Röhrich 2001, 3, 1057.

LILIE, die; -, -n [mhd. lilje, ahd. lilia < lat. lilia, Pl. von: lilium, aus einer Sprache des östlichen Mittelmeerraums]

weiß wie eine Lilie = S. lilienweiß.

LILIENWEIß <Adj.>

lilienweiß = 1. *weiß mit schwacher Abtönung ins Gelbe.* **2.** (dichter.) *weiß wie Lilien.* (Duden)

LIMONADE, die; -, -n [frz. limonade, eigtl. = Zitronenwasser, wohl unter Einfluss von ital. limonata zu: limon = Limone, Limone]

das ist wie Limonade (ugs.) = *das ist kraftlos, schwunglos, substanzarm.* 1950 ff. Küpper 1993, 498.

matt wie Limonade sein (ugs.) = 1. *sich äußerst erschöpft fühlen.* Geht zurück auf Schillers Drama »Kabale und Liebe« (1784). 1920 ff. 2. *energielos sein.* 1920 ff. Küpper 1993, 498.

LINDGRÜN <Adj.>

lindgrün = *zart gelbgrün* (zu Linde, nach der Farbe des geflügelten Samens).

LINDWURM, der [mhd. lintwurm, zu ahd. lint = Schlange, Drache; also eigtl. verdeutlichend = Schlangenwurm]

sich wie ein Lindwurm hinziehen (ausdehnen) (ugs.) = *sich über eine lange Strecke ausdehnen; sehr lang sein.* Lindwurm ist eigentlich eine Bezeichnung für ein schlangenartiges Untier (Drache) der deutschen Sage. Vgl. *blecherner Lindwurm* - 'Autotouristenstrom'; 'Kraftfahrzeugschlange in der Hauptreisezeit'; *närrischer Lindwurm* - 'Karnevalszug'. 1965 ff. Küpper 1993, 498-499.

LINEAL, das; -s, -e [zu spätlat. linealis = in Linien bestehend, in Linien gemacht, zu lat. linea, Linie]

aussehen, als hätte man ein Lineal verschluckt (ugs. spöttisch) = *steif und in unnatürlich gerader Haltung. Duden, Bd. 11, 475.*

[wohl] ein Lineal verschluckt haben (ugs.) = *sich steif und gerade halten.* Duden, Bd. 11, 457.

LITFASSSÄULE, die

ein Kreuz wie eine Litfaßsäule (ugs.) = S. Kreuz.

wie eine Litfaßsäule sein = *nichts für sich behalten können, schwatzhaft sein.* 1900 ff. Küpper 1993, 500.

verschwiegen wie eine Litfaßsäule (iron. berlin. veraltend) = *über jmdn., der alles ausplaudert; der schwatzhaft ist.* Berlin, spätestens seit 1900. Küpper 1993, 500. Nach dem Drucker E. Litfaß, der erstmals 1855 in Berlin Anschlagsäulen aufstellte. S. Anschlagsäule.

LOB, das; -[e]s, -e <Pl. selten> [mhd., ahd. lop, rückgeb. aus loben]

Lob wirkt mehr als Tadel. (Sprichwort) = *Eine anerkennend geäußerte, positive Beurteilung, die man jmdm., seinem Tun, Verhalten o. Ä. zuteil werden lässt, ist motivierender als der Hinweis auf Unzulänglichkeiten.* Dieses Modell ist weit verbreitet: *Lohn feuert mehr an als Strafe abschreckt. - Lob spornt mehr an als [ein] Tadel abschreckt.* Wander 3, 205.

LOCH, das; -[e]s, Löcher [mhd. loch = Verschluss; verborgener Aufenthaltsort; Versteck, Höhle, Loch, ahd. loh = Loch, Öffnung, Höhle, zu einem untergegangenen Verb mit der Bed. 'verschließen, zumachen']

Ein armer Mann hat so viele Kinder, wie ein Sieb Löcher. (Sprichwort) = S. Mann.

zu dumm [sein], um ein Loch in den Schnee zu pinkeln (salopp) = *sehr dumm sein, geistig beschränkt sein, begriffsstutzig sein.* Lapidus 2006, 44.

jmdn. ersäufen wie eine Ratte im Loch (salopp selten) = S. Ratte.

finster wie in einem (im) Loch (ugs.) = *völlig dunkel.* Seit dem 19. Jh. Küpper 1993, 500.

sich lieber ein Loch ins Knie bohren lassen (ugs.) = *lieber alles andere tun als das, wovon gerade die Rede ist.* DZR 2007, 499.

nötig wie ein Loch im Kopf (ugs.) = *völlig unnötig, überflüssig.* (NDR3, 28.6.2005)

das passt wie der Schlüssel ins Loch (ugs.) = S. Schlüssel.

etw. passt wie der Schwanz ins Loch (ugs. derb) = S. Schwanz.

saufen wie ein Loch (ugs. derb) = *sehr viel Alkohol trinken.* Leitet sich her von einem Erdloch, in dem das Wasser rasch versickert. Spätestens seit 1800. Vgl. franz. *boire comme un trou.* Küpper 1993, 501; Lapidus 2006, 48. S. Bürstenbinder.

LORD, der; -s, -s [engl. lord < mengl. loverd < aengl. hlaford = Herr, zu: hlaf = Brot(laib) u. weard = Schutzherr, Wart, also eigtl. = Brotherr, -schützer]

angeben wie Lord Blumenkohl (ugs. spöttisch) = *Reichtum lautstark vortäuschen.* 1920 ff. Küpper 1993, 29.

Lore, die; -, -n [älter: Lori < engl. lorry]
angeben wie eine Lore Mücken (ugs.) = *prahlen*. 1930 ff. Küpper 1993, 29.
angeben wie eine Lore Wind (ugs.) = *sich wichtig machen*. 1950 ff. Küpper 1993, 29.

Löwe, der; -n, -n [mhd. lewe, ahd. le(w)o < lat. leo < griech. léon]
brüllen wie ein Löwe (ugs.) = *laut reden, laut rufen*. Röhrich 2001, 5, 1725. Poln. *ryczeć jak lew*. Szczęk, Wysoczański 2004, 96. Bezieht sich auf das laute Gebrüll des Löwen.
essen (fressen, futtern) wie ein Löwe (ugs.) = *großen Appetit entwickeln*. Seit dem 19. Jh. Küpper 1993, 505.
- **gähnen wie ein Löwe** (ugs.) = *laut und gelangweilt gähnen* (und dabei den Mund weit aufmachen). Szczęk, Wysoczański 2004, 96.
hungrig wie ein Löwe (ugs.) = *heißhungrig*. Seit dem 19. Jh. Küpper 1993, 505.
kämpfen wie ein Löwe (ugs.) = 1. *sehr tapfer, mit letztem Einsatz für etw. kämpfen*. Poln. *walczyć jak lew*. Szczęk, Wysoczański 2004, 96; WW 2004, 112. 2. *erbittert, zäh um den Sieg kämpfen*. Sportl. 1920 ff. Küpper 1993, 505.
wie ein Löwe im Käfig herumlaufen (ugs.) = *(wütend) planlos hin und her laufen*. Poln. *ciskać się jak lew w sieci*. Der Vergleich bezieht sich auf den in Gefangenschft (z.B. im Zoo) lebenden Löwen, der häufig wegen seines Bewegungsdrangs im Käfig hin und her läuft.
mutig wie ein Löwe = *mutig und kampfeslustig sein*. Poln. *odważny jak lew*. Szczęk, Wysoczański 2004, 96.
stark wie ein Löwe = *sehr stark*. Poln. *silny jak lew*. Szczęk, Wysoczański 2004, 96. Der Löwe kämpft gern, ist kampfsüchtig.
sich wie ein Löwe verteidigen (ugs.) = *sich heftig wehren, verteidigen*. Poln. *bronić się jak lew*. Szczęk, Wysoczański 2004, 96.
umhergehen wie ein brüllender Löwe (ugs.) = *vor lauter Wut umhergehen*. Hierbei handelt es sich um eine biblische Wendung: 1 Petr 5, 8 heißt es: „Der Teufel geht umher wie ein brüllender Löwe und sucht, welchen er verschlinge“; vgl. franz. *se promener comme un lion en cage* (wörtlich: umhergehen wie ein Löwe im Käfig). Röhrich 2001, 977.

Löwin, die; -, -nen: w. Form zu Löwe
jmdn. (sich) verteidigen wie die Löwin ihre Kinder = *sich mit allen Mitteln verteidigen*. Szczęk, Wysoczański 2004, 97. Der Vergleich basiert auf der großen Wehrkraft einer Löwin beim Schutz ihrer Jungen.

Luchs, der; -es, -e [mhd., ahd. luhs, eigtl. = Funkler, nach den funkelnden bernsteingelben Augen]
aufpassen wie ein Luchs (ugs.) = *scharf aufpassen auf das, was um einen herum vorgeht; sehr scharf sehen, sehr scharf beobachten*. Der Luchs ist scharfsichtig. Seit dem 19. Jh. Küpper 1993, 505.
Augen wie ein Luchs haben (ugs.) = S. Auge.
Augen wie ein Luchs machen (ugs.) = S. Auge.
Ohren wie ein Luchs haben (ugs.) = S. Ohr.

Luft, die; -, Lüfte [mhd., ahd. luft]
frei wie der Vogel in der Luft (ugs.) = S. Vogel.
in die Luft gehen wie das HB-Männchen (veraltend) = *schnell aufbrausen*. 1968 ff. Hergenommen von der Reklamefigur für die Zigarette HB (= Haus Bergmann) im Werbefernsehen und dem Werbespruch: »Halt, mein Freund, wer wird denn gleich in die Luft gehen?! Greife lieber zur HB, dann geht alles wie von selbst.« BSD 1965 ff. Küpper 1993, 315.
jmdn. wie Luft behandeln (ugs.) = *jmdn. demonstrativ nicht beachten; jmdn. ignorieren*. DZR 2002, 787.

LUFTBALLON, der

sich aufblasen (aufpusten) wie ein Luftballon (ugs.) = *sich aufspielen.* 1930 ff. Küpper 1993, 507. S. Frosch.

aufgeblasen wie ein Luftballon (ugs.) = *dünkelhaft, dummstolz.* 1930 ff. Küpper 1993, 507.

explodieren wie ein Luftballon (ugs.) = *jäh aufbrausen.* 1950 ff. Küpper 1993, 507.

ein Hirn haben wie ein Luftballon (ugs.) = S. Hirn.

[es ist] wie im Luftballon (ugs. scherzh.) = *über sehr starken Wind, Sturm.* Nach der Vorstellung, dass in einem die Luft ablassenden Luftballon große Strömung herrscht.

LÜGE, die

Besser eine Lüge, die heilt, als eine Wahrheit, die verletzt (verwundet). (Sprichwort) = *Es ist nicht immer klug, die Wahrheit zu sagen und damit einen Menschen zu verletzen.* Weit verbreitetes Modell, nach dem manchmal eine Unwahrheit angebrachter sein kann, als eine offene Wahrheit. »Der Arzt, der weiß, wie oft das Gift den Krankheitsstoff am besten trifft; so wird die Lüge oft allein die best' und einzige Wahrheit sein.« Glassbrenner, Reineke Fuchs, Leipzig 1846, S. 11; Wander 3, 253.

LÜGEN <st. V.; hat> [mhd. liegen, ahd. liogan]

lügen wie gedruckt (veraltet: **wie telegrafiert**) (ugs. emotional) = *unglaublich, hemmungslos lügen.* Nach der Erfahrung, dass Gedrucktes oft nicht der Wahrheit entspricht. DZR 2002, 468; Duden, Bd. 11, 465. Aktuell ist die Redensart *wie gedruckt lügen* (z.B. bei Chamisso belegt). Schon bei Johann Fischart (»Aller Praktik Großmutter«, 1623, 546) heißt es: „Die Lügen ist getruckt, darumb ist sie geschmuckt". Eine Erweiterung brachten die bekannten Worte Bismarcks aus der Sitzung des preußischen Herrenhauses vom 13. Febr. 1869: „Es wird vielleicht auch dahin kommen, zu sagen: er lügt wie telegraphiert" (»Reden«, IV. 144). Röhrich 2001, 3, 981; Lapidus 2006, 34.

lügen, dass sich die Balken biegen (ugs.) = S. Balken.

LÜGENMEISTER, der

[lügen] wie ein Lügenmeister (Lügenpeter) (ugs. selten) = *nicht die Wahrheit sagen, lügen.* Lapidus 2006, 34. Der *Lügenmeister* und der *Lügenpeter* sind emotionale Ausdrücke für einen Lügner. Die sich ergebende Tautologie *lügen wie ein großer Lügner* verstärkt den Gehalt des Vergleichs.

LÜGENPETER, der

[lügen] wie ein Lügenpeter (Lügenmeister) (ugs. selten) = Dass., wie *[lügen] wie ein Lügenmeister.* (S.)

LUMP, der; -en, -en [gek. aus spätmhd. lumpe, Lumpen, eigtl. = Mensch in zerlumpter Kleidung] (abwertend)

tanzen wie der Lump am Stecken (ugs. spött. süddt.) = *unentwegt tanzen; flott tanzen. Lump am Stecken* ist die Vogelscheuche aus zwei gekreuzten Stöcken und darübergehängten Lumpen; sie *tanzt* im Wind. Seit dem 19. Jh. Küpper 1993, 509; Röhrich 2001, 2, 982.

LUMPEN, der; -s, - [mhd. lumpe = Lappen, Fetzen, ablautende Bildung zu: lampen = welk niederhängen, also eigtl. = schlaff Herabhängendes]

tanzen wie der Lumpen am Stecken (ugs.) = *ausgelassen tanzen.* Gemeint ist der an einen Stock gebundene Lappen, der sich im Wind hin- und herbewegt (Vogelscheuche). Süddt. seit dem 19. Jh. Küpper 1993, 509.

LUMPENMÜLLER, Name

wie Lumpenmüllers Lieschen aussehen (ugs. iron. abwertend) = *im Äußeren vernachlässigt, ungepflegt aussehen.* Geht zurück auf den Romantitel »Lumpenmüllers Lieschen« von Wilhelmine Heimburg (eigentlich Berta Behrens), 1879. Möglicherweise Urbild von *Lieschen Müller* (S. Lieschen). Etwa seit 1900. Küpper 1993, 509.

LUMPI, Hundename

scharf (spitz) wie Nachbars Lumpi (Fiffi, Waldi) sein (scherzhaft salopp) = S. Nachbar.

LUST, die; -, Lüste [mhd., ahd. lust, wohl eigtl. = Neigung]

zu etwas Lust haben wie der Bär zum Tanzen (ugs. iron.) = *zu etw. keine Lust haben, unwillig sein (gegenüber einer Tätigkeit).* Szczęk, Wysoczański 2004, 97. Der Vergleich rührt von der gezwungenen „Dressur" von Tanzbären her (S. Tanzbär).

zu etw. Lust haben wie die Kuh zum Messer (ugs. iron.) = *etw. nicht wollen, zu etw. keine Lust haben.* Szczęk, Wysoczański 2004, 105.

LUTHER, Name

Hatte sich ein Ränzlein angemäst't als wie der Doktor Luther (spöttisch) = S. Ränzlein.

LUZI, weiblicher Vorname

etw. geht ab wie Luzi (ugs.) = *etwas (jmd.) zeigt eine gute Leistung, ist beachtlich, oft über Geschwindigkeiten.* Von Luzifer [kirchenlat. Lucifer], eigtlich ′Lichtbringer′, steht für Teufel. Vgl. *wie der Teufel.*

M

MACHT, die; -, Mächte [mhd., ahd. maht, zu mögen]

Eine Handvoll Macht ist besser als ein Sack voll Recht. (Sprichwort) = *Das Recht kann leicht mit der Macht bestimmter Leute gebrochen werden.* Wander 3, 305. Internationales Sprichwort.

MÄDCHEN, das; -s, - [für älter: Mägdchen, eigtl. Vkl. von Magd]

zu etw. kommen wie das Mädchen (die Jungfrau) zum Kind (ugs.) = *etw. überraschend und unverdient erhalten; ein unerwartetes Missgeschick erleiden.* Seit dem 19. Jh. Küpper 1993, 514. Vgl. Jungfrau.

seine Mädchen wechseln wie die Hemden (ugs.) = *keinem Mädchen treu bleiben.* 1930 ff. Küpper 1993, 514.

Ein Mädchen (ein Frauenhaar, ein Glückshaar) zieht mehr als ein Schiffstau. (Sprichwort) = *Die Liebe zu einer Frau ist eine sehr starke Kraft.* Wander 3, 313. Auch: *Ein Mädchenblick zieht mehr als ein Strick. Schönheit zieht mehr als zehn Ochsen.* Das Sprichwort hat viele internationale Parallelen. S. Frauenhaar, Liebe.

MADE, die; -, -n [mhd. made, ahd. mado]

kalt wie eine Made sein (ugs. selten) = *ausgekühlt sein, kalte Hände, Füße o.Ä. haben.* Szczęk, Wysoczański 2004, 131.

leben (sitzen) wie die Made im Speck (ugs.) = *sehr gut, aus dem Vollen leben; im Überfluss leben, genug zu essen haben, dann allgemein: es sich wohl sein lassen.* Seit dem 19. Jh. Küpper 1993, 514; Szczęk, Wysoczański 2004, 131.

ein Leben führen wie die Made im Speck (ugs.) = S. Leben.

sich [wohl] fühlen wie die Made im Speck (wie ein Fisch im Wasser) (ugs.) = *sich sehr wohl fühlen.* DZR 2007, 265. Seit dem 19. Jh. Küpper 1993, 514. Vgl. franz. *etre comme un rat dans un fro-*

mage (wörtlich: wie die Ratte im Käse sitzen). S. Maus.

MAGD, die; -, Mägde [mhd. maget, ahd. magad = Mädchen, Jungfrau, zu einem untergegangenen Subst. mit der Bed. „Knabe, Jüngling"]

zu etw. kommen wie die Magd zum Kind (ugs.) = *unerwartet ein Missgeschick erleiden; unversehens etw. bekommen.* Seit dem 19. Jh. Küpper 1993, 514. Vgl. Jungfrau, Mädchen.

MAGEN, der; -s, Mägen, auch: - [mhd. mage, ahd. mago, urspr. wohl = Beutel]

die Augen sind größer als der Magen (Mund, Bauch) (ugs.) = S. Auge.

der Magen bellt wie eine Gerbertöle (salopp) = *man ist sehr hungrig.* Seit dem 19. Jh. Küpper 1993, 514. *Töle* - [aus dem Niederdt.] (bes. nordd. abwertend) - 'Hund'.

einen Magen haben wie eine Heuscheune (Scheuer) (ugs.) = *ein Vielesser sein.* Heuscheunen müssen besonders groß sein, weil Heu locker gelagert wird. Seit dem 19. Jh. Küpper 1993, 514.

jmdm. [schwer] wie Blei (wie ein Stein) im Magen liegen (ugs.) = S. Blei.

Lieber den Magen verrenken, als dem Wirt etwas schenken. (Redensart) = *Die sprichwörtliche Redensart wird umgangssprachlich gebraucht und besagt, dass man die bestellte Portion aufisst, auch wenn man bereits satt ist, da man sie bezahlen muss.* Vgl. *Besser sich den Magen verrenkt (gekränkt), als dem Wirt(e) was geschenkt.* Wander 3, 328.

MAHLZEIT, die; -, -en [spätmhd. malzit, urspr. = festgesetzte Zeit eines Mahls]

widerlich wie die Mahlzeit eines Hundes, der das Erbrochene erneut aufschlappt (ugs. abwertend) = 1. *abscheulich, physischen Widerwillen, Ekel hervorrufend.* 2. *in hohem Maße unsympathisch, abstoßend.* Brugger 1993, 10.

MAI, der; -[e]s u. -, dichter. auch noch: -en, -e <Pl. selten> [mhd. meie, ahd. meio < lat. (mensis) Maius (vermutlich nach einem italischen Gott des Wachstums)]

wie einst im Mai = *wie früher, wie einst in glücklicheren Tagen.* Die Wendung stammt aus dem Gedicht »Allerseelen« von Hermann von Gilm zu Rosenegg (1812-1864), das besonders durch die Vertonung von Richard Strauss bekannt wurde. Der Kehrreim des dreistrophigen Liedes ist Ausdruck der Sehnsucht, eine Liebe wieder zum Leben zu erwecken. - Eine weitere Popularisierung erfuhr das Zitat als Titel einer 1913 entstandenen »Posse mit Gesang«, deren Text Rudolf Bernauer und Rudolph Schanzer verfassten; die Komponisten waren Walter Kollo und Willy Bredschneider. 1943 wurde das Stück zu einer Operette umgearbeitet, für die Willi Kollo, der Sohn Walter Kollos, zwanzig neue Musikstücke schrieb. DZR 2002, 785.

MAIKÄFER, der

wie ein Maikäfer (ugs.) = *umständlich.* 1900 ff. Küpper 1993, 516.

strahlen wie ein Maikäfer (ugs.) = *über das ganze Gesicht strahlen.* Soll auf der Physiognomie des Maikäfers beruhen, der, von vorn gesehen, einen lächelnden Eindruck macht. 1900 ff. Schül. und stud. Küpper 1993, 516; Szczęk, Wysoczański 2004, 133. S. Honigkuchenpferd.

vergnügt wie ein Maikäfer (ugs.) = *frohgestimmt; sehr lustig.* 1900 ff. Küpper 1993, 516.

MAJOR, der; -s, -e [span. mayor = größer, höher; Vorsteher, Hauptmann < lat. maior = größer, Komp. von: magnus = groß]

Schulden haben wie ein Major (ugs.) = S. Schuld.

MALEN <sw. V.; hat> [mhd. malen, ahd. malon, malen = mit Zeichen versehen, zu mhd. mal, ahd. mal(i), Mal]

Wie gemalt! (naiv-ernsthaft oder spöttisch-ironisch) = *etw. ist sehr schön anzusehen.* Der Ausspruch findet sich im zweiten Teil von Goethes Faust. In der Szene »Rittersaal« im ersten Akt lässt Faust vor Kaiser und Hofstaat Paris und Helena erscheinen. Als die schöne Helena sich über den schlafenden Paris beugt, um ihn zu küssen, sagt eine von diesem Anblick entzückte Hofdame: »Endymion und Luna! Wie gemalt!« DZR 2002, 786.

MALHEUR [ma'lø:ɐ], das; -s, -e u. -s [frz. malheur, aus: mal (< lat. malus = schlecht) u. älter heur = glücklicher Zufall, zu lat. augurium = Vorzeichen]

aussehen wie ein Stück Malheur (ugs.) = S. Stück.

MAN <Indefinitpron. im Nom.; mhd., ahd. man (Mann), eigtl. = irgendeiner, jeder beliebige (Mensch)]

Man ist wie (was) man isst. (scherzh. neol.) = *Scherzhafter Aufruf zu gesundem Lebenswandel und gesundem Essen.* (notiert Greifswald, Mensa, 2007).

Man kann gar nicht so viel fressen, wie man kotzen möchte. (derb) = *Ausdruck höchsten Unwillens.* Die Redensart soll von Max Liebermann (1847-1935) stammen, datiert auf den 30. Januar 1933, als der (später als »entartet« eingestufte, impressionistische) Maler den Fackelzug der Nationalsozialisten auf der Straße Unter den Linden in Berlin miterlebte.

MANDL, der

wie's Mandl beim Sterz (ugs.) = *in einer bestimmten Situation ratlos.* Vgl. *wie der Ochs vorm Scheunentor.* Mandl, das - mundartl. Vkl. von Mann (bayer., österr. ugs.).

MANGEL, (südd., schweiz.:) **MANGE,** die; -, -n [mhd. mange = Glättpresse, deren Walzen mit Steinen beschwert wurden, urspr. = Steinschleudermaschine < mlat. manga(na), manganum < griech. mággano n = Schleudermaschine]

sich fühlen wie durch die Mangel gedreht (ugs.) = *erschöpft sein.*

MANN, der; -[e]s, Männer, -en u. (als Mengenangabe nach Zahlen:) - [mhd., ahd. man, viell. urspr. = Denkender]

angeben wie zehn wilde Männer (ugs.) = *toben.* 1930 ff. Küpper 1993, 29.

Ein alter Mann ist [doch] kein D-Zug [, er ist nur Passagier]. (ugs. scherzh.) = *Warnung an jmdn., eine Sache ruhig anzugehen, nicht angetrieben zu werden (in Bezug auf den Sprecher).* Die Wendung tauchte bereits vor dem 1. Weltkrieg in einem Soldatenlied auf: *Die Aufsicht hat der Leutnant, / Die Ruhe haben wir. / Ein alter Mann ist kein D-Zug, / Er ist nur Passagier.* Röhrich 2001, 1, 77.

Ein armer Mann hat so viele Kinder, wie ein Sieb Löcher. (Sprichwort) = *über den Kinderreichtum armer Leute.* Röhrich 2001, 4, 1471. Vgl. *Der Reiche hat die Rinder, der Arme [hat] die Kinder. / Arme haben die Kinder, Reiche die Rinder.* Simrock, 471. Engl.: *Beggars breed, and rich men feed.* It.: *Le ricchezze de' poveri sono i fanciulli.* Wander 1, 132; Walter, Mokienko 2006, 26.

Der Mann soll (aus-)sehen wie ein Teufel, das Weib wie ein Engel. (ugs.) = *Spruchweisheit, in der Ideale des Äußeren genannt werden.* Engl.: *In the husband wisdom, in the wife gentleness.* Wander 3, 377.

die Männer wechseln wie das Hemd (die Kleider) (ugs.) = *als Frau nur kurzfristige Männerbekanntschaften schließen.* 1900 ff. Küpper 1993, 520.

die Männer wie eine Wohnung wechseln (ugs.) = *nur kurzfristige Liebesabenteuer (Ehen) eingehen* (seitens der Frau). 1955 ff. Küpper 1993, 926.

voll wie tausend Mann (ugs. emotional) = *stark betrunken*. Röhrich 2001, 2, 574. Vgl. ähnlich *voll wie eine Haubitze*, *voll wie eine Strandkanone*. Vgl. franz.: *plein comme une outre* (wörtlich: „voll wie ein Schlauch“).

wie ein Mann = 1. *ganz spontan, einmütig, geschlossen*. Die Wendung kommt besonders häufig im alt-testamentlichen Buch der Richter (20, V. 1, 8, 11) vor. DZR 2002, 785. 2. **[stehen, arbeiten, bremsen u.Ä.]** (ugs. emotional) *in starkem Maße, intensiv*. 3. *zuverlässig, gut*. Vgl. *wie eine Eins*.

MÄNNERFUß, der

Kaffee muss (soll) sein wie Frauenaugen und Männerfüße: schwarz und feucht. (scherzh.) = S. Kaffee.

MANNSDICK <Adj.>

mannsdick (selten) = *etwa so dick wie ein Mann*. (Duden)

MANTEL, der; -s, Mäntel [mhd. mantel, ahd. mantal < lat. mantellum = Hülle, Decke]

etw. passt wie der Kirchturm zum Mantel (ugs. selten) = S. Kirchturm.

MÄRCHENBUCH, das

wie aus dem Märchenbuch (wie im Märchenbuch) (ugs.) = *sehr schön; lieblich; traumhaft; unrealistisch*. 1914 ff. Küpper 1993, 521.

lügen wie ein (wie im) Märchenbuch (ugs.) = *dreist lügen*. 1950 ff. Küpper 1993, 521.

MARINEBLAU <Adj.>

marineblau = *tief dunkelblau* (wie die Farbe von Marineuniformen).

MARIONETTE, die; -, -n [frz. marionnette, eigtl. = Mariechen, Abl. vom frz. w. Vorn. Marion]

[wie] eine Marionette [am Gängelband] sein (ugs.) = *vollständig abhängig sein von jmdm., keinen eigenen Willen zeigen*. Brugger 1993, 9. Eine Marionette ist eine Puppe zum Theaterspielen, die mithilfe vieler an den einzelnen Gelenken angebrachter und oben an sich kreuzenden Leisten befestigter Fäden oder Drähte geführt wird, somit keine eigenständigen Bewegungen ausführen kann.

MARKT, der; -[e]s, Märkte [mhd. mark(e)t, ahd. markat, merkat < lat. mercatus = Handel, (Jahr)markt, zu: mercari = Handel treiben, zu: merx (Gen.: mercis) = Ware]

jmd. schreit wie der Bock, der zum Markte geführt wird (ugs. abwertend) = S. Bock.

MÄRZVEILCHEN, das

blau wie ein Märzveilchen (ugs. scherzh.-emotional) = *[völlig, stark] betrunken*. Röhrich 2001, 1, 209; Lapidus 2006, 47. Emotionale Steigerung von *blau wie ein Veilchen*. (S.)

MASCHINENGEWEHR, das

eine Fresse haben wie ein Maschinengewehr (derb) = S. Fresse.

loslegen wie ein Maschinengewehr (ugs.) = *in schneller Wortfolge zu sprechen beginnen*. 1914 ff. Küpper 1993, 523.

einen Mund haben wie ein Maschinengewehr (ugs. abwertend) = S. Mund.

reden wie ein Maschinengewehr (ein Wasserfall, ein Buch) (ugs.) = *pausenlos reden*. Küpper 1993, 523. Wahrscheinlich erst seit 1914 gebräuchlich Im Unterschied zu der Redensart *wie aus der Pistole geschossen* (S. Pistole), die eine prompte Antwort auf eine Frage meint, wird mit dieser Redensart ein längeres, schnelles Reden beschrieben. Der Vergleich einer sprechenden Person mit einem Maschinengewehr (erstes Maschinengewehr in Deutschland: 1901) zielt auf das beim Betätigen des Abzugs einsetzende Dauerfeuer ab. In den 50er Jahren nannte man Massenprediger wie den Jesuitenpater Joh. Leppich das »Maschinengewehr Gottes«. Röhrich 2001, 3, 1004.

schimpfen wie ein Maschinengewehr (ugs.) = *unausgesetzt schimpfen.* 1920 ff. Küpper 1993, 523.

MASTSCHWEIN, das

fett wie ein Mastschwein (salopp abwertend) = *sehr dick, stark beleibt.* Szczęk, Wysoczański 2004, 105. Mastschweine, gemästete Schweine, werden sehr dick, worauf der Vergleich zielt.

MATROSE, der; -n, -n [niederl. matroos, umgebildet < frz. matelot, altfrz. matenot, wohl < mniederl. mattenoot, eigtl. = Matten-, Schlafgenosse]

fluchen wie ein Matrose (ugs.) = *unflätig schimpfen.* 1910 ff. Küpper 1993, 525.

MATZ, der; -es, -e u. Mätze

Hier geht es zu wie auf Matzens Hochzeit. (fam. scherzh.) = *es ist lustig.* Aus *Matthäus* und *Matthias* über *Mattes* entstanden, ist *Matz*, ebenso wie *Hans* zum Gattungsnamen geworden und bezeichnet 'einen traurigen Gesellen ohne geistige und körperliche Fähigkeiten'. Außer in Zusammensetzungen wie *Hosenmatz*, *Hemdenmatz*, *Dreckmatz* usw. ist *Matz* besonders geläufig geworden in der Redensart *Da will ich Matz heißen!*: 'ich will mich einen Dummkopf schelten lassen, wenn das und das nicht so ist, wie ich behaupte'; literarisch seit dem 17. Jahrhundert bezeugt. Neben *Matzens Hochzeit* ist ebenso häufig und vermutlich richtiger und ursprünglicher *Metzenhochzeit. Metze* ist Kurzform für Mechthild und ein verallgemeinernd-typischer Name für die Bauernmädchen in der Literatur des späten Mittelalters. Es sind aus dieser Zeit mehrere mittelhochdeutsche Gedichte von der Metzenhochzeit erhalten, die allerhand Unglaubliches von der Hochzeit einer *Mätzli* oder *Metze* erzählen und berichten, wie üppig und ausgelassen es dabei herging. Röhrich 2001, 3, 1007.

MAUER, die; -, -n [mhd. mure, ahd. mura < lat. murus (m.)]

jmd. (etw.) steht wie eine Mauer = *jmd., etw. ist unerschütterlich fest.*

wie eine Mauer vor jmdm. sein (ugs.) = 1. *unüberwindbar sein.* 2. *mit Blicken nicht zu durchdringen sein.*

MAUL, das; -[e]s, Mäuler [mhd. mul(e), ahd. mul(a), urspr. lautm.]

das Maul aufmachen wie ein Karpfen (salopp spöttisch) = 1. *mit offenem Mund atmen, kurzatmig sein.* 2. *verwundert gucken.* Szczęk, Wysoczański 2004, 126. Hergenommen vom Öffnen und Schließen des Karpfenmaules im Wasser und vom Schnappen nach Luft auf dem Trockenen. Unterstützt durch das vorgestülpte Maul des Fisches.

das Maul aufreißen wie ein Scheunentor (salopp) = *mit offenem Mund gähnen.* Szczęk, Wysoczański 2004, 126.

das Maul aufreißen wie die jungen Staren (ugs. abwertend) = *über einen unreifen jungen Mann, der überall mitreden will.* Röhrich 2001, 5, 1528.

ein Maul haben wie eine Dreckschleuder (salopp) = *verleumderisch reden; viel und laut reden.* 1800 ff. Küpper 1993, 176.

jmdm. geht das Maul wie eine (einer) Dreckschleuder (salopp) = *er spricht unflätig.* 1800 ff. Küpper 1993, 176.

jmdm. geht das Maul wie ein Entenarsch (derb) = *jmd. schwätzt ununterbrochen.* 19. Jh. Küpper 1993, 209; Szczęk, Wysoczański 2004, 123.

jmds. Maul geht wie ein Entenschwanz (ugs. abwertend) = *er redet unaufhörlich.* 19. Jh. Küpper 1993, 209.

jmdm. geht das Maul (die Zunge) wie ein Lämmerschwanz (salopp) = *über jmdn., der schwätzt und schwätzt.* Seit dem 19. Jh. Küpper 1993, 480.

aus dem Maul stinken wie eine Kuh aus dem Arsch (derb) = *über unangenehmen Mundgeruch.*

ein Maul (eine Zunge) haben wie ein Schlachtschwert (ugs. abwertend) = 1. *anzüglich, verletzend reden.* 2. *gut, schlagfertig reden können.* Seit dem 19. Jh. Küpper 1993, 712-713.

ein Maul haben wie ein Schwert (salopp) = *sehr abfällig über andere sprechen.* Seit dem 19. Jh. Küpper 1993, 755.

MAULESEL, der [spätmhd. mulesel, verdeutlichende Zus. mit mhd., ahd. mul, Maultier]

bepackt wie ein Maulesel (Packesel) (ugs.) = *über und über beladen.* 1950 ff. Küpper 1993, 528.

bockig wie ein Maulesel (Esel) (ugs.) = *störrisch.* 1920 ff. Küpper 1993, 528.

furzen wie ein Maulesel (Waldesel) = *anhaltend laute Darmwinde entweichen lassen.* 1940 ff. Küpper 1993, 528.

störrisch wie ein [alter] Maulesel (ugs.) = *widersetzlich, unfolgsam.* 1920 ff. Küpper 1993, 528.

stur (hartnäckig) wie ein Maulesel (ugs.) = *unbeirrbar, unermüdlich.* 1920 ff. Küpper 1993, 528.

MAULWURF, der [mhd. mulwurf, -werf, zu: mul = Maul u. wurf = das Werfen, volksetym. Umdeutung von: moltwerf, spätahd. mul(t)wurf, eigtl. = Erd(auf)werfer, geb. unter Anlehnung an mhd. molt(e), ahd. molta u. md., mniederd. mul(le) = Erde, Staub zu ahd. muwerf, muwurf, eigtl. = Haufen(auf)-werfer]

blind wie ein Maulwurf sein (ugs. spött.) = *sehr schlecht sehen können, blind sein; eine sehr starke Brille tragen müssen.* Da man die im Fell verborgenen, sehr kleinen Augen des Maulwurfs ursprünglich nicht sah, glaubte man, er habe keine, und es entstand der redensartliche Vergleich, vgl. auch die seit dem 17. Jahrhundert bezeugte niederl.e Redensart *zoo blind als een mol*, engl. *as blind as a mole* und franz. *être myope* (kurzsichtig) *comme une taupe.* Röhrich 2001, 3, 1013. Poln.: *ślepy jak kret.* Szczęk, Wysoczański 2004, 100. S. *blind wie eine neugeborene Katze.*

in etw. herumwühlen wie ein Maulwurf (ugs.) = *etw. eifrig, hartnäckig untersuchen.* Poln.: *kopać/ryć w czymś (np. tekście utworu) jak kret.* Szczęk, Wysoczański 2004, 100.

leben wie ein Maulwurf in seinem Bau = *zurückgezogen leben, sich von anderen abschotten.* Szczęk, Wysoczański 2004, 100. Der Maulwurf lebt unter der Erde, ohne Kontakt zu anderen Tieren.

sich vergraben [in etw.] wie ein Maulwurf (ugs.) = S. *wie ein Maulwurf wühlen.* Poln.: *ryć jak kret.* Szczęk, Wysoczański 2004, 100.

wühlen wie ein Maulwurf (ugs.) = *emsig, ohne Pause arbeiten, voller Eifer sein und nicht einmal bei der Arbeit aufschauen.* Der redensartliche Vergleich wird besonders auf Erdarbeiten und auf Arbeiten im Bergwerk angewandt. In der Bergmannssprache hat die Feststellung *Der Maulwurf schafft.* die besondere Bedeutung angenommen, dass durch den Sohlendruck das Gestänge gehoben wird, gleichsam als ob eine unsichtbare Kraft, die man sich in Gestalt des Tieres denkt, am Werke gewesen sei. Röhrich 2001, 3, 1012.

MAURER, der; -s, - [mhd. murære, ahd. murari, zu Maurer]

pünktlich wie die Maurer (ugs.) = *überaus pünktlich.* Man sagt den Maurern nach, auf den Glockenschlag ließen sie ihr Handwerkszeug fallen und machten Feierabend. 1900 ff. Küpper 1993, 529. Diese Berufsneckerei ist auch in die Form von Witzen gefasst worden; so wird z.B. erzählt, dass ein Maurer, der in den Rhein gefallen war, zu schwimmen aufhörte und ertrank, als die Glocke vom Kirchturm den Feierabend einläutete. Die Wendung *Pünktlichkeit ist die Höflichkeit der Könige* wird gern gebraucht, wenn es zu den Vorzügen eines Vorgesetzten gehört, auch Untergebene nicht warten zu lassen. Sie bezieht sich ursprünglich auf einen Ausspruch Ludwigs XVIII., der von 1814 bis 1824 regierte: *L'exactitude est la politesse des rois.* Röhrich 2001, 4, 1211. Poln.: *Punktualność jest grzecznością królów.* Stypuła 2003, 392. Russ.: *Точность (аккуратность) - вежливость королей.* Walter, Mokienko 2006, 127.

MAURERSCHWEIß, der; -es, (Med.:) -e [mhd., ahd. sveiȝ, zu einem Verb mit der Bed. „schwitzen"]

rar wie Maurerschweiß (ugs. scherzh.-iron.) = *sehr selten, kostbar.* Beruht auf der volkstümlichen Ansicht, wonach die Maurer langsame und faule Handwerker sind. Im 19. Jahrhundert sagte man ihnen nach, *ein Tropfen Schweiß koste bei ihnen einen Taler.* Röhrich 2001, 4, 1226.

MAUS, die; -, Mäuse [mhd., ahd. mus, viell. urspr. = die Stehlende]

aussehen (dastehen, dasitzen) wie eine gebadete Maus (ugs.) = 1. *völlig durchnässt sein, von Wasser triefend.* 2. (auch übertragen) *zurechtgestaucht, in unangenehmer Lage, hilflos.* Szczęk, Wysoczański 2004, 116. Röhrich führt die Wendung darauf zurück, dass man früher Mäuse ertränkt hat. 1600 ff. Röhrich 2001, 1, 305. Das Bild der Maus benutzt schon der römische Schriftsteller Petronius in seinem Roman »Satyrica«, wo ein Gast bei einem Gelage erzählt, dass früher die Menschen noch reinen Herzens die Götter um Regen gebeten hätten; sogleich habe es dann aus Gießkannen geregnet, »und alle kamen nass wie die Mäuse heim« (Borchardt-Wustmann-Schoppe, 329-330). Der Vergleich mit Mäusen könnte also tatsächlich darauf zurückgehen, dass gefangene Mäuse gewöhnlich durch Ersäufen getötet wurden. Ebenfalls bei Petronius findet man die lateinische Redensart *wie eine Maus im Nachttopf* für jemanden, der in arger Verlegenheit steckt. In einem Soldatenlied von 1693 jammert ein Türke: »Ich gedachte das Spiel viel anders zu karten; jetzt sitz ich wie eine gebattene Maus.« (ebd., 330). Hans Sachs dichtete über einen Bayern, der in die Donau gefallen ist und an Land schwimmt: »Stig auch an dem gestate aus / triff nasser wie ain taufte maus." (ebd.).

aussehen wie ein Topf voll Mäuse (ugs. selten) = S. Topf.

jmd. ist so dumm, dass ihn die Mäuse nicht mehr beißen (ugs. spött.) = er ist überaus dumm. 1950 ff. Stud. Küpper 1993, 529.

flink wie eine Maus (ugs.) = *schnell und gewandt.* Szczęk, Wysoczański 2004, 116.

sich vor etw. fürchten wie die Katze vor der Maus (ugs. selten) = S. Katze.

leben wie die Mäuse in der Speckseite (im Käse) (ugs. selten) = *sehr gut, aus dem Vollen leben; im Überfluss leben, genug zu essen haben, dann allgemein: es sich wohl sein lassen.* Szczęk, Wysoczański 2004, 116. S. *wie die Maus im Speck sitzen; leben wie die Made im Speck.*

etw. passt wie die Katze auf die Maus (ugs.) = S. Katze.

etw. passt wie eine Maus auf einen Elefanten (ugs. iron.) = *über etwas Unpassendes.* Röhrich 2001, 4, 1144; Szczęk, Wysoczański 2004, 116.

nach etw. schnappen wie die Maus nach Speck (ugs. selten) = *unbedacht nach etw. greifen; sich ohne Überlegung etw. aneignen.* Szczęk, Wysoczański 2004, 116.

schweigen wie eine Maus (ugs. selten) = *nichts sagen, still sein.* Szczęk, Wysoczański 2004, 116.

[so] sicher wie die Maus im Kornhaufen (ugs. landschaftl.) = *gut verborgen, gut versteckt.* Röhrich 2001, 4, 1469.

sicher wie die Maus bei der Katze (ugs. iron.) = *sehr unsicher, gefährlich.* In dieser Wendung wird auf paradoxe Weise eine gesteigerte Gefahr ausgedrückt. Vgl.

auch *so sicher wie eine Laus zwischen zwei Daumen; wie eine Forelle unter zehn Hechten; wie eine Taube vorm Geier.* Röhrich 2001, 4, 1470; Szczęk, Wysoczański 2004, 116. S. Laus.

wie die Maus im Speck sitzen (ugs. selten) = *sehr gut, aus dem Vollen leben; im Überfluss leben, genug zu essen haben, dann allgemein: es sich wohl sein lassen.* Szczęk, Wysoczański 2004, 116. S. *leben wie die Made im Speck.*

wie die Katze mit der Maus spielen (ugs.) = S. Katze.

jmd. ist still wie eine Maus (wie ein Mäuschen) = *sehr leise sein, still sein.* Szczęk, Wysoczański 2004, 116. Hergenommen vom leisen Piepsen der Maus. Vgl. *mucksmäuschenstill* - (ugs. emotional verstärkend): so still [vor angespannter Erwartung, Aufmerksamkeit], dass nicht das geringste Geräusch zu hören ist.

sich wohl fühlen wie die Maus im Korn (ugs. selten) = *sich sehr wohl fühlen.* Szczęk, Wysoczański 2004, 116. Vgl. franz.: *etre comme un rat dans un fromage* (wörtlich: wie die Ratte im Käse sitzen). Vgl. *sich wohl fühlen wie die Made im Speck.*

MÄUSCHEN, das; -s, -

[leise] wie ein Mäuschen (ugs.) = *sehr leise, still sein.* Vgl. auch *[mucks]mäuschenstill* (ugs. emotional verstärkend) ′so still [vor angespannter Erwartung, Aufmerksamkeit], dass nicht das geringste Geräusch zu hören ist′.

essen wie ein Mäuschen (ugs.) = *sehr wenig essen, nur kleine Portionen essen.*

MÄUSELOCH, das

lauern auf etw. wie eine Katze vor dem Mäuseloch (ugs.) = S. Katze.

so treu wie die Katze im Speisegewölbe (ugs. iron. veraltend) = S. Katze.

MAUSGRAU <ADJ, ADV>

mausgrau = 1. *mittelmäßig (bezogen auf den Gesundheitszustand, auf das Geschäftsleben usw.).* 2. *nicht auffallend; unbedeutend; langweilig; einschläfernd.* In diesem Vergleich steht *grau* als Mischton zwischen »weiß = gut« und »schwarz = schlecht«. 1900 ff. Küpper 1993, 530. 3. *von dunkelgrauer Farbe.* Hier bezogen auf die Farbe des Mäusefells.

MÄUSLEIN, das; -s, -: Vkl. zu Maus

durchschlüpfen wie ein Mäuslein (ugs. selten) = *sich schlüpfend und dabei faktisch unsichtbar durch etw. hindurch bewegen.* Szczęk, Wysoczański 2004, 116. Das Bild widerspiegelt die Schnelligkeit und Gewandtheit der Maus und ihre Fähigkeit, sehr flink in kleine Öffnungen hineinzuschlüpfen, besonders in das *Mauseloch,* (seltener: Mäuseloch - ′von der Maus genagtes oder gegrabenes Loch, das den Eingang zu ihrem Schlupfwinkel bildet′).

MAX, männlicher Vorname

dastehen wie Max in der Sonne (ugs. scherzh.) = *ratlos sein, sich nicht zu helfen wissen.*

MEDIZIN, die; -, -en [lat. (ars) medicina = Arznei(kunst), Heilkunst, zu: medicus = Arzt]

etw. schlucken wie eine bittere Medizin (bildungsspr.) = *gegen eine Kränkung oder Vorhaltung nicht aufbegehren.* Seit dem 19. Jh. Küpper 1993, 721.

MEER, das; -[e]s, -e [mhd. mer, ahd. meri, eigtl. = Sumpf, stehendes Gewässer]

etw. ist, als scheißt ein Spatz ins Meer (ugs. landschaftl. schwäbisch) = *eine Sache ist ganz belanglos, unwichtig.* Röhrich 2001, 5, 1689.

wie Sand am Meer (ugs.) = S. Sand.

MEERBLAU <Adj.>

meerblau = *dunkelblau* (wie die Farbe des Meeres).

MEERRETTICH, der; -s, -e [mhd. merrettich, ahd. mer(i)ratich, eigtl. wohl = größerer Rettich (zu mehr), später volksetym. umgedeutet zu: Rettich, der über das Meer zu uns gebracht worden ist]
dastehen wie Hans Michel Meerrettich (ugs. selten, besonders schlesisch) = S. Hans.

MEERSCHWEINCHEN, das [spätmhd. merswin, urspr. = Delphin; nach den Grunzlauten; vgl. Meerkatze]
sich vermehren wie die Meerschweinchen (salopp abwertend) = *sehr viele Nachkommen haben, viele Kinder haben.* Szczęk, Wysoczański 2004, 117.
MEHR [mhd. mer(e), ahd. mer(o); Komp. von viel]
mehr sein als scheinen = *bescheiden sein, sich zurückhalten.* Eine dem Grafen Alfred von Schlieffen (1833 – 1913) zugeschriebene Äußerung anlässlich seines fünfzigjährigen Dienstjubiläums.
je mehr er hat, je mehr er will = *wenn einer viel hat, dann will er immer noch mehr.* Die Wendung stammt aus dem Lied mit dem Titel „Zufriedenheit" von J. M. Miller (1750-1814).
nicht mehr das sein [was jmd./etw. einmal war] = *nachgelassen, sich verschlechtert haben.*

MEIN <Possessivpron.> [mhd., ahd. min]
es schmeckt nicht nach Mein und nicht nach Dein (ugs.) = *es schmeckt fade.* 1920 ff. Küpper 1993, 724-725.

MEINUNG, die; -, -en [mhd. meinunge, ahd. meinunga, zu meinen]
seine Meinung ändern wie das Chamäleon seine Farbe (ugs. abwertend) = *seine Überzeugungen, Prinzipien schnell ändern; unzuverlässig sein; sich nach dem richten, was im Augenblick günstig ist oder Erfolgsaussichten verspricht.* S. *die Gesinnung wie das Hemd wechseln.*
die Meinung wie das Hemd wechseln (ugs.) = *keine feste Gesinnung haben; wankelmütig sein.* Seit dem 19. Jh. Küpper 1993, 531.

MEIßEN, Stadt in Sachsen.
aussehen wie der dumme Junge von Meißen (ugs. landschaftl.) = S. Junge.

MENGE, die; -, -n [mhd. menige, ahd. managi, zu manch]
Das ist eine Menge, da muss eine alte Frau (eine Oma) viel für stricken. (ugs. scherzh.) = *Das ist sehr teuer.* 1955 ff. Küpper 1993, 810.

MENSCH, der; -en, -en [mhd. mensch(e), ahd. mennisco, älter: mannisco, eigtl. = der Männliche, zu Mann]
wie der erste Mensch (ugs.) = 1. *sehr unbeholfen, ungeschickt.* 2. *weltunerfahren, unwissend, unbeholfen, unmodern.* Seit dem frühen 20. Jh. Küpper 1993, 532; DZR 2002, 782; Lapidus 2006, 43.
wie der letzte Mensch (ugs.) = *ganz übel, in übler, schlechter Weise (sich benehmen o.Ä.).* DZR 2002, 782. *"Letzter"* meint hier nicht den Letzten in einer Reihe oder Abfolge, zum letzten Mal, beim letzten Mal vorkommend, vorgenommen o. Ä., sondern im Sinne von *Das ist das Letzte!* (ugs. emotional) - ´unwürdig, schlecht, abstoßend´.
sich wie der letzte Mensch benehmen (ugs.) = *kein Gefühl für Sitte und Anstand haben; sinnlose Zerstörung anrichten.* 1950 ff. Küpper 1993, 532.
ein Mensch wie du und ich (ugs.) = *ein normaler, durchschnittlicher Mensch, Durchschnittsbürger.*
wie die letzten Menschen spielen (ugs.) = *ein äußerst schlechtes Fußballspiel bieten.* Sportl. 1950 ff. Küpper 1993, 533.
der Moment, wo der Frosch ins Wasser springt (und sich der Mensch vom Affen unterscheidet) (ugs. scherzhaft) = S. Moment.

MESSER, das; -s, - [mhd. meʒʒer, ahd. meʒʒira(h)s, meʒʒisahs; 1. Bestandteil zu mhd., ahd. maʒ (Mett), 2. Bestandteil zu mhd., ahd. sahs = (kurzes) Schwert]

[gehen] wie das heiße Messer (ein heißes Messer) durch die Butter (ugs.) = *leicht, reibungslos, gut funktionieren, leicht anzuwenden sein.*

zu etw. Lust haben wie die Kuh zum Messer (ugs.) = S. Lust.

METHUSALEM, der; -[s], -s

[so] alt wie Methusalem sein (ugs.): *sehr alt sein* (in Bezug auf eine männliche Person). Nach dem biblischen Urvater, der 969 Jahre alt gewesen sein soll. Der redensartliche Vergleich bezieht sich auf Gen 5,25-27 („Methusala war hundertsiebenundachtzig Jahre alt und zeugte Lamech; und lebte darnach siebenhundertzweiundachtzig Jahre und zeugte Söhne und Töchter; dass sein ganzes Alter ward neunhundertneunundsechzig Jahre"); vgl. franz.: *vieux comme Methusalem*; engl.: *as old as Methusalah*; niederl.: *zo oud as Methusalem.* Der Begriff wurde durch Bernard Shaws Werk »Back to Methusalah« (1921), deutsche Übersetzung von Siegfried Trebitsch »Zurück zu Methusalem« (1923) im internationalen Sprachgebrauch wieder geläufiger (Büchmann). Röhrich 2001, 1, 76.

METZGERHUND, der

ein Gemüt haben wie ein Metzgerhund (wie ein Fleischerhund) (ugs. abwertend) = S. Gemüt.

MICHEL, der; -s, - [eigtl. = Kurzform des männlichen Vornamens Michael, 1541 in der Verbindung „der teutsch Michel" erstmals in den Sprichwortbüchern des deutschen Dichters S. Franck (1499–1542/43)]

dastehen wie Hans Michel Meerrettich (ugs. selten, besonders schlesisch) = S. Hans.

MILCH, die; -, (Fachspr.:) -e[n] [mhd. milch, ahd. miluh, zu melken]

aussehen wie gespiene (gekotzte) Milch (salopp) = *bleich aussehen.* 1900 ff. Küpper 1993, 535.

wie Milch und Blut aussehen (geh.) = *gesund, blühend aussehen; frisch und jung aussehen, eine gesunde Gesichtsfarbe haben.* Duden, Bd. 11, 74. Gemeint ist die Hautfarbe bei guter Durchblutung (weiß + rot = rosa). Wohl aus der Dichtersprache hervorgegangen. 1600 ff. Küpper 1993, 535. Milch und Blut sind ein seit ältester Zeit gebräuchliches Sinnbild der weiblichen Schönheit, in Anspielung auf die als vornehm erachtete Blässe der Haut und das Rot der Lippen oder des Blutes. Die Redewendung steht für ein frisches und junges Aussehen. DZR 2002, 788. Poln. *wyglądać jak krew z mlekiem.* WW 2004, 118.

klar wie dicke Milch (ugs. iron.) = *völlig einleuchtend.* 1935 ff. Küpper 1993, 535. Nach dem Modell *klar wie Kloßbrühe.*

es kommt jdm. wie dem Bock die Milch [oft mit dem Zusatz: - **ruckweise**] (ugs.) = S. Bock.

jmd. ist so treu wie eine Katze bei süßer Milch (ugs. iron.) = S. Katze.

so verlässlich wie die Katze bei süßer Milch (im Speisegewölbe, in der Vorratskammer) (ugs. iron.) = S. Katze.

MILCHWAGEN, der

sich wie Bolle auf dem Milchwagen (auf dem Bock) freuen (amüsieren) (ugs. Berlin) = S. Bolle..

[es geht jmdm.] wie Bolle auf dem Milchwagen (ugs. Berlin) = S. Bolle.

MIMOSE, die; -, -n [zu lat. mimus (Mime)]

wie eine Mimose sein (oft abwertend) = *über einen sehr empfindsamen Menschen; überaus empfindlich sein.* Wegen der Reaktion der Pflanze bei Berührung, die mit der eines empfindsamen Mimen verglichen wird.

MINUTE, die; -, -n [mlat. minuta, gek. aus lat. pars minuta prima (eigtl. = der erste verminderte Teil) = erste Unterteilung der Stunde nach dem Sechzigersystem des ägypt. Astronomen Ptolemäus (um 100 bis etwa 160), zu: minutum, 2. Part. von: minuere = vermindern]

lieber fünf Minuten feige als das ganze Leben (für immer) tot. (ugs.) = *Lebensweisheit von Soldaten.* Sold. in beiden Weltkriegen. Küpper 1993, 225.

MIR [mhd., ahd. mir]: <Dativ Sg. des Personalpron. ich>

mir ist als ob (ugs.) = *ich ahne Ungutes.* Verkürzt aus »als ob es ein Unglück gäbe« o.ä. 1910 ff. Küpper 1993, 24.

Wie du mir, so ich dir. (sprichwörtl. Redensart) = *so schlecht, wie du dich mir gegenüber verhältst, so verhalte ich mich auch dir gegenüber.* DZR 2002, 783.

MIST, der; -[e]s [mhd., ahd. mist, urspr. = Harn, Kot]

faul wie Mist (ugs.) = *abgeneigt zu arbeiten, sich zu bewegen, sich anzustrengen; nicht gern tätig; sehr bequem, träge.* Der redensartliche Vergleich ist schon um 1500 bei dem Prediger Geiler von Kaysersberg belegt: „es seint etlich fauler dann mist". Röhrich 2001, 3, 1037; Schemann 1993, 545; Lapidus 2006, 37. Vgl. auch den Ausdruck *vor Faulheit stinken.*

herumstolzieren (einherstolzieren) wie der (ein) Hahn (Gockel, Pfau) [auf dem Mist] (ugs. abwertend) = S. Hahn.

rumsteigen wie der Gockel am Mist (auf dem Misthaufen) (ugs.) = S. Gockel.

sich spreizen wie ein Gockel (der Gockeler) auf dem Mist (ugs.) = S. Gockel.

stolz wie ein Hahn [auf dem Mist] (ugs.) = S. Hahn.

MISTGABEL, die

schreiben wie mit der Mistgabel (landschaftl.) = 1. *eine sehr schlechte Handschrift haben, unleserlich schreiben.* 2. *gar nicht schreiben können.* Der redensartliche Vergleich ist bereits bei Hans Sachsens Fastnachtsspiel »Der schwangere Bauer« vorgebildet: „Er kan nur schreiben mit der Mistgabel". Röhrich 2001, 3, 1037.

MISTHAUFEN, der

rumsteigen wie der Gockel am Misthaufen (auf dem Mist) (ugs.) = S. Gockel.

stinken wie ein [ganzer] Misthaufen = *sehr unangenehm riechen.*

MISTKÄFER, der

strahlen wie ein Mistkäfer (salopp) = *über das ganze Gesicht »strahlen«.* 1920 ff. Schül. Küpper 1993, 539. Der Mistkäfer schillert metallisch blau, grün oder violett. Übernommen von *strahlen wie ein Maikäfer.*

MITTAG , der; -s, -e [mhd. mittetac, ahd. mittitac zusgez. aus: mitti tag = mittlerer Tag

ein Gesicht machen wie eine Eule am Mittag (ugs. selten) = S. Gesicht.

MÖBEL , das; -s, -, schweiz. auch: -n [frz. meuble = bewegliches Gut; Hausgerät; Einrichtungsgegenstand < mlat. mobile = bewegliches Hab und Gut, zu lat. mobilis, mobil]

Es ist [hier] (wir sind hier) nicht wie bei armen Leuten, wo die Möbel an die Wand gemalt sind. (scherzh.-iron.) = S. Leute.

MODEJOURNAL, das

wie aus dem Modejournal [gekleidet] sein (ugs.) = *sehr modisch gekleidet sein.*

wie einem (dem) Modejournal entsprungen sein (ugs. spöttisch) = *Dass.*

MOHNBLUME, die

schön wie eine Mohnblume und dumm wie ein ausgebrannter Baumstock. (aus dem Russ.) (iron.) = *Spruchweisheit, die die Dummheit „schöner" Personen charakterisiert.* Auch Tschechisch: *Krásný* *jak makový květ, a hloupý jak vyhořelý pařez.* Wander 4, 317.

Mohr, der; -en, -en [mhd., ahd. mor < lat. Maurus]

schwarz wie ein Mohr sein (fam.) = 1. *tief gebräunt.* 2. *sehr schmutzig sein.* (Duden) Mohr meint dunkelhäutiger Bewohner von Mauretania (ein Gebiet in Nordwestafrika, etwa das heutige Marokko) (veraltet).

mohrenschwarz <Adj.>

mohrenschwarz (veraltet) = Dass., wie *schwarz wie ein Mohr* (s).

Mohrrübe, die; -, -n [Zus. aus Möhre u. Rübe] (nordd.)

Ich knacke dich durch wie eine Mohrrübe! (salopp) = *Drohrede.* 1900 ff. Küpper 1993, 542.

Molch, der; -[e]s, -e

falsch wie ein Molch (ugs.) = *heimtückisch, unzuverlässig.* Der Molch hat eine Tarnfärbung, streift die Haut ab, huscht weg u. Ä. 1850 ff. Küpper 1993, 542.

Moment, der; -[e]s, -e [mhd. diu momente = Augenblick < lat. momentum = (entscheidender) Augenblick (Genuswechsel unter Einfluss von frz. le moment)]

das ist der Moment, wenn (wo) der Affe ins Wasser rennt (springt, luppt) (ugs. scherzh.) = *das ist der wichtige Augenblick.* Affen sind vielfach schlechte Schwimmer oder schwimmen nur ungern. Wohl eine dem Jahrmarktsausrufer abgehörte Redensart. Spätestens seit 1900. Küpper 1993, 20.

das ist der Moment, wo der Elefant [das] Wasser lässt (ugs. scherzh.) = 1. *das ist der rechte Augenblick, um mit einer bisher zurückgehaltenen hohen Karte einen einträglichen Stich zu machen.* Kartenspielerspr. Seit dem späten 19. Jh. 2. *dieser Stich entscheidet das Spiel.* Kartenspielerspr. Seit dem späten 19. Jh. Küpper 1993, 205.

das ist der Moment, wo der Elefant ins Wasser springt (rennt) (ugs. scherzh.) = *das ist der wichtige Augenblick.* 1900 ff. Küpper 1993, 205.

das ist der Moment, wo der Elefant sein Wasser lässt = *das ist der entscheidende, der wichtige Augenblick.* Einem Ausrufer auf dem Jahrmarkt in den Mund gelegte Redensart. 1900 ff. Küpper 1993, 205.

Das ist der Moment, wo der Frosch ins Wasser springt (und sich der Mensch vom Affen unterscheidet) (ugs. scherzhaft) = *entscheidender, mit Spannung erwarteter Augenblick.* 1920 ff. Küpper 1993, 258.

der Moment, wo der Frosch ins Wasser springt und dabei sein Leben riskiert (und es doch nicht verliert) (ugs. scherzh.) = *der wichtige Augenblick.* 1920 ff. Küpper 1993, 258.

das ist der Moment, wo der Hund ins Wasser rennt ([in die Pfanne] springt) (ugs. scherzh.) = *das ist der wichtige, entscheidende Augenblick.* 1920 ff. Küpper 1993, 368.

Mönch, der; -[e]s, -e [mhd. mün[e]ch (md. mön[ni]ch), ahd. munih, über das Vlat. < kirchenlat. monachus < griech. monachós = Einsiedler, Mönch, zu: mónos = allein]

etw. passt wie der Mönch zur (auf die) Nonne (ugs. spött.) = *über etwas Unpassendes.* Röhrich 2001, 4, 1144.

Mond , der; -[e]s, -e [mhd. man(e), ahd. mano, urspr. wohl = Wanderer (am Himmel)]

Gesicht wie ein Mond mit Henkeln (ugs.) = S. Gesicht.

Wenn du so lang wärst, wie du dumm bist, müßtest du dich bücken, um dem Mond einen Kuss zu geben. (ugs. abwertend) = S. lang.

MONDKALB, das

wie ein Mondkalb in die Gegend gucken (salopp) = *verdutzt, dümmlich, einfältig gucken.* Szczęk, Wysoczański 2004, 105. *Mondkalb* wird salopp gebraucht für einen 'dummen, einfältigen Menschen'. Ursprünglich stammt diese Bezeichnung von einem fehlgebildeten Kalb, weil man solche Fehlbildungen dem schädlichen Einfluss des Mondes zuschrieb. Es wird beschrieben als unförmlicher Fleischklumpen. HDA 6, 537-538. Küpper führt *Mondkalb* auf eine volksetymologische Umformung von *Mohnkalb* zurück, das nach seiner Meinung nichts mit dem *Mond* oder dem *Mohn* zu tun hat, sondern auf niederdt. *monkalf* fußen würde, womit man ein Kalb meint, das vom *Mon* (einem Gespenst, Ungeheuer) verhext ist; auch nennt man so die unzeitige Leibesfrucht sowie die Missgeburt. Seit dem späten 18. Jh. Küpper 1993, 543.

MONDRAKETE, die

zielstrebig wie eine Mondrakete (ugs.) = *überaus zielstrebig; den Vorsatz unbeirrbar ausführend.* 1965 ff. Küpper 1993, 543.

MONDSCHEIN, der <o. Pl.>

hüpfen wie ein Frosch im Mondschein (ugs. selten) = S. Frosch.

der Moment, wo der Frosch ins Wasser springt (und sich der Mensch vom Affen unterscheidet) (ugs. scherzhaft) = S. Moment.

MOOS, das

Sei wie das Veilchen im Moose, sittsam, bescheiden, rein; nicht wie die stolze Rose, die immer bewundert will sein. = S. Veilchen.

MOPS, der; -es, Möpse [niederd., niederl. mops, zu niederl. moppen = murren, mürrisch sein, niederd. mopen = den Mund verziehen, wegen des mürrisch-verdrießlichen Gesichtsausdrucks der Hunderasse]

sich ärgern wie ein Mops (ugs.) = *sich stark ärgern.* Der redensartliche Vergleich geht von dem mürrischen Gesicht des Tieres aus. Danach auch: *sich mopsen* 'sich langweilen, sich ärgern'; *mopsig* - 'langweilig'. Röhrich 2001, 34, 1049.

aussehen [in einem Kleid] wie ein Mops im Paletot (ugs. scherzh.) = *ein viel zu weites Kleid tragen.* Bezieht sich auf die faltige Haut des Mopses. 1910 ff. Küpper 1993, 542.

dick wie ein Mops sein (ugs.) = *vollschlank sein, füllig, rundlich sein.* Szczęk, Wysoczański 2004, 113. S. Winterhamster.

sich freuen wie ein Mops (ugs.) = *sich sehr freuen.* 1870 ff. Küpper 1993, 542; Röhrich 2001, 34, 1049; Szczęk, Wysoczański 2004, 113.

sich langweilen wie ein Mops (ugs.) = *sich sehr langweilen.* Seit dem 19. Jh. Küpper 1993, 542.

schlafen wie ein Mops (ugs.) = *fest schlafen.* Hängt wohl zusammen mit *mopsen* - 'sich langweilen'. Wer sich langweilt, zeigt eine unfrohe Miene. Spätestens seit 1800. Küpper 1993, 542.

wie der Mops im Paletot (ugs. scherzh.) = *munter und vergnügt, lebhaft, heiter, lebenslustig, sorglos.* Geht wahrscheinlich auf einen in aller Eile »gedichteten« Albumvers zurück: »Lebe lustig, lebe froh wie der Mops im Paletot«. 1870 ff. Küpper 1993, 542; DZR 2002, 782-783.

MOPSFIDEL <Adj.> (ugs.)

mopsfidel (ugs.) = *sehr vergnügt, lustig, ausgelassen.* Ein *Mops* ist kleiner, kurzhaariger Hund mit gedrungenem Körper, rundlichem Kopf mit kurzen Hängeohren und meist silbergrauem oder beigefarbenem Fell mit einem sprichwörtlich fröhlichen Gemüt, das der Vergleich aufgreift. Krüger-Lorenzen 2001, 194.

MÖRDERBIENE, die; -, -n

harmlos wie die Mörderbienen (ugs. iron.) = *aggressiv, angriffslustig, streit-*

süchtig. Brugger 1993, 13. *Mörderbiene* (auch *Killerbiene*) (Apis mellifera scutellata) ist eine umgangssprachliche Bezeichnung für eine im tropischen Südamerika durch Kreuzung entstandene Unterart der Honigbiene, die sehr gute Honigerträge bringt, aber sehr aggressiv ist. S. Pitbull.

MÖRDERGRUBE, die; -, -n
aus seinem Herzen keine Mördergrube machen (ugs.) = S. Herz.

MORGEN[1], der; -s, - [mhd. morgen, ahd. morgan, eigtl. = Schimmer, Dämmerung]
[Das Alter ist weiser als die Jugend, aber] Der Morgen ist klüger als der Abend. (Sprichwort) = *Man soll eine Sache nicht überstürzen und lieber etwas länger über eine komplizierte Lösung nachdenken.* Wander 3, 723; Wander 5, 745. Dieses Modell ist in den europäischen Sprachen weit verbreitet und v.a. im Slawischen sehr aktiv.
eine Laune wie ein Bett am Morgen (ugs.) = S. Laune.
schön (frisch) wie der junge (erwachende) Morgen (geh. meist scherzh.) = *jugendfrisch, blühend, schön und strahlend* (oft über junge Frauen und Mädchen). Vgl. Aphrodite.

MORGEN[2], der [urspr.: so viel Land, wie ein Mann mit einem Gespann an einem Morgen pflügen kann]
angeben wie 7 Morgen Streuselkuchen (ugs.) = S. Streuselkuchen. Der *Morgen* ist ein altes Feldmaß, mit dem je nach Landschaft unterschiedlich große Flächen bezeichnet werden (oft 0,25 Hektar, 2,5 Ar).

MORGENSONNE, die
vor Faulheit stinken wie der frische Misthaufen in der Morgensonne (salopp) = S. Faulheit.

MORGENWIND, der
angeben wie ein frischer Morgenwind (ugs. scherzh.) = *lärmen; prahlen. Morgenwind* meint hier wohl den ersten am Morgen entweichenden Darmwind. 1930 ff. Küpper 1993, 29.

MORITZ, männlicher Vorname
wie der kleine Moritz sich das vorstellt (was sich der kleine Moritz unter... vorstellt) (ugs. scherzh.) = *wie sich das ein Laie (ein kleines Kind) vorstellt; der naiven, kindlichen Vorstellung, die sich jmd. von etw. macht, entsprechend* Der *kleine Moritz* ist eine von dem Karikaturisten Adolf Oberländer (1845-1923) geschaffene Kunstfigur. Etwa seit dem ausgehenden 19. Jh. Küpper 1993, 548.

MOSCHUSOCHSE, der
jmd. duftet wie ein Moschusochse (ugs. iron.) = *über sehr unangenehmen Körpergeruch.* Szczęk, Wysoczański 2004, 105. Der Moschusochse ist ein (besonders im Nordpolargebiet heimisches) großes Säugetier mit langhaarigem, fast schwarzem Fell, kurzen Beinen und hakenförmigen Hörnern, dessen männliche Tiere während der Paarungszeit ein Sekret von durchdringendem Geruch absondern, worauf der Vergleich zurück geht.

MOSKITO, der; -s, -s <meist Pl.> [span. mosquito, zu: mosca < lat. musca = Fliege]
lästig wie ein Moskito (ugs. abwertend selten) = *aufdringlich, jmdn. in [aufdringlich] unangenehmer Weise beanspruchend, störend, ihn in seinem Tun oder seinen Lebensgewohnheiten behindernd; sehr unangenehm.* Szczęk, Wysoczański 2004, 129. S. Insekt, Juckreiz, Scheißhausfliege.
jmd. ist wie ein Moskito (ugs. landschaftl.) = *über einen aufdringlichen Menschen; über eine sich aufdrängende, [durch Bitten, Fragen o. Ä.] lästig fallendende Person.* S. *lästig wie ein Moskito.*

MOSTRICH, der; -s

scharf wie Mostrich (Senf, Paprika, eine Rasierklinge) (landsch., bes. nordostd. salopp) = 1. *begierig auf sexuelle Betätigung sein.* 2. *sexuell stark anregend sein, erotische, sexuelle Anziehungskraft besitzen, Sex-Appeal haben* (bes. über Frauen) 3. *scharf aufpassen; unnachsichtig durchgreifen; eifrig fahnden.* Röhrich 2001, 4, 1392.

MOTTE, die; -, -n [spätmhd. motte, mniederd. motte, mutte]

von jemandem angezogen werden wie die Motten vom Licht = *jemand übt auf andere eine starke Anziehungskraft aus.* DZR 2007, 43.

wie Motten um das Licht schwärmen (ugs.) = *drückt die Kurzlebigkeit und Vergänglichkeit einer Sache in stark negativem Sinne aus.* Der Vergleich taucht in anderem Zusammenhang schon bei Lohenstein (»Sophonisbe« 1, 1) auf: „die schuld schwermt um verderb, wie mutten um das licht". Röhrich 2001, 3, 1053-1054; Szczęk, Wysoczański 2004, 133. S. Nachtfalter.

MÜCKE, die; -, -n [mhd. mücke, ahd. mucka, urspr. lautm.]

angeben wie eine Lore Mücken (ugs.) = S. Lore.

angeben wie eine Tüte Mücken (ugs.) = S. Tüte.

angeben wie eine Tüte voll toter Mücken (ugs.) = S. Tüte.

kräftig sein (Kraft haben) wie eine Mücke (ugs. scherzh.) = *schwach, kraftlos sein sein.* Poln. *siła jak u komara.* Szczęk, Wysoczański 2004, 131.

schwach (schlapp) wie eine Mücke (ugs. selten) *sehr schwach; ungenügend.* Szczęk, Wysoczański 2004, 131. S. Fliege.

frech wie eine Mücke (ugs. selten) = *keck, respektlos und draufgängerisch, kess, herausfordernd; in herausfordernder Weise, ohne Achtung und Respekt vor anderen; unverschämt.* Szczęk, Wysoczański 2004, 131; Lapidus 2006, 36. S. *frech wie Oskar.*

nicht mehr Verstand haben als eine Mücke (ugs.) = S. Verstand.

MÜCKENFETT, das

angeben wie eine Tüte Mückenfett (ugs. spött.) = S. Tüte.

MÜHLRAD, das

Augen wie Mühlräder (ugs.) = S. Auge.

mir geht [es wie] ein Mühlrad im Kopf herum (ugs.) = *ich bin ganz konfus, verwirrt.*

reden wie ein Mühlrad (ugs.) = *ununterbrochen reden, geschwätzig sein.* Müller 2005, 418.

saufen wie ein Mühlrad (ugs.) = *viel Alkohol trinken.* Lapidus 2006, 48. Das Mühlrad „verschlingt" viel Wasser – was zur Grundlage des Vergleichs wird.

MÜHLSTEIN, der

jmdm. anhängen wie ein Mühlstein (ugs.) = *jmdn. behindern, jmdn. bremsen.* Der *Mühlstein* ist ein großer Stein von der Form eines Rades zum Zermahlen von Getreide. Vgl. *Klotz am Bein.*

MULDE, die

es regnet (gießt) wie mit Mulden (ugs. landsch.) = *es regnet sehr heftig.* Vgl. Eimer. Seit dem 19. Jh. Küpper 1993, 552.

MULI, das; -s, -[s] [zu lat. mulus, Mulus] (südd., österr.)

dickköpfig (störrisch) wie ein Muli (ugs. abwertend) = *unbeugsam, unnachgiebig.* 1910 ff. Küpper 1993, 552. *Muli* ist ein regionaler Ausdruck für den Maulesel. S. Maulesel.

rackern wie ein Muli (ugs.) = *sich heftig abmühen; schwer arbeiten.* 1940 ff. Küpper 1993, 552.

MÜLLABFALL, der

sich in die Brust schmeißen wie ein Spatz in den Müllabfall (ugs.) = S. Brust.

MÜLLER , der; -s, - [mhd. müller, älter: mülner, mülnære, ahd. mulinari < spätlat. molinarius, zu spätlat. molina, Mühle]

sich etw. vorstellen wie Lieschen Müller (ugs. iron. abwertend) = S. Lieschen.

jmd. weiß soviel von der Kirche, als des Müllers Esel kann die Laute schlagen (ugs. iron.) = S. Kirche.

MUND, der; -[e]s, Münder, selten auch: -e, Münde [mhd. munt, ahd. mund]

die Augen sind größer als der Mund (ugs.) = S. Auge.

einen Mund haben wie ein Briefkasten (ugs.) = *einen breiten Mund haben.* 1900 ff. Küpper 1993, 131.

einen Geschmack im Mund haben wie von alten Groschen (ugs.) = S. Geschmack.

einen Mund haben wie ein Buch (ugs.) = *beredt sein.* 19. Jh. Küpper 1993, 138.

ein Mund haben wie ein Maschinengewehr (ugs. abwertend) = *viel, gewandt, ausdauernd reden.*

einen Mund (ein Mundwerk) haben wie ein Scherenschleifer (ugs. abwertend) = *redegewandt sein; die Leute beschwatzen können.* Seit dem 19. Jh. Küpper 1993, 707.

aus dem Mund (Maul) riechen wie ein Klosett (ugs. abwertend) = *üblen Mundgeruch verströmen.* 1920 ff. Küpper 1993, 427.

wie auf den Mund geschlagen sein (ugs.) = *verblüfft, verwirrt, betroffen und deshalb sprachlos sein.*

wie aus einem Munde [kommen] (ugs.) = (wenn zwei oder mehrere Personen) *gleichzeitig dasselbe sagen.*

MUNDWERK, das <o. Pl.> (ugs.)

ein Mundwerk haben wie ein Scherenschleifer (ugs. abwertend) = *redegewandt sein; die Leute beschwatzen können.* Seit dem 19. Jh. Küpper 1993, 707. Mundwerk steht für oft tadelnswerte Redefreudigkeit, gleichsam maschinell funktionierende Fähigkeit zu vorwitzigen, schlagfertigen, respektlosen Reden, z.B. *ein flinkes, freches, loses Mundwerk.*

MURMELTIER, das [1. Bestandteil ahd. murmunto, murmuntin, zu spätlat. mus (Gen.: muris) montis = Bergmaus, volksetym. an murmeln angelehnt]

schlafen wie ein Murmeltier (emotional) = *fest und lange schlafen.* Das Murmeltier hält Winterschlaf. Seit dem 18. Jh. Vgl. franz.: *dormir comme une marmotte.* Küpper 1993, 554.

MUSIK, die; -, -en [mhd. music, ahd. musica < lat. musica, Musica; Betonungsänderung u. Bedeutungserweiterung unter Einfluss von frz. musique]

das klingt (ist) wie Musik in jmds. (in den) Ohren (ugs.) = *eine äußerst angenehme und willkommene Äußerung, Neuigkeit o. Ä. für jmdn. sein; das höre ich gern.* Die Wendung meint, dass etw. so angenehm wie Musik ist. Duden, Bd. 11, 499.

MUSIKTRUHE, die

aussehen wie eine gepfändete Musiktruhe (ugs. selten) = *einen niedergeschlagenen, mutlosen Eindruck machen.* 1950 ff. Küpper 1993, 555.

MUSKEL, der; -s, -n [lat. musculus, eigtl. = Mäuschen, viell. nach einem Vergleich des unter der Haut zuckenden Muskels mit einer laufenden Maus]

Muskeln haben wie der Spatz Krampfadern (ugs. scherzh.) = *ein Schwächling sein.* BSD 1965 ff. Küpper 1993, 779.

MUTTER, die; -, Mütter [mhd., ahd. muoter, urspr. Lallwort der Kinderspr.]

Wie die Mutter, so die Tochter. = *Wie die Eltern, so verhalten sich auch die Kinder.* Abraham a Sancta Clara (Judas der Erzschelm, I) sagt: »Ist die Mutter faul, wie ein Sommergaul, ist die Mutter stolz, wie ein Lederholz, ist die Mutter eine Bulen, wie die Venusschulen, ist die Mutter im Trinken, wie im Sommer die Finken; so wird die Tochter selten anders sein.« Dies Sprichwort gehört, wie *Der Apfel fällt nicht weit vom Stamm, Wie der Herr, so's Gescherr* u.v.a. zu denen, welche behaupten, dass die elterliche Natur mit ihren Eigenheiten auf die Nachkommen übertragen werde. Wander 3, 814. Vgl. *Wie der Herr ist, so sind auch die Untertanen. //. Wie die Würze, so der Braten.* Tschech.: *Jací páni, takoví poddaní. // Pán příkladný poddaným živé právo.* Frz.: *Tels que sont les princes, tels sont les sujets.* Lat.: *Qualis rex, talis grex. // Regis ad exemplum totus componitur orbis.* Poln.: *Poddany idzie za pany.* Wander 2, 576. Lat.: *Filius ut patri, similis sic filia matri. / Matrem sequimini porci.* Russ.: *Каков поп, таков и приход.* Жуков 1966, 180-181. *Wie der Abt, so die Mönche.* Koženjako 1997, 16. *Wie der Herr ist, so (ist) auch der Knecht.* Fink-Henseler 1996, 289. *Wie der Hirt, so das Vieh.* Lat. *Qualix rex, talis grex.* Zwilling 2001, 42. *Wie der Hirt, so die Herde (Rinder).* Simrock, 4773. Tschech.: *Po vůdci vojsko, po pastýři ovce.* Lat.: *Qualis rex, talis grex.// Regis ad exemplum totus componitur orbis.* Ung.: *Minö a pásztor olyon a juh.* Wander 2, 685. Frz.: *Tel pain, telle soupe.* Walter, Mokienko 2006, 99.

[zu jmdm. sein] wie eine Mutter [ohne Brust] (ugs. scherz.-iron.) = *sich gut zu jmdm. verhalten, jmdn. unterstützen; sich um jmdn. sehr kümmern* (meist über einen Mann). DZR 2002, 784.

N

NACHBAR, der; -n, selten: -s, -n [mhd. nachgebur(e), ahd. nahgibur(o), aus nahe u. Bauer, eigtl. = nahebei Wohnender]

scharf (spitz) wie Nachbars Lumpi (Fiffi, Waldi) sein (scherz. salopp oft abwertend) = *lüstern sein; gierig nach geschlechtlicher Befriedigung, vom Sexualtrieb beherrscht, sexuell erregt, geil sein.* Lumpi, Fiffi und Waldi sind häufige Hundenamen. Karasek 2004, 41.

NACHSICHT, die; - <meist o. Art.>

Vorsicht ist besser als Nachsicht. (ugs. scherzh. Redensart) = sS. Vorsicht.

NÄCHSTE, der; -n, -n [mhd. næh(e)ste, ahd. nahisto = Nachbar]

Man soll seinen Nächsten lieben wie sich selbst. Liebe deinen Nächsten wie dich selbst.

(Sprichwort geh.) = *Aufruf, seine Mitmenschen zu achten.* Das Sprichwort geht zurück auf

das alttestamentarische Gebot der christlichen Nächstenliebe, wie es Paulus im Brief an die Galater (5, 14) formuliert ist, und wo es in der Auslegung der Zehn Gebote heißt: „Und der Herr redete mit Mose und sprach: ... Du sollst nicht rachgierig sein noch Zorn halten gegen die Kinder deines Volkes. Du sollst deinen Nächsten lieben wie dich selbst; denn ich bin der Herr“ (3. Moses 19, 18). Der Nächste ist im Alten Testament noch der Angehörige desselben Volkes, im Neuen Testament aber der Mitmensch ganz allgemein. Bereits Wander zeigt eine Reihe scherzh.-iron. Transformationen: *Man soll seinen Nächsten lieben wie sich selbst. Vorausgesetzt dass man sich selber nicht zu schlecht liebt.*; *Man muss seinen Nächsten lieben wie sich selbst, sagte Kunz, und küsste seines Nachbars Weib statt seines.* Wander 3, 841.

NACHT, die; -, Nächte [mhd., ahd. naht; Zeitraum von Sonnenuntergang bis Sonnenaufgang; vgl. Fastnacht]

blau wie die Nacht (ugs.) = *betrunken. Wie die Nacht* hat hier und in anderen Redewendungen steigernde Wirkung, fußend auf sachlich zutreffenden Vergleichen, wie *lang wie die Nacht, schwarz wie die Nacht* o. Ä. Sold. 1935 ff. Küpper 1993, 559.

wie ein Dieb in der Nacht (bildungsspr.) = S. Dieb.

dumm (blöd, doof o. Ä.) **wie die Nacht [finster]** (ugs. emotional) = *sehr dumm, blöd, doof o. Ä.* Duden, Bd. 11, 162. Von der Lichtlosigkeit der Nacht übertragen auf die Verstandesfinsternis. Seit dem 19. Jh. Küpper 1993, 559.

hässlich wie die Nacht (emotional) = *überaus hässlich, abstoßend hässlich. Hässlich* meint hier ursprünglich nicht 'unschön', sondern 'hassenswert'. Nach volksetymologischer Umdeutung mit der angegebenen Bedeutung. 1800 ff. Küpper 1993, 559. Poln. *brzydki jak noc.* Szczęk, Wysoczański 2004, 91; WW 2004, 15.

schlecht wie die Nacht (ugs.) = *überaus schlecht; charakterlich minderwertig.* Hergenommen vom nächtlichen Treiben lichtscheuer Elemente. Seit dem 19. Jh. Küpper 1993, 559.

schwarz wie die Nacht (emotional) = 1. *tiefschwarz, völlig schwarz, sehr dunkel.* Poln. *czarny jak noc.* Szczęk, Wysoczański 2004, 92; WW 2004, 24. 2. (ugs.) *schlecht, schlimm; charakterlos; verbrecherisch.* Seit dem 19. Jh. 3. *völlig mittellos.* 1900 ff. 4. *unerschütterlich an den katholischen Glaubensgrundsätzen festhaltend.* 1900 ff. Küpper 1993, 559.

schön wie der Tag, hässlich wie die Nacht. (ugs.) = S. Tag.

etw. passt wie Tag und Nacht (ugs.) = S. Tag.

wie Nikodemus in der Nacht (bildungsspr. geh.) = S. Nikodemus.

verschieden wie Tag und Nacht = S. Tag.

NACHTEULE, die

aussehen wie eine Nachteule (ugs.) = *übermüdet aussehen.* Szczęk, Wysoczański 2004, 118. *Nachteule* ist ein (ugs. scherzh.) Ausdruck für jmdn., der gern bis spät in die Nacht hinein aufbleibt (und dann am nächsten Tag übermüdet aussieht).

NACHTFALTER, der

wie ein Nachtfalter um das Licht schwärmen (auf das Licht fliegen) (ugs.) = *drückt die Kurzlebigkeit und Vergänglichkeit einer Sache in negativem Sinne aus.* Vgl. Motte.

NACHTIGALL, die; -, -en [mhd. nahtegal, ahd. nahtagala, eigtl. = Nachtsängerin; 2. Bestandteil zu gellen]

singen wie eine Nachtigall = *sehr gut singen (können).* Szczęk, Wysoczański 2004, 120. Poln. *śpiewać jak słowik.* WW 2004, 102.

wie ein Kuckuck unter Nachtigallen (scherzh.) = S. Kuckuck.

NACHTTOPF, der

etw. passt wie der Arsch auf den Nachttopf (den Eimer) (ugs. derb) = S. Arsch.

strahlen wie ein polierter Nachttopf (ugs.) = *über das ganze Gesicht strahlen.* 1955 ff. Küpper 1993, 560.

NACHTWÄCHTER, der

wie ein Nachtwächter spielen (ugs. abwertend) = *unaufmerksam beim Kartenspiel sein und Gewinnaussichten leichtfertig vergeben.* Nachtwächter gelten als beschränkt und unwissend. 1870 ff. Küpper 1993, 560. Der Ausdruck *Nachtwächter* gilt als häufige Schelte für lanweilige und untaugliche Schüler, Lehrlinge und Rekruten, wird aber auch als verächtliches Schimpfwort unter Gleichaltrigen gebraucht. Der sprachliche Vergleich beruht auf der Tatsache, dass der Nachtarbeiter am Tage den Schlaf nachholen muss und deshalb immer nur müde zu Hause anzutreffen ist. Röhrich 2001, 3, 1067-1068.

NACHTWANDLER, der

wie ein Nachtwandler (ugs.) = *ohne sich einer Sache bewusst zu sein; unkoordiniert; schlafwandlerisch.* Der *Nachtwandler* ist ein Schlafwandler; jmd., der im Schlaf läuft „wie im Traum“, ohne sich dessen bewusst zu sein und ohne die Umgebung um sich herum wahr zu nehmen. *Schlafwandeln* (Somnambulismus) ist eine komplexe Verhaltensweise im Schlaf, vom einfachen Aufsetzen bis zur konkreten Tätigkeit im Haushalt. Am Schluss folgt fast immer Erinnerungslosigkeit. *Schlafwandeln* ist nicht selten, besonders in jungen Jahren, und dort meist ohne ernstere Ursachen. Wichtig ist jedoch die Erkenntnis, dass die so genannte "schlafwandlerische Sicherheit" ein nicht ungefährlicher Irrtum ist. Schlafwandler bewegen sich meist geradeaus, selbst dann, wenn ihr Weg zu Ende ist (Absturzgefahr).

NACKTE, der u. die; -n, -n

angeben wie eine Tüte voll Nackter (voll Nackiger) (ugs.) = S. Tüte.

NADEL, die; -, -n [mhd. nadel(e), ahd. nad(a)la, zu nähen]

[wie] auf Nadeln sitzen (ugs.) = *[im Sitzen] auf etw. mit quälender Ungeduld warten; in einer bestimmten Situation in Erwartung von etw., durch eine Verzögerung, Behinderung o. Ä. voller Unruhe sein.* Duden, Bd. 11, 666. S. *auf Kohlen sitzen.* Wer wie auf Nadeln sitzt, ist einer bestimmten Situation in Erwartung von etwas, durch eine Verzögerung, Behinderung o.A. voller Unruhe. DZR 2002, 781.

NADELFEIN <Adj.>

nadelfein = *fein, dünn wie eine Nadel.* (Duden)

NADELÖHR, das

Eher geht ein Kamel durch ein Nadelöhr. = S. Kamel.

NAGEL, der; -s, Nägel [mhd. nagel, ahd. nagal, urspr. nur = Finger-, Zehennagel, Kralle, Klaue

jmd. hat ein Interesse wie ein verrosteter Nagel (ugs. iron.) = S. Interesse.

NAGELNEU <Adj.> [spätmhd. nagelniuwe, urspr. von neu genagelten Gegenständen]

nagelneu (ugs.) = *gerade erst hergestellt oder erworben und noch vollkommen neu; völlig ungebraucht.* Eigentlich neu wie ein aus dem Schmiedefeuer geholter Nagel. Seit dem 15. Jh. Küpper 1993, 561.

NAME, der; -ns, -n, (veraltet auch:) **NAMEN,** der; -s, -

Ein guter Name in dieser Welt ist besser denn (veralt. **dann) alles Gut und Geld.** (Sprichwort) = *Ein guter Ruf ist wichtiger als materieller Reichtum.* Wander 3, 871. (S. Ruf) Dieses Sprichwort existiert einerseits in vielen Sprachen Europas, andererseits in Varianten: *Ein guter Name ist besser als Reichtum.; Ein guter Name ist besser als Silber und Gold.* Wander 3, 871-872. Auch: *Ein guter Name ist der schönste Orden.* Ebd.

NARR, der; -en, -en [mhd. narre, ahd. narro; H. u.]

Ein Narr kann mehr fragen, als zehn Weise (Kluge) beantworten [können]. (Sprichwort) = *Es ist viel einfacher, Fragen aufzuwerfen, als sie zu beantworten; Missstände zu benennen, als sie zu beseitigen u. Ä.* K.F.W. Wander führt zu diesem Sprichwort viele europäischen Parallelen an, s. Wander 3, 892.

Ein Narr kann mehr befehlen, als zehn Kluge ausrichten können. (Sprichwort) = *Unbedachte Aufgabenstellungen können zu unlösbaren Aufgaben werden.* Wander 3, 892.

Weitere Sprichwörter mit *Narr* als tertium comparationis sind:

Ein Narr kann kaufen, was sieben Weise nicht verkaufen. Wander 3, 892.

Ein Narr kann mehr als zehn Weise. Wander 3, 892.

Ein Narr kann mehr fragen als sieben Weise sagen. Wander 3, 892.

Ein Narr kann mehr verneinen, als zehn Kluge behaupten. Wander 3, 892.

Ein Narr kann so viel einrühren, dass es zehn Kluge nicht ausessen können. (Viele europäische Parallelen). Wander 3, 892.

Ein Narr denkt wie ein Truthahn. Wander 5, 1628.

Narren reden wie Narren [pflegen]. (Sprichwort) = *an dem, was und wie jmd. etw. sagt, erkennt man dessen Wissen.* Sprichwort mit weitem europäischen Areal. Wander 3, 911.

NASE, die; -, -n [mhd. nase, ahd. nasa, urspr. wahrsch. = Nasenloch]

eine Nase wie ein Dackel haben (ugs.) = *treffsicher ahnen.* Dackel haben ein gutes Witterungsvermögen. 1920 ff. Küpper 1993, 154. Hunde haben gegenüber dem Menschen ein etwa 20-faches Riechvermögen; Dackel sind in der Jagd als Schweißhunde eingesetzt, als Jagdhunde, die speziell zum Aufspüren des angeschossenen Wildes auf der Schweißfährte abgerichtet sind.

Wie die Nase des Mannes, so sein Johannes. (An der Nase des Mannes erkennt man seinen Johannes.) (salopp) = *Die Größe der Nase lässt Rückschlüsse auf die Größe des Penis zu; der Penis des Mannes ist so groß wie seine Nase.* Sprichwörtlicher Ausdruck, der allerdings nicht der Wahrheit entspricht.

NATTER, die; -, -n [mhd. nater, ahd. nat[a]ra, viell. eigtl. = die Sichwindende]

eklig wie die Natter (ugs. abwertend selten) = *Ekel erregend, widerwärtig, abscheulich.* Szczęk, Wysoczański 2004, 129.

voll wie tausend Nattern (ugs.) = *stark betrunken, stark unter Alkoholeinfluss stehen.* NDR Fernsehen 11.11. 2006, 21.10 Uhr.

NATUR, die; -, -en [mhd. nature, ahd. natura < lat. natura = Geburt; natürliche Beschaffenheit; Schöpfung, zu: natum, 2. Part. von: nasci = geboren werden, entstehen]

Die Gewohnheit ist [wie] eine zweite Natur. (Sprichwort) = S. Gewohnheit.

eine Natur haben wie ein Pferd (ugs.) = *sehr widerstandsfähig sein.* 1920 ff. Küpper 1993, 605.

NAZI, der; -s, -s (ugs. abwertend)

angeben wie ein gelernter Nazi (ugs. emotional) = *sich Wichtigkeit anmaßen; mit seinem (angeblichen) Können prunken.* 1933 ff. Küpper 1993, 29.

NEGER, der; -s, - [frz. nègre < span., port. negro= Neger; schwarz < lat. niger= schwarz] (wird heute meist als abwertend empfunden)

abgebrannt (schwarz) sein wie ein Neger (ugs.) = *[nach einem Urlaub am Meer] kein Geld mehr haben.* Der Betreffende ist in doppelter Hinsicht schwarz wie ein Neger; er ist von der Sonne gebräunt und schwarz - ´mittellos´. 1950 ff. Küpper 1993, 568. Vgl. auch abgebrannt - ´mittellos´.

angeben wie ein nackter Neger (wie zehn nackte Neger, wie ein Haufen nackter Neger, wie tausend nackte Neger, wie ein Dutzend nackter Neger, wie sieben nackte Neger; wie ein Waggon nackter Neger; wie wie eine Horde wildgewordener [Bantu-] Neger, wie zehn nackte Neger auf dem Fensterbrett; wie zehn nackte Neger in der Kipplore) (ugs. emotional) = 1. *sich übergebührlich aufspielen.* 1900 ff. Küpper 1993, 568. 2. *lärmen, toben.* Vgl. Wilde. Hergenommen vom einstigen Auftreten vertragsgemäß sich wild gebärdender Negergruppen im Zirkus, auf

Tierschaufesten, Jahrmärkten u.a. 1900 ff. Küpper 1993, 29.

arbeiten wie ein Neger (ugs.) = *angestrengt arbeiten; Schwerarbeit leisten.* Hergenommen von der Behandlung der Neger durch Weiße, vor allem durch die Kolonialherren; zudem sind Neger ausdauernd. 1900 ff. Vgl. franz.: *travailler comme un nègre*. Küpper 1993, 568.

finster wie im Arsch eines Negers (im Negerarsch) (vulg. abw.) = S. Arsch.

sich freuen wie ein nackter Neger, wenn er ein Hemd bekommt (ugs.) = *sich sehr freuen.* Spott auf die so genannte Zivilisierung der Afrikaner. Wien 1950 ff. Küpper 1993, 568.

sich freuen wie zehn nackte Neger (wie ein Waggon nackter Neger) (ugs.) = *sich übermäßig freuen.* Österr. 1938 ff. Küpper 1993, 568.

scharf wie zehn nackte Neger (ugs.) = *überaus wollüstig.* 1950 ff. Küpper 1993, 568. Hergeleitet von der verbreiteten Einstellung, dass Farbige eine höhere Potenz haben als Weiße. Gebildet nach dem Modell angeben wie zehn nackte Neger.

schuften wie ein Neger = *angestrengt arbeiten.* 1900 ff. Küpper 1993, 568.

schwarz wie ein Neger (ugs. scherzh.) = *ganz von der Sonne braun gebrannt.* (Duden)

toben wie ein Neger (ugs.) = 1. *heftig schimpfen.* 2. *ausgelassen herumtollen.* 1900 ff. Küpper 1993, 568.

toben wie zehn nackte Neger im Schnee (ugs.) = 1. *zügellos toben.* 2. *heftig schimpfen.* 1900 ff. Küpper 1993, 568.

NEID, der; -[e]s

Besser Neid als Mitleid. (Sprichwort) = *Aussage darüber, dass es besser ist, erfolgreich zu sein, als nicht.* Wander 3, 986. Neid ist das Ergebnis von Erfolg, Mitleid hingegen von Misserfolg. Das Sprichwort trägt internationalen Charakter.

Neid befleckt den guten Ruf wie eine bösartige Seuche. (Sprichwort) = *über den Neid als Wurzel vieler Streitigkeiten und böser Nachrede.* Dieses geflügelte Wort finden wir bei Monosticha Catonis: *Invidiae maculat famam mala pestis honestam.* Lexikon lateinischer Zitate und Wendungen, S. 6761.

NERV, der; -s, -en [...fn; im 16. Jh. = Sehne, Flechse < lat. nervus, Nervus; die med. Bed. seit dem 18. Jh. von gleichbed. engl. nerve]

Nerven haben wie Drahtseile (Stricke, seltener **wie Dreierstricke, wie ein Batzenstrick, wie Kupferdrähte, wie breite Nudeln, wie Nylonseile)** (ugs. emotional) = *starke Nerven haben; über eine äußerst robuste, jeder Belastung standhaltende nervliche Konstitution verfügen; sich durch nichts aus der Ruhe bringen lassen, sich nicht aufregen.* Vgl. franz. *avoir des nerfs d'acier* (aus Stahl). Röhrich 2001, 3, 1087-1088.

Nerven haben wie (aus) Stacheldraht (ugs.) = *keine Anlage zu Nervosität haben.* 1930 ff. Küpper 1993, 569.

Nerven haben wie Stahlseile (Stahltrossen) (ugs.) = *in seelischer Hinsicht unerschütterlich sein.* 1910 ff. Küpper 1993, 569.

Nerven haben wie Stricke (ugs.) = *nicht schnell die Fassung verlieren.* 1920 ff. Küpper 1993, 569.

Nerven haben wie T-Träger (ugs.) = *unerschütterliche Nerven haben.* 1950 ff. Küpper 1993, 569. T-Träger, der (Bauw.): *T-förmiger Stahlträger.*

Nerven haben wie Überseekabel (ugs.) = *gegenüber schweren seelischen Belastungen die Ruhe bewahren.* 1950 ff. Küpper 1993, 569.

NEST, das; -[e]s, -er [mhd., ahd. nest, urspr. Zus. mit der Bed. „Stelle zum Niedersitzen"]

stinken wie ein Nest voll Füchse (ugs. abwertend) = sehr üblen Geruch verbreiten. Szczęk, Wysoczański 2004, 98. Vgl. *stinken wie ein nasser Fuchs.*

wie der Kuckuck seine Eier in fremde Nester legen (ugs.) = S. Kuckuck.

NEUGEBOREN <Adj.>

sich wie neugeboren fühlen (ugs.) = *sich sehr gut erholt fühlen; sich körperlich [und seelisch] wie ein neuer Mensch, durch und durch erfrischt, erneuert fühlen; sich frisch und gesund fühlen; sich wieder wohl fühlen; sich frei, ungezwungen fühlen*; Poln. *czuć się jak nowo narodzony.* WW 2004, 24; DZR 2002, 788.

wie neugeboren (ugs.) = *körperlich (und seelisch) wie ein neuer Mensch, durch und durch erfrischt, erneuert.*

NEUJAHRSABEND, der

etw. passt wie Honig auf Neujahrsabend (ugs.) = S. Honig.

NICHTS <Indefinitpron.> [mhd. niht(e)s, eigtl. Gen. Sg. von: niht (nicht), entstanden aus der Verstärkung mhd. nihtes niht = nichts von nichts]

jmd. ist um nichts besser als andere = *jmd. ist nicht im Geringsten besser als jmd. anderes.*

wie nichts (ugs.) = *sehr schnell, blitzschnell* (S.).

NIKODEMUS, Name

wie Nikodemus in der Nacht (bildungsspr. geh.) = *etw. heimlich und unbemerkt tun.* Der formelhafte Vergleich geht auf die Bibel zurück. Im Johannesevangelium (3,1-21) wird berichtet, dass der bei den Juden sehr angesehene Pharisäer Nikodemus das Gespräch mit Jesus suchte und deswegen zu ihm ging. Da er dies nicht öffentlich tun wollte, suchte er den Schutz der Dunkelheit. In Vers 2 heißt es: »Der kam zu Jesu bei der Nacht und sprach zu ihm (...).« DZR 2002, 788.

NILPFERD, das

sich bewegen wie ein Nilpferd (ugs.) = *sich plump, ungelenk bewegen.* Das Nilpferd ist ein großes, massiges Flusspferd, das sich nur langsam bewegt.

gähnen wie ein Nilpferd (ugs.) = *stark gähnen.* Das Nilpferd kann den Rachen weit aufreißen. 1939 ff. Sold. Küpper 1993, 573.

grunzen wie ein Nilpferd (ugs.) = *fest, unter lautem Schnarchen schlafen.* Allgemeiner Steigerungsvergleich auf Grund der plumpen Körperform. Sold. 1939 ff. Küpper 1993, 573.

NINJA-KRIEGER, der; -s, -

gewandt (schnell) wie ein Ninja-Krieger (ugs., oft scherzh.) = *in Bewegungen, Benehmen, Auftreten, Ausdrucksweise o. Ä. überaus sicher und geschickt und schnell.* S. Schwarz: War das jetzt schon Sex? Berlin 2005, 49. *Ninjas* [jap. = Spion, Kundschafter] waren (im feudalen Japan) in Geheimbünden organisierte Krieger, die sich spezieller Waffen und eines besonderen Kampfstils bedienten. Sie sind ein Beispiel für Geschick, Schnelligkeit und Gewandtheit.

NOLTE, Familienname

es wie Pfarrer Nolte machen (ugs.) = S. Pfarrer.

NONNE, die; -, -n [mhd. nonne, nunne, ahd. nunna < kirchenlat. nonna < spätlat. nonna = Amme]

etw. passt wie der Mönch zur (auf die) Nonne (ugs. spött.) = S. Mönch.

NUDELBRETT, das

jmd. ist hölzern wie ein Nudelbrett (ugs.) = *er ist unbeholfen und linkisch, steif und unbiegsam.* Das *Nudelbrett* ist ein eckiges Brett aus Holz, auf dem [Nudel-] Teig ausgerollt wird, also eigentlich ein Stück Holz. Der Vergleich mit dem Nudelbrett dient dabei als scherzhafte Verstärkung. Röhrich 2001, 2, 733.

NUDELN <sw. V.; hat>

wie genudelt sein (ugs.) = *mehr als satt sein, sehr satt sein. Nudeln* (V.) - 'Geflügel, bes. Gänse, mit Nudeln (fingerstarke Röllchen aus Teig zum Mästen besonders von Gänsen) mästen'. Daher die Bedeutung 'wie gemästet'.

NUMMER, die; -, -n [ital. numero < lat. numerus, Numerus]

eine Nummer kleiner als ein Kindersarg (ugs.) = *große, breite Schuhe; große, breite Füße.* 1920 ff. Küpper 1993, 412.

NÜRNBERG, Stadt in Süddeutschland, Bayern.

etw. wie mit dem Nürnberger Trichter eingeben (eingießen) (ugs.) = S. Trichter.

NUTTE, die; -, -n [urspr. berlin., eigtl. = Ritze (der weibl. Scham); zu Nut]

wie eine Nutte in Feuerstellung liegen (salopp abwertend) = *in Rückenlage mit gespreizten Beinen liegen* (vom Mann gesagt). Sold. 1930 ff. Küpper 1993, 578. S. Kampfnutte, persische.

sitzen wie eine (vollgeile) Nutte in Lauerstellung (salopp abwertend) = *sehr unanständig sitzen.* Sold. 1935 ff. Küpper 1993, 578. Nutte (salopp abwertend) - 'Prostituierte'.

stinken wie eine Nutte (salopp abwertend) = *nach billigem Parfüm riechen.* 1930 ff. Küpper 1993, 578.

O

O, das; - (ugs.: -s), - (ugs.: -s) [mhd., ahd. o]

Beine wie ein O haben (ugs.) = S. Bein.

O-BEINE <Pl.>

O-Beine sind besser als keine (ugs.) = *Trostspruch.* 1950 ff. Küpper 1993, 579.

OBERLEHRER, der; -s, -

angeben wie ein ganzer Waggon nackter Oberlehrer (ugs. spött.) = S. Waggon.

OBST, das; -[e]s [mhd. obeʒ, ahd. obaʒ, eigtl. = Zukost, zu ob u. essen]

Mit dem Obst ist es wie mit den Füßen - zuviel Waschen verdirbt das Aroma. (ugs.) = *Spöttische Redewendung auf einen, dessen Füße nicht gewaschen sind.* 1950 ff. Küpper 1993, 264.

OCHSE, der; -en, -en; **OCHS**

brüllen wie ein Ochse (ugs. abwertend) = *laut schreien, laut rufen; sehr laut sprechen.* Poln. *ryczeć jak wół.* Szczęk, Wysoczański 2004, 104.

dastehen wir der Ochs (Ochse) vorm (am) Berg (vorm neuen Tor, vorm neuen Scheunentor) (ugs.) = *von einer Sache nichts verstehen; völlig ahnungslos sein.*Schemann 1993, 593. S. Kuh. Vgl. Poln. *patrzeć jak wół na malowane wrota* – 'verdutzt sein'. Szczęk, Wysoczański 2004, 104.

dumm wie (dümmer als) ein Ochs(e) (ugs. abwertend) = *sehr dumm.* 1800 ff. Küpper 1993, 581; Lapidus 2006, 44.

dunkel (finster) wie in einem Ochsen (ugs.) = *sehr dunkel, völlig dunkel.* Seit dem 19. Jh. Küpper 1993, 581.

Durst haben wie ein Ochs(e) (ugs.) = S. Durst.

essen (fressen, futtern) wie ein Ochs(e) (ugs. abwertend) = *gierig essen; gefräßig sein.* 1900 ff. Küpper 1993, 581.

gesund wie ein Ochs(e) (ugs.) = *sehr gesund.* Kräftige Tiere gelten als gesund. 1930 ff. Küpper 1993, 581.

das glaubt kein Ochs(e) (ugs.) = *das kann man selbst dem Dümmsten nicht einreden oder vortäuschen.* Seit Anfang des 20. Jhs. Küpper 1993, 581.

etw. passt wie dem Ochsen ein Sattel (ugs. iron.) = *über etwas Unpassendes.* Röhrich 2001, 4, 1144; Szczęk, Wysoczański 2004, 104. Ochsen tragen keine Sättel, die zudem nicht passen würden. S. Sau.

saufen wie ein Ochs(e) (salopp) = *unmäßig trinken.* Seit dem 19. Jh. Küpper 1993, 581; Lapidus 2006, 46.

schnarchen wie ein Ochse (ugs. selten) = *beim Schlafen meist mit geöffnetem Mund tief ein- und ausatmen und dabei ein lautes, dumpfes, kehliges Geräusch (ähnlich einem Achlaut) von sich geben; laut schnarchen.* Szczęk, Wysoczański 2004, 104. Der Ochse brüllt oft laut, was auf das Schnarchen übertragen wird.

schuften wie ein Ochse (ugs.) = *schwer arbeiten, sehr angestrengt und ausdauernd arbeiten.* Poln. *pracować/harować/spracować się/haruje jak wół.* Szczęk, Wysoczański 2004, 104. Der Ochse gilt als klassisches Arbeits- und Zugtier.

schwitzen wie ein Ochse (ugs.) = *stark schwitzen.* Szczęk, Wysoczański 2004, 104. Übertragen von der starken Anstrengung, die ein Ochse bei der Arbeit leistet.

stehen wie ein Ochs, wenn es donnert (ugs.) = *verwundert, ratlos stehen.* Seit dem 19. Jh. Küpper 1993, 581.

stur wie ein Ochs(e) (ugs. abwertend) = *unbeeinflussbar; eigenwillig, unbelehrbar.* 1920 ff. Küpper 1993, 581. Poln. *uparty jak wół.* Szczęk, Wysoczański 2004, 104.

Talent für etw. haben wie der Ochs zum Seiltanzen (ugs. iron.) = *für etw. völlig unbegabt sein.* 1920 ff. Küpper 1993, 581.

taugen zu etw. wie der Ochs (Ochse) zum Seiltanzen (Seil[chen]springen) (ugs. iron. selten) = *von einer Sache nichts verstehen; völlig ahnungslos sein.* Schemann 1993, 593. S. Hahn, Kuh, Sägefisch, Ochs, Ziege.

von etw. so viel verstehen wie der Ochs (Ochse) vom Klavier[chen]spielen (ugs. selten) = *von einer Sache nichts verstehen; völlig ahnungslos sein.* Schemann 1993, 593. S. Hahn, Kuh, Sägefisch, Ziege.

Wie das Pferd zum Rennen, der Ochse zum Pflügen, der Hund zum Aufspüren, so ist der Mensch zum Handeln und Arbeiten geboren. (Spruchweisheit) = S. Pferd.

ODENWALD , der; -[e]s

ein Hinterquartier haben wie der stärkste Hirsch aus dem Odenwald (ugs. landschaftl.) = S. Hinterquartier. Der Odenwald ist das Bergland östlich der Oberrheinischen Tiefebene.

ODERKAHN, der; -[e]s, Oderkähne [S. Kahn]

ein Fuß (Füße) wie Oderkähne (wie Kähne) (ugs.) = S. Fuß.

OFEN, der; -s, Öfen [mhd. oven, ahd. ovan, urspr. = Kochtopf; Glutpfanne u. Bezeichnung für ein Gefäß zum Kochen bzw. zum Bewahren der Glut]

Einfälle [haben] wie ein alter Ofen (ugs. scherzh.) = S. Einfall.

OFENKLAPPE, die

heiß wie vor der offenen Ofenklappe (ugs.) = *sehr heiß, über eine sehr hohe Temperatur.* (Duden) S. Hochofen, Backofen, Hölle.

OFENROHR, das

Beine wie ein Ofenrohr haben (gern mit dem Zusatz: **nicht so dick, aber so dreckig**) (ugs.) = S. Bein.

rauchen wie ein [gelochtes] Ofenrohr (ugs.) = *viel rauchen; ein starker Rau-*

cher sein. Wortwitzelei. 1950 ff. Küpper 1993, 582.

OHR, das; -[e]s, -en [mhd. ore, ahd. ora]

es so dick hinter den Ohren haben wie die Sau Läuse (salopp selten) = 1. *schlau, gerissen, auch schalkhaft und schlagfertig sein [bei harmlosem Aussehen].* Szczęk, Wysoczański 2004, 107. 2. *gemein sein.* Röhrich 2001, 4, 1283.

das klingt (ist) wie Musik in jmds. (den) Ohren (ugs.) = S. Musik.

es knüppeldick hinter den Ohren haben (ugs. abwertend) = *trickreich, listig, gerissen, gerieben sein.*

jmd. sitzt da, als hätte er eine Laus im Ohr (ugs. selten) = S. Laus.

mehr Schmalz zwischen die Ohren als zwischen die Beene [haben] (Berlin, salopp abwertend) = S. Schmalz.

Ohren wie ein Eichhörnchen haben (ugs. selten) = *gut hören können.* Szczęk, Wysoczański 2004, 98. Eichhörnchen verfügen über ein gutes Hörvermögen.

Ohren haben wie Dumbo (ugs. scherzh.) = *große Ohren haben.* Dumbo ist eine Trickfilm-Figur (ein Elefant), der mit seinen Ohren fliegen kann. Vgl. auch den Ausdruck *Segelohren.*

Ohren haben wie ein Luchs (ugs.) = *sehr gut, sehr scharf hören.* Seit dem 19. Jh. Küpper 1993, 505.

OHRFEIGE, die

wie der Dumme zur Ohrfeige kommen (gelangen) (ugs.) = S. Dumme.

jmds. Worte treffen wie Ohrfeigen (geh. veraltend) = S. Wort.

OHRWÜRMCHEN, das

wie ein Ohrwürmchen um den kleinen Finger zu wickeln sein (ugs. selten) = *durch jmdn. leicht zu beeinflussen, gelenkt werden lenken können; alles von jmdm. erbitten können.* Szczęk, Wysoczański 2004, 131. Abwandlung der Wendung *jmdn. um den [kleinen] Finger wickeln* in Kontamination mit dem *Ohrwurm.* Der gemeine Ohrwurm *(forficula auricularia),* ein lichtscheues Insekt, verdankt seinen Namen dem Volksglauben, er krieche schlafenden Menschen ins Ohr. Nach seinem vermeintlichen Aufenthalt in der Ohrhöhlung wird der Ohrwurm vielfach in deutschen, besonders österreichischen Mundarten benannt. So heißt er: *Ohrholn* (Waldviertel), *Ohrhöhln* (Niederösterr.), *Ohrhel* (Steiermark), *Ohrhilderer, Ohrhölderer* (Tirol), *Ohrenhöhler* (Oberbayern), *Ohrenhöller* (Vogtland), *Ohrwutzel* (Steiermark, Etschtal) von *wutzeln* = zusammenrollen, *Ohrläufer, Ohrwiesel, Ohrenwiesler, Ohrenwurzel* (Bayern), *Ohrenhängelein* (Franken), *Ohrengrubel, Ohrengrübel* (Schwaben). Nach anderen Vorstellungen begnügt sich der Ohrwurm nicht mit der Zerstörung des Trommelfells, er saugt sogar das Blut aus, worauf der flämische Name *oorzuiper* (Ohrensäufer) deutet, oder er dringt bis ins Gehirn vor, das er anfrisst, daher franz. *mangeur de cervelles* (Hirnfresser). HDA 6, 1221.

ÖL, das; -[e]s, (Sorten:) -e [mhd. öl[e], ahd. oli < lat. oleum = (Oliven)öl < griech. élaion]

damit ist es Essig und Öl (ugs.) = S. Essig.

etw. geht jmdm. wie Öl runter (ein, herunter) (ugs.) = *er empfindet es als sehr angenehm; es schmeichelt seiner Eitelkeit; die Anerkennung tut ihm wohl, jmd. fühlt sich bestätigt.* Küpper 1993, 585.

wie Öl (ugs.) = *glatt, mühelos, reibungslos.* 1900 ff.

ÖLGÖTZE, der

[da]sitzen (dastehen) wie die Ölgötzen (ugs. abwertend) = *regungslos, ungelenk stehen (sitzen); zur Unterhaltung nichts beitragen; sich unwissend stellen*; 1500 ff. Küpper 1993, 585. Ölgötze - viell. gekürzt aus *Ölberggötze,* volkstümliche Bezeichnung für die häufig bildlich dargestellten schlafenden Jünger Jesu auf dem Ölberg (vgl. Matth. 26, 40 ff.).

wie ein Ölgötze (ugs. abwertend) = *über einen langweiligen, steifen Menschen*; *über einen unbewegt, teilnahms- u. verständnislos wirkenden Menschen.* Fußt seit den Reformationstagen auf der bildlichen Darstellung der schlafenden Jünger Jesu im Garten Gethsemane. Wegen ihrer Regungslosigkeit nannte man sie »Ölberggötzen«, woraus das Stichwort verkürzt ist. Die Bezeichnung ging später auch über auf schwerfällige, plumpe männliche Holzfiguren als Halter für die Öllampe. Küpper 1993, 585; DZR 2002, 785.; Walter 2004, 31-32.

ÖLSARDINE, die

wie die Ölsardinen [in der Büchse, in der Dose, in der Tonne] (ugs.) = *sehr beengt in einem kleinen Raum*; *zusammengedrängt, auf engem Platz (stehen, liegen* u.Ä.). Szczęk, Wysoczański 2004, 127. Vgl. franz. *dans une boite de sardine.* Röhrich 2001, 4, 1121. Dieser redensartliche Vergleich findet sich schon bei Abraham a Sancta Clara (»Judas« IV,390): *Gleich den Häringen aufeinander liegen*; ähnlich *wie die Ölsardinen*; vgl. franz. *être serrés comme des sardines en boîte* (wörtlich: so dicht nebeneinander stehen oder liegen wie die Sardinen in der Dose). Röhrich 2001, 2, 702.

OMA, die; -, -s [Umbildung aus Großmama]

etw. schmeckt wie eine alte Oma unterm Arm (salopp) = *es schmeckt widerlich.* 1960 ff. Küpper 1993, 586. Übertragen vom unangenehmen Geruch des Achselschweißes, der zunächst einmal geruchlos ist. Erst wenn er sich mit Bakterien mischt, denen die organischen Substanzen als Nährstoffe dienen, entsteht übler Geruch.

ONKEL, der; -s, -, ugs.: -s [frz. oncle < lat. avunculus = Bruder der Mutter]

Ein Onkel, der Gutes mitbringt, ist besser als eine Tante, die bloß Klavier spielt. (regional, selten) = *Der Ausspruch wird gelegentlich zitiert, wenn Eltern ernsthaft oder auch nur aus Höflichkeit Einwände dagegen erheben, dass ein Besucher ein kleines Geschenk für das Kind oder die Kinder mitgebracht hat.* Diesen kinderfreundlichen Spruch verdanken wir der aus dem Nachlass herausgegebenen Sammlung »Aphorismen und Reime« von Wilhelm Busch (1832-1908). DZR 2007, 610.

ONYX, der; -[es], -e [lat. onyx < griech. ónyx, eigtl. = Kralle; (Finger)nagel, wohl nach der einem Fingernagel ähnlichen Färbung]

schwarz glänzend wie ein geschliffener Onyx (geh. scherzh.) = *über einen Menschen mit von der [Höhen-]Sonne stark gebräunter oder mit dunkler Haut.* Brugger 1993, 57. Ein *Onyx* ist ein aus unterschiedlich gefärbten Lagen bestehendes Mineral, das eine Abart des Quarzes darstellt und als Schmuckstein verwendet wird.

OPFER , das; -s, - [mhd. opfer, ahd. opfar, rückgeb. aus opfern]

jmdn. anstarren wie ein Raubtier sein Opfer (geh.) = S. Raubtier.

ORGELPFEIFE, die

Kinder wie die Orgelpfeifen (ugs.) = S. Kind.

wie die Orgelpfeifen dastehen ([dastehen] wie die Orgelpfeifen) (ugs.) = *in einer Reihe der Größe nach [dastehen], der Größe nach neben-, hintereinander aufgestellt sein* (gewöhnlich von Kindern). Seit dem 18. Jh. Küpper 1993, 587. Der anschauliche Vergleich findet sich bereits im 16. Jahrhundert in der »Geschichtsklitterung« (Kap. 5) des Polemikers und Satirikers Johann Fischart. DZR 2002, 783.

ORKAN, der; -[e]s, -e [niederl. orkaan < span. huracán, Hurrikan]

rasen wie ein Orkan (ugs. emotional verstärkt) = *sehr wütend sein und das auch* *zeigen; vor Wut (Zorn, Schmerzen, Eifersucht u.A.) von Sinnen (außer sich) sein; sich wie wahnsinnig gebärden; toben.* (Duden). Ein *Orkan* ist ein sehr heftiger Sturm, der unkontrolliert tobt und dabei viele Dinge zerstört.

OSKAR, in den Fügungen

frech wie Oskar (salopp) = *in herausfordernder Weise, ohne Achtung und Respekt vor anderen; unverschämt; auf eine dreiste, kecke Art frech; übermütig.* Lapidus 2006, 36. Der Vergleich ist besonders in Mittel- und Nordostdeutschland verbreitet, seine Herkunft nicht sicher geklärt. Einige Quellen führen ihn auf den Berliner Theaterschriftsteller und –leiter namens Oskar Blumenthal (1852–1917) zurück, der sehr scharfe und „freche“ Kritiken schrieb (DZR 2002, 233). Nach dieser Auffassung stammt die Wendung aus der Umgangssprache Berlins und hat sich von dort weiter ausgebreitet. H. Küpper (1993, 588) bringt ihn in Zusammenhang mit dem Leipziger Jahrmarktsverkäufer Oskar Seifert, der wegen seiner derben Ausdrucksweise bekannt wurde, nach dieser Quelle verwendet ab 1870. Bei diesen genannten Hypothesen handelt es sich jedoch um volksetymologische Darstellungen. Wahrscheinlicher ist die Theorie von A. Földes, der darauf hinweist, dass verschiedene Forscher in der Wendung keinen Phraseologismus mit Eigennamen sehen, sondern Oskar als volksetymologische Umdeutung des jiddischen *ossoker* ′freche Person, Frecher’ aus jiddisch ‚*ossok*’ ′frech, verhärtet′, erklären (Wolf 1993, 235 – nach dieser Quelle ab 1925 belegt). Andere sprichwörtliche Vergleiche mit *frech* sind ebenfalls sehr gebräuchlich, z.B. *frech wie Dreck (Gassendreck), frech wie Rotz am Ärmel, frech wie eine Mücke (Fliege), frech wie ein Rohrspatz* (vgl. ‚Schimpfen wie ein Rohrspatz’), rheinisch ‚*frech wie ne Bur, der gebicht hät’*, ‚*frech as en mager Ferken*’, und werden zumeist gebraucht im Sinne von dreist, unverfroren, unverschämt, anmaßend, ohne Anstand. Dass freche, hemmungslose Menschen oft mehr Erfolg haben als die Zaghaften, lässt sich auch aus dem Sprichwort *Frechheit siegt* ersehen (vgl. *Frechdachs*). (Müller, F.: ‚Frech wie Oskar’. In: Sprachpflege 18/1969, 25; Földes: Onymische Phraseologismen als Objekt des Sprachvergleichs. In: Europhras 88, Phraséologie Contrastive. Straßburg 1989, 128; Röhrich 2001, 2, 472 ff.)

stolz wie Oskar (salopp) = 1. *sehr stolz.* 2. *überheblich.* Dieser Vergleich ist wahrscheinlich nach dem Modell mit *frech* gebildet worden.

OSTERHASE, der

etw. verstecken wie der Osterhase die Eier (ugs.) = *etw. vor anderen verbergen, verheimlichen.*

OSTERN, das; -, - <meist o. Art.; bes. südd., österr. u. schweiz. u. in bestimmten Wunschformeln u. Fügungen auch als Pl.> [mhd. osteren, ahd. ostarun (Pl.); viell. nach einer germ. Frühlingsgöttin (zu ahd. ostar = östlich; im Osten, d. h. in der Richtung der aufgehenden Sonne, des [Morgen-]Lichts)]

das ist wie Ostern und Weihnachten an einem (auf einen) Tag = *etw. ist eine große Überraschung, eine große Freude.* Röhrich 2001, 5, 1708.

etwas ist so, als ob Weihnachten und Ostern auf einen Tag fallen (ugs.) = S. Weihnachten.

ein Gefühl wie Weihnachten und Ostern zusammen (ugs.) = S. Gefühl.

OTTO, männlicher Vorname

als sich der Alte Fritz noch ohne Otto Gebühr behelfen musste (ugs.) = S. Fritz.

OZEAN, der; -s, -e [mhd. occene < mlat. occeanus < lat. oceanus < griech. okeanós]
es schmeckt nach Ozean (ugs. scherzh.) = *es schmeckt ausgezeichnet; davon möchte man noch weiter essen.* Fußt wortwitzelnd auf *es schmeckt nach mehr*«, wobei in der Aussprache *mehr* homophon zu *Meer* ist. 1920 ff. Küpper 1993, 724.
wie eine Träne im Ozean = S. Träne.

P

PAAR, das; -[e]s, -e u. (als Mengenangabe zusammengehörender Dinge:) - [mhd., ahd. par= zwei Dinge von gleicher Beschaffenheit; (adj.:) einem anderen gleich < lat. par = gleichkommend, gleich]
egal (Adj.) **wie ein Paar Strümpfe** (ugs.) = *einander völlig gleich.* 1850 ff. Küpper 1993, 811.

PACKESEL, der
beladen wie ein Packesel (ugs.) = *sehr viel tragen, viel Gepäck befördern; viele Teile in den Händen halten.* Szczęk, Wysoczański 2004, 109. Meist bezogen auf Personen, seltener auf Transportmittel (Auto u.Ä.). Als Bildspender dient hier der Lastesel, der vorwiegend zum Transport von oft schweren Lasten gebraucht wird und dem eine sprichwörtliche Belastbarkeit eigen ist. S. Lastesel.

PALETOT ['paləto, auch: pal'to:], der; -s, -s [frz. paletot = weiter Überrock < mengl. paltok = Überrock, Kittel
aussehen [in einem Kleid] wie ein Mops im Paletot (ugs. scherzh.) = S. Mops.
in einem Kleid aussehen wie ein Mops im Paletot (ugs. scherzh.) = S. Kleid.
[munter] wie der Mops im Paletot (ugs. scherzh.) = S. Mops.

PALMESEL, der: in der Fügung
herausgeputzt (aufgeputzt o. Ä.) **wie ein Palmesel** (landsch. spött.) = *in übertriebener Weise herausgeputzt; über jmdn., der sich allzuviel auf seine Schönheit einbildet und sich schmückt und ziert.* Der redensartliche Vergleich geht zurück auf den religiösen Volksbrauch, in der Palmsonntagsprozession den Einzug Jesu in Jerusalem, wie er Mt 21 geschildert wird, zu spielen, indem man einen Esel, geschmückt mit Grün und den frühen Blumen dieser Jahreszeit, mitführte. Auf dem Palmesel mußte dabei ein junger Kleriker oder Pilger als Darsteller Jesu reiten und »in Jerusalem einziehen«. Den Beteiligten kam es immer mehr auf den weltlichen Prunk eines echten Barockschauspiels und die eigene Zurschaustellung als auf eine demütige Nachfolge Jesu in der Prozession an, wie der redensartliche Vergleich zeigt, der übertriebenen Schmuck verurteilt. Der lebendige Esel wurde schon früh durch einen holzgeschnitzten ersetzt, wie er noch in verschiedenen Museen zu sehen ist. Palmesel als Liturgierequisiten sind schon seit dem 10. Jahrhundert bezeugt. In der Gegenwart ist der Palmesel fast völlig aus dem Kirchenbrauch verschwunden, nur die Redensart erinnert noch an den vergessenen alten Sinnbezug. Röhrich 2001, 4, 1129-1130. (S. Pfingstochse.)

PANZER, der; -s, - [mhd. panzier= Brustpanzer < afrz. pancier(e), über das Roman. (vgl. provenz. pansiera) zu lat. pantex (Gen.: panticis) = Wanst]
stur wie ein Panzer (wie ein Panzerwagen, wie eine Panzerfamilie) (ugs.) = 1. *äußerst stur.* 2. *unbeirrbar vorgehend.* 1940 ff. Küpper 1993, 591; Lapidus 2006, 32; DZR 2007, 719.

PAPAGEI, der; -en u. -s, -en, seltener: -e [im 15. Jh. < älter frz. papegai, H. u., viell. < arab. babbaga'; schon mhd. papegan]
bunt wie ein Papagei (ugs. spött.) = *(übermäßig) bunt, farbenfroh.*
plappern wie ein Papagei (ugs. abwertend) = *ohne Nachzudenken [und unun-*

terbrochen] reden. Die beiden Vergleiche reflektieren den in zahlreichen Arten vorkommenden Papagei, einen bunt gefiederten tropischen Vogel, der die Fähigkeit hat, Wörter nachzusprechen.

reden wie ein Papagei (ugs. abwertend) = *ohne Pause reden, reden ohne Nachzudenken.* Poln. *gadać jak papuga.* Szczęk, Wysoczański 2004, 120.

alles nachplappern wie ein Papagei (ugs. abwertend) = *etw. wiederholen, was andere bereits früher gesagt haben, ohne selbst zu denken; reden ohne Nachzudenken;.* Poln. *powtarzać/mówić/paplać wszystko jak papuga.* Szczęk, Wysoczański 2004, 120.

PAPIER, das; -s, -e [spätmhd. papier < lat. papyrum, papyrus = Papyrus(staude) < griech. pápyros]

wie aus (dem) Papier gewickelt (ugs.) = *tadellos; wie neu.* Es ist frisch aus dem Einwickelpapier genommen. 1950 ff. Küpper 1993, 591. S. Karton.

weiß wie Papier (ugs.) = *sehr blass.* Szczęk, Wysoczański 2004, 91. 2. *durch einen besonders großen Schreck, durch Zorn, Übelkeit oder große Furcht sehr bleich;.* Poln. *blady jak papier.* WW 2004, 13. Vgl. *weiß wie Kreide.*

PAPRIKA, der; -s, -[s] [über das Ung. < serb. paprika, zu: papar = Pfeffer < lat. piper, Pfeffer]

scharf wie Paprika (wie tausend Chinesen, wie Senf, wie Mostrich, wie eine Rasierklinge, wie tausend Russen, wie Schifferscheiße) (salopp) = 1. *begierig auf sexuelle Betätigung sein.* 2. *sexuell stark anregend sein, erotische, sexuelle Anziehungskraft besitzen, Sex-Appeal haben* (bes. über Frauen) 3. *scharf aufpassen; unnachsichtig durchgreifen; eifrig fahnden.* Röhrich 2001, 4, 1392; Borneman 2003, 4.8. S. Rasierklinge.

PAPST, der; -[e]s, Päpste [mhd. babes(t), spätahd. babes < kirchenlat. papa = Bischof (von Rom) < lat. papa < griech. páppa = Vater, Lallwort der Kinderspr.]

katholischer als der Papst sein (ugs. spött.) = *übertrieben katholisch sein.* Aufgekommen 1871 mit der Unfehlbarkeitserklärung des Papstes. Küpper 1993, 402.

päpstlicher sein als der Papst (ugs.) = 1. *strenger, unerbittlicher sein als der dazu Berufene, der Verantwortliche.* 2. *kleinlich, pedantisch sein.* Die Wendung geht wahrscheinlich auf den franz.en König Ludwig XVI. zurück, der gesat haben soll *Il ne faut pas être plus royaliste que le roi* (Man muss nicht königlicher gesinnt sein als der König). Bismarck hat die Wendung in der Form *katholischer sein als der Papst* verwendet. DZR 2002, 570.

PARTEI, die; -, -en [mhd. partie = Abteilung (1) < frz. partie = Teil, Abteilung, Gruppe; Beteiligung, zu älter: partir = teilen < lat. partiri, zu: pars (Gen.: partis) = (An)teil]

die Partei wechseln wie die Hemden (ugs. abwertend) = *es abwechselnd mit dieser und jener politischen Partei halten; aus Nützlichkeitserwägungen die politische Gesinnung wechseln.* 1960 ff. Küpper 1993, 594.

PATTEX, Markenname

kleben wie Pattex (ugs.) = *fest kleben, sehr haltbar zusammengeklebt sein.* Bild-Zeitung 4.10.2006, 1.

PAULUS, Name nach dem Apostel Paulus

drauf (darauf) losgehen wie Paulus auf die Korinther (bildungsspr. bes. in niederdeutschen Mundarten) = *jmdn. attakieren, jmdn. scharf zurechtweisen.* Der Vergleich geht wohl darauf zurück, dass der Apostel Paulus in seinen beiden Briefen an die Korinther (Einwohner der griechischen Stadt Korinth), namentlich im ersten, diesen strafende Vorhaltungen macht; ostfriesisch *He geit drup los as Paulus up de Korinther*; rheinisch *Du schlehs (häus) dren wie Paulus en de Korenther* - ′du übertreibst′. Röhrich 2001, 4, 1154.

PECH, das; -s, seltener: -es, (Arten:) -e [mhd. bech, pech, ahd. beh, peh < lat. pix (Gen.: picis)]

schwarz wie Pech (ugs.) = *sehr dunkel, schwarz* (meist über Haare). (Duden). Szczęk, Wysoczański 2004, 92.

zusammenhalten wie Pech und Schwefel (ugs. meliorativ) = *fest, unerschütterlich zusammenhalten; eine (gegen äußere Gefahren o. Ä.) festgefügte Einheit bilden.* Duden, Bd. 11, 841. Die Paarformel *Pech und Schwefel* geht auf die volkstümliche Vorstellung zurück, dass die Hölle aus brennendem Pech und Schwefel besteht. Sie findet sich auch in den älteren, heute kaum noch gebräuchlichen Wendungen *brennen wie Pech und Schwefel* sowie *jemandem Pech und Schwefel wünschen.* Die klebrige Beschaffenheit von Pech hat wohl zu der Verbindung mit *zusammenhalten* geführt. Im heutigen Sprachgebrauch ist der ursprüngliche Bezug auf die Hölle nicht mehr erkennbar, die ugs. Wendung hat vielmehr eine positive Bedeutung erhalten: Wer *wie Pech und Schwefel zusammenhält*, hält unerschütterlich zusammen. DZR 2007, 884.

PECHSCHWARZ <Adj.>

pechschwarz (ugs. emotional) = *tiefschwarz.* Von *schwarz wie Pech.*

PEITSCHE, die; -, -n

dünn wie eine Peitsche (ugs. selten) = *hager, ausgezehrt, sehr dünn* (meist über Personen). Ilf, Petrov. Zwölf Stühle, Kap. 34. Eine Peitsche [spätmhd. (ostmd.) pitsche, picze, aus dem Slaw., vgl. poln. bicz, tschech. bic] ist eine aus einem längeren biegsamen Stock und einer an dessen einem Ende befestigten Schnur bestehender Gegenstand, der besonders zum Antreiben von [Zug]tieren verwendet wird. Das Bild refelektiert den dünnen Stock.

PELZ, der; -es, -e [mhd. belz, belliȝ, ahd. pelliȝ, belliȝ < mlat. pellicia (vestis) = (Kleidung aus) Pelz, zu: pellicius = aus Fellen gemacht, zu lat. pellis = Fell, Pelz, Haut]

etw. (jmdn.) gern haben wie die Laus im Pelz (ugs. iron. selten) = S. Laus.

an jmdm. hängen wie eine Laus am Pelz (ugs. selten) = S. Laus.

jmd. passt (passen) zu etw. (dazu) wie die Laus zum Pelz (ugs. selten) = S. Laus.

PERLE, die; -, -n [mhd. berle, perle, ahd. per(a)la, wohl mlat.-roman. Vkl. von lat. perna = Hinterkeule; Muschel (von der Form einer Hinterkeule)]

etw. ist nicht so wie Perlen auffädeln (anfädeln) = *die Sache ist schwerer, als sie anfänglich erscheint.* Den entsprechenden redensartlichen Vergleich gibt es auch franz. *Ce n'est pas pour enfiler des perles.* Röhrich 2001, 4, 1149.

funkeln (glänzen) wie Perlen in der Sonne = *funkenähnlich aufleuchtendes, ständig wechselndes Licht, Lichtreflexe von sich geben.*

etw ist [doch] kein Perlenstück = *eine Sache ist nicht so schwierig, wie sie zu sein scheint.* Diese Redensart wird gesagt, um einen Unentschlossenen oder Unmutigen zu ermuntern; sie entstand in Anlehnung an *Meisterstück, Heldenstück*, hat jedoch mit dem Wort *Stück* ursprünglich nichts zu tun, sondern kommt von der heute ausgestorbenen Handarbeitskunst des Perlenstickens. Im Laufe der Zeit ist der Bezug zum Ursprung nicht mehr nachvollziehbar gewesen. Die Redensart wurde - um wieder sinnvoll zu erscheinen - einer anderen lautlich angeglichen. 1611 sagt ein Prediger in den »acta colloquiorum reverendi ministerii Brunsvicensis« (Stadtbibliothek in Braunschweig) zu einem Mädchen: „Was sie nicht wüßte, könnte sie lernen, es wäre ja kein Perlensticken". Röhrich 2001, 4, 1149.

PERSIL, das; Name eines bekannten Waschmittels

weiß wie Persil (ugs.) = *strahlend weiß, schneeweiß.* Karasek 2004, 41. Vgl. *weiß wie Schnee (wie ein Schwan).*

PEST, die; - [lat. pestis]

wie die Pest abhauen (ugs.) = *sich sehr rasch entfernen, weglaufen.* 1920 ff. Küpper 1993, 601.

sich ärgern wie die Pest (ugs.) = *sich sehr ärgern.* 1930 ff. Küpper 1993, 601.

faul wie die Pest sein (salopp) = *sehr faul sein.* In Anlehnung an die Wendungen *vor Faulheit stinken* und *wie die Pest stinken.* Vgl. *jmd. ist so faul, dass er stinkt.*

etw. fürchten wie die Pest (ugs.) = *etw. überaus fürchten.* Seit dem 17. Jh. Küpper 1993, 601.

jmdn. fürchten wie die Pest (ugs.) = *große Angst vor jmdm. haben, jmdn. sehr fürchten.* Der Vergleich ist literarisch schon u. a. bei Grimmelshausen im »Simplicissimus« (II. Kapitel 30, S. 195) belegt: „davon wurde ich gefürchtet wie die Pest"; vgl. franz. *craindre quelqu'un comme la peste.* Röhrich 2001, 4, 1151.

es klebt wie die Pest (ugs.) = *es klebt unlösbar.* Anspielung auf das hartnäckige Wüten der Pest. 1950 ff. Küpper 1993, 601.

etw. (jmdn.) hassen (scheuen, fliehen, meiden o. Ä.**) wie die Pest** (ugs.) = *etw. (jmdn.) unerbittlich hassen, verabscheuen.* 1600 ff. Küpper 1993, 601.

wie die Pest stinken (salopp) = *widerlich riechen.* Seit dem 16./17. Jh. Küpper 1993, 601.

wie die Pest (salopp.) = 1. *überaus intensiv, eifrig, schnell.* 2. *sehr; bitterlich.* Aus der Vorstellung von der seuchenartigen Verbreitung hat sich ein Ausdruck allgemeiner Steigerung entwickelt. Seit dem 19. Jh. 3. *ununterbrochen; ausdauernd.* Verheerende Seuchen sind schwer zu bekämpfen und halten sich sehr lange. 1950 ff, halbw. 4. *vortrefflich.* Halbw. 1950 ff. Küpper 1993, 601. S. *wie Aas.*

es zieht wie die Pest (ugs.) = *es herrscht heftiger Durchzug.* 1900 ff. Küpper 1993, 601.

PETRUS, Name nach dem Apostel Petrus

dastehen (sich verhalten) wie Petrus am Kohle[n]feuer (geh. selten) = *seine Ansichten verleugnen, nicht zu seinen Überzeugungen stehen.* Röhrich 2001, 1, 305. Der Apostel Petrus befand sich zu dem Zeitpunkt, zu dem Jesus nach seiner Verhaftung befragt wurde, auf dem Platz vor dem Gebäude, auf dem Marktweiber u.a. Kohlefeuer entzündet hatten. Dreimal ist er gefragt worden, ob er nicht zu den Gefolgsleuten Jesu gehöre, und hat dies jedes Mal abgestritten: *Sie griffen ihn aber und führten ihn hin und brachten ihn in des Hohenpriesters Haus. Petrus aber folgte von ferne. Da zündeten sie ein Feuer an mitten im Hof und setzten sich zusammen; und Petrus setzte sich unter sie. Da sah ihn eine Magd sitzen bei dem Licht und sah genau auf ihn und sprach: Dieser war auch mit ihm. Er aber verleugnete ihn und sprach: Weib, ich kenne ihn nicht. Und über eine kleine Weile sah ihn ein anderer und sprach: Du bist auch deren einer. Petrus aber sprach: Mensch ich bin's nicht. Und über eine Weile, bei einer Stunde, bekräftigte es ein anderer und sprach: Wahrlich dieser war auch mit ihm; denn er ist ein Galiläer.* (Lk 22, 54-59). Vgl. *Wenn der Hahn kräht, weint Petrus.* - 'Wenn das Gewissen aufwacht, kommt die Reue'. Wander 2, 267.

PFANNKUCHEN, der [mhd. pfankuoche, ahd. pfankuocho]

ausdruckslos wie ein Pfannkuchen (ugs.) = *nichtssagend.* Das (der, die) Gemeinte ist flach wie ein Eierpfannkuchen. 1930 ff. Küpper 1993, 602.

auseinander laufen (aufgehen) wie ein Pfannkuchen (salopp) = *dick werden.* Borneman 2003, 1.20.

ein Gesicht wie ein Pfannkuchen (ugs. abwertend) = S. Gesicht.

platt wie ein Pfannkuchen (ugs.) = 1. *sehr verblüfft, sehr überrascht.* 1920 ff. 2. *flachbusig.* 1700 ff. Küpper 1993, 602-603. Platt – 1. *verblüfft, sprachlos sein.* In volkstümlicher Auffassung äußert sich hochgradige Verwunderung in einem Zu-Boden-Fallen: der Vorfall wirkt niederschmetternd (»umwerfend«) oder wie eine einschlagende Bombe. Seit dem 19. Jh. 2. *mittellos sein.* Anspielung auf die flache Brieftasche. 1900 ff. Küpper 1993, 616.

wie ein rollender Pfannkuchen (ugs.) = *über einen untersetzten Menschen.* Er ähnelt dem »Berliner Pfannkuchen« oder dem »Kartoffelpuffer«. Halbw. 1960 ff. Küpper 1993, 602.

PFARRER

es wie Pfarrer Assmann (Nolte, Krause) halten (machen) (ugs.) = *nach Belieben verfahren.* Etwa seit 1870. Küpper 1993, 603, 607.

es wie Pfarrer Nolte machen (ugs.) = *eigenmächtig vorgehen.* Man erklärt: *Pfarrer Nolte machte es, wie er wollte*, wohl wegen des Reims. 1870 ff. Küpper 1993, 607.

Das kannst du halten wie der Pfarrer Nolte (oder: **wie der Pfarrer Assmann; wie ein Dachdecker)** (ugs.) = *Das kannst du tun, wie du willst; das läuft auf das Gleiche hinaus.* Die Wendung wird oft noch scherzhaft in folgendem Stil verwendet: *Der hielt es wie der Pfarrer Nolte. Und wie hielt der es? Der hielt es, wie er [es gerade] wollte.* S. Dachdecker.

es wie Pfarrer Raßmann (Rassmann) machen (ugs.) = *nach Gutdünken handeln.* Küpper führt mehrere Versionen zur Etymologie unserer Wendung an: Unter dem Namen Raßmann wird für die Amtszeit von 1734-1766 ein Pfarrer in Balhorn-Wolfhagen nachgewiesen, der ein oft eigenwilliger Seelenhirt gewesen sein soll; ebenfalls eigenmächtig soll Karl Christian Raßmann gewesen sein, der von 1849-1861 Pfarrer in Mecklar bei Hersfeld war. Geläufig etwa seit 1890. Küpper 1993, 603. Wahrscheinlicher scheint eine Bildung nach dem Modell des früheren Vergleichs mit *Pfarrer Assmann* (s.).

PFAU, der; -[e]s, -en, österr. u. regional auch: -en, -e [mhd. pfa(we), ahd. pfawo < lat. pavo]

aufgedonnert wie ein Pfau (salopp abwertend) = *geschmacklos und übertrieben zurechtgemacht, gekleidet.* Poln. *napuszony jak paw.* Szczęk, Wysoczański 2004, 120.

sich aufplustern (aufblasen) wie ein Pfau (ugs.) = *sich brüsten; sich aufspielen.* 1900 ff. Küpper 1993, 603; Szczęk, Wysoczański 2004, 120. S. Truthahn.

blau wie ein Pfau (ugs.) = *volltrunken.* Im Pfauengefieder kommt auch das Blau vor; aber hier geht es mehr um den Binnenreim. 1920 ff. Küpper 1993, 603.

bunt wie ein Pfau (ugs.) = *sehr bunt, bestimmte, meist leuchtende Farbtöne besitzend (meist über Kleidung oder Kosmetik).* Szczęk, Wysoczański 2004, 120.

einherstolzieren wie ein Pfau (eine Pfauenhenne) (ugs. abwertend) = *sich sehr wichtig nehmend einhergehen, gravitätisch irgendwohin gehen.* Poln. *chodzić dumnie jak paw.* Szczęk, Wysoczański 2004, 120. S. Hahn, Gockel.

eitel wie ein Pfau (geh. abwertend) = *sehr eitel, putzsüchtig.* Das Spreizen der Schwanzfedern wird dem Pfau als Eitelkeit und Stolz ausgelegt. Seit dem 18. Jh. Küpper 1993, 603; Szczęk, Wysoczański 2004, 120.

etw. ist wie ein Pfau ohne Schwanz (ugs.) = *etwas ist nichts wert.* Szczęk, Wysoczański 2004, 120. Dem Schwanz der Pfauen galt schon in frühester Zeit das Interesse der Völker: in seinem Herkunftsland Indien sieht man im radschlagenden Pfau ein Abbild des gestirnten Firmaments. In Griechenland war der durch sein Federkrönchen ausgezeichnete königliche Pfau als ein dem Luftraum zugehöriges Tier der Himmelskönigin Hera heilig. Die ersten Christen nahmen sich die Pfauenvorstellungen der Römer zum Vorbild, die Jenseitsvorstellungen vom Paradies entsprachen den Luxusgärten der dekorativen römischen Wandmalerei mit Pfauen und Brunnen. Der Pfau wurde zum Sinnbild des ewigen Lebens, der erlösten Seele und der Wiedergeburt. Letztere Vorstellung beruht vor allem auf einem Bericht des Plinius (»Naturgeschichte« Band 20, Kapitel 20): im Frühling gewinne der Pfau sein Gefieder und die Schwanzfedern wieder. Röhrich 2001, 4, 1157.

sich spreizen wie ein Pfau; **eitel wie ein Pfau** (geh. abwertend) = *über jmdn., der sehr eitel ist.* War der Pfau in der frühchristlichen Zeit ein positives Symbol der Reinheit (Augustinus berichtet, Pfauenfleisch sei unverweslich. »De Civitate Dei« XXI,4) und Erlösung, so wurde er in späterer Zeit ein Sinnbild des Hochmuts und der Eitelkeit. In der christlichen Symbolik war der Pfau vor allem ein Bild für die »superbia« und hatte deshalb in den bildlichen Darstellungen der Todsünden eine ikonographisch festgelegte Bedeutung. Ganz anders bei Walther von der Vogelweide (19,32): „dô gienc ich slîchent als ein pfâwe". Hier ist der Pfau nach alter kirchlicher Überlieferung das Bild der Demut. Der redensartliche Vergleich *sich spreizen wie ein Pfau* ist höchst anschaulich und ohne weiteres verständlich: »sie gênt als die pfawen« heißt es schon im späten Mittelalter von solchen, die sich prunksüchtig zeigen. Hugo von Trimberg führt im Lehrgedicht »Der Renner« (V. 1733 ff.) den Vergleich an einem stolzen Krähenmännchen näher aus: „er gienc stolzieren hin und her rechte als er ein phâwe wêr; er nam im mangen tummen ganc und tet ouch mangen ümmeswanc mit den vedern swâ er gienc". Bei Hans Sachs bieten sich dem Fuchs, der auf die Wallfahrt gehen will, allerlei Tiere zu Gefährten an, auch der Pfau: „Der fuechs sprach: Sich nem dich nit on, Weil du durch dein vergülten Schwanz Dich heltst rumreich und prechtig ganz, Hoffart und Hochmut stecz nach trachst, Alle ander neben dir verachst". Vgl. auch die Wendung *stolz wie ein Pfau sein* (s.u.); schon Ovid bestätigte dem Pfau die »superbia« in den »Metamorphosen« (XIII,802), wo er die spröde Galathea »superbior pavone« (stolzer als ein Pfau) nennt. Röhrich 2001, 4, 1157-1158.

stolz wie ein Pfau (wie ein Hahn, wie ein Spanier) (ugs. abwertend) = 1. *in sehr aufrechter Haltung, selbstsicher und hochgestimmt.* 2. *überheblich; unnahbar; eingebildet, aufgeblasen.* Seit dem 18. Jh. Küpper 1993, 63; Röhrich 2001, 5, 1562. Poln. *dumny jak paw.* WW 2004, 35.

Pfauenhenne, die

einherstolzieren wie eine Pfauenhenne (ugs. abwertend) = Dass., wie *einherstolzieren wie ein Pfau* (s.). Die Wahl des weiblichen Tieres *Pfauhenne* oder *Pfauhenne* unterstreicht dabei die Eitelkeit, auch Überheblichkeit. Vgl. *eitel wie ein Pfau; sich spreizen wie ein Pfau.*

Pfeffer, der; -s, (Sorten:) - [mhd. pfeffer, ahd. pfeffar < lat. piper < griech. péperi, über das Pers. < aind. pippali = Pfefferkorn]

von etw. so viel verstehen wie die Ziege vom Pfeffer (ugs. iron. selten) = S. Ziege.

Pfeifer, der; -s, - [mhd. pfifer]

wie ein Pfeifer dastehen (veralt.) = *kläglich dastehen.* Dieser redensartliche Vergleich ist heute nicht mehr gebräuchlich, war aber im 16. Jahrhundert sehr geläufig. Dürer stellt z.B. im Bilde einen hilflosen Pfeifer dar, dem eine Bremse um die Nase schwirrt, der aber die Musik trotzdem nicht unterbrechen darf. Eine Steigerung der Redensart ist *dastehen wie ein Pfeifer, der den Tanz verdorben hat*, d. h., der falsch geblasen, die Tänzer in Verwirrung gebracht hat und nun allgemeines Schelten über sich ergehen lassen muss. Beide Formen der Redensart finden sich bei Hans Sachs, als Eulenspiegel einen Pfaffen verführt hat, in Kot zu greifen: *Der pfaff sich segent und Recht wie ein pfeuffer stunde*; und als die als Apostel verkleideten Spitzbuben den Müller um sein Erspartes gebracht haben: *Der miller verdattert halb dot, Stünd als ein pfeiffer an der stet, Der einen dancz verderbet hat*. Wegen ihres erbärmlichen, ohrenzerreißenden Spiels wurden ungeübte Musikanten sogar an den Pranger gestellt und der öffentlichen Verspottung preisgegeben. Dabei wurde ihnen eine »Schandflöte« mit einem eisernen Band um den Hals gebunden, wie sie das Kriminalmuseum in Rothenburg ob der Tauber zeigt. Röhrich 2001, 4, 1163.

PFEIL, der; -[e]s, -e [mhd., ahd. pfil < lat. pilum = Wurfspieß]

schnell wie ein Pfeil (geh.) = *sehr schnell, pfeilschnell* (s.). Röhrich 2001, 4, 1389-1390.

PFEILGERADE <Adj.>

pfeilgerade (geh.) = *völlig gerade, in völlig gerader Linie verlaufend* (bes. von Bewegungen).

PFEILSCHNELL <Adj.>

pfeilschnell (geh.) = *sehr, überaus schnell* (bes. von Bewegungen).

PFERD, das; -[e]s, -e [mhd. pfert, pfär(vr)it, ahd. pfärfrit, pfarifrit < mlat. par(a)veredus = Kurierpferd (auf Nebenlinien), aus griech. para- = neben-, bei u. spätlat. veredus (aus dem Kelt.) = (Kurier)pferd]

arbeiten (schuften, rackern) wie ein Pferd (wie ein Kuli) (ugs.) = *[körperlich] sehr schwer arbeiten; angestrengt arbeiten; schwere körperliche Arbeit verrichten, über seine Kräfte hinaus arbeiten.* Seit dem 16. Jh. Vgl. *engl. to work like a horse.* Küpper 1993, 605; Duden, Bd. 11, 49. Poln. *pracować (harować, napracować się, naharować się, tyrać) jak koń.* Szczęk, Wysoczański 2004, 107. Die Arbeit von Pferden und Lastträgern gilt als anstrengend und ermüdend. Wenn von jemandem gesagt wird, er arbeite wie ein Pferd oder ein Kuli, dann arbeitet er besonders hart. DZR 2007, 48

einen Arsch (einen Hinteren) haben wie ein Pferd (derb) = S. Arsch.

aussehen wie das Leiden Christi zu Pferde (ugs.) = S. Leiden.

ein Gebiss haben wie ein Pferd (ugs. abwertend) = S. Gebiss.

ein Gesicht haben wie ein Pferd (ugs. abwertend) = S. Gesicht.

gucken wie ein Pferd (ugs.) = *verwundert blicken.* Schül. 1956 ff. Küpper 1993, 605.

Haare wie ein Pferd haben (ugs.) = S. Haar.

einen Hinteren (einen Arsch) haben wie ein Pferd (Brauereipferd) (salopp) = S. Arsch.

jmdn. klopfen wie ein altes Pferd (ugs.) = *jmdn. plump betasten.* Vom Viehhändler oder Tierarzt übernommen. 1960 ff. Küpper 1993, 605.

lieber die Frau verleihen als ein Pferd (ugs.) = S. Frau.

(aus)schlagen wie ein Pferd (ugs.) = *heftige Boxhiebe versetzen.* Übertragen vom Ausschlagen des Pferds. Sportl. 1950 ff. Küpper 1993, 605.

eine Natur haben wie ein Pferd (ugs.) = S. Natur.

saufen wie ein Pferd (ugs.) = *viel Alkohol trinken, trunksüchtig sein.* Lapidus 2006, 46.

schneller als das beste Pferd (ugs.) = *sehr schnell, flink.* Meist bezogen auf Fortbewegung, seltener auf andere Tätigkeiten. HDA 9, 1047.

schwitzen wie ein Pferd (ugs. abwertend selten) = *stark schwitzen*. Der redensartliche Vergleich dient der Steigerung und beruhen auf der Tatsache, dass Pferde schwere Arbeit verrichten und dabei schwitzen. Szczęk, Wysoczański 2004, 107. S. Sau, Schwein.

Sex-Appeal wie ein totes Pferd (wie ein Kachelofen, wie eine Schrankwand) haben (ugs. spött.) = S. Sex-Appeal.

singen wie ein altes Pferd hustet (ugs. abwertend selten) = *schlecht singen, nicht singen können*. Szczęk, Wysoczański 2004, 107.

springen wie ein Pferd (ugs.) = *sich ausgelassen, fröhlich fortbewegen; hüpfen*. Szczęk, Wysoczański 2004, 107.

stark wie ein Pferd (ugs.) = *sehr stark, sehr kräftig*. Poln. *silny jak koń*. Szczęk, Wysoczański 2004, 107. Das Pferd als eines der häufigsten Arbeitstiere leistet schwere Arbeit, wozu es stark sein muss.

trampeln wie die Pferde (ugs.) = *laut laufen, sich ungeordnet fortbewegen*. 2. (abwertend) *schwerfällig, ohne Rücksicht zu nehmen, irgendwo gehen, sich fortbewegen, irgendwohin treten*. Szczęk, Wysoczański 2004, 107.

treten (um sich treten) wie ein Pferd (ugs. abwertend) = 1. *etw. ohne Rücksicht zu nehmen machen*. 2. *mit den Füßen ausschlagen, wütend um sich treten*. Szczęk, Wysoczański 2004, 107.

Wie das Pferd zum Rennen, der Ochse zum Pflügen, der Hund zum Aufspüren, so ist der Mensch zum Handeln und Arbeiten geboren. (Spruchweisheit) = *Jeder Mensch sollte an seiner Stelle aktiv sein, Nützliches leisten, seinen Beitrag leisten. Es liegt in der Natur des Menschen, produktiv tätig zu sein.* Bei diesem Ausspruch handelt es sich um ein geflügeltes Wort von Aristoteles, das wir bei Cicero in „De finibus bonorum et malorum" 2. 40 finden: *Sicut equus ad cursum, bos ad arandum, canis ad indagandum, sic homo ad agendum et laborandum natus est*. Lexikon lateinischer Zitate und Wendungen, S. 15382].

wiehern wie ein Pferd (ugs.) = *laut und in dem Wiehern eines Pferdes ähnlichen Tönen lachen; schallend lachen*. Poln. *parskać jak koń*. Szczęk, Wysoczański 2004, 107.

jmdm. zureden wie einem lahmen (alten, kranken) Pferd (ugs.) = *jmdm. eindringlich, anhaltend zureden*. Das hinkende Pferd ist nur durch geduldiges Zureden zum Weitergehen zu bewegen und kann dann mehr leisten. Szczęk, Wysoczański 2004, 107. S. Gaul.

PFERDEHÄNDLER, der

misstrauisch wie ein Pferdehändler sein (ugs.) = *überaus misstrauisch sein; den Mitmenschen nur Schlechtes zutrauen*. Der Pferdehändler befürchtet stets, vom Verkäufer übervorteilt zu werden. 1900 ff. Küpper 1993, 606.

PFERDESTALL, der

lärmen wie ein Dieb im Pferdestall (ugs. iron.) = S. Dieb.

PFINGSTOCHSE, der

aufgedonnert (geputzt, herausgeputzt, geschmückt, aufgemacht) wie ein Pfingstochse (ugs. abwertend) = *stutzerhaft, geschmacklos, allzu auffallend gekleidet; übertrieben aufgeputzt*. Seit dem 19. Jh. Küpper 1993, 606. Der weitverbreitete redensartliche Vergleich hängt mit einem Brauch der Vieh- und Weidewirtschaft zusammen: Zu Pfingsten wird in vielen Landschaften das Vieh zum erstenmal auf die Weide getrieben, oder der erste Austrieb wird mit festlichem Brauch wiederholt. DZR 2007, 291. Bis Pfingsten wird zuweilen ein besonderes Wiesenstück unbenützt gelassen (»Pfingsthege«, »Pfingstweide«). Unter lautem Jubel, mit Grün bekränzt und geschmückt zieht das Vieh auf die Weide. Das erste (oder letzte) Tier heißt *Pfingstochse* (oder *Pfingstkuh*). Als *Pfingstochse* wird mancherorts, z.B. in Mecklenburg, auch der zum Pfingstbraten bestimmte fette Ochse bezeichnet, der am

Donnerstag oder Freitag vor dem Fest von den Schlächtern feierlich, mit einem Blumenkranz um den Kopf, die Hörner mit Gold oder Silberfiligran belegt und mit einer Zitrone auf der Hornspitze, endlich auch den Schwanz mit Blumen und bunten Bändern geschmückt, herumgeführt wird. Der festliche Schmuck deutet möglicherweise darauf hin, dass die Schlachtung ehedem als eine Art Opferhandlung aufgefasst wurde. Doch mag auch der oben angeführte Brauch aus der Weidewirtschaft auf den zu Pfingsten gebratenen Ochsen eingewirkt haben (vgl. Handbuch des Aberglaubens VI, 695 ff.). Auf einen ähnlichen Brauch geht in Frankreich der *bœuf gras*, der Fastnachtsochse, zurück, ein aufgeputzter Mastochse, der von den Fleischergesellen in den letzten Fastnachtstagen durch die Straßen geführt wird. Röhrich 2001, 4, 1173-1174; Szczęk, Wysoczański 2004, 104. Vgl. *aufgeputzt wie ein Palmesel* (S. Palmesel, Zirkuspferd).

aussehen wie ein Pfingstochse (ugs. abwertend) = *sich übermäßig und geschmacklos herausputzen.* (s.o.)

PFLAUMENBAUM, der

ein Gesicht machen wie die Sau auf dem Pflaumenbaum (salopp abwertend selten) = S. Sau.

PFLAUMENMUS, das

weich wie Pflaumenmus (ugs.) = *gefühlvoll; leicht beeinflussbar.* 1950 ff. Küpper 1993, 607. Vgl. Wachs.

PFLAUMENWEICH <Adj.>

pflaumenweich (ugs. abwertend) = 1. *nachgiebig; nicht charakterfest (alles mit sich geschehen lassend), nicht stichhaltig.* Entstellt aus *flaumweich* - ´weich wie eine Flaumfeder´ (bis ins 18. Jh. wird *Flaum* auch *Pflaum* geschrieben). Auch beeinflußt von der Vorstellung »weiche Pflaume«. 1870 ff. 2. *mittelmäßig.* 1870 ff. Küpper 1993, 607.

PFLÜGEN, das

Wie das Pferd zum Rennen, der Ochse zum Pflügen, der Hund zum Aufspüren, so ist der Mensch zum Handeln und Arbeiten geboren. (Spruchweisheit) = S. Pferd.

PFUND, das; -[e]s, -e <aber: 5 Pfund> [mhd., ahd. pfunt < lat. pondo = (ein Pfund) an Gewicht, zu: pendere, Pensum; 2: das Geld wurde urspr. gewogen]

angeben wie ein Pfund Gehacktes (ugs.) = *prahlen.* 1930 ff. Küpper 1993, 29.

ein Kerl wie ein Pfund (ein Viertel) Wurst (ugs. iron.) = S. Kerl.

PHARISÄER, der; -s, - [spätlat. Pharisaeus < griech. Pharisaios < aram. perûšîm (Pl.), eigtl. = die Abgesonderten]

heuchlerisch wie ein Pharisäer (geh. buchspr.) = *unaufrichtig, voller Verstellung; einem Heuchler entsprechend, in der Art eines Heuchlers; von Heuchelei bestimmt.* Lapidus 2006, 34. Ein Pharisär ist (geh.) ein selbstgerechter, hochmütiger, heuchlerischer Mensch - nach Luk. 18, 10-14: Es gingen zwei Menschen hinauf in den Tempel, zu beten, einer ein Pharisäer, der andere ein Zöllner. Der Pharisäer stand und betete bei sich selbst also: Ich danke dir, Gott, dass ich nicht bin wie die anderen Leute, Räuber, Ungerechte, Ehebrecher, oder auch wie dieser Zöllner. Ich faste zweimal in der Woche und gebe den Zehnten von allem, was ich habe. Und der Zöllner stand von ferne, wollte auch seine Augen nicht aufheben gen Himmel, sondern schlug an seine Brust und sprach: Gott, sei mir Sünder gnädig! Ich sage euch: Dieser ging hinab gerechtfertigt in sein Haus vor jenem. Denn wer sich selbst erhöht, der wird erniedrigt werden; und wer sich selbst erniedrigt, der wird erhöht werden. (Röhrich 2001, 4, 1179).

PHÖNIX, der; -[es], -e [lat. phoenix < griech. phoínix]

wie Phoenix aus der Asche auferstehen (aufsteigen); sich wie Phoenix aus der Asche erheben (geh. bildungsspr.) = *sich nach scheinbarer Vernichtung wieder erheben; sich von einem schweren Schlag erholen; nach schwerem Zusammenbruch wieder frisch erstehen.* Der *Phoenix* ist ein mythischer Vogel, dessen Sage im Orient entstanden ist. Er soll eine außerordentlich lange Lebensdauer, die *Phoenixperiode*, haben und sich dann im Feuer verbrennen lassen, um verjüngt ins Leben zurückzukehren. Die Ägypter verehrten ihn als Verkörperung des Sonnengottes; bei den Griechen war er Sinnbild des Lebens, das nach dem Tod neu entsteht. Nach der römischen Sage verbrennt sich der Phönix in gewissen Abständen immer wieder selbst und steigt dann aus der Asche wieder auf. Das Motiv der Selbstverbrennung wurde schon von den Kirchenvätern und frühchristlichen Dichtern auf Christus übertragen und mit dessen Tod und Auferstehung in Verbindung gebracht. Zu nennen ist hier Lactantius, ein lateinischer Schriftsteller des 3. Jahrhunderts, und das ihm zugeschriebene »Carmen de ave Phonice« (»Lied vom Vogel Phönix«). DZR 2007, 620-621. Bei Hesiod (um 700 v. Chr.) hat der Phoenix eine Lebensdauer von 97.200 Jahren Nach Claudian (etwa 370-404) entsteht während des Verbrennungsprozesses in den aufgelösten Gliedern neues Leben, neues Blut durchströmt die Adern, und verjüngt erhebt sich der Phoenix aus der Asche. Das Bild vom Phoenix lebt in bildender Kunst und Literatur bis zur Gegenwart fort, in den Varianten zu Kinder- und Hausmärchen der Brüder Grimm *Der Teufel mit den drei goldenen Haaren* taucht wiederholt der Vogel Phoenix auf. Die Redensart *Wie ein Phoenix aus der Asche* ist auch im Antisprichwort parodiert worden zu: *Wie ein Phoenix aus der Patsche.* Röhrich 2001, 4, 1180-1181.

PIEPMATZ, der

essen wie ein Piepmatz (ugs. Kindersprache) =*sehr wenig essen, nur kleine Portionen zu sich nehmen.* Poln. *jeść jak ptaszek.* Szczęk, Wysoczański 2004, 118. Kindersprachlich ist der *Piepmatz* ein [kleiner] Vogel. S. *essen wie ein Vögelchen.*

PIKSIEBEN, die

dastehen (dasitzen) wie Piksieben (Pik, Pique Sieben) (ugs.) = 1. *durch etw. Unerwartetes ganz verwirrt und hilflos dastehen, -sitzen; unbeweglich, starr; mit verblüfften, dümmlichem Gesichtsausdruck; verloren und ein wenig ratlos dastehen..* Die Piksieben ist eine Spielkarte mit geringem Spielwert. Wer diese Karte bekommt, ist darüber meist nicht sehr erfreut, da er mit ihr wenig „ausrichten" kann. Darauf bezieht sich die vorstehende Wendung. Duden, Bd. 11, 549; Röhrich 2001, 1, 305; DZR 2002, 788. S. *rumsitzen wie blöd.*

PILATUS, alliterierend nach nach dem Namen des röm. Statthalters Pontius Pilatus [gest. 39 n. Chr.] im damaligen Palästina.

man gedenkt jmds. wie des Pilatus im Credo (geh. veraltet) = *jmd. steht in keinem guten Andenken.* Die heute nicht mehr gebräuchliche Wendung ist für das 16. Jahrhundert mehrfach bezeugt. Joh. Agricola erklärt sie in seiner Sprichwörter-Sammlung: „Wenn man den Catechismum lehret die jungen Kinder, so sagt man ynen im glauben: Ich glaube an Jhesum Christ etc., der da gelitten hatt vnder Pontio Pilato, gekreutziget, gestorhen vnd begraben etc. Des Pilati wirt hie gedacht, aber in keynem guetten, denn man sagt, er habe Jhesum Christum zum tode des Creutzes geurteylt, vnd sey schuldig am sterben des sons Gottes. Des Herostrati, da yetzt von gesagt ist, gedenckt man auch, aber eben wie Pilatus im Credo, das ist, dass er hatt vbel gethan". Verwandt ist die noch heute gelegentlich gehörte sprichwörtliche Scherzfrage: *Wie kommt Pilatus ins Credo?* In der Form *Er ist dazu gekommen wie Pilatus ins Credo* kommt die Wendung als redensartlicher Vergleich in den Mundarten noch vor. Röhrich 2001, 4, 1182.

PILZ, der; -es, -e [mhd. bülz, büleʒ, ahd. buliʒ < lat. boletus = Pilz, bes. Champignon]
wie Pilze aus der Erde (dem [Erd-]Boden) schießen (wachsen) (ugs.) = *binnen kürzester Zeit in großer Zahl entstehen, in großer Anzahl plötzlich da sein.* Duden, Bd. 11, 122; DZR 2002, 788.

PINIE, die; -, -n [spätlat. pinea, eigtl. Substantivierung von lat. pineus = aus Fichtenholz, Fichten-, zu: pinus = Fichte]
schlank wie eine Pinie (häufiger: **Tanne**) (ugs.) = *sehr schlank.* Häufig über Mädchen oder Frauen.

PINGUIN, der
schwarz wie ein Pinguin = *schwarz gekleidet* (meist über einen Frack).
watscheln wie ein Pinguin = *schaukelnd laufen, einen watschelnden Gang haben.*

PISSPOTT, der (landsch. derb)
dastehen wie ein Pisspott mit zwei Henkeln (landsch. derb) = *die Hände in die Seite stemmen.* 1830 ff. Küpper 1993, 615. Nach der Form des Nachttopfes. *Pisspott* (landsch. derb) - 'Nachttopf'. S. Topf.
das passt wie [der] Arsch auf den Pisspott (derb) = S. Arsch.

PISTOLE, die; -, -n [spätmhd. (ostmd.) pitschal, pischulle < tschech. píst'ala, eigtl. = Rohr, Pfeife, zu: pískat = pfeifen, ursprünglich lautm.]
gespannt sein wie eine Pistole (ugs.) = *voll gespannter Erwartung sein.* »Gespannt« bedeutet hier »straffgezogen« und »erwartungsvoll«. 1920 ff. Küpper 1993, 615.
wie aus der Pistole geschossen (ugs.) = *prompt, ohne Zögern; sehr schnell; umgehend* (auf rasche Erwiderung bezogen). Der Schuß vertritt hier die Schnelligkeit. 1700 ff. Küpper 1993, 615.
wie aus einer geölten Pistole (ugs.) = *überaus schnell.* 1950 ff. Küpper 1993, 615; DZR 2002, 781.

PITBULL, der; -s, -s [zu engl. pit = Kampfplatz (für Hahnenkämpfe), eigtl. = Grube u. Bullterrier]
friedfertig wie ein im Schlaf gestörter Pitbull (ugs. iron.) = *aggressiv, angriffslustig, streitsüchtig.* Brugger 1993, 13. Ein *Pitbull* ist ein mit Bulldogge und Terrier verwandter, als Kampfhund gezüchteter Hund, der häufig sehr aggressiv ist. S. Mörderbiene.

PLAKATSÄULE, die
verschwiegen wie eine Plakatsäule (ugs.iron. veraltend) = *schwatzhaft sein, alles ausplaudern.* Röhrich 2001, 5, 1725. Die Plakatsäule ist die Litfaßsäule (s.).

PLÄTTBRETT, das (nordd., md.)
flach (platt) wie ein Plättbrett (Bügelbrett) [mit zwei Erbsen] (ugs. scherzh.) = *flachbusig, mit kleinem Busen.* 1900 ff. Küpper 1993, 130; Röhrich 2001, 2, 454. S. Bügelbrett.

POLE, der; -n, -n
trinken (saufen, voll) wie ein Pole (ugs. abwertend) = *stark betrunken sein, viel Alkohol trinken.* Vgl. dazu französ. *qn. est soûl comme un Polonais.* Eismann 1992, 92. Dieses Klischee unterstellt, dass Polen viel trinken würden. Vgl. Russe.

POLITIK [auch: ...'tɪk], die; -, -en <Pl. selten> [frz. politique < spätlat. politice < griech. politike (téchne) = Kunst der Staatsverwaltung, zu: politikós, politisch]

dümmer, als die Politik erlaubt (ugs. scherzh.) = *in politischer Hinsicht sehr töricht*. 1970 ff. Küpper 1993, 621.

POLIZEI, die; -, -en <Pl. selten> [spätmhd. polizi = (Aufrechterhaltung der) öffentliche(n) Sicherheit < mlat. policia < (spät)lat. politia < griech. politeía = Bürgerrecht, Staatsverwaltung, zu: pólis, politisch]

dümmer [sein], als die Polizei erlaubt (ugs. scherzh.) = *überaus dumm [sein]*. Duden, Bd. 11, 162. Die Redensart, etwa seit 1820 geläufig, sucht scherzhaft den Anschein zu erwecken, als sei durch Polizeiverordnung das duldbare Höchstmaß von Dummheit festgelegt; wer diese erlaubte Grenze überschreitet, handelt strafbar. Vom »Nürnberger Trichter« heißt es: »Wer dümmer ist, als die Polizei erlaubt, dem wird dieser Trichter in den Kopf geschraubt.« Küpper 1993, 621; Lapidus 2006, 44.

POLIZEIHUND, der

einer Spur folgen wie ein Polizeihund (ugs. scherzh.) = S. Spur.

POMADE, die; -, -n [frz. pommade < ital. pomata, zu: pomo = Apfel (< lat. pomum = Baumfrucht); wahrsch. wurde ein Hauptbestandteil früher aus einem bestimmten Apfel gewonnen]

klar wie Kloßbrühe und flüssig wie Pomade (ugs. scherzh.-iron.) = S. Kloßbrühe.

POMMER, der; -n, -n

grob wie ein Pommer (ugs. abwertend veraltend) = *ungebildet, mit unpassendem Verhalten*. In sprichwörtlichen Redensarten ist Pommern vor allem für reichliches Trinken und Essen gebräuchlich: *Ein pommerischer Trunk* - 'ein besonders tiefer Zug aus dem Glas'; ähnlich: *ein pommerscher Schluck*, und *jmd. hat einen pommerischen Magen*; *jmd. kann Kieselsteine vertragen*. In verschiedenen Landschaften ist *Pommer* soviel wie 'Dummkopf' oder auch 'kleiner, dicker Mensch'. Eine *Landpomeranze* ist mit etwas Wortwitz ein 'pommersches Fräulein'; ähnlich der *Pommersche Junker*. *Pommerland ist abgebrannt* ist der auch sprichwörtlich zitierte - am häufigsten gesungene - Refrain des im ganzen deutschen Sprachgebiet bekannten Kinderliedes: „Maikäfer flieg, dein Vater ist im Krieg, deine Mutter ist in Pommerland, Pommerland ist abgebrannt.“ Dieses Lied wurde in Frage 59/60 des Atlasses der Deutschen Volkskunde (ADV) erfragt und verkartet. Röhrich 2001, 4, 1191.

PONTIUS: in der Wendung

wie der Pontius ins Credo kommen (bildungsspr.) = *in eine Sache zufällig hineingeraten*. Bezieht sich auf das Glaubensbekenntnis in der lateinischen Liturgie mit der Stelle »ich glaube... an Jesus Christus, der gelitten hat unter Pontius Pilatus...«. Der römische Prokurator erkannte Jesus für unschuldig, aber überlieferte ihn trotzdem dem Tod, und darum wundern sich Theologen und Laien, warum ein subalterner Militärbeamter mit solch einer politischen Entscheidung im Glaubensbekenntnis erwähnt wird. Seit dem 19. Jh. Küpper 1993, 622. S. Pilatus.

PORZELLANLADEN, der <Pl. ...läden>

- **[sich benehmen] wie ein Elefant im Porzellanladen** (ugs.) = S. Elefant.

POSAUNENENGEL, der

wie ein Posaunenengel aussehen (ugs. scherzh.) = *ein pausbäckiges Gesicht haben*. Besonders für ein pausbäckiges Kind. Nach den Engeln mit Posaune in bildlichen oder plastischen Darstellungen.

Post, die; -, -en <Pl. selten> [unter Einfluss von frz. poste < ital. posta = Poststation < spätlat. posita (statio od. mansio) = festgesetzt(er Aufenthaltsort), zu lat. positum, Position]
etw. geht ab wie die Post (ugs.) = *etw. geht unverzüglich los, etw. geht schnell los*

Postbeamte, der
mucksch wie ein Postbeamter (ugs.) = *wortkarg, unhöflich.* 1900 ff. Küpper 1993, 550. S. Beamter.

Postkartenblau
postkartenblau = *so blau, wie der Himmel auf einer Postkarte, himmelblau.* Karasek2004, 57.

Pott, der; -[e]s, Pötte [mniederd. pot < mniederl. pot < (m)frz. pot < spätlat. pot(t)us = Trinkbecher (fälschlich angelehnt an lat. potus = Trank)]
das ist Pott wie Deckel (ugs.) = *das ist dasselbe.* Hängt zusammen mit der sprichwörtlichen Wendung *wie der Pott, so der Deckel* im Sinne von ′wie der Herr, so der Knecht′ (zum Ausdruck der wechselseitigen Abhängigkeit und Untrennbarkeit). Seit dem 19. Jahrhundert, niederd. Küpper 1993, 625.
etw. passt wie der Deckel auf den Pott (ugs.) = S. Deckel.
zusammenpassen wie der Deckel auf den Pott (ugs. meliorativ) = S. Deckel.

Präsentierteller, der [urspr. = großer Teller zum Anbieten von Speisen u. Getränken]
wie auf dem Präsentierteller sitzen (ugs) = *allen Blicken ausgesetzt sein, in einer großen Versammlung weithin sichtbar sitzen* (mit dem Beiklang, dass man sich auf einem solchen Platz unbehaglich fühlt). Der witzige Vergleich des auffallenden Platzes mit dem Präsentierteller, auf dem die Speisen herumgereicht werden, ist auch den Mundarten geläufig; so nennt der Leipziger Volksmund scherzhaft den ersten Rang im Theater Präsentierteller. Goethe sagt zu Eckermann am 2. Jan. 1824: „Unsere jetzigen Talente liegen alle auf dem Präsentierteller der Gegenwart". Ugs. ist auch die Wendung üblich: *Einem etwas auf dem Präsentierteller bringen*: es ihm möglichst bequem entgegenbringen. Röhrich 2001, 4, 1197.
sich vorkommen wie auf dem Präsentierteller (ugs.) = 1. *allen Blicken wehrlos ausgesetzt sein.* 1900 ff. 2. *dem Beschuss deckungslos ausgesetzt sein.* Sold. 1939 ff. Küpper 1993, 626.

Preis, der; -es, -e [mhd. pris < afrz. pris < lat. pretium = Wert, [Kauf]preis; Lohn, Belohnung]
wie ein Teppichhändler um den Preis feilschen (ugs. scherzh.) = S. Teppichhändler.

Preisboxer, der
ein Kinn haben wie ein Preisboxer (ugs.) = *ein breites, kräftig entwickeltes Kinn haben.* 1920 ff. Küpper 1993, 626.

Pressluft, die
wie ein Furz mit Pressluft (derb) = S. Furz.

Preuße, der; -n, -n
stolz wie ein Preuße (ugs. veraltend) = *selbstbewusst, sehr stolz.* In dieser Wendung wird besonders in Oberdeutschland deren Mut und Selbstbewußtsein hervorgehoben. Röhrich 2001, 5, 1563.
So schnell schießen die Preußen nicht! = *Die Sache geht nicht so schnell wie erwartet, nur keine Aufregung und Übereilung! (Formel zur Beruhigung).* Vergleichbar mit *Es wird nichts so heiß gegessen, wie es gekocht wird.* (S. heiß). Die Wendung wird zur Beruhigung gebraucht, wenn man das rasche Vorgehen eines anderen fürchtet oder wenn man glaubt, durch Zögern und überlegtes Abwarten dem Gegner Vorteile einzuräumen. Ein zur Eile Angetriebener kann die

Wendung aber auch zu seiner Entschuldigung gebrauchen, wenn es anderen nicht schnell genug geht. Die Redensart hat zweifellos einen bestimmten, aber bisher noch nicht gefundenen literarischen Ursprung (vgl. Büchmann). L. Röhrich führt einige Erklärungsversuche an: Der neuesten Datums stammt von A. Meder. Doch er wiederholt nur eine der ältesten Versuche, diese Redensart zu erklären: „Hier könnte man die recht einleuchtende Erklärung anbieten, die Franz Schnabel in seinen Vorlesungen gab: Diese Redensart sei aufgekommen, nachdem in der preußischen Armee das Zündnadelgewehr eingeführt worden sei, das sehr viel schneller schoss als alle bisherigen Gewehre und zu einem guten Teil auch den Ausgang des Krieges von 1866 entschied: *So schnell schießen nicht einmal die Preußen*. (Diese Meinung findet sich auch in anderen Quellen). Nach Franz Seiler dagegen stammt die Redensart „aus der Zeit der preußischen Zauderpolitik vor Bismarcks Auftreten" (Deutsche Sprichwörterkunde, S. 35). Als 1875 die franz.en Zeitungen zur Revanche gegen Deutschland aufriefen und Frankreich stark aufrüstete, schrieben auch deutsche Zeitungen über eine drohende Kriegsgefahr. Bismarck wurde deshalb auch von einem engl.en Journalisten befragt, ob die deutschen Eroberungspläne etwa die Ursache der franz.en Nervosität seien. Er antwortete darauf beruhigend: „So schnell schießen die Preußen nicht!" Röhrich 2001, 4, 1201-1202.

PRIMEL, die; -, -n [nlat. primula veris = erste (Blume) des Frühlings, zu lat. primulus = der Erste, Vkl. von: primus (Primus) u. ver = Frühling]

Da gehst du ein wie eine Primel! = *Ausdruck der Verzweiflung, der Unerträglichkeit.* 1920 ff. Küpper 1993, 628.

eingehen wie eine Primel (auch: **wie ein Primelpott) [ohne Wasser]** (ugs.) = 1. *seelisch wie körperlich zusammenfallen, untergehen; unaufhaltsam verfallen; abmagern.* Das Verblühen der Schlüsselblumen geht dem Menschen wohl besonders nahe, weil sie für ihn die ersten Frühlingsboten sind und ihr Verwelken nicht zu seiner hoffnungsfreudigen Frühlingsstimmung passt. 1920 ff. 2. *verkümmern.* Vgl. das Vorhergehende. 1930 ff. Küpper 1993, 628. Die Wendung beruht auf der Beobachtung, dass Primeln in der Vase rasch verwelken und sich auch als Topfpflanzen, wenn sie im Zimmer stehen, nicht lange halten. In der Symbolik bezeichnet die Schlüsselblume die verschmähte oder unglückliche Liebe. 3. (im Karten-, Schachspiel o.Ä.) *[hoch] verlieren.* Österr. 1960 ff. Küpper 1993, 628.

strahlen wie eine Primel (auch: **wie ein Primelpott)** (ugs.) = *über das ganze Gesicht lachen, sich sehr freuen.* Die Primel (von lateinisch *prima* bzw. *primula veris*: die Erste) ist eine der ersten Blumen des Frühlings. Röhrich 2001, 4, 1202.

PRIMELPOTT, der

eingehen wie ein Primelpott (salopp) = Dass. wie *eingehen wie eine Primel* (s.). Röhrich 2001, 2, 367.

PRIMELTOPF, der

grinsen (strahlen) wie ein Primeltopf (Primelpott) (ugs.) = *über das ganze Gesicht grinsen, strahlen.* DZR 2007, 309. Vgl. *grinsen wie ein Honigkuchenpferd.*

eingehen wie ein Primeltopf (ugs.) = Dass. wie *eingehen wie eine Primel* (s.).

PRINZESSIN, die; -, -nen

wie die (eine) Prinzessin auf der Erbse (iron.) = *über eine übermäßig empfindliche Person.* Nach dem Märchen des dänischen Schriftstellers Hans Christian Andersen [1805–1875], in dem eine junge Frau ihre edle Abkunft dadurch beweisen kann, dass sie im Schlaf selbst noch eine Erbse spürt, die tief unter mehren übereinander geschichteten Matratzen liegt.

Prophet, der; -en, -en [mhd. prophet(e), lat. propheta < griech. prophetes, zu: prophánai = vorhersagen, verkünden]
etw. ist so wahr wie das Gesetz und die Propheten (ugs. veraltend) = S. Gesetz.

Pudding, der; -s, -e u. -s [engl. pudding, wohl < (a)frz. boudin = Wurst]
angeben wie ein Pudding in der Kurve (ugs. spött.) = *sich brüsten.* 1930 ff. Küpper 1993, 29.
zittern wie ein Pudding (ugs.) = *heftige Angst verspüren.* Schül. 1950 ff. Küpper 1993, 632.

Pudel, der; -s, - [gek. aus: Pudelhund, zu pudeln; der Hund ist so benannt, weil er gerne im Wasser planscht]
abhauen (abziehen) wie ein begossener Pudel (ugs.) = *kleinlaut, beschämt, niedergeschlagen davonlaufen.* 1910 ff. Küpper 1993, 632; DZR 2002, 783.
etw. abschütteln wie ein Pudel (wie ein Pudel das Wasser) (ugs.) = *sich etw. nicht zu Herzen nehmen.* Hergenommen vom Pudelhund, der aus dem Wasser kommt und sich schüttelt. Seit dem 19. Jh. Küpper 1993, 632.
aussehen (gucken) wie ein bepisster Pudel (ugs. derb) = *schuldbewusst, ratlos dreinschauen.* 1860 ff. Küpper 1993, 632.
wie ein begossener Pudel [dastehen] (ugs.) = *sehr beschämt sein; einer peinlichen Situation ausgesetzt sein; sehr kleinlaut, beschämt dastehen.* Das komische Aussehen des sich vor Nässe schüttelnden Tieres hat den Anlass zur Redensart gegeben, wie auch zu dem Ausdruck *pudelnaß*. Schon 1618 heißt es im Volkslied von den zum Prager Rathausfenster hinuntergeworfenen Herren, sie hätten sich davongeschlichen „alsam begoßne Hund". In Schillers »Räubern« (II, 3) vergleicht Spiegelberg einen, der Angst kriegt: „Tausend Sakerment! da hättest du den Kerl sehen sollen die Augen aufreißen und anfangen zu zappeln wie ein nasser Pudel"; vgl. auch die Ausdrücke *pudelnackt*, ′völlig nackt′ (wie ein geschorener Pudel) und *pudelnärrisch*, ′närrisch, mutwillig, übermütig′ (wie ein ausgelassener Pudel). *Es ist einem pudelwohl*: man fühlt sich rundherum glücklich und gesund. Röhrich 2001, 4, 1207; DZR 2002, 783.
nass wie ein Pudel (wie ein gebadeter Pudel) (ugs.) = *völlig durchnässt.* 1800 ff. Küpper 1993, 632.
sich schütteln wie ein nasser Pudel (ugs.) = *etw. nicht beherzigen.* Seit dem 19. Jh. Küpper 1993, 632.

pudelnass <Adj.>
pudelnass (ugs.) = *völlig durchnässt.* Im 16. Jh. auf *Pfudel* bezogen im Sinne von ′wie aus der Pfütze gezogen′; im 18. Jh. auf den Pudelhund übertragen, weil man ihn zur Wasserjagd abrichtete. Küpper 1993, 633.

Puff, der; auch: das; -s, -s [wohl unter Einfluss von veraltet derb puffen = koitieren zu Puff, zunächst wohl in Wendungen wie „mit einer Dame Puff spielen, zum Puff gehen"]
es geht [zu] wie im [orientalischen] Puff (salopp) = *es herrscht lebhaftes Kommen und Gehen; es geht in schneller Aufeinanderfolge vor sich.* 1910 ff. Küpper 1993, 633.
stinken wie im Puff (salopp abwertend) = *unangenehm riechen; unangenehme Düfte aussondernd.*

Pulverfass, das
wie ein Pulverfass sein (ugs.) = *leicht aufbrausen; schnell jähzornig werden.* 1800 ff. Küpper 1993, 634.

Pumakacke, die
glatt wie Pumakacke (derb) = *sehr glatt, rutschig.*

PUMAKÄFIG, der

Hier stinkt's ja wie im Pumakäfig. (ugs. abwertend) = *es riecht unangenehm, es ist ein übler Geruch vorhanden.* http://www.mamas-klassiker.de/Die_Hausherrin/die_hausherrin.html. 4.9.2006. S. Ziegenstall.

PUP, der; -[e]s, -e, **PUPS,** der; -es, -e, **PUPSER,** der; -s, - [lautm.] (fam.)

angeben wie ein Pup im Schnupftuch (ugs.) = *prahlen.* 1930 ff. Küpper 1993, 29.

PUPPE, die; -, -n [spätmhd. puppe < lat. pup(p)a = Puppe; kleines Mädchen]

etw. ist so neu und eigenständig wie die Äußerungen einer sprechenden Puppe (ugs. abwertend) = S. Äußerung.

wie ein Schmetterling aus der Puppe kriechen (ugs.) = S. Schmetterling.

PUTER, der; -s, -

rot wie ein Puter (ugs.) = *rot wie der geschwollene Kamm des Truthahns.* Poln. *czerwony jak indor.* Szczęk, Wysoczański 2004, 124.

PUTERROT <Adj.>

puterrot (ugs.) = *(im Gesicht) überaus rot (bes. vor Wut, Scham); rot wie der geschwollene Kamm des Truthahns.*

Q

QUARK, der; -s [spätmhd. quarc, quarg, twarc, aus dem Slaw.; vgl. poln. twaróg]

weiß wie Quark = über einen bleichgesichtigen, nicht sonnengebräunten Menschen.

QUITTENGELB <Adj.>

quitte(n)gelb (ugs. emotional verstärkend) = *von einer ungesund gelben Gesichtsfarbe; von der hellgelben Farbe reifer Quitten.*

R

RABE, der; -n, -n [mhd. rabe, raben, ahd. hraban, eigtl. = Krächzer, nach dem heiseren Ruf des Vogels]

alt wie ein Rabe (selten) = *über einen alten Mann.* Leping, Strachovoj 1962, 888.

gierig wie ein Rabe (ugs.) = *von einem heftigen, maßlosen Verlangen nach etw. erfüllt; voller Gier.* Leping, Strachovoj 1962, 888.

gefräßig wie ein Rabe (ugs. selten) = *unmäßig, unersättlich im Essen; voller Essgier.* Leping, Strachovoj 1962, 888.

klauen wie die Raben (ugs.) = *sehr diebisch sein.* Variante zur Redewendung *stehlen wie eine Elster* (s.).

krächzen wie ein Rabe (ugs.) = *mit krächzender Stimme sprechen.* Schemann 1993, 638; Szczęk, Wysoczański 2004, 120.

schimpfen wie die Raben (ugs.) = *unflätig schimpfen.* Das Kreischen und Krächzen der Raben wird als Schimpfen gedeutet. Seit dem 19. Jh. Küpper 1993, 646.

schwarz wie ein Rabe (die Raben) (ugs.) = 1. *sehr dunkel, tiefschwarz.* 2. (oft scherzh.) *[meist von Kindern] sehr schmutzig.* Schemann 1993, 638; Szczęk, Wysoczański 2004, 120.

selten wie ein weißer Rabe (ugs.) = *sehr selten.* Szczęk, Wysoczański 2004, 120.

stehlen (klauen [salopp]**) wie ein Rabe (die Raben, wie ein Nachtrabe)** (ugs.) = *viel stehlen*; *sehr diebisch sein, stehlen.* 1500 ff. Leping, Strachovoj 1962, 888; Küpper 1993, 646; Schemann 1993, 638; Röhrich 2001, 5, 1535; Szczęk, Wysoczański 2004, 120.

eine Stimme wie ein Rabe haben (ugs.) = S. Stimme.

Wie die Raben sind sie! (Kartenspieler) = *Redewendung, wenn die Gegenspieler Stich um Stich einheimsen.* Kartenspielerspr. seit dem 19. Jh. Küpper 1993, 646. Ableitung von *klauen wie die Raben* (s.).

Rabenschwarz <Adj.> [mhd. rabenswarz]

rabenschwarz = *schwarz wie ein Rabe (die Raben).* Dass., wie *kohlrabenschwarz* (S.).

Rad, das; -es, Räder [mhd. rat, ahd. rad, urspr. = das Rollende; vgl. lat. rota = Rad]

jmd. ist noch dümmer als Jan Wohlers: der konnte wenigstens noch Rad fahren (ugs. iron.) = S. Jan.

etw. passt wie das fünfte Rad am Wagen (ugs.) = *über etwas Unpassendes.* Röhrich 2001, 4, 1144.

rennen wie ein Hamster im Rad (ugs.) = S. Hamster.

von etw. soviel verstehen wie die Kuh vom Rad fahren (ugs. abwertend) = S. Kuh.

Radehacke (sächs.), von **Rodehacke,** die

fahren wie eine Radehacke (ugs.) = *schlecht Auto fahren.* Meint die eiserne Hacke zum Roden. Sie ist schwer zu handhaben. 1930 ff. Küpper 1993, 647.

voll (o. Ä.) sein wie eine Radehacke (Rodehacke) (ugs.) = *volltrunken sein.* Die mit Erde, Unkraut und kleinen Wurzeln gefüllte Rodehacke herauszureißen, erfordert großen Kraftaufwand. Sie ist ebenso »voll« wie der Bezechte. 1850 ff. Küpper 1993, 647. Eine andere – eher volksetymologische - Erklärung für diese Wendung finden wir bei Wander: „Ursprünglich heisst es Rothhacke, woraus man Rodehacke gemacht hat. Zur Zeit Ludwigs XIV. trugen vornehme Leute, namentlich sogenannte Lebemänner, an den Schuhen rothe Hacken und zwar von solcher Grösse, dass sie den Trägern das Gehen erschwerten und sie oft veranlasste, sich der Wagen zu bedienen, namentlich dann, wenn sie zu viel getrunken hatten. Daraus entstand die Redensart: *beditselt wie eine Rothhacke*, d.i. ein Wüstling, der so viel getrunken hat, dass er nicht mehr auf den Beinen stehen kann, sondern nach Hause gefahren werden muss. (Dresdener Nachrichten vom 4. Juni 1872)“. Wander 5, 977.

Rädern <sw. V.; hat> [mhd. reder[e]n]

wie gerädert sein (sich wie gerädert fühlen) (ugs.) = *Gliederschmerzen haben.* 1800 ff. Vgl. franz. *être roué de fatigue.* Küpper 1993, 286. Hergenommen von der alten Todesstrafe des Räderns (im Mittelalter): einem zum Tode Verurteilten mit einem Rad die Gliedmaßen zerschmettern und danach seinen Körper in die Speichen des Rades binden; durch das Rad hinrichten. DZR 2002, 786.

Radfahrer, der

Benehmen wie ein Radfahrer (ugs. abwertend) = S. Benehmen.

Rakete, die; -, -n [älter: Rackette, Rogete < ital. rocchetta, eigtl. Vkl. von: rocca = Spinnrocken, nach der einem Spinnrocken ähnlichen zylindrischen Form]

hochgehen wie eine Rakete (ugs.) = *aufbrausen.* 1900 ff. Küpper 1993, 648.

losgehen (abgehen) wie eine Rakete (ugs.) = *temperamentvoll sein.* 1950 ff. Küpper 1993, 648.

reinplatzen wie eine Rakete (ugs.) = *stürmisch eintreten.* 1950 ff. Küpper 1993, 648.

schnell wie eine Rakete (ugs.) = *sehr schnell, mit sehr kurzer Reaktion.* Bezieht sich auf die Geschwindigkeit dieses Flugkörpers.

voll wie eine Rakete (ugs.) = *schwer bezecht.* Übertragen von dem mit Sprengstoff gefüllten Flugkörper. BSD 1965 ff. Küpper 1993, 648.

weg sein wie eine Rakete (ugs.) = *schnell verschwunden sein, sich schnell entfernen.* 1950 ff. Küpper 1993, 648.

Raketenartig <Adj>

raketenartig = 1. *einer Rakete ähnlich; wie eine Rakete funktionierend.* 2. *so schnell wie eine Rakete* (S.).

Rand, der; -[e]s, Ränder [mhd., ahd. rant, urspr. = (schützendes) Gestell, Einfassung, verw. mit Rahmen]

jmd. ist wie sein Hut, kleiner Kopf und großer Rand (ugs.) = S. Hut.

Ränzlein, das; -s

Hatte sich ein Ränzlein angemäst't als wie der Doktor Luther (spöttisch) = *über sehr stark beleibte, dicke Personen.* Dieser Spottvers stammt aus Goethes Faust (Teil I, Auerbachs Keller). Einer der »lustigen Gesellen«, nämlich »Brander«, singt ein Lied von einer »Ratt' im Kellernest«, in dem diese Verse vorkommen. Das Lied handelt von einer feisten Ratte, die von der Köchin vergiftet wird und ein klägliches Ende findet. DZR 2007, 334.

Rasierklinge, die

auf etw. scharf sein wie eine Rasierklinge (ein Rasiermesser) (ugs.) = *eine Sache heftig begehren.* 1920 ff. Küpper 1993, 777.

scharf wie eine Rasierklinge (wie Senf, wie Mostrich, wie Paprika, wie tausend Russen) sein (salopp) = 1. *begierig auf sexuelle Betätigung sein.* 2. *sexuell stark anregend sein, erotische, sexuelle Anziehungskraft besitzen, Sex-Appeal haben* (bes. über Frauen) 3. *scharf aufpassen; unnachsichtig durchgreifen; eifrig fahnden.* 1920 ff. Küpper 1993, 651, Röhrich 2001, 1302. S. Paprika.

jmdn. scharf machen wie eine Rasierklinge (salopp) = *jmdn. aufhetzen, anstacheln, (geschlechtlich) erregen.* 1920 ff. Küpper 1993, 777.

Rasiermesser, das

scharf sein wie ein Rasiermesser (salopp) = 1. *begierig auf sexuelle Betätigung sein, heftig nach geschlechtlicher Befriedigung verlangen.* 2. *sexuell sehr anziehend sein* (v.a. über Frauen).

Rasse, die; -, -n [frz. race = Geschlecht, Stamm; Rasse < ital. razza]

von der engl.en Rasse sein, vorne glatt und hinten mager (ugs. spött.) = *Redewendung auf eine hagere weibliche Person.* 1920 ff. Küpper 1993, 208.

Raßmann, Rassmann, Name

es wie Pfarrer Raßmann (Rassmann) machen (ugs.) = S. Pfarrer.

Rathaus, das

einen Kopf wie ein Rathaus haben (ugs.) = S. Kopf.

Ratte, die; -, -n [mhd. ratte, rat, ahd. ratta, rato; vgl. frz. rat, ital. ratto]

jmdn. ersäufen wie eine Ratte im Loch (salopp selten) = *jmdn. (ein Tier) ertränken.* Szczęk, Wysoczański 2004, 117.

gefräßig wie eine Ratte (ugs. abwertend selten) = *unmäßig, unersättlich im Essen; voller Essgier.* Szczęk, Wysoczański 2004, 117. Ratten sind gierig und gefräßig, besonders, wenn sie in großer Zahl auftreten, und sie gelten auch als besonders durstig (vgl. port. *beber conto rato*). HDA 7, 515.

wie eine nasse Ratte aus dem Ausguss gucken (ugs.) = *traurig dreinblicken.* 1945 ff. Küpper 1993, 652.

pennen wie eine Ratte (ugs.) = *tief, schnarchend schlafen.* 1900 ff. Küpper 1993, 652.

schlafen wie eine Ratte (ugs.) = *fest schlafen.* Szczęk, Wysoczański 2004, 117. *Ratte* ist entstellt von Ratz - Murmeltier, Siebenschläfer; diese Tiere gelten volkstümlich als Langschläfer, weil sie Winterschlaf halten. Küpper 1993, 652. S. Ratz.

Rattenfänger, der

wie der Rattenfänger von Hameln (abwertend) = *verführerisch mit leeren (und verderblichen) Versprechungen.* Ursprünglich mittelalterliche Sagengestalt eines Pfeifers, der die Stadt Hameln von Ratten befreite und, um seinen Lohn betrogen, die Kinder durch Pfeifen aus der Stadt lockte und entführte.

RATTENSCHARF <Adj.>

rattenscharf (salopp) = 1. *begierig auf sexuelle Betätigung sein.* 2. *sexuell sehr anregend sein* (S. scharf wie ein Rasiermesser).

RATZ, der; -es, -e

schlafen wie ein Ratz (eine Ratte) (salopp) = *lange und fest schlafen.* Szczęk, Wysoczański 2004, 117. Der *Ratz* ist volkstümlich der *Siebenschläfer*, ein Bilch (in mehreren Arten vorkommendes kleineres, nachtaktives Nagetier mit dichtem bräunlichem oder grauem Fell; Schlafmaus). Diese Tiere gelten volkstümlich als Langschläfer, weil sie einen besonders langen Winterschlaf halten. 1500 ff. Vgl. franz. *dormir comme une marmotte.* Küpper 1993, 652. Hieraus gebildet *ratzen* (ugs.) - ′schlafen′.

schnarchen wie ein Ratz = *laut, anhaltend schnarchen.* 1920 ff. Küpper 1993, 652.

RÄUBERHÖHLE, die

es sieht aus wie in einer Räuberhöhle (ugs.) = *hier liegt alles durcheinander; hier ist nicht aufgeräumt worden.* 1880 ff. Küpper 1993, 653.

RAUBSAU, die

wie eine Raubsau starten (derb abwertend) = *unfliegerisch starten.* Die *Raubsau* ist eine Kontamination aus *Raubvogel* und *Wildsau.* Fliegerspr. 1960 ff. Küpper 1993, 653.

RAUBTIER, das

jmdn. anstarren wie ein Raubtier sein Opfer (geh.) = *jmdn. mit festem Blick anstarren.* Szczęk, Wysoczański 2004, 95.

RAUF <Adv.>

etw. schmeckt rauf wie runter (salopp) = 1. *immer gleich schmecken.* 2. *fade schmecken, etw. schmeckt ganz schlecht.* Duden, Bd. 11, 570. Gemeint ist eigentlich - ′es schmeckt genauso wie Erbrochenes′. *Rauf* (ugs.) - ′herauf, hinauf′.

RAUPE, die; -, -n [spätmhd. rupe]

sich einspinnen wie eine Raupe (geh. selten) = *sich in sich zurückziehen; sich isolieren, sich von anderen Personen abschotten.* Brugger 1993, 11; Szczęk, Wysoczański 2004, 132. Raupen spinnen sich ein, d.h., sie umgeben sich [zur Verpuppung] mit einem Gespinst, schließen sich in einen Kokon ein.

fressen wie eine Raupe (wie sieben Raupen, wie eine sieben-, neunköpfige Raupe) (salopp) = *sehr viel essen.* Die Gefräßigkeit der Raupen ist allgemein bekannt. *Neunköpfig* ist der Lernäischen Schlange der Heraklessage nachgeahmt. 1900 ff. Küpper 1993, 654; Szczęk, Wysoczański 2004, 132.

gefräßig wie eine siebenköpfige Raupe (ugs.) = *unmäßig, unersättlich im Essen; voller Essgier.* Szczęk, Wysoczański 2004, 132.

RAUSCH, der; -[e]s, Räusche [mhd. rusch = das Rauschen, rauschende Bewegung, rückgeb. aus rauschen]

ein Rausch wie ein Haus (ugs.) = *schwerer Rausch.* »Haus« dient hier zur Veranschaulichung der Größe, des Ausmaßes. Österr. seit dem 19. Jh. Küpper 1993, 332.

RÄUSPERN, sich <sw. V.; hat> [mhd. riuspern, eigtl. = (im Halse) kratzen]

Wie er sich räuspert und wie er spuckt, das hat er ihm glücklich abgeguckt. (bildungsspr. iron. abwertend) = *charakterisiert jmdn., dem man vorwirft, dass er sich, ohne eigene Qualitäten zu zeigen, mit eifriger Dienstfertigkeit nach seinem Vorgesetzten o. Ä. richtet und in seinem Bestreben, sich einzuschmeicheln, so weit geht, sich diesem in Gehabe, Äußerungsweise usw. anzugleichen.* Der Ausspruch ist ein leicht abgewandeltes Zitat aus Schillers Trilogie »Wallenstein« (»Wallensteins Lager«, 6.

Auftritt). In einem Wortgefecht zwischen dem »Wachtmeister von einem Terzkyschen Karabinerregiment« und zwei »Holkischen Jägern« wirft einer der Jäger dem Wachtmeister, der sich etwas darauf zugute hält, in der unmittelbaren Umgebung des Feldherrn Wallenstein das feinere Leben zu haben, Folgendes vor: »Wie er räuspert und wie er spuckt,/Das habt Ihr ihm glücklich abgeguckt;/Aber sein Schenie, ich meine: sein Geist,/Sich nicht auf der Wachparade weist.« DZR 2002, 785-786.

REGAL, das; -s, -e [viell. über niederd. rijol < frz. rigole = Rinne < mlat. rigulus, Vkl. von: riga = Graben, Reihe]

etw. lagert wie Blei in den Regalen (ugs.) = S. Blei.

REGEN, der; -s, - <Pl. selten> [mhd. regen, ahd. regan]

etw. abschütteln wie der Hund den Regen (die Regentropfen, das Wasser) (ugs.) = S. Hund.

es läuft an ihm ab wie Regen (ugs.) = *es berührt ihn innerlich nicht.* 1900 ff. Küpper 1993, 658.

traurig wie ein Huhn im Regen (ugs.) = S. Huhn.

etw. ist wie ein warmer Regen (ugs.) = *das ist wohltuend.* 1940 ff. Küpper 1993, 658.

REGENBOGEN, der [mhd. regenboge, ahd. reginbogo]

bunt wie ein Regenbogen = 1. *sehr bunt.* 2. (Kartenspieler) *von jeder Spielfarbe ein paar Karten in der Hand.* 1840 ff. Küpper 1993, 658.

REGENSCHIRM, der [nach frz. parapluie, Parapluie]

gespannt wie ein [alter] Regenschirm (ein Flitzbogen) (ugs. scherzh.) = *sehr gespannt, neugierig auf etw. sein, äußerst erwartungsvoll sein.* Röhrich 2001, 4, 1238. Wortspiel mit zwei Bedeutungen von *gespannt*: ′gestrafft′ und ′neugierig′. 1870 ff. Küpper 1993, 658; DZR 2007, 292.

rumstehen wie ein nasser Regenschirm (ugs.) = *unfroh sein.* Der nasse Regenschirm ist ein eindrückliches Bild der Betrübtheit und Verlassenheit. 1950 ff. Küpper 1993, 658.

jmdn. stehen lassen wie einen alten (wie einen vergessenen) Regenschirm (ugs.) = *sich rücksichtslos, kalten Sinnes von jmdm. abwenden, jmdn. aus Unhöflichkeit (absichtlich) nicht beachten.* 1920 ff. Küpper 1993, 658.

REGENWETTER, das <o. Pl.>

ein Gesicht ziehen (aussehen, dreinblicken) wie drei (sieben, zehn, vierzehn) Tage Regenwetter (ugs.) = S. Gesicht.

REGENWURM, der [mhd. regenwurm, ahd. reganwurm]

staunen wie der Hahn über den Regenwurm (ugs. selten) = S. Hahn.

REGIMENT [regi...], das; -[e]s, -e u. -er [spätlat. regimentum = Leitung, Oberbefehl, zu lat. regere, regieren]

so dumm [sein] wie (dümmer als) ein Regiment Soldaten (ugs. abwertend) = *überaus dumm [sein].* Lapidus 2006, 44. Gebildet nach dem Modell *dümmer als die Polizei erlaubt* (S.).

REH, das; -[e]s, -e [mhd. re(ch), ahd. reh(o), urspr. = das Scheckige, Gesprenkelte, nach der Farbe des Fells]

anmutig wie ein Reh [sein] (geh. pathet. selten) = *voller Anmut, Schönheit und Zurückhaltung.* Schemann 1993, 655; Szczęk, Wysoczański 2004, 100.

Augen haben wie ein Reh = S. Auge.

Beine haben wie ein Reh = *schlanke, lange Beine haben* (meist bezogen auf Mädchen und junge Frauen). Szczęk, Wysoczański 2004, 100.

flink wie ein Reh = *sich rasch und geschickt bewegend oder arbeitend.* Poln. *zwinny jak sarna.* Szczęk, Wysoczański 2004, 100.

[ein Mädchen] wie ein Reh (geh. pathet. selten) = *schön, anmutig.* Szczęk, Wysoczański 2004, 100.

wie ein gehetztes Reh [wirken] = *in großer Eile sein; etw. mit Hast erledigen; hastig arbeiten; sich bei etw. sehr beeilen, abhetzen.* Poln. *uciekać jak sarna ścigana przez psy.* Schemann 1993, 655; Szczęk, Wysoczański 2004, 100.

laufen wie ein Reh = *schnell und leichtfüßig laufen.* HDA 9, 1047.

scheu wie ein Reh [sein] (geh. pathet.) = *sehr schüchtern, zurückhaltend; sehr scheu im Verhältnis zu anderen Menschen; sich aus einem bei zu großer Nähe sich einstellenden Unbehagen, aus Ängstlichkeit oder aus Misstrauen von anderen, besonders von fremden Menschen fernhaltend.* Basiert auf der Beobachtung, dass bestimmte Tieren die Nähe anderer Tiere und besonders auch des Menschen instinktiv meiden und beim kleinsten Anzeichen einer Gefahr sofort bereit sind zu fliehen, dass sie nicht zutraulich sind. Das Reh steht hierfür als Sinnbild. Schemann 1993, 655; Szczęk, Wysoczański 2004, 100.

schlank wie ein Reh [sein] (geh. pathet.) = *wohlproportioniert groß und zugleich schmal gewachsen, geformt, von schlanker Statur; über jmdn., der sehr schlank ist, eine sehr schlanke Figur hat.* Schemann 1993, 655; Szczęk, Wysoczański 2004, 100.

springen (hüpfen) wie ein junges Reh (ugs.) = 1. *sich schnell und gewandt bewegen* (v.a. laufen). 2. *schnell springen, mit Leichtigkeit springe .* Vgl. *hüpfen (springen) wie ein Gummiball.*

REIBEISEN, das

brummen wie ein Reibeisen (ugs.) = *missmutig sein, grollen, schmollen.* Eigentlich soviel wie »dumpf tönen«, »undeutlich sprechen«, »undeutlich vor sich hinreden«. 14. Jh. Küpper 1993, 136.

Gesicht wie ein Reibeisen (ugs.) = S. Gesicht.

eine Stimme wie ein Reibeisen (eine Reibeisenstimme) [haben] (ugs.) = S. Stimme.

wie ein Reibeisen (ugs.) = *sehr rau.* Duden, Bd. 11, 579.

REIBEISENSTIMME, die

eine Reibeisenstimme haben (ugs.) = S. Stimme, Reibeisen.

REICHSTAG, der

ein Lärm wie auf dem polnischen Reichstag (ugs. abwertend) = S. Lärm.

REIHER, der; -s, - [mhd. reiger, ahd. reigaro, eigtl. = Krächzer, (heiserer) Schreier]

betrunken wie ein Reiher (ugs. selten) = *betrunken, unter starkem Alkoholeinfluss stehen.* Lapidus 2006, 46.

scheißen wie ein Reiher (derb) = *Durchfall haben.* Seit dem 19. Jh. Küpper 1993, 659.

kotzen wie ein (wie die) Reiher (derb) = *sich heftig erbrechen; sich heftig und wiederholt übergeben.* 1840 ff. Küpper 1993, 659 (nach Röhrich 2001, 1240 seit Ende des 19. Jahrhunderts). Vgl. *reihern* - ´heftig erbrechen´ (salopp). Der redensartliche Vergleich bezieht sich wohl auf den heiseren Schrei des Reihers, der den Würgelauten beim Erbrechen ähnlich klingt. Möglicherweise ist auch an die Art gedacht worden, in der Raubvögel ihre Jungen füttern: sie verschlingen zunächst ihre Beute und würgen sie im Nest wieder hervor, um sie den Jungen schon halb verdaut in den Schnabel zu stopfen. DZR 2007, 468. Doch schon Aristoteles berichtet vom weißen Löffelreiher, der in Europa und Afrika lebt; auf diesen Vogel geht das zurück, was wir vom Erwärmen der Muscheln im Magen und Wiederausspeien, Aussuchen und Fressen bei Pseudoaristoteles und Cicero lesen. Röhrich 2001, 1240.

REINSCHLAGEN, das

jmd. hat ein Gesicht wie ein Feuermelder, - zum Reinschlagen (ugs. abwertend) = S. Gesicht.

REITER, der; -s, - [mhd. riter, spätahd. ritare]

[sich fühlen] wie der Reiter auf (über) dem Bodensee (landschaftl.) = *sich einer überstandenen Gefahr erst im Nachhinein bewusst werden und darüber erschrecken; über jmdn., der etw. unternimmt, über dessen Gefährlichkeit, Tragweite er sich nicht im Klaren ist.* Der Vergleich beruht auf einer schwäbischen Sage, die Gustav Schwab nach mündlicher Überlieferung zu einer Ballade mit dem Titel »Der Reiter und der Bodensee« gestaltete (1826). Die Sage berichtet, dass ein Reiter ahnungslos über den zugefrorenen und zugeschneiten Bodensee reitet. Als er - glücklich angekommen - hört, welcher Gefahr er entronnen ist, stürzt er vor Schreck tot vom Pferd (G. Schwab: Gedichte, Band 1 [Stuttgart 1928], S. 364-366). Röhrich 2001, 4, 1241-1242.

REKTALTHERMOMETER, das

eingefettet wie ein Rektalthermometer (ugs. abwertend) = *über jmdn. mit sehr fetter (Fett absondernder) Haut; über von Fett stark glänzende Haut.* Leyner, Goldberg 2006, 30. Ein *Rektalthermometer* (das man vor der Anwendung leicht einfettet) wird dazu benutzt, im Mastdarm die Körpertemperatur zu messen.

RENNPFERD, das

nervös wie ein Rennpferd (ugs.) = *sehr nervös, hochempfindlich.* 1920 ff. Küpper 1993, 664.

RETTICH, der; -s, -e [mhd. retich, rætich, ahd. ratih < lat. radix = Wurzel]

scharf wie ein achtziger Rettich (salopp) = *sexuell sehr anregend, sehr geil.* »Achtziger« bezieht sich wohl auf entsprechend hochprozentigen Alkohol. BSD 1965 ff. Küpper 1993, 665.

spitz wie ein achtziger Rettich (ugs.) = *ziemlich hübsch.* Halbw. 1965 ff. Küpper 1993, 665.

RHINOZEROS, das; -[ses], -se [mhd. rinoceros < lat. rhinoceros < griech. rhinókeros, zu: kéras = Horn]

schwitzen wie ein Rhinozeros (ugs.) = *sehr stark schwitzen.* Leyner, Goldberg 2006, 67. Nashörner (wie auch Schweine) schwitzen nicht. Das Oxymoron wird als Verstärkung gebraucht, wie auch in der Wendung *Da lachen ja die Hühner!*

Takt haben wie ein Rhinozeros (ugs. abwertend) = S. Takt.

RIESENSCHNAUZER, der

treuherzig wie ein Riesenschnauzer (ugs. scherzh.) = *von einer naiven Arglosigkeit, Offenheit, Gutgläubigkeit, Harmlosigkeit [zeugend].* Der Vergleich rührt von dem oft „treuherzigen" bittenden Augenaufschlag des genannten großen Hundes. (Duden)

RINDVIEH, das

schuften wie ein Rindvieh (Vieh) (ugs. selten) = *schwer arbeiten.* Szczęk, Wysoczański 2004, 103.

RITTER, der; -s, - [mhd. ritter < mniederl. riddere, Lehnübertragung von afrz. chevalier; vgl. mhd. riter, ritære = Kämpfer zu Pferd, Reiter, zu reiten]

blau wie ein Ritter (ugs.) = *betrunken.* Kreuzung von *blaublütig* und *blau* - betrunken. 1930 ff. Küpper 1993, 669.

ROCK, der; -[e]s, Röcke [mhd. roc, ahd. roc(h), urspr. wohl = Gespinst]

das Hemd ist jmdm. näher als der Rock (ugs.) = S. Hemd.

das ist Rock wie Hose (ugs.) = *das ist einerlei.* Seit dem 19. Jh. Küpper 1993, 670. Gebildet nach dem Modell *Jacke wie Hose.*

das ist Rock wie Weste (ugs.) = *das ist dasselbe.* 1920 ff. Küpper 1993, 670.

ROCKTASCHE, die

etw. kennen wie die eigene Rocktasche (geh.) = *etw. genau kennen.* Meist von weiblichen Personen gesagt. 1920 ff. Küpper 1993, 670. Basiert auf der Wendung *etw. kennen wie die eigene Tasche.* (S.)

ROHR, das; -[e]s, -e [mhd., ahd. ror = (Schilf)rohr; Schilf]

schwanken wie ein Rohr (wie Schilf) [im Wind]; wie ein schwankendes Rohr [im Wind] (geh.) = 1. *in seinen Entschlüssen unsicher sein, schwankend sein.* 2. *über einen charakterschwachen oder unschlüssigen Menschen.* Die Wendung ist biblischen Ursprungs. Sie geht zurück auf zwei fast gleichlautende Stellen im Neuen Testament (Lukas 7, 24 und Matthäus 11, 7), wo Jesus mit Bezug auf Johannes den Täufer fragt: »Was seid ihr hinausgegangen in die Wüste zu sehen? Wolltet ihr ein Rohr sehen, das der Wind hin und her bewegt?« Ein *schwankendes* oder auch *schwankes Rohr* ist danach auch Sinnbild für einen schwachen, nicht in sich gefestigten Menschen. DZR 2007, 678.

ROHRSPATZ, der

frech wie ein Rohrspatz (ugs.) = *unverschämt, dreist, rücksichtslos.* Vgl. das Folgende. Seit dem 19. Jh. Küpper 1993, 671; Lapidus 2006, 36; Szczęk, Wysoczański 2004, 121.

schimpfen wie ein Rohrspatz (Rohrsperling) (ugs.) = *erregt und laut schimpfen; heftig, unflätig schimpfen.* Der Rohrspatz (Drosselrohrsänger o. Ä.) nistet im Röhricht und warnt durch sein Schilpen das Wildgeflügel. Menschen mit musikalischem Gehör empfinden seine Stimme angeblich als unangenehm. Seit dem 18. Jh. Küpper 1993, 671; Szczęk, Wysoczański 2004, 121. Sehr oft wird in solchen Vergleichen auch auf bestimmte Berufsgruppen angespielt, insbesondere auf solche, die allgemein wenig Achtung genießen: *Fuhrknecht, Brunnenputzer, Scherenschleifer, Kesselflicker, Fischweib, Kuppelweib* usw. Röhrich 2001, 4, 1339.

ROLLE, die; -, -n [mhd. rolle, rulle, urspr. = kleines Rad, kleine Scheibe od. Walze (in der Kanzleispr. = zusammengerolltes Schriftstück) < afrz. ro(l)le (= frz. rôle) = Rolle, Liste, Register < (spät)lat. rotulus, rotula = Rädchen; Rolle, Walze, Vkl. von: rota = Rad, Scheibe]

wie ein Besenstiel auf Rollen gehen (ugs.) = S. Besenstiel.

ROM

Lieber der Erste hier als der Zweite in Rom. = s. Erste.

[das sind ja] Zustände wie im alten Rom! (ugs.) = S. Zustand.

ROSE, die; -, -n [mhd. rose, ahd. rosa < lat. rosa = Edelrose, aus einer kleinasiat. Spr.]

Sei wie das Veilchen im Moose, sittsam, bescheiden, rein; nicht wie die stolze Rose, die immer bewundert will sein. = S. Veilchen.

wie eine Rose unter Dornen (geh.) = *besonders schön, sich durch Schönheit abhebend.* Im 2. Kapitel des »Hohen Liedes« im Alten Testament findet sich der Vers (2, 2): »Wie eine Rose unter Dornen, so ist meine Freundin unter den Töchtern.« Der Freund preist damit die Schönheit der Freundin. Mit dem Zitat umschreibt man in ähnlicher Weise eine Person oder auch eine Sache, die sich durch ihre Besonderheit oder ihre Schönheit vor anderen auszeichnet. DZR 2007, 648.

zart wie eine (wie die) Rose (geh. selten) = *über ein junges, meist hübsches und schlankes Mädchen.*

ROST, der; -es, -
Das Leben des Menschen ist wie das Eisen; benutzt man es, nutzt es sich ab, benutzt man es nicht, verzehrt es der Rost. (Spruchweisheit) = S. Leben.

ROTHSCHILD, Name
angeben als wäre er Rothschild (ugs.) = *den Eindruck eines überaus Wohlhabenden erwecken wollen.* 1930 ff. Küpper 1993, 29.
reich wie Rothschild (ugs.) = *sehr reich, vermögend.* Die Rothschilds waren im 19. Jahrhundert eine der einflussreichsten Bankiersfamilien und die wichtigsten Finanziers der europäischen Staaten.
wie Rothschild sein Hund (ugs. scherzh.) = *in großem Luxus.* Die Wendung spielt auf den Reichtum der Bankiersfamilie Rothschild an. DZR 2002, 788.

ROTZ, der; -es [mhd. ro(t)z, ahd. (h)roz = (Nasen)schleim, zu ahd. (h)ruzan = schnarchen, knurren, lautm.]
angeben wie Graf Rotz [von der Backe] (ugs. scherzh. abwertend) = S. Graf.
angeben wie Rotz am Ärmel (derb abwertend) = *dreist prahlen.* 1930 ff. Küpper 1993, 29.
frech wie [der] Rotz [am Ärmel] (derb abwertend) = *außerordentlich frech.* Lapidus 2006, 36. Das der niederen Umgangssprache zugehörige Wort *Rotz* - 'Nasenschleim' dient in vulgären Redensarten und Vergleichen als negatives Steigerungsmittel, z.B. *Rotz und Wasser heulen* - 'so heftig weinen, dass auch die Nase mitbetroffen ist'. Der o.g. drastische redensartliche Vergleich bezieht sich auf einen Menschen, der den Rockärmel als Taschentuch benutzt hat, was den heutigen gesellschaftlichen Normen widerspricht und somit als *frech* gilt.
sich benehmen wie Rotz am Ärmel (derb abwertend) = *sich sehr ungesittet benehmen.* Dazu Schimpfworte wie *Graf Rotz von der Backe, Baron Rotz auf (aus) Arschlochhausen* - 'Vornehmtuer'. Röhrich 2001, 4, 1257-1258.
aussehen wie Rotz und grüne Pflaumen (derb abwertend) = *elend, schlecht aussehen.*

ROTZBUB, ROTZBUBE, der
jmdn. behandeln wie einen Rotzbuben (österr., südd. derb abwertend) = *jmdn. sehr schlecht, unfreundlich, wegwerfend behandeln, seine Meinungen oder Wünsche wie die eines Kindes ignorieren.* Mundartlich besonders im Schwäbischen: *Jemanden behandeln wie a Rotzbue.* Brugger 1993, 7; Röhrich 2001, 4, 1258.

RÜBE, die; -, -n [mhd. rüebe, ahd. ruoba (daneben mhd. rabe, ahd. raba), verw. mit griech. rháp(h)ys, lat. rapa = Rübe, wahrsch. altes Wanderwort]
wie Kraut und Rüben [durcheinander] (ugs.) = S. Kraut.

RUBIN, der; -s, -e [mhd. rubin < mlat. rubinus, zu lat. rubeus = rot]
schön wie ein Rubin (poet.) = *sehr schön, hübsch.* HWA 2005, 1, 273.

RÜCKEN, der; -s, - [mhd. rück(e), ruck(e), ahd. rucki, (h)rukki, eigtl. = der Gekrümmte; Krümmung]
[wie] ein Dolch in den Rücken sein (geh.) = S. Dolch.

RUCKSACK, der [aus dem Oberd., schweiz. ruggsack, zu mhd. ruck(e) = Rücken]
jmd. hat einen Kopf wie ein Rucksack: wenn man ihn sieht, denkt man ans Wandern (Weggehen) (ugs. scherzh.) = S. Kopf.

RÜDE, der; -n, -n [mhd. rü(e)de, ahd. rudio]
hinter jmdm. her sein wie ein wild gewordener Rüde (ugs.) = *gegen jmdn. etw. betreiben; Hass entfachen, schüren; Schmähreden führen, lästern; jmdm. keine Ruhe lassen.* Szczęk, Wysoczański 2004, 100. Der Rüde ist jägersprachlich

ein Hetzhund, der besonders auf Sauen gehetzt wird und dabei raubgierig ist.

RUF, der; -[e]s, -e

besser sein als sein Ruf, jmd., etw. ist besser als sein Ruf = *besser sein als man allgemein glaubt; jmd. (etw.) steht zu Unrecht in keinem guten Rufe.* Nach einer Stelle aus den „Epistolae ex Ponto" des römischen Dichters Ovid (43 v. Chr. bis etwa 18 n. Chr.). *Sie selbst war besser als ihr Ruf* (lat.: »ipsa sua melior fama«) sagt der dieser in einem Brief aus seinem Verbannungsort. Büchmann, 336. Er meint damit Claudia Quinta (wohl Enkelin des Zensors Appius Claudius Caecus), der es durch ihre maßgebliche Teilnahme am feierlichen Empfang des Standbildes der Göttin Kybele im Jahre 204 v. Chr. gelang, ihren äußerst schlechten Ruf in der römischen Gesellschaft wieder zu heben (Duden, Bd. 12, 70-71). Die Wendung taucht im 18. Jahrhundert wieder auf bei Beaumarchais (»Und wenn ich nun besser wäre als mein Ruf?«), „Ich bin besser als mein Ruf" heißt es in Schillers „Maria Stuart" (1801), wo diese sagt: »Das Ärgste weiß die Welt von mir, und ich kann sagen: ich bin besser als mein Ruf.« Diese Worte lässt Schiller eine zornige Maria Stuart ihrer Rivalin Elisabeth I. entgegnen (Maria Stuart III, 4). Näher S. Büchmann 2007, 411; Pohlke 2006, 34.

Ein guter Ruf ist besser als ein goldener Gürtel. (Spruchweisheit, veraltend) = *Der Leumund eines Menschen ist wichtiger als Äußerlichkeiten.* K.F.W. Wander kommentiert diese Wendung: „Unter Philipp dem Schönen mussten alle Weiber einen Gürtel tragen. Er wurde reich mit Gold verbrämt, wahrscheinlich in Erinnerung der glänzenden Gottheit, deren Verehrung er gewidmet war. In der Folge aber änderte sich die Sitte dahin ab, dass die wirklich Tugendhaften gerade einen recht einfachen Gürtel wählten, daher das obige franz.e Sprichwort. Die Gürtel sind übrigens alt. Wer kennt nicht den Gürtel der Venus, von unwiderstehlicher Kraft. Sogar Juno bediente sich desselben. Von dem Gürtel der Venus war der der Vestalinnen verschieden. Er sollte heilige Achtung einflössen. - »Lass mich rufen«, sagte einst ein kleines Mädchen zu ihrer eben heisern Mutter, von der die Leute sehr zweideutig sprachen, »du hast keinen guten Ruf.« Die weite Verbreitung dieser Weisheit zeigt sich in vielen europäischen Sprachen, z.T. mit veränderter innerer Struktur: Engl.: *It is better to lose an eye than one's reputation.* Frz.: *Bonne renommée vaut mieux que ceinture dorée. / Mieulx vault bonne renommée que grandes richesses.* Ital. *Un uomo civile stima più la riputazione di tutti i danari del mondo.* Kroatisch: *Bolji je dobar glas, nego zlatan pás.* Lat. *Fama pluris, quam opes. / Omnia si perdas famam servare memento.* Wander 3, 1762.

Ein übler Ruf hat bessere Beine (Füße) als ein guter. (Spruchweisheit, veraltend) = *Schlechte Meinungen über jmdn. oder etw. verbreiten sich schneller als positive.* Franz. *Mauvaise renommée va plutost que la bonne.* Wander 3, 1762.

einen Ruf wie Donnerhall haben (ugs. abwertend) = *einen ausgeprägten Ruf haben; bekannt, berüchtigt, berühmt sein.*

Guter Ruf ist besser als Gold oder Gut. (Spruchweisheit) = *Der Leumund eines Menschen ist wichtiger als Reichtum, als materielle Dinge.* Bei Tunnicius (915): *Gût geruchte is beter dan gelt of gût.* (Candida fama decus, gemmas excellit et aurum.) Lat.: *Bona opinio hominum tutior pecunia est.* Wander 5, 1689.

Neid befleckt den guten Ruf wie eine bösartige Seuche. (Sprichwort) = S. Neid.

RUFEN <st. V.; hat> [mhd. ruofen, ahd. (h)ruofan, wahrsch. lautm.]

[jmdm.] wie gerufen kommen (ugs.) = *zufällig gerade in einem Moment auftreten, erscheinen, geschehen, wo dies* *[jmdm.] äußerst willkommen ist.* DZR 2002, 786.

RUHM, der; -[e]s

Wahrer Ruhm schlägt Wurzeln und pflanzt sich sogar fort, alles Erlogene fällt rasch ab wie eine zarte Blüte, und nichts Erheucheltes kann von Dauer sein. (Spruchweisheit) = *Das Wahrhafte, Ehrliche setzt sich fort, bleibt bestehen, während Heuchelei, Lüge, Unechtes und Falsches recht schnell entdeckt werden.* Diese Spruchweisheit finden wir bei Cicero, De officiis 2. 43: *Vera gloria radices agit atque etiam propagatur, ficta omnia celeriter tamquam flosculi decidunt, nec simulatum potest quicquam esse diuturnum.* Lexikon lateinischer Zitate und Wendungen, S. 17084. Sie ist in abgewandelter Form vielen europäischen Sprachen eigen, vgl. *Ehrlich währt am längsten.* Russ. *Живи честно – дольше проживёшь.* Tschech. *Poctivost trvá na věčnost.* Englisch: *Knavery may serve for a turn; but honesty is best at long run.* Franz. *Avec de la bonne foi on va le plus loin.* Holl. *Eerlijk duurt het langst.* Lat. *Probitas longum perdurat in aevum.* Ung. *Legtovább tart a mi becsületes. Wander 1, 748.* Poln. *Uczciwością najdalej zajdziesz.*

RÜHREI, das

das Herz gerührt wie lauter Rühreier (salopp) = S. Herz.

RUSSE, der; -n, -n

angeben wie tausend Russen (ugs. abwertend) = *wüst lärmen, kreischen.* Abklatsch eines eingelernten Feindbildes. Sold. 1941 ff. Küpper 1993, 29.

fluchen wie die (wie zwanzig) Russen (ugs.) = *kräftig fluchen.* Die Russen sollen besonders wüst fluchen können. 1945 ff. Küpper 1993, 683.

saufen wie ein Russe (ugs. abwertend) = *viel trinken.* Vgl. *voll wie hundert Russen.* 1500 ff.; nach 1945 in Berlin wiederaufgelebt. Küpper 1993, 683. S. Bürstenbinder.

scharf wie tausend Russen (wie Senf, Mostrich, Paprika, eine Rasierklinge) (salopp) = 1. *begierig auf sexuelle Betätigung sein.* 2. *sexuell stark anregend sein, erotische, sexuelle Anziehungskraft besitzen, Sex-Appeal haben* (bes. über Frauen) 3. *scharf aufpassen; unnachsichtig durchgreifen; eifrig fahnden.* Röhrich 2001, 4, 1392. S. Paprika, Rasierklinge.

voll (betrunken) wie ein (hundert, tausend, zwanzig, vierzig) Russe(n) [sein] (ugs. abwertend) = *volltrunken sein.* Sold. 1941 ff.; ziv. 1945 ff. Dass der Vieltrinker *säuft wie ein Russe*, ist 1544 in der »Niederdeutschen Tischzucht« erwähnt. Küpper 1993, 683.

RUß, der <Adj.>

schwarz wie Ruß = 1. *tiefschwarz.* 2. *schmutzig, ungewaschen* (oft über Kinder).

RUßSCHWARZ <Adj.>

rußschwarz = *schwarz wie Ruß oder von Ruß.*

S

Sache, die; -, -n [mhd. sache, ahd. sahha = (Rechts)angelegenheit, Rechtsstreit; Ding; Ursache, zu ahd. sahhan = prozessieren, streiten, schelten, ablautend zu suchen u. urspr. = eine Spur verfolgen, (einen Täter) suchen]

eine Sache wie ein Baum (ugs.) = 1. *eine völlig sichere Sache.* Sie steht fest wie ein Baum. Berlin 19. Jh. 2. *großartige Sache.* Der hochgewachsene Baum ist eindrucksvoll. 1900 ff. Küpper 1993, 83.

das ist eine Sache mit Ei und Zucker, das nährt. (ugs.) = *Ausdruck großer Anerkennung*. Jug. 1930 ff. Küpper 1993, 193.

etw. ist eine größere Sache (ugs.) = *etw. ist ziemlich aufwendig, ist nicht so einfach, wie es vielleicht erscheint.* (Duden)

sich wie ein Hai einer Sache bemächtigen (ugs. selten) = S. Hai.

Sack, der; -[e]s, Säcke (als Maßangabe auch: Sack) [mhd., ahd. sac < lat. saccus < griech. sákkos= grober Stoff aus Ziegenhaar; (aus solchem Material hergestellter) Sack]

angeben wie ein Sack Läuse (ugs. selten) = *prahlen, sich wichtig machen.* Szczęk, Wysoczański 2004, 130. S. *angeben wie eine Lore Mücken (Wind).* S. *angeben wie ein Sack Flöhe.*

angeben wie ein Sack (ein Teller; ein Pfund; eine Tüte) Sülze (ugs. spött.) = *mehr scheinen wollen als sein.* Sülze als Gallertmasse gilt als substanzlos: sie längt die Speise, ohne sie wesentlich schmackhafter oder nahrhafter zu machen. 1900 ff. Küpper 1993, 29.

angeben wie ein Sack Flöhe (ugs.) = *sich aufspielen, prahlen, sich wichtig machen.*. 1910 ff. Küpper 1993, 29. S. *angeben wie ein Sack Läuse.*

angeben wie zehn Sack Seife (Schmierseife) (ugs.) = *übermäßig prahlen.* Anspielung auf beachtliche Schaumschlägerei (aus zehn Sack Seife) oder auf die Gleitfähigkeit von Schmierseife. 1920 ff. Küpper 1993, 29.

jmdn. anscheißen wie einen nassen Sack (derb) = *jmdn. grob anherrschen.* 1870 ff. Sold. Küpper 1993, 687.

Benehmen wie ein nasser Sack (ugs.) = S. Benehmen.

dunkel (finster) wie in einem Sack (ugs.) = *völlig dunkel; ohne jegliches Licht.* Seit dem 19. Jh. Küpper 1993, 687.

sich fühlen wie ein nasser Sack (ugs.) = *sich schlecht, miserabel fühlen; erschöpft sein.*

ein Gesicht machen wie ein Sack ohne Eier (derb. abwertend) = S. Gesicht.

mehr im Kopp als im Sack [haben] (Berlin, ugs. derb abwertend) = S. Kopp.

wie ein nasser Sack (ugs.) = *ohne straffe Haltung; energielos; ohne Halt.* Spätestens seit 1870. Küpper 1993, 687. S. Handtuch.

schlafen wie ein Sack (ugs.) = *sehr fest schlafen.* Der Schläfer bleibt regungslos wie ein Sack. 1850 ff. Küpper 1993, 688.

schlaff wie ein nasser Sack sein (ugs.) = *abgekämpft sein, keine Kraft haben.* Brugger 1993, 8.

jmd. ist schwieriger zu hüten als ein Sack (voll) Flöhe (ugs.) = *es ist überaus schwierig, auf ihn/sie aufzupassen* (bezogen auf ein unbändiges Kind, auf eine heiratsfähige Tochter, auf einen Trunksüchtigen usw.). 1500 ff. Küpper 1993, 245.

jmd. kann schwimmen wie ein Sack voll Steine (ugs. iron.) = *über jmdn., der nicht schwimmen kann.* Röhrich 2001, 1, 316.

umfallen wie ein [nasser] Sack (ugs.) = *sich stark ermüdet hinsetzen oder hinlegen.*

voll wie ein Sack (ugs.) = *schwer bezecht, stark betrunken.* Hergenommen vom bis oben gefüllten Sack. Seit dem 18. Jh. Küpper 1993, 687.

Sägefisch, der

Ahnung haben wie ein Sägefisch vom Hobeln (ugs.) = S. Ahnung.

von etw. soviel verstehen wie ein Sägefisch vom Hobeln (ugs. abwertend) = *ohne Ahnung, Kenntnis.* S. Ochs.

SAHNE, die; - [spätmhd. (md., nd.) sane, wohl aus dem Niederl. (vgl. mniederl. sane)]
weich wie Sahne (ugs.) = *anschmiegsam, nachgiebig.* 1920 ff. Küpper 1993, 689.

SALAT, der; -[e]s, -e [älter ital. (mundartl.) salata für: insalata (herba) = eingesalzenes (Salatkraut), zu: insalare = einsalzen, zu: salare = salzen, über das Vlat. zu lat. sal, Salär]
wie der (ein) Storch im (durch den) Salat [gehen o. Ä.**]** (ugs. scherzh.) = S. Storch.

SALBE, die; -, -n [mhd. salbe, ahd. salba, eigtl. = Fett]
das ist wie die weiße Salbe (ugs. regional) = *das hilft nichts und das schadet nichts.* Die *weiße Salbe* aus Bleiweiß und Tierfett war die gebräuchlichste Salbe vom 16. bis 18. Jahrhundert. Röhrich 2001, 4, 1275.
jmd. ist wie die weiße Salbe (ugs. regional) = *jmd. hat eine schwache, willenlose Natur.* In Kärnten sagt man: »Jemand is wia a Salbn«: jemand ist von unechter, falscher Sanftmut und Liebenswürdigkeit. Röhrich 2001, 4, 1275.

SALOMO, biblischer Name
weise wie Salomo (bildungsspr.) = *sehr klug, sehr weise.* Lapidus 2006, 39. Nach dem biblischen König Salomo. Der redensartliche Vergleich beruht auf 1. Könige (Kapitel 5, 10, 11) und 2. Chronik (Kapitel 1 und 9), auch in Lukas 11, 31 sowie auf vielen anderen Bibelstellen und auf dem Titel des apokryphen Buches »Die Weisheit Salomos an die Tyrannen«. Die Wendung blieb auch der Überlieferung des Orients bis hin zu „1001 Nacht" vertraut. Büchmann o.J., 19. Schon mittelhochdeutsch bekannt. In neuerer Zeit finden sich auch zahlreiche Variationen, wie *Er ist ein zweiter Salomo*; *Auch der weise Salomo hatte einen Rehabeam zum Sohn* (niederl. *de wijze Salomo had wel een Rehabeam tot soon*); *Er hat Salomos Pantoffeln geerbt* - ´er ist weise, klug´, meist aber - ´er dünkt sich weise´. Ähnlich die redensartliche Aufforderungen an einen allzu aufdringlichen Fragesteller: *Frage den Salomo, wenn er's weiß, so nickt er*; *Gehe hin zum Salomo, der wird's wohl wissen.* Röhrich 2001, 4, 1276.

SALZHERING, der
[aufeinander] gepfercht (zusammengepresst, gequetscht, eingezwängt, gedrängt) wie die Salzheringe (häufiger **Heringe) [in der Tonne]** (ugs. selten) = *dicht gedrängt.* Übertragen von der Art der Verpackung in Fässern und Tonnen. Szczęk, Wysoczański 2004, 126. Der redensartliche Vergleich findet sich schon bei Abraham a Sancta Clara (»Judas« IV, 390): *Gleich den Häringen aufeinander liegen*; ähnlich *wie die Ölsardinen*; vgl. franz. *être serrés comme des sardines en boîte* (wörtlich: so dicht nebeneinander stehen oder liegen wie die Sardinen in der Dose). Röhrich 2001, 2, 702. S. Hering, Sardine.

SALZSÄULE, die
wie eine Salzsäule sitzen (stehen) (bildungsspr.) = *unbeweglich, wie erstarrt sitzen (stehen).* Seit dem 16. Jh. Küpper 1993, 691. Diese Wendung ist biblischen Ursprungs. Sie bezieht sich auf 1. Moses 19, 26, wo es heißt, dass Lots Weib zur Salzsäule wurde, als sie sich nach der brennenden Stadt Sodom umschaute (Duden, Bd. 11, 604). Vgl. engl. *to turn into a pillar of salt,* poln. *stać jak słup soli.*

SAMT, der; -[e]s, -e [älter: Sammet, mhd. samit < afrz., aprovenz. samit < mlat. samitum < griech. hexámitos = sechsfädig, urspr. = sechsfädiges (Seiden)-

gewebe, zu: héx = sechs u. mítos = Faden, Schlinge, Litze]

etw. ist weich wie Samt (wie Seide) (ugs.) = *etw. ist sehr weich.*

SAMTWEICH <Adj.>

samtweich = *weich wie Samt.*

SAND, der; -[e]s, (Fachspr.:) -e u. Sände [mhd., ahd. sant]

den Kopf in den Sand stecken wie der Vogel Strauß (ugs.) = S. Kopf.

wie Sand am Meer (ugs.) = *in überreichem Maße, in sehr großer Menge.* Dieser redensartliche Vergleich der Vielheit beruht auf Gen 22, 17; 32, 13 u.a. ähnlichen Bibelstellen, wie 1. Sam 13, 5: „Da versammelten sich die Philister, zu streiten mit Israel, 30000 Wagen, 6000 Reiter und sonst Volk, so viel wie Sand am Rand des Meers."; vgl. engl. *as numerous as the sands of the sea.* Röhrich 2001, 4, 1279; DZR 2002, 788.

SÄNGER, der; -s, - [mhd. senger, ahd. sangari]

jmd. taugt zum Sänger wie eine Glasscherbe zum Gurgeln (ugs. iron. abwertend) = *jmd. hat keinerlei Talent zum Singen (zum Sänger).* 1959 ff. Küpper 1993, 298.

SARDELLE, die; -, -n [ital. sardella, Vkl. von: sarda < lat. sarda, Sardine]

wie eine Sardelle aussehen (ugs. abwertend) = *sehr mager sein.* Österr. seit dem 19. Jh. Küpper 1993, 693.

SARDINE, die; -, -n [frühnhd. Sardinlin, spätmhd. sardien< ital. sardina < spätlat. sardina, zu lat. sarda = Hering; Sardelle]

[gequetscht, eingepfercht, zusammengepresst] wie die Sardinen in einer Dose (in der Büchse, in der Tonne) [liegen] (ugs.) = *eng gedrängt, sehr dicht beieinander.* 1920 ff. Küpper 1993, 693; DZR 2002, 783; Szczęk, Wysoczański 2004, 127.

SARG, der; -[e]s, Särge [mhd. sarc(h), ahd. sarc, saruh, über das Vlat. < spätlat. sarcophagus, Sarkophag]

etw. passt wie eine Sonnenuhr in einen Sarg (ugs. spött.) = *über etwas Unpassendes.* Röhrich 2001, 4, 1144.

SATTEL, der; -s, Sättel [mhd. satel, ahd. satal]

etw. passt wie dem Ochsen ein Sattel (ugs.) = S. Ochse.

SAU, die; -, Säue u. -en [mhd., ahd. su, viell. eigtl. = Gebärerin od. lautm. (u. eigtl. = Su[su]-Macherin)]

angeben wie eine gesengte Sau (salopp abwertend) = *toben, prahlen.* 1930 ff. Küpper 1993, 29.

angeben wie eine nackte Sau (salopp abwertend) = *lärmen; sich aufspielen; sich unnötig aufregen.* 1930 ff. Küpper 1993, 29.

ankommen wie die Sau ins Judenhaus (salopp abwertend selten) = *ungelegen kommen.* Juden ist der Genuss von Schweinefleisch verboten. 1800 ff. Küpper 1993, 694.

aussehen wie eine fette Sau (salopp abwertend) = *sehr beleibt sein, eine große Körperfülle aufweisen.* Szczęk, Wysoczański 2004, 105. Vgl. Mastschwein.

Augen machen, als ob die Sau sichten (Mehl sieben) hört (salopp) = S. Auge.

sich benehmen wie fünfhundert Säue (salopp abwertend) = *sich völlig anstandswidrig benehmen.* Abgewandelt aus Goethes »Faust I« (»Uns ist ganz kannibalisch wohl / Als wie fünfhundert Säuen«). Im frühen 20. Jh. aufgekommen; Sold. 1915 ff. Küpper 1993, 694.

sich benehmen wie eine gesengte (wild gewordene) Sau (salopp abwertend) = 1. *sich sehr schlecht, ungesittet benehmen.* „Uns ist ganz kannibalisch wohl als wie fünfhundert Säuen" in Goethes »Faust« (I, »Auerbachs Keller«) beruht auf einem alten volkstümlichen redensartlichen Vergleich, den z.B. Thomas Murner einmal in der Form *vierhundenert Becker-*

schweine bringt. Röhrich 2001, 4, 1283. 2. *sich hemmungslos, dreist-herausfordernd benehmen.* 1900 ff. Küpper 1993, 694.

Benehmen wie eine gesengte Sau (derb) = S. Benehmen.

bluten wie eine Sau (salopp) = *viel Blut vergießen.* Seit dem 16. Jh. Küpper 1993, 694. S. *bluten wie ein Schwein.*

brennen (schmerzen) wie [die] Sau (salopp) = *über starke Schmerzen.* Szczęk, Wysoczański 2004, 107. *Wie Sau* tritt hier lediglich als Verstärkung auf.

davonlaufen wie die Sau vom Trog (salopp abwertend selten) = 1. *ohne Abschied, ohne Dank oder Gruß weggehen.* Röhrich 2001, 4, 1283. 2. *sehr schlechte Manieren beim Essen haben.* Szczęk, Wysoczański 2004, 105. Der Vergleich bezieht sich auf die Tatsache, dass Schweine schnell fressen und vom Trog weglaufen, ohne auf die Anderen zu achten. S. *wie die Sau vom Trog laufen (weglaufen).*

es so dick hinter den Ohren haben wie die Sau Läuse (salopp selten) = S. Ohr.

drauf losstürzen wie die Sau auf den Äppelkrotze (ugs. landschaftl. Rheinhessen) = *besonders gierig auf etwas sein.* Im Schwäbischen heißt dies: *gierig wie dieì Gans auf den Apfelbutzen.* Röhrich 2001, 1, 93.

fahren wie eine gesengte Sau (salopp abwertend) = *undiszipliniert, draufgängerisch fahren.* 1920 ff. Küpper 1993, 694.

ein Gesicht machen wie die Sau auf dem Pflaumenbaum (salopp abwertend selten) = *verdutzt gucken, ein überraschtes Gesicht machen.* Szczęk, Wysoczański 2004, 105.

hocken wie eine Sau auf dem Apfelhaum (salopp) = *eine sehr schlechte Körperhaltung haben.* Seit dem ausgehenden 19. Jh. Küpper 1993, 694.

nach Geld stinken wie die Sau nach Eau de Cologne (derb abwertend) = S. Geld.

kalt wie eine Sau (ugs.) = *sehr kalt.* Hergenommen von dem erkalteten Schlachttier. Seit dem 19. Jh. Küpper 1993, 694.

wie eine gesengte Sau (salopp abwertend) = 1. *überaus schlecht* (in Bezug auf die Ausführung, das Verhalten). 2. *sehr schnell* (in Bezug auf die Art des Sichfortbewegens). Vom schreiend davonlaufenden Tier übertragen auf eine ungestüme, draufgängerische Handlungsweise. 1870 ff. Küpper 1993, 694. Der Vergleich stammt wohl aus der Jägersprache und bedeutet eigentlich ′wie ein angeschossenes Wildschwein, dem ein Schuss das Fell versengt hat′. DZR 2002, 783. Küpper bietet eine andere, weniger wahrscheinliche Interpretation: Die Wendung hat nichts mit *sengen* zu tun (es sei denn in der Bedeutung ′prügeln′), sondern mit *senken* - ′kastrieren′. Kleinlandwirte nahmen diese Operation früher eigenhändig vor; dabei mußte das Tier sehr große Schmerzen erdulden, weswegen es hinterher seinen Peinigern wie wild davonrannte. 1850 ff.

wie eine gesengte Sau spielen (salopp abwertend) = *sehr schlecht spielen.* 1900 ff. Kartenspielerspr., sportl. u. a. Küpper 1993, 695.

sich wie eine gesengte Sau benehmen (salopp abwertend) = *sich höchst ungesittet aufführen; ungestüm handeln.* 1910 ff. Küpper 1993, 694.

aus dem Hals riechen wie die Sau aus dem Arschloch (derb) = S. Hals.

passen wie der Sau das Halsband (salopp abwertend selten) = *über etwas Unpassendes, Unangemessenes.* Röhrich 2001, 4, 1293; Szczęk, Wysoczański 2004, 105. Säue tragen keine Halsbänder, die zudem nicht passen würden. Vgl. *etw. passt wie dem Ochsen ein Sattel.*

das passt wie die Sau ins Judenhaus (ugs. abwertend) = *das kommt sehr ungelegen, ist völlig unpassend.* Spätestens seit 1700. Ähnlich schon in den Fastnachtsspielen des 15. Jhs. Küpper 1993, 695.

schießen wie eine gesengte Sau (salopp abwertend) = *schlecht schießen.* 1870 ff. Küpper 1993, 694.

wie eine Sau schreiben (ugs. abwertend) = *schlecht, unleserlich schreiben.* Seit dem 19. Jh. Küpper 1993, 694.

schreien wie eine gesengte (gestochene) Sau (salopp abwertend) = *laut schreien.* 1920 ff. Küpper 1993, 694. Vgl. franz. *crier comme une truie qu'on égorge.* Röhrich 2001, 4, 1283.

schwitzen wie eine Sau (salopp) = *sehr stark schwitzen.* Leitet sich her von der toten Sau, die beim Braten »schwitzt«. 1900 ff. Küpper 1993, 694. Vgl. franz. *suer comme un boeuf.* Röhrich 2001, 4, 1283. Vgl. Pferd.

stinken wie [die, eine] Sau (salopp abwertend) = *sehr unangenehm riechen, einen unangenehmen Geruch verbreiten.* Szczęk, Wysoczański 2004, 107. Schweine, und besonders der Schweinestall, verbreiten einen sehr unangenehmen Geruch.

stumpf wie die Sau (salopp selten) = 1. *ohne geistige Aktivität, ohne Lebendigkeit; ohne Empfindungsfähigkeit.* 2. *abgestumpft und teilnahmslos, fast leblos.* Szczęk, Wysoczański 2004, 107. Schweine gelten im allgemeinen Verständnis als dumm, woher das Bild rührt. *Stumpf* - 'dumm, teilnahmslos'. Vgl. *stumpfsinnig.*

mit einem umgehen (ihn anfahren) wie die Sau mit dem (den) Bettelsack [aus dem sie die Treber herauswühlt] (salopp abwertend) = 1. *jmdn. abfällig behandeln.* 2. *überaus undankbar sein.* Bei Luther findet sich die Wendung *wie die Sau den Habersack.* Röhrich 2001, 4, 1283.

weglaufen (laufen) wie die Sau vom Trog (ugs. abwertend) = *ohne Dank vom Essen aufstehen.* Seit dem 19. Jh. Küpper 1993, 695. S. *davonlaufen wie die Sau vom Trog.*

sich vorkommen wie die Sau im Judenhaus (ugs. abwertend veraltend) = *sich nicht am rechten Platz fühlen; sich überflüssig vorkommen.* 1840 ff. Küpper 1993, 695.

voll wie eine Sau (salopp abwertend) = *stark betrunken, stark unter dem Einfluss von Alkohol.* Szczęk, Wysoczański 2004, 107.

wie die Sau (landsch.) = *sehr stark, heftig, intensiv.* Diese Bedeutung findet sich als Verstärkung in vielen Zusammensetzungen vom Typ *saustark, saukalt, sauschnell, saugut, sauschlecht* u.a.

wie eine wilde Sau (ugs.) = *wütend; vor Zorn uneinsichtig.* 1900 ff. Küpper 1993, 694.

wie von einer Sau geferkelt (salopp oft scherzh. norddeutsch) = *von zwei Menschen gleichen Schlags.* Röhrich 2001, 4, 1283.

wolllüstig grunzen wie eine vollgefressene Sau (salopp abwertend) = 1. *nach dem Essen aufstoßen.* 2. *nach dem Essen wohlige Laute von sich geben.* Szczęk, Wysoczański 2004, 107. Schweine grunzen nach dem Fressen zufrieden.

SAUBOHNENSTROH, das

gröber sein als Saubohnenstroh (ugs. territorial) = *sehr grob, unerzogen, taktlos sein.* Dieser redensartliche Vergleich ist besonders im südwestdeutschen Raum belegt: *Er isch gröber aß Saubohnestrau* (J. Ph. Glock: »Breisgauer Volksspiegel«, S. 7). Röhrich 2001, 4, 1286. Das Stroh der Saubohne ist sehr hart und deshalb z.B. für Betten ungeeignet.

SÄUGLING, der; -s, -e [spätmhd. sugelinc]

selig lächeln[d] wie ein satter Säugling (scherzh.) = *zufrieden lächeln.* Küpper 1993, 93. Zu Christian Morgensterns (1871-1914) Palmströmgedichten gehört »Korf erfindet eine Art von Witzen«. Das Zitat ist der letzte Vers des zweistrophigen Gedichts über »eine Art von Witzen, die erst viele Stunden später wirken«, sodass sie den Hörer eines solchen aus dem Schlaf aufwecken und ihn »selig lächeln« lassen. »... als hätt ein Zunder still geglommen,/wird man nachts im Bette plötzlich munter,/selig lächelnd wie ein satter Säugling.« Man verwendet das Zitat, um jemandes entsprechenden Gesichtsausdruck, ein Zufriedenheit ausdrückendes Lächeln, scherzhaft zu kommentieren. DZR 2007, 688.

SÄULE , die; -, -n [mhd. sul, ahd. sul, im Ablaut zu got. sauls = Säule; die nhd. Form hat sich aus dem Pl. mhd. siule entwickelt]

Der Spanier gleicht (seiner Erscheinung nach) **dem Teufel, der Italiener ist ein Mann, der Franzose ist wie ein Weib, der Brite wie ein Engel, der Deutsche wie eine Säule.** (bildungsspr.) = S. Spanier.

SAUNA, die; -, -s u. ...nen [finn. sauna, eigtl. = Schwitzstube]

heiß wie in der Sauna = *sehr heiß, von [relativ] hoher Temperatur.* Vgl. *Backofen.*

schwül wie in der Sauna = *sehr feucht und warm, über feuchte Hitze; durch Schwüle gekennzeichnet* (meist über das Wetter). (Duden) Vgl. Backstube, S. Waschküche.

SAUTREIBER, der; -s, -

grob wie ein Sautreiber (landsch. ugs. abwertend) = *sehr grob; unflätig.* Seit dem 19. Jh. Küpper 1993, 698.

SCHACH , das; -s, -s [mhd. schach, zu arab. sah mata, vgl. schachmatt]

von etw. soviel verstehen wie die Kuh vom Schach spielen (von Weihnachten, vom Zither spielen) (ugs. abwertend) = S. Kuh.

SCHACHTEL, die; -, -n [spätmhd. schahtel, älter: schattel, scatel < ital. scatola (mlat. scatula), Schatulle]

wie aus der Schachtel (wie aus dem Schächtelchen; wie aus dem Schachterl) (ugs.) = *sauber gekleidet.* Hergenommen von der Schachtel, in der die Spielpuppe verkauft wird. 1840 ff. Küpper 1993, 698. S. Karton, Papier.

SCHÄCHTELCHEN, das

wie aus dem Schächtelchen (wie aus der Schachtel) (ugs.) = *sauber und adrett gekleidet.* DZR 2002, 781. S. Schachtel, Karton, Papier.

SCHÄDELBRUCH, der

er kann einen Schädelbruch nicht von einem Dezimalbruch unterscheiden (ugs. spött.) = *er ist ein unfähiger Arzt; zum ärztlichen Beruf hat er kein Talent.* 1900 ff. Küpper 1993, 699.

SCHAF, das; -[e]s, -e [mhd. schaf, ahd. scaf]

beliebt sein wie ein Wolf unter den Schafen (ugs. iron.) = S. Wolf.

jmd. ist gern gesehen wie ein Wolf unter Schafen. (ugs. iron.) = S. Wolf.

herumlaufen wie ein verirrtes Schaf (ugs.) = *orientierungslos sein (herumlaufen); etw. ohne Systematik suchen.* Poln. *biegać (chodzić) jak biedna (zbłąkana) owca.* Szczęk, Wysoczański 2004, 109.

jmdm. folgen wie ein Schaf seiner Herde (ugs. abwertend) = *jmdm. gedankenlos folgen; einer bestimmten politischen oder gesellschaftlichen Strömung ohne Nachzudenken folgen, nachlaufen.* Szczęk, Wysoczański 2004, 109.

geduldig wie ein Schaf (ugs.) = *überaus geduldig; naiv auf etw. warten.* Szczęk, Wysoczański 2004, 109.

jmdn. meiden wie ein räudiges Schaf (ugs. abwertend) = *jmdn. aus einer Gemeinschaft ausschließen, jmdn. nachdrücklich meiden.* Szczęk, Wysoczański 2004, 109. Diese Redensart geht auf ein Sprichwort zurück: *Ein räudiges Schaf steckt die ganze Herde an.*

sich wie ein Schaf scheren lassen (ugs.) = *sich widerstandslos fügen; aus Gutmütigkeit nachgeben.* Seit dem 19. Jh. Küpper 1993, 699.

SCHAFLEDER, das

ausreißen wie ein Schafleder (ugs.) = 1. *nicht haltbar sein, sehr schnell kaputtgehen.* Szczęk, Wysoczański 2004, 109. Das aus der Haut von Schafen hergestelltes Leder ist weich und nicht so widerstandsfähig, wie z.B. Rinds- oder Schweineleder. 2. *davonlaufen, entweichen.* Wortspiel mit zwei Bedeutungen von *ausreißen*: einmal soviel wie ′zerreißen, löcherig werden′ und zum anderen ′[schnell] weglaufen, wegeilen′. 1600 ff. Küpper 1993, 699; Röhrich 2001, 1, 17.

SCHAFSPELZ, der

wie ein Wolf im Schafspelz (auch **Schafsfell**, auch **Schafskleid) sein** (bildungsspr.) = S. Wolf.

SCHALTEN <sw. V.; hat> [mhd. schalten, ahd. scaltan = stoßen, schieben, wahrsch. eigtl. = spalten; hauen]

schalten und walten können, wie es einem gefällt (ugs.) = *nach eigenem Belieben verfahren können; tun können, was man für richtig hält; handeln können, wie es einem gefällt*

SCHATTEN, der; -s, - [mhd. schate(we), ahd. scato, verw. mit griech. skótos = Dunkel]

jmdm. wie ein (sein) Schatten folgen = *jmdm. überallhin folgen, ihn nicht aus den Augen lassen; jmdn. stets begleiten.* DZR 2002, 785; DZR 2007, 842. Poln.: *chodzić za kimś jak cień.* WW 2004, 19.

SCHAUFENSTER, das

wie aus dem Schaufenster (ugs.) = 1. *modern gekleidet.* 2. *sehr reinlich gekleidet.* 1930 ff. Küpper 1993, 702. Vgl. *wie aus dem Ei gepellt.*

SCHAUKELPFERD, das

ein Gemüt wie ein Schaukelpferd haben (ugs.) = S. Gemüt.

grinsen wie ein Schaukelpferd (ugs. abwertend) = *dümmlich lächeln.* Vom dümmlichen angemalten Lachen des Kinderspielzeugs. Vgl. Honigkuchenpferd.

SCHEIBE, die; -, -n [mhd. schibe, ahd. sciba, urspr. = vom Baumstamm abgeschnittene runde Platte, verw. mit scheiden in dessen urspr. Bed. „abschneiden“]

angeben wie ein Brummer an der Scheibe (ugs.) = S. Brummer.

SCHEIN , der; -[e]s, -e [mhd. schin, ahd. scin, zu scheinen]

das ist dasselbe in grün, bloß einen Schein dunkler (ugs. scherzh.) = S. grün.

SCHEIßE, die; - [mhd. schiȝe, zu scheißen]

sich benehmen wie Scheiße (derb stark abwertend) = *sich sehr unangebracht verhalten; stark gegen bestehende Normen verstoßen.*

dumm wie Scheiße (derb stark abwertend) = *überaus dumm.*

klar wie dicke Scheiße (vulg. iron.) = *völlig einleuchtend.* Stud. 1960 ff. Küpper 1993, 705. Nach dem Modell *klar wie Kloßbrühe.*

etw. schmeckt wie Scheiße (derb) = *etw. schmeckt sehr schlecht.* Über ungenießbares Essen.

etw. stinkt wie Scheiße (derb) = *etw. riecht sehr schlecht, verbreitet einen sehr üblen Geruch.*

zum Scheißen zu dämlich (dumm) sein (derb emotional abwertend) = *überaus dumm sein.* Lapidus 2006, 44.

SCHEIßHAUSFLIEGE, die

lästig wie eine Scheißhausfliege (derb abwertend) = *aufdringlich, jmdn. in [aufdringlich] unangenehmer Weise beanspruchend, störend, ihn in seinem Tun oder seinen Lebensgewohnheiten behindernd; sehr unangenehm.* Szczęk, Wysoczański 2004, 129. S. Insekt, Juckreiz.

Abort (auch in den Formen *Scheißhaisl; Scheißhäuslein* o. Ä.). Seit dem 15. Jh. Küpper 1993, 706.

SCHENKEN <sw. V.; hat> [mhd. schenken, ahd. scenken, urspr. = zu trinken geben, eigtl. = schief halten (von einem Gefäß, aus dem eingeschenkt wird) u. zu dem unter Schinken genannten Adj. mit der Bed. „schief, krumm“ gehörend]

das ist geschenkt zu teuer (ugs.) = *das ist völlig wertlos*. Der Gegenstand ist so minderwertig, dass man ihn nicht einmal als Geschenk entgegennähme. 19. Jh. Küpper 1993, 288.

SCHERE, die; -, -n [mhd. schære, ahd. scari (Pl. von: scar= Messer, Schere, Schar), wohl eigtl. = zwei Messer]

scharf wie eine Schere (salopp) = 1. *liebesgierig*. 1950 ff. Küpper 1993, 707. 2. *sexuell sehr anregend* (über eine Frau). S. Rasiermesser, Rasierklinge.

SCHERENSCHLEIFER, der

einen Mund (ein Mundwerk) haben wie ein Scherenschleifer (ugs. abwertend) = S. Mund.

rennen wie ein Scherenschleifer (ugs. v.a. sächsisch) = *schnell, in großem Tempo, meist mit ausholenden Schritten laufen*. Der Vergleich beruht auf der Beobachtung, dass der umherziehende Scherenschleifer die Entfernungen zwischen den einzelnen Ortschaften mit seinem Karren rasch zurücklegt, um Zeit für seine Arbeit zu gewinnen und mehr verdienen zu können. Röhrich 2001, 4, 1322.

SCHEUNENDRESCHER, der: in der Wendung

essen (fressen, futtern, reinhauen o. Ä.) **wie ein Drescher (Scheunendrescher)** (salopp) = *unmäßig viel, große Portionen essen*. Duden, Bd. 11, 617. Drescharbeiter, die mit Dreschflegeln hantieren, verrichten Schwerarbeit und haben entsprechend großen Appetit. 1800 ff. Küpper 1993, 178.

fluchen wie ein Scheunendrescher (ugs.) = *unmäßig fluchen*. 1950 ff. Küpper 1993, 707.

hungrig wie ein Scheunendrescher (ugs.) = *heißhungrig*. Scheunendrescher droschen in der Scheune das Getreide mit dem Dreschflegel; sie verrichteten schwere Arbeit und verlangten entsprechende Verpflegung. 1800 ff.; wohl älter (Vgl. das Folgende). Küpper 1993, 707.

SCHEUNENTOR, das

dastehen wir der Ochs (Ochse) vorm neuen Scheunentor (ugs.) = S. Ochse.

dastehen wie die Katze vorm (vor dem) neuen Scheunentor (ugs.) = S. Katze.

dastehen wie die Kuh vorm (vor dem) neuen Scheunentor (ugs. abwertend) = S. Kuh.

lächeln wie ein Scheunentor (ugs.) = *breitmundig lächeln*. 1950 ff. Küpper 1993, 707.

das Maul aufreißen wie ein Scheunentor (salopp) = S. Maul.

offen wie ein Scheunentor (ugs.) = *über eine sehr schlechte Abwehr im Sport (beim Fußball, Handball, Boxen u. Ä.)*.

SCHIEFER, der; -s, - [mhd. schiver(e), ahd. scivaro = Stein-, Holzsplitter, zu scheiden, zu einem Verb mit der Bed. ´spalten, trennen´ u. eigtl. = Abgespaltenes, Bruchstück]

schwarz (finster) wie Schiefer = *von schwarzer oder sehr dunkler Farbe*. Brugger 1993, 57. *Schiefer* ist ein dunkles oder schwarzes, aus dünnen, ebenen Lagen bestehendes Gestein, das sich leicht in flache Platten spalten lässt. Schieferdächer haben eine schwarze Farbe.

SCHIENE, die; -, -n [mhd. schine, ahd. scina = Schienbein; Holz-, Metallleiste, zu einem Verb mit der Bed. „schneiden, spalten, trennen“ (vgl. z. B. lat. scindere, Szission) u. eigtl. = abgespaltenes Stück, Span; seit dem 18. Jh.]

es geht (läuft wie) auf Schienen (ugs.) = *es geht reibungslos vor sich; kein Hindernis taucht auf*. Sold. 1939 ff. Küpper

1993, 709. Ähnlich: *etw. läuft wie geschmiert* (s.).

SCHIEßBUDENFIGUR, die

bunt wie eine Schießbudenfigur (ugs.) = *geschmacklos bunt.* 1920 ff. Küpper 1993, 709.

SCHIEßEN, das

es geht aus (es endet) wie das Hornberger Schießen (ugs.) = es endet erfolglos; die Vorbereitungen erweisen sich als zwecklos. Hornberg liegt im Gutachtal im Schwarzwald. Eine Schelmengeschichte erzählt, dass nach dem Dreißigjährigen Krieg der Herzog von Schwaben den Hornbergern seinen Besuch ankündigte und mit Kanonendonner und Gewehrsalven gebührend empfangen werden sollte; aber weil die Hornberger an dem heißen Sommertag schon früh zu zechen begannen, hielten sie jedes nahende Gefährt für den Wagen des Herzogs, sodass, als dieser endlich eintraf, alles Pulver für die Begrüßung bereits verschossen war. Seit dem späten 18. Jh. Küpper 1993, 360.

SCHIEßHUND, der (Jägerspr. veraltet)

aufpassen wie ein Schießhund (ugs.) = *scharf aufpassen.* Schießhund ist der Vorstehhund des Jägers; er spürt das angeschossene Wild auf. 1700 ff. Küpper 1993, 709.

hinter jmdm. her sein wie ein Schießhund (ugs.) = *jmdn. verfolgen, nicht aus den Augen lassen.* Seit dem 19. Jh. Küpper 1993, 709.

wie ein Schießhund warten (ugs.) = *gespannt warten.* 1900 ff. Küpper 1993, 709.

SCHIFFERSCHEIßE, die in der Fügung

dumm (blöde, doof, dämlich) wie Schifferscheiße sein (derb) = *sehr dumm (doof) sein.* Duden, Bd. 11, 162. Die Steigerung hat sich aus *geil (scharf) wie Schifferscheiße* entwickelt. 1900 ff. Küpper 1993, 710.

frech wie Schifferscheiße (derb) = *sehr frech, dreist, unverschämt, herausfordernd.* 1900 ff. Küpper 1993, 710.

geil (scharf) wie Schifferscheiße (derb) = *wollüstig.* Hat vermutlich nichts mit *Schiffer* zu tun, sondern ist entstellt aus »die Schiffe = Harn« oder aus »Schafscheiße«. *Scharf* bezieht sich eigentlich auf den strengen Geruch. 1900 ff. Küpper 1993, 710.

klar wie Schifferscheiße (derb iron.) = *völlig einleuchtend.* 1900 ff. Küpper 1993, 710. Nach dem Modell *klar wie Kloßbrühe.*

scharf wie Schifferscheiße (wie Paprika, wie tausend Chinesen) sein (salopp) = 1. *begierig auf sexuelle Betätigung sein.* 2. *sexuell stark anregend sein, erotische, sexuelle Anziehungskraft besitzen, Sex-Appeal haben* (bes. über Frauen). Borneman 2003, 4.8.

SCHILLER, Familienname

So was lebt (und zappelt), und Schiller musste sterben! (ugs. scherzh.) = *Ausruf der Empörung und Entrüstung über einen besonders Einfältigen, der durch den Vergleich mit Schiller noch wertloser erscheint.* Seine Dummheit wird als Krankheit betrachtet, die aber nicht zum Tode führt. Röhrich 2001, 4, 1338.

SCHLACHT, die

aussehen wie nach der Schlacht (ugs.) = *in größter Unordnung, unordentlich (unaufgeräumt, durcheinander) sein.*

SCHLACHTBANK, die <Pl. ...bänke>

aussehen wie ein Lamm, das zur Schlachtbank geführt wird (ugs.) = S. Lamm.

sich wie ein Lamm zur Schlachtbank führen lassen (geh. bildungsspr.) = S. Lamm.

SCHLACHTERHUND, der

ein Gemüt haben wie ein Schlachterhund (ugs. abwertend) = S. Gemüt.

ein Gewissen haben wie ein Schlachterhund (ugs. abwertend) = S. Gewissen.

SCHLACHTFELD, das

aussehen wie auf dem (einem) Schlachtfeld (wie nach der Schlacht) (ugs.) = *in größter Unordnung, unordentlich (unaufgeräumt, durcheinander) sein.*

SCHLACHTSCHWERT, das

ein Maul (eine Zunge) haben wie ein Schlachtschwert (ugs. abwertend) = S. Maul; Zunge.

SCHLAG, der; -[e]s, Schläge [mhd. slac, ahd. slag, zu schlagen]

Schläge bekommen wie ein Bär (ugs.) = *stark geschlagen werden.* Szczęk, Wysoczański 2004, 97. Bären werden während der Dressur (S. Tanzbär) häufig geschlagen, um sie möglichst schnell zu bestimmten Bewegungen zu bringen.

Schläge bekommen wie ein Esel (ugs. selten) = *heftig geschlagen werden.* Wysoczański 2004, 109. Esel werden wegen ihres störrische Wesens häufig geschlagen, damit sie die geforderten Arbeiten ausführen.

wie vom Schlag gerührt (auch: **getroffen) [sein]** (ugs.) = *verstört, fassungslos sein, starr vor Entsetzen, Schreck, Erstaunen sein.* DZR 2002, 790. Poln. *jak rażony piorunem.* WW 2004, 43.

SCHLAGANFALL, der

das ist ein Skat, den meine Großmutter noch nach dem ersten Schlaganfall spielen kann (Kartenspieler spött.) = S. Skat.

SCHLANGE, die; -, -n [mhd. slange, ahd. slango, zu schlingen, eigtl. = die sich Windende]

jmdn. anstarren wie die Schlange das Kaninchen (ugs.) = *jmdn. starr, unablässig anblicken, den Blick starr auf jmdn., etw. richten.* 1950 ff. Küpper 1993, 715. S. Klapperschlange.

aufspringen wie von einer Schlange gebissen (ugs.) = *plötzlich aufspringen, aufstehen.* Szczęk, Wysoczański 2004, 129. Schlangen greifen sehr schnell und unverhofft an, wodurch eine plötzliche, erschrockene Reaktion hervorgerufen wird.

beißen wie eine Schlange (ugs.) = *gefährlich sein, hinterrücks angreifen.* Die Wendung ist schon als Ausspruch Salomos bekannt: „Sieh den Wein nicht an, wenn er gelb wird, wenn seine Farbe im Glase schön leuchtet; er gehet lieblich ein, aber endlich wird er beißen wie eine Schlange." Röhrich 2001, 4, 1358.

dasitzen wie das Kaninchen v or der Schlange (ugs.) = S. Kaninchen.

glatt (schlüpfrig) wie eine Schlange (ugs. abwertend) = *charakterlich geschmeidig; überfreundlich; schlau, ohne überführt werden zu können.* Eine Schlange ist schwierig festzuhalten. Szczęk, Wysoczański 2004, 129.

falsch ([hinter-]listig) wie eine Schlange (ugs.) = *sehr falsch, unehrlich; sehr heimtückisch; nicht vertrauenswürdig; über eine verräterische, heimtückische (meist weibliche) Person.* Auch einfach *eine (wahre) Schlange sein.* 1500 ff. Küpper 1993, 715; Lapidus 2006, 33; Dobrovol´skij, Piirainen 1996, 11. Da die Schlange wegen ihrer Verführerrolle beim Sündenfall mit dem Bösen und dem Teufel gleichgesetzt wurde, entstanden diese und ähnliche Wendungen. Vgl. niederl.h *Het ist een regte otter.* Röhrich 2001, 4, 1358. Poln. *chytry jak wąż.* Szczęk, Wysoczański 2004, 129.

sich aus etw. herauswinden wie eine Schlange = *aus einer Situation durch verschiedene Winkelzüge herauskommen; lange und nicht direkt reden, um eine ungünstige Situation zu beenden.*

wie ein Kaninchen vor der Schlange stehen (ugs.) = S. Kaninchen.

wie ein Kaninchen auf die Schlange starren (die Schlange anstarren) (ugs.) = S. Kaninchen.

klug (listig) wie eine Schlange sein (geh.) = *sehr klug sein, viel wissen.* Lapidus 2006, 39, 40. Die Redensart ist biblischen Ursprungs. Von der Klugheit der Schlange und ihrer Fähigkeit zu reden spricht bereits Gen 3, 1, und bei Mt 10, 16 sagt Jesus zu seinen Jüngern: „Siehe, ich sende euch wie Schafe mitten unter die Wölfe; darum seid klug wie die Schlangen und ohne Falsch wie die Tauben." Röhrich 2001, 4, 1358. Poln. *chytry/ przebiegły jak wąż*. Szczęk, Wysoczański 2004, 129.

tückisch wie eine Schlange (ugs.) = *durch hinterhältig-heimtückische Boshaftigkeit gekennzeichnet, voller Tücke steckend; von Tücke zeugend.* Poln. *chytry jak wąż.* Szczęk, Wysoczański 2004, 129.

sich schlängeln wie eine Schlange (ugs.) = 1. *sich nicht festlegen (wollen); keine Entscheidung treffen.* 2. *sich durch eine Enge hindurchzwängen, sich körperlich verrenken.* Poln. *pełzać jak wąż.* Szczęk, Wysoczański 2004, 129.

sich winden wie eine Schlange = *sich aus einer unangenehmen, schwierigen Lage zu befreien suchen.* Röhrich 2001, 4, 1358; Szczęk, Wysoczański 2004, 129. (S. Aal).

zischen (fauchen) wie eine Schlange (ugs.) = *missgünstig, zornig sein.* Röhrich 2001, 4, 1358. Poln. *syczeć jak wąż.* Szczęk, Wysoczański 2004, 129.

SCHLAUCH, der; -[e]s, Schläuche [mhd. sluch = abgestreifte Schlangenhaut, Röhre, Schlauch, eigtl. = Schlupfhülse, -hülle, verw. mit schlüpfen]

saufen wie ein Schlauch (ugs.) = *viel trinken; trunksüchtig sein.* 1920 ff. Küpper 1993, 716. Schimpfwort auf einen Trinker oder Trunksüchtigen. »Schlauch« steht schon im 15. Jh. für »Schlund, Gurgel«, auch für den dickleibigen Menschen. »Weinschlauch« nannte man damals den Weintrinker. 1800 ff. Küpper 1993, 716. S. Bürstenbinder.

SCHLOSSHUND, der: nur in der Wendung

heulen (weinen, jaulen) wie ein Schlosshund (ugs.) = 1. *laut und heftig weinen.* 2. *aufheulen müssen vor Kummer, Schmerz u.Ä.* Röhrich 2001, 4, 1369. Leitet sich her vom angeketteten Hund, der langgezogene, klagende Laute von sich gibt. Seit dem frühen 19. Jh. Küpper 1993, 720. Die Wendung bezieht sich darauf, dass die lang gezogenen Laute, die ein Hund auf einem in offener Landschaft oder auf einer Anhöhe gelegenen Schloss von sich gibt, weithin hörbar sind. DZR 2007, 345. S. *heulen wie ein wildes Tier.*

SCHLOT, der; -[e]s, -e, seltener: Schlöte [mhd., ahd. slat, viell. zu mhd. slate = Schilfrohr, also viell. eigtl. = hohler Halm]

rauchen (qualmen, dampfen) wie ein Schlot (ugs.) = *stark rauchen, ein starker Raucher sein.* Übertragen vom rauchenden Fabrikschornstein. Seit dem ausgehenden 19. Jh. Vgl. engl. *He smokes like a chimney.* Küpper 1993, 720, 740; DZR 2007, 637.

SCHLUND, der; -[e]s, Schlünde [mhd., ahd. slunt, ablautende Bildung zu schlingen]

einen Schlund haben wie die Einkommensteuer (ugs.) = *trunksüchtig sein.* Die Einkommensteuer ist ein unersättlicher Rachen. Seit dem späten 19. Jh. bis heute. Küpper 1993, 198.

SCHLÜSSEL, der; -s, - [mhd. slüȥȥel, ahd. sluȥȥil, zu schließen]

das passt wie der Schlüssel ins Loch (ugs.) = *das trifft genau zu, passt zueinander.* 1900 ff. Küpper 1993, 722.

jmd. ist wie ein Schlüssel, der nirgends [hin-] passt (ugs.) = *über einen Menschen, der zu nichts zu gebrauchen ist.* Vgl. niederl. *Iemand, die niet deugen wil, is gelijk aan een' sleutel, die nirgends op past.* Röhrich 2001, 4, 1372.

SCHMALZ, das; -es, (Sorten:) -e [mhd., ahd. smalz, zu schmelzen]

mehr Schmalz zwischen die Ohren als zwischen die Beene [haben] (Berlin, salopp abwertend) = *mehr Intelligenz als Potenz besitzen.* Borneman 2003, 5.

SCHMEIßFLIEGE, die [man hielt die Eier für ihren Kot]

lästig wie eine Schmeißfliege (die Schmeißfliegen) (derb abwertend) = *aufdringlich, jmdn. in [aufdringlich] unangenehmer Weise beanspruchend, störend, ihn in seinem Tun oder seinen Lebensgewohnheiten behindernd; sehr unangenehm.* Szczęk, Wysoczański 2004, 129. S. Insekt, Juckreiz, Scheißhausfliege.

SCHMETTERLING, der; -s, -e [aus dem Obersächs., wohl zu Schmetten]

wie ein Schmetterling von Blüte zu Blüte flattern (ugs. scherzh.) = *viele Liebschaften haben; sich amourösen Abenteuern hingeben; (in Partnerbeziehungen) unstet sein.* Nach altem Volksglauben fliegen Hexen in Schmetterlingsgestalt umher, um Milch und Sahne zu stehlen, worauf dieser Vergleich zielt.

flatterhaft wie ein Schmetterling (ugs. scherzh.) = Dass., wie *wie ein Schmetterling von Blüte zu Blüte flattern* (s.). Szczęk, Wysoczański 2004, 132.

wie ein Schmetterling aus der Puppe kriechen (ugs.) = 1. *sich deutlich wandeln, positive Seiten zeigen, die vorher nicht bekannt waren.* 2. *sein Äußeres wesentlich verbessern.* Szczęk, Wysoczański 2004, 132.

SCHMIDT, Familienname

etw. geht ab (abgehen, rennen) wie Schmidts Katze (ugs.) = 1. *etw. geht schnell los, etw. kommt schnell in Fahrt.* 2. *etw. ist mitreißend.* Vgl. *abgehen wie ein Zäpfchen.*

SCHMIEDE , die; -, -n [mhd. smitte, ahd. smitta]

dastehen wie der Esel vor der Schmiede (ugs. landschaftl.) = S. Esel.

SCHMIEREN <sw. V.; hat> [mhd. smir(we)n, ahd. smirwen, zu Schmer]

[etw. geht, läuft] wie geschmiert (ugs.) = 1. *reibungslos, etw. läuft gut, eine Sache geht gut voran, es gibt keine Schwierigkeiten bei etw., es geht leicht, reibungslos, ganz nach Wunsch vonstatten.* Herzuleiten vom (an der Achse) gut geschmierten Wagenrad. Seit dem 18. Jh. Wenn man mechanische Geräte gut schmiert, laufen sie reibungslos. Die gleiche Bedeutung trägt die Wendung im übertragenen Sinn; in der Umgangssprache bedeutet sie, dass sich etwas reibungslos und ohne Schwierigkeiten durchführen lässt. DZR 2002, 786. 2. (seltener) *pfiffig.* Wahrscheinlich verkürzt aus *mit allen Salben geschmiert.* Küpper 1993, 289.

SCHMIERSEIFE, die

angeben wie zehn Sack Schmierseife (ugs.) = S. Sack.

jmdn. gefressen haben wie 3 Pfund Schmierseife (salopp) = *jmd. ist jmdm. äußerst unsympathisch.* 1930 ff. Küpper 1993, 727.

glatt wie Schmierseife (ugs.) = *sehr glatt, rutschig*

SCHNABEL, der; -s, Schnäbel [mhd. snabel, ahd. snabul, wohl verw. mit schnappen]

reden (sprechen) wie einem der Schnabel gewachsen ist (ugs.) = *unbekümmert, frei heraus und ohne Ziererei, ungeniert, sprechen.* DZR 2007, 639.

SCHNAUZE, die; -, -n [älter: Schnauße, mniederd. snut(e), lautlich beeinflusst von schnäuzen]

eine Schnauze haben wie ein Friedhof (salopp) = *ein schlechtes, lückenhaftes Gebiss haben.* Die Zahnreste nehmen sich wie verwitterte Grabsteine aus. 1930 ff. Küpper 1993, 256.

eine Schnauze haben wie ein Jahrmarktsverkäufer (salopp) = *wortgewandt, laut und/oder mit derber Aus-*

druckswiese Käufer anzulocken trachten. 1920 ff. Küpper 1993, 379.

eine Schnauze haben wie ein Steinbruch (salopp) = *ein schlechtes, lückenhaftes Gebiss haben.*

SCHNECKE, die; -, -n [mhd. snecke, ahd. snecko, zu einem Verb mit der Bed. „kriechen" (vgl. ahd. snahhan, Schnake) u. eigtl. = Kriechtier]

daherschleichen wie eine Schnecke (ugs.) = *sich sehr langsam fortbewegen.* Szczęk, Wysoczański 2004, 132.

kriechen wie eine Schnecke (ugs. abwertend) = 1. *in würdeloser Weise darum bemüht, sich die Meinung eines Höhergestellten o.Ä. zu Eigen zu machen, und. bereit, ihm bedingungslos zu Diensten zu sein; unterwürfig sein.* 2. S. *daherschleichen wie eine Schnecke.* Szczęk, Wysoczański 2004, 132.

schleimen wie eine Schnecke (ugs. abwertend) = *schmeichelnd, heuchlerisch reden oder schreiben; unterwürfig sein.*

schlüpfrig wie eine Schnecke (ugs. abwertend) = *feucht und glatt, mit einer Oberfläche, auf (an) der jmd. oder etw. leicht abrutscht, ausgleitet.* Szczęk, Wysoczański 2004, 132.

[langsam] wie ein Schnecke = *sehr langsam, behäbig.* Vgl. franz. *comme un escargot.* Mit dem Vergleich pflegt man verschiedene Handlungsweisen oder Fähigkeiten sowohl von Tieren als auch von Menschen zu charakterisieren. Am häufigsten begegnet uns die Anspielung auf die langsame Art, mit der sich die Schnecke fortbewegt, so z.B. bei Goethe (XII, 208): *Wir schleichen wie die Schneck' im Haus, Die Weiber alle sind voraus.* Aber nicht nur von der Fortbewegung spricht man in dieser Weise, sondern auch von anderen Tätigkeiten: *Der Bau gerieth dabey, wie man Leicht denken kann, ins Stecken: Die Maurer sahn einander an, Und maurten wie die Schnecken.* (J. A. Blumauer, Abentheuer des. . . Aeneas, Bd. I [1784], 140). In den Mundarten finden sich zahlreiche Beispiele für die Schnecke als Sinnbild der Langsamkeit. Röhrich 2001, 4, 1381.

sich zurückziehen wie eine Schnecke in ihr [Schnecken-] Haus (ugs.) = *sich selbst isolieren, sich irgendwohin begeben, um allein, ungestört zu sein.* Poln. *zamknąć się/zasklepić się jak ślimak w skorupie.* Szczęk, Wysoczański 2004, 132. Vgl. die ugs. Wendung *jmdn. zur Schnecke machen* - ′jemanden heftig tadeln, kritisieren′. Die Wendung ist wahrscheinlich auf die Vorstellung zurückzuführen, dass sich der Getadelte schließlich verkriecht wie eine Schnecke in ihr Schneckenhaus. DZR 2007, 883.

SCHNEE, der; -s [mhd. sne, ahd. sneo, altes idg. Wort, vgl. z. B. russ. снег]

Anno Schnee, wie der große Siebzehner gefallen ist (ugs.) = S. Anno.

zu dumm [sein], um ein Loch in den Schnee zu pinkeln (salopp) = S. Loch.

toben wie zehn nackte Neger im Schnee (ugs.) = S. Neger.

toben wie zehn nackte Wilde im Schnee (ugs.) = S. Wilde.

Wäre er so lang (groß), wie er dumm ist, dann hätte er ewigen Schnee auf dem Haupt (o. Ä.) (ugs. abwertend) = S. lang.

weiß wie Schnee (emotional) = *weiß wie [frisch gefallener] Schnee.* Szczęk, Wysoczański 2004, 92.

SCHNEEGESTÖBER, das

jmdm. geht der Arsch mit Schneegestöber (derb) = S. Arsch.

wie ein Furz im Schneegestöber (derb) = S. Furz.

SCHNEEKÖNIG, der (ostmd.)

sich wie ein Schneekönig amüsieren (ugs.) = *sich köstlich amüsieren.* Vgl. das Folgende. Seit dem 19. Jh. Küpper 1993, 733.

sich freuen wie ein Schneekönig (ugs.) = *sich sehr freuen.* Schneekönig ist ein anderer Name des Zaunkönigs. Dieser ist kein Zugvogel, sondern bleibt im Land;

er zeigt ein munteres Wesen und hat einen hübschen Gesang, auch bei Eis und Schnee. Seit dem 19. Jh. Küpper 1993, 733; Szczęk, Wysoczański 2004, 121.

frieren wie ein Schneekönig (ugs.) = *sehr frieren.* Szczęk, Wysoczański 2004, 92. Der Zaunkönig (s.o.) ist kein Zugvogel und muss somit den kalten Winter ertragen.

SCHNEEMANN, der

jmdm. gegenüber frostig wie ein Schneemann sein (ugs.) = *sich jmdm. gegenüber abweisend verhalten; auf andere distanziert und frostig wirken.* Brugger 1993, 12.

SCHNEIDER, der; -s, - [mhd. snidære]

essen wie ein Schneider (ugs. veraltend) = *sehr wenig essen.* Müller 2005, 534.

frieren wie ein Schneider (ugs.) = *heftig frieren, frösteln.* Der Vergleich rührt daher, dass Schneider früher in unserer Vorstellung oder tatsächlich häufig sehr dünn und daher besonders kälteempfindlich waren. DZR 2007, 262. In der volkstümlichen Spottmeinung sind bis heute alle Schneider hager und haben nur geringe Körperwärme. 1700 ff. Küpper 1993, 733.

laufen (rennen) wie ein Schneider (ugs. veraltend) = *schnell laufen.* Müller 2005, 534. Es liegt das Bild des dünnen Schneiders zugrunde, der sich behende bewegen kann.

SCHNITZEL, das; -s, - [spätmhd. snitzel = abgeschnittenes Stück (Obst), Vkl. von mhd. sniz, Schnitz]

sich wie ein Schnitzel freuen (ugs. scherzh.) = *sich sehr freuen.*

SCHNUPFTUCH, das

angeben wie ein Pup im Schnupftuch (ugs.) = S. Pup.

SCHNÜRCHEN, das; -s, -: Vkl. zu Schnur

[etw. läuft, klappt] wie am Schnürchen (ugs.) = *völlig reibungslos, ohne Stockungen, Schwierigkeiten und in flüssigem Tempo; glatt.* Die Herkunft der Wendung ist nicht endgültig geklärt. Wahrscheinlich bezog sie sich ursprünglich auf das Beten des Rosenkranzes, an dem Katholiken ihre Gebete abzählen und dessen Perlen wie von selber durch die Hand gleiten. Deshalb sagt man in der Kölner Mundart: *Dat muß immer förangohn wie de Schnur am Rusekranz.* Nach einer anderen Deutung bezieht sich diese Redensart auf die Schnüre des Puppentheaters, an denen der Spieler seine Puppen nach seinem Willen bewegt (DZR 2002, 781). Man denke an den heute noch gebräuchlichen Schnürboden im Theater... Die auffällige Verwendung des Diminutivs erklärt sich vielleicht aus einer älteren Wendung *Es geht wie an Schnüren.* Röhrich 2001, 4, 1393.

etw. wie am Schnürchen können (ugs.) = *etw. sehr gut (auswendig aufsagen, verrichten) können.* K. Müller gibt eine interessante Erklärung für diese Wendung: Die *Schnur* ist eine heute vergessene Gedächtnismetapher, ähnlich wie die Gedächtnistafel, weil sie dazu diente, eine Reihe von Gegenständen (Perlenschnur, Rosenkranz usw.) in fester Reihenfolge zu bewahren. *Am Schnürchen haben* war eine ältere Redensart für *im Gedächtnis haben* und nach Müller bedeutet *wie am Schnürchen* daher ′leicht zu handhaben, da geordnet′. Müller 2005, 534.

SCHOKOLADE, die

schwarz wie Schokolade = 1. *braun gebrannt, mit sonnengebräuntem Gesicht.* 2. *über einen Menschen mit dunkler Hautfarbe.* Als Vergleich dient hier Bitterschokolade, die in guter Qualität fast schwarz ist.

SCHOLLE, die; -, -n [mhd. scholle, ahd. scolla, scollo, eigtl. = Abgespaltenes, zu Schild]

platt wie eine Scholle (häufiger: **Flunder)** (ugs.) = *sehr flach, platt.* Szczęk, Wysoczański 2004, 127. Die Scholle ist ein in vielen, zum Teil als Speisefisch genutzten Arten in allen Meeren verbreiteter Plattfisch mit an der Oberseite olivgrünem bis dunkelbraunem geflecktem, an der Unterseite weißem, stark abgeplattetem ovalem Körper. S. Flunder.

SCHÖN <Adj.> [mhd. schœne, ahd. sconi, urspr. = ansehnlich; was gesehen wird, verw. mit schauen]

das ist [doch] zu schön, um wahr zu sein (geh.) = *von etw., das begehrt wird, das aber schwierig oder fast unmöglich zu erreichen, zu bekommen oder zu verwirklichen ist.* 2. *Ausdruck übergroßer Freude über ein unerwartetes positives Ereignis.* Poln. *to jest zbyt piękne, aby było prawdziwe.* WW 2004, 105.

Das wäre ja noch schöner! (emotional iron.) = *Ausdruck der Ablehnung.* Für die Schulden eines anderen aufkommen?, - das wäre ja noch schöner!. 1840/1850 ff. Küpper 1993, 739.

Das wird ja immer schöner! (emotional iron.) = *Ausdruck der Unerträglichkeit.* 1900 ff. Küpper 1993, 739.

SCHORF, der; -[e]s, -e [mhd. schorf, ahd. scorf- (in Zus.), eigtl. = rissige Haut]

frech wie die Laus im Schorf (Grind) (ugs.) = S. Laus.

sitzen wie die Laus im Schorf (Grind) (ugs.) = S. Laus.

SCHORNSTEIN, der; -s, -e [mhd. schor(n)stein, spätahd. scor(en)stein, urspr. wohl = Kragstein, der den Rauchfang über dem Herd trägt; 1. Bestandteil mniederd. schore = Stütze, zu mhd. schorren, ahd. scorren = herausragen, verw. mit scheren]

wie ein Schornstein (Schlot) rauchen (ugs.) = *ein starker Raucher sein.* Seit dem 19. Jh. Küpper 1993, 740.

SCHORNSTEINFEGER, der

schwarz wie ein Schornsteinfeger (ugs.) = *schmutzig, ungewaschen* (z.B. über das Gesicht, Hände). Der *Schornsteinfeger* ist ein Handwerker, der den Ruß aus Schornsteinen fegt und die Funktion von Heizungsanlagen sowie ihren Schadstoffausstoß überprüft (Berufsbez.). Von seinem Umgang mit dem schwarzen Ruß und seinem während der Arbeit oft geschwärzten Gesicht sowie der Kleidung rührt der Vergleich.

SCHOẞ, der; -es, Schöße [mhd. schoʒ, ahd. scoʒ(o), scoʒa = Kleiderschoß, Mitte des Leibes, eigtl. = Vorspringendes, Ecke; Zipfel, zu schießen in der veralteten Bed. "emporragen, hervorspringen“]

jmdm. (wie eine reife Frucht) in den Schoß fallen (ugs.) = S. Frucht.

sicher wie in Abrahams Schoß sein (ugs.) = S. Abraham.

SCHOTTE, der; -n, -n

sparsam (geizig) wie die Schotten (Schwaben) (ugs.) = *sehr geizig, sparsam sein.* Die Schotten gelten in Witzen stereotyp als geizig.

SCHRANK, der; -[e]s, Schränke [spätmhd. schrank = (vergittertes) Gestell, abgeschlossener Raum, mhd. schranc, ahd. scranc = Verschränkung, Verflechtung, zu schränken]

ein Kerl wie ein Schrank (ugs.) = S. Kerl.

SCHRANKWAND, die

Sex-Appeal wie eine Schrankwand haben (ugs. iron.) = S. Sex-Appeal.

SCHRECK, der; -[e]s, -e [frühnhd. schreck(en), mhd. schrecke, zu schrecken]

der Schreck (die Müdigkeit) liegt jmdm. wie Blei in den Gliedern (Knochen) (ugs.) = *etw. lähmt jmdn., seine Tatkraft.* Röhrich 2001, 212; DZR 2002, 782. S. Blei.

SCHRECKEN, der; -s, - <o. Pl.>

Lieber ein Ende mit Schrecken als ein Schrecken ohne Ende. = s. Ende.

SCHUH, der; -[e]s, -e u. - [mhd. schuoch, ahd. scuoh, wohl eigtl. = Schutzhülle]

schwarz wie ein Schuh (ugs.) = *sehr schmutzig.* Seit dem 19. Jh. Küpper 1993, 744.

SCHUHGRÖẞE, die

Schuhgröße Marke Kindersarg (ugs.) = *großer, breiter Fuß.* Das Wort *Kindersarg* steht hier als Vergleich für einen großen Schuhkarton.

SCHUHWICHSE, die

klar wie Schuhwichse (ugs. spött. süddt. seltener) = *völlig klar, eindeutig, für jedermann übersichtlich und verständlich; ohne jeglichen Zweifel über etw.* Röhrich 2001, 1, 16. *Schuhwichse* ist ein ugs. Ausdruck für ′Schuhcreme′. Gebildet nach dem Modell *klar wie Kloßbrühe.* Vgl. *Kloßbrühe.*

schwarz wie Schuhwichse (ugs. iron. süddt.) = *tiefschwarz* (meist über Haare). (Duden)

SCHULD, die; -, -en [mhd. schulde, schult, ahd. sculd(a), zu: sculan = sollen in dessen urspr. Bed. »schulden« u. eigtl. = Geschuldetes]

Schulden haben wie ein Major (ugs.) = *hoch verschuldet sein.* Früher konnte ein von Hause aus nicht vermögender Offizier seinen Lebensunterhalt (zuzüglich für standesgemäß erachtete Mehrausausgaben) nur durch Geldaufnahme bestreiten; erst mit dem Gehalt eines Majors (unterster Dienstgrad bei den Stabsoffizieren) konnte er seine Schulden zu tilgen beginnen. Etwa seit 1820/30. Küpper 1993, 516.

mehr Schulden haben als Haare auf dem Kopf [haben] (ugs. spött.) = *hoch verschuldet sein, sehr viele Schulden haben.* 1500 ff. Küpper 1993, 315. Nach Psalm 40, 13, wo König David die Anzahl seiner Sünden mit den Haaren auf seinem Haupt vergleicht.

SCHULDIGER, der; -s, - [mhd. schuldigære]

Besser, man riskiert, einen Schuldigen zu retten, als einen Unschuldigen zu verurteilen. (geh.) = *Der Ausspruch wird zitiert, wenn gesagt werden soll, dass Zweifel an der Schuld eines Angeklagten nicht zu beheben sind und es deswegen besser ist, ihn freizusprechen.* Dieser Satz aus der Erzählung »Zadig« des franz.en Dichters und Philosophen Voltaire (1696-1778; im franz. Original: *Il vaut mieux hasarder de sauver un coupable que de condamner un innocent*) zeigt dessen unerbittliche Haltung Justizverbrechen gegenüber, die ihm schon zu Lebzeiten den Beinamen „Freund der Unglücklichen“ einbrachte. DZR 2007, 114.

SCHULLEHRER, der (ugs.)

angeben wie ein nackter (nackiger) Schullehrer (ugs. spött.) = *sich in die Brust werfen; aufbegehren; prahlen.* 1930 ff. Küpper 1993, 29.

SCHUPPE, die; -, -n [mhd. schuop(p)e, ahd. scuobba, scuoppa, urspr. = abgeschabte Fischschuppe, ablautende Bildung zu schaben]

es fällt jmdm. wie Schuppen von (aus) den Augen (ugs.) **(aus den Haaren** (ugs. scherzh.) = *jmdm. wird etwas plötzlich klar, jmd. hat plötzlich eine Erkenntnis.* Müller 2005, 35. Die Redewendung geht auf eine Stelle im Neuen Testament (Apostelgeschichte 9, 18) zurück. Nach der Erscheinung von Damaskus war Paulus drei Tage blind; über seine Heilung durch Ananias heißt es: »Und alsobald fiel es von seinen Augen wie Schuppen, und er ward wieder sehend.« Bestimmte Augenkrankheiten wurden früher mit Schuppen verglichen, die die Augen bedecken. DZR 2002, 788-789.

Schuss, der; -es, Schüsse, (als Mengenangabe:) - [mhd. schuȝ, ahd. scuȝ, zu schießen]

auseinander stieben wie die Spatzen nach dem Schuss (ugs.) = S. Spatz.

wie ein Schuss aus dem Hinterhalt (ugs.) = *unerwartet, plötzlich, ohne Ankündigung.*

Schwabe, der; -n, -n: Ew. zu

wie bei den sieben Schwaben (ugs.) = *ungeschickt, unüberlegt.* Geht auf das „Märchen von den sieben Schwaben" zurück. *Die Sieben Schwaben* sind ein Erzählstoff, in dem es um die Abenteuer von sieben als tölpelhaft dargestellten Schwaben geht. Die sieben Protagonisten stehen dabei stellvertretend für sieben Charaktertypen. Als Höhepunkt des Dummenschwanks steht der Kampf mit einem Untier, das sich als Hase herausstellt. Die älteste vollständige Version bietet ein Meisterlied von Hans Sachs. Besonders populär wurden die Sieben Schwaben durch das vielfach nachgedruckte *Volksbüchlein* von Ludwig Aurbacher, in der literarische Schwankstoffe der frühen Neuzeit zu einer Episodenreihe verarbeitet wurden.

Schwamm, der; -[e]s, Schwämme [mhd., ahd. swamm, swamp, eigtl. = Schwammiges, Poröses]

aufgesaugt werden wie von einem trockenen Schwamm (ugs.) = *leichtverkäuflich sein.* Kaufmannsspr. 1950 ff. Küpper 1993, 750.

etw. aufsaugen wie ein [trockener] Schwamm (ugs.) = *wissbegierig Informationen aufnehmen, lernfreudig sein.*

saufen wie ein Schwamm (ugs.) = *viel trinken (meist über alkoholische Getränke).* Seit dem 19. Jh. Küpper 1993, 750; Lapidus 2006, 48. S. Bürstenbinder.

Schwan, der; -[e]s, Schwäne [mhd., ahd. swan, lautm. u. urspr. wohl Bez. für den Singschwan]

weiß wie ein Schwan = *strahlend weiß, schneeweiß.* Karasek 2004, 41. Vgl. *weiß wie Schnee.*

Schwanz, der; -es, Schwänze [mhd. swanz, urspr. = wiegende Bewegung beim Tanz; Schleppe, rückgeb. aus: swanzen = sich schwenkend bewegen, Intensivbildung zu schwanken od. schwingen]

aussehen wie eine Henne unterm Schwanz (ugs. abwertend) = S. Henne.

Das kannst du halten wie der Dachdecker seinen Schwanz (derb) = S. Dachdecker.

mehr Grips als Schwanz [haben] (derb spöttisch abwertend) = S. Grips.

mit dem Schwanz wedeln und mit den Zähnen beißen wie die falschen Hunde (ugs.) = *sich wie ein Hund einschmeichelnd benehmen in der Hoffnung, einen Vorteil zu erlangen.* Röhrich 2001, 4, 1432; Szczęk, Wysoczański 2004, 111.

etw. klingt (singen) wie die Katze, wenn man ihr auf den Schwanz tritt (ugs. spöttisch) = S. Katze.

jmd. lässt den Schwanz hängen wie ein begossener Hund (Pudel) (ugs.) = *kleinlaut werden, bedrückt, verzagt, mutlos sein.* Die Redensart bezieht sich auf das Verhalten des Hundes, der wegen Krankheit und Schwäche, aber auch aus Furcht und meistens in Erwartung einer Strafe den Schwanz einzieht oder hängen lässt, den er normalerweise stolz erhoben trägt. Bereits Erasmus von Rotterdam (»Adagia« Nr. 695) führt 1528 diese Wendung in lateinischer Form auf: *Inter crura caudem subicit* (Er zieht den Schwanz zwischen die Schenkel). Die Herkunft des Bildes in der Redensart wird durch den Vergleich *jmd. klemmt (zieht) den Schwanz ein wie ein Hund* verdeutlicht und bestätigt. Die Redensart ist auch mundartlich verbreitet. Vgl. auch niederl. *Hij laat den staart hangen*, und *met hangende pootjes terugkomen*; franz. *la queue basse*. Röhrich 2001, 4, 1429.

jmd. klemmt (zieht) den Schwanz ein wie ein Hund (ugs.) = S. *Jmd. lässt den Schwanz hängen wie ein begossener Hund (Pudel)*. Röhrich 2001, 4, 1429.

etw. passt wie der Schwanz ins Loch (ugs. derb) = *es passt hervorragend; ganz genau zueinander passen*. Borneman 2003, 7.11.

wie ein Hund ohne Schwanz (ugs. scherzh.) = S. Hund.

wie ein Pfau ohne Schwanz (ugs.) = S. Pfau.

wie in Buxtehude, wo die Hunde mit dem Schwanz bellen (ugs. scherzh.) = S. Buxtehude.

SCHWEDE, der; -n, -n

hausen wie die Schweden (ugs.) = 1. *zerstören, verwüsten, einäschern*. 1800 ff. Küpper 1993, 753. 2. *sehr unordentlich sein*. Anspielung auf die schweren Verwüstungen, die die schwedischen Truppen im Dreißigjährigen Krieg in Deutschland angerichtet haben.

SCHWEFEL, der; -s [mhd. swevel, swebel, ahd. sweval, swebal, wahrsch. zu dem auch schwelen zugrunde liegenden Verb u. eigtl. = der Schwelende; verw. mit lat. sulphur, Sulfur]

gelb wie Schwefel = *hellgelb wie reiner Schwefel, oft mit einem Stich ins Grünliche oder Graue*. Röhrich 2001, 5, 1725.

zusammenhalten wie Pech und Schwefel (ugs.) = S. Pech.

SCHWEFELGELB <Adj.>:

schwefelgelb = *hellgelb wie reiner Schwefel, oft mit einem Stich ins Grünliche oder Graue*.

SCHWEFELSÄURE, die <o. Pl.>

charmant wie Schwefelsäure (eine Bulldogge, ein Kuhfladen) (ugs. iron. abwertend) = *abscheulich, furchtbar*. Schwefelsäure ist eine stark ätzende Flüssigkeit, die nicht als angenehm empfunden wird (*ätzend* <Adj.> (Jugendspr.) *'abscheulich, furchtbar'*). Vgl. Bulldogge, Kuhfladen.

SCHWEIGER, der

Ein kluger Schweiger ist besser als ein dummer Schwätzer. (Sprichwort) = *Es ist manchmal klüger, seine Meinung nicht offen zu sagen, als durch vorschnelle Bemerkungen einer Sache Schaden zuzufügen*. Wander 4, 447. Dieses Sprichwort ist mit Abwandlungen in vielen Sprachen anzutreffen, vgl. auch *Reden ist Silber, Schweigen ist Gold*. Schweiger - 'schweigsamer Mensch'.

Einem Schweiger ist weniger zu trauen als einem Polterer. (Sprichwort) = *Jemand, der offen seine Meinung sagt, ist oft ehrlicher als jemand, der diese verschweigt*. Internat. Sprichwort. Wander 4, 447.

SCHWEIN, das; -[e]s, -e [mhd., ahd. swin, eigtl. subst. Adj. mit der Bed. „zum Schwein, zur Sau gehörig" u. urspr. Bez. für das junge Tier]

sich benehmen wie ein Schwein (ugs.) = *sich schlecht benehmen, keine Manieren haben* (im Sinne: unsympathisch, herzlos, unsozial; schmutzig, unsauber; vulgär). Poln. *zachowywać się jak świnia*. Szczęk, Wysoczański 2004, 105.

bluten wie ein Schwein (ugs.) = *stark bluten; viel Blut verlieren*. Seit dem 16. Jh. Vgl. engl. *to bleed like a stuck pig*. Küpper 1993, 754. Die redensartlichen Vergleiche *bluten wie ein Schwein* und *schwitzen wie ein Schwein* dienen nur der Steigerung und beruhen auf der Beobachtung, dass ein Schwein viel Blut beim Schlachten verliert und im Brühkessel stark zu schwitzen scheint. Vgl. franz. *uer comme un brœuf* (Ochse). Röhrich 2001,

besoffen (voll) wie ein Schwein sein (salopp) = sehr stark betrunken sein, stark unter dem Einfluss von Alkohol stehen. Poln. *pijany jak świnia*. Szczęk, Wysoczański 2004, 105.

sich in die Brust schmeißen wie das Schwein in die Scheiße (in den Dreck) (derb) = S. Brust.

jmd. denkt so weit, wie ein Schwein scheißt (derb) = *unüberlegt handeln, nicht nachdenken*; *jmd. kann nicht denken*. 1935 ff. Küpper 1993, 754.

so dumm (blöd, bescheuert) sein, dass einen die Schweine (die Gänse) beißen (ihn die Hunde anpinkeln) (ugs. abwertend) = *sehr dumm [sein], überaus dumm sein* (meist über einen Mann). Borneman 2003, 5, 3; Lapidus 2006, 44. S. Gans.

dick (fett) wie ein Schwein (salopp abwertwnd) = *dick, beleibt*. Szczęk, Wysoczański 2004, 105. Bezogen auf den äußeren Anblick von Schweinen, die beleibt, fett aussehen.

dumm wie ein Schwein (ugs.) = *sehr dumm*. 1900 ff. Küpper 1993, 753.

jmd. ist so dumm, dass ihn die Schweine (die Gänse) beißen (ugs. abwertend) = *jmd. ist sehr dumm*. 19. Jh. Küpper 1993, 269.

fressen wie ein Schwein (salopp) = 1. *unmäßig essen*. 2. *unmanierlich, schmatzend, essen*. Seit dem 19. Jh. Küpper 1993, 754. Poln. *obeżreć się/żreć jak świnia*. Szczęk, Wysoczański 2004, 105.

gefräßig wie ein Schwein (salopp) = 1. *unmäßig viel essen*. Szczęk, Wysoczański 2004, 105.

hochfahren wie ein angestochenes Schwein (ein angestochener Eber) (ugs.) = *wütend, sehr stark erregt reagieren; auf etw. heftig reagieren; aufbrausen*.

nackt wie ein Schwein (ugs.) = *völlig unbekleidet*. 1900 ff. Küpper 1993, 753.

saufen wie ein Schwein (salopp abwertend) = *unmäßig trinken*. Seit dem 16. Jh. Küpper 1993, 754. Poln. *upić się/urżnąć się jak świni*. Szczęk, Wysoczański 2004, 105. S. Bürstenbinder.

wie ein Schwein ins Uhrwerk schauen (blicken, gucken, glotzen; dasitzen (dastehen) wie ein Schwein vorm (vor dem) Uhrwerk (ugs.) = *von einer technischen Sache nichts verstehen und überfordert, ahnungslos, ratlos dreinschauen*.

schmatzen wie ein Schwein (wie die Schweine) (ugs. abwertend) = *stark schmatzen*. Szczęk, Wysoczański 2004, 105. Schweine schmatzen laut beim Fressen. Beim Essen gilt das im deutschsprachigen Raum als unkultiviert, tierisch.

schmutzig (dreckig) wie ein Schwein (Schweinchen) = *sehr unsauber, schmutzig*. Szczęk, Wysoczański 2004, 105. Das Schwein gilt als unreines Tier. S. Schweinestall.

schwitzen wie ein Schwein (ugs. abwertend) = *stark schwitzen*. Röhrich meint, der redensartliche Vergleich diene nur der Steigerung und beruhe auf der Beobachtung, dass ein Schwein beim Schlachten im Brühkessel stark zu schwitzen scheint. Röhrich 2001, 4, 1443. Wahrscheinlicher ist, dass es sich hier um ein Oxymoron handelt. Schweine (wie auch Nashörner) schwitzen nicht. Das Oxymoron wird als Verstärkung gebraucht, wie auch in der Wendung *Da lachen ja die Hühner!*

S. Rhinozeros, Sau, Pferd.

das steht jmdm., wie dem Schwein das Vorhemdchen (ugs. iron.) = *über ein völlig unpassendes Kleidungsstück*. Röhrich 2001, 1, 316. Das Vorhemdchen ist ein über dem Hemd zur Zierde getragenes, hemdbrustartiges Kleidungsstück.

stinken wie ein Schwein (salopp abwertend) = *sehr unangenehm riechen, schlechte Gerüche verbreiten*. Szczęk, Wysoczański 2004, 105. Bezogen auf den schlechten Geruch in einem Schweinestall. S. Schweinestall.

voll (besoffen) wie ein Schwein (ugs. [salopp]) = *sehr betrunken, seiner Sinne nicht mehr mächtig sein; volltrunken sein*. 1500 ff. Küpper 1993, 753. Die seit dem 16. Jahrhundert bezeugte derbe Redensart spielt auf die Fressgier der Schweine an und besitzt Schimpfwortgeltung. Die weniger bekannte Wendung *Das Schwein läuft mit dem Fasshahn* *weg* richtet sich satirisch gleichfalls gegen die Trunkenbolde, die ihre klare Urteilsfähigkeit beim Trinken einbüßen und Vergeudung und Verschleuderung ihres Besitzes nicht mehr verhindern können. Vgl. fläm. *Het varken (de zeug) loopt met den tap weg*. Röhrich 2001, 4, 1443; Lapidus 2006, 46.

SCHWEINCHENROSA <indekl. Adj.>
schweinchenrosa (ugs. iron.) = *von einem ganz blassen Rot, von der Farbe der Schweine.*

SCHWEINESTALL, der
schmutzig (dreckig) wie im Schweinestall = *sehr unsauber, schmutzig.* Szczęk, Wysoczański 2004, 105. S. Schwein.
stinken wie ein (wie im) Schweinestall (salopp abwertend) = *sehr unangenehm riechen, schlechte Gerüche verbreiten.* Szczęk, Wysoczański 2004, 105. Bezogen auf den schlechten Geruch in einem Schweinestall.

SCHWERT, das; -[e]s, -er [mhd., ahd. swert, swerd]
scharf wie ein zweischneidiges Schwert sein (geh.) = *alles durchdringend und scheidend.* Dieser ursprünglich biblische Vergleich bezieht sich auf die Rede und vor allem auf das Wort Gottes. In den Sprüchen Salomos steht bei Kapitel 5, V. 3-4: „Denn die Lippen der Hure sind süß wie Honigseim, und ihre Kehle ist glätter als Öl, aber hernach bitter wie Wermut und scharf wie ein zweischneidiges Schwert". Bei Hebr 4, 12 heißt es: „Denn das Wort Gottes ist lebendig und kräftig und schärfer denn ein zweischneidig Schwert, und dringt durch, bis dass es scheidet Seele und Geist, auch Mark und Bein, und ist ein Richter der Gedanken und Sinne des Herzens". Ähnlich wird auch vom *Schwert des Geistes* gesprochen. Röhrich 2001, 4, 1448.
ein Maul haben wie ein Schwert (salopp) = S. Maul.
eine Zunge haben wie ein Schwert (ugs. abwertend) = S. Zunge.

SCHWIEGERMUTTER, die
unnötig (überflüssig) wie eine Schwiegermutter (ugs. oft scherzh. selten) = *völlig überflüssig; völlig wertlos; gänzlich unerwünscht.* Röhrich 2001, 5, 1661. Der Vergleich bedient das gängige Klischee von der „bösen Schwiegermutter". S. Blinddarm, Kropf, Wurmfortsatz.

SECHSER, der; -s, -
abgegriffen wie ein Sechser (ugs. veraltend) = *abgenutzt, nicht mehr neu, schäbig.* Wander 5, 695. Vgl. *abgegriffen wie ein alter Groschen.* Der *Sechser* ist ursprünglich eine Münze vom sechsfachen Wert einer kleineren Einheit; nach 1874 volkstümliche Bezeichnung für das neu eingeführte 5-Pfennig-Stück der Währung des Deutschen Reiches.
etw. ist nicht so viel wert wie ein Sechser (ugs.) = *minderwertig sein, nicht viel wert sein.* Vgl. auch *nicht für einen Sechser* (landsch.) - *'kein bisschen, nicht im Geringsten'.*

SEELE, die; -, -n [mhd. sele, ahd. se(u)la, wahrsch. zu See u. eigtl. = die zum See Gehörende; nach germ. Vorstellung wohnten die Seelen der Ungeborenen und Toten im Wasser]
hinter dem Geld her sein wie der Teufel hinter der armen Seele (ugs. pathetisch abwertend) = S. Geld.
hinter etw. hersein (dahinter her sein) wie der Teufel nach (hinter) einer (der) armen Seele (Judenseele) (ugs.) = S. Teufel.
so gern gehen wie die arme Seele ins Fegfeuer (ugs. veraltend) = *etw. sehr ungern tun; irgendwohin sehr ungern gehen.* Röhrich 2001, 2, 535.
auf etw. scharf sein wie der Teufel auf eine arme Seele (ugs.) = S. Teufel.
SEEMANN, der <Pl. ...leute>
angeben wie ein Seemann (ugs.) = *übertreibend berichten.* Anspielung auf see-

männische Lügengeschichten. 1930 ff. Küpper 1993, 29.

blau wie ein Seemann auf Landurlaub (ugs.) = *schwer bezecht, stark betrunken.* 1920 ff. Küpper 1993, 761.

SEGEL, das; -s, - [mhd. segel, ahd. segal, wohl urspr. = abgeschnittenes Tuchstück u. verw. mit Säge]

sich wie ein Segel im Wind drehen (abwertend) = *seine Meinung so ändern, wie es nützlich ist; opportunistisch / gesinnungslos sein.*

SEIDE, die; -, -n [mhd. side, ahd. sida < mlat. seta]

etw. ist weich wie Seide (wie Samt) (geh.) = *etw. ist sehr weich.*

SEIDIG <Adj.>

seidig = *weich und glänzend wie Seide.*

SEIFE, die; -, -n [mhd. seife = Seife, ahd. seifa, seipfa = Seife, auch: (tropfendes) Harz, viell. eigtl. = Tröpfelndes, vgl. mhd. sifen = tröpfeln, sickern]

angeben wie zehn Sack Seife (Schmierseife) (ugs.) = S. Sack.

wie auf Seife gehen (ugs.) = *ohne Kraft, wie mechanisch gehen.* Man tritt unsicher, ohne Festigkeit auf. 1930 ff. Küpper 1993, 762.

SEIFENBLASE, die

eine Illusion (eine Hoffnung o. Ä.**) platzt (zerplatzt) wie eine Seifenblase** (ugs.) = S. Illusion.

SEILSPRINGEN, das

taugen zu etw. wie der Ochs (Ochse) vom Seil[chen]springen (ugs. selten) = S. Ochse.

SEILTANZEN, das

für etw. begabt sein wie die Kuh fürs Seiltanzen (ugs. abwertend) = S. Kuh.

taugen zu etw. wie der Ochs (Ochse) vom Seiltanzen (Seil[chen]springen) (ugs. selten) = S. Ochse.

Talent für etw. haben wie der Ochs zum Seiltanzen (ugs.) = S. Ochse.

SEITE, der

Das kannst du halten wie ein Dachdecker, er kann auf beiden Seiten runterpissen. (derb.) = S. Dachdecker.

SELTEN <Adj.> [mhd. selten, ahd. seltan (Adv.)]

wie selten jemand (ugs.) = S. Jemand.

SELTERS, das; -, - [nach der Quelle in dem Ort Niederselters im Taunus]: kurz für Selterswasser.

angeben wie eine offene Selters (ugs. spött.) = *prahlen.* Seit dem ausgehenden 19. Jh. Küpper 1993, 29. Gemeint ist eine offene Flasche, aus der sprudelnd die Kohlensäure entweicht.

SEMMEL, die; -, -n [mhd. semel(e) = Brot aus Weizenmehl, ahd. semala = fein gemahlenes Weizenmehl < lat. simila] (bes. österr., bayr.)

etw. wie heiße (warme) Semmeln verkaufen (ugs.) = *etw. mühelos verkaufen.* Vgl. das nachfolgende *weggehen wie warme Semmeln.* 1900 ff. Küpper 1993, 764.

so sicher wie alte Semmeln in der Bulette (ugs.) = *völlig sicher; unbedingt zuverlässig.* 1950 ff. Küpper 1993, 764.

etw. verschlingen (essen o. Ä.**) wie warme Semmeln** (ugs.) = *etw. gierig zur Kenntnis nehmen.* 1920 ff. Küpper 1993, 764-765.

weggehen (abgehen, das geht ab) wie warme Semmeln (ugs.) = *sich besonders schnell und gut verkaufen lassen; begehrt sein.* Semmeln, frisch dem Ofen entnommen, schmecken besonders gut und sind daher sehr begehrt. 1700 ff. Vgl. franz. *se vendre comme des petits pains.* Küpper 1993, 764. In übertragener Bedeutung bezieht sich die Redensart auf die Töchter aus einem Hause, die sich rasch hintereinander verheiraten. So sagt man z.B. redensartlich in Berlin: *Den* *jehn seine Döchter ab wie bei'n Bäcker de warme Semmeln.* Gottfried Keller gebraucht im »Fähnlein der sieben Aufrechten« dafür die Wendung *Wie frische Wecken.* Auch auf Hervorbringungen im geistigen und künstlerischen Bereich findet die Redensart Anwendung. Karl Philipp Emanuel Bach (1714-88), Johann Sebastian Bachs dritter Sohn, gab dafür schon ein Beispiel. Er schrieb in Erinnerung an seine in Leipzig verbrachte Jugend an seinen Verleger Breitkopf: „Meine Sonaten und mein Heilig gehen ab wie warme Semlen, bey der Börse vor dem Naschmarkt, wo ich vordem mancher Mandel Pretzel den Hals gebrochen habe". Das Gegenteil dieser Redensart ist die Wendung *etwas ausbieten wie sauer Bier* (S. Bier). Röhrich 2001, 4, 1466.

SENF, der; -[e]s, -e [mhd. sen(e)f, ahd. senef < lat. sinapi(s) < griech. sínapi, viell. aus dem Ägypt.]
scharf wie Senf (Mostrich, Paprika, eine Rasierklinge) (salopp) = 1. *begierig auf sexuelle Betätigung sein.* 2. *sexuell stark anregend sein, erotische, sexuelle Anziehungskraft besitzen; Sex-Appeal haben* (bes. über Frauen) 3. *scharf aufpassen; unnachsichtig durchgreifen; eifrig fahnden.* Röhrich 2001, 4, 1392.

SENKE, die; -, -n [mhd. senke, zu senken]
saufen wie eine Senke (ugs. abwertend) = *stark trinken, viel Alkohol konsumieren.* Eine Senke ist eine [größere, flache] Vertiefung im Gelände. Der Vergleich ist gebildet nach dem Modell *saufen wie ein Loch.* Röhrich 2001, 4, 1287; Lapidus 2006, 48.

SENSE, die; -, -n [mhd. sense (md.), segens(e), ahd. segensa, eigtl. = die Schneidende]
sich stumpf wie eine alte Sense fühlen (ugs.) = *müde, abgekämpft sein; keine Energie haben.* Brugger 1993, 8.

SERVIERBRETT, das (veraltend)
wie auf dem Servierbrett liegen (ugs.) = *ohne Deckung, von allen zu sehen sein.* Speisen auf dem Servierbrett – dem Tablett – sind allen Augen zugänglich. Sold. 1939 ff. Küpper 1993, 766.

SEUCHE, die; -, -n
Neid befleckt den guten Ruf wie eine bösartige Seuche. (Sprichwort) = S. Neid.

SEX [zɛks, sɛks], der; -[es] [engl. sex < lat. sexus = Geschlecht] (ugs.)
Sex wie eine Hochspannung haben (ugs.) = *starken Sinnesreiz ausstrahlen.* Man stellt sich vor, die betreffende weibliche Person sprühe attraktive Funken. Halbw. 1955 ff. Küpper 1993, 354. Der Vergleich spielt mit den zwei Bedeutungen von *Hochspannung*: ′1. hohe elektrische Spannung (von mehr als 1 000 Volt)′ und 2. ′sehr gespannte Stimmung, Erwartung′.

SEX-APPEAL ['zɛks..., (engl.:) 'sɛks ə'pi:l], der [engl. sex appeal, zu: appeal, Appeal]
Sex-Appeal wie ein totes Pferd (wie ein Kachelofen, wie eine Schrankwand) haben (ugs. iron.) = *unattraktiv sein, keine sexuellen, erotischen Reize ausstrahlen.* Appeal [ə'pi:l] [engl. appeal < frz. appel, Appell] - (bildungsspr.) - ′Anziehungskraft, Ausstrahlung, Reiz′ (häufig als Grundwort von Zusammensetzungen).

SIEB, das; -[e]s, -e [mhd. sip, ahd. sib, zu einem Verb mit der Bed. „ausgießen, seihen" u. wohl verw. mit Seife]
Ein armer Mann hat so viele Kinder wie ein Sieb Löcher. (Sprichwort) = S. Mann.
dicht wie ein Sieb sein (ugs. iron.) = *nicht verschwiegen sein.* 1920 ff. Küpper 1993, 768.
ein Gedächtnis [haben] wie ein Sieb (ugs.) = S. Gedächtnis.

ein Gehirn [haben] wie ein Sieb (ugs.) = S. Gehirn.
jmds. Gehirn ist wie ein Sieb (ugs.) = S. Gehirn.
einen Kopf haben wie ein Sieb (ugs.) = *ein schlechtes Gedächtnis haben*. Seit dem 19. Jh. Küpper 1993, 768.

SIEBEN, die
dastehen (dasitzen) wie Pique Sieben (ugs.) = S. Pieksieben.

SIEBENSACHEN <Pl.; nur in Verb. mit einem Possessivpronomen>
seine Siebensachen herum schleppen wie die Katze ihre Jungen (ugs. abwertend) = *viele Sachen, die jmd. für einen bestimmten Zweck braucht, bei sich haben; viel Gepäck mit sich führen*. Szczęk, Wysoczański 2004, 115.

SIEGERKRANZ, der
etw. passt wie „Heil dir im Siegerkranz" zu einer Leichenpredigt (Leichenrede) (ugs.) = S. Leichenpredigt.

SIMSON, Vorname
stark wie Simson (bildungsspr.) = *sehr stark* (oft mit der Zusatzbedeutung *stark, aber charakterschwach*). Büchmann o.J., 13. Die Wendung bezieht sich auf das Alte Testament, Das Buch der Richter, Kap. 16, 13-31: „Immer täuschst du mich", klagte Delila, „ständig belügst du mich! Verrate mir endlich, womit man dich binden kann!" Simson erwiderte: "Du musst meine sieben Haarflechten im Webstuhl einweben!" Als er schlief, wob Delila sein Haar hinein und befestigte es mit dem Pflock. Dann rief sie: "Simson! Die Philister!" Er sprang auf und riss das Gewebe samt dem Pflock heraus. Erneut machte Delila ihm Vorwürfe: "Wie kannst du noch behaupten, dass du mich liebst? In Wahrheit gehört dein Herz mir gar nicht! Dreimal hast du mich belogen und mir immer noch nicht verraten, warum du so stark bist." Tag für Tag redete sie auf ihn ein. Sie drängte ihn so sehr, dass er es zuletzt nicht mehr ertragen konnte und sein Geheimnis preisgab: "Ich bin von Mutterleib an Gott geweiht, niemals hat man mir die Haare geschnitten. Ohne sie würde ich meine Kraft verlieren und schwach werden wie jeder andere." Delila wußte, dass er ihr jetzt die Wahrheit gesagt hatte. Sie benachrichtigte die Fürsten der Philister: "Kommt! Er hat mir alles anvertraut!" Da kamen sie und brachten die versprochenen Silberstücke mit. Delila ließ Simson in ihrem Schoß einschlafen. Dann winkte sie einen Mann herbei und schnitt Simsons sieben Haarflechten ab. Während sie es tat, verlor er seine Kraft. "Simson", rief sie dann, "die Philister sind da!" Er wachte auf und meinte, er könne sich wieder befreien und losreißen. Er wußte nicht, dass der Herr sich von ihm abgewandt hatte. Die Philister packten Simson und stachen ihm die Augen aus. Dann brachten sie ihn nach Gaza, legten bronzene Ketten um seine Arme und Beine und warfen ihn ins Gefängnis. Dort mußte er die Kornmühle drehen.
Allmählich begann sein Haar wieder zu wachsen. Die Fürsten der Philister versammelten sich zu einem großen Fest. Sie brachten ihrem Gott Dagon viele Schlachtopfer dar und feierten ihren Sieg. Dabei sangen sie: "Unserm Dagon sei's gedankt, Simson ist in unsrer Hand!" Als sie richtig in Stimmung waren, riefen sie: "Holt Simson! Er soll uns etwas vorführen!" So wurde Simson aus dem Gefängnis herbeigebracht, und sie trieben ihren Spott mit ihm. Sie priesen ihren Gott und stimmten von neuem ihr Lied an: "Unserm Dagon sei's gedankt: Simson ist in unsrer Hand! Wieviel Mann hat er vernichtet! Das alles hat er angerichtet!" Dann stellten sie Simson zwischen die Säulen des Gebäudes. Er bat den Jungen, der ihn an der Hand führte: "Lass mich einmal kurz los! Ich möchte nach den Säulen tasten, die das Dach tragen, und mich etwas an sie lehnen." Das Gebäude war voller Menschen.

Auch die Fürsten der Philister waren alle gekommen. Allein vom Dach aus hatten etwa dreitausend Leute zugesehen, wie Simson verspottet wurde. Simson betete: "Herr, mein Gott, erinnere dich an mich! Bitte gib mir noch dies eine Mal so viel Kraft wie früher! Ich will mich dafür rächen, dass sie mir meine Augen ausgestochen haben." Dann fasste Simson die beiden mittleren Säulen, auf denen das Dach ruhte, eine mit der rechten Hand, eine mit der linken, und stemmte sich dagegen. "Sollen die Philister mit mir sterben!" schrie er und riss die Säulen mit aller Kraft um. Das Gebäude brach über den Philistern und ihren Fürsten zusammen. Dabei starben mehr Menschen, als Simson in seinem ganzen Leben getötet hatte. Simsons Brüder und seine übrigen Angehörigen kamen, hoben seinen Leichnam auf und brachten ihn zum Grab seines Vaters Manoach. Dort, zwischen Zora und Eschtaol, begruben sie ihn. Zwanzig Jahre lang hatte Simson das Volk Israel geführt.

Das Sujet bist weit bekannt durch das Gemälde von Rembrandt Harmenszoon van Rijn (1606 - 1669): „Die Blendung des Simson“.

SINN, der; -[e]s, -e [mhd., ahd. sin, eigtl. = Gang, Reise, Weg]

drei Sinne wie ein Bär haben (ugs. selten) = *geistig beschränkt sein.* Szczęk, Wysoczański 2004, 97. Der Bär wird wegens eines plumpen Wesens häufig als einfältig und beschränkt angesehen (Ausnahme: im Märchen von Schneeweißchen und Rosenrot ist er klug und gütig). Gewöhnlich spricht man von den fünf Sinnen – wer nur drei hat, ist eingeschränkt. Vgl. *seine fünf Sinne zusammennehmen/zusammenhalten* (ugs.) - ′aufpassen, sich konzentrieren′; *seine fünf Sinne nicht beisammenhaben* (ugs.) - ′nicht recht bei Verstand sein′.

Sinn haben (das hat einen Sinn) wie ein Kropf (ugs. iron.) = *das hat überhaupt keinen Sinn, besitzt keinerlei Zweck.* Seit dem 19. Jh. Küpper 1993, 464.

SKAT, der; -[e]s, -e u. -s [ital. scarto = das Wegwerfen (der Karten); die abgelegten Karten; Ausschuss, Makulatur, zu: scartare = Karten wegwerfen, ablegen, zu: carta = Papier; (Spiel)karte < lat. charta, Karte]

das ist ein Skat, den meine Großmutter noch nach dem ersten Schlaganfall spielen kann (Kartenspieler spött.) = *das ist ein einfach zu spielender Skat.* 1960 ff. Küpper 1993, 309.

SKELETT, (Fachspr. auch:) **SKELET,** das; -[e]s, -e [griech. skeletón (soma) = ausgetrocknet(er Körper), Mumie, zu: skeletós = ausgetrocknet, zu: skéllein = austrocknen, dörren; vertrocknen]

aussehen wie ein Skelett auf Urlaub (ugs.) = *bleich sein.* Parallel zu *Leiche auf Urlaub.* 1930 ff. Küpper 1993, 772.

dürr wie ein Skelett (ugs.) = *sehr mager, sehr dünn* (über Menschen). Poln.: *chudy jak szkielet.* WW 2004, 20.

wie ein Skelett in Uniform aussehen (ugs.) = *bleich aussehender Soldat.* Sold. 1935 ff. Küpper 1993, 772.

SOCKE, die; -, -n [mhd., ahd. soc < lat. soccus = leichter Schuh (bes. des Schauspielers in der Komödie), zu griech. sýkchos, sykchís = eine Art Schuh]

gehen wie ein Bär auf Socken (ugs.) = S. Bär.

schlaff wie eine Socke sein (ugs.) = *abgekämpft sein, keine Kraft haben.* Brugger 1993, 8.

SODOM, das; - [nach der gleichnamigen bibl. Stadt] (bildungsspr.)

wie bei Sodom und Gomorrha (bildungsspr..) = *im Zustand der Lasterhaftigkeit und Verworfenheit.* Nach 1. Mos. 18 u. 19.

es geht zu wie in Sodom und Gomorrha (bildungsspr.) = *es geht lasterhaft, unmoralisch, sündhaft zu.* Die beiden biblischen Städte Sodom und Gomorrha liegen am Südende des Toten Meeres. Sie wurden nach Gen 19 von Jahwe wegen ihrer Lasterhaftigkeit zerstört. »Sodom und Gamorrha« erscheinen in der Bibel oftmals als warnendes Beispiel der Sünde und des göttlichen Strafgerichts (Ps 10, 7; Mt 11, 23 f. u.ö.). Ein Nebenmotiv ist die zur Salzsäule erstarrte Frau des Lot. Sodom und Gomorrha sind bereits im Alten Testament sprichwörtlich (Jes 1, 9). Früh schon wird Sodom auch zum Gleichniswort für das verderbte Jerusalem (Offb 11, 8), dann allgemein für »böse Welt«. Röhrich 2001, 4, 1487.

SOFA, das; -s, -s [frz. sofa < arab. suffa^{h} = Ruhebank]

es schmeckt wie Kuh auf Sofa (salopp abwertend) = S. Kuh.

[Hier sieht's aus] wie bei Hempels unterm (hinterm) Sofa (Bett) (ugs. salopp) = S. Hempel.

SOHLE, die; -, -n [mhd. sole, ahd. sola, über das Vlat. zu lat. solum = Grund(fläche), (Fuß)sohle]

wie mit Blei an den Sohlen laufen (ugs.) = S. Blei.

SOLDAT, der; -en, -en [ital. soldato, eigtl. = der in Sold Genommene, subst. 2. Part. von: soldare = in Sold nehmen, zu: soldo < spätlat. solidus, Sold.]

so dumm [sein] wie (dümmer als) ein Regiment Soldaten (ugs. abwertend) = S. Regiment.

Ein Soldat ohne Knast ist wie ein Schiff ohne Mast. (ugs.) = *Ein unbestrafter Soldat ist nicht vollwertig.* Trostvoller Wertmaßstab der Soldaten untereinander. BSD 1965 ff. Küpper 1993, 432.

wie die Soldaten (ugs.) = *ordentlich, aufgereiht, der Größe nach angeordnet.*

wie die Soldaten liegen (ugs.) = *sauber ausgerichtet liegen (bezogen auf die Hemden im Schrank).* 1930 ff. Küpper 1993, 774.

SONNE, die; -, -n [mhd. sunne, ahd. sunna, alte idg. Bez., verw. mit lat. sol = Sonne]

dahinschmelzen wie Butter (auch: **wie Schnee) an der Sonne** (ugs. scherzh.) = S. Butter.

dastehen (bestehen) wie [die] Butter an der Sonne (ugs.) = S. Butter.

dastehen wie Max in der Sonne (ugs. scherzh.) = S. Max.

so falsch wie die Sonne sein = *hinterhältig sein; Harmlosigkeit vortäuschend, aber Böses bezweckend.* In Norddeutschland sagt man z.B. auch mundartlich: *He is so falsch as de Sünn.* Röhrich 2001, 1, 143.

funkeln (glänzen) wie Perlen in der Sonne = S. Perle.

ganz schön braun sein, aber nicht von der Sonne (ugs.) = *nicht recht bei Verstande sein.* Fußt wohl auf *braun*, das wahrscheinlich mit *braun* (abwertend) ′die Zeit des Nationalsozialismus in Deutschland betreffend; nationalsozialistisch′ verquickt wurde im Sinne von ′irrsinnige Weltanschauung des Nationalsozialismus′. 1940 ff.

hell wie die Sonne (ugs.) = 1. *sehr hell.* Röhrich 2001, 5, 1725. 2. (oft in der Form: helle) *aufgeweckt, gescheit, schlau, gewitzt.*

heiß wie die Sonne (ugs.) = *sehr warm, sehr heiß.* Röhrich 2001, 5, 1725.

so redlich wie die Sonne sein = *rechtschaffen, aufrichtig, ehrlich und verlässlich sein.* Röhrich 2001, 4, 1491.

so rein wie die Sonne sein (geh.) = *makellos sauber; frei von Flecken, Schmutz o. Ä. sein.* Röhrich 2001, 1, 143.

[schön] wie die Sonne (wie der junge Tag) (geh.) = *über ein sehr hübsches Mädchen, eine sehr hübsche junge Frau.*

[schlaff] wie die Sonne im Januar (im Jänner) sein (iron.) = *ohne Kraft sein, eine ironische Bezeichnung für einen Menschen ohne Energie und Tatkraft.* Röhrich 2001, 1, 143; Brugger 1993, 8.

SONNENSTRAHL, der

aufleuchten wie ein plötzlicher Sonnenstrahl (wie ein Blitz) = *plötzlich, für kurze Zeit leuchten.* (Duden)

SONNENUHR, die

etw. passt wie eine Sonnenuhr in einen Sarg (ugs. spött.) = *über etwas Unpassendes.* Röhrich 2001, 4, 1144.

SONNTAG, der; -s, -e [mhd. sun(nen)tac, ahd. sunnun tag, LÜ von lat. dies Solis; LÜ von griech. heméra Helíou = Tag der Sonne]

von etw. soviel wissen (verstehen; Ahnung haben) wie die Kuh vom Sonntag (ugs. iron. abwertend) = S. Kuh.

SONNTAGSHOSE, die

gebügelt und geschniegelt wie eine Sonntagshose (wie ein Sonntagsanzug) (ugs. leicht abwertend) = *adrett gekleidet, feierlich angezogen.* Brugger 1993, 13. Sonntagshose und Sonntagsanzug sind Kleidungsstücke, die nur zu feierlichen Anlässen oder anderen besonderen Gelegenheiten getragen werden.

SPANFERKEL, das; -s, -

rot wie ein Spanferkel (ugs. selten) = *rot aussehen, von roter Gesichtsfarbe sein.* Szczęk, Wysoczański 2004, 107. Das Spanferkel ist ein junges Ferkel, das noch gesäugt wird. *Span* ist hier [von mhd. spen, spünne, ahd. spunni -´ Mutterbrust, Zitze; Muttermilch´] also die Zitze der Muttersau. Vgl. schweinchenrosa.

SPANIER, der; -s, -

schön wie ein kranker Spanier und so lieblich wie ein alter Affe. (iron.) = *Spruchweisheit.* Wander 4, 317.

Der Spanier gleicht (seiner Erscheinung nach) **dem Teufel, der Italiener ist wie ein Mann, der Franzose ist wie ein Weib, der Brite wie ein Engel, der Deutsche wie eine Säule.** (bildungsspr.) = *redensartliche Vergleiche.* Lat.: *Hispanus velut diabolus, Italus velut vir, Gallus velut femina, Anglus velut Angelus, Germanus velut statua.* Wander 4, 647.

stolz wie ein Spanier (ugs.) = *sehr stolz, selbstbewusst; übertrieben stolz.* In international weitverbreiteter Wertung hat der Spanier ein Übermaß an Stolz. Seit dem 18. Jh. Küpper 1993, 777. Vgl. franz. *fier comme Artaban* (König der Parthen). Schiller gebraucht eine ähnliche Wendung in durchaus positivem Sinne in seinem »Don Carlos« (III, 10): „Stolz will ich den Spanier". Doch gerade wegen dieses sprichwörtlichen Stolzes wurde der Spanier auch gern verspottet und Gegenstand von Karikaturen bei den Nachbarvölkern. Röhrich 2001, 5, 1562.

SPANISCH, das; -

jmd. spricht Französisch wie eine Kuh Spanisch (ugs. iron.) = S. Französisch.

SPÄT <Adj.> [mhd. spæte, ahd. spati, eigtl. = sich hinziehend u. wahrsch. verw. mit sparen]

Besser (lieber) spät als nie[mals] (als gar nicht) (ugs.) = *etwas kommt zwar spät zustande, aber es kommt immerhin zustande.* Auch (scherzhaft-ironisch) *jmd. kommt, doch sehr spät*! Mit dem Zusatz *besser spät als nie* (lat.: *potius sero quam numquam*) forderten nach dem Bericht des Livius die Konsuln des Jahres 445 v. Chr., Marcus Genucius und Gaius Curtius, die Senatoren zu beherztem Handeln auf. Ziel ihrer Attacken war der Volkstribun Gaius Canuleius, der in der heißen Phase der Ständekämpfe durch ein Gesetz die Eheschranke zwischen Patriziern und Plebejern beseitigen wollte. In Schillers »Wallenstein«, 2. Teil (Die Piccolomini), ruft gleich zu Beginn der Feldmarschall Illo dem eintreffenden Kroatengeneral Graf Isolani zu: »Spät kommt Ihr - doch Ihr kommt! Der weite Weg, Graf Isolan, entschuldigt Euer Säumen.« Die von Isolani in demselben Stück geäußerte und sprichwörtlich gewordene Maxime *Der Krieg ernährt den Krieg* geht übrigens ebenfalls auf Livius zurück. Pohlke 2006, 145. Bekannt sind auch die franz.e und die engl.e Variante: *Mieux vaut tard que jamais* und *Better late than never*. DZR 2007, 499.

SPÄTHEIMKEHRER, der
aussehen wie ein Spätheimkehrer (ugs. abwertend) = *zerlumpt, verwahrlost aussehen*. 1950 ff. Aufgekommen mit der späten Heimkehr der Kriegsgefangenen aus Russland gegen 1948 und gehäuft seit 1955.

SPATZ, der; -en, auch: -es, -en [mhd. spaz, spatze, Kosef. von mhd. spare, ahd. sparo, Sperling]
auseinander stieben wie die Spatzen nach dem Schuss (ugs.) = *schnell auseinander gehen, einen Ort schnell verlassen*. Szczęk, Wysoczański 2004, 121. Vom Knall des Schusses werden Vögel aufgescheucht und fliegen schnell weg.
sich in die Brust schmeißen wie ein Spatz in den Müllabfall (ugs.) = S. Brust.
essen wie ein Spatz (ugs.) = *sehr wenig essen*. Seit dem 19. Jh. Küpper 1993, 779; Szczęk, Wysoczański 2004, 121. Poln. *jeść jak wróbel*. WW 2004, 45.
frech wie ein Spatz (ugs.) = *dreist, unverschämt, rücksichtslos*. S. a. Rohrspatz. Seit dem 19. Jh. Küpper 1993, 779.
ein Gehirn wie ein Spatz haben (salopp abwertend) = S. Gehirn.
ein Hirn haben wie ein Spatz (ugs. iron.) = S. Hirn.
Kraft haben wie ein Spatz (ugs. iron.) = S. Kraft.
Lieber (besser) ein Spatz (den [ein] Sperling) in der Hand als die Taube auf dem Dach. (Sprichwort) = *Es ist besser, sich mit dem zu begnügen, was man bekommen kann, als etw. Unsicheres anzustreben; Aussage darüber, dass es besser ist, sich mit bescheidenen Dingen zufrieden zu geben, als nach dem Maximum zu streben*. Anutei 1978, 25; Frey 1988, 13; Fritz 2003, 39. Engl.: *A bird in [the] hand is worth two in the bush*. Lat.: *Plus valet in manibus passer quam sub dubio grus*. Poln.: *Lepszy wróbel w ręku niż sokół (cietrzew, bażant) na sęku. // Lepszy grosz dany niż złoty obiecany*. Tschech.: *Lepší vrabec v hrsti, nežli holub na střeše*. Schmelz 1990, 55. Weitere Sprichwörter mit gleicher Bedeutung sind: *Eine Meise in der Hand ist besser als ein Kranich in der Luft.; Besser ein Spatz in der Hand, als ein Kranich, der fliegt, über Land*. Wander 1, 330; *Besser ein Sperling in der Hand, als ein Rebhuhn im Strauche*. Wander 1, 330; *Besser ein Vogel im Bauer als (denn) Tausend in der Luft*. Koženjako 2003, 19; *Besser ein Vogel in der Hand, als zehn über Land*. Anutei 1978, 26.; *Ein Vogel in der Schüssel ist besser als zehn in der Luft*. Fink-Henseler 1996, 576; *Besser eine Grundel auf dem Tisch als im Teich ein großer Fisch*. Fink-Henseler 1996, 262; *Besser ein lebendiger Esel, als ein totes Pferd*. Anutei 1978 (hier allerdings bereits mit einer Bedeutungsveränderung), 26; *Lieber eine Laus im Kraut als gar kein Fleisch*. Koženjako 2003, 1; Walter, Mokienko 2006, 113. *Ein Bissen im Mund ist besser, als ein versprochener Braten*. Wander 1, 385. Dieses Sprichwort gehört zu den am meisten transformierten sprachlichen Einheiten (Antisprichwörter und Antiredensarten: „*Lieber vom Leben gezeichnet als von Picasso gemalt*." Karasek 2004, 13.), die ständiger Erneuerung unterliegen. („Doch es gibt leider auch die anderen. „Schwarze Schafe", die mit unseriösen Tricks auf Kundenfang gehen. Frei nach dem Motto: *Lieber einen schnellen Euro verdient als den Kunden gut bedient!*" www.bild.t-online.de vom 21.12.2007). Die „Lieber-als-Sätze" erreichen zuweilen Kultstatus und finden ihren Niederschlag vor allem auf verschiedenen Internet-Seiten, z.B. http://www.alles-witz.de/sprueche/lieber.htm; http://www.ffhex.de/index.html; http://www.ffhex.de/liebals.htm.

Muskeln haben wie der Spatz Krampfadern (ugs. scherzhaft) = S. Muskel.

etw. ist, als scheißt ein Spatz ins Meer (ugs. landschaftl. schwäbisch) = *eine Sache ist ganz belanglos, unwichtig.* Röhrich 2001, 5, 1689.

Besser ein Spatz in der Hand, als eine Taube auf dem Dach. (Sprichwort) = *Es ist besser, sich mit dem zu begnügen, was man bekommen kann, als etwas Unsicheres anzustreben* (s.o.).

SPATZENSCHRECK, der; -s, -e (österr.)

aussehen wie ein Spatzenschreck (ugs. abwertend) = *ungepflegt, grämlich, abstoßend aussehen.* Spatzenschreck - Vogelscheuche. Seit dem 19. Jh. Küpper 1993, 779.

SPECHT, der; -[e]s, -e [mhd., ahd. speht, weitergebildet aus gleichbed. mhd. spech, ahd. speh]

bunt wie ein Specht = *sehr bunt, farbenfroh.* (Duden) Nach dem Gefieder des Buntspechts.

klopfen (hämmern, trommeln) wie ein Specht (ugs.) = *intensiv klopfen (hämmern); anhaltend klopfende Geräusche machen.* Szczęk, Wysoczański 2004, 121. Der Specht ist ein Vogel mit langem, geradem, kräftigem Schnabel, mit dem er, am Baumstamm kletternd, Insekten und deren Larven aus der Rinde herausholt.

SPECK, der ; -[e]s, (Sorten:) -e [mhd. spec, ahd. spek, viell. eigtl. = Dickes, Fettes]

leben (sitzen) wie die Made im Speck (ugs.) = S. Made.

ein Leben führen wie die Made im Speck (ugs.) = *sehr gut, aus dem Vollen leben; im Überfluss leben, genug zu essen haben, dann allgemein: es sich wohl sein lassen.* Vgl. *leben (sitzen) wie die Made im Speck.* Szczęk, Wysoczański 2004, 131.

wie die Maus im Speck sitzen (ugs. selten) = S. Maus.

sich wohl fühlen wie die Made im Speck (ugs.) = S. Made.

nach etw. schnappen wie die Maus nach Speck (ugs. selten) = S. Maus.

rar wie Speck in einer Judenküche (ugs. scherzh.-iron. veraltend) = *sehr selten, kostbar.* Röhrich 2001, 4, 1226. S. Maurerschweiß.

SPECKSCHWARTE, die

glänzen wie eine Speckschwarte (ugs.) = 1. *fettig glänzen.* 1900 ff. 2. *sehr sorgfältig gereinigt sein (auf das Gewehr o. Ä. bezogen); gut eingefettet sein.* Sold. 1914 bis heute. Küpper 1993, 780.

glatt wie Schmierseife (ugs.) = *sehr glatt, rutschig*

SPECKSEITE, die

leben wie die Mäuse in der Speckseite (im Käse) (ugs. selten) = S. Maus.

SPEISEEIS, das

es ist mir eine ganze Badewanne voll Speiseeis (ugs.) = S. Badewanne.

SPEISEGEWÖLBE, die

so treu wie die Katze im Speisegewölbe (ugs. iron. veraltend) = S. Katze.

SPERRMÜLL, der

jmdn. wie Sperrmüll vor die Tür stellen (ugs. abwertend) = *jmdn., um ihn seines Einflusses zu berauben oder weil er als lästig empfunden wird, aus seiner Umgebung entfernen; jmdn. abschieben, jmdn. nicht weiter beachten.* Brugger 1993, 10. *Sperrmüll* ist sperriger Müll (z. B. Möbel), der nicht in die Mülltonne o. Ä. passt und in Sonderaktionen zur Mülldeponie gefahren wird.

SPIEGEL, der; -s, - [mhd. spiegel, ahd. spiagal, über das Roman. < lat. speculum, Spekulum]

jmdm. wie aus dem Spiegel gestohlen sein (ugs. scherzh.) = *jmdm. stark ähneln, jmdm. sehr ähnlich sehen.* Brugger 1993, 13. Vgl. *wie aus dem Gesicht geschnitten sein.*

SPIEGELÄFFCHEN, das; -s, -

eitel wie ein Spiegeläffchen (ugs. abwertend) = *über einen eingebildeten, eitlen Mann.* Szczęk, Wysoczański 2004, 95.

SPIEL, das; -[e]s, -e [mhd., ahd. spil, eigtl. wohl = Tanz(bewegung)]

ein Spiel haben wie ein Haus (Kartenspieler) = *ein gutes Spiel auf der Hand haben.* Die Gewinnaussicht steht so fest wie ein Haus. Seit dem 18. Jh. Küpper 1993, 782. Haushohes Spiel - Kartenspiel, das einen hohen Gewinn bringt. Kartenspielerspr. 1900 ff. Küpper 1993, 781.

SPIEß[1], der; -es, -e [mhd. spieʒ, ahd. spioʒ]

brüllen (schreien o. Ä.), als ob man am Spieß stäke (steckte) (ugs. emotional) = *laut schreien.* Hergenommen vom barbarischen Kriegsbrauch der plündernden Soldateska, Kinder an den Spieß zu stecken und hoch über der Schulter zu tragen. Seit dem späten 16. Jh. Küpper 1993, 782.

brüllen wie am Spieß (ugs. emotional) = Dass. wie *brüllen (schreien o. Ä.), als ob man am Spieß stäke (steckte).* (S.) Duden, Bd. 11, 132.

SPIEß[2], der; -es, -e [mhd. spieʒ, ahd. spioʒ]

brüllen wie ein Spieß (ugs.) = *sehr laut sprechen.* Spieß meint hier den Oberfeldwebel (1919-1938) bzw. Hauptfeldwebel (1938-1945ff.); Kompaniefeldwebel (ab 1955 ff.). Feldwebel trugen im 17./18. Jh. einen Spieß. Sold. seit dem späten 19. Jh. bis heute. Küpper meint, dass es von der Eigenart des Spießes (des Hauptfeldwebels) hergeleitet sei. Sold. 1935 ff., auch zivil. Küpper 1993, 782. Wahrscheinlicher ist eine Herleitung von dem Offizierssäbel, den der (Kompanie-) Feldwebel früher getragen hat.

SPINDEL, die; -, -n [mhd. spindel, spinnel, ahd. spin(n)ala, zu spinnen]

dünn wie eine Spindel (ugs.) = *sehr dürr, sehr mager.* Besonders von Mädchen gesagt, vgl. *spindeldürr*, elsässisch *so dünn wie eine Heringsseele*, auch *so dünn wie Spinneweb; so dünn wie des Armen Korn* (veralt.). Röhrich 2001, 1, 345.

SPINDELDÜRR <Adj.>

spindeldürr = *sehr dürr, sehr mager.* S. *dünn wie eine Spindel.*

SPINNE, die; -, -n [mhd. spinne, ahd. spinna, eigtl. = die Spinnende, Fadenziehende, zu spinnen]

giftig (zornig) sein wie eine Spinne (ugs.) = *bösartig [u. aggressiv]; von Bosheit, Gehässigkeit geprägt, zeugend.* Szczęk, Wysoczański 2004, 134.

wütend wie eine Spinne (ugs. emotional) = *überaus wütend.* Wohl vom kannibalischen Geschlechtsverhalten mancher Spinnenarten übertragen. 1950 ff. Küpper 1993, 783.

SPINNEFEIND <Adj.>: in der Wendung

[mit] jmdm. (einander, sich) spinnefeind sein (ugs.) = *mit jmdm. sehr verfeindet sein; tödlichen Haß aufeinander haben, unversöhnliche Feinde sein.* Nach der Beobachtung, dass bestimmte Spinnen zu Kannibalismus neigen. Die Beobachtung, dass eine Spinne die andere anfällt und aussaugt (tatsächlich töten die größeren Spinnenweibchen die kleineren Männchen), was sonst unter Artgenossen im Tierreich selten geschieht, führte bereits 1512 Geiler von Kaysersberg zu dem Vergleich *so feind als die Spinnen.* Daraus entwickelte sich seit Johannes Paulis *Schimpf und Ernst* von 1522 der Ausdruck *spinnenfeind.* Er schreibt von der nach außen nur geheuchelten Freundlichkeit der Fürsten untereinander, die er durchschaut hat (104, Osterley): „die fürsten füren einander under den armen, und sein einander spinnenfeint, einer mag des andern reichtumb nit erleiden“. Zuerst in einem Lutherdruck von 1566 ist in dem Wort das »n« der unbetonten Silbe wie bei *Leineweber* ausgefallen. Röhrich 2001, 5, 1506.

SPITALKORRIDOR, der

jmd. hat einen Geist wie ein Spitalkorridor (ugs. landschaftl.) = S. Geist.

SPREU, die; - [mhd., ahd. spriu, verw. mit sprühen u. eigtl. = Stiebendes, Sprühendes]

wie Spreu im Winde (geh.) = *angewendet für etwas Vergängliches, auf menschliche Äußerungen oder Verhaltensweisen oder auf den Menschen selbst.* Die Wendung hat ihren Ursprung im Alten Testament. Darin setzt sich Hiob mit seinen Freunden über die Frage nach Gottes ausgleichender Gerechtigkeit gegenüber den Gottlosen auseinander. Dort heißt es: »Wie oft geschiehts denn, dass die Leuchte der Gottlosen verlischt und ihr Unglück über sie kommt, dass er Herzeleid über sie austeilt in seinem Zorn, dass sie werden wie Stoppeln vor dem Winde und wie Spreu, die der Sturmwind wegführt?« (Hiob 21, 17-18). Russ.: *Часто ли угасает светильник у беззаконных, и находит на них беда, и Он дает им в удел страдания во гневе Своем? Они должны быть, как соломинка пред ветром и как плева, уносимая вихрем.* Engl. *How oft is the candle of the wicked put out! and how oft cometh their destruction upon them! God distributeth sorrows in his anger. They are as stubble before the wind, and as chaff that the storm carrieth away.* Der Vergleich findet sich auch im ersten Psalm Davids, Vers 4: »Aber so sind die Gottlosen nicht, sondern wie Spreu, die der Wind verstreut« und im Psalm 35, Vers 5, wo es von den Feinden König Davids heißt: »Sie müssen werden wie Spreu vor dem Winde, und der Engel des Herrn stoße sie weg.« DZR 2002, 789. Das gedroschene Korn wurde ursprünglich in den Wind geworfen, wobei die leichte Spreu verstob und die Körner zu Boden fielen.

SPRINGEN, das; -s, - <o. Pl.>

er schickt sich zum Springen wie die Kröte zum Fliegen (ugs. selten) = *zu etw. ungeeignet sein, untauglich sein; etw. nicht können.* Szczęk, Wysoczański 2004, 128. S. Esel.

SPRINGPROZESSION, die

vorankommen wie die Echternacher Springprozession (ugs. landschaftl.) = *nur mühsam und mit beständigen Rückschlägen vorankommen.* Die Echternacher Springprozession (seit dem 15. Jh. bezeugt) wurde bekannt als Bittprozession für Kranke, besonders Epileptiker (Veitstanz), die zum Grabe des heiligen Willibrord nach Echternach (Luxemburg) pilgerten. Die Legende erzählt, dass bald nach dem Tod des Heiligen in der Gegend von Echternach eine Tierkrankheit ausbrach, bei der sich das Vieh zu Tode springen musste. Die bedrängten Besitzer unternahmen hüpfend und springend eine Wallfahrt zum Grabe des Heiligen, der in seinem Leben auch Tiere geheilt hatte. Als die kranken Tiere wirklich gesund wurden, gelobten die Bauern, die Prozession jedes Jahr zu wiederholen. Dabei gilt der auch sonst in der Volksmedizin geläufige Grundsatz des *similia similibus curantur*, wonach durch Nachahmung des Übels versucht wird, dieses selbst zu heilen oder sich selbst wie auch andere davor zu beschützen. Die Springprozession findet alljährlich am Pfingstdienstag statt und erfreut sich wegen ihrer Einzigartigkeit großen Zulaufs. In Gruppen bewegt sich der lange Zug springend und betend durch den Ort zur Kirche, in der sich das Grab des heiligen Willibrord befindet. Es handelt sich zweifellos um einen der merkwürdigsten Reste mittelalterlicher Volksfrömmigkeit im Abendland. Röhrich 2001, 2, 349.

SPRITZE, die; -, -n [mhd. sprütze, sprutze]

voll wie eine Spritze (ugs.) = *volltrunken.* Übertragen von der Feuerlöschspritze. Seit dem 18. Jh. Küpper 1993, 786.

wie mit der Spritze essen (ugs.) = *hastig essen.* Hergenommen von den so genannten »Bouillonkellern«, in denen die Suppe mittels einer Spritze in die Vertiefung des Tisches gespritzt wurde. 1900 ff. Küpper 1993, 786.

SPRUNG, der; -[e]s, Sprünge [mhd., spätahd. sprunc, zu springen]

Sprünge machen wie ein Lachs (ugs. selten) = *gewandt springen, mit Leichtigkeit springen.* Szczęk, Wysoczański 2004, 127.

SPUCKE, die; - [zu spucken]

aussehen wie Braunbier und (mit) Spucke (ugs. iron.) = S. Braunbier.

aussehen wie Buttermilch und Spucke (Käse) (ugs. iron.) = S. Butter.

SPUCKEN <sw. V.> [aus dem Ostmd., wohl Intensivbildung zu dem speien zugrunde liegenden Verb]

das ist wie gespuckt für ihn (ugs.) = *das passt ausgezeichnet zu ihm.* 1960 ff. Küpper 1993, 292.

wie gespuckt (ugs.) = unverkennbar der Natur genau nachgebildet; überaus ähnlich. Im 19. Jh. wahrscheinlich aus dem Franz. entlehnt (»c'est son père tout craché«).

SPUKHÄSSLICH <Adj.>

spukhässlich = *abschreckend hässlich.* So hässlich, wie man sich eine Spukgestalt vorstellt. Seit dem 19. Jh. Küpper 1993, 788.

SPUND, der; -[e]s, Spünde u. -e [mhd. spunt, über das Roman. zu (spät)lat. (ex)punctum = in eine Röhre gebohrte Öffnung]

angeben wie ein junger Spund (ugs.) = *heftig prahlen.* 1950 ff. Küpper 1993, 29.

SPUR, die; -, -en [mhd. spur, spor, ahd. spor, eigtl. = Tritt, Fußabdruck, zu einem Verb mit der Bed. „mit dem Fuß ausschlagen, treten; zappeln, zucken"; urspr. = „hinterlassenes Zeichen", dann: „nur schwach Merkliches"]

einer Spur folgen wie ein Polizeihund (ugs. scherzh.) = *eine Spur hartnäckig verfolgen; einen Vorgang genau untersuchen.* (Duden). Polizeihunde sind (wegen ihres sehr guten Riechvermögens) dafür ausgebildet, eine einmal aufgenommene Spur bis an ihre Ursache zurückzuverfolgen. Vgl auch *heiße Spur* - ′wichtiger Anhaltspunkt für die Aufklärung eines Verbrechens o. Ä.′; *jmdm. auf die Spur kommen* - ′ *jmdn. als Täter o. Ä. ermitteln*′; *einer Sache auf die Spur kommen* - ′herausfinden, was es mit einer [verbotenen, verborgenen] Sache auf sich hat; etw. aufdecken′; *jmdm. auf der Spur sein (bleiben)* - ′auf Grund sicherer Anhaltspunkte jmdn. [weiterhin] verfolgen′; *einer Sache auf der Spur sein (bleiben)* - ′auf Grund sicherer Anhaltspunkte sich [weiterhin] bemühen, eine Sache zu erforschen′. Duden, Bd. 11, 679.

STAATSANWALT, der

fragen wie ein Staatsanwalt (ugs.) = *unerbittlich fragen; keine Ausreden oder Umschweife zulassen.* 1920 ff. Küpper 1993, 789.

STACHELDRAHT, der

Nerven haben wie (aus) Stacheldraht (ugs.) = S. Nerv.

STAHL, der; -[e]s, Stähle, selten: -e [mhd. stal, stahel, ahd. stahal, subst. Adj. u. eigtl. = der Feste, Harte]

hart wie (Krupp-) Stahl (ugs.) = 1. *sehr hart, sehr fest.* 2. *unbeugsam, nicht von seiner Meinung abzubringen.*

STAHLSEIL, das

Nerven haben wie Stahlseile (ugs.) = S. Nerv.

STAHLTROSSE, die

Nerven haben wie Stahltrossen (ugs.) = S. Nerv.

STALLTOR, das

dastehen wie die Kuh vor dem neuen Stalltor (ugs. abwertend) = S. Kuh.

STANGE, die; -, -n [mhd. stange, ahd. stanga, eigtl. = die Stechende; Spitze]

angeben wie eine Stange Lauch (ugs. spött.) = *lärmen.* Lauch erzeugt Blähungen. 1930 ff. Küpper 1993, 29.

aussehen wie von der Stange (ugs.) = *einheitlich gekleidet sein.* 1920 ff. Küpper 1993, 792.

wie die Hühner auf der Stange sitzen (ugs.) = dicht gedrängt nebeneinander sitzen, z.B. auf einem Holzstamm, einer Bank u.Ä. Röhrich 2001, 3, 753; Szczęk, Wysoczański 2004, 124. Das Bild ist dem Hühnerstall entnommen, in dem die Tiere auf ihren Legestangen sitzen.

STAR, der; -[e]s, -e, schweiz.: -en [mhd. star, ahd. stara, wohl lautm.]

jmdm. zureden wie einem kranken Star (landsch.) = *jmdm. eindringlich, wohlmeinend zureden.* Der Vogel dieses Namens wurde früher gern in Käfigen im Hause gehalten; bedingt durch den vertrauten Umgang des Menschen mit diesem Haustier wurde der Name des Stars gelegentlich zu redensartlichen Vergleichen herangezogen. Dieser Vergleich wurde auf der Grundlage von *jmdm. zureden wie einem lahmen (kranken) Gaul* gebildet. S. Gaul.

das Maul aufreißen wie die jungen Staren (ugs. abwertend) = S. Maul.

schwätzen wie ein Star (ugs.) = *ununterbrochen reden.*

singen [können] wie ein Star (ugs.) = *gut singen [können].* Röhrich 2001, 5, 1528.

STAUBTROCKEN <Adj.>

staubtrocken (meist abwertend) = 1. *überaus trocken.* 2. (verstärkend) *sehr nüchtern, allzu sachlich, ohne Ausschmückung, Fantasie und daher oft ziemlich langweilig; nicht anregend, nicht unterhaltsam.*

STAUNEN, das; -s

bei mir Flunder, platt vor Staunen (ugs.) = S. Flunder.

STECHEN <st. V.; hat> [mhd. stechen, ahd. stehhan]

wie gestochen = *sehr sauber und gleichmäßig.* Diese Fügung wird vor allem im Zusammenhang mit einem Schrift- oder Druckbild verwendet. Wenn dieses wie gestochen ist, ist es klar, sauber und gleichmäßig. DZR 2002, 786.

STECKEN, der; -s, - [mhd. stecke, ahd. stecko, verw. mit mhd. stake = langer Stock, Stange od. zu Stich]

jmd. geht wie die Laus am Stecken (ugs. selten) = S. Laus.

tanzen wie der Lump am Stecken (ugs. spött. süddt.) = S. Lump.

tanzen wie der Lumpen am Stecken (ugs.) = S. Lumpen.

STECKNADEL, die

etw. (jmdn.) suchen wie eine Stecknadel im Heuhaufen (Heuschober) (ugs.) = *etw. ohne od. nur mit geringen Erfolgsaussichten suchen; lange, überall nach etw., jmd. schwer Auffindbarem suchen.* Fußt auf der Metapher von der *Stecknadel im Heuhaufen.* Seit dem 18. Jh. Vgl. engl. *we looked for it like for a pin in a haystack*, franz. *chercher une aiguille dans une botte de foin.* Küpper 1993, 794; Duden, Bd. 11, 684; DZR 2007, 707.

so still sein, dass man eine Stecknadel fallen hören kann (könnte) = *absolut still sein, es ist nicht das Geringste zu hören.* Duden, Bd. 11, 694.

so voll sein, dass keine Stecknadel (kein Apfel) zu Boden (zur Erde) fallen kann (könnte) = *sehr voll, überfüllt sein.* Duden, Bd. 11, 770.

STECKNADELKOPF, der

klein wie ein Stecknadelkopf = *sehr klein.* HWA 2005, 1, 513.

STEIN, der; -[e]s, -e u. (als Maß- u. Mengenangabe:) - [mhd., ahd. stein, wohl eigtl. = der Harte]

fliegen wie ein Stein (ugs. iron.) = 1. *nicht fliegen können.*2. *mit einem Flugzeug abstürzen.* Brugger 1993, 12.

jmd. kann schwimmen wie ein Sack voll Steine (ugs. iron.) = S. Sack.

schlafen wie ein Stein (ugs.) = *sehr stark, sehr tief schlafen.* Szczęk, Wysoczański 2004, 91. Fußt auf der Vorstellung von der Unbeweglichkeit eines Steines. 1900 ff. Küpper 1993, 796. Poln. *spać jak kamień.* WW 2004, 96.

schweigen wie ein Stein (ugs.) = *sehr verschwiegen sein.* 1900 ff. Küpper 1993, 796.

etw. ist [wie] ein Tropfen auf den heißen Stein (ugs.) = S. Tropfen.

STEINBRUCH, der

eine Schnauze haben wie ein Steinbruch (salopp) = S. Schnauze.

STEINHART <Adj.>

steinhart (emotional verstärkend, häufig abwertend) = *sehr hart; hart wie Stein.* Seit mhd. Zeit auf dem Vergleich *hart wie ein Stein* beruhend. Küpper 1993, 796.

STEINKOHLE, die

alt wie die Steinkohle (ugs. scherzh.) = *sehr alt* (oft über Menschen). Die Steinkohle hat sich vor sehr langen Zeiten im Erdinneren gebildet und das dient in diesem Vergleich als Verstärkung. Vgl. *alt wie Methussalem.*

STEINMÜDE <Adj.>

steinmüde (emotional verstärkend selten) = *sehr müde, abgespannt.* Bayr. und österr., seit dem 19. Jh. Küpper 1993, 796. Hier drückt das emotional verstärkende *stein-* in Bildungen mit dem Adjektiv eine Verstärkung aus, die in der Etymologie von *müde* begründet liegt: mhd. müede, ahd. muodi, urspr. = sich gemüht habend.

wie ein Stein [könnte man] ins Bett fallen (ugs.) = *sehr müde sein.* Küpper 1993, 796. S. steinmüde, todmüde.

STEINZEIT, die <o. Pl.>

Ansichten wie in (aus) der älteren Steinzeit (ugs.) = S. Ansicht.

leben wie das liebe Vieh in der Steinzeit (abwertend) = S. Vieh.

STELZE, die; -, -n [mhd. stelze, ahd. stelza = Holzbein, Krücke, eigtl. = Pfahl, Stütze, zu stellen]

mager wie eine Stelze (ugs. spött.) = *hager, dünn.* Hergenommen von der Bach- oder Wasserstelze. 1950 ff. Küpper 1993, 797.

STERBEN, das

jmd. sitzt da wie eine Eule im Sterben (ugs. selten) = S. Eule.

STERN, der; -[e]s, -e [mhd. stern(e), ahd. sterno, viell. zu Strahl u. eigtl. = am Himmel Ausgestreuter]

ein Gebiss wie die Sterne (ugs. scherzh.) = S. Gebiss.

so sicher, wie der Stern am Himmel (geh.) = *sehr sicher.*

STERZ, der; -es, -e [zu mundartl. sterzen = steif sein]

wie's Mandl beim Sterz (ugs.) = S. Mandl.

STEUER, die; -, -n [mhd. stiure, ahd. stiura = Stütze, Unterstützung; [1]Steuer, eigtl. = Stütze, Pfahl, zu stauen]

etw. ist so sicher wie die Steuer (scherzh. landschaftl. Rheinhessen) = *etw. ist sehr sicher, etw. ist unausweichlich.* Röhrich 2001, 4, 1469.

STIEFEL, der; -s, - [mhd. stivel, stival, ahd. stival, vgl. ital. stivale, älter span. estival, afrz. estival]

etw. ist wie ein ausgelatschter Stiefel (ugs.) = *über etw. Langweiliges, Abgedroschenes.* Brugger 1993, 7. Vgl. *als ob der Friedhof gähnte.*

passen wie einem Esel die Stiefel (ugs. selten) = S. Esel.

voll sein wie ein Stiefel (ugs.) = *volltrunken sein.* 1900 ff. Küpper 1993, 799. *Stiefel* meint hier ein sehr großes Bierglas in Form eines Stiefels, vgl. die Wendung *einen [tüchtigen/gehörigen/ guten o. Ä.] Stiefel vertragen/trinken [können]* (ugs.) - *viel Alkohol vertragen [können].*

STIEFELWICHSE, die (ugs.)

das ist klar wie Stiefelwichse (ugs.) = *das ist völlig einleuchtend.* Entweder ironisch gemeint oder Anspielung auf den Glanz, den die Stiefelwichse den Stiefeln verleiht. Seit dem 19. Jh. Küpper 1993, 800. Gebildet nach dem Modell *klar wie Kloßbrühe.*

STIEGE , die; -, -n

Wer sein Weib schlägt mit einem Bengel, der ist vor Gott angenehm wie ein Engel; tritt er sie mit Füßen, so lässt's ihn Gott genießen; wirft er sie die Stiegen hinab, so ist er von seinen Sünden ledig ab; schlägt er sie dann gar zu tot, der ist der angenehmst vor Gott. (iron.) = S. Weib.

STIER, der; -[e]s, -e [mhd. stier, ahd. stior, eigtl. = Stierkalb]

arbeiten wie ein Stier (ugs.) = *schwer arbeiten.* Poln. *harować jak byk.* Szczęk, Wysoczański 2004, 104.

brüllen (schreien o. Ä.**) wie ein Stier** (ugs.) = (meist von Männern gesagt) *lauthals schreien.* Duden, Bd. 11, 132. Poln. *ryczeć jak byk.* Szczęk, Wysoczański 2004, 103.

kämpfen wie ein Stier (ugs.) = *hartnäckig, verbissen kämpfen.* Rührt vom Verhalten des Stieres beim Stierkampf her, in dem der Stier immer wieder das *rote Tuch* angreift (s.).

auf jmdn. losgehen wie ein Stier (ugs.) = *jmdn. wild angreifen.* Szczęk, Wysoczański 2004, 104.

reagieren wie ein Stier auf das rote Tuch (ugs.) = *aggressiv reagieren; auf Vorhalteungen, Kritik o. Ä. unsachlich hart reagieren.*

wütend wie ein Stier sein (ugs.) = *sehr wütend sein; sehr ärgerlich, erzürnt sein.* Szczęk, Wysoczański 2004, 104. Hergenommen vom *tobenden Stier.*

STIMME, die; -, -n [mhd. stimme, ahd. stimma, stimna]

eine Stimme haben wie ein Buchfink (ugs.) = *eine sehr schöne Stimme haben, gut singen können.* Szczęk, Wysoczański 2004, 118. Der Vogel bewohnt gern Buchenwälder. Er ist ein Singvogel und gehört zu den Finken mit rotbrauner Unterseite, blaugrauem Kopf und weißen Streifen an den Flügeln.

eine Stimme haben wie eine [rostige] Gießkanne (ugs.) = *eine rauhe, erkältete Stimme haben.* Seit dem späten 19. Jh. Küpper 1993, 296.

eine Stimme wie eine Kreissäge (ugs.) = *kreischende Stimme.* 1920 ff. Küpper 1993, 801.

eine Stimme wie ein Rabe haben (ugs.) = *eine krächzende Stimme haben.* Szczęk, Wysoczański 2004, 120.

eine Stimme wie ein Reibeisen [haben] (ugs.) = *eine sehr tiefe, raue Stimme [haben].*

STINKTIER, das

stinken wie ein Stinktier (ugs. derb) = *sehr unangenehm riechen, widerlich riechen.* Szczęk, Wysoczański 2004, 101. Das Stinktier ist ein (in Amerika heimischer) Marder mit plumpem Körper, buschigem Schwanz, kleinem, spitzem Kopf u. schwarzem, weiß gestreiftem od. weiß geflecktem Fell, der aus Stinkdrüsen am After ein übel riechendes Sekret auf Angreifer spritzt. S. Fuchsbau, Pumakäfig, Wiedehopf, Ziegenbock.

STINT, der; -[e]s, -e [aus dem Niederd. < mniederd. stint, wohl eigtl. = „Kurzer, Gestutzter“]

sich ärgern wie ein Stint (ugs.) = *sich heftig ärgern.* Seit dem 19. Jh. Küpper 1993, 802.

besoffen (voll) wie ein Stint (salopp) = *volltrunken.* Spätestens seit 1900. Küpper 1993, 802. *Stint* – S. *sich freuen wie ein Stint.*

sich freuen wie ein Stint (ugs.) = *sich übermäßig freuen.* Geht zurück auf die Verse des Predigers Schmidt aus Werneuchen (erschienen im Berliner Musen-Almanach für 1795): »O sieh, wie alles weit und breit / An warmer Sonne minnt! / Vom Storche bis zum Spatz sich freut, / vom Karpfen bis zum Stint!«. Seit dem 19. Jh. Küpper 1993, 802. Der *Stint* ist ein kleiner, silberglänzender, zu den Lachsen gehörender Fisch, der besonders zur Trangewinnung gefangen wird. In dieser Wendung wird jedoch die zweite Bedeutung von *Stint* aktualisiert: (nordd.) ′Junge, junger Mensch′. Somit Bedeutung wie in *sich freuen wie ein kleines Kind.*

saufen wie ein Stint (salopp) = *trunksüchtig sein.* 1900 ff. Küpper 1993, 802. S. Bürstenbinder.

vergnügt wie ein Stint (ugs.) = *sehr vergnügt; sehr lebenslustig, unternehmungslustig.* 1900 ff. Küpper 1993, 802.

verliebt wie ein Stint (ugs.) = *heftig verliebt.* Berlin 1816 ff. Küpper 1993, 802.

STOCK, der; -[e]s, Stöcke [mhd., ahd. stoc = Baumstumpf, Klotz, Knüppel; urspr. wahrsch. = abgeschlagener Stamm od. Ast, zu stoßen]

[jmd. ist] wie ein Blinder ohne Stock (ugs.) = S. Blinde.

dasitzen (dastehen) wie ein Stock (ugs.) = *regungslos sitzen (stehen).* 1600 ff. Küpper 1993, 803.

dunkel wie im Stock (ugs. veraltend) = *sehr dunkel, finster; völlig finster.* Eigentlich soviel wie *dunkel wie im Gefängnis.* 1600 ff. Küpper 1993, 803.

sich steif halten wie ein Stock (ugs.) = *sich abweisend verhalten; kein Entgegenkommen zeigen.* 1920 ff. Küpper 1993, 803.

steif wie ein Stock (ugs.) = *von (in) sehr gerader und dabei steifer Haltung.* Küpper 1993, 803.

STOCKDUNKEL <Adj.>, **STOCKDUSTER** <Adj.>

stockdunkel, stockduster (ugs. emotional verstärkend) = *völlig dunkel.* Zur Herkunft vgl. *dunkel wie im Stock* und *stocksteif.*

STOCKSTEIF <Adj.>

stocksteif (ugs. emotional verstärkend) = *von (in) sehr gerader und dabei steifer Haltung.* Vgl. *sich steif halten wie ein Stock.* Stock- in Verbindung mit Adjektiven meint soviel wie ′völlig′; herzuleiten von Wendungen wie *keinen Stock sehen* oder *dunkel wie im Stock* - *′Gefängnis′* oder *steif wie ein Stock*; auch das Wort *verstockt* spielt gelegentlich hinein. Hieraus entwickelt sich *stock-* zu einem verstärkenden Präfix. Küpper 1993, 803.

STOPPSIGNAL, das

aufglühen wie ein Stoppsignal (ugs.) = *im Gesicht rot werden* (vor Empörung, Scham o.Ä.). (Duden). Das *Stoppsignal* muss in einer kräftig roten Farbe gehalten werden, damit es von den Kraftfahrern gut wahrgenommen werden kann. Häufig in Form einen „aufglühenden“ Blinklichts gestaltet.

STORCH, der; -[e]s, Störche [mhd. storch(e), storc, ahd. stor(a)h, zu starren, eigtl. = der Stelzer, nach dem steifen Gang]

auf einem Bein stehen wie der (ein) Storch (ugs. scherzh.) = S. Bein.

Beine haben wie ein Storch (ugs.) = S. Bein.

wie der (ein) Storch im (durch den) Salat [gehen o. Ä.**]** (ugs. scherzh.) = *steifbeinig, ungelenk [gehen o. Ä.]; steifbeinig schreiten; stelzen.* Hergenommen von der Hochbeinigkeit des Storchs und seiner stelzenden Gangart. 1840 ff. Küpper 1993, 804; DZR 2002, 785; DZR 2007, 842. Poln. *chodzić jak bocian.* Szczęk, Wysoczański 2004, 121.

STRAHL, der; -[e]s, -en [älter auch = Pfeil, mhd. stral(e), ahd. strala, eigtl. = Streifen, Strich]

einen Strahl haben wie ein Brauereipferd (ugs. spött.) = *sehr geräuschvoll harnen.* Strahl - 'Harnstrahl'. 1920 ff. Küpper 1993, 127.

STRANDHAUBITZE, die: in der Wendung

voll (betrunken, besoffen blau) wie eine Strandhaubitze (Strandkanone) sein (ugs.) = *völlig betrunken sein.* 1900 ff. Küpper 1993, 806. < In dieser Wendung finden wir eine Verstärkung des redensartlichen Vergleichs: *Er säuft wie eine Kanone* (s.). Ähnlich schon im 18. Jahrhundert: *Sein Kanönchen ist geladen* (Röhrich 2001, 5, 1566). Im Niederdeutschen auch adjektivisch als *strandkanonenvoll* gebräuchlich. Engl. *to be drunk as a lord, sloshed; to get wasted,* poln. *być pijanym jak stodoła,* russ. *пьян в дрезину (в доску, в дым, в дугу, в стельку),* ukr. *п'яний в дошку.*

STRANDKANONE, die

voll wie eine Strandkanone (Strandhaubitze, Kanone) (ugs.) = *volltrunken.* Parallel zu (s.) Strandhaubitze. Seit dem ausgehenden 19. Jh. Küpper 1993, 806; Lapidus 2006, 47.

STRAßENDRECK, der (ugs.)

dumm (blöd, bescheuert) wie Straßendreck (ugs. abwertend) = *sehr dumm.* Nach dem Modell *dumm wie Bohnenstroh* als neutrale Steigerung übernommen. Westdt. 1900 ff. Küpper 1993, 807. *Straßendreck* - 'Straßenschmutz'.

faul wie Straßendreck (ugs. abwertend) = *sehr arbeitsträge.* 1900 ff. Küpper 1993, 807.

frech wie Straßendreck (ugs. abwertend) = *sehr frech, unverschämt, dreist.* Analog zu *frech wie Dreck.* Seit dem 19. Jh., vorwiegend westd. Küpper 1993, 807.

STRAUBINGER, Name

wie Bruder Straubinger (scherzh. regional selten) = S. Bruder.

STRAUCHDIEB, der

abgelumpt wie ein Strauchdieb (ugs.) = *zerlumpt, abgerissen; in sehr schlechter Kleidung.* Ein *Strauchdieb* ist (veraltet abwertend, noch als Schimpfwort gebräuchlich) ein herumstreifender, sich in Gebüschen versteckt haltender Dieb.

aussehen wie ein Strauchdieb (ugs.) = *abgerissene, zerlumpte Kleidung tragen; in zerrissener Kleidung gehen.*

STRAUß, der; -es, -e [mhd. struȝ(e), ahd. struȝ < spätlat. struthio < griech. strouthíon, für: strouthos (mégas) = (großer) Vogel]

den Kopf in den Sand stecken wie der Vogel Strauß (ugs.) = S. Kopf.

es machen wie der Vogel Strauß (ugs.) = S. Vogel.

STREICHHOLZ, das

zerbrechen wie ein Streichholz (ugs.) = *leicht zerbrechen, leicht zu zerstören sein.*

STREITAXT, die [spätmhd. stritax]

scharf wie eine Streitaxt (salopp) = *heftig nach Geschlechtsverkehr verlangend.* 1920 ff. Küpper 1993, 808. S. Rasiermesser, Rasierklinge.

STREUSELKUCHEN, der

angeben wie 7 Morgen Streuselkuchen (ugs.) = *prahlen.* 1920 ff. Küpper 1993, 29.

wie ein Streuselkuchen aussehen (ugs.) = *Windpocken haben; unter Pubertäts-Akne leiden.* 1910 ff. Küpper 1993, 809.

STRICH, der; -[e]s, -e [mhd., ahd. strich, ablautend zu streichen]

dünn wie ein Strich (ugs.) = *sehr schlank; hager.* 1900 ff. Küpper 1993, 809.

STRICK, der; -[e]s, -e [mhd., ahd. stric = Schlinge, Fessel]

sich aufführen wie eine Zicke am Strick (ugs.) = S. Zicke.

sich anstellen wie die Zicke am Strick (ugs.) = S. Zicke.

sich zieren wie die Zicke am Strick (ugs. abwertend) = S. Zicke.

Nerven haben wie Stricke (ugs.) = S. Nerv.

den Strick nicht wert sein (ugs. veraltend) = *ganz und gar unwürdig, verkommen, verdorben sein.* Eigtlich von einem Verbrecher, der noch nicht einmal so viel wert sei wie der Strick, mit dem er gehänkt wird.

STROH, das; -[e]s [mhd. stro, ahd. strao, stro, zu streuen u. eigtl. = Aus-, Hingestreutes]

etw. brennt wie Stroh (ugs.) = *lichterloh brennen; leicht brennen.* S. Zunder.

etw. brennt wie nasses Stroh (ugs. iron.) = *über etw., das schlecht brennt.*

das Essen schmeckt wie Stroh (ugs.) = *das Essen ist trocken, ohne Würze.*

dumm wie Bund Stroh [sein] (ugs.) = S. Bund.

dumm wie Stroh (ugs. abwertend) = *überaus dumm.* Hergenommen von leeren Ähren. 1700 ff. Küpper 1993, 810.

STROHDUMM <Adj.>

strohdumm (emotional verstärkend) = *sehr dumm.* S. dumm wie Stroh.

STRUMPF, der; -[e]s, Strümpfe [mhd. strumpf, eigtl. = (Baum)stumpf, Rumpf(stück), viell. im Sinne von „Steifes, Festes“ zu starren; die heutige Bed. entstand im 16. Jh., als die ursprünglich als Ganzes gearbeitete Bekleidung der unteren Körperhälfte (Hose) in (Knie)hose u. Strumpf (= Reststück, Stumpf der Hose) aufgeteilt wurde]

egal wie ein Paar Strümpfe (ugs.) = S. Paar.

ein Kerl wie ein Stück Strumpf (ugs.) = S. Kerl.

den Freund (die Freundin) wechseln wie die Strümpfe (ugs.) = S. Freund.

etw. passt wie ein Strumpf zu einer Gewürzbüchse (ugs. iron.) = *über etwas Unpassendes.* Röhrich 2001, 4, 1144.

voll sein wie ein Strumpf (ugs.) = *volltrunken sein.* 1945 ff. Küpper 1993, 812.

STRUWWELPETER, der [älter auch: Strubbelpeter]

aussehen wie ein (der) Struwwelpeter (ugs.) = *eine unordentliche Frisur haben; ungekämmte Haare haben.* Der Struwwelpeter ist besonders bekannt geworden durch die Titelgestalt des 1845 erschienenen Kinderbuches von H. Hoffmann.

STÜCK, das; -[e]s, -e (als Maßangabe auch: Stück) [mhd. stücke, ahd. stucki, urspr. = Abgeschlagenes, (Bruch)stück, zu stoßen]

aussehen wie ein Stück Malheur (ugs.) = *sehr unglücklich, elend aussehen.* Duden, Bd. 11, 74; DZR 2002, 785. Malheur [ma'løːɐ] [frz. malheur, aus: mal (< lat. malus = schlecht) und älter heur = glücklicher Zufall, zu lat. augurium = Vorzeichen]. *Stück Malheur* (emotional) - 'unmoralischer, verwahrloster Mensch'. Duden, Bd. 11, 703.

jmdn. behandeln wie ein Stück Dreck (ugs. abwertend) = *jmdn. als einen minderwertigen Menschen behandeln.* 1930 ff. Küpper 1993, 175.

sich benehmen wie das letzte Stückchen Dreck (salopp) = *sich äußerst schlecht benehmen.* 1920 ff. Küpper 1993, 175.

dasitzen (dastehen) wie ein Stück Holz (ugs.) = *steif [und stumm] dasitzen (oder dastehen).* DZR 2002, 143.

egal wie ein Stück Käse [, der stinkt von allen Ecken] (salopp) = *völlig gleichgültig.*

ein Kerl wie ein Stück Strumpf (ugs.) = S. Kerl.

rumrutschen wie ein Stück Butter auf der heißen Kartoffel (ugs.) = *nicht still sitzen.* 19. Jh.

STULLE, die; -, -n [wohl < südniederl., ostfries. stul = Brocken, Klumpen u. eigtl. = dickes Stück od. viell. Nebenf. von Stolle(n)] (nordd., bes. berlin.)

dumm wie Stulle (ugs.) = *besonders dumm.* Gebildet nach dem Modell *dumm wie Brot.* (S.)

Das kannst du halten wie der Dachdecker seine Stulle. (salopp) = S. Dachdecker.

merken, wo die Stulle nach Butter schmeckt (ugs.) = *merken, wo man seinen Vorteil findet.* Gemeint ist, dass sich herausstellt, bei welchen Leuten man die Brotschnitte bestrichen zu essen bekommt. 1960 ff.

SÜLZE, die; -, -n [mhd. (md.) sülze, sulz(e), ahd. sulza, sulcia = Salzwasser, Gallert, zu Salz]

angeben wie ein Sack (ein Teller; ein Pfund; eine Tüte) Sülze (ugs. spött.) = S. Sack.

angeben wie ein Waggon Sülze in der Kurve (ugs.) = S. Waggon.

angeben wie zehn Sack Seife (Schmierseife) (ugs.) = S. Sack.

SÜNDE, die; -, -n [mhd. sünde, sunde, ahd. sunt(e)a]

dumm wie die Sünde (ugs.) = *geistesbeschränkt.* Soll auf Evas Verhalten in der biblischen Paradiesgeschichte zurückgehen: Eva war so dumm, zu sündigen, weil sie auf die Verführerschlange hörte. Spätestens seit dem 19. Jh. Küpper 1993, 816; Wander 1, 705; Röhrich 2001, 5, 1725; Lapidus 2006, 44.

faul wie die Sünde (wie Aas) (emotional) = *sehr träge, arbeitsscheu; sehr faul.* Die Sünde lähmt die Tatkraft. Seit dem 19. Jh. Küpper 1993, 816; Wander 1, 940.

frech, wie die Sünde (emotional) = *in herausfordernder Weise, ohne Achtung u. Respekt vor anderen; unverschämt.* Wander 5, 1273.

frei von Sünden wie ein Hund von Flöhen (ugs. iron.) = *jmd. ist schuldig, jmd. ist nicht frei von Verfehlungen.* Szczęk, Wysoczański 2004, 111.

etw. hassen wie die Sünde (ugs.) = *etw. sehr hassen, verabscheuen.* Seit dem 19. Jh. Küpper 1993, 816.

hässlich wie die Sünde (ugs.) = *sehr hässlich, unschön anzusehen.* Röhrich 2001, 5, 1725. WW 2004, 15.

etw. wie die Sünde meiden (selten **fliehen)** (emotional) = *sich ängstlich von etw. zurückhalten.*

schäbig wie die Sünde (ugs. emotional) = *charakterlos.* 1900 ff. Küpper 1993, 816. Verstärkend, wegen der Sünde - ´Übertretung eines göttlichen Gebots´.

schwarz wie die Sünde (emotional) = *völlig dunkel, tiefschwarz.* „Der Kaffee muss sein heiß wie das Feuer, schwarz wie die Sünde, rein wie ein Engel, süß wie die Liebe." (Bäcker „de Mäkelbörger", Wolgast 25.10.2007).

schön wie die Sünde (oft iron.) = *sehr schön.* Spielt an auf *eine Sünde wert sein.* Wander 4, 317.

eine Sünde wert sein (scherzh.) = *äußerst begehrenswert sein, sodass die Sünde, sich dadurch verführen zu lassen, als gerechtfertigt gilt.* Jmd. ist so schön, dass man sich mit ihm (ihr) vergehen könnte. Seit dem 19. Jh. Küpper 1993, 816.

Wer sein Weib schlägt mit einem Bengel, der ist vor Gott angenehm wie ein Engel; tritt er sie mit Füßen, so lässt's ihn Gott genießen; wirft er sie die Stiegen hinab, so ist er von seinen Sünden ledig ab; schlägt er sie dann

gar zu tot, der ist der angenehmst vor Gott. (iron.) = S. Weib.

SUPPE, die; -, -n [mhd. suppe, soppe, urspr. = flüssige Speise mit Einlage od. eingetunkte Schnitte, unter Einfluss von (a)frz. soupe = Fleischbrühe mit Brot als Einlage (aus dem Germ.), verw. mit saufen od. unmittelbar zu mhd. sufen, saufen; vgl. mhd. supfen, mniederd. suppen = schlürfen, trinken, Intensivbildungen zu saufen]

besser eine Fliege in der Suppe als gar kein Fleisch (ugs. scherzhaft) = S. Fliege.

so notwendig wie die Fliegen in der Suppe (ugs. iron. selten) = S. Fliege.

das ist klar wie [dicke] Suppe (meist iron.) = *das ist völlig einleuchtend.* DZR 2002, 138. Kann unverstellt oder iron gemeint sein, je nach Art der Suppe. 1900 ff. Küpper 1993, 818. Gebildet nach dem Modell *klar wie Kloßbrühe.*

etw. passt wie Haare in die (in der) Suppe (ugs. iron.) = S. Haar.

SUPPENFLEISCH, das

sich fühlen wie [ein Pfund] Suppenfleisch (iron.) = *ohne Kraft sein, eine ironische Bezeichnung für einen Menschen ohne Energie und Tatkraft.* Brugger 1993, 8. Suppenfleisch ist nach dem Kochen ausgelaugt, die lösliche Bestandteile sind weitgehend herausgekocht, woher der Vergleich mit ´ermattet´, ´ermüdet´ rührt.

T

TADEL, der; -s, -

Besser gerechter Tadel als falsches Lob. (Redensart) = *Es ist besser, Fehler offen anzusprechen, als durch falsches Lob jmdn. in die Irre zu führen.* Wander 4, 987. Bekannt auch in anderen europäischen Sprachen, vgl. engl. *A smart reproof is better than mouth deceit.*

Der Tadel des Weisen ist besser als das Lob des Narren. (Sprichwort) = *Kluge Leute helfen dadurch, dass sie Mängel ansprechen, während Unwissende Schlechtes loben.* Wander 4, 987. Bekannt auch in slawischen Sprachen.

TAG, der; -[e]s, -e [mhd. tac, ahd. tag, wahrsch. zu einem Verb mit der Bed. „brennen" u. eigtl. = (Tages)zeit, wo die Sonne brennt]

[schön] wie der junge Tag (wie die Sonne) (geh.) = *über ein sehr hübsches Mädchen, eine sehr hübsche junge Frau.*

jmd. macht einen Lärm wie die Henne vor Tage (ugs.) = S. Lärm.

Schön wie der Tag, hässlich wie die Nacht. (ugs.) = *Spruchweisheit.* F. Wiest (Anekdotenjäger, Nordhausen 1863, Hft. 74, S. 145-150) bestreitet das Zutreffende dieser Redensart humoristisch. »Man hört sie«, sagt er, »tausendmal im Leben, aber sie hat keine innere Bewahrheitung. Man kann von einem Mädchen sagen: Es ist schön wie ein Engel, aber man hört unsere Jungen ausrufen: Sie ist schön wie der Tag. Dies Gleichniss kam aus dem Orient, wo es ein Compliment ist, weil es an die aufgehende Sonne erinnert. Der Orientale bekommt den Tag aus der nächsten Hand, aber wie sieht er aus, ehe er zu uns kommt. Bei uns sollte man sagen: Schön wie die Nacht und hässlich wie der Tag.« Dän.: *Det er saa faurt om sommeren.* Wander 4, 317.

etw. passt wie Tag und Nacht (ugs. iron.) = *über etwas Unpassendes.* Röhrich 2001, 4, 1144.

verschieden wie Tag und Nacht = *völlig verschieden, grundverschieden, diametral entgegengesetzt.* Der geläufige redensartliche Vergleich bezeichnet einen vollkommenen Gegensatz; vgl. franz. *comme le jour et la nuit*, russ. *как день и ночь*, dagegen am. *as different as chalk from cheese.* Röhrich 2001, 5, 1594. Poln. *różny jak dzień i noc.* WW 2004, 90.

TAKT, der; -[e]s, <o. Pl.>

Takt haben wie ein Rhinozeros (ugs. abwertend) = *kein Taktgefühl, Feingefühl (im Umgang mit anderen Menschen) besitzen.* 1960 ff. Dass das Rhinozeros (Nashorn) zum Schimpfwort auf den Dummen und Taktlosen wurde, hängt nicht mit den Eigenschaften des Tieres zusammen, sondern mit dem Anklang an *Rind* und an *Ross*, welche beide den dummen Menschen meinen. 1750 ff. Küpper 1993, 666.

TALENT, das; -[e]s, -e [frühnhd. = (anvertrautes) materielles Gut, dann: (angeborene) Fähigkeit]

Talent für etw. haben wie der Ochs[e] zum Seiltanzen (ugs. iron.) = *für etw. völlig unbegabt sein.* 1920 ff. Küpper 1993, 581.

TALSPERRE, die

Durst haben wie eine Talsperre (ugs. emotional) = S. Durst.

TANK, der; -s, -s, seltener: -e [engl. tank]

stur wie ein Tank (ugs.) = 1. *unbeirrbar.* 2. *seinem Vorsatz treu.* Sold. 1939 ff. Küpper 1993, 822. *Tank* war ursprünglich der Deckname für die ersten engl.en Panzerwagen, heute veraltend für Panzer.

TANKWAGEN, der

wie ein Tankwagen mit Weinessig (salopp) = *über etw. sehr verärgert, wütend sein.* Röhrich 2001, 4, 1286. Steigerung zu *sauer* - ′verärgert, wütend′.

TANNE, die; -, -n [mhd. tanne, ahd. tanna, wohl eigtl. = Bogen (aus Tannenholz)]

schlank wie eine Tanne (selten: **Pinie)** (ugs.) = *sehr schlank.* Häufig über Mädchen oder Frauen. (Duden)

TANTE, die; -, -n [frz. (urspr. Kinderspr.) tante < afrz. ante < lat. amita = Vatersschwester, Tante]

Ein Onkel, der Gutes mitbringt, ist besser als eine Tante, die bloß Klavier spielt. (regional, selten) = s. Onkel.

TANZBÄR, der

einfältig wie ein Tanzbär (ugs.) = *geistig etwas beschränkt, nicht sehr scharfsinnig, nicht von rascher Auffassungsgabe; einfältig.* Brugger 1993, 55.

schwitzen wie ein Tanzbär (ugs.) = *stark schwitzen.* Szczęk, Wysoczański 2004, 98. Bei dem genannten Tier handelt es sich um einen dressierten Bären, der [auf Jahrmärkten] tänzerische Bewegungen ausführt. Die „Dressur" erfolgt häufig dadurch, dass der Bär bei einer bestimmten Musik auf eine heiße Platte geführt wird, auf der er dann zu „tanzen" anfängt.

TANZEN, das

von etw. soviel verstehen wie die Kuh vom Tanzen (ugs. iron. abwertend) = S. Kuh.

TAPETE, die; -, -n [mlat. tapeta = Wandverkleidung < (v)lat. tap(p)eta, Neutr. Pl. von: tap(p)etum, Teppich]

Es ist [hier] (wir sind hier) nicht wie bei armen Leuten, wo die Tapeten durch Fliegenscheiße ersetzt werden (derb.-iron) = S. Leute.

TARANTEL, die; -, -n [ital. tarantola, wohl nach der Stadt Taranto = Tarent, weil dort die Spinne bes. häufig vorkommt]

wie von der (einer) Tarantel gestochen (gebissen) (ugs.) = *in plötzlicher Erregung sich wild gebärdend, wie besessen; urplötzlich.* Meist auf plötzliches Auffahren bezogen. Laut Professor Dr. Rudolf Braun ist ein Tarantelbiss nicht schmerzhafter als ein Mückenstich; die Folge ist zwar eine stark schmerzende Entzündung, nie aber führt er zu jenen irren Zuckungen, die man ihm früher zugeschrieben hat. Gegen die vermeintliche Wahnsinnswirkung des Tarantelgiftes sollte das ekstatische Tanzen der Tarantella helfen. Seit dem späten 18. Jh. Vgl. franz. *être piqué de la tarentule*. Küpper 1993, 823-824. *Tarantel* (Lycosa tarantula) ist der Name einer für giftig geltenden Erdspinne in Unteritalien, die nach der apulischen Stadt Taranto (lat. Tarentum) benannt ist. Diese Spinne ist in und außerhalb der Apenninenhalbinsel bekannt und zwar durch die vom Aberglauben stark übertriebenen Folgen ihres allerdings nicht ganz harmlosen Bisses. Für das wirkungsvollste Heilmittel gegen den Tarantelstich gilt aber im Volksglauben eine wilde Tanzmelodie, die *Tarantella,* durch deren Klänge der Gestochene in Ekstase gerät und tanzt, bis er erschöpft zu Boden fällt. HWA 2005, 8, 667. Der Duden bezieht die Redewendung auf den alten Volksglauben, nach dem der Biss der Tarantel bei dem Betroffenen wilde, veitstanzähnliche Bewegungen hervorrufen soll. DZR 2002, 790; Szczęk, Wysoczański 2004, 134.

TASCHE, die; -, -n [mhd. tasche, ahd. tasca]

etw. kennen wie die eigene Tasche (Hosentasche, auch: **seine Westentasche; seine eigene Tasche)** (ugs.) = *etw. sehr genau kennen.* In der eigenen Anzug- oder Hosentasche kennt man sich genau aus. Seit dem 19. Jh. Vgl. franz. *connaître quelqu'un (quelque chose) comme sa poche*. Küpper 1993, 824.

TASCHENMESSER, das

zusammenklappen (-knicken) wie ein Taschenmesser (salopp) = 1. *zusammenbrechen; schnell in sich zusammenfallen.* 2. *ohnmächtig werden; plötzlich bettlägerig erkranken.* 1600 ff. 3. *sich eckig verbeugen.* 1850 ff. 4. *bei Widerstand schnell nachgiebig werden.* 1940 ff. Küpper 1993, 824; DZR 2007, 884.

TASCHENTUCH, das

etw. passt wie der Igel zum Taschentuch (zum Handtuch) (ugs. iron.) = S. Igel.

TAU, der; -[e]s

leben wie eine Zikade vom Tau (bildungsspr., veraltend) = S. Zikade.

TAUBE, die; -, -n [mhd. tube, ahd. tuba,, viell. lautm. od. zu Dunst u. eigtl. = die Dunkle (nach dem Gefieder)]

Lieber (besser) ein Spatz (den [ein] Sperling) in der Hand als die Taube auf dem Dach. (Sprichwort) = S. Spatz.

sicher wie eine Taube vorm Geier (ugs. iron. selten) = *sehr unsicher, gefährlich, in großer Gefahr.* In dieser Wendung wird auf paradoxe Weise eine gesteigerte Gefahr ausgedrückt. Vgl. auch *so sicher wie eine Laus zwischen zwei Daumen; wie eine Forelle unter zehn Hechten; wie die Maus bei der Katze.* Röhrich 2001, 4, 1470; Szczęk, Wysoczański 2004, 122. S. Laus.

sanft wie eine Taube = *sehr sanftmütig, friedfertig.* Szczęk, Wysoczański 2004, 122.

turteln wie die Tauben (scherzh.) = *sich auffallend zärtlich-verliebt jmdm. gegenüber verhalten; verliebt sein und das auch zeigen.* Szczęk, Wysoczański 2004, 122. Vgl. auch *wie die Turteltauben sein.*

[O Weisheit!] Du redst wie eine Taube! (geh.) = *Man gebraucht das Zitat, um ein Ansinnen von Selbstbescheidung von sich zu weisen oder um jemandem zu verstehen zu geben, dass man anders denkt als er.* Das zuerst im Göttinger Musenalmanach 1774 erschienene Gedicht »Adler und Taube« von Goethe endet mit diesem Vers. Die Feststellung trifft der verletzte und flugunfähig gewordene Adler, nachdem eine Taube seinem Kummer ihre Lebensweisheit entgegengesetzt hat: »O Freund, das wahre Glück/Ist die Genügsamkeit,/Und die Genügsamkeit/Hat überall genug.« Genügsamkeit ist aber die »Weisheit der Taube«, nicht die des Adlers. Sein Leben ist nicht auf das Erlangen von »Weisheit«, sondern von »Größe« angelegt. Die Worte der Taube werden dagegen zitiert, wenn man zum Ausdruck bringen will, dass Glück und Zufriedenheit am ehesten zu erreichen sind, wenn man in seinen Bedürfnissen bescheiden bleibt. DZR 2007, 603.

TAUBENHAUS, das
etw. passt wie der Geier ins Taubenhaus (ugs. iron.) = S. Geier.

TAUBENSCHLAG, der
das ist der reinste Taubenschlag (ugs.) = *hier gehen Leute unaufhörlich ein und aus; hier herrscht ständiges Kommen und Gehen.* Übertragen von der Unruhe des Taubenschlags. 1800 ff. Küpper 1993, 825. S. das Folgende.
irgendwo geht es [zu] wie im Taubenschlag (ugs.) = *irgendwo herrscht ein ständiges Kommen und Gehen; es gehen Leute unaufhörlich ein und aus.* Übertragen von der Unruhe des Taubenschlags. 1800 ff. Küpper 1993, 825; Szczęk, Wysoczański 2004, 122.

TAUSEND-TALER-PFERD, das (ugs.)
ein Hinterquartier (Arsch) wie ein Tausend-Taler- Pferd (ugs.[derb]) = S. Hinterquartier.

Teer, der; -[e]s, (Arten:) -e [aus dem Niederd. < mniederd. ter(e), eigtl. = der zum Baum Gehörende, zu einem idg. Wort mit der Bedeutung „Baum; Eiche“, das als 2. Bestandteil auch in den Baumnamen Flieder, Holunder, Rüster, Wacholder vorkommt]
schwarz wie Teer = *tiefschwarz, sehr dunkel* (meist über Haare, seltener als *schwarz wie Pech*, s.). Der *Teer* wird durch Schwelung, Verkokung oder Vergasung organischer Substanzen gewonnen, z. B. Kohle oder Holz. Der entstehende Stoff ist zähflüssig, braun bis tiefschwarz und riecht stechend.

TEERSCHWARZ <Adj.>
teerschwarz = Dass., wie *schwarz wie Teer* (s.).

TEMPLER, der; -s, - [(a)frz. templier, zu: temple < lat. templum, Tempel]
saufen (trinken) wie ein Templer (salopp) = *stark zechen, viel Alkohol trinken.* Lapidus 2006, 48. Das Wort saufen wird durch zahlreiche redensartliche Vergleiche häufig verstärkt, wie z.B.: *Saufen wie ein Loch, wie eine Senke, wie ein Templer, wie ein Abt, wie ein Domherr.* Ein *Templer* (hist.) ist ein Angehöriger eines geistlichen Ritterordens im Mittelalter, der zum Schutz der Jerusalempilger verpflichtet war; ein Tempelherr.

TEPPICHHÄNDLER, der
wie ein Teppichhändler um den Preis feilschen (ugs. scherzh.) = *ausdauernd um das Entgelt handeln.* Anspielung auf das Feilschen der umherziehenden Teppichhändler. 1960 ff. Küpper 1993, 829.

TEUFEL, der; -s, - [mhd. tiuvel, tievel, ahd. tiufal, wahrsch. über das Got. < kirchenlat. diabolus]
Abschied nehmen wie der Teufel [- mit Gestank] = S. Abschied.
angeben wie eine Tüte voll(er) Teufel (ugs.) = S. Tüte.
ein Arbeiter sein wie der Teufel ein Apostel (ugs. iron.) = S. Arbeiter.
als der Teufel noch ein kleiner Junge (Bub) war (als der Teufel noch klein war) (ugs.) = *vor sehr langer Zeit.* Seit dem 19. Jh. Küpper 1993, 831.
böse wie der Teufel (ugs.) = 1. *moralisch schlecht; verwerflich.* 2. *schlecht, schlimm, übel.*
jmd. denkt [auch], der Teufel sei ein kleiner Junge (ugs.) = *jmd. hat wunder-*

liche Ansichten. 1800 ff. Küpper 1993, 831.

Der Teufel ist nicht so schwarz, wie ihn die Leute machen (malen; wie man ihn malt) (veraltend) = *Die Sache steht nicht so schlimm, das Unglück ist nicht so groß, wie man sagt.* Wander 4, 1068-1069.

sich zu etw. eignen wie der Teufel zum Apostel (ugs. iron.) = *sich zu etw. überhaupt nicht eignen.* Seit dem 19. Jh. Küpper 1993, 830.

auf etwas erpicht sein wie der Teufel auf die arme Seele (ugs.) = *auf etwas begierig, versessen sein.* Das Wort *erpicht* ist eine seltene Nebenform von *verpicht*, was ´mit Pech überzogen sein´ bedeutet. Es bezieht sich auf die früher beim Vogelfang verwendete Pechrute, an der die Vögel festklebten. DZR 2007, 71. Vgl. *hinter etw. hersein (dahinter her sein) wie der Teufel nach (hinter) einer (der) armen Seele (Judenseele).*

Ein gescheiter Teufel ist besser als ein dummer Engel. (Sprichwort veraltend) = *Es kommt nicht auf das Äußere an, wie jmd. zu bewerten ist, sondern auf das, was er sagt und tut, auch wenn das mitunter unangenehm ist.* Wander 4, 1080.

fahren wie der Teufel (ugs. emotional) = 1. *ungestüm, aber sicher fahren.* 2. *Mit großer Geschwindigkeit fahren.* Seit dem 19. Jh. Küpper 1993, 830.

etw. fürchten (hassen) wie der Teufel das Weihwasser (ugs.) = *etw. sehr fürchten (hassen), etw. ängstlich (angstvoll) meiden; vor etw. zurückscheuen.* Alle kirchlichen Dinge sind dem Teufel verhasst, weil sie seine Macht bannen. Seit dem 18. Jh. Küpper 1993, 831.

etw. fürchten wie der Teufel das Kreuz (ugs.) = *etw. sehr fürchten.* Seit dem 19. Jh. Küpper 1993, 830.

hässlich wie der Teufel (ugs.) = *von unschönem Aussehen, das ästhetische Empfinden verletzend; abstoßend, überaus hässlich.* Seit dem 19. Jh. Küpper 1993, 830.

hinter etw. her sein wie der Teufel (ugs.) = *etw. unausgesetzt verfolgen; etw. nicht aus den Augen lassen.* Vgl. das Folgende. Seit dem 19. Jh. Küpper 1993, 831.

hinter etw. hersein (dahinter her sein) wie der Teufel nach (hinter) einer (der) armen Seele (Judenseele) (ugs.) = *etw. unablässig und gierig zu bekommen suchen; ganz versessen auf etw. sein, etw. unbedingt haben wollen (häufig über Geld).* Borneman 2003, 4.8. 1800 ff. Küpper 1993, 831. Die Formulierung ist als Redensart erst relativ jung bezeugt (Röhrich nennt das 17. Jahrhundert), bezieht sich aber auf das eschatologisch-apokalyptische Motiv vom Kampf der Engel und Teufel um den Besitz der Seele, ein der mittelalterlichen Apokalyptik und Erzählungsliteratur vertrautes Thema (vgl. schon das althochdeutsche Muspilli-Gedicht). Röhrich 2001, 5, 1609.

hinter dem Geld her sein wie der Teufel hinter der armen Seele (ugs. pathetisch abwertend) = S. Geld.

Der Kaffee soll vier Eigenschaften haben: Er soll sein heiß wie die Hölle, schwarz wie der Teufel, rein wie ein Engel und süß wie die Liebe. = S. Kaffee.

Der Mann soll sehen wie ein Teufel, das Weib wie ein Engel. (ugs.) = S. Mann.

müde wie der Teufel (ugs.) = *sehr müde.* 1900 ff. Küpper 1993, 830.

reden (Es redet mancher) wie ein Engel und handeln (handelt) wie ein Teufel. = S. Engel.

auf etw. scharf sein wie der Teufel auf eine arme Seele (ugs.) = *etw. eifrig verlangen.* 1900 ff. Küpper 1993, 701.

schwarz wie der Teufel (ugs. emotional) = 1. *tiefschwarz.* 2. *schmutzig, ungewaschen.* 3. *über einen Menschen mit einer „schwarzen Seele“, mit schlechtem und niederträchtigem Verhalten.* Vgl. *schwarz wie Kohle.*

Der Spanier gleicht (seiner Erscheinung nach) **dem Teufel, der Italiener ist ein Mann, der Franzose ist wie ein Weib,**

der Brite wie ein Engel, der Deutsche wie eine Säule. (bildungsspr.) = S. Spanier.

wie der Teufel (ugs. emotional) = *außerordentlich stark, intensiv, heftig, sehr schnell; tüchtig.* 1600 ff. Vgl. engl. *like the devil.*

Wie der Teufel, so der Gestank. (Sprichwort, ugs. emotional) = *Wie die Voraussetzungen für etw. sind, so werden die Ergebnisse sein.* Dem Sprichwort liegt ein verbreitetes Modell zugrunde, das biblische Wurzeln hat: „Wie der Baum, so die Frucht" (s.); vgl. *Wie der Teufel, so der G'stank, wie der Vogel, so der G'sang, wie der Tischler, so der Leim, wie der Donys, so der Reim.* Wander: „Bezieht sich auf einen Tischler, Namens Dionysius in Neudorf (Böhmen, nordwestlicher Böhmerwald), der die Gabe zu reimen besass und gern scherzhaften Gebrauch davon machte, ohne es sehr genau mit Versbau und Reim zu nehmen. Man unterhielt sich oft in der Art mit ihm, dass man ihm irgendein Wort gab und ihn aufforderte, Verse dazu zu machen oder Reimworte zu finden; und hatte von ihm den Spruch: *Der Tischler leimt und Donys reimt.*" Wander 4, 1103-1104. Vgl. *Wie der Topf, so der Deckel (die Pfanne).; Wie der Hans, so die Hanne.; Wie der Träumer, so der Traum.* Wander 1, 1298.

TICK, der; -[e]s, -s

etw. ist einen Tick besser (schlechter, schneller u.ä.) (ugs.) = *ein wenig, eine Kleinigkeit [von etw. abweichend]; etw. ist eine Nuance besser (schlechter, schneller...), unwesentlich besser (schlechter...).*

TIER, das; -[e]s, -e [mhd. tier, ahd. tior, urspr. Bez. für das wild lebende Tier im Gegensatz zum Haustier, wahrsch. eigtl. = atmendes Wesen]

arbeiten (schuften) wie ein Tier (wie ein Pferd, ein Kuli, wie ein Ruderknecht) (ugs.) = *sehr hart und unermüdlich arbeiten; schwer arbeiten.* Duden, Bd. 11, 49. S. Arbeitstier, Kuli, Vieh.

sich aufführen (sich benehmen) wie ein [wildes] Tier (ugs.) = *wüten, sich wild verhalten.* Szczęk, Wysoczański 2004, 95; *sich roh, brutal, triebhaft verhalten.*

etw. ausweiden wie ein Jäger ein Tier (ugs.) = S. Jäger.

sich benehmen sich wie ein [wildes] Tier (ugs.) = *sich unkultiviert benehmen, wüten.*

heulen wie ein wildes Tier (ugs.) = *[laut klagend, mit lang gezogenen, hohen Tönen] heftig weinen.* HWA 2005, 1, 1151.

jmdn. wie ein [wildes] Tier hetzen (jagen) (ugs.) = *jmdn. gnadenlos verfolgen, jagen.* Szczęk, Wysoczański 2004, 95.

Ein Kerl, der spekuliert, ist wie ein Tier auf dürrer Heide. (geh., Spruchweisheit) = S. Kerl.

leben wie ein Tier (ugs. abwertend) = *schlecht, miserabel leben.* Szczęk, Wysoczański 2004, 94.

TIGER, der; -s, - [verdeutlichend mhd. tigertier, ahd. tigiritior < lat. tigris < griech. tígris]

eifersüchtig wie ein Tiger (ugs.) = *sehr eifersüchtig, von Eifersucht erfüllt, bestimmt.* Lapidus 2006, 37. S. Türke.

sanft wie ein Tiger (ugs.) = *geheuchelt freundlich, aber plötzlich angriffslustig.* Analog zu katzenfreundlich. 1935 ff. Küpper 1993, 834.

wie ein Tiger im Käfig herumlaufen (hin und her laufen) (ugs.) = 1. (*wütend*) *planlos hin und her laufen, unruhig hin und her laufen.* Szczęk, Wysoczański 2004, 94. Der Vergleich bezieht sich auf die in Gefangenschaft (z.B. im Zoo) lebende Raubkatze, die häufig wegen ihres Bewegungsdrangs im Käfig hin und her läuft (S. Löwe).

TINTE, die; -, -n [mhd. tincte, ahd. tincta < mlat. tincta (aqua) = gefärbt(e Flüssigkeit); Tinktur, zu lat. tinctum, 2. Part. von: tingere = färben]

klar wie dicke Tinte (ugs. iron.) = *ganz klar und eindeutig sein, sich von selbst verstehen*: Szczęk, Wysoczański 2004, 92. (S. Kloßbrühe) Der Zusatz ist ironisch gemeint. Laut Mitteilung von Dr. Horst Gravenkamp führt Arthur Schopenhauer die Redewendung auf das Französische zurück: »c'est clair comme la bouteille à l'encre«. Seit dem frühen 19. Jh. Küpper 1993, 834. Gebildet nach dem Modell *klar wie Kloßbrühe*. Vgl. Kloßbrühe.

schwarz wie Tinte = *völlig schwarz, völlig dunkel*. Seit dem späten 19. Jh., vielleicht von Schülern ausgegangen; Berlin, Hamburg u. a. Küpper 1993, 835.

TITTE, die; -, -n [aus dem Niederd. < mniederd. titte, niederd. Form von Zitze] (derb)

wie Titte mit Ei schmecken (derb) = *ausgezeichnet schmecken*. Titte (derb) - ′weibliche Brust′. Duden, Bd. 11, 629.

TOCHTER, die; -, Töchter [mhd., ahd. tohter]

Wie die Mutter, so die Tochter. = S. Mutter.

TOD, der; -[e]s, -e <Pl. selten> [mhd. tod, ahd. tot]

aussehen wie der (lebendige) Tod (ugs.) = *sehr elend aussehen; leichenblass sein; abgemagert sein*. In der bildenden Kunst ist der Tod meist von hagerer Gestalt. Seit dem 19. Jh. Küpper 1993, 837.

jmd. sieht aus wie der leibhafte Tod (ugs.) = *jmd. sieht (sehr) krank aus, jmd. hat eine sehr ungesunde Gesichtsfarbe*.

aussehen wie der Tod auf La[a]tschen (ugs. emotional) = *schlecht aussehen*. *Tod auf Laatschen* hieß bei den Soldaten des Ersten Weltkriegs die Gasgranate: sie detonierte gedämpft. Latschen - ′Pantoffel′. 1920 ff. Küpper 1993, 837.

aussehen wie der Tod (wie eine Leiche) auf Urlaub (ugs. spöttisch) = *schlecht aussehen*. Diese Wendung entstand, ebenso wie *der Tod auf Latschen* erst in neuerer Zeit und entstammt einer Sprachebene, die Ernstes witzig verfremdet und damit lächerlich macht. Röhrich 2001, 5, 1629.

aussehen wie der Tod von Basel (ugs.) = *bleiche Gesichtsfarbe haben*. Hergenommen von der Darstellung des Todes (des Totentanzes) an der Kirchhofsmauer des Predigerklosters zu Basel. Seit dem 19. Jh., aber wohl viel älter (15. Jh.?). Küpper 1993, 837. Der redensartliche Vergleich findet sich auch gelegentlich in der Form *aussehen wie der Tod im Basler Totentanz*, und diese Variante deutet zugleich den Ursprung der Redensart an. Der *Basler Totentanz* war ursprünglich ein Wandbild, das im 15. Jahrhundert auf die Innenseite der Kirchhofsmauer des Predigerklosters gemalt worden war. Die Darstellung bildete einen fortlaufenden Streifen mit 39 lebensgroßen Figurenpaaren. Der Tod begleitete die Vertreter der einzelnen Stände. Der Platz vor der Predigerkirche in Basel heißt noch heute »Totentanz«. Totentanz- und Todesdarstellungen vor allem des 16. Jahrhunderts haben in anderen Landschaften zu verwandten Redensarten geführt; bekannt sind vor allem: niederdt. *He sütt ut as de Dod van Lübeck*; *Aussehen wie der Dresdner Totentanz*; *Aussehen wie der Tod von Warschau*; *Aussehen wie der Tod von Ypern* (s.), (niederl. *uitzien als de dood van Ieperen*, im Anschluss an eine wohl zur Erinnerung an die Pest in der Hauptkirche von Ypern aufgestellte Todesfigur von realistisch-schauerlichem Aussehen. Röhrich 2001, 5, 1628.

aussehen wie der Tod von Ypern (ugs.) = *bleich, erschöpft aussehen*. Hergenommen von der Figur des Todes in der Hauptkirche von Ypern in Belgien (Westflandern) in Erinnerung an die

Pestepidemie von 1349. Etwa seit dem 19. Jh. Küpper 1993, 837.

bleich wie der Tod = 1. (ugs.) *sehr blass (aussehend); ohne die normale natürliche Farbe.* 2. (geh.) *von sehr heller, weißlich gelber Färbung; fast farblos wirkend; fahl.* Poln. *Blady jak trup (śmierć).* WW 2004, 14. Vgl. *weiß wie ein Leinentuch [wie Kreide, wie eine Wand].*

TODESURTEIL, das

wie ein Todesurteil sein [für jmdn. (etw.)] (einem Todesurteil gleichkommen) (ugs.) = *das Ende bedeuten, keine Hoffnung mehr zulassen.* Röhrich 2001, 5, 1629.

TOLL <Adj.> [mhd. tol, dol, ahd. tol - ′dumm, töricht′, eigtl. ′getrübt, umnebelt, verwirrt′; zu Dunst]

sich wie toll benehmen (ugs. veraltend) = *sich aufgrund einer Psychose auffällig benehmen, wüten.*

TOLLHAUS, das

es geht [hier] zu wie in einem Tollhaus (ugs. abwertend) = *es herrscht ein furchtbarer Trubel, Lärm o. Ä.*). Tollhaus, (früher): Haus, in dem psychotische Menschen von der Gesellschaft abgesondert leben.

TOMATE, die; -, -n [frz. tomate < span. tomate < Nahuatl (mittelamerik. Indianerspr.) tomatl]

jmd. hat ein Gesicht wie eine Tomate, - nicht so rot, aber so matschig (ugs. abwertend) = S. Gesicht.

rot anlaufen wie eine Tomate (ugs.) = *das Aufsteigen des Ärgers sichtlich zu erkennen geben.* 1920 ff. Küpper 1993, 839.

rot sein wie eine Tomate (ugs. scherzh.) = *mit hochrotem Kopf sein, stark errötet sein.*

rot wie eine Tomate werden (ugs. scherzh.) = *vor Scham oder Verlegenheit stark erröten.* Der redensartliche Vergleich dient der Steigerung; vgl. franz. *rouge comme une tomate.* Alle Redensarten über die Tomate sind zu Beginn oder in der Mitte des 20. Jahrhunderts entstanden, da die Tomate erst seit der Revolution in der franz.en Küche beliebt wurde und später als Gemüsepflanze zu uns gelangte. Die aus Mexiko stammende Tomate wurde seit dem 16. Jahrhundert besonders in süddeutschen Gärten nur als Zierpflanze gezogen. Röhrich 2001, 5, 1630.

TOMATENROT <Adj.>

tomatenrot = *orangerot wie reife Tomaten.*

TONNE, die; -, -n [1: mhd. tonne, tunne, ahd. tunna < mlat. tunna = Fass, wohl aus dem Kelt.]

dick wie eine Tonne (ugs. abwertend) = *über jmdn., der sehr dick ist.* (Duden). S. Fass.

[aufeinander] gepfercht (zusammengepresst, gequetscht, eingezwängt, gedrängt) wie die Heringe (seltener **Salzheringe) [in der Tonne]** (ugs.) = S. Hering.

[gequetscht, eingepfercht, zusammengepresst] wie die Sardinen in der Tonne [liegen] (ugs.) = S. Sardine.

schlank wie eine Tonne (scherzh.-iron.) = 1. *sehr schlank.* Scherzhaft entstellt aus *schlank wie eine Tanne.* 1900 ff Küpper 1993, 839. 2. (iron.-abwertend) *sehr beleibt, dick sein.* Wortspiel mit *schlank wie eine Tanne* (s.).

voll wie eine Tonne (ugs.) = *volltrunken.* 1920 ff. Küpper 1993, 839.

TOPF, der; -[e]s, Töpfe [aus dem Ostmd., mhd. (md.) topf, H. u., viell. zu tief u. eigtl. = trichterförmige Vertiefung]

aussehen wie ein Topf voll Mäuse (ugs. selten) = *Ekel erregend, widerwärtig, abscheulich.* Szczęk, Wysoczański 2004, 116.

dastehen wie ein zweihenkeliger Topf (ugs.) = *mit den Händen in die Seiten ge-*

stemmt stehen. Das Bild spielt auf das Aussehen eines Kochtopfes an, der zwei Henkel hat. Röhrich 2001, 1, 305. S. Pisspott. Anders als andere Küchengeräte, wie *Schüssel, Becken* und *Pfanne*, ist *Topf* germanischen Ursprungs und mit *tief* verwandt. Gegenüber den heute noch mundartl. verbreiteten Varianten *Dippen, Dippel, Düppen, Döppen* u.a. setzt erst Luther die heutige Wortform durch.

etw. passt wie der Deckel auf den Topf) (ugs.) = S. Deckel.

wie Topf und Deckel (wie Deckel und Topf) zusammenpassen (ugs.) = *sehr gut zusammenpassen.*

zusammenpassen wie der Deckel auf den Topf (ugs. meliorativ) = S. Deckel.

TOR , das; -[e]s, -e [mhd., ahd. tor, zu Tür]

jmdn. (etw) ansehen wie die Kuh das neue Tor (ugs. abwertend) = S. Kuh.

dastehen wie die Kuh vorm (vor dem) neuen Tor (Stall-, Scheunentor) (ugs. abwertend) = S. Kuh.

dastehen wir der Ochs (Ochse) vorm neuen Tor (ugs.) = S. Ochse.

TORF, der; -[e]s, (Arten:) -e [aus dem Niederd. < mniederd. torf, zu einem Verb mit der Bed. ′spalten, reißen′ u. eigtl.= der Abgestochene, Losgelöste]

klar wie Torf (ugs. scherzh.) = *völlig klar, einleuchtend.* 1870 ff. Küpper 1993, 840; Röhrich 2001, 5, 1725. Gebildet nach dem Modell *klar wie Kloßbrühe.* Torf ist (im Moor) durch Zersetzung von pflanzlichen Substanzen entstandener dunkelbrauner bis schwarzer Boden von faseriger Beschaffenheit, der getrocknet auch als Brennstoff verwendet werden kann.

TORFARTIG <Adj.>

torfartig = *ähnlich wie Torf, in der Art von Torf.*

TOT <Adj.> [mhd., ahd. tot, urspr. Part. zu einem germ. Verb mit der Bed. »sterben«, also eigtl. = gestorben]

mehr tot als lebendig [sein] (ugs.) = *am Ende seiner Kräfte, völlig erschöpft, übel zugerichtet [sein].*

wie tot daliegen (ugs.) = 1. *durch regungsloses Verharren vorgeben, tot zu sein.* 2. *Völlig erschöpft sein, kraftlos sein.*

TOTE, der u. die; -n, -n [mhd. tote, ahd. toto]

schlafen wie ein Toter (ugs.) = *fest [und lange] schlafen.*

stumm wie ein Toter = *sehr verschwiegen.* Röhrich 2001, 2, 449.

TRÄNE, die; -, -n [mhd. trene, eigtl. = umgelauteter, als Sg. aufgefasster Pl. von: tran = Träne, Tropfen, zusgez. aus: trahen, ahd. trahan]

wie eine Träne im Ozean (geh.) = 1. *für eine verschwindend kleine Sache.* 2. *über den aussichtslosen Kampf eines Einzelnen gegen eine übermächtig scheinende Ideologie.* Die unter diesem Titel 1961 als deutsche Gesamtausgabe herausgegebene biografisch-politische Romantrilogie ist wohl das bekannteste Werk des franz.en Schriftstellers österreichischer Herkunft Manes Sperber (1905-1984). Der Autor greift damit das häufig benutzte Bild vom *Tropfen im Meer* auf, eine Metapher für das Sichverlieren und Untergehen von etwas Kleinem, zu wenig Macht Besitzendem in einer stärkeren, aber konturlosen Masse. In diesem Sinne wird der Titel als Zitat verwendet. DZR 2002, 784; Röhrich 2001, 5, 1634.

Traube, die; -, -n [mhd. trube, ahd. thrubo, viell. eigtl. = Klumpen]

jmd. macht es wie der Fuchs mit den Trauben (ugs.) = S. Fuchs.

TRAUM, der; -[e]s, Träume [mhd., ahd. troum]

wie ein böser Traum (emotional) = *nur unangenehme, quälende Erinnerungen hinterlassend.* Poln. *jak zły sen.* WW 2004, 44.

etw. ist [jmdm.] wie ein Traum (emotional) = *etw. ist sehr schön, sehr angenehm.*

wie im Traum [umhergehen] = *die Wirklichkeit nicht wahrnehmen; geistesabwesend sein; ohne sich klar darüber zu sein, was vor sich geht.* Röhrich 2001, 5, 1635. Poln. *jak w śnie.* WW 2004, 44.

Es ist mir noch so wie im Traum = *ich erinnere mich nur dunkel.* Vgl. lat. *per nebulam* (Plautus). Röhrich 2001, 5, 1635.

TREIBHAUS, das

[heiß, schwül] wie im Treibhaus (Gewächshaus) (ugs.) = *sehr feucht und warm, über feuchte Hitze* (meist über das Wetter). Ein Treibhaus ist ein an allen Seiten und am Dach mit Glas oder Folie abgedeckter, hausartiger Bau, in dem unter besonders günstigen klimatischen Bedingungen Pflanzen gezüchtet werden. Brugger 1993, 105.

TRESOR, der; -s, -e [frz. trésor < lat. thesaurus = Schatz(kammer) < griech. thesaurós; schon mhd. tresor, trisor = Schatz(kammer) < (a)frz. trésor]

verschlossen wie ein Tresor (ugs.) = *unzugänglich; wortkarg; schweigsam.* 1950 ff. Küpper 1993, 847.

TRICHTER, der; -s, - [mhd. trihter, trahter, trehter, spätahd. trahtare, trahter, træhter < lat. traiectorium, eigtl. = Gerät zum Hinüberschütten, zu: traiectum, 2. Part. von: traicere = hinüberwerfen; hinüberbringen; hinüberschütten, ′gießen′]

etw. wie mit dem Nürnberger Trichter eingeben (eingießen) (ugs.) = *etwas ohne Mühe lernen.* Man verbindet mit dieser Redensart die Vorstellung von einem Trichter, den man am Kopf ansetzt, und mit dessen Hilfe man dann mühelos alles Wissen hineingießen kann. Walter 2004, 35.

TRITT, der; -[e]s, -e [mhd. trit, zu treten]

es schmeckt wie ein Tritt vom Esel (ugs. abwertend) = *es ist äußerst verabscheuungswürdig.* 1900 ff. Küpper 1993, 849.

TROCKENE, das

sich abmühen wie der Fisch auf dem Trockenen (ugs. selten) = S. Fisch.

sich fühlen wie ein Fisch auf dem Trockenen (ugs. selten) = S. Fisch.

zappeln wie ein Fisch auf dem Trockenen (ugs.) = S. Fisch.

TROG, der

davonlaufen wie die Sau vom Trog (salopp abwertend selten) = S. Sau.

weglaufen (laufen) wie die Sau vom Trog (ugs. abwertend) = S. Sau.

TROMMEL, die; -, -n [mhd. trumel, zu: tru(m)me = Schlaginstrument, lautm.]

angeben wie ein Brummer in einer Trommel (ugs.) = S. Brummer.

Stand halten wie der Hase bei der Trommel (ugs. iron.) = S. Hase.

TROMMELFELL, das

Es hört sich an, als ob eine Ziege aufs Trommelfell scheißt (pinkelt). (ugs. spött. derb) = S. Ziege.

TROPFEN, der; -s, - [mhd. tropfe, ahd. tropfo, zu triefen]

etw. ist [wie] ein Tropfen auf den heißen Stein (ugs.) = *angesichts des bestehenden Bedarfs viel zu wenig, eine zu vernachlässigend kleine - und daher wirkungslose - Menge sein.*

TRUMPF, der; -[e]s, Trümpfe [urspr. volkst. Vereinfachung von Triumph unter Einfluss von frz. triomphe in der Bed. „Trumpf"]

wie Trumpf Sechs (ugs. selten) = *unnütz.* Vgl. schwäbisch *wie ein Schellen-Dreier.*

Ein Trumpf ist eine der [wahlweise] höchsten Karten bei Kartenspielen, mit der andere Karten gestochen werden können. Bei der genannten Spielkarte handelt es sich jedoch um eine mit geringem Wert. Die Wendung bezieht sich darauf, dass diese wenig „ausrichten" kann. S. *dastehen wie Pik (Pique) Sieben.*

TRUTHAHN, der; -[e]s, ...hähne

angeben wie ein Truthahn (ugs.) = *poltern; laut prahlen.* 1930 ff. Küpper 1993, 29.

kollern wie ein Truthahn (ugs. selten) = *schimpfen, Unmutsäußerungen von sich geben; [ärgerlich und] undeutlich reden.* Szczęk, Wysoczański 2004, 125. *Kollern* - ′rollende, gurgelnde [kräftige] Laute ausstoßen′, bes. vom Truthahn.

sich spreizen (blähen, aufplustern) wie ein Truthahn (ugs. abwertend) = *sich brüsten; sich aufspielen.* Szczęk, Wysoczański 2004, 125. S. Pfau.

rot werden sie ein Truthahn (ugs.) = *im Gesicht rot anlaufen.* Szczęk, Wysoczański 2004, 125. Nach der roten Farbe des Truthahn-Kammes.

TSCHICK, der; -s, - [ital. cicca, eigtl. wohl = Kleinigkeit] (österr. ugs.)

angesoffen wie ein Tschick (ugs. derb) = *volltrunken.* Fußt auf der Vorstellung vom Zigarrenendstück, das in der Gosse liegt und anschwillt. Österr 1920 ff. Küpper 1993, 852. *Tschick* ′Zigarettenrest; Zigarrenendstück; Kautabak; Zigarette′. Geht zurück auf ital. *cicca* oder franz. *chique*, beides in der Bedeutung ′Kautabak′; wohl beeinflusst von dem Laut, der beim Auswerfen des Speichels zwischen den Zähnen entsteht. Österr. 1800 ff., anfangs rotw.; später auch in Südwestdeutschland geläufig. 1945 ist das Wort auch im Norddt. bekannt. Küpper 1993, 852.

T-TRÄGER, der; -s, -

Nerven haben wie T-Träger (ugs.) = S. Nerv.

TUCH, das; -[e]s, Tücher u. -e [mhd., ahd. tuoch]

wie ein rotes Tuch auf jmdn. wirken (ugs.) = *durch sein Vorhandensein, seine Art von vornherein jmds. Widerwillen und Zorn hervorrufen; aufreizend wirken.* Eine erst in neuerer Zeit belegte Redensart. Bismarck sagte im Reichstag (»Reden« IX, 425): „Ich wirke gewissermaßen wie das rote Tuch - ich will den Vergleich nicht fortsetzen". Röhrich 2001, 5, 1648. Diese umgangssprachlichen Redewendungen beziehen sich in ihrer Bildlichkeit auf das im Stierkampf verwendete rote Tuch, mit dem der Stier zum Angriff gereizt wird. Wenn jemand oder etwas *für jemanden ein rotes Tuch ist* oder *auf jemanden wie ein rotes Tuch wirkt*, dann erregt die betreffende Person oder Sache durch ihr Vorhandensein und ihre Art von vornherein jemandes Widerwillen und Zorn. DZR 2007, 649. Untersuchungen haben jedoch gezeigt, dass es eigentlich nicht das redensartliche *rote Tuch* des Toreros selbst ist, das den Stier reizt, sondern eher dessen flatternde Bewegung. Im Laufe des 19. Jhs aufgekommen. Küpper 1993, 853.

reagieren wie ein Stier auf das rote Tuch (ugs.) = S. Stier.

TUN <unr. V.; hat> [mhd., ahd. tuon, eigtl. = setzen, stellen, legen]

tun als ob (ugs.) = *sich verstellen; etw. vorspiegeln.* Man *tut, als ob* man reich wäre - ′man täuscht Reichtum vor′; man *tut, als ob* man fleißig wäre - ′man täuscht Fleiß vor′. Seit dem 19. Jh. Küpper 1993, 854.

TÜRKE, der; -n, -n

eifersüchtig wie ein Türke (ugs.) = *sehr eifersüchtig, von Eifersucht erfüllt, bestimmt.* Lapidus 2006, 37. Türkische Männer gelten als besonders eifersüchtig. S. Tiger, Spanier.

TÜRKLINKE, die

taugen (passen) wie der Igel zur Türklinke (ugs. iron.) = S. Igel.

TURMBAU, der <Pl. -ten>

wie beim Turmbau zu Babel (bildungsspr.) = *Sprachverwirrung; kein Verstehen möglich, da man unterschiedliche Sprachen spricht.*

TURNSCHUH, der

fit wie ein Turnschuh (ugs.) = *sehr fit, bei guter körperlicher und seelischer Konstitution und sich rundherum wohl fühlen.* DZR 2007, 253. Vgl. Fußballschuh.

TURTELTAUBE, die

wie die Turteltauben sein [schäkern] (ugs.) = *verliebt kosen; sich auffallend zärtlich-verliebt jmdm. gegenüber verhalten,* Seit dem 19. Jh. Küpper 1993, 856; Szczęk, Wysoczański 2004, 122. Vgl. auch *turteln wie die Tauben.*

TÜTE, die; -, -n [aus dem Niederd. < mniederd. tute = Trichterförmiges]

angeben wie eine Tüte Bienen (ugs.) = *prahlen.* Lautes Summen -'starkes Prahlen'. 1920 ff. Küpper 1993, 28.

angeben wie eine Tüte Mücken (ugs.) = 1. *prahlen; übertrieben berichten.* Mücken (Fliegen) in geschlossener Tüte schwirren und summen und verursachen ein lautes Geräusch, als dessen Urheber man Fliegen nicht vermuten würde. 1910 ff. 2. *wild schießen.* Sold. 1939 ff. Küpper 1993, 29.

angeben wie eine Tüte Mückenfett (ugs. spött.) = *prahlen.* 1930 ff. Küpper 1993, 29.

angeben wie eine Tüte voll Nackter (voll Nackiger) (ugs.) = *toben, wüten.* 1930 ff. Küpper 1993, 29.

angeben wie eine Tüte voll toter Mücken (ugs.) = *prahlen.* 1930 ff. Küpper 1993, 29.

angeben wie eine Tüte voll(er) Teufel (ugs.) = *toben, prahlen.* 1930 ff. Küpper 1993, 29.

angeben wie eine Tüte Wanzen (wie eine Tüte nackter Wanzen) (ugs.) = *lärmen, prahlen.* 1930 ff. Küpper 1993, 29.

U

ÜBERRASCHUNG, die

Du hast einen Kopf wie eine Wundertüte, in jeder Ecke eine Überraschung. (iron.) = S. Wundertüte.

Es ist wie eine Wundertüte, an jeder Ecke eine Überraschung (spött.) = S. Wundertüte.

ÜBERSEEKABEL, das

Nerven haben wie Überseekabel (ugs.) = S. Nerv.

U-BOOT, das

saufen wie ein U-Boot (ugs. scherzh.) = *sehr viel trinken.* 1939 ff. Küpper 1993, 861. S. Bürstenbinder.

wegtauchen (abtauchen) wie ein U-Boot (ugs.) = *spurlos verschwinden.* 1970 ff. Küpper 1993, 861.

UHRWERK, das

wie ein Schwein ins Uhrwerk schauen (blicken, gucken, glotzen; dasitzen (dastehen) wie ein Schwein vorm (vor dem) Uhrwerk) (ugs.) = S. Schwein.

wie ein Uhrwerk (meliorativ) = *mit größter Präzision, reibungslos, perfekt.*

laufen (abschnurren) wie ein [Schweizer] Uhrwerk = *einwandfrei funktionieren; verlässlich laufen* (über Maschinen, Vorgänge).

etw. abspulen wie ein Uhrwerk (ugs. abwertend) = *etw. in einfallsloser, monotoner, immer gleicher Weise tun, hinter sich bringen.* Gewöhnlich wird das *Uhr-*

werk positiv konnotiert, besonders das *Schweizer Uhrwerk*. In dieser Verbindung hat der jedoch Vergleich die pejorative Bedeutung ´sein übliches Programm liefern, immer die gleichen Sprüche verbreiten´, z.B. Dort „waren die Verkäufer unglaublich uninformiert oder spulten wie ein Uhrwerk alle möglichen und unmöglichen Argumente gegen den Katalysator ab" ADAC-Motorwelt 11, 1985, 48.

UHU, der; -s, -s [aus dem Ostmd., lautm.]
gucken wie ein Uhu (ugs.) = *verdutzt gucken.* Szczęk, Wysoczański 2004, 122. Der Uhu ist ein (zu den Eulen gehörender) großer, in der Dämmerung jagender Vogel mit gelbbraunem, dunkelbraun geflecktem Gefieder, großen, orangeroten Augen (daher der Vergleich), dickem, rundem Kopf und langen Federn an den Ohren.

UMZIEHEN <unr. V.> [mhd. umbeziehen = herumziehen; umzingeln, überfallen; belästigen]
Dreimal umgezogen ist so gut wie einmal abgebrannt. (Spruchweisheit) = *bei jedem Umzug werden Dinge beschädigt oder gehen verloren.* Übertreibende Redensart angesichts der Beschädigungen und Verluste, die ein Umzug mit sich bringen kann. Seit dem 19. Jh. Küpper 1993, 864. Diese Redensart geht auf das engl.e *Three removals are as bad as a fire* zurück, das sich schon bei Benjamin Franklin (1706-1790) im Vorwort seines »Poor Richard's Almanack« findet: *I never saw an oft removed Tree,/Nor yet an oft removed Family,/That throve so well, as those that settled be. And again,/Three Removes are as bad as a Fire.* (»Ich sah nie einen oft umgepflanzten Baum, noch eine Familie, die oft umgezogen war, die so gut gediehen wie die, die ihren festen Platz hatten. Und noch einmal: Drei Umzüge sind so schlimm wie ein Feuer.«).

Dreimal umgezogen ist so gut wie einmal ausgebombt. (ugs.) = *modernisierte Variante des Vorhergehenden.* 1945 ff. Küpper 1993, 864.

UNART, die; -, -en
jmd. steckt voller Unarten wie der Hund voll Flöhe (ugs. selten) = *über jmdn., der ungehorsam ist; jmd. widersetzt sich den gesellschaftlichen Normen, jmd. ist unartig.* Szczęk, Wysoczański 2004, 111. Eine Unart ist eine schlechte Angewohnheit, die sich besonders im Umgang mit anderen unangenehm bemerkbar macht

UNGEFÄHR
wie von ungefähr (von ungefähr [kommen]) = *[scheinbar] ganz zufällig; mit einer gewissen Beiläufigkeit.* DZR 2002, 790. *Ungefähr* (älter: *ohngefähr*) ist ursprünglich in der alten Rechtssprechung eine formelhafte Erklärung, dass bei der Angabe von Maßen und Zahlen eine eventuelle Ungenauigkeit „ohne böse Absicht" (ohne Betrugsabsicht) geschehen sei; später Umdeutung der Präposition „ohne" zum Präfix „un..." durch mundartl. Kürzung des langen a in ane zu kurzem u oder o und durch Anlehnung an das un- von gleichbed. mhd. *ungeværliche.* Antonym: *nicht von ungefähr [kommen].*

UNGLÜCK, das; -[e]s, -e [mhd. ung(e)lück(e)]
[dastehen, aussehen] wie ein Häufchen Unglück (Elend) (ugs.) = S. Häufchen.

UNIFORM , die; -, -en [frz. uniforme, subst. Adj. uniforme, uniform]
wie ein Skelett in Uniform aussehen (ugs.) = S. Skelett.

UNKE, die; -, -n [vermengt aus frühnhd. eutze = Kröte, mhd. uche, ahd. ucha = Kröte u. mhd., ahd. unc = Schlange]
bezecht (o. Ä.) **wie eine Unke** (ugs.) = *volltrunken.* Weil die Unke am und im

Wasser lebt, denkt man sich, dass sie viel trinkt. Seit dem 19. Jh. Küpper 1993, 865.

saufen wie eine Unke (salopp) = *ein Trinker sein.* Seit dem 19. Jh. Küpper 1993, 865; Lapidus 2006, 46. S. Bürstenbinder.

UNSCHULD, die; - [mhd. unschulde, ahd. unsculd]

wie die Unschuld vom Lande aussehen (ugs.) = *harmlos (leicht dümmlich) aussehen, aber verschlagen sein.* Berlin 1950 ff. Küpper 1993, 866.

UNSCHULDIGER, der; -s, - [mhd. schuldigære]

Besser, man riskiert, einen Schuldigen zu retten, als einen Unschuldigen zu verurteilen. (geh.) = s. Schuldiger.

UNTERWÄSCHE, die

die Freunde (Freundinnen) wechseln wie die Unterwäsche (ugs.) = S. Freund.

URLAUB, der; -[e]s, -e [mhd., ahd. urloup = Erlaubnis (wegzugehen), zu erlauben]

aussehen wie ein eine Leiche auf Urlaub (ugs. salopp) = S. Leiche.

aussehen wie ein Skelett auf Urlaub (ugs.) = S. Skelett.

aussehen wie der Tod auf Urlaub (ugs. spöttisch) = S. Tod.

URWALD, der; -[e]s, Urwälder

Benehmen wie im Urwald (ugs. abwertend) = S. Benehmen.

V

VANDALE, WANDALE, der; -n, -n <meist Pl.>

hausen (sich benehmen) wie die Vandalen (ugs.) = *rücksichtslos zerstören, verwüsten.* Das ostgermanische Volk der Vandalen hat sich in der urkundlich gesicherten Geschichte nicht übler betragen als andere Völker seiner Zeit. Da aber die Vandalen 455 das christliche Rom geplündert haben, prägte 1794 der römisch-katholische Bischof von Blois (Grégoire) den Begriff *Vandalismus* als Schlagwort für sinnlose Zerstörungswut o.Ä. Jene Redewendung hält sich wider besseres Wissen seit dem 19. Jh. Küpper 1993, 871. *Vandale, Wandale* (abwertend) - ′zerstörungswütiger Mensch′.

VATER, der; -s, Väter [mhd. vater, ahd. fater, viell. urspr. Lallwort der Kinderspr.]

Wie der Vater, so der Sohn [, wie die Mutter, so die Tochter]. = *Die Erziehung und das eigene Vorbild bedingen das Verhalten der Kinder.* Sprichwörter 1978, 57. Engl. *Like father, like son [, like mother, like daughter].* Lat. *Filius ut patri aemulatur, filia matri.* Poln. *Jaki ojciec, taki syn.* Tschech. *Jablko nepadá daleko od stromu.* Schmelz 1990, 78. Nach dem verbreiteten Modell *Wie der Baum, so die Frucht* (S. Baum). Ähnliche sprichwörtliche Vergleiche sind: *Wie der Baum, so die Birne. Wie die Mutter, so die Dirne. Wie die Alten sungen, so zwitschern [auch (schon)] die Jungen* (S. Alte) u.A.

VATERLANDSLIEBE, die (geh., oft emotional)

mehr Angst als Vaterlandsliebe haben (scherzh.) = S. Angst.

VATERUNSER, das; -s, - [mhd. vater unser, ahd. fater unser, nach lat. pater noster, Paternoster]

dem katholischen Vaterunser gleichen (ugs.) = *energielos sein.* Im katholischen Vaterunser fehlen die Worte »denn dein ist das Reich und die Kraft und die Herrlichkeit in Ewigkeit«. 1800 ff. Küpper 1993, 471.

etw. herbeten wie das Vaterunser (ugs.) = *etw. gedanken- und ausdruckslos vortragen.* 1900 ff. Küpper 1993, 871.

VEILCHEN, das; -s, - [Vkl. von älter Vei(e)l, mhd. viel, frühmhd. viol(e), ahd. viola < lat. viola, Viola]

blau sein wie ein (März-)Veilchen (wie ein Eckhaus, wie eine Frostbeule, wie [zehn]tausend Mann, wie eine [Strand]haubitze o. Ä.**)** (ugs. scherzh.) = *[völlig, stark] betrunken sein.* Diese relativ jungen scherzhaften Vergleiche und Übersteigerungen sollen den hohen Grad der Trunkenheit ausdrücken. Dass *blau sein* die Bedeutung ′betrunken sein′ hat, rührt wohl von dem Schwindelgefühl des Betrunkenen her, der einen [blauen] Schleier vor den Augen zu haben glaubt. Daher sagte man früher auch *Es wird mir blau* (heute: *schwarz*) *vor den Augen*, wenn man ohnmächtig zu werden drohte (z.B. bei einer Ohnmacht oder eben im Rausch), DZR 2007, 122. Weniger wahrscheinlich ist Röhrichs Deutung: Vielleicht spielt die Redensart aber auch auf die blaue Nase des Trinkers an. Verstärkt hört man auch *blau wie eine Strandhaubitze* (s.). Der sprichwörtliche Vergleich beruht zudem auf der scherzhaft-wortspielerischen Gleichsetzung der eigentlichen und der übertragenen Bedeutung von blau. Eine neuere Wendung ist die scherzhafte Feststellung: *Blau ist keine Farbe, blau ist ein Zustand.* Röhrich 2001, 1, 209. Vgl. *Strandhaubitze.*

blau wie tausend Veilchen = *volltrunken.* 1930 ff. Küpper 1993, 872. S. *blau sein wie ein Veilchen.*

blühen wie ein Veilchen im Verborgenen (ugs.) = *irgendwo zurückgezogen leben, unauffällig wirken (und die eigentlich verdiente Aufmerksamkeit, Achtung nicht finden).*

ein Gemüt haben wie ein Veilchen (ein Schaukelpferd) (salopp) = S. Gemüt.

riechen wie ein [März-]Veilchen (ugs. iron.) = *übel riechen; heftig stinken.* 1920 ff. Küpper 1993, 872. Beschönigend-umschreibender Vergleich; etwa seit den dreißiger Jahren des 20. Jahrhunderts. Röhrich 2001, 5, 1668

Sei wie das Veilchen im Moose, sittsam, bescheiden, rein; nicht wie die stolze Rose, die immer bewundert will sein. = *beliebter Spruch aus dem Poesiealbum.* Das Veilchen, das sich ins Gras duckt, gilt als Sinnbild der Bescheidenheit und wird daher gern mit jungen Mädchen verglichen, die diese Eigenschaft besitzen.

VENTILATOR, der; -s, ...oren [engl. ventilator, zu lat. ventilare, ventilieren]

er dreht sich im Grab um (er rotiert im Grab) wie ein Ventilator (ugs. emotional verstärkt) = S. Grab.

VERBORGENE, das

wie ein Veilchen im Verborgenen blühen (ugs.) = S. Veilchen.

VERGLEICH, der; -[e]s, -e

Ein magerer Vergleich ist besser als ein fetter Prozess. (Sprichwort) = *Es ist besser, sich in Streitfällen durch Kompromisse zu einigen, als eine Konfrontation auszutragen.* Koženjako 1997, 42. Vgl. russ. *Худой мир лучше доброй ссоры. Жуков 1966, 482-483; ШСП 2002, 159-160.* Wander unterstreicht durch seine Beispiele den internationalen Charakter dieser Wendung: „Der ungewisse Ausgang einer zweifelhaften Rechtssache, der Aufwand vergeblicher Kosten usw. sind hinreichende Ursachen, einen geringen Vortheil, den man durch einen Vergleich erhalten kann, dem Verluste vorzuziehen, den man durch einen Process befürchten muss. Auch die Chinesen sagen: Es ist ein glückliches Unternehmen, Rechtshändel billig zu entscheiden, aber noch glücklicher ist man, wenn man sie völlig hintertreiben kann". Vgl. Tschech. *Kratké porovnání lepší, než dlouhé sporování*. Dän. *Temmelig forlig er bedre end den beste dom*. Engl. *An indifferent agreement is better than carrying a cause at law*. Frz. *Un méchant accommodement vaut mieux que le meilleur procès*. Holl. *Beter een kwaad (mager) appeintement (vergelijk) dan een goed (vet) proces. / Beter een mager akkoord dan eene vette sententie*. Isl. *Betri er mögr forlikun, enn feitr prósess*. It.: *E meglio un magro accordo, che una grassa sentenza*. Lat. *Inter duo mala minus eligendum. / Litigium de gallina compone vel ovo. / Servari enim justitia, nisi a forti viro, nisi a sapienti non potest*. Poln. *Lepsza chuda zgoda, niż tłusty proces. / Lepsza słomiana zgoda niżeli złoty proces*. Wander 1, 1548.

ein Vergleich wie ein Fallbeil (journalistisch) = *ein wenig schmeichelnder oder herabwürdigender Vergleich*. Das *Fallbeil* ist das schwere Beil der Guillotine, das bei der Hinrichtung durch Herabfallen den Kopf vom Rumpf trennt.

VERLASS, der; -es [mhd. verlaȥ = Hinterlassenschaft; Untätigkeit]

auf jmdn. ist Verlass (jmd. ist verlässlich) wie [auf] Wasser in der Kalit (ugs. iron. landschaftl. uckermärk.-brandenb.) = *jmd. ist unzuverlässig, auf jmdn. ist kein Verlass*. Die *Kalit* ist ein geflochtener aus Span gefertigter bäuerlicher Frühstücks- und Vesperkorb mit Deckel, der natürlich kein Wasser halten kann. Diverse Geschichten über die Kalit finden sich z.B. in den Romanen des Uckermärken Dichters Ehm Welk „Die Heiden von Kummerow" und „Die Gerechten von Kummerow".

VERMEHRUNG, die; -, -en

vorsichtig [sein] wie der (die) Igel bei der Vermehrung (ugs. scherzhaft) = S. Igel.

VERNAGELN <sw. V.; hat> [mhd. vernagelen]

wie vernagelt sein (ugs.) = 1. *jmd. ist unfähig, einen klaren Gedanken zu fassen*. 2. *über eine Person, die unbelehrbar oder uneinsichtig ist*. DZR 2002, 789.

VERRÜCKT <Adj.> [eigtl. 2. Part. von verrücken]

wie verrückt (ugs.) = 1. *außerordentlich viel, gut, stark, schnell; sehr, mit hoher Intensität, in starkem Maße*. 2. *auf eine unnatürliche Art*. DZR 2002, 789. Poln. *jak szalony*. WW 2004, 43.

VERRÜCKTE, der u. die; -n, -n

sich aufführen wie ein Verrückter (ugs. abwertend) = *sich unangemessen benehmen, betragen; grob gegen bestehende Normen verstoßen*.

wie ein Verrückter fahren (ugs.) = *übermäßig schnell und riskant fahren*. 1920 ff. Küpper 1993, 885.

rauchen wie ein Verrückter (ugs.) = *unmäßig rauchen*. 1920 ff. Küpper 1993, 885.

mit mir kannst du reden wie mit einem Verrückten (Bekloppten) (ugs.) = *mir kannst du alles anvertrauen, ohne dass ich dir schaden werde; ich stelle mich so, als verstünde ich das Gesagte nicht*. 1900 ff. Küpper 1993, 885.

VERSTAND, der; -[e]s [mhd. verstant, ahd. firstand = Verständigung, Verständnis, zu: firstantan, verstehen]

nicht mehr Verstand haben als eine Mücke (ugs.) = *sehr dumm sein*. 1920 ff. Küpper 1993, 550. Eine Mücke gilt wegen ihrer kleinen Körper- (und damit Hirn-) Größe als dumm.

VERSTEINERN <sw. V.>

wie versteinert [da]stehen, [da]sitzen, sein o. Ä. (geh.) = *starr vor Schreck, Entsetzen, Erstaunen [da]stehen, [da]sitzen, sein o. Ä.* Szczęk, Wysoczański 2004, 92.

VERTRAUEN, das; -s [mhd. vertruwen]

Vertrauen ist gut, Kontrolle ist besser! = *Es ist gut, seinen Mitmenschen zu vertrauen, ohne jedoch die Kontrolle über deren Tätigkeit zu vernachlässigen.* Dieser Satz (auch mit der Variante »Vorsicht ist besser«) wird häufig V. I. Lenin zugeschrieben, obwohl er in dieser Form in keiner seiner Reden und Schriften belegt ist. Allerdings benutzte Lenin sehr häufig das russ.e Sprichwort *Доверяй, но проверяй!* (»Vertraue, aber prüfe nach«). Es ist anzunehmen, dass dieses Sprichwort in Übersetzungen seiner Texte gelegentlich abgewandelt (russ. *проверить* kann auch mit »kontrollieren« wiedergegeben werden) und dann die neue Formulierung als leninsche Prägung angesehen wurde. DZR 2007, 779.

VIEH, das; -[e]s [mhd. vihe, ahd. fihu = Vieh, eigtl. = Rupftier, Wolltier (= Schaf)]

arbeiten wie ein Vieh (ugs.) = *schwer arbeiten.* Seit dem 19. Jh. Küpper 1993, 490.

sich aufführen wie ein Vieh (ein Tier) (ugs. abwertend) = *schlechte Manieren haben, sich nicht benehmen; grob gegen allgemeine Verhaltensnormen verstoßen.* Poln. *zachowywać się jak bydlę.* Szczęk, Wysoczański 2004, 103.

jmdn. behandeln wie ein Stück Vieh (ugs.) = *jmdn. rücksichtslos, roh behandeln.* Poln. *traktować kogoś/ludzi jak bydło.* Szczęk, Wysoczański 2004, 103.

dümmer als das Vieh (als ein Stück Vieh) (ugs. abwertend) = *überaus dumm, nicht klug; von schwacher, nicht zureichender Intelligenz.* Lapidus 2006, 44. Tiere können nicht denken und gelten deshalb gemeinhin als dumm.

leben wie ein Vieh (wie das liebe Vieh [in der Steinzeit]) (abwertend) = *unter sehr schlechten Bedingungen leben, sehr ärmlich leben. 2. in Unzucht leben.* Poln. *żyć jak bydlę.* Szczęk, Wysoczański 2004, 103.

saufen wie das liebe (wie ein) Vieh (ugs. salopp abwertend) = 1. *viel trinken.* 2. *sehr viel Alkohol trinken.* Seit dem 19. Jh. Küpper 1993, 890. Poln. *spić/upić się/schlać się jak bydlę.* Szczęk, Wysoczański 2004, 103. S. Bürstenbinder.

schuften wie ein Vieh (Rindvieh, Tier) (ugs.) = *viel und schwer arbeiten.* Mit *Vieh* bezeichnet man die Gesamtheit der Nutztiere, die in einem landwirtschaftlichen Betrieb gehalten werden, u.a. zur Ausführung schwerer Arbeiten. Poln. *pracować/harować jak bydlę.* Szczęk, Wysoczański 2004, 103. S. Tier, Pferd, Kuli.

wie das liebe Vieh (iron.) = *nicht so, wie es einem Menschen eigentlich entspräche.*

VIEHHERDE, die

wie eine Viehherde gehen (ugs. abwertend) = *ohne Nachzudenken der Masse folgen.* Einzelne Tiere folgen immer dem Herdenzwang.

VIERTAKTMOTOR, der

ein Gemüt haben wie ein Viertaktmotor (ugs.) = S. Gemüt.

VIOLINSCHLÜSSEL, der

einen Violinschlüssel nicht von einem Hausschlüssel unterscheiden können (iron.) = *unmusikalisch sein; keine Musiknoten lesen können.* Musikerspr. 1900 (?) ff. Küpper 1993, 891. Der Violinschlüssel ist der Notenschlüssel, mit dem im Liniensystem die Lage des eingestrichenen g (heute auf der 2. Notenlinie) festgelegt wird.

Vogel, der; -s, Vögel [mhd. vogel, ahd. fogal; viell. zu fliegen]

fliegen wie ein Vogel (ugs.) = *gut fliegen.* Szczęk, Wysoczański 2004, 117.

frei wie der Vogel in der Luft (ugs.) = *frei sein, unbeschwert leben.* Poln. *wolny jak ptak.* Szczęk, Wysoczański 2004, 117. Vgl. jedoch *vogelfrei* [eigtl. = den Vögeln (zum Fraß) freigegeben wie ein Gehenkter] (früher): *im Zustand völliger Rechts- u. Schutzlosigkeit; rechtlos und geächtet.*

hüpfen wie ein Vogel (ugs.) = *fröhlich hüpfen* (oft über Kinder). Szczęk, Wysoczański 2004, 117.

den Kopf in den Sand stecken wie der Vogel Strauß (ugs.) = S. Kopf.

es machen wie der Vogel Strauß (ugs.) = *seine Augen vor etw. Unangenehmem verschließen, eine unangenehme Wahrheit nicht sehen wollen, ignorieren.* Szczęk, Wysoczański 2004, 122. S. *den Kopf in den Sand stecken wie der Vogel Strauß.*

singen wie die Vögel im Hanfsamen (ugs.) = *fröhlich singen, sorglos sein.*

wie der Vogel im Hanf sitzen (veraltend) = *es gut haben, sorglos leben.* Szczęk, Wysoczański 2004, 117. Die Wendung kommt daher, dass es im Hanffeld viel Futter für den Vogel gibt.

sich wohl fühlen wie ein Vogel im Hanf (veraltend) = *sich sehr wohl fühlen, zufrieden sein.* Szczęk, Wysoczański 2004, 117. Vgl. *leben wie die Made (die Maus) im Speck.*

zwitschern wie ein Vogel (ugs.) = *zwitschernd hören lassen, von sich geben; etw. mit fröhlicher Stimme sagen.* Szczęk, Wysoczański 2004, 117.

Vögelchen, das; -s, -: Vkl. zu Vogel

essen wie ein Vögelchen (ugs. spött.) = *sehr wenig essen, nur kleine Portionen zu sich nehmen.* Poln. *jeść jak ptaszek.* Szczęk, Wysoczański 2004, 117. Seit dem 19. Jh. Küpper 1993, 893. Der Diminutiv unterstreicht hier die gerine Menge, denn Vögel fressen nur kleine Mengen (Fluggewicht), dafür jedoch häufig.

singen wie ein Vögelchen (ugs.) = 1. *sehr gut singen, mit heller Stimme singen.* 2. *fröhlich singen, sorglos sein.* Poln. *śpiewać jak ptaszek.* Szczęk, Wysoczański 2004, 117.

Vogelherz, das

jmds. Herz schlägt rasch wie ein Vogelherz = *jmd. ist aufgeregt, angespannt, in freudiger Erwartung.* Der Vergleich spielt auf die im Vergleich wesentlich höhere Herzfrequenz der Vögel an und drückt somit eine Steigerung aus gegenüber der Wendung *jmdm. klopft das Herz* - ′jmd. ist aufgeregt, in gespannter Erwartung′, vgl. auch *jmds. Herz schlägt höher* - ′jmd. ist erwartungsvoll, voller freudiger Erregung′.

Vogelscheuche, die

[in dem Aufzug] aussehen wie eine Vogelscheuche (ugs.) = 1. *heruntergekommen, verwahrlost aussehen; schmutzig sein.* 2. *geschmacklos, unattraktiv gekleidet sein.* Duden, Bd. 11, 769.

wie eine wandelnde Vogelscheuche (ugs.) = *über eine dürre, hässliche, nachlässig oder geschmacklos gekleidete Person.*

Vogelschwinge, die

sanft wie auf Vogelschwingen (geh.) = *sehr sanft, auf angenehm empfundene Weise behutsam, zart.*

Vollglatze, die

blank wie eine Vollglatze (ugs.) = *völlig mittellos.* 1900 ff. Küpper 1993, 894.

Vollkornbrot, das

ein Gesicht wie ein Vollkornbrot (ugs. abwertend) = S. Gesicht.

Vollmond, der

ein Gesicht wie ein Vollmond (ugs.) = S. Gesicht.

VORBEUGEN <sw. V.; hat>

Vorbeugen ist besser als heilen (Sprichwort) = *Es ist besser, einen Schaden zu verhindern, als einen Schaden zu beseitigen.* Frey 1988, 67.

VORHEMDCHEN, das

das steht jmdm., wie dem Schwein das Vorhemdchen (ugs. iron.) = S. Schwein.

VORN, VORNE <Adv.> [mhd. vorn(e) = vorn, vorher, ahd. forna = vorn, zu vor]

vorn ist hinten wie höher (ugs. scherzh.) = *es ist völlig gleichgültig.* 1900 ff. Küpper 1993, 897.

VORRAT, der; -[e]s, Vorräte [mhd. vorrat = Vorrat; Vorbedacht, Überlegung, zu Rat in dessen alter Bed. (lebens)notwendige Mittel]

sich Vorräte halten (anlegen) wie ein Hamster (ugs. spött.) = *sehr große Vorräte anlegen, vieles auf Vorrat kaufen.* Szczęk, Wysoczański 2004, 117. Der Hamster ist ein (in mehreren Arten vorkommendes) kleines Nagetier mit gedrungenem Körper, meist stummelartigem Schwanz und großen Backentaschen, mit deren Hilfe es Nahrungsvorräte für den Winterschlaf in einem unterirdischen Bau zusammenträgt.

VORSICHT, die; - <meist o. Art.> [mhd. vürsiht, ahd. foresiht = Vorsorge, rückgeb. aus vorsichtig]

Vorsicht ist besser als Nachsicht. (Redensart ugs. scherzh.) = *Es ist klug, vorsichtig zu sein. Man tut gut daran, mögliche Gefahren rechtzeitig zu bedenken.; Wenn man vorsichtig ist, vermeidet man Nachteile.* Frey 1988, 67. *Nachsicht* steht hier für ′Nachsehen, Nachteil′. Synonym gebraucht wird *Vorsicht ist die Mutter der Weisheit.* Die zweite Redewendung ist eine scherzhafte Abwandlung der ersten, wobei das Wort *Nachsicht* wortspielerisch im Sinne von ′das Nachsehen haben′ gebraucht wird: Schließ die Tür gut ab, auch wenn wir nur eine halbe Stunde weg sind. Vorsicht ist besser als Nachsicht. DZR 2007, 798.

W

WACHS, das; -es, (Arten:) -e [mhd., ahd. wahs, zu wickeln u. eigtl. = Gewebe (der Bienen)]

dahinschmelzen wie Wachs [in der Sonne] (ugs.) = *jeden Widerstand aufgeben.*

Jemand ist [wie] Wachs in den Händen eines anderen = *jemand ist sehr gefügig, lässt sich beeinflussen, ist nachgiebig (so dass der andere mit ihm machen kann, was er will).* Der redensartliche Vergleich *weich wie Wachs* (s.) wurde zuerst nur von Dingen gesagt, so z.B. bei Konrad von Würzburg in seinem »Pantaleon«, V. 1992: „lind und weich reht als ein wahs wart daz vil guote harte swert“. In Schillers »Jungfrau von Orleans« heißt es: „O, sie kann mit mir schalten wie sie will, mein Herz ist weiches Wachs in ihrer Hand“ (III, 4). Eier werden »wachsweich« gekocht, doch der Ausdruck wird auch auf das Verhalten von Personen bezogen. *Jemandem etwas ins Wachs drücken*: sich eine Beleidigung oder Ähnliches merken, um sich dann bei passender Gelegenheit an dem Beleidiger zu rächen. Diese Redensart geht auf den Gebrauch von Wachstafeln (auch *Wachs* genannt) zurück, welche man zu vorläufigen oder gelegentlichen Aufzeichnungen benutzte. Z. B. steht in Strikkers »Pfaffe Amîs«, V. 1263: „so er die namen gar bevant der jungen und der alten (daz der got müeze walten!) er schreib si alle an ein wachs“. Vgl. Schwäb. *einem etwas ins Wächsle drucke* (Schwäbisches Wörterbuch VI. , Spalte 317). Röhrich 2001, 5, 1686.

weich wie Wachs (ugs.) = *nachgiebig; gefügig; leicht lenkbar.* 1800 ff. Küpper 1993, 899.

weich wie Wachs werden (ugs.) = *sehr nachgiebig, gefügig werden.*
weiß (gelb) wie Wachs (ugs.) = *sehr bleich, fahl* (über die Gesichtsfarbe).

WACHSWEICH <Adj.>
wachsweich = 1. *weich wie Wachs.* S. Wachs. 2. (oft abwertend) a) *ängstlich und sehr nachgiebig, gefügig*; b) *keinen fest umrissenen Standpunkt, keine eindeutige, feste Haltung erkennen lassend.*

WAGEN, der; -s, -, südd., österr. auch: Wägen
sehen, wie der Wagen läuft (ugs.) = *abwarten, wie sich eine Sache entwickelt.* DZR 2007, 683.

WAGGON [va'go:, va'gɔŋ, auch: va'go:n], der; -s, -s, österr. auch: ...one [va'go:nə; engl. wag(g)on (später mit frz. Aussprache analog zu anderen Fremdwörtern auf -on) < niederl. wagen = Wagen]
angeben wie ein [ganzer] Waggon nackter Oberlehrer (nackter Neger; nackter Neger auf dem Fensterbrett) (ugs. spött.) = *toben; mehr scheinen wollen als sein.* 1930 ff. Schül. Küpper 1993, 29.
sich freuen wie ein Waggon nackter Neger (ugs.) = *sich übermäßig freuen.* Österr. 1938 ff. Küpper 1993, 568.
angeben wie ein Waggon Sülze in der Kurve (ugs.) = *sich aufspielen.* 1930 ff. Küpper 1993, 29.
aussehen wie der erste Waggon der Grottenbahn (ugs. abwertend) = *furchterregend, hässlich aussehen.* Den ersten Wagen der Grottenbahn im Wiener Prater zierte ein drachenähnliches Gebilde. Wien 1930 ff. Küpper 1993, 310.

WAHR <Adj.> [mhd., ahd. war, zu einem Wort mit der Bed. „Gunst, Freundlichkeit (erweisen)", eigtl. = vertrauenswert]
etw. ist so wahr wie zweimal zwei vier ist = *etw. ist der Wahrheit, Wirklichkeit, den Tatsachen entsprechend; wirklich geschehen, nicht erdichtet, erfunden o. Ä.* Vgl. niederl. *Het is zoo waar, als dat twee maal twee vier is.* Vgl. *Es ist so wahr wie das Einmaleins; Wie das Gesetz und die Propheten.* Röhrich 2001, 5, 1689.
etw. ist wahrer als wahr (ugs.) = *Hypertrophierung der Aussage, dass etw. wahr ist.* Röhrich 2001, 5, 1689. Vgl. *weißer als weiß.*

WAHRHEIT, die; -, -en [mhd., ahd. warheit]
bei der Wahrheit stehen wie der Hase bei der Pauke (ugs. iron.) = *flüchten, ausreißen.* Szczęk, Wysoczański 2004, 99. Hasen flüchten bei lauten Geräuschen.
Besser eine Lüge, die heilt, als eine Wahrheit, die verletzt (verwundet). (Sprichwort) = S. Lüge.

WAISENKIND, das (fam. veraltend)
dastehen wie ein Waisenkind (emotional) = *hilflos sein.* 1900 ff. Küpper 1993, 901.
gegen jmdn. ein Waisenkind sein (ugs.) = *jmdm. besonders im Hinblick auf bestimmte negative Eigenschaften bei weitem nicht gleichkommen.*

WAISENKNABE, der (geh. veraltend)
gegen jmdn. ein [reiner, der reine, reinste] Waisenknabe sein (ugs.) = *[im Hinblick bes. auf negative Eigenschaften o. Ä. eines anderen] an jmdn. nicht heranreichen.* Die Wendung ist zwar erst aus dem 19. Jahrhundert belegt, doch geht der übertragene Gebrauch von *Waise* bis ins Mittelhochdeutsche zurück. So rühmt Heinrich von Freiberg von seinem Helden Tristan (V. 1349 f.): „Herr Tristan, der kurteise (der Feine), der valscheit ein weise" (d.h.: ganz ohne Falsch). Röhrich 2001, 5, 1690. S. Waisenkind.
ein [reiner, der reine, reinste] Waisenknabe in etw. sein (ugs.) = *von etw. (einer Fertigkeit o. Ä.) sehr wenig verstehen.* Müller 2005, 647.

WAL, der; -[e]s, -e [mhd., ahd. wal, viell. verw. mit altpreußisch kalis = Wels u. lat. squalus = Meersau (= ein größerer, plump aussehender Mittelmeerfisch)]

schwarz wie in einem Wal (in einer Kuh) = *über einen dunklen Keller, über eine dunkle Nacht, über das Vorhandensein von wenig oder gar keinem Licht.* Brugger 1993, 57. Vgl. *finster wie in einer Kuh.*

WALD, der; -[e]s, Wälder [1: mhd., ahd. walt, urspr. = nicht bebautes Land, viell. verw. mit lat. vellere = rupfen, zupfen, raufen, also eigtl. = gerupftes Laub; 2: LÜ von lat. silvae (Pl.)]

angeben wie ein Wald voll Affen (ugs.) = *sich aufspielen.* Beeinflusst von *nicht für einen Wald von Affen.* 1920 ff. Küpper 1993, 29.

wie die (auch: **eine) Axt im Walde** (ugs.) = S. Axt.

Wie man in den Wald hineinruft, so schallt es heraus (Sprichwort) = *wie man andere behandelt o.Ä., so werden sie einen selbst auch behandeln o.Ä.* DZR 2002, 788. Eine ältere Form ist *Wie's in den Busch schallt, so schallt es wieder heraus.* Ein durch das Echo, welches man selbst in Waldungen, die nicht von Bergen eingeschlossen sind, antrifft, leicht zu erklärendes Sprichwort. Wander 1, 518. Vgl. auch *Wie der Hall, so der Schall* (s.), *Gunst erzeugt Gunst; Haust du meinen Juden, hau' ich deinen Juden; Auf gute Anrede erfolgt guter Bescheid.* Walter, Mokienko 2006, 18. Vgl. *Wie der Baum, so die Frucht.* S. Baum.

WALDESEL, der: in der Wendung

furzen (scheißen) wie ein Waldesel (derb) = *mehrfach und laut Blähungen entweichen lassen.* 1920 ff. Meint im eigentlichen Sinn den Wildesel; hier aufgefasst als Verstärkung von *Esel.* Der Wald versinnbildlicht die Abgelegenheit und Unzugänglichkeit (der mutmaßlichen Heimstatt des Gemeinten). Küpper 1993, 901.

scheißen wie ein Waldesel (derb) = 1. *mehrfach und laut Blähungen entweichen lassen.* 2. *sich bei der Notdurftverrichtung keinerlei Zwang antun.* 1920 ff. Küpper 1993, 901.

schnarchen wie ein Waldesel (ugs.) = *laut schnarchen.* Szczęk, Wysoczański 2004, 109.

stinken wie ein Waldesel (ugs.) = *unausstehlich stinken.* 1910 ff. Küpper 1993, 901.

wichsen wie ein Waldesel (salopp) = *häufig onanieren oder koitieren.* 1870 ff. Küpper 1993, 901.

WALDI, Hundename

scharf (spitz) wie Nachbars Waldi (Fiffi, Lumpi) sein (scherz. salopp) = S. Nachbar.

WALFISCH, der

schnarchen wie ein Walfisch (Walross) (ugs. scherzh. selten) = *laut schnarchen.* Szczęk, Wysoczański 2004, 127. *Walfisch* ist eine volkstümliche Bezeichnung für einen Wal.

WALLACH, der; -[e]s, -e, österr. meist: -en, -en [urspr. = das aus der Walachei eingeführte kastrierte Pferd]

einen Arsch (einen Hinteren) haben wie ein Wallach (derb) = S. Arsch.

furzen wie ein Wallach (derb) = *viele Darmwinde laut entweichen lassen.* Auch in dieser Eigenart unterscheiden sich die Wallache von den Hengsten und Stuten. Seit dem 19. Jh. Küpper 1993, 902.

einen Hinteren (einen Arsch) wie ein Wallach haben (salopp [derb]) = *ein breites Gesäß haben.* Szczęk, Wysoczański 2004, 108. S. Sechzigtalerpferd, Pferd, Brauereipferd.

scheißen wie ein Wallach (derb) = *die große Notdurft eilig verrichten.* Pferde entledigen sich des Kots auch im Gehen oder Laufen. Seit dem 19. Jh. Küpper 1993, 902.

WALROSS, das [niederl. walrus, Umstellung u. Vermischung von aisl. hrosshvalr = eine Art Wal u. aisl. rosmhvalr = Walross]

schnaufen wie ein Walross (salopp) = *schwer atmen, aus Anstrengung tief atmen.* Szczęk, Wysoczański 2004, 127.

schnauben wie ein Walross (salopp) = *sich sehr laut schnaubend die Nase schnauben.* Szczęk, Wysoczański 2004, 127.

schnarchen wie ein Walross (salopp) = *laut schnarchen.* Szczęk, Wysoczański 2004, 127.

WAND, die; -, Wände [mhd., ahd. want, zu winden, also eigtl. = das Gewundene, Geflochtene (Wände wurden urspr. geflochten)]

braun wie eine gekalkte Wand (iron.) = *blutleer im Gesicht.* Eine *gekalkte Wand* ist weiß, wodurch dieses Oxymoron emotional konnotiert ist.

auf jmdn. einreden wie auf eine Wand (ugs.) = *vergeblich, ohne Erfolg auf jmdn. einreden.* 1900 ff. Küpper 1993, 903.

jmd. ist voll wie die Geigen, die an den Wänden hängen (ugs. spött.) = S. Geige.

weiß (fahl) wie eine [gekalkte] Wand (wie eine Kalkwand, wie ein Kalkeimer) (ugs.) = *blass; blutleer im Gesicht.* 1900 ff. Küpper 1993, 903.

wie an die Wand gepisst (gepinkelt) aussehen (derb) = *sehr blass, erschöpft, kränklich aussehen.* Duden, Bd. 11, 74.

WANDERN, das

jmd. hat einen Kopf wie ein Rucksack: wenn man ihn sieht, denkt man ans Wandern (Weggehen) (ugs. scherzh.) = S. Kopf.

WANNE, die; -, -n [mhd. wanne = Wanne; Getreide-, Futterschwinge, ahd. wanna = Getreide-, Futterschwinge < lat. vannus]

ein Ding wie ´ne Wanne (ugs. berlin.) = S. Ding.

es steht wie eine Wanne (ugs.) = *daran ist nicht zu rütteln; darauf kannst du dich fest verlassen.* Übertragen von der eingebauten, eingekachelten Badewanne oder von *Wanne* - ´Grenze zweier Grundstücke´. 1930 ff. Küpper 1993, 904.

WANZE, die; -, -n [mhd. wanze, Kurzf. von mhd., ahd. wantlus, eigtl. = Wandlaus]

angeben wie eine Tüte Wanzen (wie eine Tüte nackter Wanzen) (ugs.) = S. Tüte .

aussehen wie eine angepoppte Wanze (salopp) = *beleibt, feist sein.* BSD 1965 ff. Küpper 1993, 904. *Poppen* - zu landsch. *poppern* – ursprünglich ´sich schnell hin und her bewegen´ oder zu landschaftlich *poppeln* (wohl zu Puppe) - ´ins Bett legen´. Heute (landsch. derb) - ´mit jmdm. Geschlechtsverkehr haben´. *Angepoppt* – Jug. *´geschwängert´.*

fett wie eine Wanze (ugs.) = *stark beleibt, dick, fett.* Szczęk, Wysoczański 2004, 131.

frech wie eine Wanze (ugs.) = *sehr dreist.* 1900 ff. Küpper 1993, 904.

an jmdm. kleben wie eine Wanze (ugs.) = *von jmdm. nicht ablassen; sich nicht abschütteln lassen.* 1920 ff. Küpper 1993, 904.

platt wie eine Wanze sein (ugs.) = 1. *dünn, mager, ausgemergelt sein.* 1850 ff. 2. *sehr überrascht sein. Platt sein* - ´verblüfft, sprachlos sein´. In volkstümlicher Auffassung äußert sich hochgradige Verwunderung in einem Zu-Boden-Fallen: der Vorfall wirkt niederschmetternd (umwerfend) oder *wie eine einschlagende Bombe.* Seit dem 19. Jh. Küpper 1993, 904. S. *Platt wie eine Flunder.*

wie eine schwangere Wanze (ugs.) = *schwerfällig, dickbäuchig.* Sold. 1914 bis heute. Küpper 1993, 904.

jmdn. zertreten wie eine Wanze (ugs. abwertend) = *jmdn. psychisch (sozial) zerstören.*

WARENHAUS, das

etw. anpreisen wie ein Warenhaus es mit seinen billigen Fischen zu halten pflegt (ugs. abwertend) = *etw. Wertloses oder Minderwertiges anbieten, mit schönen Worten anpreisen (und dabei die mindere Qualität verschweigen).* Vgl. *etw. anpreisen wie sauer (saures) Bier.*

WAS [mhd. waʒ, ahd. (h)waʒ] <Relativpron.; Neutr. (Nom. u. Akk., gelegtl. auch Dativ)>

[so] was wie ... (ugs.) = *[so] etwas wie ..*

WÄSCHE, die; -, -n [mhd. wesche, ahd. wesca]

wie ein Kalb aus der Wäsche gucken (glotzen, stieren) (ugs.) = *dümmlich, verwundert dreinblicken; vor Verwunderung große, blöde Augen machen.* Schemann 1993, 393.

WASCHEN, das

Mit dem Obst ist es wie mit den Füßen - zuviel Waschen verdirbt das Aroma. (ugs.) = S. Obst.

WASCHFRAU, die

verschwiegen wie eine Waschfrau (ugs. iron. abwertend) = *sehr schwatzhaft.* 1900 ff. Küpper 1993, 906.

WASCHKÜCHE, die

[es ist] wie in der Waschküche (ugs.) = 1. *sehr feucht und warm, über feuchte Hitze* (meist über das Wetter). Vgl. Sauna. 2. *über starken Nebel; nebelig.* Die Waschküche ist ein zum Wäschewaschen bestimmter, eingerichteter Raum, in dem es häufig warm und dunstig ist.

WASCHWEIB, das

geschwätzig wie ein Waschweib [sein] (salopp abwertend) = *ein geschwätziger, klatschsüchtiger Mensch sein.*

schwatzen wie ein Waschweib (ugs. abwertend) = *Dass.* Waschen ist in dieser Redensart gleichbedeutend mit schwatzen. Das galt im besonderen Maße für die sogenannten Waschhäuser oder Wäschebrücken aus der vorindustriellen Zeit des Wäschewaschens. In vielen Ländern war es üblich, die fertige Wäsche im fließenden Wasser des Baches oder Flusses nachzuspülen. Dort trafen sich die Frauen zu einem »Plausch«. Männer aber, die für solch Gerede nicht viel übrig haben, nannten solche Nachrichten dann ein *Übles Gewäsch* oder auch *Dummes Gewäsch.* Röhrich 2001, 5, 1696-1697.

WASSER, das; -s, - u. Wässer [mhd. waʒʒer, ahd. waʒʒar, eigtl. = das Feuchte, Fließende]

etw. abschütteln wie die Ente das Wasser (ugs.) = S. Ente.

etw. abschütteln wie ein Pudel (das Wasser) (ugs.) = S. Pudel.

ablaufen wie das Wasser am Entenflügel (am Pudel, an der Gans) (ugs.) = *das beeindruckt (berührt) jmdn. nicht; das nimmt sich jmd. nicht zu Herzen, das ist jmdm. völlig gleichgültig.* Das Wasser perlt vom Gefieder ab, es bleibt nicht haften. DZR 2007, 12. Poln. *coś spływa po kimś jak woda po kaczce.* Szczęk, Wysoczański 2004, 123.

jmd. ist zu dumm, einen Eimer Wasser anzuzünden (ugs. scherzh.) = S. Eimer.

eingehen wie eine Primel ohne Wasser (ugs.) = S. Primel.

flink (wendig) wie ein Fisch im Wasser (ugs.) = S. Fisch.

sich fühlen (wohl fühlen) wie ein Fisch im Wasser = S. Fisch.

gesund (frei, lebendig) wie ein Fisch im Wasser = S. Fisch.

wie der Hirsch schreit nach frischem Wasser (bildungsspr. scherzh.) = S. Hirsch.

das läuft von jmdm. ab wie das Wasser von der Gans (ugs.) = *das beeindruckt ihn nicht; das nimmt er sich nicht zu Herzen.* Das Wasser perlt vom Gefieder ab, es bleibt nicht haften. 1900 ff. Küpper 1993, 269. Poln. *coś spływa po kimś jak woda po gęsi.* Szczęk, Wysoczański 2004, 123. S. Entenflügel.

das ist der Moment, wo der Elefant [das, sein] Wasser lässt (ugs. scherzh.) = S. Moment.

das ist der Moment, wo der Elefant ins Wasser springt (rennt) (ugs. scherzh.) = S. Moment.

der Moment, wo der Frosch ins Wasser springt und dabei sein Leben riskiert (und es doch nicht verliert) (ugs. scherzh.) = S. Moment.

das ist der Moment, wo der Hund ins Wasser rennt (springt) (ugs. scherzh.) = S. Moment.

munter wie ein Fisch [im Wasser] = S. Fisch.

stumm [sein] wie ein Fisch [im Wasser] (ugs.) = S. Fisch.

wie aus dem Wasser gezogen sein (ugs.) = *völlig nass vor Schweiß sein.* DZR 2002, 781.

wie wenn Wasser mit Feuer sich mengt (bildungsspr. selten) = *zwei Gegensätze, besonders zwei Charaktere, stehen schroff und unvereinbar gegenüber, dass ein harmonischer Ausgleich völlig ausgeschlossen erscheint.* »Und es wallet und siedet und brauset und zischt,/Wie wenn Wasser mit Feuer sich mengt,/Bis zum Himmel spritzet der dampfende Gischt,/Und Flut auf Flut sich ohn Ende drängt.« So beschreibt Schiller in seiner Ballade »Der Taucher« die wilde, tosende Brandung, in die der wagemutige Knappe sich stürzt, um des Königs Becher vom Meeresgrund zurückzuholen. Der zweite Vers wird heute gelegentlich i.o.S. zitiert. DZR 2002, 790.

auf jmdn. ist Verlass (jmd. ist verlässlich) wie [auf] Wasser in der Kalit (ugs. iron. landschaftl. uckermärk.-brandenb.) = S. Verlass.

[ein Gegensatz] wie Wasser und Feuer = *vollkommen unvereinbar, ein schroffer Gegensatz sein.* S. *wie Feuer und Wasser.* Luther sagt z.B. : „Das dise zwen sprüche so ehnlich sind ans wasser und fewr“ (Weimarer Ausgabe 18, 210). Röhrich 2001, 5, 1702.

WASSERBÜFFEL, der

nachtragend wie ein Wasserbüffel (ein [indischer] Elefant) sein (ugs.) = *sehr, besonders nachtragend sein.* Wasserbüffeln sagt man – wie auch Elefanten – ein besonders gutes Gedächtnis nach. Angeblich vergessen sie nicht, wie man sie behandelt. DZR 2007, 569. Vgl. Elefant.

WASSERFALL, der [spätmhd. waʒʒerval]

loslegen wie ein Wasserfall (ugs.) = *stürmisch zu sprechen beginnen und keine Pause einlegen.* 1900 ff. Küpper 1993, 908.

reden (quatschen o. Ä.**) wie ein Wasserfall (ein Maschinengewehr, ein Buch)** (ugs.) = *fließend sprechen; laut und pausenlos reden; ununterbrochen und hastig reden.* 1920 ff. Küpper 1993, 908; DZR 2007, 639.

WASSERLEICHE, die

aussehen sie eine Wasserleiche (ugs.) = *sehr blass, bleich aussehen.* Duden, Bd. 11, 74.

jmd. ist aufgedunsen wie eine Wasserleiche (ugs. abw.) = 1. *über jmdn., der sehr korpulent ist.* 2. *über jmdn., der ein ungesund aufgequollenes, aufgeschwemmtes, aufgedunsenes Gesicht hat.*

WASSERTROPFEN, der

sich gleichen wie ein Wassertropfen dem anderen (ugs.) = 1. *über sehr ähnliche oder identische Dinge, Vorgänge, Zustände.* 2. *jmdm. stark ähneln, jmdm. sehr ähnlich sehen.* Brugger 1993, 13. Vgl. *wie aus dem Gesicht geschnitten sein; wie aus dem Spiegel gestohlen sein.*

WATTE, die; -, (Sorten:) -n [niederl. watten (Pl.) < mlat. wadda]

weich wie Watte = *sehr weich.*

WATTIG <Adj.>

wattig = *weich [und weiß] wie Watte.*

WEG , der; -[e]s, -e [mhd., ahd. wec, verw. mit bewegen]

anhalten wie ein Krüppel am Wege (ugs.) = S. Krüppel.

WEGBLASEN <st. V.; hat>

[etw. ist] wie weggeblasen (weggepustet) (ugs.) = *über etw., das plötzlich aufgehört hat, plötzlich nicht mehr da war; etw. ist plötzlich verschwunden.* Bierich 2005, 241. Leitet sich her vom Blasen auf schmerzende Körperstellen, »brennende« und »juckende« Wunden o.Ä. Der kühlende Hauch wirkt reizlindernd. *Pusten* - durch Blasen und Besprechen von Krankheiten Heilung anstreben. Seit dem 18. Jh. Küpper 1993, 910. Vgl. abschneiden.

WEHRMACHTSBERICHT, der

lügen wie der Wehrmachtsbericht (ugs. veraltend) = *dreist lügen; die Wahrheit vergewaltigen.* 1939 ff. Küpper 1993, 508. Während des Zweiten Weltkrieges wurde täglich ein Bericht des Oberkommandos der deutschen Wehrmacht über die Ereignisse an der Front herausgegeben, der oft nicht den Tatsachen entsprach.

WEIB, das; -[e]s, -er [mhd. wip, ahd. wib,, viell. eigtl. = die umhüllte Braut od. die sich hin u. her bewegende, geschäftige (Haus)frau]

Der Mann soll (aus-)sehen wie ein Teufel, das Weib wie ein Engel. (ugs.) = S. Mann.

Der Spanier gleicht (seiner Erscheinung nach) **dem Teufel, der Italiener ist ein Mann, der Franzose ist wie ein Weib, der Brite wie ein Engel, der Deutsche wie eine Säule.** (bildungsspr.) = S. Spanier.

Wer sein Weib schlägt mit einem Bengel, der ist vor Gott angenehm wie ein Engel; tritt er sie mit Füßen, so lässt's ihn Gott genießen; wirft er sie die Stiegen hinab, so ist er von seinen Sünden ledig ab; schlägt er sie dann gar zu tot, der ist der angenehmst vor Gott. (iron.) = *Spruchweisheit.* Wander 5, 1806. *Bengel* tritt hier in seiner alten Bedeutung auf: Bengel, der; -s, -, ugs., bes. nordd. auch: -s [mhd. *bengel* = derber Stock, Knüppel, zu einem wohl lautm. Verb mit der Bed. „schlagen“; frühnd.; Bedeutungsentwicklung wie bei *Flegel*], d.h., (veraltet, noch landsch.) – ′(kurzes) Holzstück, Knüppel′.

WEIHNACHTEN, das; -, - <meist o. Art.> [mhd. wihennahten, aus: ze wihen nahten = in den heiligen Nächten (= die heiligen Mittwinternächte)]

es ist wie Geburtstag und Weihnachten zugleich (ugs.) = S. Geburtstag.

ein Gefühl wie Weihnachten haben (ugs.) = S. Gefühl.

ein Gefühl wie Weihnachten und Ostern zusammen (ugs.) = S. Gefühl.

das ist wie Ostern und Weihnachten auf einem Tag = S. Ostern.

etwas ist so, als ob Weihnachten und Ostern auf einen Tag fallen (ugs.) = *etwas ist höchst überraschend, ein besonderes Geschenk, eine übergroße Freude, Beglückung.* Röhrich 2001, 5, 1708.

sich freuen wie ein Kind auf Weihnachten (ugs.) = S. Kind.

lieber nichts (lieber zehn Jahre nichts) zu Weihnachten (ugs.) = *Ausdruck der Ablehnung einer Zumutung.* Etwa seit 1930. Röhrich 2001, 5, 1708.

von etw. soviel verstehen wie die Kuh von Weihnachten (ugs. iron. abwertend) = S. Kuh.

WEIHNACHTSBAUM, der

angeputzt (geputzt) wie ein Weihnachtsbaum (ugs.) = *geschmacklos gekleidet.* 1910 ff. Küpper 1993, 913.

dastehen wie ein Kind vor dem Weihnachtsbaum (zu Weihnachten) (ugs.) = S. Kind.

strahlen wie ein Weihnachtsbaum (ugs.) = *über das ganze Gesicht strahlen.* 1920 ff. Küpper 1993, 913.

WEIHNACHTSGANS, die

jmdn. ausnehmen wie eine Weihnachtsgans = 1. (ugs.) *sich in schamloser Weise an jmdm. bereichern, jmdn. schamlos ausbeuten, ausnutzen*; *jmdn. [auf unehrliche Weise] um sehr viel Geld o.Ä. bringen.* Duden, Bd. 11, 73. *jmdn. gründlich ausbeuten; jmdm. das letzte Geld abnehmen, abgewinnen.* Veranschaulichung von *ausnehmen* 'jmdn. schröpfen, ausrauben; jmdm. das Geld abgewinnen; jmdn. durch überhöhte Preise betrügen'. Hergenommen vom Ausweiden getöteter Tiere. 1870 ff. 2. *jmdn. entwürdigend behandeln.* Redewendung schikanöser Soldatenausbilder. Sold 1939 ff. 3. (seltener) *jmdn. gründlich ausfragen; jmdn. einem Verhör unterziehen.* 1950 ff. Küpper 1993, 913. S. Gans.

WEIHNACHTSMANN, der <Pl. ...männer>

strahlen wie ein Weihnachtsmann (ugs.) = *freudestrahlend blicken.* 1920 ff. Küpper 1993, 913.

sich anstellen wie ein Weihnachtsmann (ugs. abwertend) = *umständlich sein*; *in nicht nötiger Weise gründlich, genau nnd daher mehr als sonst üblich Zeit dafür benötigend.*

WEIHWASSER, das

etw. fürchten (hassen) wie der Teufel das Weihwasser (ugs.) = S. Teufel.

WEIN, der

Es ertrinken mehr im Wein als im Wasser. (Sprichwort) = *über die Schädlichkeit des Alkohols.* Verbreitetes europäisches Modell, vgl. *Es ersaufen mehr im Wein als im Rhein.* Wander 5, 96; *Es ertrinken mehr im Becher als in der Donau (im Rhein)*; *Im Becher ertrinken mehr, denn im Meer.* (S. Becher)

WEINESSIG, der

wie ein Tankwagen mit Weinessig (salopp) = S. Tankwagen.

WEISHEIT, die; -, -en

[O Weisheit!] Du redest wie eine Taube! (geh.) = S. Taube.

WEIß

weißer [noch] als weiß = *strahlend weiß, reinweiß.* Karasek 2004, 41. Diese Hyperbolik stammt aus der Waschnittelwerbung. Vgl. *schneeweiß, weiß wie ein Schwan.*

WELTMEISTER, der

wie ein Weltmeister (auch: **die Weltmeister)** (ugs.) = *sehr häufig, sehr intensiv, mit großem Eifer* (in Bezug auf ein bestimmtes Tun gebraucht). DZR 2002, 785.

WERKELMANN, der <Pl. ...männer> (österr. ugs.)

spielen wie ein Werkelmann (ugs. veraltend) = *schlecht musizieren.* Österr. 1925 ff. Werkelmann - 'Drehorgelspieler, Leierkastenmann'. Küpper 1993, 916.

WERT <Adj.> [mhd. wert, ahd. werd, viell. eigtl. = gegen etw. gewendet, dann: einen Gegenwert habend]

das ist nicht mehr als sie wert ist (Kartenspieler) = *Redewendung, wenn einer eine Karte mit einer nicht viel höheren sticht.* Seit dem 19. Jh. Küpper 1993, 531.

WERWOLF, der [mhd. werwolf, aus: ahd. wer = Mann, Mensch (verw. mit lat. vir = Mann) und Wolf, also eigtl. = Mannwolf, Menschenwolf]

Hunger haben wie ein Werwolf (ugs.) = *sehr hungrig sein.* Der *Werwolf* gilt hier als Verstärkung von *Wolf.* Seit dem 19. Jh. Küpper 1993, 916.

jmdn. fürchten wie einen Werwolf (veraltend) = *jmdn. wie ein dämonisches Wesen fürchten, vor jmdm. große Angst haben.* Sagen vom Werwolf sind besonders in Norddeutschland noch sehr lebendig. Auf diese volkstümlichen Vorstellungen beziehen sich auch die vor allem im Hessischen belegten redensartlichen Vergleiche für einen starken Esser, z.B. *Er frisst wie ein Werwolf* (S. *Hunger haben wie ein Werwolf*). *Ha wiehlt wie en Warwolf* sagt man von einem unüberlegt und hastig arbeitenden Menschen; wenn die Pferde den Wagen nicht von der Stelle bringen können, heißt es: *Es steckt ein Werwolf im Rad.* Röhrich 2001, 5, 1719-1720.

sich verhalten (sein) wie ein Werwolf (veraltend) = *unheimlich und gefährlich sein, sich unmenschlich roh und frevelhaft benehmen.* Der Werwolf ist eigentlich ein *Mannwolf*, vgl. althochdeutsch *wër* und lateinisch *vir*. Besonders aus dem germanischen Norden ist der Werwolfglaube überliefert: Ein *alter ego* verlässt den Körper des Schlafenden und nimmt die Gestalt eines Wolfes (Bären) an und verhält sich entsprechend. In älterer Zeit hat man das Treiben von Werwölfen („Der Menschen in Wölff-Verwandlung"; Theophil Lauben 1686) tatsächlich angenommen. Später glaubte man jedoch, dass eine solche Tierverwandlung nur durch einen Zauber herbeigeführt werden könne, wie Prozessakten aus dem 18. Jahrhundert erweisen: durch das Überstreifen eines Wolfsfelles oder Wolfsgürtels kann jeder Mensch zeitweilig zu einem Wolf werden, der jedoch noch reißender und gefährlicher als ein gewöhnlicher Wolf ist und wegen seiner zauberischen Kräfte kaum besiegt werden kann. Vgl. auch niederl. *hij is een weerwolf.* Röhrich 2001, 5, 1719.

WESENTLICH [mhd. wesen(t)lich, ahd. wesentliho (Adv.)] <Adj.>

um ein Wesentliches schöner (größer, besser) als etw. Vergleichbares (veraltend) = *um vieles; in hohem Grade; sehr viel schöner (größer, besser) als etw. Vergleichbares.* Intensivierend bei Adjektiven im Komparativ und Verben.

WESPE, die; -, -n [mhd. wespe, wefse, ahd. wefsa, wafsi, zu weben, eigtl. = die Webende, nach dem gewebeartigen Nest]

sich auf jmdn. stürzen wie die Wespen (Hornissen) (ugs.) = *jmdn. plötzlich, schnell und mit Härte angreifen, sich auf ihn stürzen.* Szczęk, Wysoczański 2004, 133. Die Wespe gilt allgemein als gefährliches Tier. Besonders ihr Angriff auf den Menschen bedeutet im Volksglauben nichts Gutes. Schon im Altertum prophezeite ihr Erscheinen im Traum Unglück, z.B. Tod durch Feindeshand. Nach altem Glauben zeigt ihr Nestbau in einem Haus oder in dessen Nähe Feuer oder den Tod eines Familienmitgliedes an. Nach engl.em Volksglauben muss man die erste Wespe im Jahr töten, um sich dadurch Glück und Freiheit von Feinden fürs ganze Jahr zu sichern. HDA 9, 505. S. Hornisse.

WESPENTAILLE, die

eine Wespentaille haben (besitzen) = *überaus schlank sein.* Die Wespentaille gehört seit Jahrtausenden zu einem immer wiederkehrenden Ideal der Körperform in der Damenmode, das für Kreta bereits 2600 v. Chr. bezeugt ist. Um es zu erreichen, muss die Taille fest eingeschnürt werden. Da der Ober- vom Unterkörper fast getrennt erscheint, bietet sich der Vergleich mit der Wespe an. Röhrich 2001, 5, 1720.

WESTE , die; -, -n [frz. veste = ärmelloses Wams < ital. veste < lat. vestis = Kleid, Gewand]

das ist Rock wie Weste (ugs.) = S. Rock.

WESTENTASCHE, die

etw. kennen wie die eigene Westentasche (auch: **seine [eigene] Tasche; sich in etw. auskennen wie in seiner Westentasche**) (ugs.) = *etw. sehr genau kennen.* In der eigenen Anzug- oder Hosentasche kennt man sich genau aus. Seit dem 19. Jh. Vgl. franz. *connaître quelqu'un (quelque chose) comme sa poche.*

Küpper 1993, 824; DZR 2002, 789. Vgl. Hosentasche.

jmdn. kennen wie die eigene Westentasche (ugs. seltener) = *eine Person sehr genau kennen.* 1900 ff. Küpper 1993, 917.

WETTER, das; -s, - [mhd. weter, ahd. wetar, eigtl. = Wehen, Wind, Luft]

veränderlich (wechselhaft) wie das Wetter (ugs.) = *dazu neigend, sich zu [ver]ändern; sich häufig [ver]ändernd; unbeständig; unstetig, wechselhaft.* Szczęk, Wysoczański 2004, 89; Lapidus 2006, 34.

WETTERFAHNE, die

sich drehen wie eine Wetterfahne (ugs. abwertend) = 1. *keine feste Gesinnung haben; wankelmütig sein; seine Meinung immer den herrschenden Verhältnissen anpassen.* Lapidus 2006, 34. 2. *leicht beeinflussbar sein.* Poln. *jak chorągiewka na dachu.* WW 2004, 42. Die Wetterfahne ist ein sich auf Dächern oder Türmen befindlicher metallener Gegenstand in Form einer Fahne, der die Windrichtung anzeigt, sich also in die jeweilige Windrichtung dreht.

WETTERHAHN, der

unbeständig wie ein Wetterhahn (ugs. abwertend) = *keine feste Gesinnung haben; wankelmütig sein; seine Meinung immer den herrschenden Verhältnissen anpassen.* Lapidus 2006, 34. Der Wetterhahn ist eine Wetterfahne, die sich auf Dächern oder Türmen in die jeweilige Windrichtung dreht. S. Wetterfahne.

WIEDEHOPF, der; -[e]s, -e [mhd. witehopf(e), ahd. witihopfa, lautm.]

stinken wie ein Wiedehopf (ein Ziegenbock, ein nasser Fuchs, ein Iltis, wie die Pest) (salopp) = *einen sehr unangenehmen und durchdringenden Geruch an sich haben, unerträglich schlecht riechen.* Duden, Bd. 11, 694; Szczęk, Wysoczański 2004, 122.

WIESE, die; -, -n [mhd. wise, ahd. wisa]

grün wie eine Wiese (Kartenspieler) = *Spielansage Pik.* Im deutschen Kartenspiel entspricht *Grün* dem Pik. Berlin 1870 ff. Küpper 1993, 919.

WIESEL, das; -s, - [mhd. wisele, ahd. wisula, viell. eigtl. = Stinker]

wie ein Wiesel sein (ugs.) = *rasch in seinen Bewegungen, überaus flink bei allen Arbeiten und Vorhaben sein, schnell reagieren können.* Die Redensart steht als Verkürzung neben dem häufigen Vergleich *flink wie ein Wiesel sein.* Die Etymologie des Wortes ist nicht gesichert. Die Deutungsversuche sind zahlreich. Lat. *mustela* - 'Mäusefängerin' lebt fort in franz., rätoroman. und ital. Mundarten, in letzteren zahlreiche Varianten. Bei der ganz eigenartigen mythischen Bedeutung des Tieres ergab sich eine Fülle volkstümlicher Namen. HDA 9, 579. Der Name des Wiesels selbst kann als Sinnbild seiner munteren Beweglichkeit verstanden werden. H. Meier weist darauf hin, dass die verschiedenen Bezeichnungen des Wiesels in den romanischen Sprachen keine schmeichelhaften Tabunamen sind, wie vielfach angenommen, sondern Merkmale bezeichnet, die das Adjektiv *flink* umschreiben und von dem lateinischen Verb *pendicare* - 'sich schnell hin und her bewegen' abzuleiten sind. Nach Kluge gehört das hochdeutsche *Wiesel* als Verkleinerungsform zu germanisch *wis(j)o* - 'Iltis', das mit spätlateinisch *vissio* - 'Gestank' urverwandt ist. Demnach bezieht sich die deutsche Bezeichnung ebenfalls auf ein wichtiges Merkmal des Tieres, die Verbreitung eines unangenehmen Geruches, das es wie der größere Iltis besitzt. Seit der Antike bestehen mythische Vorstellungen vom Wiesel, das z.B. als dämonisches Wesen Krankheiten bringen und den Menschen seiner Stimme berauben kann. Darauf deutet bereits die altgriechische Redensart *er hat ein Wiesel verschluckt*, d.h., 'er hat seine Stimme verloren´. Vgl. franz. *avoir un chat dans la gorge* und das deutsche *einen Frosch verschluckt haben.* Die vor allem in Kärnten übliche redensartliche Umschreibung *sie ist von einem Wiesel gebissen worden* für eine bestehende Schwangerschaft weist auf die allgemeine erotische Bedeutung, die das Wiesel im Volksglauben besitzt. Wenn es früher von einer heimlich Schwangeren hieß, *das Wiesel habe sie angeblasen*, so wird damit wohl auf die Anschwellung des Unterleibes angespielt. Dies beruht vor allem auf der antiken Vorstellung, dass das Wiesel durch das Ohr empfange und durch den Mund gebäre, was aber im Physiologus als umgekehrt angegeben wird. Doch schon Aristoteles (de gener. anim. 3, 6, 66) weist diese Annahme zurück. In den griechischen, lateinischen, altfranz.en Physiologis wird gerade umgekehrt angegeben (wie auch von arabischen Schriftstellern späterer Zeit), dass das Wiesel sich mit dem Mund begatte (daher sein Ruf widernatürlicher Lüsternheit) und durch das Ohr gebäre. Vgl. HDA 9, 581. Im 16. Jahrhundert wurde deshalb auch der Wieselfuß im Liebeszauber benutzt. Röhrich 2001, 5, 1728-1729.

flink (schnell) wie ein Wiesel (ugs.) = *sehr flink, sehr schnell.* Wiesel bewegen sich sehr flink. Seit dem 18. Jh. Küpper 1993, 919; Duden, Bd. 11, 212; Szczęk, Wysoczański 2004, 101.

laufen (arbeiten) wie ein Wiesel (ugs.) = *schnell laufen (arbeiten).* Szczęk, Wysoczański 2004, 101.

WILD <Adj.> [mhd. wilde, ahd. wildi,, viell. verw. mit Wald u. eigtl. = im Wald wachsend, nicht angebaut]

halb (nicht) so wild sein (ugs.) = *nicht schlimm sein.* Schemann 1993, 973.

sich wie ein gehetztes Wild verbergen (ugs.) = *sich (vor einer drohenden Gefahr) verstecken; vor einer Bedrohung flüchten.* Szczęk, Wysoczański 2004, 101.

WILD, das; -[e]s [mhd. wilt, ahd. wild, Kollektivbildung zu wild]

sich wie ein gehetztes Wild verbergen (ugs.) = *sich (vor einer drohenden Gefahr) verstecken; vor einer Bedrohung flüchten.* Szczęk, Wysoczański 2004, 101.

WILDE, der u. die; -n, -n (veraltend, noch abwertend)

angeben wie zehn nackte Wilde (wie ein Dutzend nackter Wilder; wie eine Horde Wilder aus dem Busch; wie eine Horde wildgewordener [Bantu-] Neger) (emotional) = 1. *toben, kreischen; prahlen.* 1900 ff. Küpper 1993, 29. 2. *mehr scheinen als sein.* Vgl. franz. *Ce sont de vrais sauvages* (wörtlich: Das sind echte wilde Menschen) im Sinne von ´das sind echte Tölpel´. Oder: *Il est parti comme un sauvage* (wörtlich: Er ist wie ein wilder Mensch weggegangen) im Sinne von ´Er ist, ohne zu grüßen, gegangen´. Röhrich 2001, 5, 1729. *Bantu* - Angehöriger einer Sprach- und Völkergruppe in Afrika.

hausen wie die Wilden (ugs.) = *sinnlos zerstören; ein unbeschreibliches Durcheinander anrichten.* Hier wie in den folgenden Wendungen werden (kraft Vorurteils) die Wilden als Gegensatz zu den Zivilisierten zitiert, sobald es ungesittetes Benehmen vermeintlich gesitteter Menschen zu umschreiben gilt. Seit dem späten 19. Jh. Küpper 1993, 919. Vgl. Vandale.

hier riecht es wie zehn nackte Wilde (ugs.) = *hier herrscht ein übler Geruch.* 1920 ff. Küpper 1993, 919. Spielt auf das Vorurteil an, dass Wilde keine gründliche Körperpflege vornehmen.

schimpfen wie die Wilden (ugs.) = *kräftig, unflätig schimpfen.* 1920 ff. Küpper 1993, 919.

wie ein Wilder (wie eine Wilde, wie die Wilden) (ugs. emotional) = *wie wild, ungestüm; heftig, stürmisch; ungestüm, ungezügelt; durch nichts gehemmt, abgeschwächt, gemildert.*

toben wie die Wilden (ugs.) = 1. *ausgelassen sein; unbändig spielen*. 2. *unbeherrscht schimpfen*. Steht im Zusammenhang mit den auf Durchschnittseuropäer fremdartig und unverständlich wirkenden Tanzzeremonien (o. Ä.) afrikanischer Eingeborener, wie sie durch deutsche Kolonialberichte und durch »Hagenbecks Tier- und Völkerschauen« bekannt geworden sind. Geläufig seit 1885. Küpper 1993, 919. Der am Ende des 19. Jhs. aufgekommene redensartliche Vergleich ist im 20. Jahrhundert noch grotesk gesteigert worden zu: *toben wie zehn nackte Wilde im Schnee*. (S.) Röhrich 2001, 5, 1729.

toben wie zehn nackte Wilde im Busch (ugs.) = *lärmen und toben*. Erweiterung des Vorhergehenden zu einem anschaulichen Bild. 1920 ff. Küpper 1993, 919.

toben wie zehn nackte Wilde im Schnee (ugs.) = *sehr heftig toben; einen wüsten Lärm vollführen; Leute entwürdigend anherrschen*. 1920 ff. Küpper 1993, 919; Duden, Bd. 11, 726; Röhrich 2001, 5, 1729.

WILDKATZE, die

fauchen wie eine Wildkatze (ugs.) = *sich erregt, gereizt äußern, etw. in gereiztem Ton sagen (sprechen)*. Szczęk, Wysoczański 2004, 101.

kratzen wie eine Wildkatze (ugs.) **=** 1. *mit etw. Spitzem, Scharfem, Rauem, bes. mit den Fingernägeln, kratzen, ritzen oder schaben*. Szczęk, Wysoczański 2004, 101. 2. *widerborstig sein*.

sich wehren wie eine Wildkatze (ugs.) = *sich stark wehren, verteidigen; sich heftig gegen Angriffe schützen; Angriffe von jmdm., etw. abzuwehren versuchen*. Szczęk, Wysoczański 2004, 101.

WILDSAU, die <Pl. Wildsäue> (derb abwertend, oft als Schimpfwort)

sich aufführen wie eine angestochene Wildsau (salopp) = *sich wild gebärden; nicht zu bändigen sein*. Sold. 1939 ff. Küpper 1993, 920.

Benehmen wie eine Wildsau (derb) = S. Benehmen.

fahren wie eine Wildsau (salopp abwertend) = *äußerst rücksichtslos, unverantwortlich, ungestüm, rücksichtslos fahren*. 1920 ff. Küpper 1993, 920.

WIND, der; -[e]s, -e [mhd. wint, ahd. wind, verw. mit wehen u. eigtl. = der Wehende]

angeben wie eine Lore Wind (ugs.) = S. Lore.

Husaren reiten wie der Wind (Kartenspieler) = S. Husar.

Husaren reiten wie der Wind, wenn welche hinter ihnen sind (Kartenspieler scherzh.) = S. Husar.

sich wie ein Segel im Wind drehen (abwertend) = S. Segel.

[schnell (flink)] wie der Wind (ugs.) = *sehr schnell*. Vgl. lateinisch *velis equisque* (Cicero). Röhrich 2001, 4, 1389-1390.

[flink] wie der Wind aus dem Arsch (derb) = *sehr schnell*. Norddt. seit dem 19. Jh. Küpper 1993, 920.

verschwinde, wie der Furz (wie die Wurst) im Winde (derb) = S. Furz.

wie ein Furz im Wind (derb) = S. Furz.

WINDELWEICH <Adj.>

windelweich (ugs.) = 1. (oft abwertend) a) *ängstlich und nachgiebig, gefügig, bereit, alles hinzunehmen o. Ä.*; 2. *nicht die notwendige, erwartete Festigkeit, Eindeutigkeit, keinen fest umrissenen Standpunkt erkennen lassend* 3. (nur in Verbindung mit Verben des Schlagens) *jmdn. sehr heftig und lang anhaltend schlagen*. Der Vergleich meint eigentlich - ′weich wie eine aus zartem Leinen gefertigte Windel′.

WINDHUND, der [verdeutlichende Zus. mit gleichbed. älter: Wind, (mhd., ahd. wint)]

flink (schnell) wie die Windhunde (ugs.) = 1. *schnellfüßig*. 1920 ff. Vgl. auch *hart wie Kruppstahl* (s.). Küpper 1993, 922. 2. *sehr schnell*. Windhund kommt eigentlich von der verdeutlichenden Zusammensetzung mit gleichbed. älter: *Wind*, (mhd., ahd. wint), wohl zu mhd. *Winden*, ahd. *Winida* - germ. Bezeichnung der Slawen, also eigtl. - wendischer (= slawischer) Hund, volksetymologisch übertragen zu *Hund, schnell wie der Wind.*

WINDMÜHLE, die

jmdm. geht der Arsch wie eine Windmühle (derb) = S. Arsch.

WINDSBRAUT, die; - <nur mit best. Art.> [mhd. windesbrut, ahd. wintes prut, eigtl. = Braut, Geliebte des Windes]

wie eine Windsbraut durchs Land fahren (landschaftl.) = *schnell und mit ungestümer Kraft, wie ein Wirbelwind alles mitreißend.* Dieser sprachliche Vergleich gehört zu den Redensarten mit beweglichem Hintergrund. Das Wort ist bereits im 8. Jahrhundert als *wintes prut* und im Mittelhochdeutschen als *windes brût* bezeugt. Der Wirbelwind wird ohne bisher nachweisbare mythologische Grundlage als weibliches Wesen gefasst, das vom männlichen verkörperten Wind gejagt wird. Vergleiche die gleichbedeutenden Ausdrücke im Niederländischen *vaerende wijf (moeder, vrouwe)* und im Pfälzischen *Windhexe.* Literarische Belege für die Redensart finden sich z.B. bei Grimmelshausen: „ich fuhr herum wie eine Windsbraut" (»Simplicissimus« 206, Kögel), und bei Schiller: „Das riß uns wie die Windsbraut fort" (Werke I,. S. 346). Röhrich 2001, 5, 1735. (S. Hechtsuppe) In der modernen Umgangssprache hat *Windsbraut* die Bedeutungen: 1. Motorradmitfahrerin. Eigentlich der Wirbelwind; hier Anspielung auf den Wind, dem das Mädchen ausgesetzt ist. *Braut* ist nicht wörtlich zu nehmen. 1920 ff. Jug. 2. Flugzeugstewardess. 1955 ff. 3. Rennfahrerin; Wassersportlerin. 1955 ff. Küpper 1993, 922.

WINTER, der; -s, - [mhd. winter, ahd. wintar, viell. verw. mit Wasser u. eigtl. = feuchte Jahreszeit]

lärmen wie die Frösche im Winter (ugs. iron.) = S. Frosch.

WINTERHAMSTER, der

fett wie ein Winterhamster (ugs. abwertend selten) = *beleibt, vollschlank, füllig, rundlich, dick [sein].* Szczęk, Wysoczański 2004, 117. Mit *Winterhamster* ist hier der Hamster gemeint, der sich für den Winter eine gewisse Speckschicht angefressen hat, um die kalte Jahreszeit besser überstehen zu können.

WIRBELWIND, der

angeben wie ein Wirbelwind (ugs.) = *prahlen.* 1920 ff. Küpper 1993, 29.

wie ein (der) Wirbelwind = *sehr schnell und heftig.* Der Wirbelwind ist ein stark wehender Wind, der ungestüm und oft unerwartet auftritt, woher der Vergleich rührt. In der modernen Umgangssprache finden wir *Wirbelwind* als Bezeichnungen für 'temperamentvoller Mensch'. 1920 ff. Vgl. *weißer Wirbelwind* - 'Eiskunstläuferin'. Übernommen vom Werbespruch für das Reinigungsmittel »Ajax, der weiße Wirbelwind«. 1970 ff. Küpper 1993, 923.

WISSEN <unr. V.; hat> [mhd. wiȥȥen, ahd. wiȥȥan, eigtl. = gesehen haben, urspr. = erblicken, sehen (Bedeutungsentwicklung über „gesehen haben [und daher wissen]")

Wissen ist leichter, als tun. (Sprichwort) = *Es ist wesentlich leichter, andere zu kritisieren, als selber eine Sache besser zu machen.* Parömie nach einem weit verbreiteten Modell, vgl. Lat. *Jam dudum si quidem novique et sentio cuncta, quae bona, quaeque mala. – Wähnen ist leichter als wissen.* Wander 4, 1742; - *Das Zuhören ist leichter als das Tun.* Wander 5, 627. Ähnlich: *Zerstören ist leichter als aufbauen. - Reden ist leichter als tun, versprechen leichter als halten.* Wander

3, 1559. *Ein Gewiss ist besser als zehn Ungewiss.* u.v.a.

WITWE, die; -, -n [mhd. witewe, ahd. wituwa, eigtl. wohl = die (ihres Mannes) Beraubte]

es machen wie die Witwe Bolte (ugs. spött.) = *nach Gutdünken handeln.* Die Gestalt der Witwe Bolte stammt aus »Max und Moritz« von Wilhelm Busch (1865). Dass sie nach Gutdünken handelte, rührt nicht von Wilhelm Busch her, sondern von einem unbekannten Reimer, der von ihr behauptete: *Sie machte's, wie sie wollte.* Dies geschah nur um des Reimes willen, der auch auf den Pfarrer Nolte (S.) angewandt wurde. 1900 ff. Küpper 1993, 121.

WITZ, der; -es, -e [mhd. witz(e), ahd. wizzi, urspr. = Wissen]

Lieber einen Freund verlieren als einen guten Witz (als eine Pointe). (ugs.) = S. Freund.

WOHLERS, Name

jmd. ist noch dümmer als Jan Wohlers: der konnte wenigstens noch Rad fahren (ugs. iron.) = S. Jan.

WOHNUNG , die; -, -en [mhd. wonunge = Wohnung, Unterkunft; Gegend; Gewohnheit]

die Männer wie eine Wohnung wechseln (ugs.) = S. Mann.

WOLF[1], der; -[e]s, Wölfe [mhd., ahd. wolf, wahrsch. eigtl. = der Reißer]

beliebt sein wie ein Wolf unter den Schafen (ugs.) = *sehr unbeliebt sein; nicht beliebt sein, nicht geschätzt werden.* Röhrich 2001, 2, 535.

draufschlagen wie der Bauer auf den Wolf (ugs.) = S. Bauer.

fressen (essen) wie ein Wolf (ugs.) = *sehr viel essen, sehr große Portionen essen.* Poln. *jeść jak wilk.* Szczęk, Wysoczański 2004, 101.

gefräßig sein wie ein Wolf (abwertend) = *unmäßig, unersättlich im Essen sein; voller Essgier sein.* Szczęk, Wysoczański 2004, 101.

grau wie ein Wolf (ugs.) = *mit völlig ergrautem Haar.* Rührt von der Farbe des Fells des Wolfes her.

- **jmd. ist gern gesehen wie ein Wolf unter Schafen.** (ugs. iron.) = *jmd. ist nicht gern gesehen; über jmdn., der unbeliebt ist.* Szczęk, Wysoczański 2004, 101.

heulen (brüllen) wie ein Wolf (ugs.) = *[laut klagend, mit lang gezogenen, hohen Tönen heftig] weinen.* Szczęk, Wysoczański 2004, 101. S. *brüllen wie am Spieß.*

Hunger wie ein Wolf haben (ugs.) = S. Hunger.

hungrig sein wie ein Wolf (ugs.) = *sehr hungrig sein.* Übernommen von der Gefräßigkeit des Wolfs. Seit dem 18. Jh. Küpper 1993, 926; DZR 2007, 363.

etw. passt wie ein schwarzer Wolf zur weißen Ziege (ugs. iron.) = *über etwas Unpassendes.* Röhrich 2001, 4, 1144.

wie ein Wolf im Schafspelz (auch **Schafsfell**, auch **Schafskleid) sein** (bildungsspr.) = *sich harmlos geben, freundlich tun, aber dabei böse Absichten hegen und sehr gefährlich sein.* Nach Matth. 7, 15.

WOLF[2], der; -[e]s [nach der Vorstellung des reißenden, gierig fressenden Tieres]

sich fühlen wie durch den Wolf gedreht (ugs.) = *sich schlecht fühlen; total erschöpft sein.* Der *Wolf* meint hier den Fleischwolf (nach der Vorstellung des reißenden, gierig fressenden Tieres).

WOLKE, die; -, -n [mhd. wolke, ahd. wolka, eigtl. = die Feuchte (d. h. »die Regenhaltige«)]

wie eine dunkle Wolke über jmdm. (etw.) hängen (ugs.) = 1. *für getrübte Stimmung sorgen.* 2. *eine Bedrohung sein, Ungewissheit, Unsicherheit (Angst) verbreiten.*

sich wie auf Wolke sieben fühlen (ugs.) = *überglücklich, in Hochstimmung sein;*

verliebt sein.

WORT, das; -[e]s, Wörter u. Worte [mhd., ahd. wort, eigtl. = feierlich Gesprochenes]

jmds. Worte treffen wie Ohrfeigen (geh. veraltend) = *über scharfe Kritik an jmdm., über scharfe Zurechtweisungen.* Wander 5, 438. Eine *Ohrfeige* ist ein Schlag mit der flachen Hand auf die Wange.

Ein sanftes Wort zieht mehr als vier Pferde. (Sprichwort) = *Mit guten Worten kann man oft mehr erreichen, als mit Gewalt.* Wander 5, 405.

WUNDERBAR <Adj.> [mhd. wunderbære]

wunderbar = 1. *wie ein Wunder erscheinend.* 2. a) (emotional) *überaus schön, gut und deshalb Bewunderung, Entzücken o. Ä. hervorrufend*; b) (ugs.) <intensivierend bei Adjektiven> *in beeindruckender, Entzücken o. Ä. hervorrufender Weise* 3. *sonderbar, seltsam.*

WUNDERSCHÖN <Adj.>

wunderschön ist ein (der reinste) Dreck dagegen (ugs. emotional verstärkend) = S. Dreck.

wunderschön ist nichts dagegen (ugs. emotional) = *das ist großartig* (auch iron.). Berlin 1880 ff. Küpper 1993, 929.

WUNDERTIER, das

jmdn. begaffen (ansehen, bestaunen, beglotzen) wie ein Wundertier (ugs. abwertend) = *jmdn. erstaunt, befremdet, misstrauisch anblicken; jmdn. begaffen.* 1900 ff. Küpper 1993, 929. (Duden) Hergenommen von einem Tier, das auf dem Jahrmarkt o.Ä. als *Wunder* vorgeführt wird. Seit dem 18. Jh. auf Menschen angewandt.

WUNDERTÜTE, die

Du hast einen Kopf wie eine Wundertüte, in jeder Ecke eine Überraschung. (iron.) = S. Kopf.

Es ist wie eine Wundertüte, in (an) jeder Ecke eine Überraschung (spött.) = *es ist überaus spannend.* 1930 ff. Küpper 1993, 929.

WURM, der; -[e]s, Würmer u. Würme [mhd., ahd. wurm = Kriechtier, Schlange, Insekt, eigtl. = der Sichwindende]

auf jmdn. fliegen wie die Würmer auf Aas (ugs.) = *sich von jmdm. unwillkürlich angezogen fühlen.* 1960 ff. Küpper 1993, 929-930.

jmdn. zertreten wie einen Wurm (eine Wanze) (ugs. abwertend) = *jmdn. psychisch (sozial) zerstören.* Szczęk, Wysoczański 2004, 131.

sich [drehen und] winden (krümmen wie ein Wurm) (ugs.) = 1. *sich aus einer unangenehmen, schwierigen Lage zu befreien suchen.* 2. *sich in einer Sache nicht festlegen wollen; etw. nicht zugeben wollen.* Szczęk, Wysoczański 2004, 131. Wahrscheinl. abgeleitet vom Sprichwort *Auch der getretene Wurm krümmt sich* - 'auch der noch so Unterwürfige begehrt auf, wenn man ihn zu sehr bedrängt.'

wie der Wurm unter dem Fuß sein (ugs. selten) = *in einer hoffnungslosen, ausweglosen Situation sein; stark unterdrückt sein.* Szczęk, Wysoczański 2004, 131.

jmdn. zertreten wie einen Wurm (eine Wanze) (ugs. abwertend) = S. Wurm.

WÜRMCHEN, das; -s, -: Vkl. zu Wurm

mager sein wie ein Würmchen (ugs.) = *sehr hager, mager sein.* Szczęk, Wysoczański 2004, 131.

WURMFORTSATZ, der [LÜ von nlat. processus vermiformis]

überflüssig (unnötig) wie ein Wurmfortsatz (ugs. oft scherzh.) = *völlig überflüssig, ganz und gar nicht notwendig.* 1920 ff. Küpper 1993, 930. S. Blinddarm, Kropf. Der *Wurmfortsatz* ist ein wurmförmiger Fortsatz am Blinddarm; Appendix.

WURSCHT, von **WURST**

das ist mir noch wurschter als wurscht (ugs.) = *das ist mir völlig gleichgültig, nicht interessant.* Ab etw. 870 ff. Küpper 1993, 930. Viell. nach der Vorstellung, dass *Wurst* hier – im Gegensatz etwa zu *Braten* – für etw. nicht besonders Wertvolles, etw. Alltägliches steht. Duden, Bd. 11, 821.

das ist Wurst wie Pomade (ugs.) = *das ist völlig gleichgültig.* Verstärkung zu *etw. ist wurscht* - ′gleichgültig′ Berlin 1900 ff; auch sold. Küpper 1993, 931.

Verschwinde wie die Wurst im Spinde! (ugs.) = *Geh weg!* Um 1900 aufgekommen, beeinflußt von der Freude am Reimen. Küpper 1993, 931.

WURST, die; -, Würste [mhd., ahd. wurst,, viell. verw. mit wirren u. eigtl. = etw. Gemischtes, Vermengtes od. verw. mit Werk u. eigtl. = etw. Gemachtes od. verw. mit werden u. eigtl. = etw. Gedrehtes]

ein Kerl wie ein Pfund (ein Viertel) Wurst (ugs. iron.) = S. Kerl.

sich fühlen wie die Wurst in der Pelle (ugs.) = *ein zu enges Kleidungsstück tragen.* Küpper 1993, 930. Die Pelle der Wurst liegt sehr eng an, gibt somit die Möglichkeit, dass sich das darunter Liegende sehr deutlich abzeichnet. Vgl. den Ausdruck *Presswurst* für einen Menschen in zu enger Kleidung - er nimmt sich aus wie eine gestopfte Wurst.

WURSTHAUT, die

voll wie in einer Wursthaut (ugs. landschaftl.) = *dichtbesetzt; überfüllt.* 1870 ff. Küpper 1993, 931.

WURSTSUPPE, die

klar wie Wurstsuppe (Kloßbrühe, dicke Tinte, dicke Suppe, Torf u.a.**)** (ugs. scherzh.-iron.) = *völlig klar, einleuchtend.* Röhrich 2001, 5, 1725. Gebildet nach dem Modell *klar wie Kloßbrühe.* Wurstsuppe ist die Brühe, in der am Schlachttag besonders Leberwurst, Blutwurst und Wellfleisch gekocht worden ist und die als Suppe gegessen wird.

WÜRZE, die; -, -n [mhd. würze, zu Wurz, beeinflusst von mhd. *wirz* = Bierwürze]

Wie die Würze, so der Braten. (Sprichwort veraltend) = *Um ein gutes Produkt zu erhalten, benötigt man gute Voraussetzungen.* Das Sprichwort folgt dem europäisch weit verbreiteten Modell: Wie jmd. „Höheres“, so auch die „Abhängigen“, das auf dem Biblismus *Wie der Baum, so die Frucht* (S.) basiert. Vgl. *Wie der Abt, so die Mönche.* (s.); *Wie der Herr ist, so sind auch die Untertanen.* (S.); *Wie die Würze, so der Braten*. (S.); *Wie der Baum, so die Birne. Wie die Mutter, so die Dirne*. (S. Baum); *Wie der Vater, so der Sohn [, wie die Mutter, so die Tochter].* (S. Vater); *Wie die Alten sungen, so zwitschern [auch (schon)] die Jungen.* (S. Alte) u.v.a.

Y

YPERN

aussehen wie der Tod von Ypern (ugs.) = S. Tod.

ZAHLMEISTER, der

ausreißen wie ein Zahlmeister (ugs.) = *bei geringstem Anlass davonlaufen.* Zahlmeistern sagte man nach, sie hätten als Erste Angst um ihr Leben. Sold. in beiden Weltkriegen. Küpper 1993, 936.

Z

Zahn, der; -[e]s, Zähne [mhd. zan(t), ahd. zan(d), eigtl. = der Kauende]

wie ein hohler Zahn aussehen (ugs. abwertend) = *verkommen, unvorteilhaft aussehen.* 1920 ff. Küpper 1993, 936.

mit dem Schwanz wedeln und mit den Zähnen beißen wie die falschen Hunde (ugs.) = S. Schwanz.

Zahnbrecher, der [im 14. Jh. zanbrecher, urspr. allgemeine Bez. für einen Zahnarzt, dann aber bald in verächtlichem Sinne verwendet; vgl. zahnarztmäßig]

schreien wie ein Zahnbrecher (ugs. landschaftl. abwertend) = *laut und aufdringlich schreien.* Eigentlich - 'seine Geschicklichkeit selbst lobend bekanntgeben, sich laut rühmen'. Die Redensart bezieht sich auf das früher übliche marktschreierische Anpreisen der ärztlichen Kunstfertigkeiten durch die wandelnden Quacksalber und Kurpfuscher nach Art des Wunderdoktors Eisenbart. In einem Lied, das ihn und diese Art der Selbstanpreisung verspotten will, da die geschilderten Wunderkuren meist zum Tod des Patienten führen, heißt es in einer Strophe: *Zu Wien kuriert ich einen Mann, Der hatte einen hohlen Zahn. Ich schoß ihn raus mit der Pistol, Ach Gott, wie ist dem Mann so wohl!* Um möglichst viele »Kunden« zu bekommen, ließ der »Wunderdoktor« oder Zahnbrecher auf dem Markt ein Gerüst aufschlagen und stellte darauf sich selbst und seine bisher erzielten, weitbekannten Erfolge in schwungvollen Reden dar. Der redensartliche Vergleich ist im 16. Jh., z.B. bei Caspar Scheit, Hans Sachs u. a., sehr beliebt gewesen; in den Mundarten ist er heute sehr geläufig, z.B. schleswig-holsteinisch *He schrêt as en Tänbrêker.* Röhrich 2001, 5, 1756-1757.

wie ein Zahnbrecher lügen (ugs. landschaftl. abwertend) = *mit seiner Geschicklichkeit und Kunst prahlen, die selten wirklich vorhanden ist.* Vgl. fran. *Il ment comme un arracheur de dents.* Als bekanntestes Beispiel eines vagierenden Zahnarztes gilt der große österreichische Schauspieler Joseph Anton Stranitzky, gleichzeitig Erfinder des Hanswursts. Auf der Bühne zeigte er seine Späße und zog anschließend faule Zähne. In der Schweiz zogen noch in der ersten Hälfte des 19. Jhs. solche Zahnbrecher herum, wie es z.B. der »Haus- und Wirthschafts-Kalender des Schweizerischen Republikaners« 1835 abwertend beschreibt. Röhrich 2001, 5, 1757.

Zäpfchen, das; -s, -

abgehen wie ein Zäpfchen (ugs.) = *schnell wirken, eine mitreißende Wirkung haben.* Das als Medikament rektal oder vaginal einzuführende Suppositorium, volkstümlich Zäpfchen genannt, ist in der Regel besonders gleitfähig. Darauf bezieht sich der Gebrauch in dieser Wendung. DZR 2007, 12. Vgl. *abgehen wie Schmidts Katze.*

zaundürr <Adj.>

zaundürr (österr. ugs.) = *sehr dünn, sehr mager, hager, knochig.* Man ist dürr (ausgetrocknet) wie ein alter Bretterzaun. Oberdt. und rhein., seit dem 18. Jh. Küpper 1993, 939.

Zaunlatte, die

dürr wie eine Zaunlatte (ugs.) = *hager.* 1900 ff. Küpper 1993, 939.

Zaunpfahl, der

hölzern wie ein Zaunpfahl (ugs.) = *lebensungewandt.* Veranschaulichung von *hölzern.* 1950 ff. Küpper 1993, 939.

Zecke, die; -, -n [mhd. zecke, ahd. cecho, viell. verw. mit lit. dėgti = stechen u. eigtl. = stechendes, zwickendes Insekt]

an jmdm. hängen wie die Zecke (ugs.) = *sich an jmdn. anklammern.* Seit dem 19. Jh. Küpper 1993, 940.

kleben wie die Zecken (ugs.) = *fest zusammenhalten.* 1500 ff. Küpper 1993, 940.

saufen wie eine Zecke (salopp) = *wacker zechen.* Das Blutsaugen der Zecken erstreckt sich über mehrere Tage und endet erst, wenn ihr Körper ein Vielfaches seiner ursprünglichen Größe erreicht hat. Seit dem 19. Jh. Küpper 1993, 940. S. Bürstenbinder.

ZEIT, die; -, -en [mhd., ahd. zit, eigtl. = Abgeteiltes, Abschnitt]

aussehen wie die teure Zeit (ugs.) = *blass und abgemagert aussehen. Teure Zeit* - 'Zeit der Teuerung; Notzeit'. 1700 ff. Küpper 1993, 940.

die Zeit vergeht [schnell] wie im Fluge (geh.) = *Die Zeit vergeht sehr schnell* (ohne Langeweile).

ZICKE, die; -, -n [mhd. nicht belegt, ahd. zikkin = junge Ziege, (junger) Bock, zu Ziege]

sich aufführen wie eine Zicke am Strick (ugs.) = *sich widerspenstig zeigen; wegen einer Belanglosigkeit sich übertrieben benehmen.* 1900 ff. Küpper 1993, 943.

sich anstellen wie die Zicke am Strick (ugs.) = *sich sehr genieren; zimperlich sein; verschämt tun.*

sich zieren wie die Zicke am Strick (ugs. abwertend) = *mit gekünstelter Zurückhaltung, Schüchternheit o. Ä. etw. [zunächst] ablehnen, was man eigentlich gern tun, haben möchte.*

ZIEGE, die; -, -n [mhd. zige, ahd. ziga,, viell. verw. mit griech. díza = Ziege u. armen. tik = Schlauch aus Tierfell (wohl urspr. aus Ziegenfell) od. unabhängige Bildung aus einem Lockruf]

aussehen wie eine gemolkene Ziege (ugs. abwertend) = *einen schlaffen Busen haben.* 1960 ff. Küpper 1993, 944.

Es hört sich an, als ob eine Ziege aufs Trommelfell scheißt (pinkelt). (ugs. spött.) = *der Marschtritt ist ungleich.* Kasernenhofjargon seit dem frühen 20. Jh. bis heute. Bezog sich früher auf den ungleich ausgeführten Gewehrgriff oder auf eine nicht schlagartig geschossene Gewehrsalve (bei einer Beerdigung), auch auf schlechte Ausführung des Kommandos »Stillgestanden!«. Küpper 1993, 944.

von etw. soviel verstehen wie die Ziege vom Pfeffer (ugs. selten) = *von einer Sache wenig verstehen.* Szczęk, Wysoczański 2004, 92. S. Sägefisch, Ochs.

knochig wie eine Ziege (ugs. abwertend) = *sehr schlank, hager.* Szczęk, Wysoczański 2004, 103.

meckern wie eine Ziege = 1. (ugs. abwertend) *an einer Sache etw. auszusetzen haben und ärgerlich seiner Unzufriedenheit Ausdruck geben.* Szczęk, Wysoczański 2004, 102. Vgl. die Bildung *Meckerziege* (salopp abwertend) - 'jmd., der ständig meckert, der an einer Sache etw. auszusetzen hat'. 2. *mit heller, blecherner Stimme lachen oder sprechen.* Von den durch Ziegen hervorgebrachten [lang gezogenen] hellen, in schneller Folge stoßweise unterbrochenen Lauten. Poln. *beczeć jak koza; beczeć na wszystko jak koza.*

neugierig wie eine [junge] Ziege (ugs.) = *voller Neugier, Neugier erkennen lassend; überaus neugierig.* Seit dem 19. Jh. Küpper 1993, 944; Szczęk, Wysoczański 2004, 102. Junge Ziegen sind neugierig, untersuchen genau ihre Umgebung.

etw. passt wie ein schwarzer Wolf zur weißen Ziege (ugs. iron. selten) = S. Wolf.

ZIEGELROT <Adj.>

ziegelrot = *von warmem, trübem Orangerot.* Nach der Farbe gebrannter Ziegel.

ZIEGENBOCK, der

Gesicht wie ein Ziegenbock (ugs. abwertend) = S. Gesicht.

springen wie ein [Ziegen-] Bock (ugs.) = *schnell und hoch springen; sich flink fortbewegen.* Szczęk, Wysoczański

2004, 102.

stinken wie ein Ziegenbock (ugs. abwertend) = *üblen Geruch verbreiten; einen sehr unangenehmen und durchdringenden Geruch an sich haben, unerträglich schlecht riechen.* Duden, Bd. 11, 694. 1900 ff. Küpper 1993, 944. Poln. *śmierdzieć jak cap.* S. Fuchs, Wiedehopf, Pest, Pumakäfig, Ziegenstall.

verstockt wie ein Ziegenbock (ugs. abwertend) = *nicht aussagebereit.* Der Ziegenbock ist störrisch. 1920 ff. Küpper 1993, 944.

ZIEGENSTALL, der

Gestank wie in einem Ziegenstall (ugs. abwertend) = S. Gestank.

ZIESEL, der, österr. meist: das; -s, - [mhd. zisel, wohl aus tschech. sysel]

gucken wie ein Ziesel aus seinem Bau (ugs. spöttisch selten) = *verdutzt gucken; überrascht, verblüfft, verwirrt sein.* Szczęk, Wysoczański 2004, 101.

ZIETEN, Name

wie Zieten aus dem Busch (ugs. scherzh. veraltend) = *überraschend erscheinen, überraschend an entscheidender Stelle handeln.* Der preußische Reitergeneral Hans Joachim von Zieten (1699-1786) war bekannt für seine strategische Taktik, im Kampf überraschend an entscheidender Stelle aufzutauchen und so das Kriegsglück zu wenden. Auf diese Eigenschaft nimmt der seit dem 18. Jh. bekannte Ausspruch *[Wie] Ziethen aus dem Busch* Bezug. Besondere Verbreitung fand er durch eine Ballade Theodor Fontanes mit dem Titel »Der alte Zieten« (1846), in die dieser Ausspruch eingegangen ist. - Man verwendet das Zitat noch gelegentlich scherzhaft, um seiner Überraschung über das unvermutete Auftreten von jemandem oder einer Sache Ausdruck zu geben. DZR 2002, 790; Duden, Bd. 11, 834.

ZIGEUNER, der; -s, - [spätmhd. ze-, zigi-ner]

klauen wie ein (wie die) Zigeuner (ugs. abwertend) = *stehlen; ein Dieb sein.* Nach dem diskriminierenden Vorurteil, dass alle Angehörigen dieses über viele Länder verstreut lebenden, meist nicht sesshaften und mit Wohnwagen o. Ä. umherziehenden Volkes stehlen würden.

aus dem Hals stinken wie der Zigeuner aus dem Hosenlatz (derb) = S. Hals.

ZIKADE, die; -, -n

leben wie eine Zikade vom Tau (bildungsspr., veraltend) = *sehr bescheiden leben, genügsam sein.* Die Zikade [lat. cicada, aus einer Mittelmeerspr.] ist ein *kleines, der Grille ähnliches Insekt, bei dem die männlichen Tiere laute, zirpende Töne hervorbringen.* Der volkstümliche Vergleich ist bereits im klasisschen Latein belegt: *Rore vivit sicut cicada.* Lexikon lateinischer Zitate und Wendungen, 14499.

ZIMMERMANN, der, (e)s, Pl. ...leute [mhd. zimberman, ahd. zimbarman]

saufen wie ein Zimmermann (ugs. selten) = *stark trinken, viel Alkohol konsumieren.* Lapidus 2006, 45. Nach dem Modell *saufen wie ein Besenbinder (wie ein Abt, wie ein Domherr)*(S.).

ZINNOBERROT <Adj.>

zinnoberrot = *von leuchtend gelblich rotem Farbton.* Zinnober [mhd. zinober < afrz. cenobre < lat. cinnabari(s) < griech. kinnábari(s)] ist ein [hell]rotes, schwarzes oder bleigraues, Quecksilber enthaltendes Mineral.

ZINNSOLDAT, der

dastehen wie ein Zinnsoldat (ugs.) = *ungebeugt, aufrecht und gerade stehen.* Röhrich 2001, 1, 305. Vgl. *stehen wie eine Eins.* (S.). Ein *Zinnsoldat* ist eine kleine, einen Soldaten darstellende Zinnfigur (als Kinderspielzeug).

steif wie Zinnsoldaten (ugs.) = 1. *ohne Anmut; unelastisch; ungelenk; verkrampft wirkend.* 2. *förmlich und unpersönlich; leicht gezwungen wirkend.*

ZINSHAHN, der (früher)

wie ein Zinshahn krähen (schimpfen, springen) (ugs. veraltend) = *aufgeregt schreien o. Ä.* Seit dem 19. Jh. Küpper 1993, 947. Leibeigene Bauern mussten früher ihren Herren als Bodenzins Hühner und Hähne liefern; darunter durften sich keine alten Tiere befinden. Um die Herren zu betrügen, entwickelten die Bauern Kunstgriffe, um auch ältere Hähne jugendlich-lebhaft erscheinen zu lassen.

rot wie ein Zinshahn (ugs. landsch. veraltend) = *[vor Erregung] puterrot im Gesicht.* Da der Kamm des abzuliefernden Hahnes gut durchblutet sein musste, versetzten die Bauern ihn oft in Erregung, bevor sie ihn ablieferten. Seit dem 19. Jh. Küpper 1993, 947. Ähnlich obersächsisch *Da leeft'n der Kopp auf wie e Zinshahn*; sächsisch *Er wird gleich wie ein Zinshahn* - ′jähzornig, leicht erregbar′. Literarisch in Lessings »Jungem Gelehrten« (III, 12): „Du bist erhitzt, erhitzt wie ein Zinshahn". Röhrich 2001, 5, 1773.

zornig (rot) werden wie ein Zinshahn (ugs. landsch. veraltend) = *hochrot vor Wut werden; heftig erröten.* Bei den früher den Lehnsherren abzuliefernden Hähnen musste der Kamm hochrot durchblutet sein. Seit dem 19. Jh. Küpper 1993, 947.

ZIRKUSPFERD, das

aufgezäumt wie ein Zirkuspferd (ugs. abwertend) = *stutzerhaft, geschmacklos, allzu auffallend gekleidet.* Szczęk, Wysoczański 2004, 108. Vgl. *aufgeputzt wie ein Palmesel* (S. Palmesel, Pfingstochse, Zirkuspferd).

sich aufputzen (aufdonnern) wie ein Zirkuspferd (ugs. iron.) = *sich geschmacklos kleiden.* 1950 ff. Küpper 1993, 947.

ZITHER, die; -, -n [mhd. nicht belegt (dafür mhd. zítol < afrz. citole), ahd. zitara < lat. cithara, Kithara]

von etw. soviel verstehen wie die Kuh vom Zither spielen (ugs. iron. abwertend) = S. Kuh.

ZITRONE, die; -, -n [älter ital. citrone, zu lat. citrus = Zitronenbaum, Zitronatbaum]

jmdn. auspressen (ausquetschen) wie eine Zitrone (ugs.) = 1. *jmdn. gründlich ausfragen, scharf verhören; jmdn. in aufdringlicher Weise ausfragen.* Seit dem 19. Jh. 2. *jmdn. zu großen Geldzahlungen zwingen; jmdn. schröpfen, arm machen; jmdm. das Letzte abnehmen; jmdn. im Kartenspiel gründlich besiegen.* Duden, Bd. 11, 834. 1900 ff. Küpper 1993, 984. 3. *jmdm. sehr hohe Steuern abverlangen.* 1920 ff. 4. *jmdm. einen körperlich anstrengenden Dienst abverlangen.* Sold. 1939 ff. Küpper 1993, 984.

jmdn. fallen lassen wie eine ausgepresste (ausgelutschte) Zitrone (ugs.) = *sich von jmdm. plötzlich trennen; jmdm. die Gunst entziehen.* 1950 ff. Küpper 1993, 948.

ein Gesicht, sauer wie eine unreife Zitrone (ugs.) = S. Gesicht.

sauer prekeln wie eine Zitrone (ugs. selten) = 1. *eine aufgetragene Arbeit unwillig verrichten. Prekeln* ist Nebenform zu *prickeln* - ′stechen, stochern′. Sold. 1940. 2. *übellaunig, mürrisch, abweisend sein.* Sold. 1940 ff. Küpper 1993, 948.

sauer wie eine unreife Zitrone [sein] (salopp) = *sehr verärgert sein.* Duden, Bd. 11, 608; DZR 2007, 657.

ZITRONENGELB <Adj.>

zitronengelb = *von hellem, leuchtendem Gelb.* Nach der Farbe von reifen Zitronen.

ZIVIL, das; -s [nach frz. (tenue) civile]

aussehen wie das Leiden Christi in Zivil (ugs.) = S. Leiden.

ZORN, der; -[e]s

Besser ein kleiner Zorn als ein großer Schade. (Sprichwort) = *besser seinen Unwillen über etw. äußern, was man als Unrecht empfindet oder was den eigenen Wünschen zuwiderläuft,*
als durch Verschweigen das Verhältnis zu trüben oder Unheil zu bewirken. Wander 1, 330.

ZUCKER, der; -s, (Sorten:) - [mhd. zuker < ital. zucchero < arab. sukkar < aind. sárkara = Kieselsteine; gemahlener Zucker]

Das ist eine Sache mit Ei und Zucker, das nährt. (ugs.) = S. Sache.

ZUKUNFT, die; -, (selten:) **ZUKÜNFTE** [mhd. zuokunft, ahd. zuochumft, eigtl. = das auf jmdn. Zukommende]

Die Zukunft ist leider auch nicht mehr das, was sie (einmal) war. = *Die Zukunft sieht nicht ermutigend aus; wir können der Zukunft nicht mehr mit großen Hoffnungen entgegensehen.* Geht zurück auf einen Ausspruch des Franzosen Paul Valéry (etwa 1941), bei uns geläufig geworden vor allem durch »Schlachtbeschreibung« von Alexander Kluge, 1964. Küpper 1993, 952.

ZUNDER, der; -s, - [mhd. zunder, ahd. zuntra, zu zünden u. eigtl. = Mittel zum Anzünden]

etw. brennt (zerbröckelt) wie Zunder (ugs.) = etw. *brennt (zerbröckelt) sehr leicht.* Zunder ist ein (früher) besonders aus dem getrockneten und präparierten Fruchtkörper des Zunderschwamms bestehendes, leicht brennbares Material, das zum Feueranzünden verwendet wurde.

trocken wie Zunder (ugs.) = *sehr trocken* (s.o.).

ZUNGE, die; -, -n [mhd. zunge, ahd. zunga]

eine Zunge haben wie ein Schwert (ugs. abwertend) = *verletzend sprechen.* Seit dem 19. Jh. Küpper 1993, 755.

eine Zunge (ein Maul) haben wie ein Schlachtschwert (ugs.) = 1. *anzüglich, verletzend reden.* 2. *gut, schlagfertig reden können.* Seit dem 19. Jh. Küpper 1993, 713.

Ein Hieb mit der Zunge ist schlimmer als ein Hieb mit der Lanze. (Sprichwort) = *Worte können sehr verletzend sein.* Wander 2, 642.

Böse Zungen schneiden (Eine böse Zunge schneidet) schärfer als (denn) ein Schwert. Anutei 1978, 71; Weidenfeld 2000, 395; Simrock, 12189. Weit verbreitetes Modell. Ähnliche Bilder existieren in allen europäischen Sprachen. Vgl. Mhd.: *Diu zunge snît baz dan daz swert. // Dyne zunge die snydet durch das ferch die lenge ond twerch.* Engl. *The tongue breaketh bone, though itself hath none. // Words cut (hurt) more than swords.* Frz. *La langue n'a ni grain ni os et rompt l'échine et le dos. // Tel coup de langue est pire qu'un coup de lance.* Holl. *Quade tonghen sniden meer dan sweerde.* It. *Cattive lingue tagliano più che spade.* Lat. *Non inest remedium adversus sycophantae morsum. // Plus stricto mendax offendit lingula mucrone. // Scindit mendosa gladio plus lingua dolosa.* Poln. *Bardziej boli od języka niż (jak) od miecza. [WZ 2001, 214] // Rana się zgoi, słowo nie zgoi.* Span. *Sanas llagas y no malas polabras. Wander 5, 631.* Tschech. *Zlá slova zraňují.* Schmelz 1990, 49. gl. auch *Die Zunge macht schlimmere Ritze als eines Schwertes Spitze.* WZ 2001, 214; *Scharfe Schwerter schneiden sehr, scharfe Zungen noch viel mehr.* Weidenfeld 2000, 395; *Ein böses Maul ist schärfer als ein Schwert.* Fink-Henseler 1996, 373. Vgl. auch: *Ein Schmähwort ist schlimmer als ein Backenstreich.* Wander 4, 254. Vgl. ähnlich auch: *Die Hand muss klüger sein als die*

Zunge. - Die Hand muss langsamer sein als die Zunge. - Die Hand muss nicht alles tun, was die Zunge sagt. Wander 2, 296.

ZUSTAND, der; -[e]s, Zustände [zu veraltet zustehen = dabeistehen; sich ereignen]

irgendwo sind Zustände (herrscht ein Lärm) wie in einer Judenschule (ugs. veraltet) = *irgendwo wird sehr laut durcheinander geredet; man lärmt durcheinander; es herrscht Stimmengewirr; man kann sein eigenes Wort nicht verstehen.* 1900 ff. Küpper 1993, 382. Im Mhd. hatte *judenschuole* die Bedeutung ´Synagoge´. Die Wendung ist gebildet nach dem Gewirr der Stimmen beim Gebet, das wegen der hebräischen Sprache dem Christen unverständlich war und von leisem Gemurmel oft zu lautem Anruf anschwoll.

Zustände wie im alten Rom (oft mit dem Zusatz: **, nur nicht so feierlich)** (ugs. emotional) = *unhaltbare Zustände*; *verkommene, unkontrollierte Zustände, Missstände.* Der redensartliche Vergleich gehört der Schüler- und Studentensprache des 20. Jahrhunderts an und geht zurück auf eine Stelle in den Annalen des Tacitus: »In Rom fließen alle Sünden und Laster zusammen und werden verherrlicht«. Küpper 1993, 956; Röhrich 2001, 5, 1782; DZR 2007, 885.

Zustände wie im polnischen Reichstag (ugs. abwertend) = 1. *große Unordnung.* 2. *als störend und unangenehm empfundene sehr laute, durchdringende Geräusche.* Eismann 1992, 92. Vgl. das Vorherige. S. Lärm.

ZWEI, <Kardinalz.> [mhd., ahd. zwei (sächliche Form)]

so sicher wie zweimal zwei vier ist (ugs.) = *über etw., das sehr einleuchtend ist, über etw. ganz Sicheres, Unzweifelhaftes.* Poln. *(pewne) jak dwa razy dwa cztery.* WW 2004, 78.

ZWEITE, der, die

wie kein Zweiter (ugs.) = *wie sonst niemand; unnachahmlich; am besten, besser als jeder Andere.*

Literaturverzeichnis:

Agricola 1992: Agricola, E.: Wörter und Wendungen. Dudenverlag. Mannheim.

Báčová 2006: Báčová, V.: Deutsche Vergleiche, Sprichwörter, verbale und nominale Idiome mit größeren Hautieren und ihre tschechischen Äquivalente. Diplomarbeit. Brno. – 49 S.

Bańko 2000: Bańko, M.: Słownik porówań. Wyd. Naukowe PWN. Warszawa 2004.

Bečka 1982[2]: Bečka, J. V. Slovník synonym a frazeologismů. Novinář. Praha.

Bierich 2005: Bierich, A. Russische Phraseologie des 18. Jahrhunderts. Entstehung, Semantik, Entwicklung. Heidelberger Publikationen zur Slawistik. A. Linguistische Reihe. Bd. 16. Hrsg. v. Baldur Panzer. Peter Lang Verlag. Frankfurt a.M., Berlin u.a.

Bierich, Mokienko, Stepanova 1998: Бирих, А.К./Мокиенко, В.М./Степанова, Л.И. Словарь русской фразеологии. Историко-этимологический справочник. Фолио-пресс, Санкт-Петербург.

Biblische Redensarten und Sprichwörter. 3000 Fundstellen aus der Lutherbibel. Geammelt und erläutert von Heinz Schäfer. Deutsche Bibelgesellschaft Stuttgart. Präsenz-Herlag Hünfelden.– 563 S.

Biblischer Zitatenschatz. Über 2000 Sprüche aus der Bibel nach Themen geordnet. Zusammengestellt von Heinz Schäfer. Deutsche Bibelgesellschaft Stuttgart. Präsenz-Herlag Hünfelden. – 367 S.

Breustedt, W; Getzin, J.; Grätz, J.; Kolsut, I.; Walter, H. Wörterbuch deutscher Phraseologismen mit englischen und slawischen Äquivalenten. Ernst-Moritz-Arndt-Universität Greifswald, Greifswald 2004.

Borchardt, Wustmann, Schoppe 1954: Borchardt, W., Wustmann, G., Schoppe, G. Die sprichwörtlichen Redensarten im deutschen Volksmund nach Sinn und Ursprung erläutert. 7. Aufl. Neu bearb. v. A. Schirmer. Leipzig 1954.

Brucker 2007: Brucker, B.: Was weiß der Geier? Bedeutung und Herkunft von Redewendungen. Bassermann. München. – 144 S.

Brugger 1993: Brugger, H. P.: Der treffende Vergleich: eine Sammlung treffsicherer Vergleiche und bildhafter Formulierungen. 12.000 Vergleiche, Formulierungen und Wendungen aus Umgangssprache und Literatur, nach Bedeutungsstichwörtern alphabetisch geordnet. Ott. Thun. - 261 S.

Büchmann o.J. Büchmann. Geflügelte Worte. Komet. Frechen. o.J. - 320 S.

Büchmann 1864: Büchmann, G. Geflügelte Worte. Der Citatenschatz des deutschen Volkes. Ges. und erl. von Georg Büchmann. Haude und Spener. Berlin. - 220 S.

Büchmann 2002: Der neue Büchmann. Geflügelte Worte. Gesammelt und erläutert von Georg Büchmann. Bearb. u. weitergeführt v. E. Urban. Bassermann. München. – 695 S.

Büchmann 2003: Der große Büchmann. Geflügelte Worte. Knaur.

Büchmann 2007: Der Neue Büchmann - Geflügelte Worte. Der klassische Zitatenschatz. Ullstein.

Burger 1998: Burger, H.: Phraseologie. Eine Einführung am Beispiel des Deutschen. Berlin.

Burger 2003: Burger, H.: Phraseologie. Eine Einführung am Beispiel des Deutschen. 2. Aufl. Erich Schmidt Verlag. Berlin.

Čermák 1988: Čermák, F.: Slovník české frazeologie a idiomatiky. Výrazy neslovesné. Academia Praha. Praha.

Čermák 1994: Čermák, F.: Slovník české frazeologie a idiomatiky. Výrazy slovesné.

Chrissou 2001: Chrissou, M.: Deutsche und neugriechische Phraseologismen mit animalistischer Lexik. Eine konfrontative Analyse auf der Wörterbuch- und der Textebene. EliSe: Essener Linguistische Skripte - elektronisch. Jg. 1. H. 1/2001, 89-121.

Činkure 2006: Činkure, I: Semantische Analyse der phraseologischen Vergleiche mit Tiernamen im Deutschen und im Lettischen. // Kalbu Studijos. 9/2006, 11-16. www.ceeol.com. 1.7.2008.

CMŠ 2003: Chlebda, Mokienko, Szuleżkowa 2003: Chlebda W., Mokienko W.M., Szuleżkowa S.G. Rosyjsko-polski słownik skzydłatych słów. Oficyna Wydawnicza Leksem. Łask. – 706 s.

Czochralski 2001: Czochralski, J.A.: Deutsche und polnische Vergleichswendungen. Ein Versuch. // U. Kramer: Lexikologisch-lexikographische Aspekte der deutschen Gegenwartssprache. Tübingen, 151-157.

Deutsch-ukrainisches phraseologisches Wörterbuch 1981. Von W.I. Gawris u. O.P. Prorotschenko. Bd. 1. A-K. Bd. 2. L-Z. Radjanska Schkola. Kiew.

Dietz 1999: Dietz, H.-U.: Zur Bedeutung rhetorischer Elemente im idiomatischen Wortschatz des Deutschen. Tübingen

Dobrovol'skij 1995: Dobrovol'skij, D.: Kognitive Aspekte der Idiom-Semantik. Studien zum Thesaurus deutscher Idiome. Tübingen.

Dobrovol'skij 1999: Dobrovol'skij D. Kontrastive Phraseologie in Theorie und Wörterbuch. // Wörter in Bildern. Bilder in Wörtern. Beitr. z. Phraseologie und Sprichwortforschung aus dem Westf. Arbeitskreis. Hrsg. v. R.S. Baur. (= Phraseologie und Parömiologie. Bd. 1). Baltmannsweiler, Hohengehren, 107-122.

Dobrovol'skij, Piirainen 1996: Dobrovol'skij, D., Piirainen, E.: Symbole in Sprache und Kultur. Studien zur Phraseologie aus kultursemantischer Perspektive. Studien zur Phraseologie und Parömiologie. 8. Universitätsverlag Dr. N. Brockmeyer. Bochum.

Duden 1989: Duden Deutsches Universalwörterbuch. Hrsg. u. bearb. v. wiss. Rat u. den Mitarbeitern der Dudenredaktion unter Leitg. v. Günther Drosdowski. 2., völlig neu bearb. u. stark erw. Aufl. Mannheim u.a.

Duden. Bd. 11: DUDEN. Redewendungen und sprichwörtliche Redensarten. Idiomatisches Wörterbuch der deutschen Idiomatik. Bearb. v. G. Drosdowski und W. Scholze-Stubenrecht. Dudenverlag, Mannheim, Leipzig u.a. 1992. – 864 S.

Duden, Bd. 12: DUDEN. Ziatate und Aussprüche. Herkunft und aktueller Gebrauch. Rund 7.500 Zitate von der Antike bis zur modernen Werbesprache. 2., neu bearb. u. aktualis. Aufl. Hrsg. v.d. Dudenredaktion. Dudenverlag. Mannheim. Leipzig u.a. 2002. – 959 S.

DZR 2002: DUDEN. Das große Buch der Zitate und Redewendungen. Hrsg. v. d. Dudenredaktion. Mannheim 2002. – 837 S.

DZR 2007: DUDEN. Das große Buch der Zitate und Redewendungen. 2., überarb. u. aktualisierte Aufl. Hrsg. v. d. Dudenredaktion. Mannheim. Leipzig. Wien. Zürich 2007. – 895 S.

Eckert, Günther 1993: Eckert, R., Günther, K: Die Phraseologie der russischen Sprache. Langenscheidt. Verlag Enzyklopädie. Leipzig. Berlin. München u.a. – 176 S.

Eismann 1992: Nationales Stereotyp und sprachliches Klischee. Deutsche und Slawen im Lichte ihrer Phraseologie und Parömiologie. // Studien zur Phraseologie und Parömiologie. 1.

Europhras 92. Tendenzen in der Phraseologieforschung. Barbara Sandig (Hrsg.). Universitätsverlag Dr. N. Brockmeyer. Bochum 1994.

Fink 2006: Hrvatsko-slavenski rječnik poredbenih frazema. Autorica rječnica Ž. Fink Arsovski. Knjigra. Zagreb 2006. – 440 S.

Fleischer 1982: Fleischer, W.: Phraseologie der deutschen Gegenwartssprache. VEB Bibliographisches Institut Leipzig. Leipzig.

Fleischer 1997: Fleischer, W.: Phraseologie der deutschen Gegenwartssprache. Max Niemeyer Verlag. Tübingen 1997^2.

Földes 1989: Földes, C.: Onymische Phraseologismen als Objekt des Sprachvergleichs. // Europhras 88, Phraséologie Contrastive. Straßburg 1989, 128.

Földes 1992: Földes, C.: Feste verbale Vergleiche im Deutschen, Russischen und Ungarischen. // Korhonen 1992 (s.), 61-78.

Friederich 2001: Friederich, W.: Moderne deutsche Idiomatik. 2. Aufl. Max Hueber Verlag. Ismaning: 2001.

Gall 2006: Gall, K.: Wendungen und Redensarten im Zusammenhang mit wilden Tieren. http://www.e-scoala.ro/germana/kinga.html. 17.8.2006

Goldbeck 1957: Goldbeck, J.: Er heult wie ein Schloßhund. // Muttersprache 67/1957, 463-464.

Grober- Glück1974: Grober- Glück, G.: Motive und Motivationen in Redensarten und Meinungen. Marburg, 143-144;

Günther 1993: Günther, K.: Die festen Vergleiche im Russischen. // Zeitschrift für Slawistik 38(1993)3, 360 – 390.

Hahnemann 1999: Hahnemann, S.: Vergleiche im Vergleich. Zur Syntax und Semantik ausgewählter Vergleichsstrukturen mit „als" und „wie" im Deutschen. Tübingen.

Hartung 1751: Hartung, J. Chr.: De redemtione nexae, vulgo: »Ein magerer Vergleich ist besser, denn ein faist Endurtheil«. Jena.

HDA 2005: Handwörterbuch des deutschen Aberglaubens. Hrsg. v. H. Bächtold-Stäubli u. Mitw. v. E. Hoffmann-Krayer. Bd. 1-10. Augsburg: Weltbild.

Hessky 1989: Hessky, R.: Sprach- und kulturspezifische Züge phraseologischer Vergleiche. // Europhras 88. Phraséologie Contrastive. Aktes du Colloque International. Klingenthal-Strabourgh, 12-16 Mai 1988. Collektion Recherches Germaniques 2. Hrsg. v. G. Gréciano. Université des Sciences Humaines. Département d´ Ètudes Allemandes Strasbourg.

Hessky 1997: Hessky, R.: Feste Wendungen – ein heißes Eisen? Einige phraseo-didaktische Überlegungen für den DaF-Unterricht. // Deutsch als Fremdsprache 3/1997, 139-143.

Hessky, Ettinger 1997: Hessky, R., Ettinger, S.: Deutsche Redewendungen. Ein Wörter- und Übungsbuch für Fortgeschrittene. Tübingen.

Kammer 1985: Kammer G. Probleme bei der Übersetzung von phraseologischen Einheiten aus dem Russischen ins Deutsche (anhand von Werken V.F.Panovas). München (= Slavistische Beiträge, 183).

Karasek 2004: Karasek, H.: Freuds Couch und Hempels Sofa. Das Buch der Vergleiche. Kiepenheuer Witsch. Köln. – 159.

Kirchenweb 2007: Tiere und deren Symbole. http://www.kirchenweb.at/hochzeit/trauung/symboletiere.htm. 10.5.2008.

Klein 1936: Klein, H. W.: Die volkstümlichen sprichwörtlichen Vergleiche im Lateinischen und in den romanischen Sprachen. Diss. Tübingen/Würzburg.

Kluge 2002: Kluge, F. Etymologisches Wörterbuch der deutschen Sprache. Bearb. v. Elmar Seebold. 24., durchges. u. erw. Aufl. Walter de Gruyter, Berlin/New York.

Knobloch 1996: Knobloch, L.: Vergleichende Verbidiome im Deutschen und Finnischen. // Studien zur Phraseologie des Deutschen und des Finnischen II. J Korhonen (Hrsg.). Universitätsverlag Dr. N. Brockmeyer, Bochum.

Korhonen 1992: Korhonen, J. (Hrsg.): Untersuchungen zur Phraseologie des Deutschen und anderer Sprachen: einzelsprachspezifisch - kontrastiv - vergleichend. Internationale Tagung in Turku 6.-7.9.1991. Verlag Peter Lang. (Werkstattreihe Deutsch als Fremdsprache 40). a. M., Berlin, Bern u. a.

Krämer 1957: Krämer, F.: Er heult wie ein Schloßhund. Versuch einer Deutung. // Muttersprache 67/1957, 292.

Krämer 1958: Krämer, F.: Nochmals 'Er heult wie ein Schloßhund". // Muttersprache 67/1958, 252.

Krämer, Sauer 2001: Krämer, W., Sauer, W.: Lexikon der populären Sprachirrtümer. Missverständnisse, Denkfehler und Vorurteile von Altbier bis Zyniker. Eichborn. Frankfurt a.M. – 224 S.

Küpper 1955: Küpper, H. Wörterbuch der deutschen Umgangssprache. Claassen Verlag. Hamburg.

Küpper 1993: Küpper, H. Wörterbuch der deutschen Umgangssprache. 1. Aufl. 1987. 5. Nachdr. Ernst Klett Verlag. Stuttgart-Dresden.

Lapidus 2006: Feste Vergleiche im Russischen und im Deutschen (eine kontrastive Analyse). Diplomarbeit. Heidelberg 2006. – 67 S.

Leonidova, M.: Komparative Phraseologie im Russischen, Bulgarischen und Deutschen, in: H. Burger und R. Zett (Hrsg.): Aktuelle Probleme der Phraseologie (Bern - Frankfur /M. 1987), S. 245-258.

Lexikon der Redensarten 2007. Bedeutung und Herkunft von A bis Z. area Verlag GmbH. Erfstadt. – 432 S.

Lichtenberg 1994: Lichtenberg, J.: Vergleiche in der interkulturellen Kommunikation (Deutsch-Russisch-Bulgarisch-Italienisch). // Grazer Linguistische Studien. Frühjahr 1994. Graz, 27-41.

Mal'ceva 2002: S. Мальцева 2002.

Mizin 2005: Mizin, K.: Deutsch-Ukrainisches phraseologisches Wörterbuch (stehende/feste Vergleiche). Німецько-український фразеологійний словник (усталені порівняння). Винниция: Нова книга, 2005. – 304 с.

Mokienko, Malinski, Stepanova, Walter 2004: Mokienko, V., Malinski, T., Stepanova, L., Walter, H.: Russische Phraseologie für Deutsche. Lehrmaterial für Studenten der Slawistik. Greifswald.

Mokienko, Walter 2007: Mokienko V.M., Walter H. Die deutsche historische Phraseologie unter der Lupe der slawischen Sprachen. // Frazeologija v jezikoslovju in drugih vedah. Edited by Erika Kržišnik, Wolfgang Eismann. Univerza v Ljubljani, 517-533.

Müller 1969: Müller, F.: 'Frech wie Oskar'. Sprachpflege 18/1969, 237.

Müller 2005: Müller, K. Lexikon der Redensarten. 4000 deutsche Redensarten, ihre Bedeutung und Herkunft. Hrsg. v. K. Müller. Bassermann. München.

Mylius 2004: Mylius, M.: Das perfekte lateinische Zitat. Sprüche und Sprichwörter. Marix Verlag. Wiesbaden. – 320 S.

Palm 1997: Palm, Ch.: Phraseologie: Eine Einführung. 2. Auflage. Gunter Narr Verlag, Tübingen.

Pohlke 2006: Pohlke, A. u. R.: Alle Wege führen nach Rom. Deutsche Redewendungen aus dem Laterinischen. Mit 15 Illustrationen v. M. Moos. Albatros, Düsseldorf und Zürich 2006. – 180 S.

Röhrich 2001: Röhrich, L.: Lexikon der sprichwörtlichen Redensarten. 5 Bd. Verlag Herder. Freiburg. Basel. Wien.

Schemann 1993: Schemann, H. : Deutsche Idiomatik. Die deutschen Redewendungen im Kontext. Ernst Klett Verlag für Wissen und Bildung. Stuttgart-Dresden. – 1037 S.

Seidel 2006[3]: Seidel, W.: Woher kommt sas schwarze Schaf? Was hinter unseren Wörtern steckt. München, Taschenbuch Verlag. – 265 S.

Schick 1978: Schick, H.: Synchron-diachrone Untersuchungen zu volkstümlichen Vergleichen des Deutschen, Französischen und Spanischen. Magisterarbeit. Freiburg i. Br.

Sprenger 1906: Sprenger, R.: Aussehen wie der Tod von Ypern. // Zeitschrift für den deutschen Unterricht 20 (1906), 135.

Stemmler 2007: Stemmler, T.: Wie das Eisbein in das Lexikon kam. Ein unterhaltsamer Gang durch die deutsche Wortgeschichte: Dudenverlag. Mannheim; Leipzig, Wien, Zürich. – 256 S.

Stephan 1989: Stephan, B.: Phraseologische Einheiten mit Tierbezeichnungen. Ein Vergleich Russisch-Deutsch. // WZ der Univ. Halle. XXXVIII/1989. Gesellschafts- und sprachwiss. Reihe. H. 4, S. 95-98.

Szczęk, Wysoczański 2004: Szczęk, Wysoczański, W.: Das sprachliche Weltbild am Beispiel der deutschen und polnischen Wie-Vergleiche mit Tierbezeichnungen im

Komponentenbestand. /// Acta Universitas Wratislaviensis. Nr. 2604. Studia Linguistica XXIII. Wrocław 2004, 87-143.

Taylor 1954: Taylor, A.: Proverbial Comparisons and Similes from California (= University of California Publications, Folklore Studies 3) (Berkeley - Los Angeles 1954).

Trabucci 2008: Trabucci, P.: Kontrastive Phraseologie Italienisch-Deutsch am Beispiel von Tierredewendungen. E-Book. Grin-Verlag. – 78 S.

van den Broek 1987: van den Broek, Marinus A.: Sprichwörtliche Redensart und sprichwörtlicher Vergleich in den Erbauungsschriften des Nürnberger PredigersWenzeslaus Linck (1483-1547). // Leuvense Bijdragen 76 (1987), 475-499;

Walter, Mokienko 2006: S. Вальтер, Мокиенко 2006.

Wander 1-5: **Wander, K.F.W.: Deutsches Sprichwörter-Lexikon. Vol. I-V. F.A. Brockhaus, Leipzig 1867-1880.**

Weidenfeld 2000: Weidenfeld, K. S.: Lexikon der schönsten Sprichwörter und Zitate. Bassermann. Berlin 2000. – 399 S.

WZ 2001: Wójcik, A., Ziebart, H.: Słownik przysłow niemiecko-polski, polsko-niemecki. Wiedz Powszechna. Warszawa. – 547 S.

Zitate 2003: Zitate. Sprichwörter und Redensarten. Ontus Verlag AG. St. Gallen. - 510 S.

Zwilling 2001: Zwilling M.J.: Sprichwörter. Sprichwörtliche Redensarten. Russisch-Deutsches Wörterbuch. Über 700 Einheiten. 2. unv. Aufl. Verlag „Russkij jazyk". Moskau. – 216 S.

Walter 2004: Walter, H.: Warum Amtsschimmel nicht wiehern und Hechtsuppe nicht zieht. Handreichung zur konfrontativen Phraseologie. Greifswald 2004. - 72 S.

Walter, Mokienko, Valodzina 2004: Walter, H., Mokienko, V.M., Valodzina, T.V.: Slawisch-germanische Projektionen pomoranischer Redewendungen (animalistische Phraseologismen mit der Komponente *Hund*). // III Międzynarodowa konferencja naukowa. Dzieje wsi pomorskiej. Włościborz 14-16 maja 2004. Materiały pod redakcją R. Gazińskiego i A. Chludzińskiego. Dygowo-Szczecin 2004, 191-211.

Weiher 2001: Weiher, E.: Der negative Vergleich in der russischen Volkspoesie. München.

Weise 1921: Weise, O.: Die volkstümlichen Vergleiche in den deutschen Mundarten. // Zeitschrift für deutsche Mundart-Forschung.

Widmer 1929: Widmer, W.: Volkstümliche Vergleiche im Französischen nach dem Typus »Rouge comme un Coq«. Diss. Basel.

WW 2004: Wójtowicz, Wójcicki, M.: Idiomy Polsko-niemieckie. Polnische und Deutsche Redewendungen. Wyd. Naukoewe PWN. Warszawa. – 147 s.

Вальтер, Мокиенко 2006: Вальтер, Х., Мокиенко, В.М.: Sprichwörter. Russisch-Deutsches Wörterbuch mit europäischen Parallelen. Universität Greifswald. Greifswald. - 176 S.

Вальтер, Мокиенко 2008: Вальтер, Х., Мокиенко, В.М.: От «А» до «Zwickmühle». Историко-этимологические коментарии к немецкой фразеологии. Ernst-Moritz-Arndt-Universität Greifswald. Institut für Fremdsprachenphilologien. Greifswald. - 175 S.

Мальцева 2002: Мальцева, Д.Г. Немецко-русский фрезеологический словарь с лингво-страноведческим комментарием. Около 1300 фразеологических единиц. Азбуковник, Москва. – 350 с.

Мокиенко 1986: Мокиенко, В.М.: К сопоставительному анализу болгарских и белорусских устойчивых сравнений. // Годишник на Софийския университет «Клемент Охридски». Факултет по славянския филология. Езикознание. Т. 76, I. – София, 34-38.

Мокиенко 2003: Мокиенко, В.М.: Словарь сравнений русского языка. Норинт. Санкт-Петербург 2003. – 608 с.

НРФС 1975: Немецко-русский фразеологический словарь. Составили Л.Э. Бинович и Н.Н. Гришин. Под ред. д-ра Малиге-Клаппенбах и К. Агрикола. Изд. второе, испр. и доп. Изд. «Русский язык». Москва. – 656 с.

Огольцев 1978: Огольцев, В.М.: Устойчивые сравнения в системе русской фразеологии. Изд. Ленинградского ун-та. Лернинград. – 159 с.

Огольцев 2001: Огольцев, В.М.: Словарь устойчивых сравнений русского языка. Русские словари. АСТ. Астрель. Москва. – 159 с.